근대세계체제 IV

중도적 자유주의의 승리, 1789-1914년

이매뉴얼 월러스틴

박구병 옮김

까치

THE MODERN WORLD-SYSTEM IV :
Centrist Liberalism Triumphant, 1789-1914

by Immanuel Wallerstein

Copyright © 2011 by Immanuel Wallerstein
Korean translation copyright © 2017 by Kachi Publishing Co., Ltd.
All rights reserved.

편집, 교정 _ 권은희(權恩喜)

근대세계체제 IV : 중도적 자유주의의 승리, 1789-1914년

저자 / 이매뉴얼 월러스틴

역자 / 박구병

발행처 / 까치글방

발행인 / 박후영

주소 / 서울시 용산구 서빙고로 67, 파크타워 103동 1003호

전화 / 02 · 735 · 8998, 736 · 7768

팩시밀리 / 02 · 723 · 4591

홈페이지 / www.kachibooks.co.kr

전자우편 / kachisa@unitel.co.kr

등록번호 / 1-528

등록일 / 1977. 8. 5

초판 1쇄 발행일 / 2017. 11. 30

값 / 뒤표지에 쓰여 있음

ISBN 978-89-7291-547-8 94900
      978-89-7291-543-0 94900 (세트)

이 도서의 국립중앙도서관 출판예정도서목록(CIP)은 서지정보유통지원시스템 홈페이지(http://seoji.nl.go.kr)와 국가자료공동목록시스템(http://www.nl.go.kr/kolisnet)에서 이용하실 수 있습니다. (CIP제어번호: CIP2017031008)

근대세계체제 IV

언더우드 앤드 언더우드. "체포당하는 팽크허스트 부인." 에멀린 팽크허스트는 영국의 여성 참정권 운동의 지도자였다. 과격한 전술 때문에 당대에 많은 비판에 시달렸지만, 이제 팽크허스트는 영국에서 여성 참정권 획득을 성취하는 데에 주요한 역할을 했다고 인정받고 있다. 1914년 6월 2일에 촬영된 이 사진 속에서 팽크허스트는 청원서를 제출하러 의회로 가고 있었다. 이 사신은 「뉴욕 월드-텔레그램 앤드 선(*New York World Telegram & Sun*)」지에 게재되었다. (미국 의회도서관 사진 담당부서 제공)

조반니 아리기를 기억하고 경의를 표하며

차례

데이비드 윌키/에이브러햄 랭바흐, "마을의 정치인들."
스코틀랜드 출신의 풍속화가 데이비드 윌키의 이 그림은 1806년 런던의 왕립 아카데미 전시회에서 대성공을 거두었고, 그에게 명성을 가져다준 작품이다. 윌키는 나중에 랭바흐와 협력하여 그의 그림이 더 널리 보급하기 위해서 판화로 제작했다. 이것은 1813년에 만든 최초의 판화이다. 이 작품은 어떻게 정치적 토론이 지방의 대중 활동에 들어왔고 더 이상 상층계급에만 국한되지 않게 되었는지를 보여준다는 점에서 중요하다. (미국 의회도서관의 인쇄물과 사진 담당 부서 제공)

서문

「근대세계체제」의 서술에 관하여

이 책은 일련의 연속 저작 가운데 네 번째 책이다. 첫 권은 1974년에 출판되었다. 전체 저작은 몇 권에 걸쳐 근대세계체제의 역사적, 구조적 발전을 분석했다. 각 권은 그 자체로 유효하도록, 그리고 동시에 더 큰 저작의 일부로서 기획되었다. 이는 저자와 독자 모두에게 몇 가지 문제들을 제기한다. 내가 이 저작의 집필을 시작했을 때에는 뚜렷하지 않았던 문제도 있었다. 저자로서 이 어려움에 어떻게 접근했는지 상세히 설명하는 것이 독자들에게 도움이 될 것이라고 생각한다. 이렇게 함으로써 나의 의도와 방법을 더욱 분명하게 독자들에게 전달할 수 있으리라고 기대한다.

각 권과 특정 권의 각 장은 주제를 가지고 있고, 따라서 초점을 분명히 하고자 한다. 전 권은 역사적이고 통시적(通時的)인 동시에 구조적, 분석적, 이론적이다. 이는 개별 사례들과 보편적인 법칙적 인식론 간의 널리 알려진 구분이 시대에 뒤처지고, 확실하지 않으며 견고한 분석에 도움을 주지 않는다는 나 자신의 인식론적 전제와 일치한다. 사회적 현실은 항상 그리고 반드시 (실체가 불가피하게 매 순간[나노 초(秒) 단위로] 변한다는 의미에서) 역사적인 동시에 (사회적 활동이 기술된 행위가 발생하는 역사적 사회 체제로부터 파생되는 제약에 좌우된다는 의미에서) 구조적이다.

그렇지만 만일 광범위한 공간과 긴 시간(예컨대 장기의 16세기[1450-1640]에 시작되어 현재와 내일에 이르는 근대세계체제 전체)에 걸쳐 존재해온 실체를 기술하고자 한다면, 한꺼번에 모든 것을 할 수 없는 기본적인 어려움에 봉착할 것이다. 그리하여 나는 그 이야기를 대체로 연대순으로 풀어가되 처음 발생했거나 두드러지게 분명해졌을 때, 근대세계체제의 구조적 측면을 소개하기로 결정했다. 주로 장기의 16세기를 다룬 제I권에서 19세기가 되어야 두드러질 구조적인 사안들을 논의할 여지는 거의 없다고 생각한다.

그러나 주로 19세기를 다룬 제III권에서는 제I권에서 이미 다룬 바 있고 그 사이에 그 특성이 크게 바뀌지 않은 구조적 쟁점들을 거론할 필요가 없다고 느꼈다. 그렇지만 "산업화"와 같은 현상이 언제 처음 발생했는지에 대한 나의 견해가 다른 많은 논자들의 주장과 다소 다르기 때문에 독자들은 그것이 논의되기를 기대한 부분에서 그 문제를 찾아내지 못할지도 모른다. 나는 계속 진행하면서 나의 선택의 논리를 좀더 명확히 밝히고자 노력했다.

그리하여 어떻게 연대기를 다루고자 결정했는지를 먼저 설명할까 한다. 나는 제I권을 집필할 때, 도입부에서 전체 저작을 네 부분의 시기로 나눌 것이라고 밝혔고 구체적인 시점까지 언급했다. 제I권은 1450년부터 1640년에 이르는 장기의 16세기를 다루고자 했다. 그렇지만 제II권을 집필하려고 했을 때, 나는 즉시 언급하려는 이야기가 1640년에 시작하는 것이 아니라 대략 1600년경에 시작해서 1750년까지 진행된다는 것을 깨달았다. 나는 해당 연대를 부제에 집어넣었다. 그리고 의도적으로 긴 시기가 중첩되는 방식을 채택했다. 그런 중첩 개념은 제III권에서도 지속되었고, 이번 제IV권에서도 지속될 예정이다. 그러나 이는 물론 1974년에 내가 생각한 대로 4권만으로 현재에 도달할 수 없을 것임을 의미했다.

시기의 중첩이라는 개념은 나의 분석에서 중요한 역할을 담당했다. 시간의 경계는 물론 매우 자의적이고, 단지 우리가 다루고 있는 즉각적인 문제에 관해서만 정당화될 수 있기 때문이다. 세계경제에서 네덜란드가 차지한 헤게모니에 관한 이야기(제II권 제2장)는 1600년(또는 훨씬 전)에 시작되었다고 생각할 수 있지만, 분명히 1640년에 끝나지는 않았고 실제 장기의 16세기 이야기의 일부는 아니다. 그것은 17세기—또다시 대체로—유럽의 세계경제의 공고화를 다룬 제II권에 속하는 것이었다.

더욱이 이는 언제 우리가 구조적 개념을 텍스트에 끼워넣어야 하는지의 문제를 제기한다. 최소한 나의 견해로는 16세기에 헤게모니 국가가 없었다. 그러므로 제I권에 헤게모니 개념을 도입하는 것은 부적절하다. 네덜란드는 근대세계체제에서 최초의 헤게모니 국가였다. 또 그들이 마지막 헤게모니 국가가 아니었다는 점도 사실이다. 그러나 헤게모니 개념은 영국이 그 역할을 떠맡는 맥락에서는 언급되지 않았고, 미국이 그 역할을 담당한다고 추정되는 맥락에서도 언급되지 않을 것이다. 논의된 적이 있는 그와 같은 개념은 당연한 것으로 받아들였고, 필요한 경우 그 개념의 논리를 재검토하지 않고 그것에 대한 참고 문헌을 제시했다. 이미 이론적 논의가 이루어졌기 때문이다.

또한 해당 권의 연대기적 한계라는 조건 내에서 그것이 머무르는 한, 각 장의 연대기는 그것의 내적 논리를 따른다. 좋은 사례는 제III권에서 찾을 수 있다. 전체 권은 1840년대에서 끝나지만, 제3장은 (그 제목에서 보듯이) 1850년까지 이르고 실제 그 시기를 다소 넘어선다. 반면 아메리카 대륙 정착민들의 탈식민화를 다룬 제4장은 1763년부터 1833년까지의 시기를 포괄한다.

나로서는 제IV권의 독자들이 이전에 출판된 3권을 읽었을지, 또 앞으로 읽을지 알 수 없기 때문에 지금까지 이야기한 통시적, 이론적 설명을 재개하는 것이 유용할 것이라고 생각한다. 만약 제IV권의 독자들이 여기에 포함되었어야 한다고 생각하는 어떤 것을 내가 제대로 논의하지 못했다고 느낀다면, 아마 그것은 내가 이전에 그것을 광범하게 다루었기 때문일 것이다. 예컨대 19세기를 다루는 대다수의 책들은—실제로 매우 길게—이른바 산업혁명을 논의할 것이다. 이 주제는 제III권의 제1장에서 다루었기 때문에, 내가 19세기에 대한 다른 종류의 이야기를 정리하고자 하는 제IV권에서는 반복하지 않을 것이다.

그러므로 내가 연속적인 각 권의 전체 주장이라고 생각하는 것을 요약함
으로써 이 책을 시작하려고 한다. 장기의 16세기를 다루는 제I권은 근대세계
체제의 탄생에 관한 이야기이고 기본적인 정치, 경제적 제도 가운데 일부가
어떻게 출현했는지를 언급한다. 제II권은 1600년부터 1750년까지 시기에 재
봉건화가 아니라 유럽 세계경제의 공고화에 대해서 논의한다. 그것은 세계
경제의 여러 다른 지역에서 자본가들이 어떻게 전반적인 성장의 둔화 현상
에 대응했는지를 설명하고자 한다. 1730년부터 1840년대까지를 다루는 제III
권은 자본주의 세계경제의 경제적, 지리적 팽창이 재개된 사실을 논의한다.
1789년부터 1873년/1914년을 다루는 제IV권은 근대세계체제에서 지문화
(地文化, geoculture)의 (이렇게 늦은 시점에서의) 출현에 대해서 언급한다.
이 지문화는 주로 내가 중도적 자유주의(centrist liberalism)라고 부르는 것
의 주위에서 형성되었고 그것에 의해서 지배되었다.

나는 다양한 장들이 연속적인 이론적 주안점들을 만든다고 이야기했다.
제I권 제1장에서 나는 중세라는 전주곡에서 왜, 그리고 어떻게 근대세계체제
가 출현했는지 논의했다. 나중에 나는 이 장(제1장)이 주제에 잘 들어맞지
않는다고 판단해서 1992년에 처음 출판한 논평에서 그 핵심 주장을 상당히
손질했다.[1] 제I권의 핵심 부분은 제2장이다. 제2장에서 나는 세계경제의 다
양한 지역 — 핵심, 주변, 반(半)주변(마지막 개념은 라울 프레비시가 제안
한 바 있는 중심/주변의 구분에 내가 덧붙인 개념이다) — 의 구축을 이끈
주축이 노동 분업이라는 개념을 약술했다. 또한 나는 이것이 자본주의 세계
경제의 구축으로서 그 형태는 근대세계체제에 의해서 취해졌고, 애당초 이
자본주의는 세계경제의 다양한 지역에 걸맞은 다양한 노동 통제방식을 가지
고 농업 지역에서 구성되었음을 보여주었다.

---

1) Timothy Brook과 Gregory Blue가 함께 편집한 「중국과 역사적 자본주의: 중국에 관한 지식의
   계보(China and Historical Capitalism: Genealogies of Sinological Knowledge)」(Cambridge
   University Press, 1999)에 다시 게재된 논문 "서양, 자본주의, 근대세계체제," Review 15, no.
   4 (Fall 1992), pp. 561-619를 참조.

제3장은 근대세계체제 내에서 국가들의 형성과 16세기의 절대왕정이 그 내부에서 담당한 역할을 분석했다. 제4장은 세계경제와 세계제국 간의 구별을 더욱 분명히 다듬었고 세계제국을 창출하려던 카를 5세의 시도가 왜 실패했는지를 다루었다. 제5장은 세계경제의 초기 핵심 지역들을 살펴보고 왜 그곳에서 강력한 국가 구조가 확립되었는지, 그리고 이 과정에서 계급이 어떤 역할을 했는지 분석했다. 제6장은 주변부를 살펴보고 왜 그들의 국가 구조가 허약했는지 분석했다. 또한 제6장은 세계경제 내부와 외부— 자본주의 세계경제의 노동 분업 주축 밖에 남아 있던 지역 — 의 주변부 간의 구분을 손질했다.

제I권은 전체 작업의 기본적인 논지를 자리매김했고, 제I권의 나머지 부분에서 기술된 구체적인 경험적 변화를 요약하고 개념화하는 이론적 재연과 함께 결론을 맺었다. 장기의 16세기 동안, 그리고 그 뒤 얼마간의 시기에 자본주의 세계경제는 단지 지구의 일부 지역—기본적으로 서유럽과 아메리카의 일부—에서만 존재했다. 지구의 나머지 지역은 아직 이 역사적인 사회체제의 일부분을 이루지 않았고 그리하여 그 규칙과 제약에 묶이지 않았다.

제I권은 18세기 말 이전에 우리가 "근대적" 또는 "자본주의적"이라고 부를 수 있는 실체가 없었다는 일반적인 주장에 맞섰으며, 또한 16세기에 자본주의가 시작되었으나 17세기에 크게 후퇴했다는 이들의 견해에도 대항했다. "17세기 위기"에 관한 엄청난 양의 문헌을 참조하기를 바란다. 나는 제II권의 서론과 제1장에서 이 문헌들을 다루었다. 나는 이른바 위기는 후퇴가 아니라 세계경제의 통상적 B국면(또는 침체 국면)으로서 자본주의적 발전을 붕괴시켰다기보다는 진전시켰다고 주장하고자 했다.

제II권의 제2장은 이미 보여주었듯이, 네덜란드의 헤게모니를 다루고 왜 그리고 어떻게 한 국가가 한동안 헤게모니를 쥐게 되었는지 설명하는 일반적인 유형을 언급했다. 제3장은 헤게모니 국가가 처음 쇠퇴하기 시작할 때, 무슨 일이 벌어졌는지 탐구했다. 실증적으로 그것은 네덜란드에 뒤이어 헤게모니 국가가 되고자 한 영국과 프랑스의 열망을 다루었다. 제2장은 또한 주변부가 어떻게 B국면에 맞섰는지, 그리고 "내부 지향"이 왜 반자본주의적이지 않고 생존적인 전략이었는지를 논의했다. 제4장은 반주변부의 특성에 대한 최초의 진지한 논의였다. 근대세계체제라는 생활방식에서 반주변부는 어떤 역할을 떠맡았는지, "떠오르는" 반주변부와 "쇠퇴하는" 반주변부는 어떻게 구분되는지를 논의했다. 제6장은 네덜란드가 더 이상 중요한 정치적 역할을 담당하지 못한 시기 뒤에 지속된 프랑스와 영국의 경쟁관계를 다루었다. 이 장은 영국이 앞서나가게 된 사실과 왜 영국의 우세가 (통상적인 주장처럼) 더 선진적인 경제구조가 아니라 여러 가지 이유들 가운데 (통상적인 주장과는 반대로) 영국 정부가 프랑스 정부보다 더 강력했다는 사실의 결과였음을 기술했다.

만일 18세기 말과 19세기 초가 자본주의 세계경제의 경제적, 지리적 팽창기였다고 널리 인식된다면, 그 공은 보통 "산업혁명"이라고 부르는 현상, 그리고 영국에서 발생한, 흔히 "첫 번째 산업혁명"이라고 부르는 현상 덕분이다. 분석의 관점에서 보면 나는 이런 관념이 두 가지 근거에서 매우 미약하다고 본다. 그 하나는 다른 국가들에서 개별적인 (별개의) "산업혁명들"이 존재하지 않았거나 존재할 수 없었다는 점이다. 만일 그런 현상이 있었다면, 자본주의 세계경제 전체의 현상이어야 했다. 다른 하나는 그 시기에 발생한 현상이 실로 세계 생산의 기계화와 생산액(가치)의 일시적인 상승을 반영했다고 할지라도, 그것이 그 이전과 이후에 몇 차례 발생한 일시적 상승보다 더 중요하지는 않았다는 점이다. 바로 이 점이 제III권의 제1장이 보여주려는 바였다.

제2장은 프랑스 혁명의 이야기를 거론했다. 이 "사건"에 대한 엄청난 분량의 문헌은 현재 두 가지 범주로 나뉜다. 첫 번째는 오랫동안 우세했던 사회적(또는 고전적) 해석의 지지자들이고, 두 번째는 20세기의 마지막 30여 년간 세력을 얻은 자유주의적(또는 수정주의적) 해석의 후예이다. 나의 논지는 두

해석 모두 프랑스 내부의 것이라고 알려진 현상, 그리고 프랑스 국가와 경제 구조 속에서 발생한 여러 종류의 변화에 초점을 맞추었기 때문에 잘못되었다는 것이다. 제2장의 주요 논지는 프랑스 혁명이 헤게모니를 확보하려는 영국과 프랑스 간의 투쟁─물론 영국이 승리한 투쟁─의 마지막 국면에 속하며 그 결과라는 점과 혁명의 결과로 프랑스 내부에서 발생한 변화가 보통 주장하는 것보다 훨씬 덜 중요했다는 점이다.

이런 프랑스-영국의 투쟁이 빚어낸 결과들 가운데 하나는 자본주의 세계경제의 두 번째 엄청난 지리적 팽창이었다. 그 속에서 거대한 네 지역─러시아, 오스만튀르크 제국, 인도 아대륙, 서부 아프리카─이 노동 분업의 주축에 편입되었다. 핵심 주장은 예전에 외부 영역으로 남아 있던 지역이 자본주의 세계경제의 주변부로 편입되었을 때, 그 지역에서 무슨 일이 벌어졌는지에 관한 것이다. 편입 이전의 매우 다른 기존 구조로부터 시작되어 네 지역에서 발생한 정치적, 경제적 구조의 변화는 편입의 결과로 네 지역 모두에 다소 유사한 구조를 가져온 듯 보인다.

마지막으로 제4장은 처음으로 공식적인 탈식민화 개념, 특히 그것이 왜 발생했고, 왜 새로운 헤게모니 국가의 출현과 연계되는지를 다루었다. 그러나 나는 또한 아메리카의 탈식민화는 "정착민들"의 탈식민화였으며 자신의 운명을 통제하려는 원주민들의 임무 떠맡기 과정이 아니었다는 점을 지적했다. 유일한 예외는 아이티였다. 나는 이 장에서 아이티의 투쟁이 정착민들의 탈식민화가 아니었기 때문에, 정확히 바로 그 때문에 왜, 그리고 어떻게 아이티가 고립되었고 경제적으로 크게 파괴되었는지를 보여주고자 했다.

"장기의" 19세기를 다루고자 한 제IV권에 이르렀을 때, 나는 두 가지 문제에 직면했다. 연대순으로 진행할 때, 세계체제의 지리적 범위는 확대된다. 그리고 고려해야 할 자료의 분량이 엄청나게 늘어난다. 그러나 학술 문헌의 분량은 비록 하나의 국가를 다룰 때조차도 최소한 산술급수적으로, 오히려 거의 기하급수적으로 늘어났을 것이다. 이는 읽을 시간과 종합의 어려움이라는 현실적 문제를 일으킨다. 아마 이런 사정이 내가 제Ⅳ권을 출판하는 데에 왜 그토록 오랜 시간이 걸렸는지에 대한 박약한 변명일 것이다(또다른 변명은 시간이 흐를수록 내가 다른 여러 가지 지적 활동에 더 활발히 참여하게 되었다는 점이다. 따라서 제Ⅳ권을 쓸 수 있는 시간이 더욱 부족해졌다).

두 번째 문제는 제Ⅳ권의 중심 주제가 무엇일지 결정하는 것이었다. 내가 예전에 분석한 바를 고려하면 그것은 산업혁명은 아닐 것이고, 자본주의의 발생도 아닐 것이다. 왜냐하면 나는 이 현상들이 그 이전에 발생했다고 생각하기 때문이다. 그것은 또 대단한 민주주의 혁명, 예컨대 프랑스나 미국의 변종도 아닐 것이다. 왜냐하면 나는 두 가지 유형의 혁명의 역할이 흔히 대다수가 그것에 부여하는 것과 꽤 다르다고 보기 때문이다. 나는 핵심적 사건은 프랑스 혁명이 근대세계체제 전체에 제공한 문화적 결실에서 파악되어야 한다는 결론을 내렸다. 나는 이를 세계체제의 지문화의 출현이라고 생각했다. 지문화란 세계체제 전체에서 널리 수용되고 그 뒤 사회적 행위에 제약을 가한 일련의 사상, 가치, 규범을 일컫는다.

독자들이 곧 보게 되겠지만, 나는 프랑스 혁명이 정치적 변화의 정상 상태라는 개념과 주권이 군주(통치자)가 아니라 인민에게 있다는 사상을 정당화했다고 생각한다. 이런 한 쌍의 신념이 빚어낸 결과는 다면적이고 복합적이었다. 첫 번째 결과는 이런 새롭게 보급된 개념들에 대한 반응으로서 세 가지 근대적 이데올로기―보수주의, 자유주의, 급진주의―의 출현이었다. 제Ⅳ권 전체의 논지는 중도적 자유주의가 다른 두 가지 이데올로기를 "길들이고" 19세기의 승자로 부상할 수 있었다는 점이다. 그 뒤 이는 무엇보다 당대 가장 강력한 두 국가 ― 영국과 프랑스 ― 에서 자유주의 국가들의 탄생에 특권을 부여하는 형태를 취했다. 더 나아가 그것은 중요한 종류의 반체제 운동(여기에서 다루는 새로운 개념)의 출현을 자극하고 그 충격을 제한하는 형태를 띠었다. 내가 시민권 개념이 승인한 진보와 그 혜택의 범위에 관한 환상을 다루는 것이 바로 이 지점이다. 그리고 마지막으로 그것은 역사적 사회과학의 형성을 독려하고 구속하는 형태를 가지게 되었다. 전체 이야기는 1789년부터 1914년까지, 또는 더 정확하게 말하면 1789년부터 1873/1914년까지를 다룰 것이다.

이런 강조점이 내가 제IV권에서 다루고자 한 세 가지 이야기들을 제V권으로 미룰 수밖에 없다는 상황을 뜻한다는 것을 깨닫는 데에는 어느 정도 시간이 걸렸다. 그 세 가지 이야기들은 아프리카 쟁탈전과 민족해방운동의 부상, 영국의 뒤를 이어 헤게모니 국가로 부상하려는 미국과 독일의 경제적, 정치적 경쟁관계와 미국의 최종 승리, 동아시아의 편입과 주변부화, 그리고 20세기 말 동아시아의 부활 등이다.

세 가지 이야기의 출발점은 19세기 중엽 어딘가이다. 그러나 그것이 어쨌든 1914년에 끝난 것처럼 이 이야기들을 무리 없이 거론할 수는 없을 것이다. 19세기의 이야기는 20세기에 그것이 지속되는 상황과 불가결하게 연계되어 있다. 1914년은 이 세 가지 이야기의 어느 것에 견주어보아도, 그 자체로서는 결코 전환점이 아니었다. 개별적 이야기의 필수적인 부분은 대략적인 흥망성쇠의 곡선 속에서 발견되었다. 나는 어떤 경우에든 각각의 이야기가 "장기의" 20세기, 즉 영국이 아닌 미국의 세기에 속하는 이야기였다고 결론을 내렸다. 그리하여 나는 독자들의 용서와 인내를 구하는 바이다.

만일 내가 지금 계획하는 대로(그러나 집필과정에서 바꿀 수 있겠지만) 제V권이 1873년부터 1968년/1989년까지 펼쳐진다면, 내가 오래 살 수 있다면 제VI권이 나와야 할 것이다. 그 주제는 자본주의 세계경제의 구조적 위기로서 그것이 다루는 범위는 1945년/1968년부터 21세기 중엽, 예컨대 2050년쯤까지일 것이다. 그 무렵에는 우리가 완전히 새로운 상황에 들어서지 않을까 예상한다. 근대세계체제는 그 결정적인 소멸을 보게 될 것이다. 그리고 아직 알려지지 않고 알 수도 없으며, 그 특성을 우리가 아직은 윤곽조차 잡을 수 없는 후계자 또는 후계자들에게 그 자리를 넘겨주게 될 것이다.

1

이데올로기로서의 중도적 자유주의

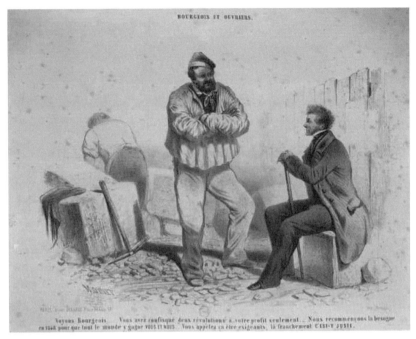

빅토르 들레브, "부르주아와 노동자들". 이 풍자만화는 1848년 5월 프랑스에서 사회혁명이 한창일 때 게재되었다. 노동자는 부르주아에게 그가 앞서 두 차례의 혁명(1789년과 1830년)을 몰수했으니, 이번에는 "우리 노동자들이 정당한 몫을 요구한다. 그것이 결국 올바른 것이다"라고 말한다. (프랑스 국립 문서보관소 제공)

"프랑스 혁명은……그 아래에서 19세기 전체가 함께 살아가는 그림자이다."
―조지 왓슨(1973, 45)

1815년 영국, 프랑스 그리고 세계체제에서 가장 중요한 새로운 정치적 현실
은 당시의 시대정신에서 정치적 변화가 당연시되었다는 사실이었다. "프랑
스 혁명과 더불어 의회의 개혁은 편의주의적 수단과는 구분되는 신조가 되
었다"(White, 1973, 73). 더욱이 수많은 사람들의 마음속에서 주권의 자리는
군주나 입법부(의회)로부터 훨씬 더 눈에 띄지 않는 어떤 존재, 즉 "인민"으
로 이동했다(Billington, 1980, 160-166, 57-71). 이들은 의심할 바 없이 프
랑스 혁명과 나폴레옹 시기의 주요한 지문화적 유산이었다. 따라서 영국,
프랑스 그리고 세계체제가 1815년과 그 뒤 줄곧 직면해야 했던 근본적인
정치적 문제는 변화라는 정상상태에 영향을 미치면서 인민주권 개념의 실행
을 지속적으로 주장하는 이들의 요구와 각국에서 그리고 세계체제 전체 내
에서 그들의 권력을 유지하고 끝없이 자본을 축적하는 능력을 보증하려는
저명인사들의 욕망을 어떻게 조정하는가의 문제였다.

우리가 언뜻 보아 갈등을 일으키는 이해관계 사이에 도저히 좁혀질 것
같지 않은 깊은 간극처럼 보이는 것을 해결하려는 이런 노력에 부여한 이름
이 이데올로기(Ideology)이다. 이데올로기는 단순히 세계를 바라보는 방식만
은 아니다. 그것은 선입견과 가정을 넘어선다. 이데올로기는 정치적 메타
전략이고 그 자체로 정치적 변화가 통상적으로 여겨지거나 상궤를 벗어나지
않았다고 생각되는 세계에서만 요구된다. 또한 정확히 자본주의 세계경제가
프랑스 혁명과 나폴레옹 시대의 문화적 격변 아래에 있게 된 그런 세계였다.
그것은 정확히 19세기와 20세기에 일상적인 정치 활동의 안내서와 그런 활
동의 평범한 타협안을 정당화하려는 신조로 기능한 이데올로기를 발전시킨
세계였다.

프랑스 혁명은 자유주의 이데올로기로부터 영감을 받았는가, 아니면 오히려 자유주의 이데올로기의 부정(否定)이었는가? 이는 1989년 프랑스 혁명 200주년 즈음에 프랑스인들이(그리고 전 세계적으로) 벌인 토론의 중심 주제였다. 하지만 그 질문은 매우 의미심장하지는 않았다. 왜냐하면 이데올로기로서 자유주의는 그 자체가 프랑스 혁명의 소산일 뿐, 그 정치 문화에 대한 서술은 아니기 때문이었다.[1] 하지만 프랑스 혁명의 지문화 변화에 대한 최초의 이데올로기적 반응은 사실 자유주의가 아니라 보수주의였다. 버크와 드 메스트르는 사건이 한창 전개되던 중에, 오늘날까지 보수주의 이데올로기의 원천으로 남아 있는 책에서 혁명에 대해서 즉각적으로 기록했다. 물론, 개념은 용어보다 먼저 출현했다. **보수주의자**(conservative)라는 용어는 분명히 1818년에야 처음으로 등장했고,[2] **자유주의자**(liberal)라는 명사는 아마 1810년에 처음 사용되었을 것이다.[3]

---

1) 프랑스인들의 토론과 관련된 모든 시시콜콜한 이야기에 관해서는 Kaplan(1993)을 참조하라. 이 책은 대체로 그 질문이 이런 용어로 제기될 수 없었기 때문에 그 토론이 어떻게 결론에 이르지 못했는지 분명히 밝혀준다. 또는 오히려 질문이 이런 용어로 제기된 이유는 역사적 실체를 명료하게 밝히기보다는 20세기 말의 정치적 쟁점과 맞서기 위한 까닭이었다. 이런 방식으로 질문을 제기하는 것은 자유주의 이데올로기의 등장과 역사적 역할을 이해하는 것을 불가능하게 만든다. 제II권에서 나는 근대세계체제의 역사적 변화라는 측면에서 프랑스 혁명을 어떻게 이해할 수 있는지에 대해서 논의했다(Wallerstein, 1989, 제1장과 2장).

2) Bénéton(1988, 6)은 보수주의자라는 용어를 샤토브리앙의 잡지 *Le Conservateur*까지 거슬러올라간다. 영국에서 당파의 칭호로 그 표현을 처음 사용한 사례는 1830년 J. W. 크로커가 쓴 한 기사까지 거슬러올라간다. 반동 또는 반동적이라는 칭호는 훨씬 더 나중에 용어집에 수록된 것으로 보인다. Tudesq(1964, 2:1028)는 이 용어들이 1848년에야 널리 보급되었지만 이것이 실제 처음 사용된 용례라는 의미는 아니라고 주장한다.

3) 정치적 함의를 가진 형용사로서 자유주의적이라는 용어는 프랑스에서 총재정부 시기(1795-1799)에 처음 사용된 것처럼 보인다. Cruz Seoane(1968, 157)은 "아마" 벵자맹 콩스탕이 1796년 "자유주의적 사상"에 대해서 언급했을 때 그것이 처음 사용되었다고 본다. Brunot & Bruneau (1937, 2: 660-661)는 혁명력 8년(1797-1798)에 분파주의자와 자코뱅에 반대되는 용어로서 그 용어가 쓰이기 시작했다고 파악한다. 그러나 그는 또한 1791년 신문 「애국파의 친구(*Ami des Patriotes*)」에서 그것이 정치적 동사(se libéraliser, 완화하다, 자유주의화하다)로 사용되었다고 언급한다.

모든 이들은 그 형용사가 1810-1811년 카디스에서 에스파냐 코르테스(신분제 의회)를 구

보수주의 이데올로기는 "자연스러운" 사회적 세력의 더딘 진화를 붕괴시
키는 의도적 정치 변화의 모범으로서 프랑스 혁명의 전망과 깊이 연계되었
다. 보수주의자들에게 이런 파괴적인 과정은 길고 미심쩍은 유산을 남겼다.

> 프랑스 혁명은 유명론(唯名論), 종교적 반대 견해, 과학적 합리주의 같은
> 신조의 시작과 중세에는 기본적이었던 집단, 제도, 지적인 확실성의 파괴에
> 까지 거슬러올라가는 역사적인 원자화 과정의 절정이었다(Nisbet, 1952,
> 168-169).

보수주의 이데올로기는 우리가 근대성이라고 생각하는 것의 도래에 맞서는
반응이었고, 상황을 완전히 뒤집는 것(어려운 방식), 그 손해를 최소화하고
다가오는 변화를 가능한 한 오랫동안 저지하는 것(더욱 세련되고 복잡한 방

성한 한 집단에 적용되었을 때, 하나의 명사가 되었다는 데에 동의하는 듯이 보인다. 코르테스
의 의원인 토레노 백작이 약 60년 뒤 글을 쓰면서 대중이 "개혁의 친구들"을 일컬어 자유주의자
라고 기술했다고 언급한다(Marichal, 1955, 58에서 인용). Billington(1980, 554, n. 33)은 이것
이 1813년 자유당파의 형성으로 귀결되었다고 말한다(또한 Cruz Seoane, 1968, 158을 참조하
라). Marichal(1955, 60)은 "서유럽에서 가장 덜 부르주아적인 국가인 에스파냐가 19세기 유럽
부르주아지의 주제어를 만들었다"는 것은 역설적이라고 말한다. 그러나 이는 결코 역설적이지
않다. 1810년 에스파냐의 자유주의자들은 격렬한 투쟁의 한복판에 있었고, 이데올로기적 명료
성은 그들에게 정치적 집결지로 기능했다.

Manning(1976, 9)은 "자유주의자라는 용어의 원래 함의가 제국주의자라는 용어와 마찬가지
로 대부분 경멸적이었다"고 주장한다. 그러나 코르테스에 대한 서술에서 보면 이는 결코 분명
하지 않다. 그가 생각한 것은 아마 1816년 2월 15일 상원의원 캐슬레이의 연설이었을 것이다.
상원의원은 연설에서 그 에스파냐 당파는 철저하게 반(反)프랑스적이었지만 "정치적으로 가장
최악의 부류의 프랑스 당파다. 그들은 페르난도 7세가 그들이 단호히 주장하는 원칙들, 특히
주권이 인민에게 있다는 원칙에 서명하지 않는다면, 왕위에 복귀할 권리를 인정하지 않을 것이
라고 선언했다. '자유주의자들'은 원칙에서는 완벽하게 자코뱅 당파였다"(「의회 토론」, 37,
602, Halévy, 1949a, 82, n. 3에서 인용). 페르난도는 같은 해에 명백히 동의했는데, 그 용어의
사용을 금지했기 때문이다(Marichal, 1955, 60). 그 용어는 1819년 프랑스와 영국의 정치적 관
례 속에 들어왔지만(Bertier de Sauvigny, 1970, 155; Halévy, 1949a, 81, n. 3 참조), 휘그당파가
자유당으로 스스로 개칭하기 전까지 25년이 더 지나야 했다.

식)을 목표로 삼는다는 단순한 의미에서 "반동적"이었다. 보수주의자들은 그들의 "합리적이고" 연역적인 도식을 정치 과정에 부과함으로써 혁명(또는 개혁; 보수주의 신조에서는 거의 차이가 없다)의 당파들이 혼란을 일으키고 시대의 지혜와 지식을 손상시키며 그리하여 사회적 해악을 가한다고 믿었다.

모든 이데올로기들과 마찬가지로, 보수주의는 무엇보다 먼저 정치적인 프로그램이었다. 보수주의자들은 그들이 국가권력을 계속 유지하거나 다시 장악해야 하며 국가 기구들이 그들의 목표를 성취하는 데에 필요한 핵심 수단이었다는 점을 매우 잘 알고 있었다. 1815년 프랑스에서 보수주의 세력이 권좌로 복귀했을 때, 그들은 이 사건에 "왕정복고"라는 이름을 붙였다. 그러나 우리가 보게 되겠지만, 실제로 정세는 이전의 상태로 되돌아가지 않았다. 루이 18세는 "헌장"을 인정해야 했고, 샤를 10세가 진정한 반발을 시도하고자 했을 때, 그는 권좌에서 축출되었고 그 자리는 훨씬 더 근대적인 칭호인 "프랑스의 국왕"을 떠맡은 루이 필리프에게 넘겨졌다.[4]

보수주의자들에게 이상적인 해법은 자유주의적 추진력을 반영하는 운동들의 완전한 소멸이었을 것이다. 그것을 제외한다면—1815년에 그런 일은 벌어지지 않았고, 1848년 이후에는 공상적이라고 인식되기에 이르렀다—그 다음으로 가장 좋은 해결책은 입법자(의원)들에게 중요한 의미가 있는 어떤 정치적 변화를 시작할 때에 극도로 신중해야 한다는 필요성을 납득시키는 것이었다. 보수주의의 지속적인 정치적 강점은 "주권자 대중" 속에 개혁에

---

4) 루이 18세가 인정한 헌장은 정치적으로 그의 "왕정복고"에 중요했다. 생강의 선언을 통해서 그는 미래의 국왕이 "자유주의적 헌법을 받아들이기로" 결심했다고 공포했다. 그 헌법은 그가 "헌장"으로 지정한 것이었다. Bastid(1953, 163-164)는 "헌장이라는 용어는 예전에 복잡하고 다양한 의미가 있었는데, 무엇보다 공동체의 자유에 대한 기억을 상기시켰다"고 논평한다. 그는 "자유주의적 성향의 인사들에게, 헌장이라는 용어는 꽤 자연스럽게 1215년 영국의 대헌장을 떠올리게 했다"고 덧붙인다. 바스티드에 따르면, "만일 어떻게 해서든 자유를 향한 대중의 열망을 충족시키지 않았더라면, 루이 18세는 대중의 지지를 획득할 수 없었을 것이다." 1830년 루이 필리프가 또한 그 나름대로 헌장을 공포했을 때, 당시에 그것은 국왕이 "수여한(octroyée)" 것이라기보다는 국왕의 "동의를 얻은(consentie)" 것이어야만 했다.

대한 다양한 환멸을 반복적으로 주입시킴으로써 대중이 가지게 된 신중한
태도에서 찾아야 할 것이다. 반면, 보수주의의 큰 약점은 항상 그것이 본질적
으로 부정적인 교의(원칙)였다는 점이다. "[보수주의 교의]는 프랑스 혁명
에 대한 반발에서 태어났다……그리하여 그것은 태생적으로 반혁명적이었
다."5) 그리고 반혁명은 19세기와 20세기에 일반적으로 혁명보다 훨씬 덜 인
기를 끌었다. 그 꼬리표는 보수주의자들에게 골칫거리였다.

그러나 보수주의자들은 그들이 논쟁의 여지가 없는 논거를 가졌다고 느꼈
다. 보수주의자들이 프랑스 혁명에 대해서 가장 크게 반대했던 것은 정치를
통해서 모든 것이 가능하고 합법적이라는 혁명당파와 이론가들에 의해서 지
지된 신념이었다. 대신 보수주의자들은 사회의 유기체적 개념과 "인간의 궁
극적 동기로서 정치적인 것의 근본적 결점(부적절성)"을 주창했다.6) 보수주

---

5) Bénéton(1988, 9)은 이렇게 덧붙인다. "보수주의의 본질은 여전히 전통주의적 확신에 대한 충성
에 의거한 반근대주의적 비판이다. 그리고 그 운명은 전통적 질서의 점진적 제거를 예방하는
데에 무력하다. 보수주의자들은 역사에 호소하지만 어떤 측면에서 역사는 그들에게 거짓말을
부여한다"(p. 10). Gash(1977, 21) 역시 동일한 사항을 지적한다. "[보수주의는] 반동, 즉 1789
년에 시작된 프랑스 혁명의 시대까지 거슬러올라갈 수 있는 방어 기제의 일부"로부터 탄생했
다. 그 결과 그것은 어떤 주도적이고 사전적(事前的)인 제안을 만들 수 있는 역량에서 항상
제한적일 것이다. 그리고 결국 그것은 우리가 보게 되듯이 개혁적 자유주의의 변종이 되는
부자연스러운 상황에 빠지게 될 것이었다.

6) White(1950, 4). 또한 Quintin Hogg를 참조하라. "보수주의자들은 이 세계에서 상황을 바로잡을
수 있는 정치권력은 무제한적이라고 믿지 않는다"(*The Case for Conservatism*, 1947, White,
1950, 31). 마찬가지로 Crick(1955, 363)은 보수주의를 "무엇보다 프랑스 혁명의 교훈 또는 두려
움으로부터 탄생한 처방전에 찬성하는 가능성들의 재통합"으로 규정한다. 마지막으로 20세기
초에 Lord Cecil(1912, 14)은 정치적 보수주의가 "자연적 보수주의"로부터 파생되었다고 규정했
다. "자연적 보수주의"는 "잘 알려지지 않은 미지의 것에 대한 불신"과 "관습이 실제로 우리의
본질을 그것에 동화시켜왔기 때문에 우리가 익숙해져 있는 것에 대한 선호"를 포함했다.
  White(1950, 1-2)는 이런 태도가 어떻게 완전히 반(反)정치적인지, 그리고 그로부터 유래해
서 반지성적인지를 보여준다. "보수주의는 정치적 교의라기보다는 감정의 양식이며 생활방식
이다……사람들로 가득한 이 영역을 하나로 묶어놓는 것은 분명히 지적으로 만든 원칙이 아니
라 수많은 즐거움이라는 본능이고 지배적인 본능은 향유의 본능이다……이 향유의 본능이
내포하는 정치적 중요성, 풍부하고 다양한 현세의 삶에 대한 이 생각 없는 헌신은 정치를 부차
적이거나 부수적인 어떤 것으로 그 자리에 두는 것이다."

의자들은 권위를 구체화하는 것으로서의 국가는 지지했으나 법률을 제정하는 한 중앙집권적인 국가에는 회의적이었다. 그 결과는 지역주의 경향이었다. 부분적으로 명사들이 지역 차원에서 훨씬 더 강력한 힘을 가지고 있었기 때문에, 그리고 본질적으로 지역 차원에서는 법률을 제정하는 경우가 훨씬 덜 했기 때문이다.[7] 확실히 이런 반정치적인 편견은 "반혁명적"이었던 이들 사이에서 지배적일 뿐 보편적이지는 않았다. 헨리 키신저는 버크의 보수주의(내가 지금까지 이 책에서 보수주의라고 기술한 것)와 메테르니히의 보수주의를 매우 설득력 있게 구분한다.

역사의 힘이라는 이름으로 보수주의를 위해서 싸우는 것, 사회의 시간적 측면과 사회계약에 대한 부인(否認) 때문에 혁명적 질문의 타당성을 거부하는 것—이것이 버크의 대답이었다. 이성의 이름으로 혁명과 맞서 싸우는 것, 우주의 구조에 반대하는 것처럼 인식론적 근거에 대한 질문의 타당성을 부인하는 것—이것이 메테르니히의 대답이었다. 이 두 가지 견해 사이의 차이점은 근본적인 차원의 것이다…….

메테르니히의 정책에 강직성을 나누어주었던 것은 바로 이 보수주의의 합리주의적 개념이었다…….

바로 이와 같이 계몽사상은 19세기 늦게까지 최후의 대변자를 보유하며 그들의 성공이 아니라 "진정성"에 의해서 행위를 판단한 셈이었다.[8]

---

7) Roberts(1958, 334)는 영국에서 토리당파의 태도를 기술한다. "'중앙집권화'는 사악한 단어였다. 그것은 토리당파가 지닌 가장 깊은 편견을 불러일으켰고 토리당파의 가장 성스런 이해관계를 침범했다……토리당파는 그들의 지역적 특권을 조심스럽게 수호했고 같은 차원에서 빈민을 교육하는 성직자의 권리, 감옥을 운영하는 자치도시의 권리, 도로를 보수하는 교구의 권리를 옹호했다……지방정부에 대한 보수주의자들의 애착은 전통주의, 지방 권력과 후원-보호 권리의 기득권, 교회에 대한 충성과 더 높은 지방세에 대한 두려움 등 여러 가지 원천에서 비롯되었다. 마지막 동기의 중요성은 결코 작지 않았다."

8) Kinssinger(1973, 193, 194, 196). 메테르니히의 견해의 정치적 엄격성은 장기적으로 그들의 특권과 권력을 유지하려는 이들의 이해관계에 도움이 되지 않을 것이었다. 그것은 사실 그들을

성공. 이것은 자유주의자들의 명확한 호소였다. 그러나 도대체 무슨 성공이란 말인가? 이것은 우리가 다루어야 하는 핵심 질문이다. 정치철학으로서 자유주의에 반대되는 이데올로기로서 자유주의—즉, 좋은 사회의 형이상학으로서의 자유주의에 반하는 인민주권의 요구에 관한 메타 전략으로서의 자유주의—는 제우스의 머리에서 나온 타고난 어른이 아니었다. 그것은 다양하고, 흔히 상반되는 이해관계들에 의해서 만들어졌다. 오늘날까지 **자유주의**라는 용어는 상당히 다양한 반향을 불러일으킨다. 이른바 경제적 자유주의와 정치적 자유주의 사이에 고전적인 "혼란"이 존재한다. 또한 때로는 자유지상주의라고 부르는 사회적 행위의 자유주의가 존재한다. 이런 혼합과 "혼란"은 자유주의 이데올로기에 도움이 되며, 그리하여 최대한의 지원을 확보하게 해준다.

자유주의는 정치적 스펙트럼 가운데 왼쪽 또는 최소한 중간 왼쪽에서 이데올로기적 생애를 시작했다. 자유주의는 "근대적인 것의 의식"(Minogue, 1963, 3)으로 부를 수 있는 것에 토대를 두고 스스로를 보수주의의 대극으로서 규정했다. 자유주의자들은 스스로를 보편주의자라고 공언했다.9) 스스로에게, 그리고 근대성이라는 이 새로운 세계관의 진실에 대해서 확신을 가진 자유주의자들은 그들의 견해를 선전하고자 했고 모든 사회적 제도 내에서 자신들의 견해의 논리를 억지로 강요하고자 했다. 그리하여 세계에서 과거의 "비합리적인" 자취를 없애려고 했다. 이렇게 하기 위해서 그들은 그들이 "자유인"10)—전통이라는 거짓 우상에서 해방된 인간—에 대한 두려움에 사

깊은 어려움에 빠지게 하고, 우리가 프랑스에서 왕정복고기에 보낼(루이 가브리엘 암브뤼아 드 보날 자작/옮긴이)류의 보수주의자들에게 일어난 일을 보게 되듯이, 그것은 사실 그들을 심각한 곤경과 역설적인 형태의 파괴적인 "급진주의"에 빠지게 할 터였다. 메테르니히식 보수주의는 20세기 막바지에야 되살아났다. 다시 한번 그것은 특권과 권력을 유지하고자 하는 이들의 이해관계에 도움을 주지 않을 것이었다.

9) "자유주의자들이 중요한 예외 없이 스스로에게 이야기해온 것은 인류 전체에게 그런 것이다"(Manning, 1976, 80).

10) 스탕달의 「파르마의 수도원(*La Chartreuse de Parme*)」에서 혁명가 페란테 팔라는 항상 자신을

로잡혔다고 본 보수주의 신봉자들과 싸워야 했다.

　그러나 자유주의자들은 진보가 불가피했다고 하더라도 인간의 노력과 정치적 프로그램이 없었다면 이룰 수 없었을 것이라고 믿었다. 자유주의 이데올로기는 그리하여 역사가 자연스런 경로를 따르도록 하기 위해서는 "시간은 보편적인 친구였고 결국 언제나 더 많은 이들에게 더 큰 행복을 가져올 것"이라는 점을 완전히 인식하면서 의식적이고 지속적이며 지적인 개혁주의에 가담하는 것이 필요했다는 믿음이었다(Schapiro, 1949, 13).

　1815년 이후 자유주의 이데올로기는 스스로를 보수주의적 공세의 반대자로 묘사했고,[11] 그 자체는 보수주의자들에게 "자코뱅적"이라고 간주되었다. 그러나 자유주의가 이데올로기로서 기세, 지지, 권위를 얻게 되자, 그것의 좌파 증명서는 약화되었다. 어떤 측면에서 그것은 우파 증명서를 얻기도 했다. 그러나 그 운명은 그것이 중간에 위치하게 되었다는 점을 강력히 주장할 예정이었다. 그것은 이미 18세기에 콩스탕[12])에 의해서 이런 식으로 개념화되었다. 또한 19세기에는 중도적인 위치에 규정되었다. 20세기 중엽에는 슐레진저(1962)에 의해서 "매우 중요한 중도"로서 여전히 찬사를 받았다.

　확실히 중도는 단지 추상이며 수사적 기교이다. 누군가는 항상 자신이 원하는 대로 단지 양극단을 규정함으로써 자기 자신을 중도적 위치에 자리잡게 할 수 있다. 자유주의자들은 이런 일을 그들의 기본적 정치 전략으로 채택하고자 결정한 이들이다. 변화라는 정상 상태에 직면하여 자유주의자들은 보수주의자―즉 가능한 한 정상적인 변화의 속도를 늦추려는 우파―와 "민주주의자"(또는 급진파, 사회주의자, 혁명파)―즉 가능한 한 그 속도를 높이

"자유인"이라고 소개한다.

11) Rémond(1982, 16)은 프랑스에서 보수주의 정치와 자유주의 정치 사이에 지속적인 간극이 생기기 시작한 때를 1789년이 아니라 1815년으로 파악한다. "그 순간 우파와 좌파는 사회적 실체이자 집단적인 정신의 사실이 되었다."

12) 콩스탕에게 "자유주의"는 자코뱅주의(또는 '무정부')와 군주정('광신자'[열광주의자])라는 두 극단 사이의 '온건하고', '중도적인' 위치를 의미했다(Marichal, 1956, 293).

려는 좌파—사이에서 자신의 위치를 주장할 것이었다. 요컨대 자유주의자들은 변화의 속도를 조절하고자 하면서 그들이 적정 속도라고 간주하는 대로 그것이 발생하기를 바라는 이들이었다. 그러나 적정 속도가 얼마인지 누가 알 수 있었겠는가? 자유주의자들은 그렇다고 말했다. 그들의 메타 전략은 정확히 이 목표를 달성하는 것과 맞물려 있었다.

이 메타 전략의 발전과정에서 두 명의 상징적인 인물들이 떠올랐다. 바로 프랑수아 기조와 제러미 벤담이었다. 기조는 역사가, 문필가이자 정치인이었다. 벤담은 철학자이고 구체적인 입법 활동의 옹호자였다. 결국 두 인물의 눈은 국가에 초점이 맞추어졌다. 기조 자신은 **근대성**을 "물질적 수단을 대신해서 지적인 수단을 관리하는 것, 힘을 대신해 책략을 관리하는 것, 중세 정치를 대신해서 이탈리아 정치를 지배하는 것"으로 규정했다(Guizot, 1846, 299). 그는 그것이 루이 11세와 더불어 시작되었다고 말했다. 아마 그럴 테지만, 만약 그렇다고 하더라도 그것은 바로 기조가 프랑스 정부에 있을 때인 19세기 초반에 이르러서야 제도로서 완전히 정착되었다.

기조는 왕권신수설로 회귀하지 않고 인민주권을 약화시키는 방법을 모색했다. 그는 역사를 통해서 진보하는 "저항할 수 없는 이성의 손"의 존재를 요구함으로써 그것을 찾았다. 스미스의 "보이지 않는 손"의 더욱 정치적인 판본을 주장함으로써 기조는 인민주권에 대한 권리 행사의 사전 조건으로, "이성에 따른 행위 능력"이라고 정의되는 "역량"의 소유를 확립할 수 있었다.[13] 선거권이 이런 역량을 소유한 이들에게 제한될 때에만 "과학적인 정

---

13) Rosanvallon(1985, 91, 95)은 어떻게 이 관점이 기조와 다른 이론가들을 한편에서는 보날과 다른 한편에서는 루소로부터 구분시켰는지를 지적한다. "[그들은] 정치사상에 사회학적 관점을 도입하고자 했다. 그 관점은 뒤집을 수 없고 긍정적인 사실로서 시민적 평등의 성취와 근대적 개인에 대한 완전한 인정을 통합했다. 이는 의식적으로 철학을 그 대립의 악순환이라고 보는 것으로부터 제거함으로써 반동적 사상과 자유민주주의적 사고 간의 대립을 극복했다.

"역량은 특성이 아니라 능력이기 때문에 그것은 인격적인 차원과 비인격적인 차원 모두를 가진다. 그것은 누군가로 하여금 그것을 부여받은 이들, 즉 유능한 이들을 인구의 나머지 부분과 구분할 수 있도록 해준다. 후자(나머지 대중)가 없어도 그 자신들을 그 속에 통합시킬 수

책"과 "합리적인 정부"를 가지게 될 것이다. 그런 정부만이 독단적이고 자의적인 정부의 복귀, 대중이 품은 열망의 해방, 그리고 사회적 해체라는 삼중의 위협을 제거하게 될 것이다(Rosanvallon, 1985, 255-256에서 인용, 또 156-158을 참조). 과학에 대한 언급은 우발적이지 않고 근본적이다. 매닝(1976, 16, 21, 23)은 자유주의 이데올로기와 뉴턴의 과학 간의 연계를 자세히 설명한다. 그는 자유주의 이데올로기의 세 가지 원칙이라고 자신이 주장한 것이 어떻게 뉴턴의 사고로부터 파생되는지를 보여준다. 그것은 균형의 원칙, 자발적 생성과 순환의 원칙, 통일성의 원칙이다. 첫째, 세계의 안정성은 "균형잡힌 관계 속에 남아 있는 구성요소에 달려 있다." 둘째, "스스로 움직이는 사회를 지시에 의해서 관리되는 사회로 변모시키려는 시도는 반드시 합리적 질서의 조화와 균형을 파괴해야 한다." 셋째, "발생의 충분조건이라는 원칙이 주어진다고 가정하면, 우리는 어떤 물리적 현상이 실현될 것이라고 기대하듯이 적절한 발전 수준에 도달할 때마다 민주적 제도들이 인간 사회 내에 구체화되리라고 기대할 수 있다."

간단히 말해서, 기조는 루이 11세(또는 샤를 10세)도, 그렇다고 로베스피에르도 지지하지 않았다. 모두 합리적인 선택이 아니었기 때문이다. 그리고 두 부류 가운데 기조(와 그의 추종자들)는 아마 로베스피에르와 루소를 더 염려했을 것이다. "19세기 초에 여전히 일반적으로 '자유주의'라고 부르는 것은 루소에 맞서는 정치를 상상하려는 시도였다. 혁명적 공포정치는 정치적 자발성(인위성)의 소산이었다. 모두가 그런 분석에 동의했다"(Rosanvallon, 1985, 44).[14]

기조의 명성은 의심할 바 없이 7월 왕정기에 점점 더 강해진 보수적인

있거나 인구의 나머지 부분을 완전히 지배할 수 있기 때문이다." 그리하여 역량의 원칙은 누군가로 하여금 안정성과 사회적 유동성, 질서와 운동을 연합할 수 있게 해준다. 기조는 "우리는 문제 그 자체를 해결해야 하고 인간들은 그 주위에 그들의 자리를 찾을 것"이라고 썼다(p. 97).

14) Rosanvallon(p. 45, n. 2)은 각주 하나를 덧붙인다. "그러므로 자유주의는 인권 개념에 근거를 둔 민주적 자유주의와는 근본적으로 구분되어야 한다."

역할 탓에 손상된 채 약해졌다. 오늘날에는 단지 프랑스의 정치적 신자유주의에 의해서 되살아날 뿐이다. 그러나 영국의 주요 자유주의자로서 벤담의 명성은 옹호(나 칭송)가 중단되는 법이 결코 없다.15) 기조가 언급한 삼중의 위협은 벤담주의자들에게도 마찬가지였지만, 그들은 아마 훨씬 더 능숙하게 그 위협에 대항했을 것이다.16) 위대한 프랑스의 친영파 자유주의자 엘리 알레비(1900, iii-iv)는 벤담이 루소와 그리 다르지 않게 출발했으나, 결국 어떻게 혁명이 아니라 고전적 자유주의로 귀결되었는지를 지적했다.

프랑스와 마찬가지로 영국은 자유주의의 세기를 겪었다. 해협을 가로질러 산업혁명의 세기는 프랑스 혁명의 세기와 일치했다. 그것은 이해관계의 일치라는 공리주의적 철학, 인권에 대한 법률적이고 정신주의적 철학의 세기이기도 했다. 모든 개인들의 이해관계는 동일하다. 각 개인은 자신의 이해관계를 가장 잘 판단한다. 그리하여 우리는 전통적 제도가 개인 사이에 세운 모든 인위적 장벽, 그리고 서로 각자에 맞서 개인들을 보호하려는 당연한 것으로 간주되는 필요에 근거한 모든 사회적 제약들을 제거해야 한다. 해방 철학은 영감과 원칙에서 매우 다르지만 장 자크 루소의 감정 철학에 실제 적용된다는 점에서 가깝다. 인권의 철학은 대륙에서 1848년 혁명에 이르러 절정에 도달할 것이었다. 같은 시기에 영국에서 이해관계의 일치 철학은 맨체스터 학파의 자유무역 구상의 승리에서 절정에 도달했다.

---

15) Eric Hobsbawm(1962, 228)은 벤담류의 철학적 급진주의자들을 "자의식이 가장 강한 영국의 부르주아 사상 학파"라고 규정한다.

16) Roberts(1959, 207)는 벤담을 지나치게 칭찬하는 것을 경계한다. "사실 벤담에 대해서 매우 주목할 만한 것은 수많은 이들에게 끼친 그의 영향력이라기보다는 독자적 사상보다 훨씬 더 강력한 다른 세력들이 실현시킨 그런 진실을 표현하는 그의 통찰력, 명료성, 논리이다." 그러나 이는 일반적으로 초기 이데올로기적 진술에 해당하는 것이다. 그 진술들은 흔히 그 자신들에게 조차 그들이 무슨 정책을 따르고 있는지 정확하고 분명하게 드러내지 못하는 정치 세력의 내재적인 메타 전략을 반영하는 견해를 설득력 있게 표현한 것이다. 그리하여 초기 이데올로기의 신봉자들은 메타 전략의 실제 창시자가 아닐 수 있다. 나중에야 이런 이데올로기적 진술들이 사회화와 합리화의 양식으로 받아들여졌다.

반면 벤담에게 사회는 "각 개별 구성원들의 의지의 자발적인 산물이자,
[그러므로] 국가가 어떤 부분도 가지지 않았던 자유로운 성장의 산물이었
다." 그러나 바로 같은 시기에 — 이는 벤담과 자유주의에 중요하다 — 사회
는 "입법자, 즉 인위적인 법률의 자녀가 만든 것"이었다. 그러므로 "국가가
민주적인 국가로서 최대 다수의 의지를 표현하기만 한다면" 그 행위는 완전
히 합법적이었다.[17]

벤담은 과학적 정책과 합리적 정부에 대한 기조의 선호에 공감했다. 국가
는 "최대 다수의 최대 선(善)"을 성취하기 위한 완전하고 중립적인 도구였
다. 그러므로 국가는 정확히 삼중의 위협 때문에 개혁, 더욱이 급진적 개혁의
도구여야만 했다.

> 벤담과 벤담주의자들은……영국의 조건에 대해서 결코 무관심하지 않았다. 그들은
> "급진적 개혁가"였고 개혁을 실현하기 위해서 열심히 활동했다. 자세한 개혁의 청사
> 진을 만들고자 했고, 선전과 선동, 음모와 공모에 가담하기도 했다. 실은 물리적 힘
> 에 대한 의존이 그 다음 단계가 될 때까지 — 그러나 그것을 넘어서지는 않고 — 혁명
> 운동을 독려하기도 했다.[18]

---

17) Halévy(1950; 3:332). 너무 작지도 않고 너무 많지도 않은 적절한 국가의 활용은 분명한 관심사
였지만 벤담주의자들은 자기 확신이 부족하지 않았다. "제2세대 자유방임 철학자, 즉 벤담류의
공리주의자들보다 어떻게 가장 효과적으로 그리고 가장 덜 헤프게 규제하는지를 더 잘 알거나
안다고 생각한 이들은 없었다"(Evans, 1983, 289).

18) Viner(1949, 361-362). 비너는 벤담주의자들이 벤담 사후에 연루된 수많은 개혁의 목록을 열거
한다. 기본적인 법률 개혁, 감옥 개혁, 선거권(여성 선거권), 자유무역, 식민정부 개혁, 노동조합
의 합법화, 공공비용에 의한 일반 교육, 자유로운 발언과 언론, 비밀투표, 성적에 의거한 공직
임명과 승진, 지방정부 개혁, 고리대금법 철폐, 재산소유권의 등기, 상업 해운의 안전규약, 공
공비용에 의한 위생 개혁과 예방의료, 체계적인 통계 수집, 그리고 빈민을 위한 무료 재판 등.
벤담은 또한 맬서스 이전에 산아 제한을 옹호했다. 우리가 보게 되겠지만, 이것은 자유방임,
시민권 보호, 일터에 대한 정부의 개입, 개인에 대한 사회적 권리 제공을 실행하는 것과 관련된
요소들을 포함하는 복합적인 목록이다. 이 모든 것의 공통점은 법안 채택의 필요성과 궁극적으
로 국가의 개혁 시행이었다.
    Perkin(1977, 107)은 벤담식 개혁에서 "중요한 X-성분의 주입, 되풀이되는 피드백의 사슬에

우리는 여기서 질문의 핵심에 도달한다. 자유주의는 결코 반(反)국가주의의 메타 전략이거나 이른바 야경국가의 메타 전략도 아니었다. 자유방임에 반대하기는커녕, "자유로운 국가 그 자체는 자기조정적 시장이 만들어낸 것이었다"(Polanyi, 1957, 3). 결국 자유주의는 항상 개인주의라는 양의 가죽을 쓴 강력한 국가의 이데올로기였다. 더 정확히 말하면 유일하게 확실한 개인주의의 궁극적인 보증인으로서 강력한 국가의 이데올로기였다. 물론 누군가가 개인주의를 이기주의로, 개혁을 이타주의로 규정한다면, 두 가지 목표는 양립 불가능할 것이다. 그러나 누군가가 개인주의를 자기 자신이 규정한 목표를 달성하기 위해서 개인의 능력을 극대화하는 것으로, 개혁을 그 속에서 강자가 약자의 불만을 누그러뜨릴 수 있고, 동시에 강자가 약자보다 더 쉽게 그들의 의지를 실현하는 현실을 이용할 수 있는 사회적 조건을 만드는 것으로 정의한다면, 내재적인 양립 불가능성은 존재하지 않을 것이다. 아예 정반대일 것이다!

영국과 프랑스에서는 상대적으로 강력한 국가 기구들이 이미 16세기와 18세기 사이에 창출되었다. 그러나 두 국가는 대중적 정당성을 얻지 못했고, 프랑스 혁명은 그들이 가진 정당성마저 파괴했다. 19세기 자유주의는 스스로 이런 정당성을 창출(현저하게 증대하는 재창출)하는 과업을 떠맡았다. 그

서 중요한 고리를 담당하는 행정 관리들의 임명"과 같은 실행 요소의 중요성을 강조한다. 또한 Roberts(1959, 207)를 참조하라. "[벤담은] 그의 동시대인들보다 확대된 행정 국가의 필요성을 더욱 포괄적으로 인식했다."

벤담을 전적으로 자유방임의 위대한 옹호자로만 묘사한 사람은 Dicey(1914[1898])였다. Brebner(1948, 59-60)는 이것이 신화였다고 말한다. 그러나 Parris(1960, 34-35)처럼 브레브너가 과도하게 반응했다고 생각하는 이들조차 단지 자유방임과 국가 개입이라는 "쌍둥이 주제"가 "19세기 중엽에 동일하게 특징적이었고", "그들이 상호 모순적이었다고 추측하는 것은 불필요하다"고 주장할 뿐이다. 패리스에게 그 이유는 분명하다. "공리주의의 주요 원칙은 지지자들이 스스로 믿고 단언한 효용의 원칙이었다. 이 원칙의 적용은 자유방임과 국가 개입 두 가지 모두의 상당한 확대로 이어졌다." Ruggiero(1959, 99)는 실제로 같은 것을 이야기한다. "벤담의 개혁안은 국가의 활동을 적지 않게 요구하지만, 개인주의의 원칙과 모순되지 않고 모순되는 것을 의도하지 않으며 단지 그들에게 필요한 보완물을 제공한다."

리하여 국가 내부적으로 그리고 세계체제의 내부에서 이 두 국가의 권력을 공고히 다졌다.

사회주의는 세 가지 이데올로기 가운데 가장 마지막으로 형성되었다. 1848년 이전에는 어느 누구도 아직 그것이 분명한 이데올로기로 구성되었다고 생각할 수 없었다. 그 이유는 주로 1789년 이전에 그들을 자유주의의 왼쪽에 있다고 생각하기 시작한 이들이 스스로를 어느 곳에서나 프랑스 혁명의 상속자이자 당파로 인식했으며, 그리하여 19세기 전반기에 그들은 스스로를 "자유주의자"라고 부르기 시작한 이들과 사실상 구분되지 않았기 때문이다.19) 프랑스 혁명이 광범위하게 비난받고 "자유주의자"가 다른 역사적 기원에 대한 권리를 주장한 영국에서조차 "급진주의자"(미래의 "사회주의자")는 처음에 단지 좀더 전투적인 자유주의자들처럼 보였다.

사실 정치 프로그램으로서, 따라서 이데올로기로서 사회주의를 자유주의와 특별히 구별해주는 것은 진보의 성취가 단지 지원이 아니라 많은 지원을 요구했다는 확신이었다. 그것이 없다면 진보의 성취는 매우 느린 과정일 것이었다. 간단히 말해서, 그 프로그램의 핵심은 역사의 경로를 가속하는 데에 있었다. 그것은 왜 혁명이라는 단어가 개혁보다 그들에게 더 호소력이 있었는지를 설명해준다. 개혁은 진지하고 양심적이라고 하더라도 단지 참을성 있는 정치 행위를 의미하는 것처럼 보였고, 주로 관망하는 태도를 구체화한다고 인식되었다.

요컨대 근대성과 변화의 "정상화"를 향한 세 가지 사고방식이 진화해왔다. 보수주의 또는 가능한 한 많은 위험을 억제하려는 태도; 자유주의 또는 적절한 시기에 가능한 한 합리적으로 인류의 행복을 성취하려는 태도; 그리고 사회주의/급진주의 또는 강하게 그것에 저항하고 있었던 세력에 맞서 강력

---

19) Plamenatz(1952, p. 47과 여러 곳)에 따르면, 프랑스에서 7월 왕정에 반대한 이들 가운데 "좌파"로 지정될 수 있고, 나중에 1848년의 혁명을 지지한 네 부류의 당파가 있었다고 할지라도 당시 그들을 집합적으로 언급하는 데에 사용된 용어는 사회주의자가 아니라 공화주의자였다.

하게 투쟁함으로써 진보를 위한 추진력을 가속하려는 태도 등. **보수주의, 자유주의, 사회주의**라는 용어가 이 세 가지 사고방식과 태도를 가리키는 데에 폭넓게 사용되기 시작한 것은 1815년과 1848년 사이의 시기였다.

각각의 태도는 그 자체로 다른 태도에 반대해서 정립되었다는 점에 주목해야 한다. 보수주의자들에게 목표는 프랑스 혁명이었다. 자유주의자들에게 그것은 보수주의(와 보수주의자들이 부활을 모색하는 구체제)였다. 그리고 사회주의자들에게 그것은 자유주의였다. 왜 각 이데올로기에 대한 해석이 그토록 많은지를 설명해주는 것은 이데올로기에 대한 바로 그 정의 속에 담긴 이런 기본적으로 비판적이고 부정적인 어조이다. 긍정적인 신조로서 다양하고 심지어 모순적이기까지 한 많은 제안들이 각기 스스로를 해당 이데올로기의 진정한 의미로 단언하면서 각 진영 내에서 단정적으로 제시되었다. 각 이데올로기 군(群)의 결속은 단지 그들이 무엇에 반대했는지에 달려 있었다. 이는 결코 사소한 세부사항이 아니다. 왜냐하면 150년 정도(최소한 1968년까지) 동안 세 진영이 서로 묶여 있었던 까닭은 바로 이 부정적인 측면 때문이었다.

이데올로기들은 사실 근대성을 다루기 위한 정치 프로그램이기 때문에 각 이데올로기는 "주체" 또는 주요한 정치적 행위자를 필요로 한다. 근대 세계의 전문용어 속에서 이는 주권의 문제로 언급되어왔다. 프랑스 혁명은 이 문제에 대해서 매우 분명한 입장을 역설했다. 절대군주의 주권에 대항해서 프랑스 혁명은 "인민"의 주권을 선포했다.

이 새로운 인민주권의 언어는 근대성의 위대한 업적 가운데 하나이다. 그 뒤 1세기 동안 그에 맞서는 오랜 투쟁이 이어졌다고 할지라도 어느 누구도 이 새로운 우상인 "인민"을 권좌에서 몰아낼 수 없었다. 그러나 그 승리는 빈 껍데기였다. 인민이 주권자를 구성한다는 점에 대해서는 보편적인 합의가 존재했으나, 처음부터 누가 "인민"인지에 대한 동의는 없었다. 더욱이 이 미묘한 문제에 대해서 세 가지 이데올로기 모두 분명한 견해를 가지고 있지 않았다. 그리고 그런 사정은 지지자들이 각각의 입장과 태도의 애매함을 인정하는 것을 막지 않았다.

겉으로 보기에 견해와 태도가 가장 덜 모호했던 것은 자유주의자들이었다. 그들에게 "인민"은 각각 정치적, 경제적, 문화적 권리의 궁극적 보유자인 모든 "개인"의 총합이었다. 개인은 단연 탁월한 근대성의 역사적 "주체"이다. 최소한 누가 주권을 가진 개인인가라는 문제를 광범위하게 논의한다는 점에서 누구든 자유주의자들을 믿을 수 있다.

보수주의자들과 사회주의자들 역시 원칙상 이 쟁점을 논의해야 했다. 각자가 개인과는 상당히 다른 "주체"를 상정했기 때문이다. 그러나 그들의 논의는 훨씬 덜 명확했다. 만일 "주체"가 개인이 아니라면, 그것은 누구인가? 이것을 식별하기는 다소 어렵다. 예컨대 에드먼드 버크의 「프랑스 혁명에 대한 성찰(*Reflections on the Revolution in France*)」(White, 1950, p. 28에서 인용)을 참조하라.

> 인간의 본성은 복잡하고 미묘하다. 사회를 구성하는 사물은 매우 복잡하다. 그러므로 어떤 단순한 권력의 양도나 감독이라도 인간의 본성이나 인간 관심사의 속성에 들어맞지 않을 수 있다.

만일 이것이 프랑스의 혁명가들을 공격하는 문서였다는 점을 알지 못했다면, 아마 이 문서가 절대군주를 비난하려는 의도를 가진 것이었다고 생각했을지도 모른다. 그 점은 우리가 버크가 그보다 거의 20년 전쯤에 진술한 내용(1926[1780], 357)을 살펴본다면, 좀더 분명해질 것이다. "개인들은 그림자처럼 지나간다. 그러나 공화국(연방)은 고정되고 안정적이다."

보날의 접근방식은 상당히 달랐다. 그가 교회의 중요한 역할에 대해서 지속적으로 주장했기 때문이다. 그러나 그의 견해는 다양한 보수주의 이데올로기와 한 가지 요소에서 공통점이 있다. 가족, 길드(**조합 또는 기업**), 교회,

전통적 "신분"과 같은 사회집단에 그들이 부여한 중요성—그것은 보수주의자들에게 정치적으로 행동하는 권리를 가진 "주체"가 되었다— 이었다. 달리 말해서 보수주의자들은 "전통적"이라고 간주될 수 있을(그리하여 지속성을 구체화하는) 모든 집단들에 우선권을 부여했지만, 정치 행위자로서 보수주의를 어떤 "전체성"과 동일시하는 것은 거부했다. 사실 보수주의 사상에서 결코 분명하지 않았던 것은 어떤 집단들이 지속성을 구체화하는지를 어떻게 결정할 수 있는가의 문제이다. 결국에는 서로 다투는 왕가들을 둘러싸고 항상 논쟁이 벌어졌다.

보날(1988[1802], 87)에게 루소와 몽테스키외의 가장 큰 실책은 정확히 "사회에 우선하는 순수한 자연 상태를 상상한 것"이었다. 완전히 반대로 "진정한 사회의 본질은 사회, 공적 사회가 현재 무엇인가이다."[20] 그러나 이런 정의는 보날에게 일종의 함정이었다. 왜냐하면 그것은 사실상 "회복과 복구"를 금지한 현재를 그만큼 정당화했기 때문이다. 하지만 정확한 논리가 보수주의적 반론의 장점이나 핵심적 관심사인 적은 결코 없었다. 오히려 보수주의자들은 개인들의 투표를 합산함으로써 이루어진 대다수의 가능성 있는 행동에 경고를 보내는 데에 신경을 썼다. 역사적 주체로서 그들은 자유주의자들보다 훨씬 덜 활동적이었다. 그들의 눈에 좋은 결정이란 천천히, 그리고 드물게 이루어졌고, 대개 그런 결정은 이미 이루어졌다.

만일 보수주의자들이 이른바 전통적 소집단들의 편을 들어 역사적 주체로서 개인에게 우선권을 부여하기를 거부했다면, 사회주의자들은 전체 인민이라는 대규모 집단에 유리하게 전통적 집단에게 우선권을 부여하기를 거부했다. 초기 사회주의자들의 사상을 분석하면서 G. D. H. 콜은 다음과 같이 언급했다(1953, 2).

---

20) Tudesq(1964, 235)가 기록하듯이, "7월 왕정에 대한 정통주의자(부르봉 왕가의 지지자)들의 반대는 기존 권위에 대한 명사(名士)들의 반대였다." 그리하여 정통주의자들이 보날의 격언을 단호히 부정하지 않았는가?

"사회주의자들"은 개인의 요구와 주장에 대한 지배적인 강조에 맞서 인간관계의 사회적 요소를 강조하고 프랑스 혁명과 경제 영역에서 동반된 혁명이 세계에 맡겨놓은 인권에 대한 거대한 토론의 전면에 사회 문제를 내놓고자 시도하는 이들이었다.

그러나 어떤 개인들이 인민을 구성하는지 알기가 어렵다면, 그리고 인민이 어떤 "집단"으로 구성되는지 훨씬 더 알기 어렵다면, 모든 것 가운데 가장 어려운 일은 전체 인민의 일반 의지를 어떻게 규정할 것인지를 아는 것이다. 어떻게 그것이 무엇인지 알 수 있는가? 우선 누구의 견해를 우리가 고려해야 하고 어떻게 해야 하는가?

간단히 말해서 세 가지 이데올로기가 우리에게 제공한 것은 적절한 역사적 주체가 누구인가라는 질문에 대한 답변이 아니라 단지 누가 인민의 주권을 구현하는가에 대한 탐색에서 요구되는 세 가지 출발점이었다. 자유주의자들에게 그것은 이른바 자유로운 개인이었다. 보수주의자들에게는 이른바 전통적 집단이었고, 사회주의자들에게는 "사회"의 전체 구성원이었다.

"주체"로서 인민은 가장 중요한 객체로서 국가를 소유했다. 인민이 그 의지를 행사하는 곳, 즉 인민이 주권자인 곳은 국가 내부이다. 그렇지만 19세기 이래 우리는 또한 인민이 "사회"를 구성한다고 들어왔다. 우리는 근대성의 거대한 지적 모순(이율배반)을 구성하는 국가와 사회를 어떻게 조화시킬 수 있을 것인가?

가장 놀라운 일은 이런 측면에서 세 가지 이데올로기의 담론을 주시할 때, 세 가지 이데올로기 모두가 국가에 맞서 사회의 편에 서 있는 것처럼 보인다는 점이다. 그 핵심 주장은 친숙하다. 확고한 자유주의자들에게 국가를 경제생활로부터 거리를 유지하도록 하고 일반적으로 국가의 역할을 최소한으로 축소하는 것은 매우 중요한 과제였다. "자유방임은 국가의 야경꾼 교의이다"(Watson, 1973, 68). 보수주의자들에게 프랑스 혁명의 소름끼치는 면모는 그것의 개인주의뿐만 아니라 특히 국가중심주의였다. 국가는 그것이 인민의 충성과 헌신을 지휘하는 주요한 중개 집단 ―가족, 교회, 길드―의 역할에 문제를 제기할 때 폭군으로 변한다.21) 우리는 마르크스와 엥겔스가 「공산당 선언(*Communist Manifesto*)」에서 보여준 유명한 특징 묘사에 친숙하다(1976[1848], 486).

> 부르주아지는 근대 산업과 세계시장의 확립 이래 마침내 단독으로 근대 대의제 국가에서 배타적인 정치적 지배권을 차지했다. 근대 국가의 행정부는 전체 부르주아지의 공통 관심사를 잘 처리하는 위원회에 불과하다.

국가에 대한 이런 부정적인 견해는 각각의 이데올로기가 그들의 비판 대상인 국가가 그들의 통제를 벗어나서 이데올로기적 반대자들의 수중에 장악당했다고 불평을 터뜨리는 것을 막지 못했다. 사실 세 가지 이데올로기가 각각의 프로그램을 추진하는 데에 국가의 도움과 활동이 절실히 필요하다는 점이 판명되었다. 이데올로기는 무엇보다 정치적 전략이라는 점을 잊지 말아야 한다. 사회주의자들은 반국가적 수사(修辭)에도 불구하고, 대다수가 단기적으로 보면 항상 국가의 활동을 확대하기 위해서 노력해왔다는 점 때문에 그들의 일관성 없는 태도에 대한 비판에 오랫동안 시달려왔다.

그러나 보수주의자들이 더 심각한 반국가주의자였는가? 그들은 규칙적으로 국가의 행위에 의한 개혁을 달성하는 데에 반대해왔는가? 현실에서는 결코 그렇지 않았다. 그러므로 우리는 보수주의자들이 근대성의 핵심적 결과 가운데 하나로 보았던 "가치의 쇠퇴" 문제를 고려해야 한다. 현재 사회의 타락이라고 인식되는 것을 뒤집으려면, 예전처럼 사회를 더 순수한 상태로 회복시키려면, 보수주의자들은 항상 국가가 필요했다. 1840년대 영국의 위대한 보수주의자인 로버트 필 경은 "강력한 행정부가 공포한 헌법이 그가 살던

---

21) 보날의 견해에 대한 논의는 Nisbet(1944, 318-319)의 저작을 참조하라. 니스벳은 "직업이나 직무에 근거한 결사체"라는 의미에서 코퍼레이션(corporation)을 사용한다.

무질서한 시대에 필수적이라고 믿었다"(Gash, 1951, 52)고 알려져 있다. 사실 이 논평은 더 일반적으로는 보수주의적 정치인들의 관행에 적용된다.

알레비(1949, 42-43)가 19세기 초 영국에서 "토리 반동" 시대에 국가에 맞서 보수주의의 관점이 어떻게 변화했는지를 설명하는 방식에 주목해보자.

> 1688년 이후 국왕은 자신을 주권자라고 인식했고 대중의 여론 역시 그렇게 인식했다. 그가 자신의 주권을 절대적으로 만들 것이라는 두려움이 항상 존재했고 국가의 모든 권력에 의해서 향유된 그의 권위의 독립성은 대권의 신중한 한계, 즉 국왕의 전제에 맞서는 헌법적 보증의 체계를 만들었다. 19세기 초에 미국, 프랑스, 영국에서조차 최고 주권자라는 자격을 단언하거나 주장할 참이었던 존재는 인민이었다. 그러므로 세 열강은 이제 인민에 맞서 독립을 유지했다. 그 형태가 동일하게 남아 있는 동안 그 의미와 중요성이 변화한 제도들을 지지한 이들은 더 이상 휘그당파가 아니라 토리당파였다. 그리고 이제 국왕은 새로운 주권 청구인에 맞서 자율권을 방어하기 위해서 세 열강이 구축한 동맹을 관리했다.

이 분석은 명쾌하다. 보수주의자들은 변화를 추진하려는 대중의 세력을 통제하기 위해서 필요한 정도까지 국가 구조를 강화할 준비가 항상 되어 있었다. 사실 이것은 세실 경의 진술에는 은연중에 내포되어 있었다(1912, 192). "국가의 행위가 불공정하거나 억압적인 것을 포함하지 않는 한 보수주의의 원칙은 그것에 적대적이라고 말할 수 없다."

그렇다면 최소한 자유주의자들 ─개인의 자유와 자유시장의 옹호자들─ 은 국가에 적대적이지 않았는가? 결코 아니었다. 처음부터 자유주의자들은 근본적인 모순에 사로잡혀 있었다. 국가에 맞서 개인들의 권리를 옹호해야 하는 자로서 자유주의자들은 보통선거권─민주국가의 유일한 보증수표─ 을 지향하도록 강요받았다. 그러나 그 결과 국가는 과거로부터 계승된 사회적 제약에서 개인을 해방시킬 의도를 가진 모든 개혁의 주요 행위자이자,

대리인이 되었다. 이는 곧 자유주의자들로 하여금 공리주의적 목표에 봉사하도록 적극적인 법을 제출하려는 구상을 하도록 했다.

다시 한번 알레비(1950, 99-100)는 그 결과를 분명히 지적했다.

"공리주의적" 철학은 단지, 심지어 근본적으로 자유주의적 체계가 아니었을 것이다. 그것은 동시에 여러 이해관계들의 조화를 이루어내기 위해서 신중하고 어떤 의미에서는 정부의 과학적인 간섭에 기대하는 권위의 교의였다. 젊은 시절 "계몽전제주의"의 옹호자였던 벤담은 자신의 사상을 전개하면서 민주주의자로 전환했다. 그러나 그는 우리가 멀리뛰기라고 부를 수 있을 견해에 도달했다. 멀리뛰기를 통해서 그는 한달음에 자신이 멈출 수 있으리라고 기대한 많은 정치적 교의—귀족, 혼합적 헌법, 권력의 균형—와 정치가들의 목표가 정부의 권위를 약화시키고 가능한 한 권력을 나눔으로써 개인을 자유롭게 하는 것이어야 한다는 교의에 이르렀다. 벤담의 견해에 따르면, 국가의 권위가 보통선거권이나 최소한 다수의 관심을 얻은 매우 광범위한 선거권에 의해서 조화를 이루게 될 때, 그것을 의심하려는 이유가 더 이상 존재하지 않았다. 그것은 득이 될 수도, 해가 될 수도 있었다.

그 결과 보수주의자들은 이제 유급 관리들이 운영하는 새로운 관료적 전제주의 체제에 맞서 무급 관리들을 보유한 귀족주의적 자치정부라는 구체제, 즉 진정한 자유주의 전통의 지지자가 되었다.

그렇다면 벤담주의가 자유주의의 파생물로서 그 최적의 표현은 오히려 고전파 경제학자, 즉 "자유방임주의" 이론가들에게서 발견할 수 있다고 생각하는 것이 가능한가? 아닐 것이다. 왜냐하면 우리가 보게 되듯이 최초의 공장법이 영국에서 통과되었을 때, 당대의 모든 주도적 고전파 경제학자들이 그것을 지지했기 때문이다. 이 현상은 다름 아닌 신고전파 경제학의 아버지인 앨프리드 마셜(1921, 763-764)이 분명히 설명하고 승인했다. 그때부터 대단한 관료제 국가는 결코 성장을 멈추지 않았고 연속적으로 집권한 자유주의 정부들은 그 팽창을 보증했다. 홉하우스가 보수주의를 다룬 세실 경의 책에 대한 대답으로 자유주의에 관한 책을 집필했을 때, 그는 이런 식으로 그 팽창을 정당화했다. "국가의 강제라는 기능은 개인의 강제와 물론 국가 내 개인들의 어떤 유대에 의해서 행사된 강제를 극복하려는 것이다"(1911, 146).

의심할 바 없이 각각의 이데올로기가 다소 당혹스런 국가주의를 설명하고자 호소한 그런 정당화는 매우 달랐다. 사회주의자들에게 국가는 일반의지를 실행하는 것이었다. 보수주의자들에게 국가는 일반의지에 맞서서 전통적 권리를 보호해주었다. 자유주의자들에게 국가는 개인적 권리들이 강화되도록 허용하는 조건들을 만들었다. 그러나 각각의 경우에 결론은 그 수사는 정확히 반대의 것을 요구한 반면, 실제 국가가 사회와 관련하여 강화되고 있었다는 점이다.

국가와 사회의 적절한 관계라는 주제와 관련된 이 모든 혼란과 지적 혼동은, 어떻게 많은 별개의 이데올로기들이 19세기에 존재하게 되었는지에 대해서 왜 우리가 전적으로 확신하지 못했는지를 이해하도록 해준다. 세 가지? 두 가지? 단 하나? 나는 세 가지가 있었다는 전통적인 주장을 방금 전에 재검토했다. 이제 다른 이들이 어떻게 세 가지를 두 가지로 줄일 수 있는지 살펴보도록 하자.

프랑스 혁명으로부터 1848년까지의 시기에 확실히 당대인들에게 "유일하게 분명한 차이"는 진보를 불가피하고 바람직하게 인식하고 따라서 프랑스 혁명에 대해서 "전체적으로 우호적인" 이들과, 가치의 붕괴를 완전히 잘못된 것으로 인식하고 그 붕괴에 맞서는 태도를 보이면서 반혁명을 옹호한 이들 사이의 분열이었다(Agulhon, 1992, 7). 그리하여 정치 투쟁은 자유주의자와 보수주의자 사이에 벌어졌다. 스스로를 급진주의자 또는 자코뱅이나 공화주의자, 사회주의자라고 부른 이들은 단지 자유주의자들의 더욱 전투적인 변종으로 인식되었다. 「시골 사제(*Le Curé de village*)」에서 발자크(1897[1839], 79)는 주교의 절규를 다음과 같이 묘사한다.

여기, 선동이 퍼져나가고 멀리 넓게 뿌리가 뻗은 곳에서 공업에 종사하는 이들에게는 기적이 필요하다. 이곳에서는 종교적 교의와 군주정의 교의가 비판적인 정신에 의해서 반박된다. 이곳에서는 내일이라는 또다른 이름을 받아들이는 데 자유로운 오늘날의 이른바 자유주의에 의해서 프로테스탄티즘에서 파생된 분석체계가 존경할 만한 것이 전혀 없다.

튀데스(1964, 125-126)는 우리에게 1840년 정통주의자들의 신문 「오를레앙파(l'Orléanais)」가 다른 신문인 「루아레 저널(Le Journal de Loiret)」을 "자유주의적, 프로테스탄트적, 생시몽주의적, 라므네(왕정복고기의 가장 영향력 있는 지식인 중 한 사람이자 가톨릭 자유주의의 선구자인 위그 펠리시테 로베르 드 라므네/옮긴이)적 신문"이라고 비난한 것을 상기시킨다. 이는 사이먼의 기록에서 보듯이(1956, 330), 완전히 거칠고 난폭한 비판이 아니었다. "진보의 사상은 실제로 생시몽의 철학사상 전체에서 핵심을 차지하며 주요한 영감을 제공했다"(Manning, 1976, 83-84도 참조).

더욱이 이런 자유주의자-사회주의자 동맹은 18세기의 자유롭고 평등주의적인 사상, 그리고 절대왕정에 맞선 투쟁 속에 뿌리를 내렸다(Meyssonier, 1989, 137-156 참조). 그 동맹은 두 이데올로기가 근대 국가의 사회정책을 위한 기본 조건으로 인식한 생산성에 대한 관심이 계속해서 증대했기 때문에 19세기에도 지속적으로 융성했다. "생시몽주의와 경제적 자유주의는 모두 우리가 오늘날 경제적 합리화라고 부르는 방향으로 진화했다"(Mason, 1931, 681). 공리주의의 대두와 더불어 그 동맹은 혼인관계가 될 수 있을 것처럼 보였다. 브레브너는 "페이비언주의자, 하지만 훗날의 벤담주의자들은 무엇이었는가?"라고 결론을 내리면서 벤담의 "집산주의적(集産主義的)" 면모에 대해서 공감을 표시했다(1948, 66). (공리주의와 집산주의의 근본적인 지속성, 특히 벤담주의와 페이비언주의와의 본질적 유사성을 지적하는 학자들이 많다. 특히 퍼킨[1969]에 따르면, 페이비언주의자들은 "벤담주의

자들의 지적인 손자뻘"이었다/옮긴이) 그는 존 스튜어트 밀이 이미 1830년
에 "자유주의적 사회주의자"라고 부를 수 있을 정도였다고 첨언한다.

다른 한편 1830년 이후 자유주의자들과 사회주의자들 사이에 뚜렷한 구분
이 나타나기 시작했고, 1848년 이후 그 구분은 훨씬 더 분명해졌다. 동시에
1848년은 자유주의자들과 보수주의자들 사이에 화해와 조화가 시작된 해였
다. 홉스봄(1962, 117)은 1830년의 주목할 만한 결과가 프랑스, 영국, 특히
벨기에에서 [그리고 어느 정도는 스위스, 에스파냐, 포르투갈에서도] "급진
파로부터 온건파를 떼어낸" "온건한" 자유주의의 정치적 승리를 인정함으로
써 대중 정치를 가능하게 만든 것이라고 생각한다. 이탈리아의 관점에서 그
문제를 분석한 칸티모리는 분리와 결별은 1848년까지 아직 분명하지 않았다
고 생각한다. 그는 그때까지 "자유주의 운동이 봉기의 요구나 개혁적 정치
노선이나 어떤 경로도 거부하지 않았다"고 기록한다(1948, 288). 1848년 이
후에야 비로소 두 전술의 결별이 성사되었다.

주의해야 할 주요 사항은 1848년 이후 사회주의자들이 생시몽에 대해서
언급하기를 멈추었다는 사실이다. 사회주의 운동은 마르크스의 사상을 중심
으로 스스로를 조직하기 시작했다. 불만의 대상은 더 이상 개혁으로 교정
가능성이 높은 빈곤만이 아니라 자본주의 탓에 생겨난 비인간화였다. 그에
대한 해결책은 자본주의의 완전한 전복을 요구했다(Kolakowski, 1978, 222).

바로 이때, 보수주의자들은 목표 달성을 위해서 개혁사상의 유효성을 의
식하기 시작했다. 로버트 필 경은 1832년 개혁법 제정 직후 탬워스 선언이라
는 선거 선언문을 발표했다. 그 선언은 일종의 교의적 진술로서 널리 알려졌
다. 그것은 당대인에게 "거의 혁명적인" 것으로 간주되었다. 그것이 단지 개
혁법을 "위대한 헌법 문제의 최종적이고 돌이킬 수 없는 타결"로 받아들이는
것을 선포했기 때문만이 아니라 이런 견해가 당시 대단한 "소동"을 야기하면
서 의회보다는 인민에게 공표되었기 때문이다(Halévy, 1950, 178).[22]

---

22) Halévy는 1835년 4월 「쿼터리 리뷰(*Quarterly Review*)」(vol. 53, p. 265)에 게재된 한 논문을

비록 재산과 관련해서 보수주의자들의 관심을 끈 것은 주로 재산이 지속성을 대변하고 그리하여 가족생활, 교회, 그리고 다른 사회적 유대관계의 토대를 이루었다는 사실이었지만, 그 과정에서 보수주의자들은 재산 보호의 중요성에 대해서 자유주의자들과 이해관계가 수렴했다는 점을 알게 되었다(Nisbet, 1966, 26 참조). 그러나 이런 실제적인 수렴을 넘어 현실의 혁명이 주는 구체적 위협이 존재했다. 세실 경이 주목하듯이(1912, 64), 이는 그들이 공유한 두려움의 요인이었다. "보수주의적 노선에 따른 온건한 개혁이 있어야만 한다는 것은 바로 자코뱅주의에 대한 효과적 저항의 필수불가결한 부분이었기 때문이다."

결국 우리는 세 가지 이데올로기를 두 가지로 축소하는 세 번째 가능성—보수주의자들과 사회주의자들이 힘을 합쳐 자유주의자들과 대립하는 것—을 전적으로 소홀히 다루어서는 안 된다. 물론 이론적으로는 가장 가능성이 낮아 보인다. 생시몽 사회주의의 "보수적" 속성이나 보날의 사상에 내재하는 그 뿌리가 흔히 언급되곤 했다(Manuel, 1956, 320; Iggers, 1958a, 99). 양 진영은 그들의 반개인주의적 경향을 둘러싸고 결집할 수 있었다. 마찬가지로 폰 하이에크 같은 자유주의자는 보수적인 칼라일의 사상이 가진 "사회주의적" 속성을 비판했다. 당시 문제시된 것은 보수주의 사상의 "사회적" 측면이었다. 세실 경(1912, 169)은 이런 친화성을 공공연히 선언하는 데에 주저하지 않았다.

많은 이들은 흔히 보수주의와 사회주의가 직접적으로 적대적이라고 가정한다. 그러나 이 가정이 완전히 정확하지는 않다. 근대의 보수주의는 국가의 활동과 권위에 호의적인 토리즘(토리당파의 이념)의 전통을 계승한다. 허버트 스펜서 씨는 실제 사

인용한다. 제목은 "로버트 필 경의 연설"이었다. "예전에 언제 어느 총리가 취임 수락뿐 아니라 그가 제시하려던 원칙들과 조치들의 세부사항까지 인민에게 알리고, 국왕이 선택한 대신들에게 정말 절대적인 신뢰가 아니라 공정한 시험을 부여하는 정도까지 국왕의 특권을 유지해주었으면 좋겠다고 의회가 아니라 인민에게 간청하는 것이 합당하다고 생각했는가?"(1950, 178, n. 10)

회주의를 토리즘의 부활이라고 공격하기도 했다.

자유주의자-사회주의자 동맹의 성과는 일종의 사회주의적 자유주의의 출현이었는데, 그것은 결국 자유주의의 두 가지 변종을 낳았다. 가능성이 더 낮아 보인 보수주의자와 사회주의자 간의 동맹은 원래 일시적 전술에 지나지 않았다. 그러나 20세기의 다양한 "전체주의들"이 포퓰리스트적이자 사회적인 전통주의의 한 형태를 마련했다는 의미에서 전체주의를 이 동맹의 더 지속적인 형태로 생각할 수 없을지에 대해서 의아하게 생각할지도 모른다. 만일 그렇다면, 이 전체주의들은 또다른 길이었고 그 속에서 자유주의는 마니교(이원론적) 드라마의 정반대로서 주역으로 살아남았을 것이다. 자유주의에 대한 강렬한 반대라는 겉모습 뒤에서 이 모든 체제의 요구사항 중 핵심 요소로서 자유주의자들의 복음이었던 생산성에 바탕을 둔 진보에 대한 동일한 믿음을 발견할 수 있다. 이런 식으로 우리는 사회주의적 보수주의(또는 보수적 사회주의)조차 얼마간 자유주의의 변형 —그 악마적 형태— 이었다고 추론할 수 있을 것이다. 어떤 경우에든 1789년 이래 세 가지 주요한 변형 속에서 색깔을 드러낸 단 하나의 진정한 이데올로기 —자유주의—가 있었다고 결론짓는 것이 정확하지 않을까?

물론 그런 진술은 역사적 용어로 분명히 설명되어야 한다. 만일 1789-1848년의 시기에 보수주의와 자유주의 간의 엄청난 이데올로기적 투쟁이 있었다고 하더라도 보수주의는 우리가 보게 되듯이 결국 완성된 형태를 이루는 데에 실패했다. 1848년 이후 자유주의는 세계체제에서 문화적 헤게모니를 장악하고 지문화의 근본적 핵심을 구성하게 될 것이었다. 장기의 19세기 나머지 기간 동안 자유주의는 심각한 반대세력 없이 무대를 지배했다. 마르크스주의가 독자적으로 사회주의 이데올로기를 형성하고자 했지만, 결코 완전히 성공할 수 없었다. 19세기 자유주의의 승리에 관한 이야기가 이 책(제IV권)의 주제이다.

2

자유주의 국가의 건설 :
1815-1830년

토머스 로런스 경, "메테르니히 대공."
이 사진 인쇄물은 영국 화가 클레멘스 웬젤이 그린 폰 메테르니히 대공의 초상화를
복제한 작품이다. 메테르니히는 1815-1848년에 반동적 성격의 신성동맹을 주도한 인물
이었다. (미국 의회 도서관의 인쇄물과 사진 담당 부서 제공)

[프랑스 혁명은] 공작들을 타도하거나 위협했고,
철학자들을 당황하게 만들었으며, 문제의 형태를 바꾸었다.
—엘리 알레비(1901a, 276)

바스티유 함락에서 잉글랜드 차티스트 운동의 최종 붕괴까지
프랑스 혁명의 발발에 뒤이은 반세기 동안 유럽의 어떤 국가에서도
혁명의 위험은 결코 완전히 사라지지 않았다.
—프랭크 O. 다발(1934, 304)

영국과 프랑스는 1651년부터 1815년까지 자본주의적 세계경제 내의 헤게모
니를 놓고 길고긴 전쟁을 벌였다.[1] 1815년에야 영국은 마침내 결정적인 승
리를 거두었다. 곧 두 국가는 주목할 만큼 신속하게 핵심 지역에 위치한(또
는 그곳에 자리잡으려는 포부를 가진) 국가들의 새로운 정치적 모델을 확립
하고자 함께 노력하는, 암묵적이지만 매우 뜻깊은 동맹관계에 돌입했다. 이
는 자유주의 국가라는 모델로서 인민주권의 시대에 자본주의적 세계경제의
정당화에서 핵심적 요소를 차지했다.

　영국과 프랑스의 동맹은 그들이 다소 유사한 내부적 압력에 직면했다는
사실뿐 아니라 이 목표를 이루기 위해서 상대방을 필요로 했다는 사실에 근
거를 두었다. 그들은 상호 지원과 확실히 이 모델의 건설과정에서 학습을
위해서 서로가 필요했다. 또한 상호 이해관계에서 지정학적 균형을 유지하
기 위해서 서로가 필요했다.[2] 그러나 무엇보다 그들은 대안적 모델을 더 효

---

1) 이에 관한 이야기는 제II권의 제3장과 6장, 제III권의 제2장에 나온다.
2) "1815년 이후 평화조약들은 효과적으로 프랑스의 팽창을 제어했다……러시아는 [영국에 의해
　서] 점점 더 새로운 위협으로 인식되었다. 영국의 정책은 일반적으로 러시아의 공격성에 대한
　장애물을 재정비하는 데에 초점을 맞추었다"(Evans, 1983, 196-197). 물론 19세기 후반기에는
　독일이 그런 위협으로 떠오르기 시작했다. 그렇지만 우리가 알듯이 영국과 프랑스의 동맹은
　19세기 내내, 그리고 훗날까지 확고하게 유지되었다.

과적으로 휩쓸고 모든 시선을 그들의 모델로 돌리게 하려고 세계의 나머지 지역에 공통의 표준과 규범을 제시하고자 했다. 그리하여 흔히 완전히 진심 어린 협약이라고 말할 수는 없었지만, 공모(共謀)가 시작되었다. 이 과정에서 1815년부터 1875년까지의 시기가 중요했다. 이후 그 모델은 확고히 자리를 잡았고, 자본주의적 세계경제가 영향을 받을 수밖에 없는 매우 격렬한 혼란 속에서도 확실한 구조적 안정성을 유지할 수 있도록 하면서 적어도 한 세기 동안 그렇게 남아 있을 것이었다. 바테흘루(워털루) 전투 직후에는 영국과 프랑스에서조차 권좌에 있는 자유주의 국가의 옹호자들이 여전히 매우 소수였던 것처럼 보인다. 실제로 그 용어조차 존재하지 않았다.

국가 간 체제 내에 위치하고 그것에 의해서 제약을 받는 근대 국가의 건설은 장기의 16세기 초부터 근대세계체제의 구성요소였다. 지배자의 관심사는 두 가지 방식으로 국가를 강화하려는 것이었다. 첫째, 권위, 즉 국경 내에서 효과 있는 결정을 내릴 수 있는 역량을 강화하는 방식, 둘째, 세계권력, 즉 자신의 의지를 타국에 강요하고 그 반대 경우의 가능성을 줄이는 능력을 강화하는 방식. 국가 내에서 의사결정의 적절한 분배에 대해서는, 예컨대 얼마나 많은 의사결정권이 주권자로서 국가의 지도자에게 집중되어야 하는지, 그것을 입법부와 얼마나 많이 공유해야 하는지 등에 대해서는 오랫동안 많은 논의들이 진행되었다. 하지만 3세기 동안 그 논의들은 정부의 부문들 가운데 어떻게 권력을 배분하는지에 관한 토론으로 남아 있었다. 1776년 미국의 독립선언은 "우리, 인민"의 이름으로 선포되었지만, (이 선언의 서명자들에게도) 얼마나 진지하게 인민주권의 사상을 고려했고 그 함의가 무엇인지는 결코 분명하지 않았다. 세계체제 전체로 볼 때, "인민주권이라는 요정을 병 속에서 빠져나오게 한 것은 프랑스 혁명이었다. 1789년 이후 정치적 토론을 유산계급의 이해관계라는 특권적인 범위 내에서만 유지하는 것은 불가능해졌다"(Evans, 1983, 66). 프랑스 혁명과 나폴레옹 시대는 인민주권 개념을 근대 세계의 모든 정부가 인정해야 하고, 특히 헤게모니 권력을 다투는 두

경쟁국가의 정부보다 더 그런 곳이 없었다. 1815년 당시 문제는 1789-1815
년의 시기가 "왕정복고"와 "토리 반동"에 묻히고 만 일종의 혁명적 막간일
뿐이었는지 아니면 인민주권 개념이 오래 지속되는 정치적 영향력을 가질
것인지 여부였다. 세계질서를 원상 복구한 이들이 놀랄 정도로 그 개념은
더 깊이 뿌리를 내리고 있었다. 그들이 무엇을 원하든지 그 개념을 땅에 묻을
수 없었다. 명사들[3])에게 눌러붙은 것은 민주주의라는 유령이었다. 지유주의
국가와 민주주의의 사이의 구분은 막스 벨로프의 말에 따르면, "19세기 정치
에서 가장 중요한 구분이었다."[4]) 19세기의 용례에 따르면 민주주의는 인민
주권을 진지하게 수용하는 것을 의미했다. 명사들은 그렇게 할 준비가 전혀
되어 있지 않았다. 19세기의 두드러진 발명품으로서, 정치 이데올로기를 탄
생시킨 것은 이 새로운 실체의 실현이었다.

---

3) 나는 이 용어를 7월 왕정에서 빌려왔다. 이 용어는 지배층을 지칭할 때 사용되었고, "귀족,
   가짜 귀족, 대(大)부르주아지"를 통틀어 취급하는 것이었다. "명사는 대개 상속인이다"(Jardin
   and Tudesq, 1973, 1:157).
4) 그는 이 구분이 "토크빌과 다른 소수의 인물들에 의해서 감지되었으나 자코뱅파의 후예와 공리
   주의자들에게 일축을 당했다"고 말한다. 왜냐하면 "이들이 그 구분을 실제 그랬던 7월 왕정의
   협애한 유산계급 선거권 같은 필수불가결한 계급적 특권을 유지하려는 변명으로 인식할 뿐
   아니라 실제 그렇지 않았던 변명에 불과하다고 보았기 때문이다"(Beloff, 1974, 49). 이와 유사
   하게 Rosanvallon(1985, 75, 76, 80)은 민주주의에 대한 19세기의 이런 두려움에 주목했고 암묵
   적으로 승인했다.

   마담 드 스타엘, 발랑슈, 샤토브라앙, 라므네, 로이어-콜라르, 보날, 생시몽, 벵자멩 콩스탕
   또는 오귀스트 콩트 등은 그들의 [자유주의적-보수주의적] 성향의 차이에도 불구하고 모두
   사고방식이 같았다.
   　그들이 공통적으로 열중한 바의 핵심에는 인민주권의 모델로부터 뒷걸음질 치려는 의도
   가 있었다. 이들은 인민주권이 앞선 시기(프랑스 혁명과 나폴레옹 지배 시기)에 발생한 모든
   과도함에 책임이 있으며 그것이 혁명적 무질서의 기반인 동시에 나폴레옹 전제정의 온상이
   라고 인식했다……
   　근대 사회에서 **민주주의적 실체의 양면성**에 대한 인식은 그 취약성에 대한 이런 인식을
   다듬었고 완성했다. 그 양면성은 흔히 다음과 같은 용어로 간결하게 요약될 수 있다. 민주주
   의는 이론가들에게 한편에서 새로운 사회의 긍정적 토대인 동시에 그것을 전복하려고 위협
   하는 것이었다. 그것은 그 위에 시민적 평등을 수립할 수 있는 올바른 원칙이자 파괴의 잠재
   력(정치적 의사결정 과정에서 다수의 무질서한 폭발)을 대변했다.

1789년에는 어느 누구도 실제 주권이 군주로부터 인민으로 이전된다는 것이 무엇을 의미하는지 알지 못했다. 사람들은 그것이 절대군주라는 개념과 연결된 행정 당국의 자의적 권력 제한과 관련이 있다고 생각했다. 그리고 실제로도 그러했으나, 그렇게 되었어도 여전히 다양한 정치 지도자들이 일시적 연합의 결정할 때는 그것을 정당화할 근거를 찾을 필요가 있었다. 인민주권의 구호를 진지하게 받아들이는 것은, 이후 줄곧 유효한 정치권력을 가진 모든 이들에게 일종의 위협을 받는 것처럼, 무지하고 변덕스런 대중의 엉뚱한 생각에 굴복하는 불쾌한 가능성을 제안하는 것처럼 보였다. 그러므로 명사들에게 문제는 인기 있는 것처럼 보이지만 실제로는 그렇지 않은, 그러나 대다수 "인민"의 지지를 유지할 수 있는 구조를 어떻게 건설할 것인가였다. 그 작업은 쉽지 않을 터였다. 자유주의 국가가 역사적 해법일 수밖에 없었다.

1815년에, 1789년부터 1815년까지의 길고긴 모험을 프랑스와 영국에서 국내의 사회적 긴장이라는 측면에서 되돌아볼 때, 무엇이 보였는가? 미셸 보벨(1993, 7)은 프랑스 혁명을 다룬 자신의 한 논평에 대해서 그것에 "국가의 탄생"이라는 제목을 붙인 것은 과장이었다고 말했다. 대신 그는 "더 겸손하게" "정치의 발견"이라고 부를 수 있었다.[5] 그러나 이것이 다른가? 우리가 그 내부에서 국민에 의해서 정치의 추구가 정당하다고 간주하는 것을 제외한다면, 그밖에 다른 어떤 방법으로 국가를 표현할 수 있는가? 심오한 의미에서 인민주권은 정치의 정당성을 실현하는 개념이다. 그러므로 이 개념의 실행에 대한 토론은 정치적인 것—누가 관여할 수 있는지, 그리고 어떻게 그들이 관여할 수 있는지에 대해서뿐 아니라 어떤 문제들이 국가의 집단적인 결정에 좌우되는지 등—의 한계에 대한 토론이다. 이런 점에서 프랑스는

---

5) 또한 Billington(1980, 57)을 참조하라. "프랑스 혁명에서 '국가'라는 개념은 어떤 새로운 국가가 건설되지 않았다고 하더라도 핵심적이었다. 국가라는 단어는 곧 더 역사가 길고 가부장적인 용어인 조국(patrie)"을 압도했다.

국가로서 그 시작이 세련되지는 못했다. 그러나 나머지 유럽 국가들도 마찬
가지였다. 사실 "침략자" 나폴레옹은 "해방과 사회적 해방운동의 사상으로
국가의 개념을 퍼뜨렸다"(Ponteil, 1968, vii).[6] 아울러 프랑스의 세련되지
않은 시작을 퍼뜨렸다. 프랑스에게 문제는, 다른 모든 새로운 국가들과 마찬
가지로, 정치가 존재하지 않았고 결정이 궁정의 음모에 종속되어 있었을 때
의 평범한 이들의 삶에 국가의 정치가 어떤 차이를 가져올지의 여부였다.
그것은 심대한 차이를 유발하도록 의도되었다. 엘턴(1923, 7)과 마찬가지로,
여전히 혁명을 "본질적으로 질서를 위한 운동, 즉 무질서에 맞서는 운동"으
로 간주하게 된 이들이 있다. 그 경우에 "나폴레옹이 '구체제를 조직했다'라
든가 그가 혁명을 강화했다고 이야기할 수 있다. 왜냐하면 두 과정이 동일했
기 때문이다"(Elton, 1923, 69).

　1815년 이후의 정치라는 조건에서 혁명과 나폴레옹 시대의 두 가지 주요
정치적 유산이 존재했다. 하나는 프랑스와 세계정치에 오늘날까지 널리 퍼
진 공포정치의 이미지였다. 공포정치는 수많은 이들의 마음속에서 민주주의
와 밀접하게 연결되어 있었다. 오랫동안 공포정치는 사실 선거권의 확대에
맞서 명사들이 활용한 핵심 주장이었다. "이런 경험의 이름으로 루이 기조나
벵자멩 콩스탕 같은 인물들은 빈곤한 계급들에게 정치 권리를 확대하는 구
상을 거부했다"(Donzelot, 1984, 21-22). 첫 번째 것과 긴밀하게 연계되어
있던 두 번째 유산은 하층민을 국가의 정치 영역에서 배제하려는 끊임없는

---

6) 또한 Demangeon & Febvre(1935, 111)를 참조하라. "종교개혁은 나폴레옹이 그 어깨의 잔혹한
　돌격으로 그것을 무너지게 하기 전에 300년 이상 동안 중세 유럽의 낡은 체계를 뒤흔든 반복적
　인 충격 가운데 첫 번째 것이었다." 1815년 이후 프랑스와 영국 간의 공언되지 않은 이데올로기
　적 동맹은 어떤 의미에서 보면 나폴레옹 전쟁 기간 동안 이미 작동하고 있었다. 남유럽에서
　급진주의의 전파에 관한 Billington(1980, 119)의 분석을 참조하라. "나폴레옹에 반대하는 투쟁
　에서 영국의 지도력은 그리스로부터 남부 이탈리아를 거쳐 에스파냐와 포르투갈에 이르는 남유
　럽 곳곳에서 우파와 좌파의 혼합을 독려했다. 엘리트들을 정치적으로 동원하려는 영국의 매개
　체는 흔히 보수적인 스코틀랜드의 프리메이슨단이었다. 그러나 잉글랜드의 주요 메시지(국왕
　권력에 대한 헌법적 제한)는 남유럽이라는 절대주의의 토양에서는 혁명적인 개념이었다."

공세였다.

영국에서도 사태는 크게 다르지 않았다. 우리는 흔히 절대주의는 프랑스보다 영국에서 훨씬 더 일찍 사라졌다고 생각한다. 그러나 사실 바로 이 시기 즈음에야 내각을 구성하고 해산하는, 즉 행정부를 통제하는 국왕의 권력이 실제로 느슨해졌다. 프랑스 혁명은 처음에 이른바 영국의 자코뱅으로부터 그리 많지 않은 지지를 이끌어냈지만, 영국의 자코뱅은 "혁명적 수단을 회피하면서" 상대적으로 소심했다(Thomis and Holt, 1979, 11).[7] 오히려 에번스가 말한 대로(1983, 23) "군주정의 권력을 무너뜨린 것은 윌리엄 피트(소[小]피트, 재임 1783-1801)였다는 주장은 엉뚱하게 보일 것이며, 확실히 너무 단순한 견해이다. 하지만 그 주장은 눈곱만큼의 진실을 담고 있다."[8]

프랑스 혁명과 나폴레옹 전쟁 시대는 영국에서 노동계급에 대한 탄압의

---

7) 그들은 이렇게 말을 잇는다. "대중의 목소리를 통해서 드러난 요구들이 무시될 때, 더 직접적인 수단을 통해서 저항을 단계적으로 확대할 준비가 되어 있지 않다면 개혁운동은 와해되어야 한다." 이는 여기에 해당하는 사례가 아니었다. 또한 Evans(1983, 69)를 참조하라. "1794-1795년에 얼마나 쉽게 권력 당국이 개혁에 대해서 승리를 거두었는지는 자주 언급된다. 영국에서 개혁가들이 팸플릿이나 토론 집단의 안락한 한계를 넘어 확산된 투쟁을 얼마나 잘못 준비했는지는 자주 언급되지 않는다." 정부는 1794년 인신보호령을 일시 중지시키고, 1794년 5월에는 12명의 주요 영국 급진파 인사들을 기소했으며, 1794년 "두 가지 법"—선동회합법(50명이 넘게 모이는 모든 회합은 행정장관의 승인을 얻어야 한다는 내용)과 반역행위법(헌법에 맞서 말하는 것이나 글 쓰는 것을 금지하는 법)—을 통과시켰다. "1795년 이후 급진주의는 지하에서 움직이게 되었다"(p. 72).

이런 탄압을 18세기 잉글랜드에서 전통이 된 반(反)프랑스 감정에 덧붙이지 않도록 해야 하며, 1789년 혁명이 발발하면서 양측의 입장이 어떻게 바뀌었는지 주목해야 한다. 그에 앞서 반프랑스적인 것은 "급진파"의 전유물이었다. 급진파는 반프랑스 감정을 상층계급에 맞서는 존재 양식으로 보았다. 1789년 혁명과 더불어 "그 운동은 잉글랜드를 옹호하는 주장을 포기해야 했고 따라서 인기를 끌게 된 이유를 상실했다. 대신 그 운동은 추정건대 반잉글랜드적인 반역자, 즉 프랑스와 프랑스적 방식의 친구들에 대한 증오의 숭배쯤의 위치로 또다시 축소되었다"(Newman, 1987, 230).

8) Evans(1983, 60)는 계속 설명한다. 동시에 1794년 피트가 주도한 휘그당과 이후의 재편성은 "「프랑스 혁명에 관한 성찰」에 나타난 버크의 주장에서 이데올로기적 지지를 끌어내고 프랑스의 해로운 권력에 저항하려는 진정한 보수주의적 동맹이었다." 군주 권력의 파괴는 분명히 민주주의와 거의 관계가 없었다.

시기였다. 영국에서는 1799-1800년 결사금지법이 제정되었다. 물론 완전히 새로운 것은 아니었다. 일찍이 1339년에도 그런 법들이 존재했으나 그동안 경시되었다. 조지는 결사금지법 역시 경시되었다고 주장한다.[9] 조지에 따르면(1936, 177), 그 법령들은 사실 "실제 없는 것이나 다름없는 억압의 수단이었다." 그러나 만일 그렇다면, 왜 피트가 신경을 썼는지, 그리고 결사금지법이 틀림없이 "주로 자코뱅의 선동이라는 배후 사정에 반대하여" 통과되었다(Evans, 1983, 158)는 답변을 의아스럽게 생각해야 한다. 우리가 이미 주목했듯이, 그 선동은 당시 정부에 의해서 과장되었기 때문이다.

그것은 질서에 대한 위협이 머지않았다는 긴박함이라기보다 심각한 위험이 자라나고 있을지도 모른다는 두려움이었다. 분명히 인민주권의 교의를 너무 진지하게 받아들이기 시작한 도시 노동자들에게 전달된 이데올로기적 메시지가 있었다. 그 메시지는 악명 높은 1819년의 피털루 학살로 더욱 구체화되었으나, 권력 당국의 시각에서 보면 피털루 학살을 이끈 사건들은 1789년으로 거슬러올라갈 수 있는 시민불복종의 꾸준한 흐름이 절정에 도달한 것일 뿐이었다. 1818년에 맨체스터는 "당대인들에게 동요와 소란의 도시라는 특별한 평판"을 얻었다(Read, 1958, 93). 특히 명사들을 당황하게 만든 것은 저항운동의 특성이 변화했다는 점이다. 18세기 말에 여전히 저항운동의 지배적인 방식이었던 지역 차원의 식량 소요는 더 이상 주류를 이루지 못했다. 오히려 대중운동은 "범위에서는 전국적이고, 조직을 확보하는 방식으로 바뀌었다……[그들은] 점점 더 [1880년 이후] 새로운 산업 지대와 결부되었다"(Thomis and Holt, 1977, 29). 러다이트 운동은 그 구호가 전반적으로 반산업적인 색조를 띠었기 때문에 겉보기에 과거 지향적이었다는 사실에도 불구하고 명사들을 두렵게 만들었다. 그 자체가 진보에 반대하고 폭

---

9) "그 법이 시행되지 않았다면, 그 까닭은 노동자들의 조직이 너무 강력한 탓이거나 법률이 요구하는 소요 경비와 불확실성의 위험을 감당하지 못했다거나 나쁜 감정을 불러일으키지 않으려고 했던 장인들이 법적 조치를 받아들이지 않았기 때문이다"(George, 1927, 227).

력을 옹호하는 것처럼 보였기 때문이 아니라 무엇보다 "노동계급 구성원 내에서 놀랄 만한 조직 역량"을 발휘했기 때문이다.10) 따라서 러다이트는 "노동계급 자코뱅"에 맞서 토리와 휘그를 하나로 묶었다(Thomis, 1970, 174).

　노동계급이 아직 준비가 되지 않았다는 구실로 인민주권의 확인과 민족주의의 시대가 머지않아 노동계급의 참정권을 배제하는 행위를 정당화하려는 시도로 이어졌다는 것은 우연이 아니다. 상류층은 이 주장의 정당성을 입증하기 위해서 자기 자신의 향락주의조차 기꺼이 희생할 의지가 있었다. 18세기 영국에서 귀족문화는 사치스런 오락과 여흥, 방탕한 쾌락, 알코올 의존증을 야기하면서 "광대하고 목가적이며 거만하게 뽐냈다."19세기로 전환되는 시기에 "개인적 습관의 규칙성과 질서, 자기규율, 절제"를 설교하는 복음주의자들이 떠올랐다(Evans, 1983, 46). 명사들은 행동 양식(나중에 빅토리아 풍조로 제도화한)을 바꾸기 시작했다. 그렇게 함으로써 그들은 복음주의자들이 노동계급을 개종시켜서 그 개종이 암암리에 재사회화의 통로가 될 수 있도록 허용했다. 그것이 마무리되기 전에는 정치적 권리의 확대나 사회적 승인을 상상할 수 없었을 것이다.

　그 요구는 확실히 가부장적이었다. 그러나 우리는 그것이 단지 비용이 더 드는 가부장주의 형태를 비용이 덜 드는 형태로 대체한 것일 뿐이라고 보아야 한다. 동일한 시기에 엘리자베스 시대의 사회보장제도(임금 통제, 구빈법)가 "시대착오적이고 비현실적"이라는 이유로 폐지되고 있었다.

　프랑스와의 전쟁 말기에 법적으로 승인된 가부장적 온정주의는 죽었다. 장인과 노동자들의 관계는 시장 세력에 의해서 "객관적으로" 보호되고 있었다. 관세에 대한 정면공격이 있기 전 10년 동안, 그것은 새로운 정치 경제가 거둔 첫 승리였고 새로운 시대의 부적이었다(Evans, 1983, 44).

---

10) "그리고 법률 위반자들과 그들의 비밀들을 보호하는 데에 놀랄 만한 연대를 선보였기 때문이다"(Thomis and Holt, 1977, 33).

이런 우선적인 재사회화의 요구, 인민주권에 부속되는 정치적 권리 참여를 미루는 방식으로서 "도덕적 질서"의 변화는 영국 노동계급과의 관계뿐 아니라 오늘날 우리가 제3세계 또는 남(南)이라고 부르는 곳의 불결하고 위험한 계급을 위한 필요조건으로 표명되었다. 영국 내에서 복음주의적 추진을 이끈 동일한 감리교도는 (1787년) "정기적인 해외 선교의 틀"을 조직한 최초의 기독교인들이었다(Halévy, 1949a, 1:446).11) 이는 또한 노예제 폐지운동이 부상한 시기였다. 물론 영국 내에서 노예제와 노예무역 모두의 폐지를 위한 압력 이면에는 인도주의적 동기뿐 아니라 여러 가지 경제적 동기가 있었다.12) 그러나 우리가 여기서 주목하는 것은 문화적 메시지이다. 윌버포스의 첫 번째 법안은 1789년에 도입되었다. 이 시기에 노예제 반대운동은 견고한 "급진파 신봉자"를 보유했고, 전반적인 혁명적 격변을 이용하고 있었다. 그러나 프랑스 혁명의 자코뱅 통치 국면은 "영국의 노예제 폐지운동가들을 갈라놓았고" "반혁명적 동원"을 촉발함으로써 노예제 폐지운동을 방해했다. 10년 뒤 노예제 폐지운동은 정확히 "가장 절박하다기보다는 논란을 최소화할 수 있는 개혁"으로 인식되었기 때문에 훨씬 더 보수적인 분위기 속에서 되살아날 수 있었다(Blackburn, 1988, 147, 295). 이런 메시지의 보존은 그들이 "지배하는 인종"에 대한 영국인들의 태도에서 주요한 변화가 벌어지고 있던 바로 그 당시의 맥락에서 가장 잘 이해될 수 있을 것이다. 베일리(1989, 7)는 이렇게 기록한다.

1780년부터 1820년까지 아시아인, 유라시아인, 심지어 비영국계와 비개신교파 유럽인들은 [식민지의] 정부 내 요직에서 광범위하게 배제되었다. 반면 식민지 내부의 부패로부터 영국의 행정 권력이라는 수원지를 더럽히지 않으려는 조치들이 시행되

11) 그보다 앞선 유일한 유럽의 개신교 선교단체는 독일의 모라비아 형제단이었다.
12) 경제적 이해관계는 복잡하고 다양했다. 이것은 대서양 노예무역을 철폐하려는 1807년 법이 제정된 뒤, 몇 년 동안 영국인들의 "노예무역 외교"를 꽤 불안정하게 만들었다. Blackburn(1988, 316-326)을 참조하라.

었다. 역설적이게도 아시아, 아프리카, 심지어 유럽의 종속 국가들에 대한 경멸과 무시는 부분적으로는 노예무역의 폐지와 노예해방을 위한 움직임의 시작을 인식한 바로 그 동일한 인도주의적 운동에서 비롯되었다. 노예들을 사회적 사망에서 되살려 시민사회로 돌려주는 일은 도덕적으로 필요한 일이었다. 그러나 만일 그렇다면, 시민사회의 위계서열은 제도와 기구뿐 아니라 모든 문화권이 다양한 도덕적 각성과 물질적 노력으로 "문명"의 단계에 도달해야 한다는 생각에서 파생된 이데올로기를 통해서 면밀하게 규정되어야 한다. 영국에서 도시 빈민과 범죄자 집단의 "발견"은 매우 유사한 기획의 일환으로 동일한 세속적, 종교적 기관들의 소관이었다.[13]

영국과 프랑스에서는 상대적으로 강력한 국가 기구들이 이미 16세기와 18세기 사이에 창출되었다. 그러나 이 국가들은 뿌리 깊은 대중적 정당성을 확보하지 못했고, 프랑스 혁명은 그들이 가졌던 모든 정당성을 손상시켰다. 19세기의 자유주의는 이런 정당성을 창출(재창출하고 두드러지게 강화)함으로써 이 국가들의 권력을 내적으로, 또 세계체제 내에서 단단히 다지는 과업에 착수했다.

물론 영국과 프랑스가 1815년에 직면한 경제적 상황은 유사하지 않았다. 실제로 어떤 측면에서 그들의 경제적 조건은 첨예하게 대조적이었다. 나폴레옹 전쟁이 끝날 무렵에,

> 영국은 (외세의) 침략으로부터 안전을 유지해왔고 생산성, 기술, 재정 능력 등을 향상시켜왔다. 영국은 실제 세계에서 유일한 채권국이 되었다. 길고 피곤한 투쟁과정에서 당시 유럽 대륙에서 가장 강력한 국가인 프랑스와 마지못해 동맹을 맺은 국가들은 팽창하는 해외 세계로부터 고립되어 빈곤해졌다(Condliffe, 1951, 203).[14]

---

13) Bayly(1989, 12-13)는 또한 어느 정도로 이 시기의 아일랜드와 스코틀랜드의 민족주의가 그들의 다른 뿌리와 열망이 무엇이든지 최소한 부분적으로는 "제국 내에 포함되는 것이 아니라 제국에서 감지된 배제"로부터 파생했는지에 상당한 흥미를 보인다. 다시 한번 인민이 주권자일 때, 핵심 질문은 누가 인민인가일 것이다.

확실히 나폴레옹 전쟁의 종식은 "[전시] 농업, 조선, 재수출 교역 분야에서 영국의 비정상적 발전"을 끝냈고, 이 분야는 "심각하고 만성적인 침체"에 빠졌다(Rostow, 1942, 18).[15] 그러나 영국은 1815-1850년에 국내 투자에 주안점을 둔 덕분에 로스토(1942, 22)가 명명한 대로 "믿을 수 없을 정도로 손쉬운" 조정을 이룩했다.[16]

영국과 대륙 국가들 사이의 산업생산 격차는 갈수록 커졌다.[17] 그러나 프

---

14) 콘들리프의 견해에 따르면, "나폴레옹 전쟁 말기에 영국의 위상은 많은 점에서 제2차 세계대전 막바지에 미국의 위상과 유사하다." 만일 상업 선박과 해운을 살펴본다면, 그 대비는 특히 극적일 수 있다. 1789년 이전에는 약 2,000척의 프랑스 선박이 있었으나 1799년경에는 "공해(公海)상에서 어떤 상업 선박도 프랑스 국기를 나부끼지 않았다"(Bruun, 1938, 86-87). 다른 한편 영국 선단의 수는 전쟁이 한창일 때조차 1만5,000척에서 1만8,000척에 이르렀다.

　　Lévy-Leboyer(1964, 246)는 19세기 전반기에 해상 지배를 위한 전투는 영국과 미국 사이에서만 벌어졌고, 서유럽 국가들은 그 대결에서 빠지게 되었으며 서유럽 국가들의 상선을 합치면 100만 톤쯤으로 미국의 2분의 1, 영국의 3분의 1에 불과했다고 기술한다. "18세기 말, 특히 프랑스의 경우를 상상할 때, 이런 상대적 배제가 일어나리라고는 예측할 수 없었다." 그는 1793년을 전환점으로 본다.

15) 나폴레옹 전쟁이 끝난 후에 영국이 겪은 침체에 대해서는 Buer(1921, 169)의 다소 애처로운 서술을 참조하라. "긴 정체를 설명하기란 어렵지 않다. 영국은 거대한 투쟁으로 기진맥진했다. 무거운 세금 부담은 경감될 수 없었다. 부채의 부담은 국가 수입의 절반을 흡수해버렸고 군사적 지출과 민간 지출은 고정 경비의 큰 부분을 차지했다. 그러므로 국가의 지출은 가격 하락에도 불구하고 거의 줄어들지 않았다. 납세자들의 실질 부담은 늘어갔다. 지방세 납부자들은 유사한 곤경에 빠졌다. 또다시 가격 하락에도 불구하고 빈곤 구제는 끔찍한 부담을 지속시켰다."

16) 그러므로 로스토는 1815-1847년의 기간 동안 영국의 경제가 "경제사의 오명"을 받을 만하다고 믿지 않는다. 실제로 새로운 공업도시들의 건강/의료와 주택 사정은 나빴고 심각한 실업, 저조한 수확, 높은 곡물가격을 경험한 시기가 있었다. 또한 농업 공동체는 비참했고 이윤 폭에 대한 압박이 존재했다. 그러나 그것을 상쇄할 정도로 집중적인 국내의 발전이 이루어졌다. "이자율은 하락했고 실질임금은 상승했으며 무역 조건은 영국에게 유리하게 바뀌었다"(Rostow, 1948, 19).

17) "1789년과 1848년 사이 유럽과 아메리카는 영국의 수출품, 증기기관, 면직 기계, 투자 등으로 넘쳐흘렀다"(Hobsbawm, 1962, 51). Lévy-Leboyer(1964, 32, 41)의 설명을 참조하라.

　　모든 것은 우리로 하여금 실제로 기술적 우위를 주도하는 데에 한 국가나 도시가 특화된 노동력을 모으고 훈련시키며 공장을 짓고 신속하게 청산하며—간단히 말해서 원가(原價)에 상당히 영향을 미치고 잠재적인 경쟁자들을 시장에 들어오지 못하게 하며 예상되는 수요 증가의 거의 유일한 수혜자가 되게 하는 등—결국 영향력 있는 위치에 오르게 될 것이라고

랑스(그리고 벨기에와 아마 일부 다른 국가들)와의 격차는 1835년과 1850년 사이의 어느 시기쯤에는 거의 사라질 만큼 좁혀지기 시작했다.[18] 그렇지만

생각하게 한다. 어떤 경우든 풍부한 에너지 자원은 영국의 산업화에 유리한 요소였다. 1817년 영국은 1,600만 톤의 석탄을 생산했다. 반면 프랑스의 생산량은 80만 톤에 불과했다. 이는 영국에 운신의 자유를 크게 부여했다. 또한 영국인들이 강을 따라 흩어져 있던 초기의 공장 부지를 포기하도록 했고 탄전 지대 부근에 방적 공장을 집중시켰으며, 아마 그들의 작업과정의 범위를 확대하도록 했다…….

집중의 양상이 어떻든 한 가지 사실은 명백하다. 맨체스터 집단은 19세기 첫 30년간 더욱 강력해졌다.

그러나 프랑스는 영국이라는 강력하고 거대한 존재 앞에서 무기력하지 않았다. Johnson(1975, 143-144)을 참조하라.

프랑스 혁명과 나폴레옹 시대 전체에 대한 레비-르부아예의 "대대적인 감속" 테제는 일부 수정이 필요하다. 1815년에 여전히, 1830년에도 마찬가지로 프랑스의 공업은 해협 건너편 거인에 비해서 경쟁에서 심각한 열세에 놓여 있었다.

프랑스는 우선 제한적 관세정책으로 이 상황에 대응했다……프랑스 기업가들이 의존한 다른 대응전략들은 최근까지 자세히 파악되지 않았다. 영국의 공업 생산 재고품은 일반적으로 널리 알려진 대량 소비재였고, 특히 직물공업 제품이 그러했다. 자본집약적 생산은 이 영역에서 성공의 원동력이었다. 그러나 더 좋은 품질의 물건, 고급 취향의 물품에서 프랑스는 역사적으로 유명한 평판을 누렸고 더욱 중요하게는 충분한 경쟁력이 있었다……전반적인 수준에서 프랑스 공업의 임금은 영국 임금 수준의 3분의 2 정도였다. 이는 생산품의 질이 더 좋고 노동력 투입이 더 많아질수록, 프랑스 공업의 상대적 지위가 강해진다는 것을 의미했다……이 모든 것은 수작업, 특히 직조(織造)에서는 영국보다 프랑스에서 그 중요성을 훨씬 더 오랫동안 유지했다는 점을 의미했다. 더욱이 19세기 전반기에는 언뜻 보기에 산업화 과정의 국가에게 실로 이상하게 보이는 현상, 즉 직물업에서 농촌 출장 작업의 대대적인 발전 현상이 나타났다. 물론 그 이유를 찾기란 어렵지 않았다. 농촌의 노동력이 더 저렴했기 때문이다.

18) Lévy-Leboyer(1964, 115, 326, 409)를 참조하라. "1820년 [프랑스가] 영국에 대한 열세를 극복할 것인가라는 질문이 제기되었을지 모른다. 1840년에 그 과업은 사실상 완수되었다……."

"1835년경 직물업이나 교통을 살펴보면 대륙이 성취한 득실표는 의문의 여지가 없는 것처럼 보인다. 19세기 초에 누적된 지연과 지체는 뚜렷이 줄어들었다. 자동식 베틀과 기계, 철도와 증기선이 전체 경제에 충분히 영향을 발휘하게 되었을 때, 그런 지체 현상은 완전히 제거될 것이었다……."

"1815년과 1850년 사이에 연간 3퍼센트의 비율로 성장을 거듭한 공업 생산을 검토하든 연간 4퍼센트 정도의 약간 더 높은 성장률을 기록한 해외 투자를 통해서 얻은 소득을 살펴보든 간에 종합적인 결과는 순조롭게 영국의 통계에 필적한다."

영국은 세계 교역(즉 서북 유럽을 넘어선 교역)에서 최소한 또다른 25년간
지배적 지위를 차지했다.[19] 영국은 해외 대출(융자)을 통해서 그 지위를 유
지하게 될 것이었다.[20] "영국인 가구들이 달성한 소비 수준에 해외 무역과

Markovich(1966, 122)는 프랑스의 공업 성장이 1815-1848년에 19세기의 어느 시기보다 더
높았다고 단언한다. 또 이 시기의 가장 두드러진 특징을 직물 베틀의 향상과 증기기관의 확산
에서 드러난 "기계장치 활용상의 진보"라고 간주한 Sée(1927, 70)를 참조하라.

마찬가지로 Demoulin(1938, 298-299)은 1800년과 1830년 사이에 전통적인 산업 분야에 기
계류가 광범위하게 도입되면서 벨기에의 공업이 변화를 겪었고, 그 성장은 1830년 이후 가속되
었다고 주장한다.

영국과 프랑스를 비롯한 유럽 대륙 사이의 격차에 관한 반대 견해에 대해서는, 19세기 전반
기에 이 격차가 상대적으로 "가까스로 더 작아졌고" 절대적으로는 커졌다고 생각한 Crouzet
(1978, 19)를 참조하라. 그는 1860년 영국이 전 세계 인구의 2퍼센트, 유럽 인구의 10퍼센트에
불과했지만, 전 세계 생산의 40-45퍼센트, 유럽 생산의 55-60퍼센트를 차지했다는 점을 지적
한다. 앞서 발표한 논문에서 Crouzet(1972b, 115-116)는 1815-1850년에 국내 시장의 협소성과
강력한 수출 교역을 발전시키는 어려움 등으로 미국과 라틴 아메리카와의 교역에서 "거의 완전
독점 상태"를 누리는 영국을 "따라잡기에" 부족한 서유럽의 무능력을 설명한다. 그 결과 그는
경제적 헤게모니의 강압적 효과에 대해서 레비-르부아예의 견해에 매우 가까운 관점을 취한다.
"일단 주요 '근대' 산업국가 ─ 영국 ─의 경제가 자리를 잡자, 전 세계 무역거래의 상황은 다른
국가들에게 불리해졌고 새로운 거대 공업국가의 존재만으로도 다른 국가들이 외국 시장에서
중요한 산업적 추진력의 기초를 쌓을 수 있는 기회를 크게 제한했다."

영국 공업의 지속적 역량에 대한 홉스봄의 서술은 크루제의 기술과 유사하지만, 더 절제되어
있다. "영국은 [1850-1870년에] 탁월한 공업국가였고, 비록 생산적인 증기 동력이 심각하게
쇠퇴하기 시작했지만 그 상대적 지위를 그럭저럭 유지할 수 있었다"(1975, 40). 그리고 캐머런
의 서술 역시 그 중간쯤이다. 한편으로 그는 "1850년경 6,800개의 증기기관을 보유한 프랑스의
수치가 다른 모든 유럽 대륙 국가들의 보유량을 합친 것보다 더 많았다"고 진술한다. 그러나
그는 각주에 다음과 같이 덧붙인다. "다른 한편 영국은 아마 프랑스를 포함해서 모든 유럽
대륙 국가들의 보유량을 합친 것보다 더 많은 수를 보유했을 것이다"(1961, 66, n. 9).

19) "19세기 중엽 영국의 항구들을 통해서 전 세계 교역의 가치 총량 가운데 거의 4분의 1에 해당
하는 상품들이 끊임없이 순환했다"(Imlah, 1950, 194). 이는 1800년에 3퍼센트에 불과한 수준에
서 급속히 상승한 덕분이었다(p. 191, n. 24). "영국은 최고의 시장을 보유했다"(p. 192, n. 24).

20) 수출량은 영국의 대출 방침에 따라서 크게 영향을 받았다. 자본수출은 성공리에 상품의 형태
로, 아마 압도적으로 영국 상품의 형태로 바뀌었다. 전쟁 기간에 유럽 대륙으로, 그리고 1808-
1810년과 1820-1825년에 남아메리카로, 1830년대에 미국으로, 1840년대에는 인도와 중국으
로 수출이 증가하면서 해외 대출 역시 증가했다. 수출의 팽창은 대출과 불가분의 관계였다.
물론 뒤이은 하락은 대출 행위의 중단과 별개로 볼 수 없었다(Gayer, Rostow, and Schwartz,
1953, 2:842).

해외 투자가 기여한 바"(O'Brien and Keyder, 1978, 63)는 두 국가가 1인당

세계 교역의 과정에서 유럽 대륙(특히 프랑스)은 이 시기에 반(半)주변부의 역할을 담당하게 되었다. "유럽에서 방적 면화의 판매와 새로운 국가들에서 완성품 판매를 발맞추어 발전시킴으로써 영국은 위험을 분산하고 미래에 대비할 수 있었다. 왜냐하면 유럽 대륙에서 벌어지고 있던 일 탓에 해외에서 그 자신을 재생산해야 했기 때문이다. 프랑스인들은 제3국들에 사치품들을 공급함으로써 산업화의 간접 이득을 얻었고 영국인들은 의류, 방적 면화— 품질에서 더 좋을 수 없었던—때로는 기계류, 그리고 기술자들을 항상 제공함으로써 직접 이득을 얻었다"(Lévy-Leboyer, 1964, 181). 그러나 19세기 중엽에 이르러 기술과 자본의 수출을 통해서 유럽 대륙 국가들의 산업화를 "선도한" 것은 영국이 아니라 "세계 제2의 산업 강국"인 프랑스였다(Cameron, 1953, 461).

Bairoch(1973, 592-593)는 19세기 내내 유럽 대륙과 제3세계 간의 교역이 "상대적으로 보잘것없었다"고 생각하는데, 이는 영국에는 해당되지 않았다. "빠르면 19세기 중엽에 [영국의] 제3세계 수출은 전체 수출의 40퍼센트를 차지할 정도였다. 반면 유럽으로의 수출은 단지 35퍼센트에 불과했다." 마찬가지로 Evans(1983, 340)는 1815년 유럽이 영국 수출의 절반 이상을 흡수했고 아시아는 6퍼센트에 불과했으나, 1850년대 중반에 이르러 유럽의 비중이 32퍼센트로 줄어든 대신 아시아의 비중은 20퍼센트로 늘었으며 37퍼센트쯤이 아메리카로 향했다고 기록한다. 또한 Condliffe(1951, 207)를 참조하라. Schlote(1952, 41)는 인구 규모와 관련해 해외 교역의 급상승이 발생한 것은 정확히 1845년과 1855년 사이였고, 이것이 유럽 외부의 교역의 중요성을 더욱 강조한다고 간파한다.

그러나 Imlah(1950, 176)는 게이어, 로스토, 슈바르츠의 견해에 동의한다. 영국의 확고한 우위는 수출에서 찾을 수 없었다. 실제 순(純)교역조건(교역국가 간에 이루어지는 대외무역 거래에서 수출품과 수입품 사이의 수량적 교환비율 지수)은 19세기 중엽까지 꾸준히 하락하고 있었다. 지표에서 어떤 변화도 "더 분명하게 두드러지지 않았다. 그것은 새로운 수입품 가격보다 수출품 가격이 더 빨리 하락한 데에서 비롯되었고, 1839년에 발생한 순교역조건의 하락이 훨씬 더 큰 부분을 차지했다." 또한 Checkland(1964, 62)를 참조하라.

이런 수입품의 잉여는 "[1840년대의 더욱 자유로운 교역정책을] 수십 년 정도 앞섰다"(Imlah, 1958, 6). "원자재 가격의 하락은 관세 개혁의 결과였다"(Imlah, 1950, 189). Mc-Closkey(1964, 313)는 수입품 잉여와 더 낮은 관세율의 관계의 순서를 바꾼다. "계획적인 국제 자유무역 정책은 관세율 인하의 이유 중 일부분—실제로 작은 부분—만을 차지할 뿐이었다. 국민소득에 비해 수입의 비율이 더 높다는 우연한 사실 자체는 영국 재정 개혁이 낳은 결과의 일부일 뿐인데, 그것이 관세율 인하의 대부분을 설명하는 반면, 자유무역 이데올로기의 승리는 관세율 인하의 매우 적은 부분을 설명할 뿐이다." 과정의 순서가 어떻든 "영국의 새로운 산업체제가 수출품 잉여를 만들지 않았고, 19세기에 영국의 해외 신용대출금 누적은 이런 유서 깊은 추정에 의해서만 설명될 수는 없다." 오히려 "영국의 가시적인 무역 적자를 보충하고 어떤 형태로든 새로운 자본의 해외 투자를 공급한 것은" 보이지 않는 신용대출(상업 선박, 중개수수료, 개인 저축의 송금액, 해외 투자 소득 등)이었다(Imlah, 1948, 149).

국내 상품 산출량에서 대략 비슷했음에도 불구하고, 기본적으로 영국이 19세기 내내 프랑스보다 더 높은 생활수준을 유지한 까닭을 설명해준다.

그리하여 19세기 초 영국을 "세계의 공장"[21]으로 보는 전통적 견해는 얼마간 공격당할 수밖에 있다. 이미 1934년에 다발(1934, 12)은 "1811년 영국이 여전히 대체로 농촌과 농업의 국가"였다고 주장했다.[22] 새뮤얼(1977, 19)은 이 주제를 약 40년 뒤에 되풀이했다.

가장 완전한 기계의 승리는 랭카스터셔 공업 지대의 면직물업에서 이루어졌다. 다른 어디에서도 그 진보는 더 확실하지 않았고 1870년대에 이르기까지 증기기관이 거의 아무런 영향력을 미치지 못한 주요 경제 부문들이 존재했다. 직물업에서조차 기계화의 진전은 균일하지 않았다.[23]

---

21) 주요 저작의 제4판(1907)에서 윌리엄 커닝엄은 다음과 같이 기록했다.

　　휘그당파가 지배하던 시기에 주안점은 모든 종류의 산업 증진에 있었다. 또한 잉글랜드를 광범위한 지역의 공장으로 만들기 위해서 그리고 우리 제조업에 시장을 개방하도록 하기 위해서 세력권과 우호지역에 어떤 노력도 아끼지 않았다(p. 494).

　　이것이 현재 고전적인 전통으로 자리잡은 공식, 즉 잉글랜드를 "세계의 공장"으로 파악하는 견해의 기원이었는지는(또는 첫 판본이 1890년에 출판된 이래 앞선 판본에 이 구절이 나와 있었는지 여부는) 확실하지 않다. 그러나 이런 관념을 맨 처음 출판한 사람이 커닝엄이었을 가능성은 상당히 높다.

22) 또 Rousseaux(1938, 62)를 참조하라. "1830년까지 영국 경제는 여전히 농업 단계에 있었다." 이 구절은 앙리 세가 1815-1848년의 프랑스에 대해서 기술한 대목과 거의 동일하다. "제한 선거권에 기반을 둔 군주정 시대[제한적 군주정]에 프랑스는 본질적으로 농업국가였다"(1927, 11). Darvall(1984, 12-13)은 이렇게 기술한다. "공업은 여전히 주로 농촌 지역에 자리하고 있었다. 크게 성장 중인 북부의 면방직 제조업처럼 새로운 공업 분야조차 여전히 도시보다 농촌에 자리잡고 있었다……1811년 전형적인 노동자는 더 오래되고 농촌적인 분위기가 더 강한 동부와 남부에서뿐만 아니라 새로운 북부의 공업 지역에서도 집에서 일하거나 기계 한 대에 의존하는 농촌의 작은 작업장에서 일했다."

23) Samuel(1977, 47)은 "기계화의 느린 진전"을 "상대적으로 충분한 숙련과 비숙련 노동" 탓이라고 본다.

기계화가 통념에 따른 설명보다 덜 광범위하고 덜 진전되었다면, 어떻게 영국이 두드러진 공업 성장을 이룰 수 있었을까? 최근 연구서들은 심지어 그 성취가 얼마나 두드러졌는지 또는 최소한 그 산업 성장이 (발터 호프만, 필리스 딘, W. A. 콜 같은) 예전 학자들이 우리에게 믿도록 만들 정도로 대단했는지에 의문을 제기하고 있다. 1841년 인구조사의 직업 자료에 의거 해서 다시 측정한 결과를 근거로 할리(1982, 267, 285 참조)는 이 성장이 1770-1815년에 대해서 예전 학자들이 단언한 것보다 "3분의 1 정도 더 낮았 다"고 결론짓는다. 그리고 베로흐(1962, 318, 323)는 19세기 영국의 성장률 (또한 프랑스와 미국의 성장률)이 연 2퍼센트 이하였다고 주장한다. 베로쉬 는 성장률이 더 높았다는 우리의 인상과 느낌을 "대단한 과장"이라고 부르며, 성숙한 경제의 느린 성장에 대한 1930년대 이론의 영향력이 매우 커서 과거 회귀적인 과대평가를 낳은 시기에서 그 기원을 찾을 수 있다고 주장한다.[24]

그럼에도 다른 극단에서 영국의 상대적 강세에 대한 시야를 상실하는 것 은 위험할 것이다. 수정주의적 분석은 영국의 강점에도 불구하고 그 약점을 보여주고 세계경제 내에서 상대적으로 강력한 시기에조차 영국 정부가 직면 했던 정치적 곤경을 드러낸다. 1815-1873년에 핵심 국가들이 고민한 기본 적인 문제는 성장이 가격 하락을 이끌고,[25] 특히 원료 가격 대비 공업 생산 품 가격의 하락을 가져왔다는 점이었다(Markovitch, 1966, 228-229). 18세 기 중엽부터 19세기 중엽까지 생산자를 위한 원가 통제는 가격 총액에서 큰 비중을 차지하는 임금의 역할에 초점을 맞추었다. 이 비용들을 성공적으로

---

24) 그렇지만 Bairoch의 수치와 Hoffman(1949, 165-166)의 수치를 비교하라. 호프만은 영국이 1781년부터 1913년까지 2.8퍼센트의 성장률을 기록했다고 말한다.

25) Gayer, Rostow, Schwartz(1953, 1:486)는 "[영국에서] 장기간에 걸쳐 발생한 가격 하락, 1850년 에 도달한 듯 보이는 하락의 저점(低點)"에 대해서 언급한다. 또 프랑스에 관해서는 Marczewski (1987, 34-36)의 연구를 참조하라. 경기 후퇴는 여전히 인플레이션을 유발하는 경향이 있었고 일상 소비재의 가격을 끌어올린 반면, 국민총생산을 줄이는 전통적인 수확량 감소와 연결되었 다. 일단 세계 운송의 향상이 아마 1870년대 이후와 20세기에 확실히 그랬던 것처럼 그런 충격 을 지니는 지역 내의 수확의 어려움을 제거했더라면, 이는 달라졌을 것이다.

줄이는 데에는 억압과 기계화가 활용되었다. 이 수법은 사실 상당히 성공적
이었다. 왜냐하면 이것이 정치적 동요를 자극하고 세계시장에서 공산품 가
격의 상대적 하락을 이끄는 부정적인 결과를 가져왔기 때문이다. 자유주의
국가의 건설을 통해서만 이런 딜레마가 극복되고, 핵심 지역에서 자본주의
적 생산자들이 국내 질서의 회복과 유리한 무역 조건의 복귀를 통해서 이익
을 얻을 수 있었다. 자유주의 국가가 활용한 주요 메커니즘은 원가 통제의
초점을 국내 전선에서 주변부로 옮기는 것이었다. 이 과정은 19세기 말 마지
막 30년간 식민지 팽창으로 구체화되었다.

그러나 그런 일이 벌어지기 전까지 특히 영국, 일반적으로 서유럽은 1815
년부터 1840년대 말까지 더욱 첨예하게 디플레이션(통화축소)이라는 난국을
감수해야만 했다. 임금 노동자들은 절대적 또는 상대적 기준에서 모두 임금
수준이 떨어진 탓에 손해를 입었다.26) 농산물 생산자들은 "1800년부터 1875
년까지 영국의 밀 가격이 꾸준히 하락한" 탓에 손해를 입었다(Fairlie, 1969,
105).27)

영국의 산업자본가들은 모든 것을 잘 해냈는가? 우리는 이미 19세기 후반
기에 독일과 미국이 부상한 사실은 말할 것 없고, 1815년 이래 서유럽에 대

---

26) Rousseaux(1938, 229)는 1822년부터 1848/1850년까지의 시기를 언급한다. 또 Evans(1983,
141)의 저술을 참조하라. "노동자들에게 최악의 시기는 1815년 이후 제대 군인들이 넘쳐들어
시장이 공급 과잉의 상태에 처하게 되고, 동시에 경작 곡물의 가격이 떨어진 때였다. 당시 임금
이 심하게 깎이고 구빈세 지출은 최고조에 달했다……1811년부터 1831년까지의 20년 가운데
가장 극심한 시기, 즉 취업 기회가 가장 심각하게 줄어들었을 때, 동부와 남부에서 최악의 피해
를 입은 카운티들의 주민 수는 31퍼센트쯤 증가했다."

27) 또한 Thompson(1963, 232)을 참조하라. Fairlie(1969, 108)는 이렇게 진술한다. "일단 우리가
1870년경까지 유럽 전체에서 식량난이 꾸준히 가중되었다는 점을 인정한다면, 이를 잉글랜드
밀 가격의 외관상 꾸준한 하락과 양립시킬 수 있는 유일한 방법은, 유럽 내의 잠재적인 공급원
과 비교해볼 때 보호를 받는 이전의 밀 가격이 매우 높아 영국과 유럽 대륙 사이의 자유로운
교역으로의 변화는 근본적인 추세가 계속 상승했을지라도 잉글랜드에서 순(純)하락을 의미했
다"는 주장을 유지하는 것이다. 이를 통해서 곡물법의 철폐에 왜 그렇게 강하게 저항했는지를
확인할 수 있다.

한 영국의 원래 우위, 꽤 중요한 우위가 1850년까지 조금씩 움츠러드는 것처럼 보였다고 언급했다. 영국 공업의 수익성은 단명할 위험을 무릅썼다. 대안들이 확보될 필요가 있었고 실제로 확보되었다. 만일 세계체제 내에서 영국의 헤게모니가 오래 지속되는 경제적 이득을 창출하는 데에 기여했다면, 그것은 영국의 해외 투자가 두드러지게 증가한 것, 즉 "19세기 영국 경제 발전의 가장 중요한 사실들 가운데 하나이자 국제 정세에서 결코 사소하지 않은 일"을 가능하게 함으로써 기여했다(Imlah, 1951, 222).

물론 프랑스는 특히 산업자본가들의 눈에는 훨씬 더 심각한 곤경에 빠진 듯 보였다. 확실히 프랑스는 우세한 분야가 많지 않았다. 혁명과 나폴레옹 덕분에 프랑스의 기술 교육은 번창했고, 19세기 전반기에는 세계 최고 수준으로 인식되었다. 프랑스는 기술과 상업의 전문가들을 수출할 수 있었다 (Cameron, 1957a, 245-246; 1961 참조). 그리고 그 산업적 토대는 우리가 보아왔듯이 꾸준히 팽창했다. 그러나 프랑스의 산업화와 그리하여 세계시장에서 프랑스가 차지한 경쟁 우위는 느린 인구 성장과 특히 거대 공업과는 대조적인 소규모 공업의 비중이 컸던 탓에 지체되었다고 오랫동안 인식되었다.[28] 이 견해는 나이(1987, 650, 668)의 도전을 받았다. 나이는 "어떤 기준에 따르더라도 규모에 비해서 수익이 다소 낮았기 때문에" 작은 규모가 실은 "지배적인 경제적 조건에 대한 합리적인 반응이고, 결코 프랑스의 산업화 과정을 방해하지 않았다"고 주장했다. 그리고 질(1959b, 163)은 생각보다 대규모 공업이 더 많이 있었다고 주장했다. 그는 정확히 1815-1848년에 프랑스에서 대규모 자본주의적 공업이 탄생했다고 적시한다.

그러나 영국과 프랑스는 세계경제 내에서 자유무역이라는 중대한 문제에 대해서 반대를 표명하지 않았는가? 그에 대한 답변은 우리가 믿어온 것보다

---

28) 이는 여러 문헌들에서 빈번하게 등장하는 주제이다(Markovitch, 1966, 316; Landes, 1949; Kindleberger, 1961a). Cameron(1957a, 441)은 부분적으로는 공산품 원료의 높은 가격과 더불어 공급의 상대적 부족으로 이를 설명한다. 그러나 우리가 원료의 원가가 영국으로서도 높았다는 점을 이미 확인했기 때문에, 이는 영국보다 [프랑스에서] 더 높았다는 상대적인 진술일 뿐이다.

덜 분명하다. 우선,

1815년 영국은 여전히 보호주의적 세력이었고 대외무역과 해외 팽창을 지휘하는 데
에서 중요한 역할을 맡았다. 관세 보호는 농업뿐만 아니라 영국에서 증대하던 제조
업에까지 확대되었다. 숙련 노동자들의 이주와 기계류의 수출에는 엄격한 제약이
뒤따랐다(Evans, 1983, 12).

두 번째, 정부의 보호 외에 영국의 공업은 "흔히 단지 지역적 차원이지만
때로는 전국적 차원에서 업자들의 가격 담합이나 그에 상응하는 타협으로
채워졌다"(Cain, 1980, 20). 세 번째, 맨체스터의 산업자본가를 포함한 영국
의 산업자본가들은 결코 명확하게 자유무역에 찬성하지 않았다. 1840년대가
되어서도 자유무역은 "[다른 국가들과] 통상 전쟁을 벌이는 데에 쓰이는 무
기로서 인식되었고, [이 전쟁을 이길 필요성에] 부응하는 듯이 보이지 않았을
때에는, 지지를 얻지 못했다"(Evans, 1983, 20).[29]
  결국 임라(1949, 307-309)는 영국의 보호주의가 마지막 시기에 "최악"의
상태에 이르렀다고 평가한다.

영국에서 산업 전반의 초창기보다 나폴레옹 전쟁 이후 그 결과가 훨씬 더 심각해서
영국의 산업은 그때 사실상 새로운 체계를 갖추었다…….

실질[즉 "공식적"이지 않은] 가치로 평가되던 영국의 관세는 18세기 말에는 매우

---

29) Cain(1980, 24)은 주저하는 다른 이유들 가운데 "자유무역이 또한 식민지에서 누리는 특권의
   종식을 의미했고, 식민지가 성숙한 발전 단계에 접어들었을 때 촘촘한 통제의 유지가 불가능하게
   만들었다"는 점을 상기시킨다. 또한 Musson(1972b, 18-19)을 참조하라. "역사가들은 영국의
   제조업자들이 보호주의 장벽 뒤에서 성장했고, 그들 대다수가 당시 보호를 유지해야 할 필요성을
   느꼈다는 사실을 무시하면서 영국의 경쟁 우위를 너무 일반적으로 강조하는 경향이 있었다……
   맨체스터의 제조업자들은 — 원면(原綿) 수입에 대한 관세 철폐와 곡물법 폐지를 요구하면서—
   동시에 특히 면직물 제조용 기계류의 수출에 대한 제한 철폐에 반대하고 완강하게 보호주의적
   태도를 견지했다. 기계류의 수출은 외국과의 경쟁을 자극할 것이기 때문이었다."

적정했다……[19세기 초에 왜 관세가 상당한 수준으로 인상되었는지를 설명한] 주
목하지 않을 수 없는 문제는 세입(歲入)이었다.

임라는 이런 관세가 수입을 상당히 줄임으로써 잠재적인 고객들의 구매력에
영향을 미칠 정도로 충분히 가혹했다고 주장한다. 국제무역이 영국 경제의
건전성에 필수적이었기 때문에, 영국의 "재정체계는 국제 경제를 불균형 상
태로 [내몰고 있었다]."30)

아마 이런 보호주의는 다소 보여주기 위한 것이었을 가능성이 높다. 그것은
확실히 엄밀하게 시행되지는 않았다.31) 그러나 보호주의 조치는 최소한 1850
년 이전, 특히 우리가 그것을 이론이 아니라 프랑스의 보호주의라는 현실과
의 관계에서 고려할 때 영국의 정책에서 자유무역이 차지하는 중심적 역할의
이미지를 손상시킨다. 그 반대가 사실이었다는 인식에도 불구하고, 1800-
1840년에 프랑스의 관세율은 영국의 관세율보다 사실 "상당히 더 낮았다."
나이(1991, 25; 26, 표 1; 42)는 이런 오해를 곡물법 철폐에 대한 전 세계의
관심, 분석가들이 전체 경제의 방향 대신 확실한 산업만을 고려한다는 사실,

---

30) 1830년경 관세는 정부 세입의 38퍼센트, 1840년에는 45퍼센트로 전쟁 이전의 비율보다 거의
두 배나 커졌다. 더욱이 "시장가치로 계산한 수치는 실제로는 더 높고 커지는 경향이 있었다"
(p. 311).

31) Jeremy(1977, 2)를 참조하라. "1780년대 초, 숙련 장인이나 제조업자는 누구도 법적으로 자유
롭게 영국이나 아일랜드를 떠날 수 없었고, 그들의 직업을 계속할 의도로 국왕의 영토 밖에
있는 외국으로 들어갈 수도 없었다." 그러나 실제로 많은 이들이 이주했다. 제러미는 1783년과
1812년 사이에 얼스터에서 미국으로 약 10만 명이 이주했다고 추산한다. 장인의 이주에 대한
제한은 1824년에 철폐되었다. 1825년, 기계류의 수출에 대한 철저한 금지도 폐지되었고 면허제
도로 대체되었다. 그러나 1843년에 이르러서야 상무부 장관 글래드스턴이 마침내 모든 규제를
철폐했다. 제러미는 그럼에도 이 금지 법령들이 "산업화 초기에 사람이나 기계를 매개로 기술
정보가 해외로 확산되는 흐름을 막는 데 뚜렷이 실패했다"고 생각한다(p. 34). 또한 영국의
정부 당국이 "많은 노동자 채용업체들과 기계류와 청사진의 밀수꾼들이 사라지게 만들었다"고
단언하는 Henderson(1954, 6)을 참조하라.

나폴레옹 3세 시대조차도 프랑스인들이 보호주의를 언급하는 경향을 보인 반면, 영국인들은 자유무역을 언급하는 경향이 있었다는 사실 등 세 가지 측면에서 설명한다. 그러나 나이는 사실 "자유로운 영국을 더 개화된 통상정책의 세계로 마지못해 끌려가는 보호주의적인 프랑스와 균형을 이루게 하는 전통적인 자유무역 논의를 이제 오류라고 보아야 한다"고 주장한다. 사실 자유무역의 경제적 장점을 굳게 믿는 임라(1958, 123)는 이 시기에 정확히 자유무역의 상대적 부재 탓에 영국의 경제적 실적이 저조했다고 설명한다.

　　여러 가지 측면에서 19세기 전반기는 영국 무역의 대풍년기여야 했다. 기계화가 점점 더 가속되는 영국 공업의 기술적 효율성, 1825년 이후 더 자유롭게 수출할 수 있게 된 석탄과 기계류에 대한 국내외 수요 증대의 가능성, 상선과 기업체의 잠재력, 영국 자본에 대한 수요 등은 경제사에서 그에 견줄 만큼 유사한 사례가 거의 없는 기회를 창출했다. 그 기회는 전후의 높은 보호주의 장벽 아래에서 결국 실현되지 않았다.32)

　　영국과 프랑스의 그릇된 대비33)는 우리가 또다른 수정주의적 논의, 즉 당연시되는 프랑스의 느린 산업화34) 또는 프랑스에서 "이륙"의 지체에 대한

---

32) 더욱이 Imlah(1958, 23)는 사회적 동요를 보호주의 탓으로 돌린다. 그는 실질 가치(다시 한번 기만적이고 "공식적인" 가치가 아니라)를 활용하더라도, 수출 교역이 부진해졌다고 말한다. 경기 침체기인 1842년을 이전 침체기인 1816년과 비교한다면, 인구가 40퍼센트 증가하고 새로운 수입은 55퍼센트 증가했지만, 수출 교역의 증가는 14퍼센트에 그쳤다. "이 통계는 힘줄[당시 비스마르크는 영국의 보호주의를 칭송하면서 그렇게 불렀다] 대신에 동맥의 경화를 암시하고 당시 분명해진 사회적 혈압 상승의 징후를 더 적절하게 설명한다. [1842년 이후] 자유무역 정책의 채택은 조숙한 노화로부터의 탈출이었을 것이다." 이 분석은 우리가 나중에 주장하게 되겠지만, 너무 단순해 보인다.

33) 이 책 곳곳에서 우리의 역사서술이 얼마나 빈번하게 이런 그릇된 대비를 제공했는지 살펴보았다. 이런 역사서술의 왜곡은 자유주의 이데올로기로 기능한 19세기 사회과학의 유산 가운데 일부이다.

34) 이런 특정한 부수적 토론에 대한 배경은 「근대세계체제」 제III권의 제1, 2장에서 이미 다룬

단언[35])을 비판적으로 평가해야 하는 배후 사정이다. 오브라이언과 키더 (1978)는 1781-1913년의 기간 동안 영국과 프랑스를 비교하는 일련의 연구를 통해서 다음과 같은 점을 찾아냈다. 1인당 국내 상품 산출량은 대략적으로 동일했다. 임금수준은 프랑스에서 뚜렷하게 더 낮았지만 임금 노동자들의 수가 적었기 때문이다. 따라서 이는 평균소득 수준에 대해서 별로 실마리를 제공하지 않는다. 영국의 노동생산성이 더 높았지만 이는 프랑스의 잠재적 노동력 가운데 더 큰 몫이 농업과 공업 생산에 할당됨으로써 상쇄되었다.[36]) 영국의 농업 생산성은 더 높았다. 저자들은 그것이 더 큰 효율성이 아니라 더 나은 토지 재산과 동물 집약적 농업에 대한 더 많은 토지의 할당 덕분이라고 생각한다.[37]) 대규모 공업이 많지 않았지만, 공업에서 프랑스의 노동생산

바 있다(Wallerstein, 1989).

35) 이제는 기억에 가물가물해진 "이륙(take-off)" 개념의 일시적 유행은 1960년 W. W. 로스토의 연구로 시작되었다. Rostow(1971)는 프랑스의 이륙이 1830-1860년에 발생했다고 상정한 반면, 영국의 경우 "1783년 이후 20년간" 발생했다고 보았다(p. 9). 프랑스에서 단일한 "이륙" 시기가 존재했다는 데에 대해서는 마르크제프스키가 도전한다. 그는 오히려 단일한 이륙 시기가 있었다면, 늦어도 19세기 초였을 것이라고 주장한다(1961; 1963, 123). 또한 Bouvier(1965, 270), Markovitch(1966), Lévy-Leboyer(1968b, 801) 등을 참조하라.

36) 그러므로 프랑스에는 더 작은 규모의 서비스 부문과 더 적은 수의 기식자(寄食者)들이 있었다. 이런 사실로 인해서 O'Brien & Keyder(1978, 32)는 이제 '문명의 힘'은 각 문명이 부양할 수 있는 기식자들의 수로 측정해야 한다는 "니체의 언급이 가진 설득력을 확인한다"고 논평한다.

37) "프랑스 농업의 '후진성'[노동자 1인당 산출량의 저조]은 농촌 노동력이 높은 밀도를 유지하는 데에서 비롯되었다. 이는 불가피하게 토질이 열등한 토지의 집약적 경작과 기본 식량이 지배하는 혼작으로 이어졌다. 그러나 프랑스에서 토지 없는 이들은 농촌 인구 가운데 훨씬 더 적은 부분(사실상 소수)을 차지했고, 수십 년 동안 대다수는 '열등한' 토지에서 떠나 도시로 이동할 소망을 전혀 드러내지 않았다……프랑스의 경제적 실적에 대한 비판자들은 프랑스의 농업 관행이 혁명기 동안 전투적인 농민들의 활동으로 강화되었다는 점을 때때로 잊곤 한다(O'Brien and Keyder, 1978, 190, 195).

또한 Hobsbawm(1962, 201)은 19세기 중엽 프랑스 농민들이 1789년 이후 시기를 돌아보고 스스로 영국의 농업 노동자들과 비교하면서 "둘 가운데 누가 더 나은 거래를 했는지 전혀 의심하지 않을 수 있었다"는 점을 상기시킨다. 그 뒤 홉스봄은 영국 작가 H. 콜먼이 1848년에 쓴 「프랑스, 벨기에, 네덜란드, 스위스의 농업과 농촌 경제(*The Agricultural and Rural Economy of France, Belgium, Holland and Switzerland*)」에서 기록한 평가를 재생한다. Colman(pp.

성은 더 높았고, 영국인들은 1890년대까지 따라잡지 못했다. 결론적으로 오
브라이언과 키더(1978, 198)는 프랑스의 경제적 선택을 틀림없이 다르지만
동시에 합리적인 것으로 판단하면서 프랑스의 "상대적 후진성"에 대한 어떤
세안도 비판한다. 실제로 그들은 더 나아가 "프랑스의 경험에서 더 인간미가
있고 산업사회로 아마 [영국에] 못지않게 효율적으로 이행하려는 경향이 엿
보인다"고 말한다.[38] 이런 수정주의의 영향력은 크루제처럼 영국의 "우수성"

25-26)은 이렇게 기록한다. "국내외 농민층과 노동계급 사이에서 오랜 시간을 보낸 뒤에 나는
솔직히 그런 조건하의 사람들로서 프랑스의 농민들보다 더 교양 있고 깨끗하며 부지런하고
검소하며 진지하거나 옷을 잘 입는 이들을 전혀 알지 못했다고 말해야 한다. 이런 점에서 그들
은 지나치게 더럽고 지저분한 스코틀랜드의 대다수 농업 노동자, 그리고 비굴하고 영혼이 망가
졌으며 생활수단이 심각하게 궁핍한 다수의 잉글랜드인들, 또 반쯤만 옷을 입고 야만적인 환경
속에서 사는 가난한 아일랜드인들과 뚜렷한 대비를 이룬다"(p. 201, n.a에서 인용).

마지막으로 Hohenberg(1972, 238-239)는 "19세기 내내 프랑스 농촌은 [사회구조, 인구 상태,
토지 이용 관행에서] 표면에 드러난 것보다 더 많은 변화를 겪었다. 역설적이게도 가족이 경영
하고 소유한 농장을 기반으로 세워진 균형을 보존하고 실제로 강화할 수 있게 만든 것은 변화
였다"고 주장한다.

38) 19세기 프랑스의 경제적 선택의 합리성과 상대적으로 좋은 프랑스 공업의 실적에 대한 유사한
재평가는 Lévy-Leboyer(1968b), Roehl(1976), Cameron & Freedman(1983)을 참조하라. 그러나
1968년 "프랑스 경제의 융통성 있는 적응과 활력 넘치는 공업의 도약"을 칭찬하고 그로 인한
19세기 내내 이어진 "상대적으로 조화로운 [프랑스 공업의] 팽창"(p. 801)을 특징으로 묘사한
레비-르부아예는 1985년 부르기뇽과 공저한 책에서 덜 만족스런 견해를 밝혔다. 그들은 "프랑
스의 문제"―음식에 대한 소비의 비중이 지나치게 높고 수요의 다양성이 너무 떨어지며, 공업
수출과 투자가 너무 적은 것―를 언급하고 프랑스의 농민들을 비난했다(pp. 103-104).

따라서 기술적 주도권이 프랑스를 벗어났다는 사실과 정치적 곤란, 인플레이션, 전쟁이 첫
번째 산업혁명을 중단시킨 1790년대에서 기원을 찾을 수 있는 무엇인가는 두 가지 요인으로
설명해야 한다. 첫째, 장기적으로 전(前) 산업시대로부터 계승된 농촌의 빈곤이 단지 매우
느리게[각주 37번에서 홉스봄이 주장한 것과는 다른 이미지임] 줄어들었다는 사실이다. 이
는 성장이 가속된 시기에 임금 구조와 소비성 경비에서 드러난 왜곡의 이유를 설명해준다.
자질이 떨어지는 노동력이 노동시장에 진입하고 농촌에서 이주가 발생하면서 밑바닥에 있
는 집단(혜택을 받지 못한 가난한 계급)이 증가했고, 언제나 다른 사회적 범주에 속하는
숫자가 바뀌었다. 임금 수준과 공산품 수요의 불충분한 상승은 우리가 전체 인구에 유효한
소득 수준을 계산하기 위해서 포함해야 하는 하위집단 내의 변화 탓이다.

이는 결국 19세기 후반기 프랑스에 산업자본가들이 필요할 때, 도시 노동자들의 임금 수준을

을 고집하려는 이들조차 그 견해에 "미묘한 차이"를 입히고 19세기 프랑스의 경제적 성과가 "자랑할 만하지만 그 이상은 아니"라고 주장할 지경에 이를 정도로 강력했다.[39] 크래프츠(1984, 59, 67)는 [19세기 프랑스의 경제적 실적에 대한] 수정주의적 해석이 프랑스의 성과를 과장한다"는 것을 논증하고자 했으나, 오히려 다양한 유보조항을 언급한 뒤에 "위에서 적시한 모든 사항들을 받아들인다고 해도 프랑스의 경제적 실적이 한때 생각했던 것보다 실제로 더 나아 보인다"고 결론을 짓도록 강요된 듯 보인다.[40]

영국과 프랑스는 모두 1815년 이래 국경 내에 세계 각지에서 축적된 자본을 집중시키고자 했고, 그들이 얼마나 잘 그렇게 했는지는 단지 부분적으로는 각 기업이 가진 힘과 함수관계에 있었다. 또한 그것은 노동 비용을 제한하고 외부 공급의 항구성을 보증하며 적절한 시장을 확보하는 능력과 밀접한 관계가 있었다. 그리고 이는 전 세계적 규모에서 두 국가 모두 높은 편이었던 경제적 효율성을 증대하는 문제라기보다 정치적 과업이었다. 두 국가의 역할이 중요했지만 그것의 사용은 미묘한 문제였다. 두 국가가 이득을 보증할 뿐 아니라 손상을 초래할 수 있었기 때문이다. 두 국가 모두 길들여지고, 다룰 수 있어야 하며 합리적으로 이끌어져야 했다. 후속 60년 동안의 정치는 국가의 역할을 "합리화"하려는 노력, 즉 "국부"와 특히 국경 내에서 자본을 축적한 이들의 부를 늘릴 가능성을 극대화하기 위해서 국가의 구조를 미세조정하려는 노력에 집중할 것이었다.

낮추기 위해서 끌어들일 수 있는 농촌 인구, 즉 영국이 19세기 전반기에 훨씬 더 많은 정도로 다 써버린 노동 예비군이 여전히 많았다고 말하는 셈이다. (저자들이 비난한 두 번째 요인은 1870년대와 1880년대에 벌어진 국가의 과도한 개입이다.)

39) 첫 번째 인용문은 Crouzet(1970, 86)에서 가져온 것이고 두 번째는 Crouzet(1972a, 278)에 기술되어 있다. 1985년에 아마 프랑스에 대한 영국의 "우위"를 다룬 저서에서 Crouzet(1985, 454)는 그럼에도 공동 "1위"의 긴 목록을 제시하고 다소 힘없이 결론짓는다. "이 두 국가의 운명 사이에 너무 많은 유사성과 수렴이 존재한다."

40) 또한 그는 프랑스의 경제적 실적을 "신뢰할 수 있지만 뛰어나지는 않다"고 기술한다(p. 67). 이는 "자랑할 만하지만 그 이상은 아니"라는 주장보다는 좀더 강한 표현이다.

이 과정은 국가 간 수준에서 시작되었다. 1814년 9월 18일부터 1815년 6월 9일까지 유럽의 군주들과 외무장관들은 유럽을 지배할 것으로 예정된 평화— 유럽의 협조체제(Concert of Europe)라고 지칭될 — 를 결의하기 위해서 빈에 모였다. 이 길고 긴 비밀 모임 도중 나폴레옹은 엘바 섬을 탈출해서 "백일천하"를 열었으나, 결국 1815년 6월 18일에 워털루에서 결정적인 패배를 맛보았다. 전쟁보다 평화에 대해서 합의를 이끌어내는 것은 언제나 더 어렵다. 평화 회담의 목표는 흔히 더 장기적이고 더 다양해서 평화의 조정자들을 분열시킨다. (나폴레옹 이전 시기부터) 끊임없이 프랑스와 대립한 것은 영국뿐이었다. 오스트리아, 러시아, 프로이센은 전쟁 기간 내내 파란만장한 역사를 겪었다. 그러므로 영국은 150년에 걸친 세계체제 내의 헤게모니를 차지하려는 투쟁뿐 아니라 23년에 걸친 일련의 전쟁(단일한 전쟁이라고 간주하는 것이 더 좋을 듯하다)에서 가장 중요한 승자였다. 영국은 침착하고 균형이 잡혔으며 강력할 수 있는 여러 가지 이유들을 갖추고 있었다. 물론 영국은 프랑스가 다시 도전할 정도로 부상할 수 없게 만들기를 원했다. 그러나 백일천하의 실패 뒤에는 이것이 매우 큰 문제인 듯 보이지 않았다. 캐슬레이 경이 더 큰 문제라고 느낀 것은 아마 다른 세 열강이 권력을 지나치게 팽창하지 못하도록 예방하는 것이었을 법하다. 왜냐하면 특히 이 세 열강은 영국의— 경제적 이해관계는 말할 것 없고 — 정치적 세계관을 완전히 공유하지 않았기 때문이다.

한편 이제 프랑스의 군사력이 파괴되었기 때문에, 영국은 러시아의 군사력과 잠재적인 팽창 야욕만 염려하게 되었다. 20세기의 언어로 표현하면, "두 초강대국"만 존재할 뿐이었다. 물론 두 강대국 사이에 군사적 대립의 가능성은 실제로는 존재하지 않았다.[41] 캐슬레이의 진짜 문제는 정치적 질

---

41) Kraehe(1992, 693)를 참조하라. Schroeder(1992a, 684)는 심지어 "영국과 러시아의 헤게모니 공유"에 대해서 언급하지만, 내가 볼 때 이것은 과장된 표현이다. Jervis(1992), Gruner(1992), Schroeder(1992b)를 보라. 오스트리아와 프로이센은 "단지 예의상으로만 강대국"이었다 (Hobsbawm, 1962, 129).

서를 구축하는 데에 외교적 수완을 활용한 호적수 메테르니히 대공이 있었
다는 점과 메테르니히가 영국의 세계적 위상을 견제하고 균형을 맞추려는
"동부"의 3인방—오스트리아, 프로이센, 러시아—의 정치적 감각을 대변했
다는 사실이었다. 헨리 키신저의 평가에 따르면(1973, 5), 캐슬레이가 "국제
적 합의를 위해서 협상했지만", "그것을 정당화한" 인물은 메테르니히였다.

섬나라로서 영국의 안전을 확고히 하고자 한 캐슬레이는 **공공연한** 침략만을 반대하
는 경향이 있었다. 그러나 유럽 대륙의 중앙에 위치한 강국의 정치가 메테르니히는
무엇보다 격변을 **방지하고자** 노력했다.[42]

Halévy(1949a, 95)는 1815년 이후의 군사적 상황에 대한 영국의 평가를 잘 포착한다. "잉글랜
드인들이 육군의 지출 삭감을 막을 만한 국가안보상의 이유는 확실히 존재하지 않았다. 잉글랜
드는 이제 두려워할 적이 없었다. 한 세기가 넘게 지속된 전쟁 끝에 프랑스의 힘은 마침내
파괴되었다. 카르타고는 로마를 정복했다."

42) 메테르니히에 관해서는 Schroeder(1992a)를 보라. 영국에 관해서 Webster(1925, 48-49)는 유럽
대륙에서 분리되었다는 관념과 해상 관련 또는 제국의 문제를 지속적으로 우선시한 영국의
태도를 유사하게 강조한다.

해상 권력과 해상 권리는 여전히 그리고 진정으로 권력의 보루로 인식되었다……"해상 권
리"는 토론에 부쳐지지도 않았다. 그 때문에 다른 어떤 강국도 인정하지 않은 "탐색의 권리"
와 여타 국제법의 원칙들은 모두 유효성을 유지했다……[그러나] "해상 권리"는 [1815년
이후] 결코 다시 행사되지 않았다.

캐슬레이가 그의 후계자들보다 더 "고립주의적"이었다는 것은 사실이다. 그러나 토리당파의
거만함과 장기간 지속되는 전략을 혼동한다면, 이는 실수일 것이다. 1815년에 잠시 캐슬레이의
섬나라 근성과 차르 알렉산드르의 활기 넘치는 비현실성 사이에서 우리는 Weill(1930, 14)가
"헌법 초안이 대부분 [1815년에] 그 수호자로서 러시아의 귀족을, 그 반대자로서 영국의 외교관
들을 상정하고 있었다는 기이한 사실"이라고 지칭한 것을 관찰할 수 있다. "자부심 강하고 거만
한 이 토리당파는 자기 자신의 국가만이 홀로 귀족의 수중에 권력을 남겨놓을 자유의 체제를
작동할 수 있었다고 믿었다." 훌륭하다! 말 참 잘했다. 권력의 세계에 대한 프랑스인의 신랄한
논평 가운데 최고의 기백이라고 아니할 수 없다.

어쨌든 캐슬레이는 빈에서 영국이 중요하게 생각한 것과 즉시 원했던 것을 얻었다. "영국은
제해권을 보유했고, 전반적이고 지역적인 안전보장과 중요한 재산을 획득했다"(Nicolson,
1946, 211). 즉 1783-1816년에 확보한 세계의 해상 교통로에 있는 전략적으로 유용한 섬과
항구들을 의미한다. 그 목록은 Wallerstein(1989, 122)에 나와 있다.

아마 메테르니히는 확실한 정당화의 형태를 부여하려고 했을 것이고, 이는 실제 영국의 구미에 맞지 않았으며, 결국 영국이 우세하리라고 예상할 수 있었을 것이다. 어떤 경우든 곧 메테르니히가 너무 많은 것을 예방할 수는 없었다는 점이 분명해졌다.43)

그러나 프랑스를 정치-외교적 투쟁에서 잠재적 동맹자의 위치(물론 프랑스는 때때로 하위 동맹국의 역할을 불쾌하게 여길 테지만)로 되돌리는 것이 영국의 (장기적 전략은 말할 것 없이) 즉각적인 이해관계라는 점이 분명했다. "나폴레옹 전쟁 이후 평화 협상에서 가장 두드러진 특징은 의심할 바 없이 패배한 강국에 베푼 관대함이었다는 점에서" 프랑스는 실로 빈 회의의 큰 승자였다고 주장할 수 있다(Schenk, 1947, 45).44) 이는 보통, 그리고 어느 정도 일리 있게 탈레랑의 수완 때문이라고 생각된다. 그렇지만 프랑스가 나폴레옹이 없는 체제를 안정화하기 위해서 무슨 조치를 취해야 할지에 대해서 영국의 이해가 차지하는 역할을 과소평가해서는 안 된다. 1816년 4월 파리 주재 영국 대사(찰스 스튜어트 경)에게 (M. 갈라스가 보낸) 비밀 보고서는 이후에 캐슬레이 경에게도 전달되었는데, 영국이 무엇을 두려워했는지를 정확히 보여준다.

너무 오랫동안 형편없는 자들의 수중에 있던 권력이 신뢰와 존경의 토대인 위엄과

---

43) 메테르니히는 1830년에 프랑스의 7월 혁명에 대해서 그것이 "제방을 무너뜨리는 효과"(Vidal, 1931, 34에서 인용, 각주 없음)를 일으켰다고 말했을 때, 이를 인식했을 것이다. Hobsbawm (1962, 132)은 이에 동의한다. "1830년 혁명은 [1815년의 타협을] 완전히 파괴했다." 그러나 더 정확하게 말하면, 그 혁명은 영국의 견해를 안전하게 숨기기에 더 좋은 메테르니히의 해석을 파괴했다. Weill(1930, 4)는 1815-1847년을 "민족적 사상의 진보와 자유주의자들의 열정적 선전에 저항할 수 없던" 신성동맹이 "실패한" 시기로 규정한다.

44) Clapham(1930, 317)은 모든 결정이 너무 관대했다고 인식한다. "유럽 대륙의 세력들은 [1815년 이후 몇 년간 영국이 무시무시한 부채의 부담과 근본적으로 좋지 않은 세금 제도를 가지고 있다는 영국인들의 견해에 동의했다. 부채 부담의 한 가지 이유가 프랑스로부터 어떤 결과든지 전쟁 배상금을 뽑아내는 것에 대한 캐슬레이와 웰링턴의 정치적이고 신사적인 거부였다는 점은 거의 언급되지 않았다."

장엄함을 잃어버렸기 때문에, [그리고] 종교가 적절한 교육을 받지 못해 도덕률의 법을 알지 못하고 지옥과 교수대에 대한 두려움에도 위협당할 수 없는 일반 대중에 대한 통제를 모두 잃어버렸기 때문에, 혁명으로 촉발된 전반적 격변이 여전히 마음속에 남아 있습니다……(Schenk, 1947, 49에서 인용).

이런 두려움, "오랜 좌익 혁명적 환상으로 되돌아갈지" 모르는 "환자"가 완전한 반동적 약의 복용을 거부할 것이라는 두려움 때문에 영국인들은, 웰링턴 같은 극단적인 토리당파조차 루이 18세 주위에 있는 더 온건한 조언자들의 편에 서 있었다(Schenk, 1947, 130-131).[45] 왜냐하면 프랑스의 외교적 재활 외에 루이 18세의 권위를 더 높이기 위해서 영국이 할 수 있는 것은 없었기 때문이다.

사실 프랑스의 재활은 영국이 헤게모니를 행사하는 데에 기여했다. 캐슬레이의 다소 단순한 공식 ― 니컬슨(1946, 155)은 "인구와 권력의 관점에서 매우 정확히 계산된 이상적인 균형"을 언급한다 ―은 결국 탈레랑의 "더 현실적인 개념"으로 부드러워지고 개선되었다. 이는 탈레랑(그리고 영국인들)이 "명료성, 탄력성, 신속성"을 갖춘 세계와 맞서는 것을 가능하게 해주었다. 따라서 프랑스는 핵심 세력에게 인정받았다. 1815년 빈에서 구성된 이른바 4강 동맹은 1818년 엑스라샤펠에서 5강 동맹(또는 열강의 5두 정치체제)로 대체되었다. 뒤피(1909, 165)가 기록하듯이, 이는 모든 것을 바꾸어놓았다.

유럽의 주도국 목록에 프랑스가 재진입한 것은 유럽의 힘과 권위를 증대시키는 것처럼 보였다. 실제로 프랑스의 진입은 유럽 각국의 힘과 권위를 약화시켰다……프랑스의 위험은 과거의 아지랑이 속으로 사라졌다. 이제 의견 차이를 드러내거나 모순적인 이해관계를 좇는 것이 더 쉬워질 것이다.[46]

---

45) Schenk(1947, 132)는 더 나아가 "웰링턴이 뛰어난 식견으로 스튜어트 가의 운명이 부르봉 왕가를 기다린다고 예견했다"고 기술한다.

물론 메테르니히는 영국과 사뭇 다르게 전망했다. 1815년 9월, "동쪽"47)의 세 군주들은 신성동맹(Holy Alliance)―필요하다면 혁명으로 위협당하는 국가에 개입해서라도 유럽에서 현상(現狀)을 유지하기 위해서 함께 노력할 것이라는 서약―으로 알려지게 된 문서에 서명했다.48) 영국은 서명에 동참하지 않았다. 섭정궁(攝政宮) 조지는 헌법에 의거해서 공동 서명할 장관이 필요하다는 근거를 들어 변명했다. 그는 "신성한 행동원칙"을 승인했다는 데에 만족했다. 캐슬레이는 그것이 "장엄한 신비주의와 터무니없는 생각"이었다는 근거로 정부에 그 문서를 넘겨주기를 거부했다(Weigall, 1987, 111; Ruggiero, 1959, 93 참조). 그러나 메테르니히는 결코 신비주의적이지 않았다. 「회고록(Memoirs)」에서 프랑스, 독일, 이탈리아, 에스파냐에서 발생한 변화를 갈망하는 운동에 대해서 논의할 때 분명히 드러나듯이, 그는 단지 구체제의 진정한 신봉자였을 뿐이다.

---

46) Gross(1968, 45)는 유럽의 협조체제가 마련한 상호 이해관계에 대한 협의 과정이 "유럽의 평화가 약 100년 동안 불안하게 의존하던 세력균형의 유지와 조작을 위해서 일종의 독단적인 지도부를 제공했다"고 진술한 반면, Dupuis(1909, 192)는 유럽의 평화체제가 실제로 오랫동안 지속되지 않았다고 제안하는데, 나는 뒤피의 견해가 더 정확하다고 본다. "[1822년] 베로나 회의는 열강들 사이에서 전반적인 관심사를 빈번하게 협의함으로써 유럽에서 공동 정부라는 실험 기간을 끝냈다." 유럽의 협조체제는 기껏해야 "간헐적인 이해관계들의 연합"이 되었다(p. 503).
　　Renouvin(1954, 57)은 협조적인 행동의 종식 시점을 훨씬 더 일찍으로 잡아서 1820년 5월 5일 영국 내각의 국가 문서를 언급한다. 이 문서는 에스파냐에 대한 개입을 제안했다. 이 문서는 신성동맹이 "세계의 정부나 다른 국가들의 정세를 감독하기 위한 연합이기를 결코 바라지 않았다……[영국은] 추상적이고 사변적인 예방조치의 원칙에 따라 행동할 수 없고 행동하지 않을 것"이라고 단언했다(Crawley, 1969, 674-675에서 인용).
47) 1945년 이후의 개념을 사용한다고 비난받지 않기 위해서 나는 오스트리아, 프로이센, 러시아가 공표한 트로파우 회람문(回覽文)(1820년 12월 8일)에 관한 Temperley(1925a, 23)의 논의를 참조한다. 그 회의에서 영국과 프랑스는 세 국가가 단지 입회인으로 남기를 고집했다. "그리하여 그 회람문에서 발표된 원칙은 순전히 내부적 변화의 사건이라고 할지라도 혁명적 봉기는 동유럽의 세 군사적 전제군주에 의해서 결코 인정될 수 없다는 것이었다."
48) 1815년 이후 타협의 지주(支柱)로서 신성동맹에 관해서는 Seton-Watson(1937, 47-49)을 참조하라. Schenk(1947, 41)는 신성동맹에 합류하라는 초대는 오스만튀르크 제국을 제외한 모든 유럽 국가에 발송되었다는 점을 상기시킨다. "협정의 기독교적 특성이 정당화의 근거를 제공했다."

4개국 모두에서 불안해하는 계급은 주로 부자— 어떤 질서가 전개되더라도 개인적 이득을 확보하려는 진정한 국제주의자—즉 유급의 국가 공무원, 문필가, 변호사, 공립교육을 담당하는 개인 등으로 구성되어 있다……이런 해악은 아마 추정이라는 하나의 단어로 묘사될 수 있을 것이다(3:465, 467, Boyle, 1966, 832-833에서 인용).

영국은 추정을 무시하기에 충분할 정도로 강력했다. "캐슬레이가 혁명에 반대했을 때, 그 까닭은 메테르니히가 그랬듯이 혁명이 '부자연스러웠기' 때문이 아니라 불안정했기 때문이다"(Kissinger, 1973, 32, 35). "비록 바람직하지 않다고 하더라도 혁명은 [캐슬레이에게] 현실적인 위험이 아니다." 영국으로서는 "유일한 팽창주의적 이해관계"—무역과 투자라는 이해관계— 에 아무런 장애물이 남아 있지 않은 것처럼 보였다(Hobsbawm, 1962, 134). 개시 (1979, 282)는 영국을 "충분히 만족한 강국"이라고 부른다. 그러므로 영국은 "혼란에 말려들지 않는 영향력"을 추구했고, 그럴 여유가 충분했다(Evans, 1983, 196-203).[49] "실용적인 평화주의"(Polanyi, 1957, 5)로 영국은 "우월적 지위를 통해서 최대한의 성과를 얻는 법을 알았다"(Renouvin, 1954, 131).

이것을 수행하는 한 가지 방식은 세계 통상뿐만 아니라 다른 여러 국가들에 공적자금(차관)을 제공하는 일에 집중하는 것이었다. 그런 대출은 대개 한 세대 동안 로스차일드 가문의 독점 사업이었고, "합법성보다는 혁명을 지원하는 대출," 즉 라틴 아메리카, 그리스, 에스파냐, 포르투갈에 대한 융자였다. 따라서 증권거래소에 대한 자금 제공은 "영국의 여론을 지배하던 정치적 이상주의와 통상 전략의 혼합에 호소했다." 나아가 이 융자(1815년부터 1830년까지 약 75만 파운드에 이른)를 바탕으로 한 증권은 "곡물 교역에 지불할" 수 있는 일종의 통화임을 입증하면서 "해외에서 즉시 매매할 수 있는

---

49) 또한 Condliffe(1951, 203-209)를 참조하라. Imlah(1958, 2)는 일반적으로 이에 대해서 가장 좋은 광택을 입힌다. "영국의 평화에서 [군사력보다 더] 두드러지게 된 것은 타국인들의 태도에, 그러므로 영국 특유의 자유와 수익이 많이 나는 정책을 통해서 다른 국가들의 정부 정책에 영국이 행사한 영향력이었다."

자산의 축적"을 대표했다(Jenks, 1927, 44-45, 61-62).50)

세계체제에서 헤게모니의 구조는 국내 전선이 안전하지 않았다면 안정될 수 없었다. 1815년 이래 영국은 어려움에 빠졌다. 인구 증가, 도시와 공업 지대의 확대, 심각한 전후 경기침체의 결합은 "상황을 통제하기까지 반(半) 세기가 걸리는" 사회악의 집합체를 상징했다(Gash, 1979, 2). 예산의 측면에서 정부의 필수적인 선택은 사회적 지출을 포함해서 지출의 삭감과 최대한의 경제 개방을 강조할 것인가 아니면 권좌에 있는 토리당파의 대다수 지지자들이 옹호한 대로 더 신중하고 보호주의적인 정책을 강조할 것인가의 문제였다. "사실 [정부는] 두 가지 대립적 정책 사이에서 동요했다"(Halévy, 1949b, 46).51)

이는 이른바 토리 반동의 시기였지만 보수주의 이데올로기의 영국식 변형은 때때로 마지못해 그랬다고 하더라도 처음부터 상대적으로 "개화된" 편이었다. 확실히 토리주의는 "사회적 조화의 의미"(Brock, 1941, 35)를 강조했다.52) 문제는 이것이 실제적으로 얼마나 큰 의미가 있었는가이다. 알레비 (1949a, 199)에게 결국 토리 반동은 거의 의미가 없었다. 토리당파 지도자들이 활용한 정치적 열정, 즉 매우 빈번하게 입에 올린 선전 문구는 60년 전 휘그당파를 구성한 수많은 감정과 상투어들과 본질적으로 다르지 않았다.53) 브록(1941, 35, 76)은 리버풀 경의 내각(1812-1827, 특히 1822년 이후 재편

---

50) Jenks(p. 63)는 또한 라틴 아메리카의 경우 이 융자가 주로 무기 구입에 쓰였기 때문에 "부도덕했다"고 기술한다. "19세기 내내 대다수 남아메리카 공화정의 특징이라고 할 수 있는 폭력, 부패, 불안정, 재정적 무분별함은 적잖이 초기 런던 화폐 시장의 느슨함 탓이다." 우리는 그것이 느슨함이었다고 확신하는가?

51) 알레비는 계속 진술한다. "전자는 1819년 정화(正貨) 지급의 재개로 리카도 학파가 주목할 만한 승리를 거두었고 더욱이 리카도가 스스로 하원 의석을 취득한 순간에 명백하게 승리했다."

52) 브록은 이렇게 말을 잇는다. "국왕, 상원, 하원도, 그렇다고 인민도 통치해서는 안 된다. 그러나 각자에게는 할당된 영역이 있었고 그 영역을 넘어 이동하면 균형을 어지럽힐 수 있었다."

53) Halévy(1949a, 200)는 정책적 조화의 쟁점으로 유럽에서 전쟁과 자유를 강력하게 옹호하는 당사자로서 정부, 정부의 사회적 지원, 군대의 정부 개입 금지, 공공 서비스 개혁, 권력이 모호하게 배분된 혼합 헌법 등을 열거한다.

된 내각)에서 "세상에 등장할 때마다 개혁에 저항한" 낡은 또는 극단적인 토리당파가 배제된 시기를 추정한다. 그는 이 내각을 "'개혁파'가 아니라 확실히 '개선파'라고 부를 수 있는 19세기 정부 가운데 첫 내각"이라고 지칭한다.[54] 보수주의자들은 개선 속도가 완만해야 한다고 생각하기보다 개선이 의식적으로 계획되거나 지적으로 구성되어서는 안 된다고 생각했다. 그들에 따르면, 개선은 단지 현명한 이들의 조용한 합의로 출현해야 한다.[55]

그 전술의 즉각적 문제는 경제적 빈곤의 시기에 노동계급의 인내가 때때로 제한적이었다는 점이 밝혀졌다는 것이다. 사회적 무질서와 혼란 속에서 조용한 합의로 개선을 실행하는 것은 오히려 어려운 일이다. 그러므로 영국이 개선에 착수할 수 있기 전에 여러 정부는 무질서를 통제하는 일이 필요하다고 느꼈고 그리하여 선택한 노선이 탄압이었다. 1790년대 잉글랜드 자코뱅의 저항(Thompson, 1997을 참조)부터 1811-1812년 러다이트의 저항에 이르기까지 전쟁 시기에 이미 사회적 저항에 대한 탄압이 없지는 않았다. 1815년 평화는 곡물법(정확히 1846년 그런 격변과 함께 철폐되는)의 도발적인 채택을 가져왔다. 이 곡물법은 "전례 없는 규모의 청원운동"을 초래했다 (Stevenson, 1979, 190).[56] 1817년 이른바 펜트리치 수직공의 봉기(혁명은

---

54) Asa Briggs(1959)는 영국에서 1780년대와 1867년 사이의 시기를 "개선의 시대"로 묘사한다.
55) 사실 20세기 보수주의적 학자들은 이것이 실제로 벌어졌다고 주장할 것이다. Hart(1965, 39)는 인물과 사상을 강조한 휘그당파 해석과 균형을 이루어 자신이 "토리식 역사 해석"(데이비드 로버츠, 올리버 맥도나, 그리고 G. 킷슨 클라크 같은 역사가들을 지칭한다)으로 지칭한 것을 분석한다. "19세기 잉글랜드의 진보를 설명하는 데에 토리당파는 인물과 사상의 역할, 특히 벤담주의자들의 역할을 과소평가한다. 그들은 흔히 기독교적 양심에 따라 제안된 의견이라면 대개 인도주의적이었다고 보았고 따라서 사람들이 사회악을 견딜 수 없다고 느꼈을 때 그것은 맹비난을 받고 처리되었다고 생각한다. 또 그들에게 많은 변화는 의도적이거나 어떤 의미에서 미리 계획된 것이 아니라 '역사적' 과정이나 '걷잡을 수 없는 힘'의 결과였다. 그것의 함의는 이렇다. 사회적 진보가 과거와 마찬가지로 미래에도 인간의 노력 없이 이루어질 것이고 또한 만일 오키쇼트(20세기 영국의 보수주의 철학자 마이클 오키쇼트/옮긴이)의 배를 타고 표류하더라도, 모든 일은 결국 좋은 방향으로 진행될 것이다."

아니었지만 당시 일부에게는 그렇게 보였다)는 인신보호영장제도의 보류와
주동자들의 교수형으로 끝났다.[57] 1819년 8월 성(聖) 베드로 광장에 약 6만
명의 맨체스터 주민들이 모인 대규모 집회(뒤이어 버밍엄, 리즈, 런던에서도
유사한 집회가 열렸다)는 피털루 학살이라고 부르게 될 공포에 사로잡힌 반
응을 유발했다(워털루를 배경으로 한 이 냉소적인 사건은 역사 입문서에 지
워지지 않는 흔적을 남겼다). 국가는 "11명의 순교자"를 낳고, "6개의 법안"
을 통과시키며, 군사시설과 기구의 규모를 늘림으로써(육군 병사 1만 명과

---

56) 런던에서 그것은 1780년 "(반가톨릭) 고든 폭동의 기억을 다시 한번 일깨우는 장면을 연출했
다." 1815년 곡물법 채택에 관해서는 Holland(1913, chap 10)를 참조하라. 정부는 표면적으로
식량 공급을 확보하기 위해서 곡물법을 시행했다. Hilton(1977, 303)은 이런 정당화를 제공한다.
"1814-1815년 식량 가격의 하락이 전시 농업 투자에 대한 막대한 손실, 대량 경작의 포기,
토지로부터 자본의 도피 등을 위협했을 때, 각료들은 공업으로의 부적절한[원문 그대로!] 자금
전용을 막는 한편 농민들을 파멸시키기에 충분할 정도로 컸지만 소비자들을 먹여 살리기에는
너무 미미한 외국의 잉여를 배제하고자 끼어들었다." 이 주장은 자기 잇속만 차리는 것처럼
보인다.
  곡물법에 반대하는 주장이 더 이타적이지는 않았다. Read(1958, 11-12)는 산업자본가들의
의도를 약술한다. "1815년 맨체스터의 곡물법 반대자들은 나중에 반곡물법연맹이 강조한 사회
정의의 견지에서 생각하지 않았다. 그들의 주장은 공공연히 저렴한 노동에 관한 것이었다. 그
들은 높은 식량 가격이 주인들에게 높은 임금을 지불하도록 압력을 행사할 것이고 따라서 그
생산물이 세계시장에서 중요하지 않게 될 것이라고 주장했다."
  피털루의 실마리를 제공하고 결국 피털루에서 절정에 도달한 전체 시대를 다룬 Coleman
(1988, 35, 39)의 평가를 참조하라. "19세기 영국의 지배계급에 귀속되었던 '권위의 습관'은
19세기 초 도전에 직면했을 때, 권위주의에 의지했다. 일부 탄압의 방식은 사회적 압력과 괴롭
힘, 부자에 의한 관습의 전환, 체제를 지지하는 이들의 폭력 조장이나 묵인과 같이 비공식적이
었다. 반면 다른 방식은 법적 금지와 통제의 강화, 조직적인 고발 활동, 불만을 품은 이들을
위협하거나 진압하는 군사적 기구의 증대 등과 같이 공식적이고 합법적이었다……정부는 힘
이 커졌다는 것을 인식했다. 피털루로 인해서 태어난 후손이 무엇이든 간에 그것은 1819년의
진정한 교훈이었다."

57) Briggs(1967, 43), Evans(1983, 181-186)를 참조하라. White(1973, 175)는 교수형에 대해서 다
음과 같이 진술했다. "콜체스터 경은 그 사건이 '대역죄가 신분이 낮은 이들에게 적용될 수
없는 범죄'라는 유해한 망상을 제거하는 데에 기여했다고 만족을 표시했다. 또다른 귀족의 특
권은 다가오는 민주주의가 도래할 때까지 확대되었다." 이 시기에 급진주의에서 방직공들이
차지하는 핵심적 역할에 관해서는 Clapham(1930, 1:178-180), Prothero(1979), Read(1958)를 참
조하라.

해병 2,000명) 자신의 공포에 대응했다(Read, 1958, 186-189 참조).[58] 마침내 1820년 2월 각료 전원을 폭탄으로 살해하려던 케이토 거리 음모 사건은 첩보원에 의해서 발각되었고, 5명이 교수형에 처해졌다. 어떻게 이 혼란의 시대를 이해해야 할까? 브록(1941, 1)은 그 시대가 "19세기 가운데 여전히 혁명이 발생할 수 있었던 시기"였다고 주장한다.[59] 이는 약간 비우호적인 과장처럼 보인다. 대조적으로 토미스와 홀트(1979, 124)는 "혁명적 위협"이 남긴 "가장 지속적인 인상"이 "중간계급의 관여 없이 순수한 노동계급 운동"의 "허약성"이라는 결론을 끌어낸다.[60] 하지만 아마 어떤 경우에든 그 결과 "피털루, 그리고 섭정이 통치하는 잉글랜드의 퇴장과 더불어 의회 개혁이 무르익었다"는 화이트의 견해(1973, 192)에 동의할 수 있다. 현명한 이들이 조용히 합의한 것은, 탄압과 그에 뒤따르는 개혁(그러나 둘 중의 하나가 없다면 다른 하나가 별로 소용이 없는)의 결합이 장기적인 정치적 안정에 대한 최상의 보장이었다는 것이다.

격변이 영국에만 국한되지 않았다는 점을 상기할 때, 상황은 한층 더 분명해진다. 격변은 1819-1820년 유럽 대륙 전체에서 벌어졌다. 메테르니히는 1820년 트로파우 회의에서 나폴리와 에스파냐에 대한 개입을 촉구하면서 이

---

58) 1819년 11월 23일 통과된 6개의 법안은 다음과 같다. 무장훈련금지법(무기를 사용하는 훈련의 금지), 무기압수법(무기 수색과 체포 권리), 경범죄법(재판 과정의 지체를 줄이려는 법), 반란집회법(50명 이상의 집합 금지, 보통 거주하는 교구에서만 모일 수 있고 그럴 때조차 해산을 명령할 수 있으며, 어떤 경우에도 무기를 소지할 수 없고 깃발을 게시할 수 없으며 북을 사용하거나 음악을 연주할 수 없고 군복을 착용하고 나올 수 없었다), 비방, 명예훼손문서법(급진적 출판업의 역할 제한), 신문인지세법(26일 내에 1회 이상 발행되고 세금 없이 6펜스 이하의 비용이 드는 출판물까지 인지세를 확대하는 법). 또한 Prothero(1979, 75)를 참조하라.

59) 이에 동의하지 않는 듯이 Brock(pp. 35-36)은 "1816년부터 1819년까지 급진적인 소요는 의회 개혁이라는 대의를 촉진하기보다는 방해했다. 토리당파는 어느 때보다 더 개혁가들의 사악함을 확신했고, 휘그당파는 그들이 그렇게 지지를 받는다고 본 대의에 미온적이게 되었다"고 주장한다.

60) 토미스와 홀트는 더 나아가 임박한 혁명에 대한 두려움을 비난한다(p. 127). "혁명파의 사악함에 대한 그런 증거를 고려할 때, 18세기 말 또는 19세기 초에 왜 혁명이 발생하지 않았는지에 대한 설명을 정부의 강력한 태도와 군대의 힘에서 찾아야 할 필요는 없다."

에 반응했다. 우리가 이미 확인했듯이, 영국의 내각은 토리당파 지지자들이 메테르니히에게 "한층 더 공감했음"에도 불구하고, "인민 대중에 대한 통제"에 대해서 불안함을 느꼈기 때문에(Webster, 1925, 176-177), 이런 구상을 공식적으로 거부했다. 더 냉철하게 판단한 이들은 탄압에서 개혁으로 또는 최소한 개선으로 이동해야 할 때라고 보았다.

프랑스는 애당초 여러 가지 측면에서 영국보다 전후 경기침체에서 비롯되는 대중의 불만을 덜 겪었다. 프랑스인들이 정부 기구의 재건에 너무 휘말려 들었다는 것은 사실이었다. 프랑스가 왕정복고 시대를 겪어야 한다는 사실에도 불구하고 그것은 어쩌면 혁명이 쌓아올린 구조물의 유산이었을 것이다. 자유주의 중도파가 발걸음을 재촉한 것은 아마 "과격파(극단주의 세력)" 억제의 필요성이 더 커졌기 때문일 것이다. 아마 사회적 쟁점에서 주의를 다른 데로 돌리게 만든 것은 무엇보다도 "과격파"의 과도한 확신이었을 것이다.

나폴레옹은 재편에 착수한 인물이었다는 평가를 받기까지 했다. 백일천하 기간 동안 그는 "자유주의로 전환했다." 헌장을 통해서 자유주의 헌법을 선언한 루이 18세라는 인물에 맞서 나폴레옹은 워털루 전투가 있기 2주일 전, 상원 회의에서 "나는 입헌군주제를 시작하기 위해서 왔다"고 말했다(Suel, 1953, 180). 엘바로부터 그의 "메시아적 재출현"이 완수한 것은 사실 독재자로서의 나폴레옹의 이미지를 덮고 혁명가로서의 이미지를 재확립하는 것이었다. 그리하여 그는 유산을 보증했다. "19세기 초 혁명적 전통을 지배한 세 국가—프랑스, 이탈리아, 폴란드—는 정확히 나폴레옹 숭배가 가장 두드러진 곳이었다"(Billington, 1980, 129).

1814년에 (폐위되었다가 복귀한) 국왕(루이 18세/옮긴이)은 아직 자신의 왕위를 확고히 하지 못했기 때문에 중도파에게 지지를 얻으려고 했다. 원칙적으로 대중 통제의 관념을 인정하기를 원하지 않은 그는 대신에 수많은 혁명의 "대중적" 성취 ― 법 앞에서의 평등, 납세와 군 복무의 평등, 표현과 종교의 자유(비록 가톨릭 교가 다시 한번 국교일 것이었지만), 나폴레옹 민법의 보존, 예전 체제에서 수여된 칭호와 지위의 지속, 혁명적 절차하에 몰수되고 매각된 재산의 보증, 그리고 무엇보다 중앙집권적 국가의 지속 등 ― 를 보증하는 헌장을 **공포했다**. 물론 이 타협에서 한 가지 요소는 첫 번째 왕정복고가 정치적으로 자기 자리의 지속성을 위해서 흥정한 주도적인 나폴레옹 지지자들의 묵인하에 이루어졌다는 사실이다(Zeldin, 1959, 41 참조). 그러나 이들 가운데 일부가 백일천하 기간에 국왕과 타협하고 그 뒤 두 번째 왕정복고의 백색 테러 시기에 숙청당했다 ― 일부는 교수형에 처해졌다 ―고 하더라도 헌장이 살아남았다는 점에 주목해야 한다. 그것은 명백히 정황상의 타협 그 이상을 반영했다. 그것은 정치적인 선택이었다.

국왕에게는 당황스럽게도, 첫 의회 선거는 극단적인 왕당파 의회―드 메스트르, 보날, 샤토브리앙의 추종자들로 구성된 ― 를 출범시켰다. 1년 만에 국왕의 선호에 충직한 "온건파"는 의회 내 소수파라는 점을 깨닫게 되었다. 그리고 프랑스는 모순적인 상황에 봉착했다. 그것은 "체제로 만들어지고 정책으로 제안된 전통,"[61] 즉 군주정이 기둥인 전통을 지지하는 극단적인 왕당파가 이 핵심적 전통의 화신(국왕)과 서로 어긋나게 된 상황이었다. 국왕은 이 의회를 해산하고 자신에게 더 나은 의회를 어떻게든 획득할 수 있었지만, 투쟁은 1824년 극단적인 왕당파가 루이 18세의 동생을 샤를 10세로 승계하도록 대대적으로 후원할 때까지 지속될 것이었다. 그렇지만 이 결정적인 우향우 전환은 물론 1830년 7월 혁명으로 귀결되고 말았다.

자유주의 국가의 건설을 둘러싼 이 중요하고 결정적인 투쟁은 영국―1820년대 토리당파 내에서조차 자유주의 국가 건설의 목표가 승리를 거둔 곳 ― 이 아니라 정통주의자(부르봉 왕가의 옹호자/옮긴이)들이 왕정복고기 동안 나폴레옹의 축출이 예고해야 한다고 생각했던 바, 즉 특권 귀족과 특권적 교회의 회복―그들의 견해에 따르면 이는 "평등의 파괴!"였다 ―을 달성

---

61) 이는 Rémond(1982, 22)이 세 부류의 프랑스 "우파" 가운데 하나로 "극단주의자들"에게 부여한 정의이다. 다른 두 세력은 오를레앙파(보수적 자유주의자)와 민족주의적 보나파르트주의자였다.

하고자 열심히 끊임없이 싸운 프랑스에서 벌어졌다(Elton, 1923, 103). 그리하여 주목할 만한 가치가 없다고 더 이상 무시할 수는 없는 대중의 정서를 어떻게 다독일 것인가가 현실적인 문제라는 점을 인지한 국왕이 합리적이고 온건하게 — 달리 말해 중도적 위치에서 — 통치하기를 바라고, 그들이 그런 국왕의 권위하에 있다는 사실을 자각했을 때, 정통주의자들은 국왕과 전통에 등을 돌렸다. 이미 1817년에 보날(Mellon, 1958, 102-103에서 인용)은 무슨 일이 벌어지고 있었는지를 분명하게 알아차렸다.

왕당파라고 자칭하는 우리는 왕권이 정통성에 의해서 뒷받침되기를 원한다. 만일 우리가 어딘가에서 가톨릭 연맹원(왕권과 종교를 분리할 수 없었기 때문에 16세기 말 앙리 4세를 인정하지 않은 세력으로 보날은 이들을 때때로 국왕에 맞서도록 강요된 정통성과 종교의 진정한 대변자로서 옹호했다/옮긴이)처럼 행동하기 시작한다면, 우리가 왕권이 정통성과 대립하고 있으며 정통성 자체에 맞서 [왕권에] 봉사하는 것이 옳다고 생각하기 때문에 우리는 용서받아야 — 심지어 칭찬받기까지 해야 — 한다.[62]

정통주의자들은 자멸했다. 한편에서 그들은 권위주의적 국가에 우호적이게 되었다. 권위주의적 국가는 포퓰리스트 또는 적어도 반(反)엘리트적 색채를 은연중에 풍기기 때문에 절대주의 국가와는 같지 않다.[63] 동시에 "절대

---

62) *Archives* I, 1817, 10(Mellon, 1958, 102-103에서 인용).

63) Lecuyer(1988, ii)는 1980년대에 보날의 저작을 재출간하면서 쓴 편집자 서문에서 보날의 「정치권력의 이론(*Théorie du pouvoir politique*)」이 1796년 출판되었을 때, 프랑스 정부(총재 정부)가 판매를 금지했고 따라서 프랑스 내에서는 독자가 거의 없었다고 밝혔다. 그러나 보날에게는 "주목할 만한 독자, 나폴레옹 보나파르트가 있었다. 나폴레옹 보나파르트는 당시 보날의 저작을 알았고 특히 그것에 매혹된 것처럼 보인다." 보날 자신이 몇 년 뒤에 나폴레옹이 폭군(Koyré, 1946, 57, n. 6 참조)이라는 이유 탓에 나폴레옹의 맹렬한 반대자가 될 것이라는 예측은 보날이 자신이 처한 지위의 논리에 의해서 근대적 권위주의의 경향을 띠게 되었다는 점을 고려할 때, 부적절하다. Bénéton(1988, 43)이 바르게 판단하듯이 "진짜 이유는 전적으로 사회적이기 때문

군주제와 왕권신수설[왕권신수설에 맞서 왕위에 봉사하려는 그들의 노력]에 대한 애착 때문에 그들은 입헌군주제를 반대하고 의회파가 되었다"(Ruggiero, 1959, 174).[64] 설상가상으로 그들은 중간계급의 투표권이 "전통주의적" 농민층의 선거권으로 희석될 수 있으리라고 생각하면서 선거권 확대에 착수했다. 그리하여 그들은 의회의 역할을 더욱더 강조했다. 1841년의 저술에서 루이 블랑(1:73)은 이 점을 명쾌하게 설명한다.

> 1815년에 의회가 의도한 것이 역사와 무슨 상관이 있는가? 그 유산은 그들의 행위이다. 입법부의 절대 주권이라는 교의를 선포한 것은 그들이다. 그리하여 부지불식간에 1830년이 15년 동안의 투쟁 끝에 이끌어낸 결론을 상징한다는 연역적 추론의 토대를 놓았던 것도 그들이다……[의회를 해산한 루이 18세의 결론은] **극단적 왕당파**를 자처한 이들을 크게 실망시켰고 자칭 **자유주의자**들에게 박수를 받았다. 정반대가 되었어야 했다.

그러므로 프랑스에서 1840년에 최초로 조직된 정당을 구성한 이들이 동일한 정통주의자들이었다는 것은 그리 놀랍지 않다.

정통주의자들은 자유주의자들에게 틈을 제공해서 자유주의자들이 그 과정에서 혁명의 분명한 민주적 함의로부터 자신들을 분리시키면서 진정한 전

에 모든 혁신은 **선험적으로** 해롭고 위험한 것으로 간주되어야 한다……가장 위험한 것은 새로운 **사상**이다……그러므로 책에 대한 검열이 필요하다……사회적인 것의 탁월함은 세속 권력 당국에 대한 호소를 정당화한다. 그리하여 보날의 급진적 전통주의는 권위주의적 방식에서 절정에 도달한다."

64) 이 때문에 전형적인 자유주의자 Ruggiero(1959, 85)는 정통주의자들을 혁명적이라고 공격한다. "[드 메스트르, 보날 등의 생각 속에는] '왕정복고'라는 단어가 적합하게 적용될 수 있는 여지가 없다. 그것은 차라리 그 자체의 새로운 면을 보여주는 동일한 혁명의 지속이다……근대의 군주들은 실제로 중세 보편주의와의 단절에서 출현했다……그러므로 신성동맹의 종교적 보편주의는 전통과는 완전히 별개이다. 그것은 인권선언에 맞서려는 의도를 띠었고 그 자체로 못지않게 혁명적이다."

통을 위해서 혁명을(그리고 심지어 나폴레옹을) 전유(專有)하도록 허용했
다.[65] 기조[66]와 다른 자유주의 역사가들은(이는 20세기 말에 프랑수아 퓌레
가 되살린 주제이기도 하다), 혁명은 고결했으나 원래의 자유주의적 의도에
서 벗어남으로써 타락했다고 말했다. 그러나 "헌장에 의해서 혁명은 승리로
끝을 맺었다는 교리문답을 완수할 수 있게 되었다." 그런 방식으로 "자유주
의자들은 진정한 왕당파가 되었고 극단적인 왕당파는 진정한 혁명파가 되었
다"(Mellon, 1958, 47).[67] 멜런은 프랑스 혁명사에 대한 이런 해석을 "유럽
자유주의 발전의 이정표"라고 부른다. 그 때문에 자유주의자들은 급진적 색
채를 벗었고 그 마음속에서, 그리고 타인들의 마음속에서는 더욱더 "민주주
의자들"과 구별되었다. 자유주의는 온건한 현상 유지와 연계된 용어가 되었
다.[68] 그 용어는 "의미상으로는 1789년 이후 프랑스의 다양한 '성취'를 가리
키는 일반적인 수식어구로 녹아들면서 당파적 의미"를 상실했다(Marichal,

---

65) Mellon(1958, 3, 7)을 참조하라. "자유주의자들이 직면한 첫 번째 정치적 과업은 프랑스 혁명의
   판매였다. 이 시기 동안 그들의 존재 자체는 혁명을 정당화하고 혁명의 범죄 혐의를 벗겨주며
   혁명의 범죄자들을 해명하는 능력에 좌우되었다. 혁명의 '새로움,' 수세기 동안의 어둠과 폭정
   에 대한 혐오를 미화하는 대신에 왕정복고기의 자유주의자들은 이런 과거와의 연관성을 붙잡
   았다. 그들은 과거, 즉 그 연속성에 힘 입은 설명으로 프랑스 역사의 문맥에서 혁명을 읽으려는
   보수주의자들의 노력에 맞서게 될 것이었다."
66) "진보하고 있는 한 사회의 신성한 필연성의 산물인 혁명, 도덕적 원리에 입각하고 공공선을
   대표하여 수행된 혁명은 특권에 맞서 법이 펼치는 혹독하지만 정당한 투쟁, 또는 독단적인 것에
   맞선 자유의 투쟁이었다……그리고 스스로를 규제하고 정화하며 입헌군주정을 수립함으로써
   혁명은 단독으로 그것이 시작한 선행을 완성하고 그것이 낳은 악행을 고칠 수 있다"(Guizot,
   1820b, 28). 그리하여 Rosanvallon(1985, 199)이 진술하듯이, "이런 관점에서 이해한다면, 1814
   년의 헌장은 사생아이자 상황의 타협이기는커녕 반대로 오랜 역사의 종점처럼 보인다."
67) 왕정복고기의 프랑스 혁명에 대한 역사서술을 분석한 멜런의 1958년 저술은 프랑스 혁명
   200주년 기간 동안 출판된 역사서술에 대한 캐플런의 1993년 분석과 함께 읽어야만 한다. 세부
   사항이 변한 것처럼 보이지만 근본적으로 바뀌지는 않는다…….
68) Ruggiero(1959, 89)가 자유주의를 옹호하면서 확실히 단언하듯이 "진정한 왕정복고는 영토
   문제를 다루는 빈의 협정에 포함되지 않고 신성동맹의 정책에도 포함되지 않지만 유럽 국가들
   의 역사 속에 서서히 등장한다. 그 역사 속에서 전통과 혁명, 반동분자와 자코뱅이 정반대로
   균형을 회복하고 낡은 것과 새로운 것의 융합을 이루는 공동의 작업에서 협력한다."

1956, 293). 더불어 그것은 나폴레옹의 독재에 대한 반대를 대변하는 것에서 나폴레옹의 경험을 연장하는 것으로 변화할 수 있었다.

독단적 통치에 대한 견제로서 대표의 선출이라는 유일하고 실제로 제한적인 예외가 있지만, 정부의 관행으로서 자유주의는 나폴레옹의 행정부와 동일한 모체에서 비롯되었다. 나폴레옹의 관리들처럼 자유주의자들은 사회적, 경제적 진보를 구현한다고 확신했고 과학과 기술에 호의적이었으며 합리적이고 공리주의적인 원칙을 우수하고 중립적인 관리를 위한 토대라고 선포했다. 나폴레옹의 경험과 자유주의 간의 지속성은 사회 문제들을 해결하고자 통계적 계획을 구상하는 데에 그들이 담당한 주도적인 역할뿐 아니라 왕정복고기 일부 군주들의 정통주의적 주장에 맞서 나폴레옹의 제국 행정관리들을 강력하게 옹호하는 것에서 두드러지게 나타났다(Woolf, 1991, 242).

그리하여 일단 자유주의가 영국과 프랑스에서 모두 급진적 연계를 벗어버리자, 그것은 기술관료적이고 개혁적인 경로를 따라 나아가기 시작했다. 당시 영국 정부가 해결해야 할 가장 절박한 문제는 금전적인 부분이었다. 실제로 1851년에 W. 쿡 테일러는 영국이 1815년 이후 "금전, 곡물, 가톨릭"이라는 세 가지 절박한 문제를 해결해야 했다고 말했지만, 금전적인 문제를 우선 과제로 보았다. 1797년 전시 지출과 허약한 군사적 지위에서 비롯된 경제적 어려움 탓에 피트는 잉글랜드 은행의 어음에 대한 "현금 지급"을 "일시적으로" 보류했고, 이로 인해서 지금(地金) 준비금[69])을 보존했으나, "75년 이상

---

69) 1793년부터 1797년까지 재무부의 지출에 대해서는 Clapham(1944, 1:259-272)을 보라. Clapham(p. 172)은 "1797년 현금 지급의 보류 직전" 잉글랜드 은행의 "지금의 중요성"을 언급한다(1:172). 잉글랜드 은행의 지폐는 당시 법정 화폐는 아니었다. "대중이 잉글랜드 은행의 지폐를 법정 화폐의 혜택 없이 받아들이는 한 정부와 은행은 그런 식으로 그것을 선호했다." 법정 화폐라는 용어를 회피하려는 한 가지 이유는 그것이 "대중의 마음속에서 프랑스 혁명 당시의 아시냐와 연계되었기" 때문이다(Fetter, 1965, 59). 1795년 아시냐의 붕괴는 프랑스에서 경화(硬

지속된 논쟁을 촉발시켰다"(Fetter, 1965, 1). 더욱 정확하게는 두 가지 논쟁이 있었다. 현금 지급의 재개는 이른바 지금 논쟁의 절정이었고, 이는 두번째 논쟁으로 이어졌다. 두 번째 논쟁은 이른바 은행학파와 통화학파 사이에 벌어졌다.[70] 지금주의자들은 1809-1810년 인플레이션의 압력 탓에 공포에 사로잡혔다. 그들은 그 원인을 과도한 지폐 발행으로 보았고, 통화 태환성이라는 교정 수단을 역설했다. 반(反)지금주의자들은 그것이 전시 상황이라는 특수한 압박의 결과였기 때문에 그 문제는 통화정책의 변화로 해결할 수없으며 (전쟁이 끝나면) 곧 사라질 것이라고 주장했다. 타협은 평화가 도래할 때까지 지급 재개를 미루는 것이었다. 그러나 당시 심한 디플레이션이시작되었고, 현금 지급의 재개가 초래한 것이나 다름없는 대출 긴축에 대해서도 적잖은 반대가 발생했다.[71] 그것은 대부분 당시 금본위제가 강화할 영국의 외환정책의 입지를 강조한 이들(면방직 공업의 지도자들과 같은)과 농산물 가격의 유지를 염려한 이들,[72] 즉 대토지 소유자뿐만 아니라 "소규모

貨) 사용의 증대로 이어졌다. 그것은 영국 재무부의 그런 지출을 초래하는 요인들 가운데 하나였다(Fetter, 1965, 11-21 참조).

70) 이 두 가지 논쟁의 복잡한 사정에 대한 요약은 지금주의자 논쟁을 다룬 Laidler(1987)의 저작, 은행학파 대 통화학파에 대해서는 Schwartz(1987)의 저서를 참조하라. 두 가지 논쟁에 관해서는 또한 Fetter(1965, 28, 187-192)를 참조하라.

71) 재개를 둘러싼 토론의 정치적 함의에 관해서는 Jenks(1927, 25-31)와 Fetter(1965, 95-103)의 연구를 참조하라.

72) "농산물 생산업자들의 불만은 현금 지급의 재개로 악화되었다. 지폐 체제 아래에서 계약이 성사되었고 자금이 대출되었으며 세액이 부과되었다. 금본위제의 복귀와 함께 화폐의 가치는 올라가고 가격은 떨어지며 줄어든 부채는 한껏 가치가 올라간 통화로 상환되어야 할 것이었다"(Brock, 1941, 186).

"당시 저항운동에서 곡물과 통화 문제는 분명히 중첩되어 있었다. 실제 한동안 두 가지 문제는 하나이자 동일한 문제가 되었다……채무자들에게 무거운 부담이 지워졌다. 가장 중요한 채무자 집단 가운데 하나가 농민층이었다……통화 조작의 기술적인 세부 내용은 곡물업자에게 매우 중요했지만, 그들은 그 내용을 거의 이해하지 못했다. 비판자들은 세부 내용에 대해서곧 잘 잊고 정치경제학자들의 '거짓 추론'과 '가증스러운 이론,' 그리고 고위 의사결정에 책임을 진 듯이 보이는 '체인지-앨리'(1698년부터 1773년경까지 런던에서 주식 거래인들이 초창기에 모이던 장소의 이름/옮긴이)의 인사들을 공격하기 쉬웠다. '믿음! 그들은 이제 **모든** 것이 되고

토지 소유자"까지 포함하는 세력 간의 논쟁이었다.[73]

피털루가 정부의 단호함을 보여준 뒤, "소규모 토지 소유자들"에게 얼마나 많은 공간이 주어져야 하는지는 영국에서 더 많은 대중의 관심을 주목시킨 문제였다. 대중적 불만의 근거는 분명히 "빈곤"이었고, 기존의 구제기관들은 확실히 노동계급이 "소요에 의존하지 않도록" 막기에는 충분하지 않았다 (Darvall, 1934, 199).[74] 피털루가 노동계급을 위협하려는 노력이었고 실제로 그들을 어느 정도까지 위협했다는 사실에도 불구하고, 지배계급은 노동계급의 사회적 힘이 증대되고 있다는 데에 두려움을 느꼈다.

자유주의자와 보수주의자(휘그당파와 토리당파 또는 심지어 급진파와 토리당파보다 더 나은 표현) 간의 토론은 해결해야 할 "문제"가 있는지에 관한 것이 아니었다. 차라리 문제를 해결하는 최선의 방법에 관한 것이었다. 자유주의자들은 전문가들에게 권한을 부여하는 입법에 기대를 건 반면, 보수주의자들은 "이해관계"라고 부르는 애매한 실체에 의존했다.[75] 그럼에도 불구하고 입법을 통한 접근의 소심한 시작은 운하, 도로, 교량에 필요한 일자리를

있다. 베어링은 군주의 의회에서 돕고 있고 [재개 법안을 도입한] 리카도는 국내의 사정을 규제한다'"(Briggs, 1959, 204-205).

73) "그것은 나폴레옹 전쟁의 종식 이후 엄격한 디플레이션과 경제에 대한 통화주의적 정설을 고정시키기 위해서 그들이 원하던 모든 신용대출을 모을 수 있었던 부자들에게는 매우 좋았다. 그 때문에 고통을 겪고 19세기 내내 모든 국가에서 손쉬운 신용과 재정의 비정통적 교의를 요구한 것은 소규모 토지 소유자들이었다"(Hobsbawm, 1962, 58). "1819년 이후 금본위제로의 복귀는 화폐의 공급을 통제하던 부유한 계급의 독점적 권력이 복원되었음을 의미했다"(Cole, 1953, 1:110). 중간계급 급진파는 재개 조치가 영국을 "정상적인 평시 세율로 복귀하도록" 이끌 것이라고 생각했기 때문에 재개에 찬성했다(Read, 1958, 64).

74) 이는 물론 "이해관계가 완전히 다르고 일치하지 않는 두 개의 분리된 계급"이 존재한 농촌에도 동일하게 해당되었다……"자본가들이 부유해질 때 노동자들은 고통을 겪었다. [1815년] 잉글랜드와 스코틀랜드의 농촌에서는 프롤레타리아의 봉기가 무르익고 있었다"(Halévy, 1949a, 249).

75) "노동계급에 대한 토리당파의 태도를 지배한 것은 '기득권' 개념이었다. 공공행정을 이해할 수 있는 합리적인 방침에 따라 주조하려는 자유주의적 개혁가들의 노력에 더 지속적으로 저항한 것은 통치 단위로서의 국가라기보다 '이해관계'를 옹호하는 낡은 18세기식 편견이었다"(Hill, 1929, 92).

제공한 빈민고용법과 더불어 1817년 토리당파 정부에서 이루어졌다. 이 법은 경기침체기에 "소규모 토지 소유자들"을 돕는 의무를 "암묵적으로 인정했다"는 점에서 "중대한 새로운 출발"을 상징했다(Flinn, 1961, 92).[76] 소심한 입법적 노력에 우리는 감리교, 해외 이주, 제국 등 상황을 누그러뜨리는 요소들을 덧붙여야 한다. 영국의 정치적 안정을 보장하는 데에 기여한 프로테스탄트 분파들의 역할은 오랜 논쟁의 대상이었다.[77] 빈곤의 해결책으로서 이주를 독려한 윌모트 호턴의 제안은 "구호 대상 극빈자들을 삽으로 퍼내는"[78]

---

76) Flinn(pp. 84-85)은 1793년과 1811년 사이 네 차례에 걸쳐 의회가 어려움에 처한 상인, 제조업자, 식민지 농장주들을 구제하는 재무부 채권법에 찬성했다고 진술한다. 네 번째 법은 "고용에 대한 후속의 위협"을 언급했다. 그러나 1817년 이전 그 법안들은 단지 기업가들의 유동성을 늘리고 특별한 공공사업을 증진하는 데에 도움을 주었다. 1817년 법은 또한 "고용의 수준을 늘리려는 의도"를 가졌다. 사실 정부의 사회적 입법은 1817년 법에 선행했다. 1802년 제정된 보건과 도덕도제법은 면직물 작업장에서 구호 대상인 빈민 도제의 노동시간을 하루 12시간으로 제한했다. 이는 비록 노동계급의 새로운 사회적 힘에 대한 대응이라기보다 아마 엘리자베스 시대 구빈법의 파생물이었겠지만(Heywood, 1988, 218 참조), 이 방침에 따라서 제정된 두 번째 법안은 1815년 로버트 오웬이 활동하던 무렵에 필에 의해서 도입되었다(Ward, 1973, 56 참조). 토리당파의 사회적 자선(노블레스 오블리주)과 사회적 격변을 제한하려는 토리당파의 신중한 조정 사이에 구분선을 긋기란 어렵다. 어떤 경우에든 "필이 이끄는 보수주의는 노동 문제에 대해서 만장일치는 아니었다. 웰링턴과 필의 지도 아래 공식 정당은 다른 곳에 관심을 기울였다"(Hill, 1929, 181).

77) "그들은 기아와 궁핍의 시대에 프롤레타리아의 절망이 구제책을 찾을 수 있는 배출구를 제공했고, 평화적 장애물로 혁명적 사상의 확산에 맞섰으며, 포악한 여론의 편향의 결과로 법률적 통제의 필요성을 제공했다"(Halévy, 1949b, vi). "[비국교도는] 자유를 염원하는 열정과 질서에 대한 헌신을 결합했고, 결국에는 후자(질서에 대한 헌신)가 우세했다"(Halévy, 1949a, 424).

78) Johnstone(1972, 64)은 "식민지 소유물의 가치에 대해서 진정한 믿음"을 가졌다고 말함으로써 이런 폄하에 맞서 호턴을 옹호한다. 아마 이주는 규모에서 중요했고(약 1만1,000명 또는 이주민 19명 가운데 1명꼴) 실제로도 문제를 감소시켰다. 그리고 Johnstone(pp. 1-2)이 명확히 밝히듯이 정부는 그것을 밀어붙였다. "1815년부터 1826년까지 리버풀 경의 정부는 국가가 후원하는 해외 이주에서 여섯 가지 별도의 실험을 수행했다……의회 개혁과 곡물법 철폐처럼 이주는 하층계급의 빈곤에서 뿌리를 찾을 수 있는 문제였다."
  또다른 우려는 아일랜드인들과 스코틀랜드 북부 고지대 주민들이 "영국의 선진 경제지역으로 유입될 것"이라는 점이었다(Clapham, 1930, 63). 그들은 분명히 유입될 것이고 그 이주는 어느 정도는 기업가들에게 확실히 유용했다. 그러나 어느 시점이 지난 후에는 그 이주가 도시의 사회적 빈곤 문제에 추가된 반면, 동일한 이들의 영국 밖으로의 이주는 이런 단점을 가지지

정책으로 명명되었다. 아울러 이주는 제국과 연계되었다.

1815년 직후 영국 정책의 기조는 신중함이었던 것으로 보인다. 영국인들은 보호주의적 조직의 해체에 신중하게 접근했다. 그들은 현금 지급의 재개에 신중했다. 식민지와 상업체계에도 신중하게 접근했다. 자유주의적 정치경제학자들은 원칙적으로 제국주의에 반대했지만,[79] "기존 체제의 갑작스러운 전복"에도 반대했다. 다른 어느 곳과 마찬가지로 영국의 자유주의자들은 내기에 대한 대비책을 세웠다. 자유시장에는 찬성했지만, 자본 축적을 희생하면서까지는 아니었다. "자유무역 주창자들에게 찰스 2세 같은 구체제는 사라져가는 불합리한 시대로 보였지만," 결국 수정이 이루어졌다(Schuyler, 1945, 103).

자유주의자들은 식민지에 대한 가르침에서조차 신중했다. 자유주의적 경제학자들은 일반적으로 이윤 하락을 매우 염려했다. 웨이크필드는 식민지들이 이윤 창출을 위한 투자 기회의 부족에 대한 부분적인 해답일 뿐이었다고 결론지었다. 제임스 밀(Winch, 1963, 398 인용)은 리카도의 비난을 대체로 받아들였지만, 다음과 같이 인정했다. "만일 식민화가 영국에게 경제적으로 필요했다면, 그것은 정부의 지원을 필요로 할 것이다."[80] 웨이크필드는 효율

않았다. 「1826-1827년 이주 연구(*Emigrantion Inquiry of 1826-7*)」는 "자칭 아일랜드 출신 이주민의 엄청난 증가와 그것이 영국의 생활수준에 가한 위협"에 대해서 언급했다(Clapham, 1930, 64에서 인용).

79) "중상주의와 그에 관한 모든 일의 공공연한 적으로서 경제학자들[리카도, 맬서스, 밀, 맥컬로크]은 물론 식민지 체제에 대해서 반대했다. 통상 규제가 없는 제국이 변칙처럼 보였을 때, 그들의 교훈은 자연스레 반제국주의적 논조를 띠었다"(Schuyler, 1945, 70). 가장 강력한 진술 가운데 하나는 Huskisson(1825, 24)이 의회 토론 시 항해 독점의 종식을 언급한 것이었다. "실제 [식민지] 독점은 쓸모가 없거나 해로웠다. 식민본국이 식민지에 타국과 동일하거나 더 낮은 수준으로 상품을 제공할 수 있을 때, 독점은 쓸모가 없다. 그리고 식민본국이 이를 행할 수 없을 때, 자신이 특별한 소질이나 적성을 가지지 않은 업종의 고용에 자본의 일부를 억지로 투입하게 되므로 독점은 확실히 해롭다." 그는 미국 독립 이후 영국과 미국 간의 지속적으로 활발한 교역 사례를 이런 진실의 증거로 제시한다. 외국과의 경쟁에서 거리를 유지하는 것에 관해서 그는 다음과 같이 말한다(p. 285). "늙은 에스파냐의 모든 전제적 규제와 해안경비대는 식민지들에서 영국, 프랑스, 독일의 금지된 상품들이 범람하는 것을 결코 막지 못했다."

적이고 스스로 자금을 조달하는 식민지에 대한 벤담식의 정당화를 통해서 "제국에 대한 새롭고 자유주의적인 개념"을 발전시켰다.[81] 그리하여 섭정 황태자의 제국에서 식민지들은 할로(1953)가 주장했듯이, 실제로 예전의 식민지들과 달리 "해외를 무대로 한 사회적 변화의 확장이자, 사회제국주의의 사례"가 되었다(Bayly, 1989, 252-253).[82]

영국인들에게 해외의 사회적 변화란 실제로 그것이 경제적으로 불가피했을 때에는 영국인들의 식민화를, 그리고 그것이 영국인들에게 경제적으로 유익했을 때에는 다른 국가들이 보유한 식민지들의 탈식민화를 의미했다. 나폴레옹식의 보편주의적 허식이 없는 섬나라의 국민에게 세계는 갑자기 뜻대로 움직이는 기회의 장이 되었다. "1815년 이래 잉글랜드는 자국인들을 (여행자, 이주민, 식민지배자, 그리고 공상적인 혁명가로서) 전 세계로 파견했다"(Halévy, 1949b, 126-127).[83] 라틴 아메리카 정착민들의 독립운동에

---

80) 그러나 Huskisson(1825, 287)은 상당히 다른 견해를 피력했다. "진실은 이윤율이 자본 고용 분야의 규모에 매우 미약하게나마 의존하지 않고 전적으로 당시 산업의 생산성에 따라 결정된다는 것이다."

81) "웨이크필드는 이 제안의 '과학적' 본질을 강조했다……웨이크필드의 중앙 토지, 이주위원회와 또다른 벤담주의자들의 창작물인 개정 구빈법 체계의 중앙위원회 사이의 유사성을 끌어낼 수 있다. 두 위원회는 모두 영국인의 기존 심성에 비추어볼 때 흔하지 않고 적합하지 않은 유형의 중앙집권적 관료조직이었다. 두 위원회 모두는 경제적이고 효율적 관리를 위해서 하급직에까지 이르는 분명한 지휘 계통과 책임감을 가지고 체계의 기초를 이루는 원칙에 정통한 상근 전문가들의 단체를 필요로 했다……식민지들은 더 이상 단지 군사적 거점이나 기결수의 하치장이 아니었다. 또 귀족에게 제공하는 한직(閒職)이나 특별한 이해관계 집단의 교역 이득을 위해서 식민지가 유지되어서도 안 되었다. 잉글랜드인들의 생활에서 정치적이고 종교적인 제약으로부터는 벗어났지만, 옛 문명의 특질 가운데 일부를 유지한 새로운 공동체들이 수립될 것이었다"(Winch, 1965, 149-150).

82) 베일리는 계속 기술한다. "물론 정치인들의 마음속에는 카리브 해의 섬이나 다른 원주민 지역을 손에 넣는 것이 노동계급에게 규율을 지키도록 돕고 극빈한 스코틀랜드 북부 고지대 주민들이나 불만을 품은 아일랜드 농민들의 이주를 위한 공간을 제공할 것이라는 조잡한 의식이 없었다. 그 이상으로 영국의 갈등과 불안정에서 비롯되고 특히 새롭게 군사력을 갖춘 젠트리에 의해서 확산된 국가적 사명감은 해외로 흘러넘치고 식민지 거점에서 정중한 총독들의 활기 없는 야망을 되살아나게 했다."

대한 망설임과 동시에 독려로 가득한 긴 시기가 끝난 뒤, 영국은 마침내 1823년 이 독립운동들을 진압하고자 군대를 파견하는 에스파냐 외의 다른 유럽 국가에 대한 반대 의사를 결정적으로 표명했다. 이는 독립투쟁에서 결정적인 순간으로 인식되었다.[84] 1820년 에스파냐 본토에 대한 프랑스의 개입에 반대할 준비가 되어 있지 않았던 영국은 이번에는 아메리카 식민지에서 싸울 준비를 갖추고 있었기 때문이다.[85] 물론 이것은 우리가 헤게모니 국가에게 기대하는 바이고, 협박이라고 불리지 않을 정도로 은밀한 협박을

83) 알레비는 계속 기술한다. "귀족과 중간계급 구성원들은 더 저렴한 생활, 더 가벼운 세금 부담[영국이 대단한 야경국가라고 생각하는 모든 이들은 이를 주목하라], 더 좋은 날씨, 더 풍부한 즐거움을 누리기 위해서 파리나 이탈리아로 가고자 했다. 실업 상태의 노동자들은 북아메리카, 남아메리카, 오세아니아의 미개척지에서 일자리를 찾으려고 잉글랜드를 떠났다. 그리고 세계 곳곳에서 터져나온 혁명들은 모험정신에 자극받고 평화로운 삶을 지루하게 생각한 모든 이들에게 공공연한 자유의 투사로 나설 수 있는 기회를 제공했다. 파리에서 로버트 윌슨 경은 라발레트의 탈출 시도를 도왔다. 라벤나에서 바이런은 오스트리아의 경찰과 싸움을 벌였다. 그러나 남아메리카는 이 편력 기사들에게 가장 영예로운 모험을 제공했다. 코크런 경은 칠레의 함대를 이끌었고, 브라운 제독은 부에노스아이레스 앞바다에 정박한 라플라타공화국의 함대를 지휘했다. 베네수엘라에서 맥그레고어 장군은 수많은 전투를 치렀고, 잉글리시 장군은 300명으로 구성된 영-독 군단을 지휘했다. 추정으로는 1만 명이 넘는 이들이 '남아메리카에서 폭정에 맞서 싸우기 위해서' 1819년 아일랜드의 항구에서 출발했다. 1개 여단만 하더라도 워털루에서 싸운 1,500명 이상이 포함되어 있었다."

84) "어떻게 캐닝이 [위협받은 유럽의 개입]이라는 문제와 맞섰는지는 잘 알려져 있다. 그는 영국의 해군이 프랑스 군대와 에스파냐가 아닌 다른 국가들의 군대가 유럽에서 출발하는 것을 막는 데 활용될 것이라고 적시에 경고했다. 대륙 국가들은 위험을 무릅쓰기 전에 그 위험을 추산할 수 있도록 정신을 차리게 만드는 토대를 부여받았다"(Imlah, 1958, 9).

85) 또 1823년에 공표된 먼로 선언의 효과가 과장되어서는 안 된다. Perkins(1927, 256-258)는 "그것이 구세계 외교관들의 마음속에 전달한 두려움이라는 관념은 전설 그 이상이 아니"라는 점을 덧붙이면서 "대다수 유럽인들이 그것에 보인 지속적이라기보다는 일시적인 관심"에 대해서 언급한다. 영국에 대한 다른 반응은 Seton-Watson(1937, 88)이 진술하듯이 분명하다. "먼로 선언보다는 캐닝의 태도가 '신세계의 건설'에서 결정적인 요인이었다고 단언하는 것은 그리 지나치지 않다. 캐닝이 분명히 그랬고 유럽이 그것을 깨달으면서 그런 인상을 받은 반면, 미국은 확실히 전쟁에 뛰어들 정도까지 준비가 되어 있지 않았기 때문이다." 에스파냐 본토에 대한 개입이 제안된 경우에 캐슬레이와 당시 그의 외무장관인 캐닝은 참전을 거부했다. 그들은 프랑스의 개입을 반대한다고 분명히 밝혔지만 "프랑스가 포르투갈과 에스파냐령 아메리카에서 충분한 거리를 유지하는 한 완전히 소극적으로" 반대했다(Seton-Watson, 1937, 84).

가함으로써, 그뿐 아니라 최후통첩을 보낼 정도로 자신이 아주 강력하지 않을 때[86])를 자각함으로써 그런 강대국이 자신을 과시하는 방법이기도 하다. 그리하여 유럽 국가들을 아무것도 하지 않는 상황으로 몰아넣는 데에 성공하면서 "캐닝은 결국 남아메리카 국가들 사이에서 최고의 신용을 얻었고" (Temperley, 1925b, 53) 당시 분명한 경제적 이해관계가 작동했음에도 불구하고 영국은 자유의 기수로서 지위를 확립했다.

독립운동에 대한 제한적인 지지자의 역할을 기꺼이 떠맡으려는 영국의 태도는 발칸 반도와 오스만튀르크 제국까지, 특히 그리스의 경우까지 확대되었다. 영국의 여론은 어쨌든 그다지 문명적이지 않아 보이는 전제정치에 대한 경멸과 너무 깊이 연루되지 않으려는 신중한 욕구 사이에서 분열되었다. 에번스(1983, chap. 21)는 "연루되지 않은 영향력"이라는 말로 당시 영국의 외교정책이 유럽에서 의도한 바가 무엇인지를 묘사한다. 그렇지만 이 목적을 표현하는 또 하나의 방식은 그들의 가장 중요한 목표가 존립원칙이 극도로 불안정한 신성동맹을 궁지에 빠뜨림으로써 그것을 천천히 침식하는 것이었다고 말할 수 있다. 그리스는 절호의 기회를 제공했다. 그리스 혁명은 1820-1822년 유럽의 다른 국가에서 발생한 혁명과 거의 동시에, 그 영향을 받아 시작되었다. 다른 혁명에서, 영국은 우리가 살펴본 대로 개입에 대해서 "소극적으로" 못마땅해했다. 그러나 그리스의 봉기는 이슬람 제국에 맞서는

---

86) 이 문제에서 영국의 분명한 지휘권에 대해서는 Temperley(1925b, 37)의 분석을 참조하라. "캐슬레이는 엑스라샤펠(1818년)에서 러시아의 차르 알렉산드르 1세를 만나 라틴 아메리카에 대한 폭력적 개입의 계획을 포기하도록 했다……그러나 1818년 캐슬레이에게 새로운 신성동맹이 제시되었다는 사실은 만일 프랑스가 이 목적을 달성하기 위해서 어떤 위험을 무릅쓸 준비가 되어 있었다면, 왜 그것이 [1823년에] 그래야 하는지 이유를 설명하지 않았다." 그러나 프랑스가 그랬는가? 프랑스는 준비가 되어 있다고 암시하는 듯이 보였다. 루이 18세는 이미 1815년 왕가협정을 재건하고자 시도했고, 그리하여 에스파냐를 지원했다. 따라서 프랑스는 라틴 아메리카에서 부르봉 왕가의 창설을 독려하고자 했다. 그러나 1823년 말 무렵 프랑스는 "에스파냐가 옛 식민지들을 다시 정복할 수 없고"(Robertson, 1939, 319), 그 결과 과격파(곧이어 샤를 10세가 된 인물을 포함)가 개입을 강력히 지지한다는 사실에도 불구하고 영국과 싸울 가치가 없다는 점을 확신하게 되었다.

기독교인의 봉기라는 특성을 띠었고, 그것은 특히 정교(正敎)의 봉기였다. 메테르니히는 움직이지 않았을 테지만, 모든 러시아의 차르로서는 가만히 있기가 더 어려웠다. 그때조차 알렉산드르는 주저했으나, 1825년 왕위를 계승한 니콜라이는 빠른 결정을 강요하여, 영국 그리고 다음으로는 프랑스와 함께 할 준비가 되어 있었다.[87] 이 분쟁은 결국 1830년에야 완전히 해결되었다.

한편 영국과 다른 곳에서 그리스의 반란은 급진파의 대의였다.

> 그리스는 국제적 자유주의와 "친(親)그리스 감정"을 고무시켰다. 그리스인들에 대한 조직적 지원과 수많은 의용대원의 출발을 포함한 "친그리스 감정"은 1820년대 유럽의 좌파를 하나로 묶는 역할을 맡았다. 이는 마치 1930년대 말 에스파냐 공화정에 대한 지지가 떠맡은 역할과 유사했다(Hobsbawm, 1962, 145).[88]

다른 한편 그리스 민족주의는 영국 정부가 신성동맹에 남아 있는 것을 약화시키는 데에 활용할 수 있는 쐐기의 역할을 맡았다. 신성동맹이 1822년 여전히 "무시무시한 전조"에서 1827년 무렵 "경멸의 대상"(Temperley, 1925a, 474)으로 전락했다면, 그것은 주로 그리스 혁명 때문이었다. "[신성동맹의] 붕괴를 이끈 일등 공신은 조지 캐닝이었다"(Weill, 1931, 68).[89]

---

87) Schenk(1947, 41)는 오스만튀르크 제국의 정부가 1815년 신성동맹에서 배제되었을 때, "이런 배제의 이면에 감춰진 동기를 찾으려고 했다"는 점을 상기시킨다. "결국 1808년까지 러시아가 콘스탄티노플에 대한 권리를 주장했다는 것은 쉽사리 잊힐 수 없었다."

88) 또 Billington(1980, 135)을 참조하라. "[1821년 그리스 혁명은] 입헌혁명의 대의가 유럽 곳곳에서 가장 모욕을 당하고 있을 바로 그 시점에 그 위신을 되살렸다. 그것은 민족적─'사회적'과 전혀 다른─혁명이라는 대의에 창의적인 후원을 제공했고 영향력 있는 로맨티시스트 작가들을 정치적으로 동원했다." 민족주의가 이런 후원을 요구했다는 점은 사실이다. 그것은 어느 정도 나폴레옹 통치기에 탄생한 매우 젊은 교의였지만, 여전히 점령세력에 대한 저항과 혼동되었다. 민족주의는 1815년 이후 비로소 국가와 민족이 일치해야 한다고 주장하는 의식적인 교의가 된다. Renouvin(1954, 12)이 말하듯이 "1815년에 이 교의는 어느 곳에서도 아직 제대로 등장하지 않았다."

그리스 혁명의 애매모호한 역할―향후 "여러 민족의 봄날"을 위한 민족주의 혁명의 원형인 동시에 세계경제에 대한 헤게모니를 강화하려는 영국의 투쟁에서 중요한 담보물로서의 역할, 그러므로 급진파의 신화이자 토리당파의 능란한 책략에 대한 핑계―은 정확히 로맨티시즘(romanticism)의 불분명한 다의성을 반영한다. 그리스는 유럽 로맨티시즘에 크나큰 영감을 선사했기 때문에 유럽의 뛰어난 고전학자들조차 고대 그리스인들의 합리성을 찬양했다. 로맨티시즘은 "1780년과 1830년 사이에 성숙기에 이른다." 로맨티시즘이 "직계 조상과 구별되는 새로운 사회의 건설"(Barzun, 1943, 52)과 관계가 있기 때문에 그것은 자연스럽게 프랑스 혁명과 연계되었다. 그리하여 그것은 개인주의적이고 자발적이며 시적이었다. 그것은 상상력의 해방을 의미했다. 그러나 그것은 상상력의 해방을 원했기 때문에 정확히 현재의 제한을 거부했지만, 동시에 그것은 "과거에 대한 사랑, 오랜 전통에 대한 애착, 전설이 몸에 밴 사람들이 약간 유치하지만 성실하고도 자발적으로 순박한 시를 지어낸 시대에 관한 호기심"이기도 했다(Weill, 1930, 215).

그리하여 로맨티시즘은 자발성을 포함하고 따라서 혁명을 용인할 수 있었지만, 혁명 속에 내재한 어떤 보편주의적 경향에도 강력히 반대했다. 이는 특히 저항하는 이들에게 나폴레옹이 강요한 보편주의적 기획으로 구체화된 바 있었다.[90] 그 때문에 블

---

89) Weill(p. 95)는 이렇게 주장한다. "에스파냐와 에스파냐령 아메리카와 관련해서 시작된 신성동맹의 해체는 동방에서 완료되었다……1830년 자유주의의 승리를 가능하게 한 것은 이 유럽집단의 해체였다." 마찬가지로 캐닝을 높이 평가한 Temperley(1925a, 474-475)를 참조하라. "그리하여 그 일은 영구적으로 끝났다. 1848년의 소용돌이 속에서 영국이 누렸던 안전은 다른 누구보다 캐닝 덕분이었다……1830년과 1848년 혁명은 세계가 '입헌군주정으로 안전하게 지켜질 수 있다'는 사실을 입증했다. 1820년대에 이미 입헌군주제의 온건하고 적절한 영향을 예견한 인물은 캐닝이었다."

90) "어떤 민족의 생활방식, 영역이나 예술을 다른 민족에 부과하려는 구상은 [로맨티시스트에게] 불쾌한 것이었다. 왜냐하면 이는 정확히 프랑스 혁명이 수행하고자 했고 로맨티시스트들이 강력히 반발하여 싸웠던 합리주의적 실수이기 때문이었다"(Barzun, 1943, 129). Weill(1930, 216)는 "반혁명적 정치와 새로운 문헌 사이의 동맹이 많은 당대인들에게 분명해 보였다"고 단

랑키 같이 급진적이고 합리주의적인 혁명가는 로맨티시스트들을 적으로 간주했다. 19세기의 위대한 실천적 혁명가 블랑키가 1830년에 혁명 투쟁을 끝마쳤을 때, 그는 일터인 신문사의 편집실로 뛰어들었다. 출입구에 서서 그는 권총을 내팽개치고 거기 앉아 있는 늙은 언론인들에게 젊은 열정[이는 의심할 바 없이 로맨티시스트적인 자질이다!]으로 소리쳤다. "로맨티시스트들이 무너진다." 그에게는 목숨을 무릅쓰기까지 한 혁명은 본질적으로 압제자에 대한 공화파 노동자들의 승리가 아니었다. 그에게 처음 떠오른 생각은 샤토브리앙의 화려하게 장식된 로맨티시스트 양식, 중세의 이상화, 가짜 고딕, 그리고 봉건제 행세 등이 모두 이제 로마 공화정의 고귀한 전통에 입각하여 저작, 드라마, 건축에서 스스로를 주조할 더 순수한 고전적 양식에 유리하게 사라지리라는 기대였다(Postgate, 1974, 97).

그럼에도 바전(1961, xxi)은, "로맨티시즘은 스콧이나 칼라일 같은 로맨티시스트가 봉건적 질서를 설교할 때조차 포퓰리스트적이다"라고 말한다. 아마 홉스봄(1962, 306)이 전체 분위기를 가장 잘 포착했을 것이다.

로맨티시즘이 무엇을 상징했는지 결코 분명하지 않지만 그것이 무엇에 반대했는지는 꽤 명확하다. 그것은 중도(中道)에 반대했다. 그 내용이 무엇이든 그것은 극단주의자들의 신조였다. 로맨티시스트 예술가나 사상가들은 좌에서 우로 건너뛰면서 극좌와 극우에서 발견된다. 그러나 실제로 "고전주의"의 본거지였던 온건파 또는 휘그-자유주의자, 합리주의적 중도에서는 거의 찾아보기 힘들다.[91]

언한다.

91) 홉스봄은 계속 서술한다. "그것을 반(反)부르주아적 신조라고 부르는 것은 지나치다. 왜냐하면 여전히 거의 하늘에 격노하려는 신흥계급 내의 혁명적이고 정복자적인 요소가 로맨티시스트들을 또한 매료시키기 때문이다. 자본 축적의 사악한 요소는 그들을 괴롭힌다……그러나 로맨티시스트적 요소는 부르주아 혁명의 국면에서조차 부차적이었다." 또한 Hobsbawm(p. 310)은 "이 로맨티시스트 비판자들의 가장 지속적인 성과가 마르크스에게 중요하게 될 인간의 '소외' 개념, 그리고 미래의 완전한 사회에 대한 암시"였다는 점을 상기시킨다.

그리스는 너무나 변화무쌍한 이 개념들 가운데 과연 어디에 적합한가? 여기서 유럽의 기원을 개념화하는 문제를 다룬 버낼[1987, 1991]의 중요한 저술이 도움을 준다. 그는 르네상스 시대 사상가들이 그리스가 아니라 이집트를 "본래의 창조적 원천"으로 보았고 이집트와 중국이 모두 로맨티시스트 사상가들의 주도로 그 초점이 그리스로 이동한 프랑스 혁명기에 이르기까지 "[그들의] 철학과 과학, 그러나 무엇보다 [그들의] 정치체계 덕분에 높은 명성"을 유지했다는 점을 지적한다(Bernal, 1987, 16).

> 18세기 말에 "진보"는 지배적인 패러다임이 되었고 역동성과 변화가 안정보다 더 가치 있게 여겨졌으며 세계는 공간이라기보다 시간을 관통해서 고찰되기 시작했다. 그럼에도 공간은 지역의 인적 또는 "인종적" 구성에 대한 관심 때문에 로맨티시스트들에게 중요하게 남아 있었다……진정한 의사소통은 더 이상 어떤 합리적인 인간에게 영향을 미칠 수 있는 이성을 통해서 이루어지는 것으로 인식되지 않았다. 그것은 이제 친척관계나 "혈연"에 의해서 서로 묶인 이들에게만 작용할 수 있는 감정을 통해서 끊임없이 흐르는 것, 그리고 "유산"을 공유하는 것으로 보였다(Bernal, 1987, 28).

그리고 이는 정확히 왜 이집트가 유럽의 선조 계통에서 제거되어야 했는지를 보여준다. 18세기와 19세기 로맨티시스트들과 인종차별주의자들에게 "(유럽의 본보기일 뿐 아니라 유럽의 순수한 유년기처럼 보인) 그리스가 선주(先住) 유럽인들과 식민화를 추진한 아프리카인들과 셈족이 혼합한 결과일 수 있다"는 주장은 참을 수 없는 것이었다(Bernal, 1987, 28). 그리스는 유럽과 외부 세계, 즉 야만의 땅인 오리엔트 사이의 연속성을 대변하고 상징하도록 만들어졌다. 민족주의는 "유럽"(특히 비기독교적 제국의 실체에 맞서 저항한다면) 지역 내에서 수용될 만했고 심지어 바람직했다. 그리하여 라틴 아메리카의 백인 정착민들과 그리스인들 모두 "전제정치"에 맞선 영국의 지원을 받을 수 있었지만, 이는 인도(印度)와 같이 거리가 멀리 떨어진 문화적

풍토에서 무엇이 적절한지와는 아무런 관련이 없었다.

더 보수적이고 더 혁명적인 형태의 로맨티시즘의 존재는 시대와 장소에 따른 분리와 상관관계가 있다. 시간상 혁명기와 나폴레옹 시대의 보편주의 에 맞서 성장한 로맨티시즘은 초창기에 핵심 국가들에서 지배적이었다. 1830년경 그것은 그리스의 발자국에 이어 이탈리아, 독일, 폴란드에서 "진보 의 로맨티시즘"에게 자리를 내주었다. 이는 "민족 해방운동에서 중요한 요 소"가 되었다(Renouvin, 1954, 19). 그러나 핵심 국가에서, 특히 영국에서 그것은 대륙에서의 "혁명적 또는 반(半)혁명적 성격"과 대조적으로 "전통과 교회와 국가의 권위 유지"와 동일시될 뿐이었다(Seton-Watson, 1937, 40).

또한 로맨티시즘은 영국의 헤게모니에 기여했다. 그것은 우리가 이미 언 급했듯이, 상당히 합리주의적이고 보편주의를 지향한 신성동맹을 약화시켰 다. 그것은 프랑스 혁명과 나폴레옹 전통의 유산을 약화시켰다. 또한 영국의 즉각적인 경제적 이해관계와 헤게모니 질서를 유지하고 강화할 수 있는 역 량에 도움이 되는 유럽(과 아메리카)에서 지정학적 공간의 재조직을 장려했 다. 그리고 그것은 1789년 이후 세계의 지정학과 지문화에 매우 중요한 제국 주의와 인종주의를 위한 기본적 정당화 논리를 만들면서 유럽과 외부 세계 사이에 분명한 선을 그었다. 물론 그것은 예측불허였고 항상 제어될 수도 없었다. 그리하여 로맨티시즘은 궁극적으로 영국의 헤게모니적 질서를 느슨 하게 만드는 데에 기여했으나, 그래도 이 질서는 19세기의 마지막 30년 동안 경제적, 정치적 변화를 거쳐 약화될 때까지 유지되었다.

프랑스 내부의 변화가 이 웅대한 계획과 더불어 진행되었다는 점은 영국 인들에게 큰 도움을 주었다. 영국에서처럼 프랑스에서도 1815년 이후 시기 는 "노동계급에게 번영도 풍족함도 가져오지 않았고" 오히려 대도시를 중심 으로 국내 이주가 진행되면서 실업의 악화를 선사했을 따름이다(Ponteil, 1968, 285).92) 사회적으로 노동자들과 도시 부르주아지 사이의 간극은 엄청

---

92) 또한 Bruhat(1952, 186-187)를 참조하라. "노동자들을 위한 조건은 1815년부터 1830년까지

났다.[93] 노동자들이 자발적으로 조직할 수 있는 권리는 경찰의 감시 아래 상호공제조합에게만 엄격히 국한되었다.[94] 1817년 리옹에서 노동자들이 삼색 코케이드(모표[帽標])를 높이 치켜든 소요 사태가 벌어졌는데, 론의 경찰국장은 그 원인을 (아메리카의 반란과 리스본의 은밀한 반란 구상뿐 아니라) 잉글랜드에서 발생한 반란의 소식에 감염된 탓이라고 생각했다.[95] 여전히 기조 같은 자유주의자들은 1820년에 이렇게 말할 수 있었다. "나는 특히 정치제도와 관련해서 대중의 지지를 얻는 일을 단념하지 않을 것이네."[96]

그렇지만 1820년대 중반에 정치 과정에서 심각한 염증이 발생했다. 영국에서 자유주의적 토리당파가 정권을 잡은 바로 그 순간에 샤를 10세는 국왕(루이 18세)의 요절로 인해서 우연히 1824년 프랑스 왕위에 올라 특히 반동적 관점을 실행에 옮기기 시작했다. 이는 영국인들과의 긴장, 국내에서 심지어 법률을 준수하는 대다수 인민과의 긴장, 그리고 노동계급과의 긴장을 초래했다. 게다가 샤를 10세의 즉위는 1825년에 시작되어 1829년에 크게 악화된 경제적 하강 국면과 시기적으로 겹쳤다. 정치적 경화(硬化)와 경제적 난국의 결합은 폭발적인 경향이 있었고, 직접 1830년의 혁명적 분위기로 이어졌다(Bourgin, 1947, 203; Gonnet, 1955, 250-280 참조).

상당히 악화되었다. 노동시간이 늘어나고 생활비용이 올라가면서 임금은 떨어졌다……당시 확산되기 시작한 가스 조명은 주로 겨울철에 노동시간을 연장하는 것을 가능하게 만드는 데에 도움이 되었을 뿐이다."

93) "노동자가 스스로 부르주아와 동등하다고 단언하는 것은 '용기 있는' 행동이었다"(Daumard, 1963, 517).

94) 그렇지만 Bruhat(1952, 206-207)는 다음과 같이 기술한다. "그들의 활동은 상호부조에 국한되었지만, 이 조합들은 단지 정기적인 조합비 납부, 정기 모임, 회비 징수원의 지정 등을 통해서 노동자들에게 조직에 대한 의식을 부여하는 데 기여했다"(p. 208).

95) 1817년 6월 24일 경찰국장 샤브롤 백작의 보고서에 대해서는 Rudé(1969, 61-62)를 참조하라. 또 뤼데는 경찰감 파비에가 작성한 또다른 팸플릿 "1817년 리옹"을 언급한다. 이 팸플릿에서도 마찬가지로 리옹의 소요가 리스본의 운동과 브라질 페르남부쿠의 혁명에 감염되었다는 의미를 내포하고 있었다.

96) 포리엘에게 보내는 편지, 로장발롱의 책에서 인용(1985, 39).

자신의 정책을 누그러뜨리고 불만세력 가운데 일부를 달래는 대신 샤를 10세는 한층 더 자기 멋대로 권위를 앞세웠다.[97] 의원 221명이 용기를 내어 샤를 10세에게 입법부의 권리를 존중할 것을 요구하는 공개 성명을 보냈을 때, 그는 이것을 루이 18세의 헌장에서 지지한 바 있는 프랑스 혁명의 필수적인 원칙들에 대한 옹호로 보면서 청원을 무시했다. 이는 어떤 의미에서 샤를 10세에게 마지막 기회였다. "만일 1830년에 혁명이 있었다면, 그것은 유발된 혁명이었다." 샤를 10세는 7월 26일 억압적인 언론 포고령을 발표했다. 의원들은 우물쭈물했다. 노동자들이 행동에 나섰다. 이 군중은 "자포자기하고 희망을 잃은 이들"이나 "견고한 중간계급"이 아니라 "대개 숙련된 기술을 갖추고 나이가 들어 이성적으로 성숙한 이들"이었다(Suel, 1953, 188).

그렇다면 이것은 유럽 "최초의 직업 혁명가" 부오나로티가 "1830년 혁명의 전야에 실제로 그가 반동세력의 승리를 위해서 기원하고" 있었을 때 희망하던 혁명이었는가(Eisenstein, 1959, 40)?[98] 그렇지는 않았다. 그것은 7월 27일부터 29일까지 사흘 동안 전개된 대중 혁명이었다. 영광의 3일은 곧 왕정복고기의 자유주의에 포획당했고, 자기 자신을 프랑스의 국왕이 아니라 프랑스인들의 국왕으로 부를 준비가 되어 있던 루이 필리프와 함께 7월 왕정으로 귀결되었다. 티에르는 "오를레앙 공이 없었다면, 우리는 결코 이 무질서한 군중을 억제할 수 없었을 것이다"라고 말했다(Dolléans, 1947, 42에서 인용). 여전히 구체제의 일부 형태를 진정으로 복구하기를 바라는 과격파에 맞서 7월 왕정은 프랑스 혁명의 자유주의적 형태를 정당화했다. "1830년 혁

---

97) Labrousse(1949a, 19)는 이것이 1789, 1830, 1848년 프랑스 혁명의 공통적 특성 가운데 하나였다고 주장한다. 그 혁명들은 모두 자발적이었고 원인은 내부에 있었다. 각 혁명은 사회적 성격을 띠었다. 모든 혁명에 앞서 경제적 곤경을 겪었다. "두 가지 상호연결된 현상, 즉 경제적이고 정치적인 긴장이 폭발을 일으키려면, 그것이 저항에 직면해야 한다……잉글랜드에서는 탄력성 있는 정책, 시의적절한 양보로 아무것도 폭발하지 않는다. 프랑스에서는 저항으로 모든 것이 폭발한다."

98) 부오나로티가 가장 두려워한 것은 신성동맹이 아니라 "캐닝의 잉글랜드와 개혁의 시대가 대변한 더 포착하기 어려운 적"이었다(Eisenstein, 1959, 139).

명으로 1789년 혁명에 대한 공격은 마침내 패배했다"(Elton, 1923, 88).[99]

노동자들은 "경제와 사회구조의 측면에서 [1830년] 혁명이 어떤 변화도 가져오지 않았다"는 점을 신속히 깨달았다(Bourgin, 1947, 205).[100] 노동자들이 각성했을지라도 과격파는 낙담하게 되었다. 1830년 8월 7일 샤토브리앙(Béneton, 1988, 56-57, n. 3에서 인용)은 루이 필리프에 대한 지지를 거부하면서 귀족으로 구성된 의회에서 연설했다. "쓸모없는 카산드라, 나는 경멸당한 경고와 더불어 국왕과 조국을 피곤하게 만들었다. 내게 남은 것이라고는 내가 그렇게 자주 예상한 대로 폐허의 잔해 위에 앉아 있는 것뿐이다." 대규모 기업가들은 "반동, 정통주의자, 대중의 사회혁명"을 동시에 두려워하면서 그들이 박수를 쳐야 하는지 아닌지 확신하지 못했다(Price, 1975b, 6).[101]

99) 파리의 바스티유 광장에 '영광의 3일'에 관한 기념비가 세워진 사실에서 알 수 있듯이 이 사건은 오늘날까지 경축의 대상이다. 그러나 칭송받는 프랑스 혁명은 주로 루이 18세의 1814년 헌장으로 구체화한 것이었다. 과격파에 대한 파리 부르주아지의 반대는 "진보적이지 않았다. 명사들의 마음속에 헌장은 출발점이 아니라 종착점이었다. 그들이 비난한 반동적 인사들에 맞서 투쟁하던 파리 부르주아지의 지도자들은 과거지향적이었다. 그들의 보수적인 태도는 정치 영역뿐만 아니라 사회적 수준에서 그 스스로를 분명히 드러냈다"(Daumard, 1963, 575).

100) Dolléans(1947, 44)은 이에 동의한다. "노동계급에게는 아무것도 변하지 않았다……[루이 필리프의] 장관들은 왕정복고기의 인물보다 대중에게 더 적대적이었다." Daumard(1963, 576, 583) 역시 동의한다. "7월의 나날이 끝난 뒤 부르주아지가 이득을 위해서 대중이 만든 혁명을 몰수했다고 알려져 있다……1831년이 끝날 무렵 부르주아 사회는 조직되었다. 혁명은 제한적이었으나 당시 그 대표들이 예외 없이 국가 내에서 적절한 자리를 획득하려고 한 중간계급이 무엇을 기대했는지를 보여주었다."

또한 Newman(1974, 58-59)을 참조하라. "[1830년 혁명은] 수년간 구축되고 있었던 입헌적 자유주의자들과 평민 간의 동맹이 낳은 결과였다……[두 계급은] 공동의 적, 즉 샤를 10세가 이끄는 성직자 지배하에 귀족 당파에 맞서 힘을 모은 단일한 정치적 단위—인민—의 일부로 인식할 수 있었다……[평민들은 나중에야] 루이 블랑과 같은 사회주의자들의 도움으로 자유가 충분하지 않았고 자유주의적 중간계급이 그들의 이해관계를 대변하지 않았으며 또 대변할 수도 없었다는 사실을 [깨닫게 되었다]."

"나중"이라는 시점은 사실 거의 즉시 도래했다. 8월 중순경 파리에서는 파업이 수차례 발생했다. 10월에는 "소요 사태들"이 벌어졌다. "노동계급은 혁명이 그들의 예상대로 운명의 개선을 가져오기는커녕 그것을 악화시켰다는 것을 알아차렸다"(Pinkney, 1972, 313). 1831년 10월 7일에 론의 경찰국장은 [그들이] 그들에게 유리하게 만들어졌다고 느낀 혁명 직후" 노동계급이 터뜨린 불만에 주목하게 될 것이었다(Tarlé, 1929, 151에서 인용).

마지막으로 영국인들도 처음에는 환영하기를 주저했다. 사실 혁명 직후 몇 주일 동안 "전쟁의 위협이 프랑스에 무겁게 드리워졌다"(Pinkney, 1972, 303). 삼색기, 라마르세예즈(La Marseillaise), 국민방위대의 재건은 모두 신성동맹 국가들을 몸서리치게 만들었다. 그들은 심지어 새로운 프랑스의 공세를 두려워하기 시작했다. 그러나 다른 사람도 아닌, 더 보수적인 토리당파의 대변인 웰링턴 휘하의 영국 정부는 서둘러 새로운 정부를 승인했다. 10월까지 모든 국가들이 그렇게 했다.

왜 영국인들이 그렇게 신속하게 움직였을까? 의심할 바 없이 루이 필리프가 영국 의회제도의 "진지한 찬양자"이자, 영국과의 동맹을 지지하는 당파에 속했기 때문일 것이다(Guyot, 1901, 579 참조). 이 두 가지 견해의 잘 알려진 주창자 탈레랑을 영국 주재 프랑스 대사로 임명함으로써 영국이 "[루이 필리프가] 지지를 얻어야 할 가장 중요한" 국가라는 것을 상징적으로 보여준 대목은 확실히 루이 필리프의 영리한 조치였다(Guichen, 1917, 186).[102] 의심할 바 없이 영국인에게는 폴리냐크가 샤를 10세를 위해서 수행한 외교정책에 혐오감을 가질 만한 이유가 적지 않았다. 특히 1830년 초 프랑스의 알제리 침입 당시 샤를 10세가 그것을 사실상 십자군의 부활로 보았다는 것을 깨달았을 때, 영국인들은 그 사건의 함의에 대해서 가장 불쾌해했다.[103] 영

---

101) 한편 대규모 사업은 샤를 10세 시대에조차 이미 잘 운영되고 있었다. 혁명이 "새로운 인물들을 공직에 오르게 했지만,"—실제 혁명은 "고위 공직자에 대한 철저한 숙청"을 야기했다(Pinkney, 1972, 276-277)—그것은 "대(大)부르주아지의 새로운 체제를 가져오지 않았다"(Pinkney, 1964b, 71). 실제 그들은 격변의 경제적 충격을 경계했다. 그들의 견해에 따르면, 1830년 봄은 "어려운 시절 다음에 오는 약간의 상승"을 보여주었다. 사업 여건들은 "혁명에 뒤이은 몇 달 동안 악화되었다." 그리고 혁명에 뒤이어 "대중의 격변"이 벌어졌다(Johnson, 1975, 150-151, 153).

102) 탈레랑의 임명은 프랑스와 영국에서 모두 논란을 불러일으켰지만, 영국 대중에게 잘 받아들여졌다. Masure(1893, 108-113)를 참조하라.

103) "[오스만튀르크 제국의] 알제 섭정구역에 대한 원정, [북아프리카] 베르베르 해적국가의 회복은 프랑스의 국왕 샤를 10세를 기쁘게 했다. 왜냐하면 그의 종교적 열정이 그 원정을 중세 국왕들이 십자군에 대해서 생각한 것과 같은 방식으로 상상하게 만들었기 때문이다"(Coulet,

국이 신성동맹을 억제하는 데에 성공한 순간, 샤를 10세는 계획을 망쳐놓는
것처럼 보였다.[104] 영국은 프랑스가 다른 유럽의 열강, 특히 러시아의 강력
한 지원을 받고 있었기 때문에 샤를 10세에 직접 맞서는 행동은 억제하고자
했다.[105] 그러나 영국은 실제 그렇게 밝혀졌듯이, 루이 필리프에게 더 나은
것을 바랄 수 있었다.[106]

그러나 모든 망설임에도 불구하고 7월 왕정이 성공했다는 것은 사실이다.
즉 최소한 초보적 형태였지만 자유주의 국가가 수립되었다. 100년 뒤 베네데
토 크로체(1934, 101-102)는 자신이 "7월의 태양"이라고 부른 것을 회고하
고 환호할 수 있었다.

[7월의 나날]과 더불어 유럽의 모든 절대주의는 도덕적으로 패배했고 반대로 부진
속에서 고전하고 굴레가 씌워진 유럽의 자유주의는 극단적인 형태의 적들과 어떻게
대면할 것인지를 보여주는 사례가 되었다. 이는 이런 방식으로 승리가 확실하다는
증거이자, 강대국이 자유가 충분한 상태에 도달했다는 사실 자체이며, 곧 다가올 혁
명들에 대한 확신의 근거이다.

1931, 2). 이는 영국인들에게 틀림없이 위험한 도발처럼 보였을 것이다.

104) 루이 18세는 영국인들을 달래고자 식민정책의 전개를 억누르는 편이었다. 샤를 10세는 이
점에서 덜 조심스러웠다. 정확히 그는 처음에 영국과 러시아와 나란히 그리스에 개입했다. 그
러나 1829년 그리스의 독립을 보증하는 아드리아노플 조약은 영국이 헤게모니 질서를 굳히는
데에 기여했고 프랑스 군대가 다른 해외 원정에 자유롭게 관여할 수 있도록 했다(Schefer, 1928,
32-33 참조).

105) Guichen(1917, 65)을 참조하라. "유럽의 여론은 알제 원정 작전을 의회의 상황으로부터 주의
를 돌리고, 정부와 국왕 자신의 정치적 입지를 강화하며, 성공 시에 모든 유럽 국가들에 강한
인상을 남길 수 있는 임기응변적 방책으로 인식했다." 그 결과 "거의 만장일치에 가까운 열강들
의 승인은 애버딘과 웰링턴을 강하게 압박했다"(p. 67). "영국이 끊임없이 저항하는 동안 러시
아와 프랑스 간의 협상은 전에 없이 더 우호적으로 이어졌다"(Schefer, 1907, 446).

106) 최소한 다소 더 나은 것을 바랄 수 있게 되었다. 탈레랑은 루이 필리프에게 영국인들에 대한
의례적인 조치로 알제를 포기할 것을 제안했지만, 루이 필리프는 이를 거절했다(Guichen, 1917,
187 참조). 그럼에도 영국인들은 샤를 10세와는 달리 루이 필리프를 유럽에 대한 전망을 공유
한 인물로 대할 수 있었다.

크로체가 보여주듯이, 1830년 혁명은 가장 신속하게 이웃의 벨기에와 이탈리아, 또한 폴란드에까지 확산될 정도로 전염성이 있었다. "유럽의 인민들은 기나긴 무관심으로부터 출현했다. 신성동맹은 흔들렸다"(Rudé, 1940, 413).[107] 세 혁명 가운데 벨기에의 혁명만이 성공적이었고 거기에는 그럴 만한 이유가 있었다. 그것은 세계경제의 핵심 국가들에서 자유주의 국가를 건설하고 강화하는 기획에 딱 들어맞는 유일한 혁명이었다. 이탈리아의 카르보나리 봉기는 프랑스의 더 급진적인 인사들과 라파예트 휘하의 투쟁당파의 지지를 받았다. 그들은 피에몬테(그리고 부수적으로 사부아의 병합)를 지원하기 위한 '론 의용대'를 조직했다. 하지만 그들은 프랑스 당국에 의해서 좌절되었다.[108] 왜냐하면 새로운 프랑스 정부는 그저 오스트리아의 봉쇄를 원했기 때문이다. 피에몬테의 왕 카를로-알베르토는 오스트리아인들을 축출하고자 했지만 자유주의자들은 이를 저지했다. 그리하여 결국 패배한 것은 자유주의자들이었다(Renouvin, 1954, 73-75 참조). 폴란드의 혁명은 그리 큰 어려움 없이 진압당했다. 그것과 프랑스에서 벌어진 혁명 간의 연계는 정신적인 것 이상은 아니었다.[109] 프랑스인들은 매우 멀리 떨어져 있었고,

---

107) 그러나 Masure(1892, 696)에게 그것은 이미 1830년 이전에 "흔들렸다." "1830년 초 무렵 신성 동맹은 단지 명목상의 존재에 불과했다."

108) 결과적으로 "론 의용대의 핵심 요원들이 비밀리에 조직된 리옹의 일부 노동자 단체 속에서 어떻게 생존했는지"를 지적한 Rudé(1940, 433)를 참조하라. "1831년 11월 21-22일에 벌어진 리옹의 전투에서 노동자들을 지휘한 이들은 론 의용대였다." 라파예트는 신성동맹에게 특별한 경멸과 두려움의 대상이었다. 파리 주재 러시아 대사 포조 델 보르고는 그를 "이 보편적 소요 운동의 보호자이자 명백한 선동가"라고 일컬었다. 그리고 파리 주재 오스트리아 대사관의 서기관 아포니는 라파예트가 "인민의 우상이자 혁명의 모델"이었다고 말했다(Guichen, 1917, 180에서 인용).

109) Reslie(1952, 121)를 참조하라. "[폴란드에서] 핵심 공모자들이 1830년 프랑스 혁명 진압을 위해서 군대가 투입되는 것을 막으려고 봉기를 일으켰다는 주장을 뒷받침하는 증거들은 거의 없다. 이는 마치 폴란드의 제2차, 제3차 분할이 1789년 프랑스 혁명을 구했다는 식의 주장처럼 프랑스의 공감을 얻기 위해서 사후에 만든 정당화의 논리였다. 진실은 [러시아의 대공] 콘스탄틴[육군 총사령관]이 비소츠키의 음모의 존재를 알아냈고, 그 때문에 공모자들이 신속히 결단을 내려야만 했다는 것이다."

어떤 일도 할 수 없었으며 준비도 되어 있지 않았다.

벨기에는 완전히 다른 이야기를 보여주었다. 벨기에는 결코 독립국인 적이 없었지만, 네덜란드 반란(80년 전쟁[1567-1648]으로도 알려져 있다/옮긴이)과 프랑스 혁명 사이의 오랜 기간 동안 에스파냐의 지배, 그 다음에는 오스트리아의 지배하에 존재한 다소 자율적인 행정 단위였다. 이 시기에는 농업이 번창했지만,[110] 특히 샤를 공 치하의 "번영의 32년[1748-1780]"에 이어 공업 역시 성장했다. 공의 대리인이자 "저지대 국가[네덜란드]의 콜베르"로 알려진 코블렌츠 백작[1753-1770]은 보호주의 정책을 실행했고(Briavoinne, 1839, 7, 86-90), 이로 인해서 1765년과 1775년 사이에 "눈부신" 성장을 이루었다.[111] 이런 성장은 그 시점부터 꾸준히 지속되었다.[112] 당시 연합주[네덜란드 7개 주]에 비해서 오스트리아령 네덜란드가 누린 이점들 가운데 하나는 높은 인구 성장, 낮은 임금, 숙련 노동력의 결합이었다.[113] 그 결과 벨기에는 거의 잉글

---

110) Slicher van Bath(1963, 243)는 "1650년부터 1750년까지 집약적인 플랑드르 농업 형태가 곡물보다는 상업 작물과 사료용 작물에 기반을 두고 있었기 때문에 가장 두드러진 발전이 이루어졌다"고 말한다. 그러나 이런 경향은 1750년 이후에도 지속되었다. Abel(1973, 286)은 다음과 같이 기술한다. "1800년경 유럽의 여행객들은 만장일치로 또다시 [플랑드르인들에게] 유럽[의 농산물 생산]에서 최상위를 부여했다."

111) 특히 샤를루아(도시 명칭/옮긴이)를 언급한 Hasquin(1971, 299)을 참조하라. 또 "비록 완벽하지도 정확하지도 않았지만, 1764년 통계가 오스트리아령 네덜란드의 대부분 지역에서 상당한 양의 공업에 대한 인상을 제공한다"고 말한 Garden(1978b, 21)을 참조하라.

112) 1770-1840년의 시기를 언급하면서 Lebrun(1961, 654)은 "벨기에 산업혁명의 대단히 신속하고 조밀한 특성"에 대해서 기술한다.

113) Mokyr(1974, 381)는 높은 인구 성장을 감자와 더불어 농촌 가내공업 덕택이라고 보고 "원(原)산업 분야의 특별히 낮은 임금이 역사가뿐 아니라 당대인들에게도 뚜렷한 인상으로 남았다"고 말한다. 그는 "더 낮은 임금이 벨기에에서 신속한 산업화의 이유를 밝히는 데 중요했다면, 네덜란드의 지체를 밝히는 데에는 더 높은 임금이 중요했을 것"이라고 결론짓는다(p. 385).
　　Milward & Saul(1973, 452-453)은 벨기에의 더 낮은 임금에 대해서 이런 설명을 제시한다. "농업 구조는 프랑스를 괴롭힌 경직성을 깨뜨리는 데 기여했다. 농장들이 매우 작아서 동일한 노동력이 빈번하게 농업과 공업 고용 간에 공유될 정도였다. 공장 노동자는 상당한 거리에 떨어져 있는 일터의 작업 후에 자신의 소규모 토지로 돌아왔다. 이는 프롤레타리아의 발전에서 일시적 단계가 아니라 벨기에 경제의 영구적인 특징이었다. 그것은 벨기에 내에서 오랜 노동

랜드만큼 빠르게 공업 기계류를 도입했다.[114]

프랑스는 1795년 벨기에를 병합했다. 공업 생산의 중심지들—강(헨트)의 면직물, 베르비에르와 외펭의 모직물, 리에주와 에노의 중공업—은 모두 프랑스의 점령 시대에 더욱 "괄목할 만한 팽창"을 경험했다(Mokyr, 1974, 366).[115] 여기에는 두 가지 주요한 이유가 있는 듯하다. 첫째, "3,000만 명의 소비자가 보호를 받고 단일화된 거대한 지역과의 통합"(Crouzet, 1964, 209), 둘째, 사회구조의 변화— 내부적 무역장벽(관세, 통행세)의 제거, 길드의 폐지, 시민의 평등, 규칙과 법정의 개혁, 그리고 봉건적 권리의 폐지—이다 (Wright, 1955, 90 참조).[116] 모두가 동의하는 것처럼 보이는 이 두 가지 이유는 함께 훌륭하게 작동했다. "갑작스런 가속화", 월터 로스토식으로 말하면, "이륙"의 순간, "총체적 변혁과 결정적 팽창의 순간" 등이 이를 지칭하고자 활용된 문구이다(Lebrun, 1961, 555; Devleeshouwer, 1970, 618; Dhondt, 1969, 42, 44).[117] 이는 당시 벨기에의 분석가 나탈리스 브리아부안

이주의 전통에서 발전한 것처럼 보였고, 공업 임금이 프랑스보다 벨기에에서 왜 상대적으로 더 낮은지에 대한 한 가지 이유였다. 왜냐하면 기업가는 노동력을 토지에서 상시 떨어지도록 유인할 필요가 없었기 때문이다."

숙련 노동자들에 관해서는 Ruwet(1967, 23)을 참조하라. "[18]세기 초부터 팔츠[독일 라인 강의 서안(西岸) 지역/옮긴이] 선제후, 베네치아 공화국, 바이에른 선제후, [신성 로마 제국] 황제, 프로이센 국왕, 그리고 나중에 러시아의 여제(예카테리나 2세/옮긴이)가 정기적으로 벨기에 베르비에르의 노동자들을 많이 끌어들이고자 했다는 사실은 베르비에르와 그 기술자들의 평판을 증명해준다."

114) Lebrun(1948, 24)은 "시간의 지체가 심하지 않았다는 점"을 언급한다.

115) Crouzet(1964, 583)는 크레펠트의 견직물을 추가한다. Mokyr(1974, 368-369)는 네덜란드 시대의 "엄청난 긴장"과 그 뒤 1830년 이후 "약간의 탄력 있는 기세"를 기술한다. Craeybeskx (1968, 123-124)는 신중한 진술을 덧붙인다. 그는 대륙봉쇄령이 "일부 공업을 자극했지만," 또다른 부문, 특히 야금술에서 "기술적 진보를 저지했다"고 말한다. 하지만 그는 프랑스 점령 시대 후반기에 "구체제가 남긴 마지막 장애물"의 제거가 끼친 영향이 "특히 중요했다"고 기술한다.

116) Demangeon & Febre(1935, 128)는 나폴레옹이 성공한 반면, 오스트리아의 황제 요제프 2세가 이 개혁 가운데 많은 것을 강요하려고 했지만 실패했다는 점을 지적한다. "그리하여 나폴레옹은 벨기에에서 요제프 2세가 남긴 유언의 집행자 역할을 맡았다."

(1839, 113)의 견해이기도 했다.

> [프랑스 점령기의] 정치적 사건들, 통합 민법과 더 적절한 법정의 완전한 재편, 그리고 통상 기구의 향상은 모두 프랑스처럼 벨기에에서도 괄목할 만한 기세의 밑바탕이 된다. 그러나 벨기에는 가장 일찍, 가장 많은 이득을 거둬들인 국가이다.

워털루 이후 벨기에는 네덜란드 왕국에 통합되었다. 지역의 여론은 반영되지 않았다. (분리된 지 250년이 지난 뒤에 이루어진) 이 재결합에 벨기에인들 가운데 주요한 두 집단이 적대적인 반응을 보였다. 즉 왈롱에서 강력했고 의회제도를 원한 민주당파, 그리고 플랑드르에서 강력했으며 종교적 권리를 지킬 수 있는 사전 협정 없이 프로테스탄트 군주 아래에 있게 된 것을 경계한 가톨릭 신자들이다(Ponteil, 1968, 17 참조). 당장의 경제적인 효과는 부정적이었다. 어느 정도는 세계경제의 전반적 하락세 탓에, 그리고 부분적으로는 그들의 상품에 대한 시장의 축소 때문이었다.[118] 정책의 측면에서 핵심적 사안은 개방적인 화물 집산지에서 살아남아 맨체스터보다 함부르크에 더욱 신경을 쓴[119] 네덜란드 상인과 영국과의 경쟁에 맞서 보호를 추진하

---

117) Milward & Saul(1973, 292)은 본질적으로 동의하지만 더 진지하게 표현한다. 그들은 벨기에에서 프랑스의 통치가 남긴 결과는 "복합적이었지만 모든 것을 고려할 때 유익했다"고 말한다. Dhondt & Bruwier(1973, 352)는 이 시기를 벨기에 산업혁명의 "절정"이라고 일컫는다. 그렇지만 Lebrun(1961, 574-576)은 지나치게 큰 도시 밀집지대의 허용과 교육에 대한 불충분한 관심 탓에서 비롯된 일부 "기회의 상실"을 지적한다.

118) Dhondt & Bruwier(1973, 349)는 정치적 구조 개편과 영국 생산품의 자유로운 유입으로 "강(헨트)의 면직물 공업이 붕괴했고 불경기가 1823년까지 지속되었다"고 기술한다. 그러나 그 뒤 면직물 공업은 네덜란드령 동인도에서 새로운 출구를 찾았다. Lis & Soly(1977, 480)는 안트베르펜의 생활수준이 식품 소비를 기준으로 할 때 "양적으로나 질적으로 급격하게 하락했다"고 기록한다.

119) Wright(1955, 28, 77)를 보라. "18세기 말에 네덜란드 무역은 대부분 분명한 경제적 우위라기보다 관세에 의존했다. 전시 상황은 외국 상인들에게 새로운 관계를 찾도록 강제했다." 문제는 무역이 어쨌든 되살아날 것인가이다. 이는 1585년 이래 닫혔던 스헬더 강이 1815년 이후 개방된 것과 독일 국경의 복잡한 상태가 다소 해소되면서 더욱 복잡해졌다. "1816년 네덜란드의

던 벨기에의 산업자본가 사이에서 벌어진 관세에 관한 논쟁이었다.[120]

국왕 빌럼은 확대된 자신의 왕국을 모두 유지하고 엄청난 국가 부채를 갖는 일에 주의를 기울였다.[121] 사실 관세를 둘러싼 반목은 가라앉았다. 벨기에인들은 네덜란드인들보다 더 잘 대처했고 덜 보호주의적인 태도를 취하게 되었다. 이는 결국 문제의 일부가 되었다. 1825년 이후 유럽 전역의 하락세가 바로 벨기에에서 "혁명적 소요를 받아들일 준비가 된"(Demoulin, 1938, 369) 실업 상태의 프롤레타리아 집단을 창출했기 때문이다.

그리하여 파리의 7월 혁명은 벨기에에서 즉각적인 반향을 초래했다. 그것은 왈롱 부르주아지 가운데 일부를 고무시킨 프랑스와의 재결합 가능성이라는 항상 잠재되어 있던 구상을 되살렸다. 그것은 네덜란드 프로테스탄트의 지배에 대한 가톨릭 교도의 불만을 되살렸다. 그러나 그것은 불꽃이 필요했다. 일부가 주장하듯이, 8월 25일의 봉기가 "파리에서 도착한 선동가들"에

대다수 상인들은 19세기 함부르크보다는 15세기 베네치아의 정신으로, 새로운 시대에 대한 도전에 부응했다. 그들은 네덜란드의 상업적 이익과 전통에 유리하게 모든 가능한 제한 규정에 의해서 한계가 설정된 '자유로운 항구(porto franco)'를 원했다."

120) Demoulin(1938, 124)을 참조하라. "프랑스 시장을 상실한 뒤 벨기에의 공업은 혼란에 빠졌다……그럼에도 벨기에인들의 수요는 과장되었다. 그들은 전반적인 금지를 원했다……[확실히] 전 유럽은 당시 보호주의적이었다." Wright(1955, 100)는 "벨기에의 자유주의자들이 대부분 보호주의자였다"고 기술한다.

121) 네덜란드의 부채는 16세기 이래 쌓여왔고 당시 연간 수수료가 1,400만 플로린이 넘었다. 벨기에는 사실상 부채가 거의 없었다(연간 수수료가 30만 플로린 미만이었다). 물론 나폴레옹 시대에 벨기에인들은 연간 7,500만-8,000만 플로린을 지불하기는 했지만, 그들은 재정 관리체제의 측면에서 네덜란드 지배 시대와 오스트리아 지배 시대를 비교하고 있었다. 그들은 특히 1821-1822년의 재정 개혁이 "홀란드 상업 도시들의 이익을 위해서 벨기에의 농업과 공업 지대를 희생시켰다"고 하소연했다(Terlinden, 1922, 16). 벨기에인들의 저항에 직면하여 네덜란드 국왕은 조치를 철회하고 다소간 추가적인 보호를 허용했다. 개정된 "1821년의 체제는 벨기에인들에게 크게 만족할 만하다고 입증되었다. 그들의 철강, 석탄, 면직물, 모직물 생산품은 네덜란드 시장에서 계속 유익한 보호조치를 누렸고, 네덜란드의 식민지에서도 동일한 조치를 얻었다"(Wright, 1955, 208). 더욱이 벨기에의 은행가들은 두 가지 금속 화폐─네덜란드 플로린화와 벨기에 프랑화─가 지속되는 상황, 실제로 환율이 프랑화에 유리했기 때문에 북쪽의 자본을 남쪽으로 이동하도록 이끈 상황에서 큰 이득을 얻었다(Chlepner, 1926, 28-30 참조).

의해서 고무되었다고 할지라도 그들은 "병사들"이 필요했고, 병사들은 단지
실업 상태에 있는 노동자들로 충원되어야 했다(Harsin, 1936, 277). 이는 사
회적 불안이 조성하고 러다이즘(기계 파괴운동)과 일부 폭력 사태로 눈에
띄게 된 "대중 반란"이었다.[122] 그러나 여기서 또한 7월 혁명의 사례처럼
봉기는 중간계급 세력에 의해서 신속히 회복되었고 민족적이고 자유주의적
인 혁명으로 바뀌었다(Demoulin, 1950, 152 참조).[123]

프랑스의 상황과 달리 벨기에에는 강력한 과격파가 존재하지 않았다. 왜
냐하면 정확히 가톨릭 교도가 권좌에 있지 않았기 때문이다. 이는 벨기에
가톨릭 교도를, 프랑스에서 라므네가 개척했으나 실제 그곳에서도 주요한
사회세력으로 용케 변모시킬 수 없었던 가톨릭 자유주의에 대해서 더 개방
적이게 만들었다.[124] 확실히 바티칸 자체는 매우 정통주의적이었고 따라서

---

122) 대중 반란의 선동가들이 브뤼셀의 부르주아지였다는 네덜란드 경찰의 주장을 비웃는
Demoulin(1950, 17-21)은 다음과 같이 말한다. "그것은 우리에게 경험적 자료에 의거한 설명
처럼 보인다. 왜냐하면 부르주아지는 실제로 대중을 두려워했고 지나치게 분별력이 있어서
마법사의 도제 역할을 떠맡지는 않았기 때문이다"(p. 17). 벨기에의 혁명을 기원상 "프롤레타
리아적"으로 해석하는 경향에 반하는 사례에 관해서는, van Kalken(1930)을 참조하라.

123) 그 혁명은 네덜란드에 맞서 벨기에를 변호했다는 점뿐만 아니라 벨기에의 리에주를 포함했
다는 점에서 민족적 성격을 띠었다. 리에주는 오스트리아령 네덜란드의 일부가 아니었다. 프랑
스인들은 벨기에와 더불어 그 도시를 병합하고 그들을 동화시키는 과정에 착수했다. 그러나
1815년 이래 그 두 곳은 여전히 분리된 곳으로 간주되었다. 그렇지만 "1830년에 그것은 어디에
서나 유일한(그리고 단일한) 벨기에의 문제가 되었다"(Stengers, 1951, 105, n. 1).

124) 빌럼 국왕은 1825년 모든 가톨릭 신학생들에게 보통법과 교회의 역사(이 과목들이 신학의
일부가 아니라고 주장하면서)를 배우기 위해서 그가 설립한 철학 대학에 출석하도록 명령함으
로써 보수적인 가톨릭 교도조차 기분을 상하게 했다. 1829년 무렵 그것은 가톨릭 교회에게
"라므네와 자유주의자들의 시간"이 되었다(Simon, 1946, 8). 자유주의자들과 가톨릭 교도는 "공
동의 적"에 맞서 연합했다(p. 10). Jacquemyns(1934, 433)은 신앙심과 민족주의를 동시에 모두
자극한다는 점에서 또한 로맨티시즘의 역할을 제시한다. 그리하여 라므네식 사회개혁 사상에
로맨티시즘을 빌려줌으로써 우리가 앞에서 논의한 로맨티시즘 운동의 모호한 결과 가운데 일
부를 확인하게 된다.

프랑스에서 라므네의 역할은 흥미진진한 이야깃거리이다. 그는 과격파 가운데 가장 과격한
분파로 생애를 시작했다. 그리하여 그는 논리상 교황지상권론자였기 때문에 결국 마지막에는
갈리카니즘(갈리아주의, 교황지상권에 맞서 프랑스 교회의 독립권 강화를 주장했다/옮긴이)과

벨기에의 자유주의적 민족주의에 대해서 매우 유보적이었지만 "로마의 정책과 벨기에 성직자들의 행동은 별개였다"(Demoulin, 1950, 143).[125] 왈롱의 반교권적 자유주의자들은 국가적 현안에 대한 지지를 얻기 위해서 (대체로 플랑드르 출신인) 가톨릭 교도에게 기꺼이 양보하고자 했다.[126]

주요 쟁점은 곧 현상유지 대(對) 변화가 아니라 그저 변화의 형태가 되었다. 세 가지 가능성이 존재했다. 첫째, 오라녀 가문 출신의 왕이 지배하는 가운데 네덜란드와 벨기에의 분리, 둘째, 프랑스와의 재통합, 셋째, 다른 지역 출신 가운데 뽑힌 왕과 더불어 독립을 이루는 것 등이었다. 국왕 빌럼의 아들, 즉 오라녀 공의 기회는 10월 27일 안트베르펜에 대한 국왕 빌럼의 포격 탓에 망가졌다. 벨기에인들은 이 포격을 그들에 맞서 네덜란드 상인들을

연계된 군주를 진정한 적으로 간주했다. 그는 "전제주의의 적, 자유와 함께 공동의 대의를 추구했다. 일단 그가 이런 놀랄 만한 동맹을 제안하자, 그것은 신속히 그를 사로잡았고" 그는 16세기 프랑스의 가톨릭 연맹과 프랑스 혁명기에 등장한 방데 반란을 모두 그런 일치의 사례로 보면서 둘 사이의 역사적 일치를 주장하기 시작했다. 그의 독자적인 사상 전개를 가능하게 하고 나아가 그의 "좌선회"를 예견하게 한 것은 사실 벨기에의 상황이었다(Mellon, 1958, 189). 1832년 교황 그레고리우스 16세가 '기적, 신의 행위가 너희에게'(Mirari Vos, 그레고리우스 16세의 첫 번째 회칙으로 '자유주의와 종교적 무관심에 관해서'라는 부제가 붙어 있다/옮긴이)에서 자유주의, 교회와 국가의 분리, 종교와 자유의 관련성을 비난했을 때, 라므네는 "민주주의를 위해서 교회를 희생할" 준비가 되어 있었다(Ponteil, 1968, 308).

125) 이는 벨기에 혁명 이전과 혁명기에는 맞는 말이었지만, 그 뒤 상황이 변하기 시작했다. 라므네와 라므네파가 왼쪽으로 기울자, 교회는 약간의 제동장치를 활용했고 가톨릭 교도는 민족주의 혁명에서 그 특성을 누그러뜨리는 역할을 맡기 시작했다(Guichen, 1917, 255 참조).
'기적, 신의 행위가 너희에게'가 공표된 뒤, 교회는 자유주의자들과의 동맹을 끝내는 데에 성공했다. 벨기에의 교회는 라므네의 가톨릭 자유주의와 그들이 대표하는 자유주의적 가톨릭교 사이에 차이가 존재한다고 주장하기 시작했다. 즉 그들은 본래 자유주의자가 아니라 가톨릭 교도였고 그들이 교회와 국가의 분리를 받아들인다면, 그것은 단지 최후의 수단일 뿐이었다. 이는 말렝 학파의 가르침으로 알려져 있다(Simon, 1959, 416 참조). 그러나 이는 독립국가로서 벨기에의 향후 국내 정치에 중요했지만, 자유주의로부터의 철수가 너무 늦었다는 점은 사실이다. 벨기에는 반교권적 자유주의자들과 가톨릭 자유주의자들로 갈라진 자유주의 국가로 창설되었다. 그리고 19세기 내내 그대로 남아 있었다.
126) 주로 학교를 둘러싼 쟁점에 대한 타협 과정은 이미 1828년에 시작되었다(Renouvin, 1954, 62 참조).

도우려는 방편으로 보았다. 다른 한편 재통합 정서는 결코 그리 강하지 않았고 어떤 경우든 벨기에 외부에서 매우 강력한 반발을 불러일으켰다. 그리고 오라녀 중심의 분리와 프랑스와의 재통합은 모두 매우 강력한 내부의 적에 부딪혔다. 그 적은 바로 오라녀 가문을 프로테스탄트로, 프랑스를 지나친 반교권주의 세력으로 간주한 교회였다.[127]

그러나 벨기에의 독립이 영국과 프랑스 양국의 더 큰 요구에 도움이 되지 않았더라면, 내부의 사회적 타협은 승리를 얻는 데에 충분하지 않을 터였다. 신성동맹은 영국이 루이 필리프 당시 그렇게 했던 것처럼 새로운 체제를 서둘러 승인하지 않을 것이라고 기대했다. 그들은 홀란드와 영국의 상업적 연계가 그들이 강경노선을 취하도록 유도할지도 모른다고 생각했다. 그들은 또한 영국이 프랑스 팽창주의의 재개를 두려워할 것이라고 생각했다 (Guichen, 1917, 172, passim 참조).[128] 그들은 떠오르는 영국-프랑스 모델의 역동성과 아울러 산업화 수준이 높고 자유로운 독립국 벨기에가 실상 어떻게 영국-프랑스 모델을 강화할지 이해하는 데에 실패했다. "'자유주의 동맹'의 구상은 1830년대 이래 런던과 파리의 자유주의 언론계에서 지속적으로 논의된 주제였다"(Lichtheim, 1969, 42). 프랑스인들은 프로이센 군대가 8월 말에 개입하지 않도록 설득하는 "내정불간섭" 원칙을 천명했고, 영국인들의 동의를 구했다.[129] "영국과 프랑스의 자신만만한 관계는 1830년 10월

---

127) 세 가지 선택지 가운데 이런 결정에 대한 상세한 설명은 Stengers(1951)를 참조하라.

128) 그것은 전적으로 터무니없지 않았다. 벨기에의 독립에 대한 프랑스의 태도는 매우 모호했다. 프랑스인들은 당시 벨기에의 독립을 지지했지만 장-밥티스트 노통은 루이 필리프와 기조를 제외하고 대대수가 독립국 벨기에의 "존재를 과도기적인 것"으로 간주했다고 생각했다(Stengers, 1981, 29, n. 1). 미슐레는 벨기에를 "영국의 발명품"이라고 불렀다(p. 7에서 인용). 1859년에야 비로소 벨기에 주재 프랑스 대사는 벨기에를 "협정에 따른 국가"라고 불렀다(p. 8).

129) 잉글랜드 왕에게 신임장을 증정하면서 탈레랑은 캐닝이 한때 응급조치로 활용한 내정불간섭이라는 주제를 거론했다. "그리하여 순간의 정치적 응급조치로 캐닝은 이를 [라틴 아메리카의 독립과 관련하여] 먼로에게서 빌려왔다……탈레랑은 이를 국가 간 관계의 일반적이고 영구적인 법칙으로 만드는 척했다"(Guyot, 1901, 585).

초 며칠 동안 평화를 수호하는 데 매우 중요했고"(Demoulin, 1950, 127),[130] 따라서 11월 18일 국민의회가 독립을 선언하도록 허용했다. 11월 24일 국민 의회는 오라녀 가문 출신의 왕에 대한 모든 고려를 배제했다. 그러나 러시아 가 군대를 파견하려고 하던 바로 그 순간, 11월 29일 폴란드의 봉기가 발생 했다. 차르는 사실상 두 번이나 개입을 저지당했다. 앞서 콘스탄틴 대공과 외무장관 네셀로드 백작의 반대가 개입을 지체시켰다. 그들은 차르에게 신 중함을 주문했다. 대공은 "개인 영지"인 폴란드의 병사들의 대량 살상을 우 려했다. 그리하여 폴란드의 봉기는 분명하게 "개입의 위협에서 벨기에를 구 했고 아마 유럽을 전쟁에서 구했다고 할 수 있다"(Guyot, 1926, 64). 실제로 폴란드 장교들은 대량 살상을 두려워했기 때문에 차르의 군사적 동원 자체 가 폴란드 봉기의 한 요인이었다(Morley, 1952, 412-414).[131] 1831년 1월 15 일에 라파예트는 말했다. "신사 여러분, 우리를 겨냥한 전쟁이 준비되었습니 다. 폴란드가 전위대를 구성할 것입니다. 그 전위대는 등을 돌려 주력 육군에 맞설 것입니다"(Morley, 1952, 415에서 인용).

그리하여 폴란드 봉기는 러시아의 벨기에 개입 가능성을 종결지었다. 확 실히 폴란드 자체에는 좋을 것이 별로 없었다. 영국의 총리 그레이 경이 1831 년 초 폴란드의 외교사절 레온 사피에하 공을 접견했을 때, 사피에하 공은 그레이가 폴란드를 대표해서 작성한 팸플릿을 상기시켰다. "그레이는 자신 이 원칙적으로 변하지 않았다고 말했다. 그러나 프랑스인들이 벨기에를 병 합하려는 여론에 따라서 움직일지도 모를 현재의 위험을 고려해, 영국은 그

---

130) 또 Bettley(1960, 245)를 참조하라. "런던과 파리에서 비롯된 견해는 두 정부 사이에 이런 근거에 대한 이견이 있었음에도 벨기에라는 국가의 존재에 기반을 제공했다."

131) 실제 폴란드의 봉기는 당시 러시아 본토에서 반향을 불러일으켰다. 폴란드인들은 카데트(입 헌파 민주당원)의 음모를 자극했다. 그들은 카데트에 대한 의례적 조치로 "여러분의 자유와 우리의 자유를 위해서"라는 구호를 제출했다. "폴란드 의회가 폴란드의 왕으로서 니콜라이의 폐위를 투표로 결정한 날(1831년 1월 25일), 카데트 연맹은 교수대에서 처형당한 5명의 러시아 데카브리스트(12월 당파)를 추모하기 위해서 공들인 장례식 시위를 조직했다. 행진 도중 '여러 분의 자유와 우리의 자유를 위해서'라는 문구가 새겨진 깃발이 등장했다"(p. 415).

런 움직임을 상쇄할 역량이 있는 동맹국을 보유해야 한다. 러시아만이 그럴
수 있을 것이다"(Betley, 1960, 89).

  냉소적 태도가 꼭 필요했다. 그렇지만 그것은 벨기에와 폴란드 사이의 중
요한 차이, 즉 폴란드가 아니라 벨기에가 영국-프랑스 모델을 강화하는 데
에서 잠재적으로 떠맡을 수 있는 역할을 입증해준다. 부오나로티는 최소한
무슨 일이 벌어졌는지 명확히 인식했다. 결국 선택된 왕 레오폴트 1세(재위
1831-1865) 아래 벨기에는 레오폴트 1세가 "이기주의적 관례"(Eisenstein,
1959, 86)라고 비난한 "의회제와 중간계급의 광범위한 합의에 토대를 둔 입
헌군주정의 보루"를 구축하기 위해서 영국과 프랑스에 합류했다. 메테르니
히도 마찬가지로 명확했다. 네셀로드 백작에게 보내는 편지에서 메테르니히
는 이렇게 썼다. "가장 비밀스런 제 생각은 옛 유럽이 종말로 향하는 출발점
에 서 있다는 것입니다……반면 새로운 유럽은 아직 시작되지 않고 있습니
다. 종말과 시작 사이에 혼란 상태가 존재할 것입니다"(Silva, 1917, 44에서
인용).

  에번스(1983, 200)는 이를 "유럽 외교사에서 자연스런 분기점"—동유럽
의 전제정치, 서유럽의 자유주의 입헌체제—이라고 부른다.[132] 그것은 새로
운 문화적 개념인 "서부"의 구체적 기반을 마련하는 데에 도움이 되었다.
그 개념은 정확히 1815년과 1848년 사이에 부분적으로는 오귀스트 콩트에
의해서, 또 어느 정도는 이런 "특수한 문명 형태"를 간절히 바라보고 좌절한
러시아의 여러 이론가들에 의해서 다듬어졌다(Weill, 1930, 547). 군사적으
로 강력하고 경제적으로 지배적일 뿐만 아니라, 경제적으로 후진적이고 "부
자유한 동부"에 맞서 개인의 자유라는 깃발을 높이 드는 서부의 개념은 19세
기 나머지 시기와 20세기를 위한 모범이 될 것이었다.

---

132) 또 Seton-Watson(1937, 151)을 참조하라. "[1830년대 유럽에서 발생한 소요의] 결과는 유럽을
  꽤 분명하게 두 진영, 즉 전제주의의 전형으로서 동유럽의 열강, 그리고 국내의 입헌적 진보에
  의지하고 카를로스주의자들과 돈 미겔의 포악한 반동에 맞서 에스파냐와 포르투갈의 입헌주의
  를 촉진하기를 열망하는 자유주의적 서유럽으로 나누었다."

116

벨기에가 폴란드보다 나은 점은 이미 발전한 공업 기반과 결합된 서북유럽 내의 지리적 위치였다. 그러므로 그것은 확대된 핵심 지역에 포함될 수 있었다. 실제로 그곳은 성장하는 세계경제가 요구하는 첨단기술 생산의 확대된 영역에 속했다.133) 벨기에는 "프랑스와 영국의 협상을 위해서 일하는 것"을 목표로 설정한 왕이 현명하게 통치한 덕분에 정치혁명의 소란이 일으킨 일시적인 경제적 곤란에서 신속히 회복할 것이었다(Ponteil, 1968, 327).134)

프랑스와 벨기에를 안전하게 확보한 이후 영국은 다소 쉽게 나름의 정치적인 조정을 시도할 수 있었다. 개혁의 이야기는 사실 그레이 경이 이끈 휘그당파 정부의 시기인 1830년이 아니라, 영국이 극단적 체제에 가장 근접했을 때이자 웰링턴 공이 토리당파 정부를 관장하고 있던 1829년에 시작되었다. 쟁점은 도시 중간계급의 선거권이 아니라 가톨릭 교도의 "해방"이었다. 가톨릭 교도의 해방 문제는 형법이 폐지된 1778년 이래 의회에서 토론이 이어져 왔다.135) 그것은 본래 소수파에게 시민권을 확대하는 문제였다. 즉 정치체제의 점진적인 자유화에 관한 하나의 요소였다. 그러나 1800년 연합법은 이

133) Pollard(1973, 640)는 벨기에가 당시 여전히 반주변부의 역할을 맡고 있었다고 본다. 그는 1815-1865의 시기 동안 벨기에가 맡은 역할에 대해서 논의하면서 이렇게 말한다. "최상의 견실한 일부 기업들은 [영국의 산업화에 맞서] 살아남았다. 그들의 세계는 한편에 더 발전한 영국과 다른 한편에 더 후진적인 유럽 사이에 놓여 있다. 벨기에는 중개자의 역할에 최적화되고 성공적인 지역이었고 벨기에 산업의 역사는 이런 이중적 관계 내에서만 완전히 이해될 수 있다." 나는 폴라르가 특히 1834년 이후 벨기에의 경제적 능력을 과소평가한다고 생각한다.
134) Henderson(1954, 125)은 "벨기에가 심각한 경제적 혼란을 대가로 정치적 독립을 확고히 했다"고 기술한다. Chlepner(1926, 57)는 또한 "1830년 혁명이 심각한 경제 위기를 초래했다"고 말한다. 그러나 1834년 무렵 벨기에는 철도 건설을 기반으로 대단한 산업적 팽창을 시작하고 있었다. 그리고 안트베르펜이 되살아나 벨기에는 영국과 독일의 무역 증대를 위한 장소가 될 수 있었다. 더욱이 벨기에는 당시 후발주자로서 이득을 누릴 수 있었다. "프랑스와 독일의 제철 장인이 옛 기술을 유지할 이유가 충분했던 반면, 벨기에에서는 가능한 한 빨리 새로운 제철 기술로 전환할 이유가 충분했다. 철로는 1834년 이후 벨기에의 거대하고 새로운 철공소에서 기본적인 생산품이었다"(Milward and Saul, 1977, 443).
135) 북아메리카에서 13개 식민지들과 벌이는 전쟁에서 아일랜드 출신 신병들과 퀘벡의 지지를 얻어야 할 필요성이 틀림없이 한몫을 했을 것이다(Hexter, 1936, 297-298 참조). 1778년 법은 프로테스탄트가 일으킨 고든 폭동의 직접적인 원인이었다(Stevenson, 1979, 76-90 참조).

문제를 복잡하게 만들었다. 일단 아일랜드가 법률상으로 영국(연합왕국)에 통합된다면, 가톨릭 교도의 권리 확대는 그 법의 "필수적인 완성"으로 볼 수 있었다. 그렇지만 그것은 상황의 반전으로 향하는 중간역, 즉 영 제국의 가능한 탈식민화의 한 가지 요소로 볼 수도 있었다.

동시에 두 가지 다른 요소들이 끼어들었다. 첫 번째는 18세기 프로테스탄트의 부흥이었다. 그것은 그 자체로 영국 국교회에 대한 압력이었지만, "대체적으로 [가톨릭 교도의] 해방을 반대하는" 강력한 목소리를 보탰다(Hexter, 1936, 313). 두 번째는 다른 방향에서 펼쳐진 프랑스 혁명이었다. 혁명에 대한 반대는 영국에서 가톨릭 교도에 대한 인식에 변화를 가져왔다. "가톨릭교는 더 이상 영혼을 삼키는 괴물이 아니라, 무신론적인 상-퀼로트주의의 맹공에 맞서 비틀거리는 세계를 떠받치는 고결한 거인 아틀라스였다"(Hexter, 1936, 301).[136]

여전히 그 쟁점을 강요한 것은 의심할 바 없이 아일랜드의 하층계급이었다. 그들의 행동은 영국의 정치체제에 편입하려는 열망이 아니라 대중적인 아일랜드 민족주의의 시작을 표현했다.

> [아일랜드의 하층계급은] 가톨릭 교도의 해방에서 많은 희망사항의 충족, 즉 프로테스탄트 지주들에 대한 추방, 자신들 사이의 토지 분할, 즉 한마디로 선조의 땅에서 가톨릭 교도의 복권을 어렴풋이 바라게 되었다(Halévy, 1949a, 191).

1829년에 민족주의는 충분히 확고해져서 아일랜드가 반란을 일으킬 준비가 되어 있는 것처럼 보였다. "최소한 웰링턴 공에게도 그렇게 보였다"(Reynolds, 1954, 30).[137] 해방과 혁명 사이의 선택을 요구받은 웰링턴 공 ― 맹렬히 해방

---

136) 직접적인 결과 한 가지는 1791년 가톨릭 반대자(즉, 비국교도) 구제법이었다.

137) 웰링턴은 아일랜드 가톨릭 교도의 정치의식과 감정에 대해서 몇 가지 분명한 징후를 느끼고 있었다. 가톨릭 연합의 지도자 대니얼 오코넬은 1828년 신임 상무부 장관 베시 피츠제럴드에

을 반대했기 때문에 철의 공작이라고 불렸다—은 "전략적 후퇴를 결정했다."
제한 없는 해방정책을 제안하기 위해서 "그는 국왕의 승인을 쥐어짜냈다"
(Reynolds, 1954, 30).[138]

해방은 아일랜드 하층계급의 삶을 그들이 원한 것보다 훨씬 덜 바꿀 것이
었다.[139] 이는 대수롭지 않았다! 웰링턴의 후퇴는 "개혁을 부끄럽지 않게
만드는"(Moore, 1961, 17) 결과를 가져왔고 동시에 영국의 과격파 자체를
선거 개혁의 지지자로 바꾸는 마지막 반전을 선보였다. 이는 왕정복고기에
프랑스의 과격파가 루이 18세의 불충분한 전제적 태도라고 간주한 것에 직
면해서 시도한 반발과 동일했다. 웰링턴과 필은 영국의 과격파에게 신뢰할
수 없는 인물로 비춰졌다. 그들이 부패 선거구의 대표들에게 지지를 받았기
때문에, 이 과격파는 당시 "역설적으로, 하지만 비이성적이지는 않게" "'가톨
릭 반대'의 깃발 주위에 결집하려면" 단지 "합리적이고 광범위한 기반을 가

맞서 2,057 대 982로 승리를 거두고 카운티 클레어를 대표하는 의원으로 선출되었다. "해방은
불가피했다. 그러나 5년 또는 10년 뒤 대신에 1829년에 법률이 제정된 것은 직접적으로 아일랜
드의 상황과 특히 [가톨릭] 연합의 덕택이다"(p. 164).

138) 웰링턴 공은 보좌관인 로버트 필의 조언을 청취했다. 필은 향후 곡물법 철폐의 기획자로
떠오를 인물이었다. 물론 그들은 의회를 설득해야만 했다. Thomis & Holt(1977, 82)는 이를
"새로운 유형의 정치운동과 조직을 위한 승리"라고 평가한다. 이런 ("개화된") 토리당파와 휘
그당파 지도자들을 비교하라. Halévy(1950, 255-256)는 1830년대에 "전 세계에서 아일랜드,
벨기에, 폴란드, 캐나다, 그리고 뉴펀들랜드 등지에서 불평분자이자 진보적 자유주의자들의
의뢰인들은 가톨릭 교도였다"고 말한다. 그러나 1838년경 이 휘그당파는 "폴란드를 배신하고,
퀘벡(Lower Canada)에 계엄령을 선포했으며 룩셈부르크와 림부르크의 가톨릭 교도를 [네덜
란드의] 칼뱅파 정권에게 돌려주었다." 마찬가지로 Holland(1913, 77)는 다음과 같이 인정한
다. "[휘그당파가] 권좌에 머문 10년(1830-1841, 1834년 11월부터 1835년 4월까지는 사실상
중단되었다) 동안 정부는 전국 곡물법 체계, 식민지 특혜, 항해법, 제조업자에 대한 높은 보호
관세를 실질적으로 바꾸지 않았다." 휘그당파는 그들이 상상하는 자유주의의 용기를 거의 가지
지 못했다. "휘그당파는 항상 귀족의 영향을 받았기 때문에, 그리고 '휘그당파 민주주의자'는
속(屬)이 아니라 일종의 돌연변이였기 때문에" 이는 그리 놀랍지 않다(Southgate, 1965, xv-
xvi).

139) Reynolds(1954, 168)를 참조하라. "아일랜드 자체에서 그 조치의 직접적 결과는 6년 동안의
혼란에 맞닥뜨린 활력과 열정에 거의 어울리지 않은 듯 보였다."

진 유권자에게만 의존할 수 있을 것"이라고 주장했다(Evans, 1983, 206).[140] 가톨릭 교도의 해방에 대한 웰링턴의 시의적절한 후퇴는 7월의 나날과 같은 각본의 전개는 없을 테지만, 그 결과는 실질적으로 동일했다는 점을 보장했다. 왜냐하면 그것은 양국에서 본질적으로 유사한 과정의 절정이었기 때문이다.

가톨릭 교도의 해방은 아일랜드의 상황을 가라앉혔을지 모르지만, 같은 해에 잉글랜드에서 수확의 실패는 격변의 분위기를 되살렸다. 1830년 겨울 농촌의 실업은 "널리 확산되었고" 농촌 은행의 실패가 뒤이었으며 결국 농업 폭동으로 이어졌다(Gash, 1935, 91 참조). 새로운 선거를 기다리는 동안 7월 혁명(7월의 나날)이 발발한 것은 바로 이 시점이었다. 이미 보았듯이 반응은 복합적이었다. 급진파는 "승리감에 도취되어 의기양양했다." 그들은 1830년 7월을 "1789년의 부활"로 보았다. 자유주의 중도파(휘그당파 귀족, 도시의 중간계급 명사)는 7월 혁명이 "자유주의적인 동시에 보수주의적인 것으로 드러나고, 사실 1789년이나 1792년이 아니라 1688년을 되살리며, 그리하여 영국의 정치적 지혜에 대한 프랑스의 찬사이기를" 기대하고 있었다(Halévy, 1950, 5-6).

어쨌든 웰링턴은 선거에서 패배했다. 알레비(1935, 53)는 이를 "프랑스의 국왕 가운데 마지막 국왕의 몰락이 가져온 자연스런 결과"라고 본다.[141] 7월

---

140) 이 과격파 가운데 한 명인 블랜퍼드 후작은 1830년에 최초의 "철두철미한 개혁법안"을 도입했다. 그것은 "부패 선거구의 의석을 카운티들에게 양도할 것, 비(非)거주 유권자의 자격 박탈, 국왕의 공직자들을 의회에서 추방할 것, 의원들의 보수 지급, 지방세 납부자에게 보통선거권 부여" 등을 요구했다. 물론 부패 선거구의 대표들로 가득 찬 의회가 개혁을 결정했다는 사실을 바라보는 데에 하나 이상의 방식이 존재한다. Halévy(1949a, 145, 147)는 그것에 대해서 동정적인 윤색을 시도한다. "그리하여 다름 아닌 바로 그 유권자들의 부패가 얼마간 제도의 결함을 교정했고 사회의 새로운 계급이 의회에서 의석, 즉 양원에서 이해관계의 대변자들을 획득할 수 있는 수단을 가져왔다……[선거개혁법안은 두 번 연속으로] 상원과 달리 개혁되지 않은 하원이 이미 상당할 정도로 농촌의 여론을 대변했다는 사실—또는 최소한 "은행가, 상인, 그리고 모든 부류의 기업가," 즉 알레비가 말하는 하원 의원들의 이해관계를 대변했다는 사실을 입증한다.

이 웰링턴에게 나쁜 영향을 미쳤을 수도 또는 미치지 않았을 수도 있지만, 우리는 이미 웰링턴이 실제로는 루이 필리프에게 적대적이지 않았다는 점을 살펴보았다. 루이 블랑(1842, 2:4)이 당시 언급했듯이, 만일 휘그당파가 7월을 "프랑스 자유주의의 승리"라고 받아들였다면, 토리당파는 "유럽에서 영국의 우위"를 유지하고자 했기 때문에 이를 받아들였다.

모든 귀족들과 마찬가지로 영국의 귀족도 자신의 목적을 달성하기 위해서는 상당한 통찰력과 일관성을 발휘한다. 영국의 귀족은 샤를 10세 치하의 프랑스가 라인 강 좌안(左岸)을 접수하고 콘스탄티노플을 러시아인들에게 넘겨줄 중대한 가능성이 있다는 것을 알았다. 그들은 오를레앙 공이 취향과 기호에서 영국적이었다는 것을 알았다.

1830년의 악영향은 분명히 확대되고 있었다. 대중의 분투가 없었더라면, 프랑스나 벨기에는 물론 영국에서도 더 이상 개혁이 이루어지지 않았을지도 모른다. 그레이 경이 이끄는 새로운 휘그당파 정부는 "최대한 엄정하게" 법을 집행하고 봉기와 방화를 성공적으로 종식시키면서 지속적으로 발생한 농업 소요에 대응했다(Halévy, 1950, 15). 일단 봉기가 통제 아래 한풀 꺾이자, 그레이 경은 개혁법안을 제출했다. 그것이 간신히 통과되었을 때, 의회는 해산되었고 더 강력한 개혁을 요구하는 다수파가 당선되어 의회로 돌아왔다. 그러나 상원이 1831년 10월 다시 채택된 개혁법안을 부결하자, 도시의 소요

---

141) Gash(1956)는 7월 혁명이 영국의 선거에 끼친 직접적 영향력에 대한 알레비의 주장을 논박한다. 그는 7월 혁명에 관한 소식이 8월 3일 영국에 도달했을 때, 120명의 의원 가운데 60명이 이미 의석을 다시 차지했다고 말한다. 그는 남은 60석이 가장 경쟁이 치열한 의석 가운데 1/4을 차지했다는 점을 인정하지만, 개혁이 7월 이전에 중요한 쟁점이 되었고 7월의 나날이 영국 여론에 직접적인 충격을 주었다고 주장하는 것(영국 여론을 7월 혁명 탓으로 돌린 것)은 주로 급진파 주창자들의 회고적 주장이었다고 말한다. 그렇지만 이는 7월 혁명의 충격이 실제로 당선된 이들의 처지에 영향을 미쳤다기보다는 누가 당선되었는지에 영향을 미치는 방식으로 작용했다고 추정한다.

가 시작되었다. 프랜시스 플레이스 같은 중간계급의 개혁파 지도자들이 선두에 서서 투쟁을 이끌었다. 플레이스는 유명한 구호 "[웰링턴] 공을 멈추려면 금을 가지러 가라!"를 세상에 알렸다. 이는 은행에서 개인 자금을 인출하는 것을 의미했다. "프랜시스 플레이스가 이끄는 혁명은 앞뒤가 잘 맞지 않은 현상이었지만," 새로운 토리당파 내각에 맞선 무장투쟁 제안의 소문이 퍼져나갔다(Evans, 1983, 211). 그럼에도 위협은 잘 작동했다. 웰링턴은 반대 의사를 포기했고, 국왕은 그레이에게 필요하다면 새로운 상원을 구성할 것이라고 약속했다. "실험은 결코 이루어지지 않았다"(Thomis and Holt, 1977, 91, 98).[142]

개혁의 지지자와 반대자 모두 당시 영국이 "무질서의 벼랑 끝에 서 있었다"는 데에 동의했다(Fraser, 1969, 38). 뤼데는 "자의식이 강한 노동계급 운동"이 부재했고 간혹 발생한 노동자들의 분노가 "중간계급의 든든한 지지를 받지 못했기" 때문에 1830년에는 영국 혁명이 없었다고 단언한다(Rudé, 1967, 102). 그러나 이것은 무엇이 발생했는지를 분석하는 방식인가? 1832년 개혁이 "봉기 없이" 성취되었다는 허풍에 대응해 존 스튜어트 밀은 1849년 저술(p. 12)에서 다음과 같이 질문한다. "그러나 봉기의 **두려움**도 없었는가? 봉기의 가능성이 없었다면, 상원이 반대를 포기하거나 웰링턴 공이 절망 속에서 시합을 단념했겠는가?"[143] 답은 거의 확실히 아니었을 것이다.

---

142) "그리고 그렇게 근대적인 의회 개혁가들은 그 뜻대로 했고, 무장 저항의 위협 아래에 양보를 강요함으로써 선례를 만들었다. 이 선례는 차티스트들이 의회 개혁 조치를 한층 더 강하게 요구하고 그것을 성취하고자 유사한 전술을 활용하기 시작했을 때, 그들에게 깊은 당혹감을 선사했다"(Thomis and Holt, 1977, 99).

143) Ward(1973, 56)의 분석은 꽤 다르다. "어떤 이들은 감리교나 혁명에 대한 다른 억제력을 찾을 필요가 없다. 혁명적 상황이 존재하지 않았기 때문이다. 개혁의 지지자들이 개혁 이전의 마지막 선거에서 많이 당선되었기 때문에, 또 웰링턴이 내각을 구성할 수 없었고 귀족들이 새로운 (상원) 구성으로 압도당하게 되는 상황을 염려하지 않았으며 개혁법안의 문구에 대한 휘그당파의 주의 깊은 교묘한 조작이 부르주아 유권자 가운데 압도적 다수를 안심시켰기 때문에 개혁은 성공했다." 모두 맞는 말이지만 대부분이 중개(仲介) 변수들이다. 그것은 밀이 제시한 요인, 즉 봉기에 대한 두려움을 부정하지 않는다.

그렇지만 이것이 반란자로 추정된 이들이 목표를 달성했다는 것을 의미하지는 않는다. 다시 한번 중도적 자유주의자들이 그 과정의 책임을 떠맡았기 때문이다. 개혁법의 "주요 목적"은 귀족체제 주위에 중간계급의 지지를 결집시키려는 것이었다(Gash, 1979, 147).[144] 휘그당파는 "그 나름의 표현대로 '개선의 시대'가 갑자기 '붕괴의 시대'로 바뀔 수 없다고 확신했다." 이를 위해서 그들은 중간계급을 체제 내에 포함하는 것처럼 보인 법안, 어떤 법안이라도 요구했다.[145] 훨씬 더 많은 것을 원한 존 브라이트조차 다음과 같이 말했다. "개혁법이 좋은 법안이 아니었다고 할지라도, 통과될 당시에 그것은 위대한 법이었다"(Briggs, 1959, 259-260).

일련의 개혁은 영국 정치에 일부 예기치 않은 결과를 낳았다. "선거권을 얻은 스코틀랜드와 가톨릭 아일랜드는 휘그당파-자유주의 의회 세력에 강력한 증원군이 되었다"(Gash, 1979, 154). 켈트 비주류 집단은 첫 번째 글래드스턴 정부와 로이드 조지 정부, 그리고 나중에 노동당 정부를 위한 보루가

Southgate(1965, 21-22)는 이를 매우 잘 기술한다. "그레이 내각의 모든 구성원들이 한 목소리로 말할 수 있었던 광범위한 개혁을 실행하기 위한 유일한 주장, 아마 어떤 개혁 조치를 위한 유일한 주장은 그것이 지배계급의 안전, 영향력, 평판을 위해서 필요하다는 것이었다. 그들의 과업이 본질적으로 보수적이고 지위와 재산을 대변하는 구조 작업이라는 것을 확신한 개혁법의 작성자들은 휘그당파의 성인전(聖人傳) 집필이 옛 영웅들에게 귀속시킨 역할을 떠맡을 수 있었다……그들은 헌법에 반대하는 이들의 지위로부터 중간계급, 즉 부, 재산, 교육, '존경할 만한 태도' 때문에 '단순한 기계공'이나 노동자들과 구별되어 합법적인 국가에 들어갈 자격을 갖추게 된 비조직적인 대규모 대중 집단을 분리하고자 애쓰고 있었다. 대중에게 개혁법은 아무것도 제공하지 않았다. 그것은 비민주적이고 반민주적인 조치였다."

144) 물론 그것은 작동했다. "중간계급을 하층계급의 급진주의에서 떼어내려는 휘그당파 주장의 타당성이 1831-1836년의 시기보다 더 분명하게 드러난 적은 없었다……의회 개혁의 성취에 이어 '런던전국정치연합'의 회원 수와 재정 규모는 크게 감소했다"(Gash, 1979, 191).

145) 다시 한번 과장은 금물이다. 개혁법안은 유권자의 수를 50만 명에서 100만 명으로 두 배나 늘렸다(Halévy, 1950, 27 참조). 그러나 Clark(1962, 7)가 주장하듯이 "중간계급은 1832년 이후 영국을 [지배하지는 않았지만] 규정했다. 확실히 그들은 개혁법안 당시 정치적으로 중요하다고 간주되었다. 또 법안이 제출되고 통과되었다는 사실은 대체로 그들의 중요성에 대한 인정으로 여겨졌다. 그러나 법안 이후 정치에서 최종적인 통제는 여전히 의문의 여지없이 오래된 지배계급, 즉 귀족과 젠트리의 수중에 놓여 있었다."

될 것이었다. 동시에 보수주의자들은 단지 "국왕과 귀족의 당파"에서 "잉글랜드의 정당"으로 변모할 수 있었다(Halévy, 1950, 182). 그러나 1829-1832년 개혁이 영국에서 전국적인 자유주의 국가를 확립한 것은 중간계급의 통합만큼이나 켈트 비주류 집단의 통합에 따른 결과였다고 주장할 수 있을 것이다.

게다가 부패 선거구를 제거함으로써 개혁법은 당시 선거구민들에 대한 책임을 져야 했던 의원 개개인에 비해서 내각의 권한을 약화시켰다. 이는 50년 뒤 당원과 유권자들을 통제하에 묶게 되는 중앙집권적 정당의 발전에 의해서 원래 상태로 돌려질 것이었다. 그동안 이렇게 내각 수준이라고 해도 전제적인 핵심의 약화는 실제로 많은 급진파, 자유주의자, 그리고 휘그당파에게까지 "실망"을 불러일으켰다. 그들이 새로운 개혁 입법을 획득하기가 더 쉬워지기는커녕 더 어려워졌다는 것을 알아차렸기 때문이다. 적시에 필수적인 변화를 일으키고자 최상위의 소수 인사들을 설득하는 것으로는 더 이상 충분하지 않았다. 훨씬 더 큰, 그러나 여전히 꽤 편협한 집단적 이해관계가 고려되어야 했다.

> 1829년과 1830년 웰링턴과 필에 대한 벤담주의자들의 애착은 실제 매우 중요했을 것이다. 역사가 논리적 진행을 따른다면(결코 그렇지 않지만), 첫 번째 개혁법이 곡물법 철폐와 같은 조치들을 가속하기보다 지연시켰다고 주장할 수 있을지 모른다(Moore, 1961, 34).

중간계급이 애당초 원했을 법한 것보다 더 적은 것을 얻었을지라도, 그들은 명예를 획득했고 더 이상 소란을 일으키지 않을 것이었다. 그렇지만 모든 노동계급은 프랑스에서와 마찬가지로 영국에서도 "각성했고"(Briggs, 1956, 70), 다음 번 전투에서 약해진 입지를 얻었다.[146]

---

146) Southgate(1965, 24)를 참조하라. "개혁법의 사회적 '대전략'은 영국이 개혁적 헌법과 함께

1830-1832년 무렵 자유주의 중도파가 통치하는 자유주의 국가는 영국, 프랑스, 벨기에 ─당시 산업화 수준이 가장 높았던 세 국가─ 에서 수립되었다. 전체적으로 세 국가는 세계체제의 경제적, 문화적 핵심을 구성했다. 자유주의 국가의 모델은 자신의 활용뿐 아니라 그에 필적하는 번영과 안정을 달성하고자 열망하는 다른 이들의 활용을 위해서 고안되었다. 신성동맹과 핵심 지역의 과격파는 억제되었다. 실제로 그들은 완패했다. 보수주의자들과 급진파는 중도적 자유주의의 단순한 변형으로 사실상의 변모를 시작했다. 과격파가 효과적으로 제압을 당했다면, 봉기를 모색하던 혁명가들은 특히 세 곳의 전형적인 자유주의 국가에서 어떤 정치적 존재도 거의 과시할 수 없게 되었을 것이다.

자유주의 국가의 조직은 그 이후에 더 발전해야 했다. 선거 개혁의 과정은 여전히 소극적이었다. 그러나 그것은 시작되었고 한 세기 내에 보통선거권의 승인으로 절정에 도달할 때까지 멈춤 없이 굴러갈 것이었다. 선거권은 모든 시민 ─(종속된) 신민과 거류민까지─ 에 대한 시민권의 확대를 동반했다. 아직 시작되지 않은 것은 위험한 계급들을 길들이는 데에 필요한 자유주의 국가의 두 번째 기둥─경제적, 사회적 약자에 대한 국가의 보호─ 이었다. 이 과정은 후속 시대, 즉 1830년과 1875년 사이 자유주의 국가의 강화기에 착수될 것이었다.

프랑스에서 발생한 새로운 혁명이 풀어놓은 폭풍 같은 격변을 뚫고 나갔을 때, 즉 1848년 차티스트 운동의 큰 실패에서 그 정당성을 입증했다.”

3

자유주의 국가와 계급 갈등 :
1830-1875년

르샤르(?), "1834년 4월 9-14일 리옹의 봉기"
리옹에서 발생한 카뉘(견직물 노동자)의 파업은 노동자들과 질서 수호세력 간의 무장 충돌로 악화되었고, 결국 노동자 학살로 귀결되었다. 노동자들이 휘날리고 있는 깃발에는 "일만 하며 살 것인가, 싸우다가 죽을 것인가"라고 쓰여 있다. (프랑스 국립도서관 제공)

영국의 국가 개입은 대다수 역사가들이 정부가 기업 활동에서 손을 뗀 시기로 간주하곤 했던 [19세기] 내내 마치 눈덩이가 구르면서 커지듯 점차 늘어갔다.
—J. 바틀릿 브레브너(1948, 108)

혁명은 단지 일어날 뿐이다. 그것은 실패하거나 성공하지 않는다.
—존 플라메나츠(1952, XII)

신분 투쟁(사회 계층들의 투쟁)은 이 모든 역사를 뒤덮는다. 더 정확히 말하면, 이 모든 역사를 만든다……사실들은 그저 소멸하지 않는다. 왜냐하면 여러 각료와 당파가 그것들을 원하거나 그들이 그렇게 하는 것이 유용하다고 여기기 때문이다.
— 프랑수아 기조(1820, 6)

19세기 전반기에 개념으로서의 사회주의는 개념으로서의 "부르주아 민주주의"와 여전히 분리되지 않았거나 라브루스(1949b, 7)가 말하듯이 "자코뱅주의와 사회주의는 정치적 삶 속에 뒤죽박죽의 상태로 남아 있었다." 어떤 의미에서는 아마 그 뒤 최소한 한 세기 동안 이 두 개념 사이의 완전한 구별이 없는 상태가 지속되었다. 그럼에도 자유주의(내게는 "부르주아 민주주의"보다 더 나은 관용어인 듯하다)와 사회주의는 1830년 이후 정치적인 선택으로서 서로 다른 궤도를 가지기 시작했다. 실제로 홉스봄(1962, 284)은 이렇게 주장한다.

실용적인 자유주의자들은……정치적 민주주의를 회피했다……나폴레옹 시대 이후 사회 불만세력, 혁명운동, 사회주의 이론가들은 [이성의 명령을 수행하기 위해서 다수파에게 의지하는) 이 딜레마를 증폭시켰다. 그리고 1830년 혁명은 그것을 더욱 첨예하게 만들었다. 자유주의와 민주주의는 협력자라기보다는 적수인 듯 보였다.[1]

---

1) 홉스봄은 계속 서술한다(p. 285). "그리하여 자유주의 이데올로기가 본래 자신 있는 급습을 상실한 반면, 새로운 이데올로기인 사회주의는 18세기의 옛 진리를 다시 정식화했다. 이성,

계급과 계급투쟁의 개념은 카를 마르크스는 말할 것 없고 사회주의 이론가
들의 공헌이 아니었다. 그것은 자유주의 기획의 일환으로 기조가 발전시키고
계속 실행한 생시몽주의의 구상이다.[2] 근대 산업사회의 계급구조에 대한 생
시몽의 관점에 따르면, 세 가지 계급, 즉 유산계급(재산 소유자), 무산계급,
그리고 학자계급이 존재했다. 그는 "산업 생산자"(일하는 자)와 게으름뱅이
사이의 계급투쟁을 과도기적 단계로, 즉 학자계급의 보호 아래에서 생산적인
노동계급들의 조화로운 사회, 그리고 재능에 따른 귀족이 출생에 따른 옛 귀족
을 대신하는 능력 본위의 사회적 전망으로 대체될 것이라고 보았다(Manuel,
1956; Iggers, 1958b).[3] 기조에게 계급 개념은 "부르주아지의 정치적 염원을
정당화하려는" 그의 노력에서 본질적인 요소였다(Fossaert, 1955, 60).[4]

과학, 그리고 진보가 그 굳건한 토대였다." 1830년은 Coornaert(1950, 13)에게도 "중단점"이었
고, 프롤레타리아 역사의 "출발점"이었다. 그는 또한 "이성과 과학에 대한 신뢰, 인류의 무한한
진보에 대한 지나치게 단순한 믿음" 등 18세기 철학의 채택을 언급한다(p. 26).

2) 이는 Plechanow(1902-1903)의 마르크스주의적 관점에서 꽤 일찍이 분명하게 설명된 바 있다.
이것이 전부가 아니다. 「고타 강령 비판(Critique of the Gotha Program)」에 나타난 사회주의에
대한 고전적인 마르크스주의적 정의─"각자가 능력에 따라 사는 단계에서 각자가 노동에 따라
능력을 발휘하는 단계로"─는 사실 「생시몽의 교의(Doctrine de Saint-Simon)」(1830, 70)에서
직접 인용한 것이다(Manuel, 1956, 227에서 인용). 확실히 마르크스는 이것이 잠정적인 신조임
을 명확히 언급한다. "공산주의"라는 후속 시대에 그것은 "각자가 필요에 따라 사는 단계"가
될 것이다.

3) Iggers(1958a, 3)는 본래 생시몽을 "전체주의적"이라는 이유로 비난했으나 나중에 출판한 책에
서 그런 비난을 철회했다. 나중에 그는 생시몽의 사상이 가지고 있는 보수적인 기반에 대해서
언급하기를 원했다. "[생시몽주의자들이] 깊이 감탄한 드 메스트르처럼, 그리고 진보론의 다른
옹호자들과는 달리 그들은 인간이 '그릇된 성향'을 지녔다는 점과 이런 경향이 개인의 자유를
제한하고 규제하는 국가의 존재를 필요하게 만들었다는 점을 확신했다"(1970, 689). Stark
(1943, 55)는 생시몽을 "부르주아지의 예언자"라고 부른다. 또한 무엇을 반대하는지 명확히
밝히는 생시몽의 명료함과 무엇을 옹호하는지에 대해서는 애매모호한 생시몽의 태도를 강조한
브뤼네를 참조하라. Brunet(1925, 9)는 생시몽을 "스핑크스 앞에 선 오이디푸스"로 묘사하면서
자신 앞에 있는 19세기를 바라보며 미래를 예언하고자 하는 모습에 주목한다. 또한 청년 헤겔
파와 1848년 이후의 사회주의, "대륙의 자본주의," 그리고 콩트와 실증주의 사회학 등 세 가지
방향에서 생시몽의 영향을 추적한 Hayek(1952, 156-188)를 참조하라. 그리고 G. D. H.
Cole(1953, 1:43)은 엄격하다. "이 모든 것에 민주주의의 요소는 하나도 없었다."

그러나 1830년 기조와 그 친구들은 영국과 시기적으로 거의 동시에[5] "혁명과 반동의 극단 사이에서 영원한 황금의 중용"으로 중간계급 통치의 한 형태를 확립하는 데에 성공했다(Starzinger, 1965, viii).[6] 1830년 8월 7일 프랑스의 하원은 "본질적으로 그들에게 속한 프랑스인의 권리를 승인하는 것처럼 보임으로써 국가 위신을 해친다는 이유로" 1814년 헌장의 전문(前文)을 금했다(Collins, 1970, 90). 자유주의자들은 정치적으로, 대(大)부르주아지는 사회적으로 마침내 시민권을 획득했다.[7]

---

4) 포사르트는 기조의 사상에 대해서 상세하게 설명한다. "스스로를 옹호하고 국가를 지배하기를 바라는 부르주아지는 혁명적 방법에 의존하는 것을 두려워하지 않는다. 1830년은 바로 그런 모습의 증거이다. 또한 부르주아지는 과학적 이론을 두려워하지 않는다. 그들은 투쟁에서 하나의 계급임을 자각하고 이런 식으로 규정되는 것을 수용한다." 정치적으로 훨씬 더 보수적인 노선을 따르고 있을 때인 1847년에야 기조는 계급 교의에 대한 이런 지지 탓에 반대자들에게 비난당했다. 하원에서 가르니에 파제 가문의 한 의원은 다음과 같이 선언했다. "이 나라에는 계급이 존재하지 않습니다……그리고 당신, 기조 씨! 이는 당신이 여러 계급들이 존재하고 부르주아지와 빈민, 부르주아지와 인민이 존재한다고 옹호하는 가장 가증스런 이론 가운데 하나입니다……당신은 우리를 갈라놓으려고 하지만 성공하지 못할 것입니다……프랑스에는 단지 유일한 프랑스의 시민들이 존재할 뿐입니다." 이 장황한 연설을 인용한 Daumard(1963, xi)는 가르니에 파제가 거의 즉각적으로 하원에서 다음과 같이 연설을 지속했다고 진술한다. "나는 여기서 수많은 부르주아들을 봅니다." 적어도 하원은 웃음을 터뜨렸다.

5) Gash(1977, 39)는 리버풀 경의 귀족 내각이 사실 중간계급의 아들과 손자들로 구성되었다고 기술한다. 1835년 로버트 필 경은 런던에서 행한 연설을 통해서 그의 부친이 면직물 제조업자였다는 사실을 언급했다. "내가 그 사실을 어떻게든 불명예로 느꼈습니까?……아닙니다. 그것은 누군가가 또는 신사 여러분이 다른 면직물 방적공의 아들에게 이 나라가 아주 오랫동안 꽃피워온 동일한 법체계에 의해서 동일하게 명예로운 방식으로 같은 목적지에 도착하도록 동일한 기회를 주고자 할 수 있는 모든 일을 하게 만들지 않습니까?"(p. 71에서 인용)

6) 기조는 "일괄해서 혁명을 거부하지도, 수용하지도 않았다……'이성'과 '정의'의 사회는 교조적인 공론가들이 혁명이나 구체제의 배타적 주장들을 거부했던 기본적인 철학적 개념이었다" (Starzinger, 1965, 20-21).

7) Lhomme(1960, 36)와 Pouthas(1962, 258)는 모두 지배세력으로서 한 계급을 다른 계급이 대체하는 것에 대해서 이야기한다. 그렇지만 Tudesq(1964, I, 335)는 어떻게 우리가 이 현상을 해석해야 하는지에 대해서 충고한다. "7월 왕정에서 대부르주아지의 우위를 부정하는 것은 의심할 여지가 없다. 그러나 대부르주아지는 옛 귀족을 쫓아버리기보다는 동일시하는 경향이 있었다." 그럼에도 이런 변화의 사회적 결과는 1830년 혁명 후에 여러 구(區)의 행정책임자들에게 발송한 파리 경찰국장의 서한이 입증하듯이 실제적이었다. 그 서한에서 경찰국장은 궁전에서 열릴

게다가 이는 경제적, 사회적 변화를 촉진하는 시대와 일치했기 때문에 프랑스와 영국이 직면한 가장 시급한 문제들은 이제 산업주의가 배태한 "사회 문제"가 되었고, 특히 "새로운 프롤레타리아트, 즉 통제할 수 없을 정도로 정신없이 빠르게 돌아가는 도시화라는 공포"의 문제가 되었다(Hobsbawm, 1962, 207). 그러므로 계급투쟁은 생시몽과 기조가 마음속에 품었던 것과 다른 무엇인가를 의미하게 될 것이었다. 1830년 혁명 자체는 특히 노동자들에게 경제적 어려움(높은 실업률, 밀 가격의 비정상적 폭등)의 순간에 찾아왔다.[8] 그것은 정치적 봉기의 유용성에 관한 증거를 제공했고 노동자들의 의식, 즉 "오직 프롤레타리아로서" 공통의 이해관계를 가지고 있다는 의식, "노동자의 자존감"을 자극하는 데에 기여했다(Festy, 1908, 330).[9] 자유주의 자들은 즉시 이런 변화를 인지했다. 티에르는 하원에 보내는 성명서에서 다음과 같이 말했다. "7월 혁명 이후 우리는 그것을 누그러뜨리는 것이 우리의 의무라고 생각했다. 사실상 우리가 지켜야 할 것은 더 이상 자유가 아니라 위험에 처한 질서였다"(Bezucha, 1974, 137에서 인용).[10]

수 있는 축제들을 준비하는 데에 필요한 것이 무엇인지 언급했다. "여러분은 틀림없이 각 구에서 어떤 인물들이 국왕의 초청장을 받는 영예를 누릴지 그 목록에 포함될 인물들을 미리 작성하는 작업이 적절하다고 생각하게 될 것입니다. 탁월한 공로, 명예롭게 얻은 부, 정당하게 유명해진 이름, 주목할 만한 산업 등은 명예로운 삶에 대해 당신의 선택을 안내해주어야 하는 필요 조건입니다. 그러므로 당신의 거주지에 살고 있는 치안판사, 대토지 소유자, 은행가, 주식 중개인, 공증인, 변호사, 제조업자, 군 장교, 예술가, 문필가, 즉 각 전문직에서 가장 탁월한 인물 5명 또는 6명의 목록을 작성하기를 바랍니다." 이 서한은 Daumard(1963, 305)의 저작에 인용되어 있다. 도마르는 다음과 같이 논평한다. "지나가는 말로 하는 경우와 '정당하게 유명해진 이름'을 가진 이들을 배제하지 않으려는 경우가 아니라면, 그것은 더 이상 혈통의 문제가 아니다. 그리고 그렇다고 하더라도 이는 반드시 전통적인 것은 아니다."

8) "그 위기는 주민들의 불만을 이끌어내고 그것을 폭동에 길들게 해서 혁명적 분위기를 창출했다"(Gonnet, 1955, 291).

9) 또한 Moss(1975a, 204)를 참조하라. "영광의 3일은 제1공화정 당시 평등주의적 이상의 부활과 더불어 전례 없는 노동계급 저항의 물결에 영감을 주었다."

10) 1830년 혁명 이후 한 달 동안 「토론의사록(*Journal des Débats*)」은 프롤레타리아를 로마 제국 시대의 미개인에 비유하면서 중간계급에게 근대 사회에서 프롤레타리아의 부상에 대해서 경고했다(Daumard, 1963, 515). 그리고 100년이 지난 뒤 다른 자유주의자 Benedetto Croce(1934,

이후 몇 년 동안 프랑스와 영국에서 모두 새로운 강렬함과 특성을 가진 노동자 소요들이 등장했다. 파업과 노동자 소요를 다룬 문헌들은 이런 행동이 얼마나 많이 "노동자들"과 대립되는 "장인들"의 행동인지를 점점 더 많이 언급했다. 일부가 생각하는 것처럼 그 구분이 항상 명확하지는 않지만, 일반적으로 "장인"이라고 언급되는 이들은 다른 부류의 노동자들보다 더 많은 전문기술, 더 높은 실질소득, 더 많은 작업상의 자율성을 누리고 있었다. 이런 "장인"의 대다수는 19세기 훨씬 이전에 존재한 조직의 구성원이었고, 이 조직은 사회적 지원과 상호부조를 통해서 구성원들의 복지를 개선하고자 했다. 이 조직들은 위계적이었고 의례에 맞추어 만들어졌다.

이 조직들은 노동조합이 엄격히 금지된 시대에 조금이나마 허용되던 유일한 조직이었고,[11] 그것도 권력 당국의 철저한 감시 아래에서만 가능했다. 하지만 1830년 이후 정치 상황이 바뀌면서, 심지어 상호부조협회가 새로운 역할을 맡기 시작했다. 세(1951, 2:199)가 지적했듯이, "이 협회들은 대부분 고용주들에게 적대적인 진짜 **저항 조직**을 숨기는 데에 도움을 주었다. 그들은 **상호부조기금**을 조성하여 실업자와 파업자들을 지원하기 위한 기금을 마련했다."[12] 그리하여 스턴스(1965, 371-372)가 주장한 대로 그런 "장인들"이, 훨씬 더 미약한 처지였기 때문에 "거의 전적으로 조용하던" "공장 노동자들"

---

150)는 1830년 혁명을 유사한 방식으로 분석했다. "조건들은 변화했다. 그것은 더 이상 자유주의와 절대주의 시이의 투쟁이 아니라 자유주의와 민수수의, 그것의 온건파에서 극단적이고 사회주의적인 형태에 이르기까지 민주주의 사이의 투쟁이었다. 정확히 19세기의 당면 과제인 이 진보적인 투쟁은 자유를 누리던 국가들에서 전개되었다."

11) 프랑스의 르 샤플리에 법과 영국의 결사금지법에 관해서는 Wallerstein(1989, 107, 120-121)을 참조하라.

12) Rudé(1969, 22)는 이런 결사단체들의 전투성이 1830년 이전에 뚜렷했다고 주장한다. "사실 1831년 10월과 11월의 사건들은 예기치 않은 놀라운 사건이었다고 간주될 수 없다. 리옹의 견직물 작업장의 지도자들이 구성한 조합(Mutuellisme, 상호부조협회라고 부름)의 조합원들에게 '노동자들의 해방을 위한 계기가 주어진 것'은 1831년이 아니라 3-4년 전(1828년) 그들의 조직이 창립된 때였다……왕정복고기 내내 스스로를 '연합'과 음모라고 표현한 노동자들의 운동은 놀라운 활력을 드러내기를 결코 멈추지 않았다."

보다 당시 파업에 더 적극적으로 참여했을 것으로 추정된다.[13]

여러 학자들이 정리한 장인과 공장 노동자 사이의 구별은 주로 서로 다른 작업장 조직을 기준으로 단언한 듯이 보인다. 그러나 사실상 장인들은 보통 "작업장"에 있었고 그것은 그 시대에 존재한 다소 작은 "공장들"과 구조나 심지어 사회적 조직의 측면에서 그리 다르지 않았다. 나는 두 노동자 집단의 사회적 기원에 실질적인 차이가 있었다고 추정한다. "장인들"은 남성이고 대부분 인근 지역 출신이었다. "공장 노동자들"은 대개 여성이거나 아동 (Bezucha, 1974, 35) 또는 "이주민"으로서 농촌 공동체 출신과 다른 언어를 구사하는 노동자들을 포함했다.[14]

"장인들"의 가장 극적인 저항은 리옹에서 1831년에 처음으로, 뒤이어 1834 년에도 발생한 카뉘(canuts, 견직물 공장의 직공/옮긴이)의 저항이었다.[15]

---

13) 한편 Tilly(1986, 262, 263, 265)는 1830년이 프랑스 북부에서 노동자들의 정치에 "거의 변화를 일으키지 않았다"고 말한다. 그는 "사실상의 파업 부재"에 대해서 언급한다. 그러나 다른 한편 그는 "1830년대와 1840년대에 산업 갈등의 속도가 빨라져서 최소한 어느 정도 파업이 정상상 태로 돌아갔다"고 일러준다.

14) 리옹의 노동자 구역에 관한 1833년 통계를 소개한 Bezucha(1974, 23)를 참조하라. 그 통계에 따르면, 3,257명의 직인 가운데 547명만이 리옹 출신이었다. 나머지는 외국인이거나 농촌 공동 체 출신이었다. "이주는 이 시기 리옹의 성장에서 주된 요인이었다"(p. 158). Aguet(1954, 4)는 1830년 8월 16일의 「입헌파(Constitutionnel)」에 실린 보고서를 자세히 언급한다. 그 보고서는 파리의 경찰 관할지에서 발생한 행진에 관한 것으로서 행진에 참여한 지역의 노동자들은 "외지 인"(농촌 출신 프랑스 노동자들을 포함) 노동자들이 파리를 떠나도록 요구했다. 경찰국장은 "외지인" 노동자들의 존재가 "경쟁의식을 떠받치고 개선의 심리를 지지하며 프랑스의 산업을 강화하는 데에 상당히 기여해온 경쟁"을 대변한다는 근거를 들어 거부했다. Aguet(p. 9)는 리옹 과 그레노블에서도 유사한 사건이 발생했다고 보고한다.

당시 지금처럼 "외지인" 노동자들은 지역 노동자들에 비해서 임금을 덜 받았지만, 출신지에 서 받을 수 있는 것보다 더 높은 임금에 매료되었다. Sée(1924, 494, 498)는 파리 노동자들에 대한 자료를 활용한 빌레르메의 1840년 연구를 인용한다. 그 자료에 근거하여 세는 농민들이 "제조업이 제공하는 [상대적으로] 높은 임금 수준"에 끌렸으며, 그럼에도 노동자의 존재가 꽤 불안해 보였다고 결론짓는다.

15) 카뉘(canut)는 외견상 "실감개"를 뜻하는 카네트(canette)라는 단어에서 파생되었고, 16세기 이 래 리옹의 꼭두각시 인형극에서 견직물 노동자들을 풍자하고자 사용된 이름이었다. Levasseur (1904, 2:7)는 그것이 "경멸의 용어가 아니었다"고 주장한다.

7월 혁명 직후 시작된 그 저항은 기계 파괴와 "외지인" 노동자들의 퇴거 요구를 포함했다.16) 이 사건의 배경은 1786년 완성된 직물에 대해서 최소한의 고정액을 받기를 원했던 직인들의 이른바 싸구려 폭동(2수[sou] 폭동)에서 분출된 바 있는 18세기 직인들의 전투성이었다. 지속적인 혼란과 동요는 프랑스 혁명과 르 샤플리에 법의 제정 때까지 이어졌다. 베주차(1974, 11)는 "사실 프랑스 혁명이 1789년 이전에 창출된 기세를 깨뜨렸고 리옹에서 노동자 운동의 발전을 더디게 만들었을지도 모른다"고 결론짓는다. 그렇지만 1789년과 1830년 사이에 상대적으로 안정적인 콩파뇽(compagnon, 동료 집단) 체제는 "성과급 노동이라는 [더] 유동적인 체제"에 의해서 대체되었다(Bezucha, 1974, 46).

르바쇠르(1904, 2:6)는 왜 리옹에서, 왜 1831년에 발생했는지를 묻는다. 그의 답변은 리옹이 사치품 산업인 견직물, 즉 "경제 위기와 정치적 소요에 더욱 민감하게 반응하는 분야에 의존해서 살기" 때문이라는 것이다. 1786년과 마찬가지로 즉각적인 쟁점은 최저 임금이었다. 이는 경찰국장이 동의했지만 뒤이어 중앙 정부에 의해서 파기되었다. 첫 번째 파업은 상대적으로 비정치적이었다. 그러나 불평불만은 계속되었다. 1832년 파리에서 파업이 발생했고 정치적 색채는 한층 더 강해졌다. 이는 부분적으로 7월 왕정에 대한 노동계급의 불만 때문이었고, 어느 정도는 (최소한 리옹에서는) 이탈리아 민족주의 세력의 신동 탓이었다. 마치니의 부관인 로보리노 장군은 사부아와 피에몬테를 해방하려는 노력에 필요한 이들을 모집하고자 리옹을 자주 방문했다(Bezucha, 1974, 122). 1834년 2월 14일 총파업이 발생했지만 성공을 거두지 못했다. 지역의 공화파가 분열되었기 때문이다.17) 억압적인 법

---

16) "프랑스인들에게 더 많은 일자리가 주어졌더라면, 이는 프랑스에서 외국인들이 고용주와 국가에 의해서 쫓겨나야 했으리라는 것을 의미했다……외국인 노동자의 추방 문제는 7월 혁명 이후 첫 몇 개월 동안 노동자들과 정부 간에 벌어진 주된 이견과 논쟁거리 가운데 하나였다"(Newman, 1975, 23). 또 "노동자들이 고통의 원인인 체제(자본주의)나 고용주(자본가)를 직접적으로 공격하지 않았다"고 불평하는 Bruhat(1952, 1:223)를 참조하라.

탓에 4월 노동자들의 반응은 한 걸음 더 나아갔고, 이 소요에서 약 300명이 목숨을 잃었다. 이 시도는 "유럽 노동계급의 역사에서 획기적인 사건"으로 간주되기에 이르렀다(Bezucha, 1974, 124). 이 시기에 정부 당국의 억압은 결정적이었다. 1835년에 "괴물 재판"이 있었고, 이를 통해서 정부는 "공화파를 제거하곤 했다."[18] 도시 노동계급의 심각한 계급투쟁에 직면해서 자유주의 국가는 애당초 전임자들과 마찬가지로 억압적으로 대응했다.

영국의 상황 역시 크게 다르지 않았다. 7월 혁명의 도덕적 등가물은 1832년 개혁법안이었다. 영국은 "혁명"이 낳은 "영광의 3일"을 알지 못했다. 대신 특히 1831년의 중요한 제2독회(讀會)에서 단 한 차례의 투표로 혁명이 "표결된" 의회 내 전투가 있었다. 이런 사실에도 불구하고 법안이 위원회에서 패배했을 때, 그 의회는 해산되었고 개혁에 찬성하는 새로운 의회가 구성되었다. 그때 영국은 프랑스에서 발생한 사건들과 "더 나쁜" 사태의 가능성에 대해서 주목할 만한 자각이 있었다. 1831년 3월 2일 매컬리의 개혁 찬성 연설은 개혁 옹호자들의 논리를 분명히 보여준다.

위대한 사건들의 목소리가 우리에게 선언하고 있다. 우리가 있는 곳, 내부이든 주변이든 그곳에서 돌아보라. 여러분이 지킬 수 있는 개혁……국가의 젊은이들을 새롭

---

17) 노동자들이 공화파에게서 얼마나 큰 지원을 받았는지는 논란거리이다. Bezucha(1974, 171)는 지원의 정도를 경시한다. "결국 1834년 공화파의 리옹 봉기 참여는 지역 당파의 힘이 아니라 허약성을 보여주는 결과였다." 베주차는, 그것은 정부가 단언한 대로 정치적 반란이 아니라 노동자들의 반란이었다고 말한다. Bruhat(1952, I, 262)는 노동계급 의식의 탁월성을 강조하고자 한다. Levasseur(1904, 2:819)는 정반대의 주장을 전개한다. 공화파가 1834년 봉기를 지원함으로써 "1830년의 기만에 대해서 복수를 감행했다"는 것이다. 반면 1831년의 봉기는 사실 비정치적이었다. Dolléans(1947, 1:97)은 즉각적인 관심사에만 국한해서 투쟁을 지속하고자 한 이들이 노동자들이었다고 말하면서 그 쟁점을 뒤집는다. "그들은 공화파 세력과 함께 일하며 요구 사항을 타협하고 양보하기를 두려워했다. 그들은 신중해지기를 원했다."

18) Plamenatz(1952, 55)는 다음과 같이 덧붙인다. "또는 진실에 더욱 가까이 다가서려는 이들을 지하로 내몰았다." 그는 뒤이어 "침묵의 세월"이 이어졌다고 말한다. 정부가 공화파를 억누르려는 구실로 어떻게 파업을 활용했는지에 관해서는 Dolléans(1947, 1:107)을 참조하라.

게 하라. 서로 분열된 자산을 구하라. 나름의 통치 불가능한 열정으로 위험에 처한 군중을 구하라. 스스로의 인기 없는 권력으로 위험에 처한 귀족을 구하라. 지금껏 존재한 가장 위대하고 가장 공정하며 가장 고도의 문명을 이룬 국가를, 수많은 지혜와 영광의 시대가 남긴 모든 풍부한 유산을 며칠 내에 휩쓸어갈지 모르는 재난에서 구하라. 위험은 끔찍하다. 시간은 짧다. 이 법안이 거부되어야 한다면 나는 그것을 거부하는 데에 동의한 이들 가운데 어느 누구도 헛된 양심의 가책 속에서, 법의 파괴, 지위의 혼란, 재산의 강탈, 사회질서의 해체 속에서 그들의 투표를 기억하지 않기를 신에게 기도할 것이다.[19]

매컬리의 주장은 응답을 받았다. 그리고 정확히 프랑스와 마찬가지로 일단 중간층이 시민권을 얻게 되자, 즉시 노동계급의 주장을 억제하는 데에 관심이 쏠렸다. "월등하게 가장 중요한 노동자들의 운동"(Evans, 1983, 215)[20]이었던 차티스트 운동과 구식의 급진파 개혁운동은 1837년부터 1843년까지의 심각한 산업 침체기에 발생했고, 그 시기 동안 가장 강력했다. 그것은 상당한 악명을 얻었고 몇 년 동안 정부 당국에 대한 실질적인 위협처럼 보였다. 차티스트 구성원들은 대부분 직업별 노조에 속했다.[21] 그러나 그것은 또한 중간계급 급진파의 지지를 얻었다(Rowe, 1967, 85). 차티스트 운동은 반곡물법연맹의 자유무역 운동과 동시에 존재했고 직접적인 경쟁관계에 있었다. 알레비(1947, 9)는 "내전"의 가능성에 대한 우려를 세기한다. 브리그스(1959, 312)는 두 운동이 "분열된 사회의 두 부분 사이의 뚜렷한 차이"를 대

---

19) 「갖가지 저작과 연설들(*Miscellaneous Writings and Speeches*)」(대중판, p. 492), Fay(1920, 33-34)에서 인용.

20) Ward(1973, 7)는 차티즘을 "최초의 노동계급 정당"으로 지칭한다.

21) Prothero(1971, 203, 209)를 참조하라. "런던의 차티즘이 거둔 성공은 목공, 석공, 재봉사, 제화공과 같은 대도시의 가장 중요한 직종의 지지를 얻었기 때문이다." 그럼에도 프로세로는 차티즘이 "조직을 갖추었지만 덜 강력한 직종에서 더 강력하고 더 일관된 지지를 얻었다고 주장한다." 이른바 귀족적 직종들은 나름의 이해관계가 1844년의 장인과 종업원 법안과 같은 입법으로 직접 위협받을 때에만 합류하는 경향이 있었다(Prothero, 1969, 84 참조).

변한다고 언급한다. 개시(1965, 2)는 그 "운동"("유럽 대륙의 정치에서 차용한 문구")이 "부인할 수 없는 계급전쟁의 면모"를 지녔다고 언급한다.[22]

그렇지만 차티즘(Chartism)은 확 불타오른 뒤에는 흐지부지되었다. 1843년 이래 차티즘은 하락세에 접어들었다. 영국에서는 주로, 그리고 명백하게 노동자들의 운동을 위한 사회적 지지가 충분하지 않았다. 다른 한편 차티스트 운동은 폭력이 어느 정도까지 정당한 무기인지에 대해서 합의를 이룰 수 없었다. 더욱이 "아일랜드 요인"이 있었다. 영국의 노동계급은 더 이상 잉글랜드인만이 아니라 잉글랜드인인 동시에 아일랜드인이었고 아일랜드 민족주의 문제가 계급 문제와 뒤엉켰다. 피어거스 오코너가 차티스트의 지도자가 되었을 때, 그 혼란은 너무 커졌고 그 운동의 "이미지가 손상되었다."[23] 가장 중요한 점은 경기가 조금 나아졌고 로버트 필 경의 경제 개혁 프로그램이 불만의 일부를 제거했다는 사실이었다.[24] 결국 이 시기의 계급투쟁은 프랑스와 마찬가지로 영국에서도 그다지 좋은 결과를 얻지 못했다.

영국과 프랑스의 국내 문제들은 결코 두 열강이 세계체제의 지정학에 주의를 집중할 수 없을 정도로 커지지는 않았다. 벨기에의 독립과 1832년 개혁법으로 되풀이되고 강화된 7월 혁명은 유럽에 직접적인 영향을 미쳤다. 1815

---

22) Jones(1983, 57)에게 이는 1832년 이후 각성의 결과였다. "개혁법안은 [중간계급 급진파와 노동자들의] 공동 투쟁으로 간주된 시도에 대한 큰 배신으로 여겨졌다. 그 뒤 휘그당파 정부의 조치들─ 아일랜드인 강제법, 10시간 노동법에 대한 거부, 지방자치체법과 신(新)구빈법 ─은 중간계급의 배신을 확증하는 것으로 보였다. 이를 통해서 끌어낸 실제적 결과는 노동계급이 자신의 해방을 위해서 투쟁해야 한다는 것이었다."

23) Halévy(1947, 208, 211)를 참조하라. "대중의 상상력은 아일랜드인과 프랑스인을 혼동하는 것처럼 보였을 것이다. 한 언론인은 '프랑스인이 문명을 갖춘 켈트인이고 아일랜드인이 골(Gaul, 갈리아)의 야만인이다. 프랑스의 공산주의는 아일랜드의 약탈 행위'라고 기록할 정도였다. 그 나라(아일랜드)는 아일랜드인들이 프랑스의 모범을 본떠 잉글랜드에서 혁명을 시작하기 위해서 주도한 운동과 아무런 관련이 없다는 점은 분명했다."

24) 차티스트 투사들은 아마 바보 같은 짓거리를 하지는 않았을 것이다. Halévy(1947, 149)는 "차티스트에 관한 한 10시간 노동법안의 제정이 단지 적의 일파에 대한 후위부대의 승리였을 뿐"이라고 말한다. 그 핵심은 투사들의 견해라기보다 잠재적인 지지자들의 견해이다.

년과 1830년 사이 영국과 프랑스의 관계가 수정되었고 양국이 세계 문제에 대해서 흔히 유사한 편에 서게 된 반면, 두 세기에 걸친 헤게모니 투쟁의 유산은 얼마간 거리를 유지하기에 충분한 상호 불신을 계속 보증해주었다. 7월 혁명은 개혁법이 제정되기 전에 웰링턴의 토리당파 정부에도 영향을 미치면서 그것을 극복했다. 유럽은 당시 화친 협정의 시대, 아마 사랑이 아니라 분명히 이성에 토대를 둔 결합의 시대에 접어들었다. 그 시대는 적어도 1945년까지 계속 벌어질 모든 반목과 불화를 극복할 것이었다. 그 용어 자체는 1842년까지 공식적으로 쓰이지는 않았지만, 아마 1831년 파머스턴이 만들었을 듯하다(Guyot, 1926, 220; Halévy, 1950, 3:73, n. 1). 동맹의 지정학적 기반은 분명했다. "자유주의 열강으로서 프랑스는 [7월 혁명 이후] 정세의 본질에서 자유주의 잉글랜드의 동맹이었다"(Halévy, 1950, 3:73).25) 영국은 당시 더 쉽게 유럽에서 절대주의의 봉쇄에 나설 수 있었고 자유주의 국가들의 범위를 확대시킬 수 있었다(Guyot, 1926, 88, 117).26)

그러나 그 이상의 동기가 존재했다. 영국과 프랑스는 동일한 국내 문제에 직면했고 비록 프랑스가 여전히 영국의 자유무역 특효약을 수용할 준비가 되어 있지 않았을지라도 화친 협정은 "민주주의자들과 사회주의자들의 눈에는" "기정사실"이라고 할 만한 "자본의 동맹"처럼 보였다(Guyot, 1926, 302). 이것이 그렇게 잘못되었는가? 실제로 두 가지 결과는 분리되지 않았다. 다른 열강들에게 그들의 모범을 따르도록 압력을 행사하는 동안 영국과 프랑스는 화친 협정을 이용해서 "열강 사이의 분열을 기대한 국제적인 혁명 선전활동

---

25) 브로글리 공작은 「탈레랑의 회고록(*Mémoires de Talleyrand*)」에 쓴 서문에서 화친 협정을 "국가 이익에 의거하여 양쪽에 수립된 두 자유주의 군주정 간의 동맹"이라고 불렀다(Weil, 1919, 4에서 인용).

26) Jardin & Tudesq(1973, 1:179-180)는 동맹을 위한 조건이 "무르익었다"고 주장한다. 양국은 네덜란드에 휴전을 강요하는 데에 협력했다. 오스만튀르크가 서명한 운키아르-스켈레시 조약은 양국의 입지를 위협했다. 양국은 모두 1832년 독일과 이탈리아에서 활동하는 자유주의자들에게 호의적이었다.

138

을 좌절시켰다"(Guichen, 1917, 424-425).

더욱이 1830년은 그런 선전활동을 훨씬 더 좌절시킬 수 있는 하나의 양식을 출범시켰다. 적어도 프랑스에게 1830년은 세계의 중심이라는 의식과 민족주의적 자긍심을 되살리는 데에 도움을 주었다. 다음과 같은 글을 남기게 될 사람은 기조가 아니라 프랑스의 사회주의자 루이 블랑이었다(1844, 4: 143-144).

7월 혁명은……교회와 국왕의 통치에 맞선 투쟁의 종말 그 이상이었다. 그것은 1815년 조약들로 과도하게 억압당한 민족적 감정의 표현이었다. 우리는 이 조약들의 굴레를 떨쳐버리고 유럽의 균형을 회복하기로 결의했다.[27]

7월 혁명에 관해서 호기심을 끄는 사실들 가운데 하나는 알제리에서 무슨 일이 벌어졌는가라는 문제였다. 샤를 10세가 제국의 모험에 착수한 것은 영국을 가장 기분 나쁘게 만들었고, 루이 18세는 영국인들을 달래기 위해서 알제리 정복을 희생시킬 준비가 되어 있었다. 그렇지만 프랑스인들이 벨기에에 직접 개입하기를 자제했을 때, 그들은 영국인들을 만족시키는 역할을 잘 감당했다고 느꼈고 당시 영국의 저항 없이 계속 알제리를 점령했다.[28]

---

27) 1830년 "우리는 그것이 우리를 불행하게 만들기 때문이 아니라 — 대중에게 1816년과 1829년 사이의 시기보다 더 행복한 때는 결코 없었다 — 이른바 승자, 외국 세력과 내부의 배신자들이 우리에게 그것을 부과했기 때문에 부르봉 왕가의 정부를 타도했다"(Levasseur, 1903, 1:667에서 인용).

28) Schefer(1928, 50-51)는 다음과 같이 말한다. "벨기에인들은 우리를 위해서 다시 알제를 정복했다." 7월 왕정이 권좌에 오르기 직전에 지지자들이 그토록 분명한 목소리로 비판한 알제리 정책을 왜 지속했는지에 대해서 Renouvin(1954, 109)은 이렇게 설명한다. "그것은 전혀 놀랄 만하지 않다. 폴리냐크와 싸운 자유주의자들은 그들이 혐오하는 정치체제를 강화할 수 있을지도 모를 그 사업계획에 대해서 적대적이었다. 일단 이 체제가 사라진 뒤 동일한 인물들은 알제리의 획득을 포기하는 것이 오를레앙파 군주정의 위신을 위협하리라고 생각했다." 그는 영국인들이 한편에서는 7월 왕정의 의도에 대한 명쾌함의 부족 때문에, 다른 한편으로는 "그들이 유럽 문제에서 프랑스의 협력을 필요로 했기 때문에 프랑스를 조심스럽게 다룰 수밖에 없었으

하나의 이유는 명백히 그것이 프랑스 내의 노동자 소요에 끼친 영향 때문이었다. 파리의 "부동(浮動)" 인구, 즉 잠재적 혁명세력은 알제리에 정착하도록 요구받고 있었다. 실제로 1838년 알제리에 파견된 고위 공무원 레옹 블론델은 어느 정도 자신감을 가지고 이렇게 말할 수 있었다. "아프리카는 프랑스에서 질서가 유지되는 한 가지 요소이다"(Tudesq, 1964, 2:815 인용).29)

그리하여 자유주의 국가는 중간계급의 정치적 역할을 정당화하고(따라서 그들에게 합법성을 부여받으면서) 지정학적 영역에서 그들의 지배를 보증하기 위해서 화친 협정에 불만을 품은 노동계급에 대한 국내적 억압을 결합시켰다. 이는 처음에는 잘 작동하는 것처럼 보였다. 그러나 1848년 유럽 대륙을 휩쓴 혁명이 보여주듯이 그것은 취약했다. 1789년 이후 자본주의적 세계경제를 위해서 안정적인 정치적 틀을 확보하려면, 더 많은 일들이 이루어져야 할 것이었다.

그 취약성은 노동계급에 대한 자유주의적 양보가 극도로 제한적이라는 사실에 있었고, 만일 더 나아가 심각한 주기적 경기 침체에서 비롯된 혼란을 극복할 준비가 되어 있지 않았다면, 이는 자유주의 정부들을 힘겹게 만들었을 것이다. 이런 사례는 7월 왕정과 그 자유주의적 아류인 기조가 싫증나는 사회적 불만에 맞서 시간이 흐를수록 더 보수화되고 있던 프랑스에서 가장 두드러졌다. 1847-1848년의 경제 위기, 당시까지 알려진 것들 중에서 "가장 폭력적인" 위기 가운데 하나가 프랑스를 강타했다. 이익은 심각하게 감소했다. 위기의 절정기에는 파리의 공업노동자 75퍼센트가 실업 상태에 있었다

므로" 그 정책에 찬성했다고 주장한다. "그것은 발포를 중지하고 행동을 삼가는 정책을 추진하는 좋은 조언이었다"(p. 111).

29) 사회주의자들도 알제리 정책에 반대하지 않았다. 루이 블랑은 제국주의의 문명적, 지정학적 정당성을 모두 주장하면서 Abd-el-Kader(1844, vol. 5, chap. 9)에 맞선 투쟁에 대한 열광에 영향을 미쳤다. "프랑스가 팽창해야 할 의무가 있다는 것은 프랑스의 진정한 정신과 특성에서 비롯된다. 지리적 상황보다 훨씬 더 기질의 측면에서 프랑스는 해상 강국이다……동맹국 잉글랜드는 우리가 대륙 국가에 지나지 않는다고 비난한다. 만일 우리가 이 역할에 약간이라도 동의한다면, 경쟁은 우리를 숨 막히게 할 것이다"(pp. 504-505).

(Markovitch, 1965, 256; Sée, 1951, 2:143; Labrousse, 1976b, 3:983-984).

정부는 스스로 융통성이 있다는 점을 증명하지 못했다. 더욱이 중요한 정치적 기제인 제한선거권(국세 납부자에게만 선거 자격을 제한하는 제도)은 1830년 세금 할당액을 낮춤으로써 지지를 얻어냈던 바로 그 소규모 상인 집단을 소외시키면서 역효과를 일으키고 있었다. 문제는, 세금이 정부에 의해서 낮춰지면서, 바로 이 사실 때문에 이 집단의 정치적 권리뿐 아니라 사회적 지위를 훼손하고 이 유권자들을 선거인 명부에서 제외시켰다는 데에 있었다.30) 그리하여 그들이 선거권 개혁을 위한 선동을 받아들이게 만들었다. 그동안 노동계급 사이에서 1840년대 주요한 사회주의 대변자들 가운데 한 사람인 에티엔 카베의 매우 온건한 이카루스파(icariens) ─계급 간의 화해를 강조하는 기독교적, 평화적, 합법적, 민족주의적 분파─는 경제 위기 속에서 밀려나고, 따라서 더 급진적인 집단에게 자리를 양보하게 될 것이었다.31)

프랑스 체제의 보수화는 다른 자유주의 국가들에서 벌어지고 있던 상황과 대비되었다. 메테르니히로서는 낙담할 만했지만, 1846년 자유주의적 성향의 교황 피우스 9세가 선출되었다(Bury, 1948, 425). 만일 벨기에가 1848년에 "평온하게" 남아 있었다면, "그것은 1847년에 평화롭게 혁명을 성취했기 때문이다"(Dhondt, 1949, 124). 마찬가지로 스위스의 자유주의자들과 급진파는 1847년 영국의 외교적 지원과 프랑스의 망설임 속에서 연합(Sonderbund)에 맞선 국내의 투쟁에서 승리를 거두었다(Halpérin, 1948, 1:157).32) 실제로 이

---

30) Daumard(1963, 57)는 다음과 같이 기술한다. "유권자와 피선거권자의 역할은 거의 세속적 성취와 같은 심리적 가치가 있었다. 그것은 예컨대 「2만5,000개의 주소 연감」에 있는 개인의 이름에 맞추어 특별히 작성되었다."

31) "상황이 노동계급에게 혁명적 준비와 전투적 각성을 요구할 때, '남을 잠들게 만드는' 카베는 대중에게 휴식하라고 명령했다"(Johnson, 1974, 286). 이때, 카베는 스스로 포기하고 텍사스로 이주했다.

32) Halévy(1947, 193-194)는 이렇게 진술한다. "1847년 [연합에 맞서 반란을 일으킨 칸톤(주)들에게 함락된] 루체른은 1846년 크라쿠프의 운명을 보복했다. 그것은 메테르니히에게, 따라서 기조에게도 심각한 패배였다. 기조가 공공연히 메테르니히와 공동전선을 폈기 때문이다. [하지

는 화친 협정이 일시적으로 분열되는 순간이었다.[33] 국내에서 영국인들은 로버트 필 경이 곡물법 철폐[34]를 통해서 진로를 잡아나가고 차티스트의 도전을 잘 처리하는 동시에 "공산주의의 유령"[35]이 그들에게 영향을 미치지 않도록 했다. 1847년의 위기는 "어떤 혁명적 소요도 불러일으키지 않았다"(Halévy, 1947, 181).[36] 다만 아일랜드인들은 이에 대한 대가를 지불해야 했다.[37]

만 루이 필리프는 (기조를) 저지하려고 했기 때문에 그 의미가 달랐다.] 그러므로 그것은 파머스턴과 동시에 서유럽의 자유주의에게 중요한 승리였다." 자유주의 세계질서에 대한 영국의 기획에서 멀어진 기조의 소외는 이미 얼마간 깊어지고 있었다. 1844년 3월 16일에 그는 오스트리아 주재 프랑스 대사 플라오 공작에게 서한을 보냈다. 그 서한에서 그는 다음과 같이 말했다. "오늘날 비록 무엇이 열강을 깊이 분열시키든 상관없이 이해관계의 심각한 갈등도 없고 진정한 영향력을 미치는 투쟁도 없소……단지 무정부주의적 정신을 억압하고 이 목표를 향해 평화를 유지하고자 모든 이들에게 동일한, 유럽의 한 가지 관심사가 있을 뿐이오." 뒤이어 메테르니히 공은 기조의 서한을 읽고 파리 주재 오스트리아 대사관의 서기관 아포니 백작에게 서한을 발송했다. 그 서한에서 메테르니히는 이 구절을 인용하고 그것에 대해서 언급했다. "이는 나의 확신이기도 하오." 이 서한은 Weill(1921, 6, 8, 13)에 인용되어 있다.

33) 화친 협정의 분열은 1846년 파머스턴이 외무부로 복귀하면서 시작되었다. 그리어는 이를 오를레앙 가문에 대한 파머스턴의 오랜 적대감 탓으로 돌린다. 적대감의 기원은 파머스턴이 1809년부터 1815년까지 국방장관을 역임했다는 사실까지 거슬러올라갈 수 있었다. 그러나 화친 협정이라는 표현을 만든 사람이 바로 파머스턴이었다는 사실을 감안한다면, 이는 억지로 가져다붙인 주장처럼 보인다. 어쨌든 "영국과 프랑스의 적대감은 아마 1848년이 시작될 무렵 가장 주목을 끄는 외교적 실상이었고"(1925, 163) 누군가가 첨언한 바에 따르면, 가장 일관성 있는 사실 가운데 하나였다.

34) "곡물법 철폐는 실질적으로 곡물가격의 파괴적인 인상에 맞서 결핍의 시대에 더 빈곤한 계급을 보호해줄 것이었다. 정신적으로 그것은 빈곤층에게 선거권을 가지지 못했지만 그들의 복지가 귀족적인 정부와 의회의 관심이었다는 보증을 제공했다"(Gash, 1977, 97). Roberts(1958, 336)는 필에 대해서 "버크가 설파한 대로 조심스런 개혁과 옛 전통을 조화시키려고 노력하면서 19세기와 평화를 유지할 준비가 된 새로운 보수주의의 설계자"였다고 평가한다.

35) "마르크스가 1848년 유럽에 끊임없이 출몰한 '공산주의의 유령'에 대해서 언급했을 때, 그는 최소한 프랑스와 독일에 관해서 입증할 수 있는 사실 하나를 분명히 공표했다. 양국에서는 19세기 중엽에 대중의 부상에 대한 두려움이나 진정한 희망의 감정이 존재했다"(Hammen, 1958, 199).

36) 실제로 그것은 다른 방식으로 작동했다. 4월 10일의 붕괴, "대실패"는 정치 세력으로서 차티즘의 "종말을 드러냈을" 뿐 아니라 파리, 베를린, 빈 등지의 혁명적 사례에 깜짝 놀란 영국 정부에게 "두들겨 패서 죽일 수 있는" 여지를 창출했다(Bury, 1948, 1:415). 그렇지만 Jenks(1927, 158)는 조심스런 진술을 추가한다. "잉글랜드의 재정이 1847년과 1848년 큰 폭락에 얼마나

그럼에도 두 주축 국가의 하나인 프랑스에서 자유주의 기획의 약화는 유럽의 비자유주의 지역 곳곳에서 혁명적 불꽃이 점화되는 데에 충분한 불쏘시개를 제공했다. 확실히 메테르니히와 오스트리아인들은 영국인들이 봉기에 대해서 너무 관대했다고 비난했지만,38) 그 비난은 갑자기 겁이 나서 용기를

가까이 다가갔는지 잉글랜드의 경제학자들과 공직자들은 결코 완전히 깨닫지 못했다." 젱크스는 영국의 구원은 정치적 지혜나 자유무역에 대한 "집착"과 "주문"이 아니라 캘리포니아(1848)와 빅토리아(1851)에서 적시에 금이 발견되었기 때문에 가능했음을 지적한다. 금의 발견은 "전 세계적 가격 상승을 초래했고……그 결과에 따른 사업의 자극 속에서 철도와 자유무역은 영국에게 부채 대신에 중요한 자산이 되었다"(p. 162).

37) 아일랜드 감자 기근은 곡물법을 둘러싼 토론이 이루어질 무렵에 발생했다. "콥든과 브라이트는 1847년에 예정된 차기 총선에서 결정적인 투쟁을 준비하고 있었고 순전히 농업 지대의 외부에서 영국의 중간계급과 하층계급의 여론 가운데 대부분이 그들의 견해로 전환했으며 필과 [제임스] 그레이엄 경[내무장관]에게 여전히 곡물법을 시행하는 동안 의회에 아일랜드의 기근을 해결하기 위해서 100만 명 또는 그 이상의 납세자들의 돈을 요구하는 것은 빗발치는 논란을 불러일으킬 것이 분명해 보였다"(Gash, 1977, 95). 아일랜드의 기근이 보수세력 내부의 정치적 대결에서 하나의 책략이 되었다는 것은 철폐에 대한 Clark(1951b, 3)의 설명에서 분명히 드러난다. "전통적인 기근 개선책은 곡물법 시행의 연기와 항구 개방이었다. 그러나 필은 만일 그렇게 한다면 [이 시기 아일랜드의 경우에] 그가 다시 그 조치들을 부과하도록 보증할 수 없을 것이라고 내각에게 말했고, 대다수 각료는 필이 이런 조건으로 이 정책을 추진하는 데에 지지할 수 없다고 생각했다. 그 때문에 필은 물러났지만 휘그당파는 정부를 구성할 수 없거나 구성하지 않을 터였다. 하는 수 없이 필은 여왕의 요구에 따라 복귀했고 스스로 곡물법을 철폐했다." 또 다음과 같이 말하는 Schuyler(1945, 145)를 참조하라. "1845년 아일랜드 감자의 엄청난 흉작은 곡물법 철폐 운동을 크게 강화했으나" 그 철폐는 1846년과 1847년의 나머지 기근 시기에 아일랜드의 식량 문제를 해결하지 못했다(p. 186). 100만 파운드는 결코 요청되지 않았다.

38) 메테르니히는 대체로 혁명들에 책임이 있는 파머스턴의 "지긋지긋한 역할"에 대해서 언급했다. 반면 파머스턴은 "입헌 개혁이 혁명을 막는 가장 효과적인 장벽이라고 굳게 믿었다"(Bury, 1948, 1:420, 429). 벨기에 주재 오스트리아 대사는 1847년 11월 16일에 "벨기에의 자유주의자들은 맹목적이다. 공산주의가 그들 모두를 집어삼킬 것"이라고 썼다. 이는 Bartier(1948, 1:358)에서 인용되었다. 바르티에는 다음과 같이 언급한다. "우리는 미래가 이 어두컴컴한 예언들에게 거짓을 퍼뜨렸다는 것을 안다. 왕위를 잃은 이는 [벨기에의] 레오폴트 1세가 아니라 [프랑스의] 루이 필리프였다. 또한 물러난 이는 빈으로 피신한 [벨기에의 급진파 지도자] 샤를 로지에가 아니라 브뤼셀로 피신한 메테르니히였다."

메테르니히의 견해는 100년 뒤, 1848년을 기념하거나 최소한 부분적으로 그것을 기리는 책에서 페이퇴에 의해서 공유되었다. "[잉글랜드의] 존재라는 바로 그 사실, 그 사회구조의 선진적 상태, 그 속에 내재된 투쟁은 개혁 구상을 위한 자극제였다. 그러므로 잉글랜드는 이런 관점

잃고 충분히 자유롭지 않았던 프랑스인들에게 맡기는 것이 더 정당할 것이다. 존 스튜어트 밀(1849, 7)은 1848년 유럽 혁명의 시작이라고 할 수 있는 1848년 2월 파리 봉기의 원인들을 평가하면서 루이 필리프에 대해서 매우 혹독했다.

질서뿐 아니라 진보를 보증하지 않는다면, 이제 어떤 정부도 영구적이기를 기대할 수 없다. 또 진보를 약속하지 않는다면, 그것이 계속해서 실제로 질서를 확립할 수도 없다. 지금까지는 정부가 단지 약간의 개선 의지와 정신만으로 지속될 수 있었다. 기존 제도를 통해서 목표를 달성하려는 희박한 희망이나마 가지는 동안 개혁가들은 보통 기존 제도를 기꺼이 참고 견디려고 한다. 그러나 희망이 전혀 없을 때, 제도 자체가 개선안에 맞서 완고한 장벽을 쌓는 것처럼 보일 때, 거센 파도의 진행은 그것이 제도들을 압도할 때까지 그 뒤에서 스스로를 쌓아올린다.[39]

파도, 즉 1848년 유럽의 혁명은 그런 종류의 모든 대사건이 그렇듯이 운동과 목표의 혼합으로 이루어졌다. 프랑스에서 그것은 본질적으로 유럽 "최초의 위대한 프롤레타리아 봉기"가 7월 왕정의 보수화에 관한 존 스튜어트 밀의 견해에 동의한 자유주의 좌파의 격렬한 불만과 결합하는 형태를 띠었다(Tilly, 1972, 228).[40] 당시까지 자유주의에 충실하지 않은 유럽의 다른 국가에서 프롤레타리아 봉기는 없었다. 오히려 민족주의적 소요와 결합된 자유

에서 혁명의 주된 동인 가운데 하나로 간주될 수 있다. 그러나 다른 방향에서 우리는 또한 영국의 바로 그 존재, 즉 프랑스가 감히 대항하지 못하는 그 지배력이 혁명적 물결의 확산을 막았다는 점을 관측할 수 있다"(1948c, 2:456). 누가 책임을 져야 하든, 1789년과 1848년을 구별해준 것은 정확히 "혁명의 국제주의"였다(Beloff, 1974, 44; 또 Hobsbawm, 1975, 10 참조).

39) 루이 필리프 정부의 또다른 실책―심지어 "더욱 치명적인 실책"―은 "물질적 이해관계의 숭배," 달리 말해서 "금고와 회계장부에 대한 숭배"였다. 이는 루이 필리프 정부의 "사기를 떨어뜨리고 타락하게" 만들었다(Mill, 1849, 7-8).

40) "흔히 말하는 그런" 노동자들이 최초로 "집단적 폭력" 속에서 등장했기 때문에 "그 사건은 적절한 칭호를 받을 만하다"(Tilly, 1972, 245).

144

주의자들의 봉기가 발생했다. 두 가지 해법과 함께 두 가지 상황이 존재했다. 루이 나폴레옹은 첫 번째 것을 처리했고 파머스턴은 다른 하나를 다루었다.

1848년 2월의 봉기는 "사회적 공화정," 즉 실업자들에게 일자리를, 빈곤과 불평등에 시달리는 모두에게 해방을 제공할 막연한 사회주의 유토피아에 대한 기대를 조명했다. 특권과 생산방식을 복원하려는 "장인,"41) 전통적인 집단적 관습을 재확립하려는 농민,42) "보통"선거권을 확대하려는 여성,43) 노예제 폐지를 원하는 노예44) 등 모두가 자신의 주장을 내놓았다. 시계추가 너무 많이 흔들리기 시작했고, 6월에 카베냐크 장군이 이끈 질서파가 제어하기 힘든 위험한 계급들의 고삐를 바짝 당겼다.45) 라브루스가 외쳤다(1948, 2).

---

41) Ellis(1974a, 41)는 "1848년 혁명이 쇠퇴하는 장인 계급의 사라져가는 방종"을 대변한다고 다소 혹독하게 말한다.

42) 이는 "더 부유한 개인과 정부의 관리, 또는 민간인 숲 소유자에게 잠식당하는 데에 맞서 나름의 다양한 생활방식 가운데 일부를 보호하고자 주로 생계형 농업에만 종사하는 농업 공동체의 시도"였다. "더 부유한 개인들은 인클로저(울타리 치기)와 집단적 관행의 포기를 통해서 농업 기술을 향상하고자 했고, 정부의 관리들은 토질 저하로부터 삼림을 보호하려고 했으며, 민간인 숲 소유자들은 자본을 구성하는 나무를 보호하려고 애썼다"(Price, 1975b, 16).

43) 성인 남성의 보통선거권은 3월 6일 투표로 결정되었다. 3월 22일 여성 대표단은 임시정부에 참여한 파리 시장 아르망 마라스트에게 이런 요구를 제출했다. 그는 여성들이 예전에 어떤 정치적 권리도 가진 바 없었기 때문에 임시정부로서는 그런 중요한 결정을 하는 것이 바람직하지 않으며 선출된 국민의회가 결정하는 편이 좋겠다고 답변했다. Thomas(1948, 36-37)를 참조하라. 물론 그에 앞서 성인 남성의 보통선거권 또한 존재한 적이 없었다.

44) 즉각적인 노예제 폐지법의 준비위원회를 주도한 빅토르 쇼엘처는 노예제 폐지가 식민지를 구하는 유일한 방법이라고 주장했다. 여성 선거에 관한 답변과 마찬가지로 마라스트는 그 쟁점을 지체시키기를 원했으나, 이번에는 마음대로 하지 않았고 1848년 4월 27일 정부가 즉각적인 폐지를 공표했다. Césaire(1948, 1)는 이렇게 말한다. 때마침 "만일 마라스트, 메스트로[식민지 국장], 그리고 수많은 다른 이들이 원했듯이 누군가가 선거를 기다리고 그 쟁점의 해결을 헌법 제정권이 있는 의회에 넘길 것이라면 폐지의 구상에서 무엇이 생겨날까?" 또한 Schoelcher (1948, 175-184)를 참조하라. 게다가 식민지인들은 노예제가 폐지된 날부터 예전의 노예들을 포함해 투표권을 얻었고 "그 대표들이 식민본국의 대표들과 함께 공화국의 구성에 참여할 수 있을 정도로 선거방식을 결정할" 권리를 얻었다(Césaire, 1948, 23).

45) "중간계급은 장인들의 생산방식으로 복귀하든 새로 출현하는 산업적 방식의 실질적 개혁이든 간에 노동자들의 요구에 응할 준비가 조금도 되어 있지 않았다. 그들은 협동조합식 소유를 위한 사회주의자들의 계획에 주저했을 뿐만 아니라 마찬가지로 훨씬 더 수수한 임금 인상을

"불쌍한 임시정부여! 그것은 반혁명만큼이나 사회혁명을 두려워했다."[46]
카베냐크는 탄압할 수 있었다. 하지만 그가 국가를 다시 합법화할 수는
없었다. 어떤 군주도 복귀할 수 없었다. 군주들은 신뢰를 상실했다. 이런 공
백 탓에 루이 나폴레옹이 힘들이지 않고 끼어들었다. 루이 나폴레옹은 자유
롭고 질서가 잡혀 있으며 근대적인 국가를 재건하고자 했고, 젤딘(1958, 6)
이 잘 표현한 대로 "[질서파의] 후보였기 때문에 선출된 것이 아니라 질서파
가 보기에 틀림없이 승리할 것 같았으므로 그들의 후보가 된" 인물이었다.[47]

받아들이는 것도 혐오했다. 두 집단 간의 갈등은 특히 그들이 새롭게 획득한 권력에 대한 부르
주아지의 태도에서 잘 드러난다. 1848년 봉기의 영향을 받은 모든 도시들에서 일종의 민간인
의용대가 승자들과 그 재산을 보호하기 위해서 설치되었다. 그리고 거의 모든 경우에 일단
도취감에 싸인 열정이 처음으로 분출된 뒤 의용대는 하층계급에 맞선 무기로 활용되었다"(Ellis,
1974a, 39-40). Bourgin(1948, I, 214-215)의 유사한 평가를 참조하라. "루이 필리프의 통치가
시작될 무렵 한 프랑스 장군은 폴란드의 봉기가 진압된 뒤 '질서가 바르샤바를 지배한다'고
말할 수 있었다. [1848년] 6월의 나날 이후 질서는 파리를 지배했고 차르 니콜라이는 카베냐크
에게 그의 승리를 축하하는 것이 적절하다고 생각했다……1848년 프롤레타리아와 사회주의자
들이 꿈꾼 사회적 공화정은 라므네가 매우 분명히 보았듯이 6월의 나날 동안 사라졌다."

46) Labrousse(p. 3)는 임시정부의 소심함과 "위임의 범위를 훨씬 더 초과하는 것을 두려워하지
않았던" 제헌의회의 대담성을 대비시킨다. 이 소심함에 대한 라브루스의 설명은 무엇인가?
"1848년의 인물들은 '의지'가 부족했다? 그들에게 지나치게 가혹하지는 말자. 그들이 원했다고
해도 아마 그들은 더 이상 하지 못했을 것이고 어떻게 해야 할지 '알지' 못했다……1848년의
프랑스는 제2제정 말기의 프랑스보다는 루이 15세 당시의 농촌 프랑스에 더 가까웠다……그리
고 1848년 혁명의 강렬한 드라마는 아마 18세기의 구조를 가진 사회에서 20세기의 중요한
문세들을 제기한 셈이었다."

Hobsbawm(1975, 20)은 더 가혹하게 판단한다. "1848-1849년에 온건한 자유주의자들은 서유
럽에서 두 가지 중요한 사항을 발견했다. 혁명이 위험했다는 점과 그들의 실제적 요구사항(특
히 경제적 문제에서) 가운데 일부는 혁명 없이 충족될 수 있다는 점이었다. 부르주아지는 이제
혁명세력이기를 멈추었다."

더욱이 Bouillon(1956, 71)이 지적하듯이 당대인들이 "산악파"와 "적색 명부"에 대해서 언급
했을지라도 "사실 산악파 '정당'은 없었다. 이 호칭은 복잡한 실상을 감추었다." 그것은 기껏해
야 좌익 성향을 띤 다양한 집단 간의 동맹이었고, 그들이 1849년 5월 13일 선거에서 르드뤼-롤
랭의 주도 아래 조직적으로 등장했을 때조차 총투표 수의 3분의 1을 획득했을 뿐이다.

47) 젤딘은 그들이 티에르를 선호했을 것임을 지적한다. 물론 그들은 티에르를 얻게 되지만 20년
이상을 더 기다려야 했다.

그러나 루이 나폴레옹은 무엇을 대변했는가? 무엇보다 그는 프랑스 혁명의 유산, 과학적, 산업적 진보에 대한 헌신, 그리고 민족주의를 결합한 나폴레옹의 전통을 대변했다. 1840년대에 루이 나폴레옹은 7월 왕정이 진보적 자유주의로부터 거리를 유지함으로써 "모래 위에 세워졌고 그리하여 분명히 무너질 것이라고 느꼈기 때문에" 7월 왕정을 날카롭게 비판했다. 그리고 기조와 달리 루이 나폴레옹은 "적절한 보호수단을 갖춘 민주주의 체제가 국가의 안정을 위협하지 않고 수립될 수 있을 것"임을 잘 알고 있었다.[48]

1848년에 자유주의자들은 1830년에 그랬던 것처럼 행동했다. 지나치게 완고하고 비자유주의적인 체제에 대해서 낙담한 그들은 떨쳐 일어나 신속하게 승리를 거두었다. 그 뒤 하층민들이 상황을 틈타 기회를 활용하고 정세를 너무 멀리 밀고 나갈 수 있을지 모를 가능성에 당황해서 그들은 권좌에서 몰아낸 정치집단과 다시 연계했다. 왜냐하면 "현재 적은 왼쪽에 있기" 때문이었다(Palmade, 1961, 255).[49] 루이 나폴레옹이 1851년 12월 2일 쿠데타를 일으켰을 때 가장 중요한 목표는 좌파에 대한 탄압이었다.[50] 그렇지만 두

---

48) 이 인용문들은 루이 나폴레옹의 독자적인 표현이 아니라 Campbell(1978, 3-4)이 루이 나폴레옹의 구상을 요약한 것이다. 더 나아가 캠벨은 1840년대에 "보나파르트주의가 사회적 로맨티시즘의 조류 가운데 일부가 되었고 루이 나폴레옹은 사회주의자와 같은 평판을 확립했다"는 점을 상기시킨다(p. 5). 그의 저서 『궁핍의 소멸(Extinction du paupérisme)』에서 윤곽이 잡힌, 국가 활동을 통한 계급 간 조화의 계획은 생시몽주의자들이 널리 퍼뜨린 구상과 유사했다. 그것은 예전의 생시몽주의자들이 제2제정기에 담당하게 될 역할에 꼭 맞는 서문(序文)이었다.

49) "사실 기업을 운영하는 부르주아지와 귀족적 요소의 통합인 화해와 친선을 촉진한 것은 1848년의 충격 이후 사회적 투쟁이 전선을 바꾸었기 때문이다."

50) "쿠데타 이후의 억압은 공포정치 이래 프랑스의 어떤 정부가 행한 것보다 더 나빴다. 거의 전원이 공화파인 2만6,000명 이상의 인사들이 체포되었고 특별위원회 앞에서 재판에 회부되었다……그들의 업무는 정의의 집행이 아니라 정치적 숙청의 실행이었다"(Plamenatz, 1952, 105-106). 망명자들은 1859년까지 돌아올 수 없게 될 것이었다. 또한 Merriman(1976, 210)을 참조하라. "1851년 12월 2일 루이 나폴레옹 보나파르트의 쿠데타는……급진적 공화파에 맞선 일련의 대규모 타격의 정점이었다." Wright(1975, 2)는 본질적으로 동일한 요점을 지적한다. 그는 기록되지 않은 비공식적 억압까지 보태야만 하기 때문에 "억압은 공식적 수치가 보여주는

번째 목표는 자신을 통해서가 아니라 독자적으로 행동할 수 있는 보수세력
의 역량을 억제하는 것이었다.[51] 원한다면 그 체제의 카이사르주의적 — 이
른바 보나파르트주의적 — 요소를 강조할 수 있다.[52] 그러나 만일 그렇게 한
다면, 실제적이고도 효과적이었던[53] 탄압의 결과가 어느 정도까지 자유주의

것보다 더욱 더 광범위했고 소름끼쳤다"고 말한다. 하지만 그는 신중하게 덧붙인다. "억압은
끔찍했지만 훨씬 더 나쁠 수도 있었다"(p. 303). Bourgin(1948, 1:246-247)은 나폴레옹의 즉위가
1848년 혁명세력의 엄청난 패배였다고 결론짓는다. "삼중의 대실패—노동권의 제거와 아울러
사회적 대실패, 선거권 축소와 쿠데타에 따른 변화로 상징되는 정치적 대실패, 로마 원정으로
대변되는 국제적 대실패."

51) 루이 나폴레옹은 공화파와 동시에 보수파 의원들도 체포했다. Price(1975b, 56)는 이를 주로
전술적 선택으로 파악한다. "일부 잠재적인 좌익 반대파는 보통선거권의 회복을 공표하면서
무장 해제되었는데, 심지어 보수적이고 왕당파가 지배하는 의회의 해산으로 가난하지 않고
민주주의자들도 아닌 대다수 의원들이 더 많이 공감하도록 기대할 수 있었기 때문이다. 그러나
취해진 대다수의 조치들은 왕당파에 반대하는 쿠데타라기보다는 민주주의적 조직에 대한 예방
적 공격을 의미했다. 어느 무엇보다도 이것은 오랜 탄압의 시기 가운데 절정에 해당하는 행위
였다." 그러나 이 전술이 루이 나폴레옹의 기본 전략의 일부가 아니었을까? 어떤 경우에든
Price(p. 63)는 만일 보수주의자들이 "대체로 쿠데타를 환영했다면," 그것은 단지 "의혹을 품은
채" 그렇게 했을 뿐이라고 진술한다.

52) 보나파르트주의에 관한 프랑스와 독일 학자들의 토론회에서 발표된 논문에 실린 한 독일 역사
가의 견해를 참조하라. "1848-1849년은 최초로 전 유럽적 혁명이 일어난 시기였다. 그 뒤 카이
사르주의의 심리적 근거는 프랑스뿐 아니라 라인 강 반대편에서도 마련되었다. 민족 문제에
대한 자유주의의 난파, 사회 문제에 대한 자유주의의 무관심, 보통선거권의 결과에 따른 대중
의 정치 시장의 출현, 대중에 대한 호소, 그리고 카리스마적 지도자와 추종자 간의 합의에 기초
한 새로운 합법성의 확립—1848년 이래 이 모든 것이 카이사르의 이름을 각기 문자로 표기할
수 있는 독일과 프랑스에 속하게 된다. 합법성과의 단절은 대중의 지지와 환호로 신성시될
것이다. 그렇지만 이런 지지가 일단 거부된다면 무슨 일이 벌어질 것인가?"(Stürmer, 1977,
110) Schapiro(1949, 330)는 루이 나폴레옹의 비관적 견해와 유사한 의견을 내놓는다. "노동계
급의 불만이 일으키는 혁명의 파도를 대중적이고 사회화한 독재의 새로운 노선으로 바꾸기
위해서 사회혁명과 싸우는 새로운 정치적 방법이 고안되었다."

53) 루이 나폴레옹의 전술은 자유주의적 형식을 탄압하려는 목적에 복무하도록 만드는 것이었다.
이것은 자유롭지만 민주주의적이지 않은 목적을 무사히 이루려는 더 나은 전술이었다. 비밀투
표가 좋은 사례이다. 자유주의자들은 비밀투표를 자유로운 선거의 보증으로 보면서 1848년에
제정된 비밀투표를 유지하려는 결정에 대해서 만족했다. Plamenatz(1952, 107-108)는 루이 나
폴레옹과 그 조언자들의 추론이 서로 꽤 달랐다고 지적한다. "그들이 원한 것은 두려움이 수치
심에 의해서 속박되지 않고 작동하게 되는 것이었다." 대중은 권력 당국이 그들이 어떻게 투표

적 타협을 이루면서 자본주의적 팽창을 지향하는 중도적 체제―고전적 자유주의자가 아니라 개화된 보수주의자가 이끄는 체제―의 요소54)였는지를

했는지를 알 것이라고 추측했다. "투표의 비밀은, 만일 그들이 대통령에 반대해서 투표한다면, 그들을 경찰로부터 지키지 못할 것이다. 그러나 그것은 친구들의 질책과 학대를 모면하게 할 수 있다. 그러므로 투표는 비밀리에 이루어져야 한다. 그리하여 소심한 이들이 대담한 이들을 두려워하지 않고 그 약점을 이용할 수 있게 될 것이다……비밀투표와 결합된 공포는 1851년 12월 31일에 처음으로 유효하다고 판명되었다."

54) 앞에서 언급한 프랑스와 독일 학자들의 토론회에서 나온 어느 프랑스 학자의 견해를 보라. "그것이 새로운 생각을 가져왔는가? 거의 그렇지 않았다. 보나파르트주의는 프랑스 혁명에서 비롯되었다……그것은 민주주의적인, 삼색의 이데올로기이다. 그러나 보나파르트주의자에게 혁명은 연합이 아니었다. 누군가는 그들의 제물을 면밀히 조사해야 한다……[보나파르트주의는] 중도주의의 완전한 균형[황금의 중용]이라는 [교의를 제안했다]"(Girard, 1977, 23). 지라르는 1850년 루이 나폴레옹의 발언을 인용한다. "우리는 반드시 혁명에서 좋은 본능을 취해야 하고 나쁜 것들과 강력히 싸워야 한다……내게 질서는 자유롭게 선택되고 대중의 동의를 얻은 모든 것을 유지하는 데에 있다. 그것은 분파들에게 승리를 거둔 국가적 의지이다." Duverger(1967, 191)는 유사하게 보나파르트주의를 "훌륭한 중도주의"로 언급한다. 초기의 탁월함은 어쨌든 권좌에 오르는 과정에 있었다. "공화주의자들이 없는 이 불행한 공화정에서 그것은 곧 왕조(부르봉이든 오를레앙이든)의 복귀를 선호하는 이들과 보나파르트주의자들 간에 벌어진 경쟁이 되었다. 자신을 중도파의 지지 위에 올려놓고 물리력을 사용함으로써, 루이 나폴레옹은 그것을 획득했다. 그리하여 그는 권력이 진정한 우파의 수중에 떨어지지 않도록 막았다"(p. 141).

또한 Zeldin(1958, 44-45)을 참조하라. "1852년 선거는 제2제정이 의미하는 바가 무엇인지를 보여준다. 그것은 귀족정과 민주주의를 결합하고자 했다……그 내부의 추진력은 야망이었고 모두에게 개방된 지상의 명예는 그 보상이었다. 그것은 농민들이 좌파―헌법에 도전하고 옛 패거리와 귀족들에 맞서는 혁명가―를 위해서 투표하는 것을 가능케 했다. 그러나 동시에 우파, 질서, 재산, 가족과 종교를 위해서 투표하는 것 역시 가능케 했다." Morazé(1957, 2)는 본질적으로 동일한 내용을 더욱 신랄하게 말한다. "수개월 동안 부르주아지는 모든 것을 상실할지 몰라 두려움에 떨었다. 1848년 파리의 대중은 자신을 진보의 주인으로 만들고자 했다. 그러나 그럴 수 없었고 사회주의의 시간은 아직 소리를 내지 않았다. 나폴레옹 3세와 비스마르크가 잉글랜드를 따라잡고 압도하려고 하면서, 거기에 먼저 도달하고자 투쟁하면서, 그리고 기업가 간의 경쟁을 국가 간의 경쟁으로 바꾸면서 권좌에 앉은 것은 거만한 자본주의였다."

Blanchard(1956, 211-212)는 자유주의적 성과를 강조한다. "보통선거권이 국가의 주권에 필수적인 도구라고 믿는다면, 우리는 공식적인 후보제도에도 불구하고 [제2]제정이 한꺼번에 그리고 동시에 보통선거권의 견습 기간과 특히 프랑스 농민층의 정치적 형성에서, 즉 프랑스 농민들의 민주적 진화에서 결정적인 순간을 대변했음을 확인할 수 있다." Campbell(1978, 24)은 동일하게 긍정적이다. "질서에 대한 나폴레옹의 권위주의적 보증은 1848년의 주역들이 주목

놓치게 될 위험이 있다.

만일 자유주의적 중도파가 다시 한번 프랑스에서 확고해졌다면, 보수파의 경직성과 아울러 노동계급의 강력한 저항의식 — 이 시기 영국의 그것과 비교했을 때, 경기 침체에 직면하여 프랑스가 활용할 수 있는 책략의 폭이 더 협소하다는 결과— 을 감안할 때, 그것은 보나파르트주의적 형태를 필요로 했다. 그렇지만 유럽의 다른 곳에서 문제는 자유주의적 중도파를 다시 확고히 하는 것이 아니라 그것이 출현하도록 허용하는 것이었다. 지정학적 평화를 지나치게 뒤흔들지 않고 이 과정을 유지하는 것은 헤게모니 국가인 영국의 역할이었고 물론 영국은 이를 지지했다.

프랑스 밖에서 공산주의라는 유령은 비교할 만한 사회적 토대를 가지지 못했다. 그럼에도 자유주의자와 사회주의자를 구분하기 어려워하는 지배 엘리트층에게 그것은 실재하는 것처럼 보였다. 1848년 1월, 즉 혁명들이 시작되기 직전에 「두 세계 논평(*Revue des Deux Mondes*)」에 에스파냐에 관한 글을 기고한 한 프랑스의 작가는 다음과 같이 말했다.

다시 말하거니와 나는 우리 정부가 도저히 할 수 없는 실수를 범하지 않는다면, 혁명이 가능하리라고 믿지 않는다. 그러나 최소한 어떤 환상도 품지 말도록 하자. 대중의 분노를 자극할 정도로 매우 무분별한 이들과 대중의 격분에 대해서 심사숙고할 정도로 매우 의욕적인 이들의 말을 들어보자. 혁명은 어떤 관점의 이익을 위해서 발생하지는 않겠지만 공산주의에 유리하게 발생할지도 모른다.55)

하지 못한 것을 제공하겠다고 약속했다. 무질서를 예방하면서 정부는 보통선거권의 원칙을 유지했다……1860년대에 보통선거권은 프랑스 정치 생활에서 필수불가결한 일부가 되었다." 캠벨은 나폴레옹 3세의 위대한 기여가 프랑스에서 옛 체제를 제거한 것이라는 생-뵉브의 재치 있는 농담을 상기시킨다. "그것은 그가 깨달은 것보다 더 정확했다"(p. 26). Hobsbawm(1975, 26)은 동의하지만 이를 살짝 비틀어 다음과 같이 표현한다. "루이 나폴레옹의 선출은 보통선거권이라는 민주주의, 즉 혁명과 동일시되는 그 제도조차 사회질서의 유지와 양립될 수 있다는 것을 의미했다."

55) Quero(1948, 1:323)에서 인용. "관점"이라는 단어는 당대의 문화적 분위기를 반영한다. Tudesq

마찬가지로 칸티모리(1948, 1:279)에게 중북부 이탈리아에서 "사회혁명에 대한 두려움은 단지 유럽의 모든 반동세력이 느낀 '붉은 유령,' 자크리, 그리고 공산주의에 대한 두려움의 반영이었다." 혁명들은 역사에 따라 지역별로, 즉 오스트리아 제국("다른 어느 곳보다 더 치명적인"[Vermeil, 1948b, 2:46; cf. Endres, 1948]), 독일, 폴란드, 북유럽과 남유럽에서 다양한 색채를 띠면서 도처에서 발생했다.56) 그리고 도처에서 자유주의적/민족주의적 "청색파"와 훨씬 미약한 "적색파"가 곧 나뉘었다(Fejtö, 1948c, 2:441).57) 급진파는 쉽게 봉쇄되었지만 그 과정에서 중도적 민족주의자들과 자유주의자들의 이득은 제한적이었다.58) 민족주의는 물론 상황에 따라서 자유주의를 증진하거나 그것을 봉쇄하는 데에 활용될 수 있었다.59)

(1964, 1:368)는 루이 필리프 시대의 "정당" 제도에 관해서 언급하면서 이렇게 진술한다. "7월 왕정의 언론은 여론의 동향을 표현하기 위해서 '정당'이라는 용어를 지나치게 많이 사용했다. 7월 체제의 바로 그 원칙을 강력히 거부하는 극단적인 정치적 선택만이 그 추종자들을 단합시켰다고 말할 만한 조직(구조가 그리 잘 갖춰지지는 않은)과 강령(때때로 모호하기 짝이 없는)을 가지고 있었다."

56) 보헤미아에서 민족 문제는 사회 문제와 잘 어울렸다. "대다수 체코인들은 혁명운동을 지지했다. 그 속에서 민족주의적 요소가 곧 지배적이게 되었다. 그러나 대다수 체코인들은 평범한 일반 대중이었기 때문에 사회적 요구사항 역시 민족주의적 요구사항과 확고하게 연계되었다. 보헤미아의 독일 부르주아지는 곧 체코인들이 독일인에 맞서 노동자와 힘을 합치게 되리라고 느끼게 되었다"(Klima, 1948, 2:218).

57) Tissot(1948, 1:390)는 "민족주의적 개념이 개혁 구상에 대해서 거둔 승리"를 언급한다.

58) 공산주의자들뿐만 아니라 그들이 노동자에게 미치는 영향력에 대해서 마치니와 자유주의자들이 느낀 두려움에 관해서는 Luzzatto(1948, 86)를 참조하라. "[오스트리아 경찰과 마찬가지로 [자유주의자들에게], 공산주의의 공포는 현실적이었다. 그리하여 그들은 최소한 하층계급을 멀리 떨어뜨려 견제하기에 이르렀고, 그들이 정치적, 사회적 투쟁에 가담하는 것을 두려워했다. 그 결과는 정확히 [자유주의자들이] 회피하기를 바란 것, 즉 자유와 독립을 위해서 계속 투쟁하려는 세력의 약화와 투쟁 과정에서 대중의 투쟁 열정을 빼앗는 것이었다."

59) 한편으로 이미 상당히 자유주의적 속성이 강한 헌법을 가지게 된 그리스에서 정부는 "국내 문제로부터 대중의 관심을 돌리게 만든" "위대한 사상의 깃발," 즉 헬레니즘의 깃발을 휘두르면서 민주주의 운동을 막았다(Sakellariou, 1948, 2:337). 그러나 오랫동안 독립을 유지해왔고 따라서 그 자체로는 "민족 문제"가 없었던 스웨덴에서는 민족주의가 스칸디나비아주의의 형태를 띠었다. 이는 친(親)러시아 외교정책에서 친"서유럽"(즉, 친영) 외교정책으로의 변화와 더

영국은 이곳에서는 자유주의자들을 지원하기 위해서, 다른 곳에서는 그들이 너무 멀리까지 나가지 않도록 하기 위해서, 말하자면 모든 곳에서 균형, 따라서 국가 간 체제에 대한 지배력을 유지하고자 상황에 개입했다. 1848년 이전에 루이 필리프의 정부와 긴밀히 연계된 에스파냐에서 영국은 1848년 3월 나르바에스 장군의 정부를 교체하려는 자유주의자들의 시도를 지원했다. 파머스턴은 실제로 3월 16일에 에스파냐 정부에 공식 서한을 발송했다. 그 서한에서 파머스턴은 이렇게 말했다. "에스파냐의 여왕이 만일 정부의 기반을 넓히고 자유주의 당파에 신뢰를 가지고 있는 이들 가운데 일부에게 조언을 구하면서 정부를 재편했다면 중대한 상황에서 현명하게 행동했을 것이다"(Quero, 1948, 1:328에서 인용).[60]

직접 성공을 거두지 못했다고 할지라도 영국의 개입은 탄압을 제한했을 것이다. 영국인들은 나폴리 왕국에 맞선 반란세력을 지원한 시칠리아에서 더 나은 성과를 거두었다. 나폴리는 맹방인 오스트리아가 멀리 떨어져 있었고, 그렇지 않았다면 바빴다고 짐작했기 때문에 요구받은 대로 헌법을 승인했다. 단번에 "이탈리아[또는 최소한 나폴리 왕국]는 프랑스, 잉글랜드, 스위스의 편에 서게 되었다"(Cantimori, 1948, 1:265). 또한 파머스턴은 1849년

불어 "게르만주의, 특히 그 권위주의적이고 봉건적인 차원"에 맞서 스칸디나비아의 "자유주의"를 옹호하는 것을 의미했다(Tissot, 1948, 1:394-395). 그리고 독일에서는 당시 통합 경향에 대한 반대파가 "또한 자유주의에 대한 반동을 대변했다"(Vermeil, 1948b, 2:30).

60) 파머스턴은 정부 내 온건파 가운데 진보적이지만 여전히 군주정에 찬성하고 급진파에 비해서 덜 급진적인 이른바 진보파에 대해서 언급했다. 그럼에도 영국인들의 태도는 에스파냐의 자유주의자들에게 "나르바에스 장군의 정부를 폭력으로 전복하도록 부추기면서" 그들을 대담하게 만들었다(Quero, 1948, 1:329). 봉기는 수포로 돌아갔고 정부는 시민적 자유를 억압하며 의회를 해산했다. 그에 관해서 에스파냐 주재 영국 공사 불워 경은 정부에 서한을 발송해서 의회의 재개를 요구하고 그들에게 자유를 보존하라는 이사벨 여왕의 약속을 상기시키며 "오늘날 군주의 왕위에 대한 가장 굳건한 보증은 국가의 자유와 그 권위 아래에서 집행되는 개화된 사법체계에서 얻어야" 한다고 결론지었다(p. 332에서 인용). 언론은 그 서한에 대해서 알게 되었고 그것을 공표했다. 에스파냐의 외무장관은 이를 독립국가에 대한 위법행위라고 강력히 항의하고 아일랜드 문제를 제기하면서 그 서한을 딱 잘라 거절했다. 뒤이어 양국은 외교관계를 단절했고, 이는 1850년까지 지속되었다.

152

오스트리아에게 헝가리를 "관대하게" 다루도록 요구했다. 이 요구에 대해서 런던 주재 오스트리아 대사는 반란세력을 어떻게 다룰지 결정할 수 있는 "유일한 심판자"는 오스트리아라고 대답했다(Fejtö, 1948b, 2:202). 다른 한편 파머스턴은 혹시라도 아일랜드 운동을 독려할 수 있다는 우려 탓에 차르와 함께 폴란드에 개입하기를 거절했다(Goriély, 1948a, 2:277). 요컨대 파머스턴의 정책은 매우 단순했다. "그의 외교정책은 혁명적 사건들이 조성한 상황을 잉글랜드에 유리하게 만드는 것 외에 다른 목표가 없었다"(Fejtö, 1948a, 1:35). 대개 그 정책은 외교적 개입이 거부되었을 때조차 효과적이었다.[61]

1848년 유럽 혁명은 헤게모니 국가 영국—프랑스의 중요한 후원으로—이 확립하고 있었으나 그 뒤 지문화에서 자유주의의 지배를 보장하는 도가니가 된 세계 자유주의 체제에 대한 위협으로 시작되었다. 폴라니가 「대전환(*The Great Transformation*)」(1957, 3)에서 19세기 문명의 네 기둥— 세력균형 체제, 국제 금본위제, 자기조정적 시장, 그리고 자유주의 국가— 을 약술할 때, 그는 "그 체제의 원천과 모체가 자기조정적 시장이었다"고 말한다. 이 자기조정적 시장이 최대한 이론적 모델과 유사하게 기능하는 듯이 보였던 때가 있었다면, 그것은 1850-1873년의 시기였다. 이 원칙이 가장 적정하게 시행될 시기가 도래했음을 일러주는 결정적인 전조는 1846년 영국의 곡물법 철폐였다. 그 이야기는 얼마간 상세히 재검토할 가치가 있다.

---

61) 어떤 경우든 영국인들은 헤게모니 국가의 위상에 맞게 자축하는 분위기였다. 1851년 빅토리아 여왕은 이렇게 말했다. "혁명 운동이 [1848년] 유럽 대륙을 휩쓸고 거의 모든 유럽 국가들을 뒤흔들었을 때, 잉글랜드만이 안정적이고 자유로우며 좋은 통치체제가 마땅히 받아야 하는 질서, 활력, 번영의 특성을 보여주었다"(Bury, 1948, 1:403에서 인용과 재번역). 프랑스 공화파의 지도자 Ledru-Rollin(1850, 1:99)은 그의 책 「잉글랜드의 쇠퇴(*Décadence de l'Angleterre*)」에서 덜 감탄하는 태도를 드러냈다. "법률과 관습을 연구하면서 잉글랜드는 우리에게 모든 특권의 부당성과 모든 지성의 부패를 폭로한다. 잉글랜드의 정복과 전쟁의 역사는 우리에게 그 정치의 배신행위를 알게 하고 잉글랜드가 저지른 범죄의 횟수와 분량을 제공해줄 것이다." 그러나 프랑스에서 나폴레옹의 해결책— 영국의 정책에도 잘 맞는 해법— 때문에 상징적으로나 개인적으로 가장 많은 것을 상실하게 된 사람은 르드뤼-롤랭이었다.

"1820년대와 1830년대의 매우 현실적인 빈곤"에 이어 찾아온 이른바 배고 픈 40년대는 생필품 가격을 우려하는 노동계급과 시장의 미덕을 설교해온 자유주의자들의 이해관계가 결합되는 현상을 가능하게 했다. 그들은 모두 생활비 상승을 보증한 독점세력의 관행에서 표적을 찾을 수 있었다. 즉 서인 도의 커피와 설탕업자, 차[茶] 무역을 통제하는 동인도 회사, 무엇보다 곡물 법으로 곡물 생산가격을 보호받았던 영국의 지주였다(Mellor, 1951, 14).[62]

정치적 균형은 곡물에 대한 지속적인 보호에 불리하게 바뀌기 시작했다. 유럽에서는 군사적 수요와 대륙봉쇄령의 결과에 따른 생산 확대 때문에 1815년 이후 곡물의 공급과잉이 발생했고, 이 공급과잉 역시 곡물법을 정당 화하는 데에 기여했다.[63] 그러나 1830년대 말에 공급과잉 상태가 해소되었 다. 산업 팽창이 도시 인구를 늘렸고 토지는 가축 사육(콘드라티에프 침체기 에 발생하는 통상적 변화)뿐만 아니라 특용작물 경작지로 전환되었다. "서북 유럽은 전체적으로 주식 곡물이 부족해졌다"(Fairlie, 1965, 568).[64] 곡물법 철폐 투쟁은 점차 강력해졌고 그 옹호자들은 보수적 견해 그 자체를 위해서

---

62) McCord(1958, 16)를 참조하라. "[반곡물법연맹은] 본질적으로 급진당파의 파생물이었고 그 성공은 대부분 곡물법에 대한 공세가 급진파가 재집결결을 매우 간절히 원하고 있을 때 활력을 발휘할 수 있게 용인하는 상태를 맞이했다는 사실 덕택이었다." 1835년과 탬워스 선언 이후 보수주의자들에게 "급진파는 싸워야 하는 적이 되었고 몇 가지 관점에서 곡물법은 투표보다 더 나은 공격의 근거였다……급진파의 압력으로 추진된 곡물법 철폐는 지주들의 경제적 우위 뿐 아니라 사회적, 정치적 우위에 대한 강한 타격이었을 것이다"(pp. 20-21). 곡물법에 대한 공세는 특히 "당시 유력한 경제 사상의 동향이 보호주의에 맞서는 것"이었기 때문에 급진파로 서는 지나치게 급진적이지 않으면서 정치 투쟁의 중심에 서 있을 수 있는 한 가지 방법이었다 (p. 21).

63) "1815년 영국 곡물법의 제정을 위해서 제기된 주장 가운데 하나는 노예노동으로 생산된 폴란 드의 밀이 영국산 밀의 효력을 약화시킬지 모른다는 두려움이었다"(Leslie, 1956, 51).

64) 당시 영국에서는 전통적인 해외 수입처, 즉 독일과 폴란드의 해안 지대, 그리고 그보다 덜하 지 만 덴마크의 대서양 연안, 네덜란드, 프랑스 등지에서 수입이 줄어들었기 때문에 이를 보충하 기 위해서 생산이 늘기까지 했다(Fairlie, 1965, 562). 특히 영국의 생산 증대조차 충분하지 않았기 때문에 이런 경향은 보호주의의 사례를 크게 줄였다. "곡물법이 전후 대륙의 공급과잉 에 맞서 영국의 농민층을 보호하던 상황은 그것의 유지가 영국을 기근으로 위협하는 상황에 자리를 내주었다"(pp. 571-572).

154

다투는 상태로 축소되었다. 그럼에도 우리가 곡물법 철폐를 지주 귀족의 큰 패배로 받아들였기 때문에 철폐 반대가 대지주보다 소규모 차지농 사이에서 훨씬 더 강력했다고 언급하는 것은 흥미롭다.65)

실제로 공연한 호들갑이 있었다면, 왜 이런 호들갑이 발생했는가? 이에 대답하자면, 그것은 양쪽 모두에게 "곡물법이 상징이었기" 때문이다. 철폐를 원하는 이들에게 그것은 낡은 것과 특권에 맞서 새롭고 진보적인 상징이었고, 철폐를 반대하는 이들에게 그것은 젠트리층에 대한 방어의 상징이었다. "그것이 없다면 민주주의와 전제정치 사이에는 지속적인 중용이 없을 것이었다."66) 이런 상징적 투쟁에서 로버트 필 경은 단지 달성할 가치가 있는 목표에 전념하고자 했다. 그것은 중간계급의 승리가 아니라 "새로운 기술적 조건 속에서 지주계급의 지위가 영속적으로 유지되는" 자유주의 국가의 승리였다(Moore, 1965, 651).67) 1846년 5월 15일 필이 세 번째 독회(讀會)에

---

65) "반대연맹(Anti-League : 1844-1846년 곡물법의 철폐 반대를 주장한 보호주의 성향의 조직/옮긴이)의 지도자[로버트 베이커]는 귀족이 아니었고 더욱이 토지 소유 젠트리도 아니었다. 사실 베이커 씨는 지주조차 아니었다. 그는 차지농일 뿐이었다……반대연맹을 이끈 이들은 차지농이었고 마지못해 그 연맹에 참여한 소심한 추종자들은 지주였다"(Mosse, 1947, 134). 모스가 지적하듯이, 한편으로 이 모든 공적인 시위가 "일상의 정치영역으로 내려오는 데에 대해서 보수적인 염증"을 보여준 대지주의 취향에는 지나치게 "민주적"이었기 때문이다(p. 139).

이런 정치적 우유부단은 그보다 덜한 경제적 이해관계와 결합되었다. Clark(1951b, 10)가 지적하듯이 "소작 장부가 광산이나 부두, 도시의 재산에서 나오는 수익으로 넉넉히 보충되거나 깊은 배수 장치라는 신기술을 도입하는 동안에도 충분히 견딜 수 있을 정도로 대규모 경작지에서 이득을 보던 대귀족들에게는 철폐 소송이 충분히 합리적인 듯이 보였을지도 모른다. "대귀족들은 1년 동안의 가격 하락으로 파산할지 모른다고 우려하고, 자본과 체계적인 지식이 거의 없었던 농부들에게 위안을 주지 못했다." 또한 Moore(1965, 544)를 참조하라. "[1840년대에] 지주들에게 곡물법의 경제적 가치는 더 이상 그리 분명하지 않았다."

66) 이는 저명한 토리당원 존 윌슨 코로커가 1843년 2월 19일에 작성해서 브루검 경에게 보낸 편지에서 밝힌 견해였다(Jennings, 1884, 3:13).

67) 또 Kitson Clark(1967, 27)를 보라. "[필은] 매우 신중한 조사 끝에 농업이 곡물법의 보호를 필요로 하지 않고 곡물법 없이 형편이 더 나아질 것이라고 확신할 때까지 곡물법을 철폐하지 않았다."

서 승리했을 때, 그는 보수당의 3분의 2쯤을 자신의 반대자로 만들어버렸다. 당시로서는 보기 드문 의회 내 동맹이 이루어진 것이었다.[68]

필은 두 가지 조건 또는 고려사항에 입각하여 의회를 통해서 철폐를 밀어 붙였다. 첫 번째는 영국에 집약적인 농업 기술의 확대를 강요하려는 철폐라는 채찍이 그 전환을 재정적으로 용이하게 해줄 당근을 수반했다는 점이었다. 여기에는 목초와 클로버 종자의 관세 인하, 도시 빈민이 농촌의 출신지로 귀향하는 것을 더 어렵게 만드는 법안, 그리하여 필요한 지역의 세금부담의 경감, 그리고 "이 모든 조치 가운데 가장 중요한 배수시설용 대출" 등이 포함되었다. 그것은 "정착 경작지"에 대출금을 제공함으로써 차지농 사이에서 집약적인 농법을 보급하고자 고안되었다. 그리하여 종신차지인들은 경작지의 개량비용을 부담할 수 있게 되었다(Moore, 1965, 554).[69] 두 번째는 순전히 정치적이었다. 필은 곡물법 철폐가 대중의 압력에 대한 반발에서 나온 것이 아니라 의회의 현명한 결정으로 비춰지기를 원했다. 필은 1845년 12월의 총선에서 철폐를 하나의 쟁점으로 만들기를 원하지 않았다(어떤 경우든 그것은 그가 속한 정당을 심각하게 분열시킬지도 모르는 것이었다). 의회를 통해서 그것을 강요함으로써, 그리고 당파를 초월한 표결에서 그는 그것을 "민주적 운동과 [반곡물법] 연맹에 대해서 거둔 승리이자, 의회가 공공복지를 부분적 이해관계 위에 둔 증거"로 만들었다(Kemp, 1962, 204).[70]

---

68) 의회의 투표 유형에 대한 Aydelotte(1972, 326)의 분석은 이 점에 관해서 명확하다. "투표의 증거는 필 지지파[곡물법 철폐에 찬성한 보수당파]와 휘그당파 또는 자유주의자 사이에 중요한 쟁점을 둘러싸고 실질적인 견해 차이가 존재했다는 점과 필이 자유무역이라는 유일한 예외를 제외하면, 콥든과 분명한 이해관계가 있는 대다수 주제에 관해서는 자유주의자들에 맞서 보수당의 다른 의원들과 같은 편에 섰다는 점을 보여준다."

69) 이는 "[차지농이] [경작지]를 포기하고 떠날 때, 개량비용을 차지농에게 보상해주도록" 지주들에게 요구함으로써 가능하게 되었다(Moore, 1965, 558).

70) McCord(1958, 203)는 그 결과를 강조함으로써 이 의도를 포착한다. "1840년대의 정치적 조건 속에서 마지막 위기에 [반곡물법] 연맹의 입지보다 그것의 근본적 무기력을 더 분명히 보여주는 것은 없다. 연맹은 8년 동안 곡물법에 맞서 시위를 이끌었지만 곡물법이 철폐되고 있었기 때문에 연맹원들은 그 절차나 정확한 활용 조건에 대해서 어떤 통제력도 행사하지 못했다." 그럼에

곡물법의 철폐는 실제로 무엇을 달성했는가? 사실상 두 가지였다. 하나는 이로 인해서 세계경제에서 축을 이루는 노동 분업이 재편됨으로써 밀 생산은 다시 한번 주변부 활동이 되었다는 것이다. 뒤이어 북아메리카에서 미국과 캐나다, 동유럽에서 러시아와 루마니아가 서유럽에 밀을 대규모로 수출하는 국가로 떠올랐다. 따라서 서유럽 지역은 공업 생산에 더 집중할 수 있었다.71) 그러나 이런 변화는 영국의 대지주들이 새로운 부의 원천으로 재정적인 방침을 전환하는 방식으로 이루어졌다.72)

도 불구하고 철폐 이후 "연맹의 전설적인 성장"이 시작되었다(p. 208). Evans(1983, 263)는 이와 유사하게 주장한다. "필이 곡물법 철폐를 관철했을 때, 연맹의 영향력은 부진했다. 연맹은 곡물법 철폐를 중간계급이 가한 압력의 예정된 결과로 규정하도록 하지는 않을 것이다. 1830-1832년의 위기는 귀족에게 중간계급의 압력에 저항하기에는 무기력하다는 점을 깨닫게 해준 바 있다. 반곡물법연맹이 없었더라도 곡물법이 철폐되었을 것이라는 견해는 적어도 논란의 여지가 있다." 더욱이 Evans(p. 267)는 이렇게 말한다. "필은 총선에 앞서 곡물법 철폐를 관철함으로써 연맹에게 최후의 시험을 허락하지 않았다……이는 우연의 일치가 아니었을지 모른다."

71) 이런 변화가 발생한 메커니즘은 매우 단순했다. "곡물법 아래에서 상황이 보증할 때 서북유럽의 항구와 창고로부터 도착한 수입품으로 수익을 올릴 것을 상당히 확신할 수 있었던 상인들은 국내의 기근 상황에 직면해서 그들의 이런 위치를 중요한 의무로 여겨야 할 때조차 흑해와 아메리카에 관여하기를 망설였다. 우선, 국내의 이동이 너무 길어 가격이 떨어지고 관세가 다시 부과된 뒤 곡물이 도착할 가능성이 매우 컸다. 둘째, 가장 좋을 때에도 영국의 선박들은 흑해와 다른 곡물 운송 항구에서 드물었고, 그 화물 운임은 곡물 가격의 인상에 대한 최소한의 기대감에 힘입어 급상승했다. [1846년] 물가연동제(임금이나 세금 등을 생계비 지수에 따라서 조절하는 제도/옮긴이)의 철폐는 원거리 곡물 교역을 '꽤 괜찮게' 만들었고, [1849년] 항해법의 철폐는 상인들이 곡물 교역 항구에서 현재 이용할 수 있는 선박은 (국적에 상관없이) 무엇이든 쓸 수 있게 했다"(Fairlie, 1965, 571).

72) "아주 많은 지주들에게 대단히 새로운 농업 개량의 시대는 철폐 이후 6년 동안 펼쳐졌다"(Thompson, 1963, 247). 이는 농장 배수시설의 개선, 점토 배수관의 대량생산, 청과(순무, 천수국)의 윤작 추가, 소와 양 사육의 증대 등을 포함했다. "기본적으로 지주들은 이 모든 개량과 개선 조치들을 구조 작업으로 생각했다"(p. 248). 수확은 인클로저 시대와 비교해볼 때 "부족했다"(p. 253). "농지 소유권은 점점 더 비싼 사치품이 되었지만, [운영방식의 변화는] [비록] 지주들의 우위가 끝났다고 하더라도 대단한 명성, 위신, 개인적 부의 오랜 황혼을 보증했다"(p. 291). 톰슨은 1880-1914년의 시기를 1914-1939년의 마지막 "쇠퇴" 이전(제12장 제목)의 "인디언 서머(가을에 한동안 비가 오지 않고 화창한 날씨가 이어지는 시기/옮긴이)"(제11장 제목)라고 부르기까지 한다.

다른 한편에서 그것은 중도우파인 보수당과 중도좌파인 자유당(결국 또다른 중도좌파 정당인 노동당에 의해서 대체된다)으로 나뉜 영국 정치의 재편을 보증했다. 양당 모두 기본적으로 중도적 자유주의 정치의 논리를 수용했다. 이를 중간계급의 승리 또는 단지 귀족의 양보, 즉 "위험하다고 판명된 전방에서 시기적절한 후퇴"처럼 쉽게 생각할지도 모른다(Kitson Clark, 1951b, 12).[73] 18세기의 연합인 휘그와 토리의 개념은 더 이상 존재하지 않았다.

곡물법 철폐를 둘러싼 보수당 내의 엄청난 분열 때문에 초기의 이점은 자유당으로 쏠렸다.[74] 그러나 그때 새로운 종류의 보수주의가 떠올라 변화라는 정상상태, 즉 "스스로 정확하게 대중의 지지와 투표에 근거를 두게 함으로써" 권력을 되찾을 상태에 맞추고자 했다(Mosse, 1947, 142). 그러는 사이 자유당과 노동계급의 연대를 원한 자유당원들(급진파)은 국가 구조를 강화하는 데에 더 관심을 가진 이들에게 밀려났다. 브리그스(1956, 72)가 말했듯이 "개혁법이 선포한 것을 곡물법이 실현했다."

여러분은 내가 곡물법 철폐의 중요한 결과 가운데 하나로 자유방임 원칙의 신성화를 거론하지 않았다는 점을 눈치챘을 것이다. 그 까닭은 자유방임 원칙에 실제보다 신화가 더 많이 존재하기 때문이다. 결과적으로 그것은 자유주의의 결정적인 특성으로 인식될 수 없고 당연히 세계체제의 지문화로서 자유주의의 근본적인 메시지도 아닐 것이다. 확실히 대중의 태도는 존 스튜

---

73) "투쟁 뒤에도 권력은 예전과 동일한 부류의 수중에 남아 있었다." 그 다음의 개혁법은 1867년에 디즈레일리가 발의하기 전까지는 등장하지 않을 것이었다. 디즈레일리는 곡물법 철폐를 실행했다는 이유로 필을 응징하려는 보수당 내의 시도를 성공적으로 이끈 바 있었다. 그리하여 명석한 보수주의자들은 자유주의 프로그램을 현명하게 실행하는 방향으로 계속 움직였다.

74) McCord(1958, 212)는 보수당이 "거의 30년 동안 무기력한 상태로 비난받았다"고 다소 과도하게 극적으로 진술한다. 그럼에도 그는 철폐가 "온건한 휘그당파"를 보수당으로 표류하게 만들면서 "자유당원들의 통합도 손상시켰다"고 언급한다.

어트 밀이 간결하게 표현했듯이, "대단한 더 큰 선이 요구하지 않는 한, 자유
방임주의에서 이탈하는 모든 움직임은 명백한 악"이라는 것이었다.[75] 그러
나 종속절은 대단히 큰 허점으로 밝혀졌다. 예컨대 철폐가 관철된 1846년,
10시간 (노동)법에 대한 토론에서 매컬리는 시간을 규제할 경제적 타당성의
근거가 없기는 하지만, 의회가 "고용주들과 적절한 계약관계를 맺지 못하
는"(Taylor, 1972, 44)[76] 여성과 아동의 사회적 요구를 고려해야 한다고 주장
했다. 곡물법을 철폐하려는 성공적인 운동—경제 영역에 대한 국가 개입의
강렬한 상징에 반대하는— 과 영국(그리고 유럽 대륙)에서 진지한 사회 입법
의 시작이 동시에 발생했다는 사실은 브레브너(1948, 107)의 경구를 뒷받침
하는 강력한 증거이다. 브레브너는 실제 벌어지고 있었던 일이 자유방임으로
의 변화가 아니라 "통상에 대한 국가의 개입에서 산업에 대한 국가 개입으로
의" 변화였다고 언급했다. 고전파 경제학자들과 자유주의자들은 사실 이 점
을 깨달았고, 애덤 스미스에서 벤담과 나소 시니어에 이르기까지 자유방임에
대해서 항상 미묘한 차이가 있는 태도를 취했다.[77] 심지어 위대한 신고전파

---

75) 「정치경제의 원리(Principles of Political Economy)」(1921 ed., p. 950), Taylor(1972, 13)에서
   인용.

76) 매컬리는 1846년 5월 22일에 연설했다. 토리당파의 가부장적 온정주의는 물론 1846년 이전의
   현상이었다. 리처드 오슬러, 마이클 토머스 새들러, 조지 불과 같은 이들은 수십 년간 이런
   방식으로 운동을 전개했다. "그들은 자유경쟁에서 나온다고 추정되는 혜택에 대해서 회의적이
   었고, 국가를 산업자본주의의 가장 잔인한 측면들을 억제할 수 있는 자연스런 대리자로 보았
   다"(Evans, 1983, 228). "토리당파 사회개혁가들 가운데 가장 위대한 애슐리 경[섀프츠베리 제7
   백작]"이 1833년 10시간 노동법을 통과시키려고 애썼을 때, 산업의 규제라는 대의가 많은 전통
   파의 지지를 이끌어냈다는 점은 이미 분명했다. "토리당파 복음주의자들은 그것에 자극을 주었
   고, 공리주의자들은 그 형태[검사의 원칙]를 규정했으며, 타협의 달인인 휘그당파는 의회를
   통해서 [더 온건한 법안을] 통과시켰다"(Roberts, 1958, 325-326). 마찬가지로 새로운 구빈법이
   1834년에 통과되었을 때, "빈곤 상태에 대한 과장된 공포"는 "이것이 정상 상태에서 수용할
   수 있을 것보다 훨씬 더 큰 정도의 관료적 중앙집권화를 포함했다는 사실에도 불구하고" 의회
   로 하여금 왕립위원회가 추천한 체계를 받아들이도록 유도했다(Rose, 1974, 9). 대략 비슷한
   시기인 1827-1841년에 프랑스에서 아동노동법을 위한 주목할 만한 운동이 펼쳐졌다. 결국 이
   는 채택되었고 "프랑스 최초의 사회 입법 사례"가 되었다. "그에 앞서 국가는 결코 고용주와
   피고용인 사이에 개입한 적이 없었다"(Heywood, 1988, 231).

경제학자 앨프리드 마셜조차 그랬다.[78] 자유방임주의의 "가치"를 인식하는
것과 그것을 "절대적 신조"로 설파하는 것 사이의 구분은 모든 고전파 경제학
자들에게 필수적이었다(Rogers, 1963, 535).[79] 그들은 모두 "한 사람의 자유

77) "애덤 스미스는 자유방임주의의 교조적 옹호자가 아니었다……그는 자유방임주의가 항상 옳
　다거나 항상 나쁘다고 믿지 않았다. 그것은 상황에 따라 달라지는 문제였다"(Viner, 1927,
　271-272). 더욱이 "스미스는 자연적 질서가 나름의 경로를 취하게 내버려두었을 때 많은 점에
　서 전반적 복지에 도움이 되는 대신 그것에 반해서 작동한다는 점을 입증함으로써 일반적으로
　자유방임주의에 대한 그의 주요 논점으로 간주되는 것을 스스로 약화시켰다"(p. 218). "고전파
　경제학자들은 전체적으로 항상 국가에 중요한 역할을 부여할 준비가 되어 있었다……도덕적,
　사회적 개선은 목적 그 자체로서의 자유방임주의가 지향하는 바라기보다 고전파 경제학자들
　특유의 목표였다. 벤담 자신의 저작에서 의심할 바 없이 개혁을 위한 단계로서 국가의 행위에
　중요성이 덧붙여져 있었다"(Gash, 1979, 45). 또한 대체로 사회 입법에 가장 저항하는 인물
　가운데 한 사람으로 알려진 나소 시니어는 자유방임주의를 "모든 실책 가운데 가장 치명적"이
　라고 선언했다(「사회적 경제[Social Economy]」, 2:302, Sorenson, 1952, 262에서 인용). 일부
　분석가들은 약간 더 조심스럽다. Walker(1941, 173)는 고전파 경제학자들이 "태도에서 크게
　달랐다"고 말한다. 그리고 워드는 브레브너, 소렌슨, 워커의 저서를 읽고 "연구에서 끌어낸
　결론은 대체로 전통적인 견해에 대한 부인이라기보다는 수정이었다. '고전파 경제학자들'은
　성인이 아니라 아동에게 측은함을 느꼈을 것"이라고 말한다(1962, 413).
78) 앨프리드 마셜은 인생의 초로기인 1920년에 출판한 「경제학의 원리(Principles of Economics)」
　제8판에서 자유방임주의에 대한 생각을 이렇게 요약했다. "[산업혁명 기간 동안] 이 경제적
　자유의 갑작스런 증대로 생겨난 모든 폐해를 인지하는 일이 우리 세대에게 남겨졌다……그리
　하여 우리는 점차 개인주의의 지배가 시작되기 전에 그랬던 것보다 훨씬 더 공공선이 개인적인
　변덕을 압도하는 사회생활의 질서에 이르게 될 것이다"(부록 A, 750, 752, Evans, 1978, 134에
　서 인용).
79) Fay(1920, 44)는 이렇게 주장한다. "벤담의 제자들에게, 자유방임주의는 '걱정하지 말고 상황
　을 내버려두라'는 의미가 아니었다. 그것은 발전의 사유를 막는 모든 법이나 사회적 통념에
　대한 공세를 알리는 함성이었다. 그것은 오랜 기간에 걸쳐 자리잡은 악습을 파괴하려는 활동이
　었다." 또는 Taylor(1972, 25)가 요약하듯이, 자유방임주의는 "분석적이 아닌 규범적인 경제적
　사유의 영역"에 빠져들었다. 그리고 물론 신고전파 경제학자들은 이 활동이 유익한 결과를
　낳았다고 믿었다. 마셜은 이 점에서 꽤 분명하다. "개인이 어떤 거래라도 채택할 자유(본래
　의미에서 자유방임)는 누구나 어디로든 물건을 보내고 어느 곳에서든 그것을 가져올(laissez
　aller, 마음대로 가게 하다) 자유와 더불어 잉글랜드를 세계의 화물집산지로 만들었다." 그렇다
　고 해도 Marshall(1921, 84-85)은 이 진리가 영국에 가장 강력하게 적용되었다는 점과 이것이
　대중을 혼란스럽게 만들기를 원하지 않았기 때문에 정치가들이 이를 구체적으로 상술하지 않
　았음을 인정한다. "그러나 [정치가들이] 생략한 번거로운 조건들을 눈에 띄게 만들도록 강요된
　다면, 장기적으로 그것은 잉글랜드와 자유무역 모두에게 더 좋을 것이다. 그렇다면 다른 국가

방임이 다른 사람의 개입이었음을 깨닫고 있었다"(Taylor, 1972, 12).[80]

유럽의 자유주의자들은 여전히 곡물법의 철폐가 경제적 진보를 보증하는 위대한 사건이었다고 생각했다.[81] 그리고 수많은 그런 믿음이 다 그렇듯이 철폐 직후 몇 년은 증거를 제시하는 것처럼 보였다. 세계경제가 당시 또다른 콘드라티에프 A국면, 즉 1850년대와 1860년대에 "번영의 황금기"에 접어들고 있었고, "수많은 당대인들이 이를 곡물법 철폐 덕분으로 생각했기" 때문이다. 켐프(1962, 195)에 따르면, 이는 "화해의 신화"였다. 이 시기는 당시 세계체제의 두 핵심 국가인 영국과 프랑스에 특히 유익했다.

영국에서 이 시기는 "위대한 빅토리아 시대의 호황" 또는 약간 더 극적이게 "빅토리아주의의 정오(正午)"로 불렸다. 이는 "공업과 농업 사이의 균형에 근거한" 시기였다(Kitson Clark, 1962, 31, 57).[82] 또 영국의 자본가들이

들은 보호관세의 철폐가 잉글랜드의 공업에 그랬던 것처럼 그들의 가장 좋은 공업 분야에 똑같은 분명한 이익을 가져오기를 기대할 수 없을 것이라고 미리 경고를 받을 것이다." 실제로 마셜은 훨씬 더 나아간다. "각자가 마음껏 자신의 관심사를 잘 처리하도록 허용될 때, 산업이 가장 잘 성장할 것이라든가 삶이 가장 행복하고 건강할 것이라는 관념을 지지하는 일반적인 경제 원리는 없다"(p. 736).

물론 자유방임주의가 영국에게도 중요했다는 데에 회의적인 이들이 얼마간 있다. "우리가 잉글랜드의 국제 교역을 다른 국가들의 경우와 비교한다면, 그리고 특히 [19세기] 영국의 수출과 서유럽의 수출을 비교한다면, 우리는 두 가지 흐름의 유사성 — 예컨대 자유무역을 중시하는 잉글랜드에서처럼 보호주의적인 프랑스에서도 — 때문에 놀라게 된다……그렇다면 우리가 허스키슨과 필의 개혁에 어떤 찬사를 보낼 수 있을까?"(Labrousse, 1954, 1:45)

80) 알레비가 정확히 관찰한 대로 이 모순은 자유주의에 내장되어 있었다. 존 스튜어트 밀을 웨스트민스터 철학과 맨체스터 철학 사이에서 결딴난 중도파로 논의하면서, Halévy(1904, 387)는 밀이 "권위주의적 민주주의에 직면했을 때에는 자유주의에 반대했지만, 경쟁의 철학과 직면했을 때에는 사회주의에 이의를 제기했다"는 점을 언급함으로써 끝을 맺는다. "이 두 가지 근본적인 공리주의 원리 사이의 모순이 모든 이들에게 분명해졌다. 잉글랜드의 사상과 입법의 역사 속에서 철학적 급진주의는 그 활동을 고갈시켰다."

81) "만일 곡물법 철폐가 전체적으로 '좌파'의 위대한 승리로 비춰졌다면, 그것이 더불어 '저렴한 식량'이라는 대의가 전면적인 자유무역을 요구했고 보호주의가 생필품에 대한 과세와 동의어였다는 광범위한 확신을 가져왔다는 사실은 콥든의 개인적 승리였다"(Biagini, 1991, 137).

82) 1874년 이후 "일련의 파괴적인 충격이 영국 농업을 강타했다"(Kitson Clark, 1962, 57). 그리하여 필은 대지주들에게 30년에 이르는 복구와 재전환의 시기를 허용하도록 애썼다.

성공을 거두면서 당시 속어로 말하면, 주로 "(남에게 의지하지 않고) 자기 카누의 노를 젓고자" 애쓰는 시기였다(Clapham, 1932, 2:145). 확실히 영국이 "거의 모든 생산물을 위해서 개방된 시장"이 되었기 때문에 그들은 그렇게 해야만 했다. 이 시점에 영국의 우월성은 통상, 금융, 공업 등 모든 면 — 즉 "주로 필수품"의 생산 — 에서 뚜렷했기 때문에 이는 여전히 어떤 문제도 제기하지 않았다(Clapham, 1932, 2:2, 12).[83]

1850년대에는 영국의 수출 신장이 최고조에 이르렀다. 면포류(綿布類) 수출은 1850년대에 "거의 두 배가 늘었고" 실제로 성장률까지도 증가했다. 홉스봄(1975, 30-31)이 주장하듯이 이는 "매우 귀중한 [정치적] 휴식의 기회"를 제공했다. 면직물은 여전히 영국의 부에서 핵심을 차지했으나 이 시기에는 금속과 기계류가 주요 공업 분야로 전면에 등장했고 더불어 "도처에서 더 큰 규모의 공업 생산 단위"가 출현했다(Clapham, 1932, 2:114). 분명히 영국은 공업 국가로 변화하는 여정에 들어섰다. "진로는 정해졌다"(Clapham, 1932, 2:22). 영국에게 이는 "활황기"였다. 그동안 세계경제에서 영국이 차지하는 지배력은 "사실상 의심할 바 없이 확고해졌고" 새로운 산업 세계는 "화산이라기보다 (그리스 신화에 등장하는) 풍요의 뿔처럼 보였다"(Coleman, 1973, 7-8).[84] 영국은 항상 세계경제의 모든 변동을 감시해야 한다고 느끼

---

83) 행복에 겨운 Clapham(pp. 20-21)의 평가는 다음과 같이 이어진다. "자신이 선택한 장소에 내해서, ㄴ 엔신이 힘들게 이룬 땅에 대한 잉글랜드의 통제는 사실 거의 완벽했다. 엔진은 아메리카에서도 힘들게 일했으나 수출용 상품에 대해서, 잉글랜드로의 수출용 상품에 대해서 거의 통제하지 않았다. 벨기에의 기계류는 풍부하고 품질이 좋았다. 그러나 벨기에는 매우 작았다. 모든 여건을 고려할 때, 프랑스의 기계류는 상대적으로 더 부족하고 질이 떨어졌다. 네덜란드는 제조업 국가라고 생각하기 어려웠다……독일의 기계류는 전반적으로 열등하고 독창적이지 않았다……영국은 다른 국가들의 생산물을 활용하고 시장을 중시하거나 기술을 존중했을 것이다. 영국은 자국과 더불어 그들을 하나의 경제적 범주 속에 배치하는 데에 영향을 미치지 않았다."
84) 영국은 다른 국가들에게도 그와 같이 보였다. Fejtö(1948a, 1:60)는 "[여러 유럽] 국가들의 보호주의자들조차 자유무역 지지자들만큼이나 잉글랜드에 감탄했다. 프리드리히 리스트는 동료들에게 마치 콥든의 제자들이 그랬던 것처럼 잉글랜드의 사례를 따르도록 요구했다"고 일러준다. 물론 리스트는 잉글랜드가 경제적 지배력을 유지할 수 있게 해준 자유무역 정책보다

지 않으면서 마음 편히 만족스럽게 헤게모니 국가의 지위를 누렸다.[85]

그러나 이를 과장해서는 안 된다. 여정은 "아직 절반도 끝나지 않았다." 농업은 "[영국의] 산업 가운데 단연 최대 규모였다"(Clapham, 1932, 2:22).[86]

더 그 경제적 지배력을 성취하게 해준 잉글랜드의 보호주의 정책을 기억했을지 모른다.

85) Fetter(1965, 255)는 제1차 세계대전 이후 국제 경제 문제에서 영국이 더 이상 주도권을 행사하는 위치에 있지 않고, 미국은 아직 그럴 만한 지위에 있지 않으며 더욱이 미국은 전망과 훈련이 부족하다는 견해가 유행하게 되었다고 지적한다. "이는 그럴듯한 가설이다. 그러나 나는 영 제국이나 영국인들이 1845년 이후 30년 동안 그런 책임감을 느꼈다는 어떤 기미도 찾을 수 없다." 그는 영국이 세계경제를 "관리하지" 않았을 뿐 아니라 "최후 수단의 제공자"로 기능하지 않았다고 주장한다. 다른 한편 Fetter(p. 271) 자신은 1861년 9월 14일 「이코노미스트(Economist)」(p. 1009)에 게재된 배젓의 기사 "조용한 시대 잉글랜드 은행의 의무"를 인용한다. 그 기사에서 배젓은 이렇게 주장한다. "잉글랜드 은행은 국가적 기능을 가지고 있다. 영국에서 유일하게 예비 지금(地金)의 준비금을 보관한다……우리는 은행 소유자들의 궁극적 이해관계가 국가에 대한 은행의 의무를 가장 완전히 이행할 때 가장 잘 다루어질 것이라고 믿는다." 페터는 이 기사를 이렇게 해석한다. "배젓의 눈에는 은행의 정치적 수완과 이윤 획득의 동기가 만족스럽게 결합될 것이었고, 그 뒤 반세기 동안 중앙은행에 대한 그의 큰 공헌은 이것이 자유 무역의 규칙에 따라 복 받은 명예로운 결합이었다고 영국인들을 설득한 것이었다." 내게 이는 경제, 최소한 영국 경제를 "관리하는" 것처럼 들린다. 1861년에 이는 전반적으로 세계경제의 관리를 의미했다.
    페터는 "잉글랜드 은행이 배젓의 견해를 공식적으로 받아들이지는 않았다고 할지라도 [그럼에도] 1870년대 중반부터 그 원칙이 더 이상 의문시되지는 않았다"(pp. 274-275)고 인정한다. 당시 정설은 금본위제와 최후 수단의 제공자로서 잉글랜드 은행 모두를 포함했다. "금본위제가 파기되지 않은 것은 정부의 결정이었다. 금본위제를 유지하는 일이 잉글랜드 은행에 맡겨졌고 그 일이 수행되는 한 정부가 잉글랜드 은행에게 맡긴 사명은 세부사항을 운용하는 것이었다"(p. 282).
    더욱이 잉글랜드 은행이 떠맡은 이 세계적인 역할, 즉 "통화 안정과 활발한 국제 교역"의 보증인 역할은 필이 1844년 은행설립인가법을 통과시켰을 때 잘 마련되었다. 이는 이른바 통화학파의 승리를 신성화했다. "중앙은행의 효과적인 관리와 기능이 발전하는 데에는 몇 년이 걸렸지만, 빅토리아 시대 영국인들은 필을 자신감 있는 경제 질서의 설계자로 회고할 수 있었다"(Briggs, 1959, 339).

86) 이 사실은 대지주들에게 과도기를 부여하는 것에 필이 보여준 중대한 관심을 강조한다. 또한 그것은 영국 정부에게 다루기 어려운 노동계급의 문제를 계속 제시하는 혼란을 명시한다. "영국의 산업계에서 직물업자들의 중요성을 과장하기란 쉽지 않다. 면직물 제조업조차 완전히 기계화되지 않았지만, 그것은 기계와 동력의 시대에 대표적인 공업 분야로 우뚝 섰다……그와

처치(1975, 76)는 이 시기를 "빅토리아 중기의 호황기"라고 부르는 것이 "엄격하게 제한되어야" 한다고 믿는다. 가격 인상,[87] 사업의 팽창, 생활수준의 향상이 있었지만, 생산의 성장률은 결코 그리 높지 않았고 1858년에는 19세기의 가장 심각한 경기침체 주기가 발생했다. 모든 경제 주역처럼 영국은 하락을 준비하고 있었다. 그것은 기술혁신에 대한 저항이었다. 베시머가 양질의 강철을 더 저렴하게 제조하고자 공기 분사장치의 이용에 관한 논문을 처음 읽은 것은 1856년이었으나, 그 구상은 콘드라티에프 B국면까지는 널리 채택되지 않을 것이었다.[88] 그 뒤 세계경제의 팽창은 미국과 유럽 여러 지역에서 그 이상의 산업화를 가져왔고 따라서 영국의 경쟁력을 "끊임없이 더 어렵게" 만들었다. 특히 프랑스를 중요한 예외로 하면, 이 국가들은 자유무역을 채택하는 데에서 "영국의 사례를 따르려는 어떤 의도도 없었다는 점"

같이 기계화되었기 때문에 그 생산량은 엄청났다. 또한 완전히 기계화되지 않았기 때문에 그들은 흔히 밀려난 채 남겨진 다수의 수공업자들과 함께 행진에 참여했다. 양말과 레이스 수공업자를 빼고 그들은 거의 110만 명의 일자리 — 아니, 하나의 상표명을 부여했다고 말해야 할까? —를 구했다"(p. 28). 이 수공업자 집단은 당시 19명 가운데 1명꼴이었다. 그들은 1901년에는 37명당 1명꼴로 줄어들었다(p. 29 참조).

87) 가격 인상이 헤게모니 국가에 어느 정도까지 도움이 되었는지는 몇 가지 의문의 여지가 있다. Imlah(1950, 191, n. 20)는 이 시기의 가격 인상을 세 가지 이유로 설명한다. 첫째, 크림, 미국, 프로이센 전쟁, 둘째, 새로운 대규모의 금 공급, 셋째, 자본재 수출. Rostow(1948, 20-21)는 각 사건의 이점(利點)에 대해서 회의적이다. 전쟁들은 경제적으로 "비생산적"이었다. 금광은 자원에 대한 세금이었지, "세계에 대한 공헌이 아니었다." 그리고 자본 수출은 "비생산적인 모험 또는 단지 장기적으로만 부를 산출할 모험적 사업이었다." 철도 건설은 1873년 이후에야 기대한 성과를 올릴 것이었다(p. 23). 누군가는 로스토가 콘드라티에프 B국면을 선호했다고 생각할 테지만, B국면에서 이익을 얻은 이는 물론 다양한 집단, 특히 더 작은 집단들이다.

88) 거의 항상 그런 것처럼 발명은 경기 침체기에야 주요한 혁신이 되었다. "교련법(진흙을 짓이겨 제조하는 법/옮긴이)에 쏟아부은 자본과 인적자본의 거대한 투자, 세계시장에서 아직[1858년]까지 반박의 여지가 없는 영국 제철업의 우위는 모두 급속한 변화에 불리한 것이었다. 1870-1880년대 준(準)독점적 지위와 —부분적으로 시행된— 부수적인 생산 경제활동의 상실은 궁극적인 전환에서 결정적인 요소들이다"(Clapham, 1932, 56-57). 이미 1851년 3월 8일 명민한 「이코노미스트」에게는 영국의 경제적 지배가 영원하지 않을 것임이 명백했다. "지난 60년간 [영국과 미국의] 상대적 진보에서 영국에 대한 미국의 우위가 결국 그 다음번 일식처럼 확실하다고 추론할 수 있을 것이다"(Clapham, 1932, 10에서 인용).

164

(Schlote, 1952, 43)[89]을 보여주었기 때문이다. 실제로 영국은 스스로 자유 무역에 대해서 시큰둥해질 것이었다.[90]

19세기 중반 이런 영국의 상승 속에서 프랑스는 1848년의 동요 때문에 애당초 불리한 처지에 있는 듯 보였다. 다시 한번 그 혁명들이 경제 발전에 손해를 끼친 듯했다. 그러나 이번에는 그 기간이 매우 짧았다. 예전에 아무도 하지 않았지만,[91] 바로 이 체제가 스스로 프랑스 경제구조의 도약을 지지하

89) 영 제국 밖의 다른 공업 국가들에 견주어볼 때 "영국의 제조업은 [1850년부터 1914년까지] 전체 수출에서 차지하는 비율이 상당히 줄어들었다. 그러나 제조업이 수입에서 차지하는 비율은 상당히 늘어났다"(p. 87). 제국 차원에서는 "영국의 해외 교역에서 제조업이 차지하는 몫은 제1차 세계대전의 발발까지 거의 변하지 않았다"(p. 88). 그러나 그 뒤에는 하락했다. 영국의 상선 역시 1847-1849년의 정점 이후 "상대적 쇠퇴기"에 들어섰다(Clapham, 1932, 211).
90) 1850년에 "어느 누구도 영국을 '젊고 떠오르는'[존 스튜어트 밀이 보호주의를 용인한 예외를 빼고] 존재라고 믿지 않았다. 영국은 늙었고 이미 솟아올랐으나 여전히 떠오르고 있었다. 예외는 적용되지 않았다……1870년대 초 하락 이후, 그리고 뒤이어 통상과 공업의 당혹스런 어려움이 지속되는 가운데 평범한 이들은 이런 질문을 던지기 시작해야만 했다. 자국의 시장을 닫고 있는 국가들에게 시장을 계속 개방하는 것이 '공정'한가?"(Clapham, 1932, 242, 249) 공정무역 연맹은 1881년에 창설되었고 프리드리히 리스트의 책은 1885년에 처음 영어로 옮겨졌다(p. 251). Coleman(1973, 10)이 말하듯이 "1880년대에 빅토리아 중기의 낙관론은 증발해버렸다."
91) "제2제정은 경제 영역에서 매우 분명한 목표를 설정하고 그것에 우선권을 부여한 프랑스의 첫 번째 체제이다"(Plessis, 1973, 85). 그리고 이것은 효과가 있었다. Marczewski(1965, lx)를 참조하라. "혁명과 나폴레옹 전쟁은 대외무역에서 파괴적인 몰락을 초래했다. 왕정복고를 통해서 수출과 생산 간의 관계는 커지기 시작했으나 1855년까지 1787-1789년의 수준을 넘지 않았다. 1860년 영국-프랑스 조약과 새로운 금광의 발견이 세계무역에 끼친 자극으로 시작된 자유주의 정책은 1855년부터 1864년까지 10년간 프랑스 수출이 분명히 약진하는 데에 기여한 요인이었다."
다른 한편 제2제정이 아무것도 없는 곳에서 나온 기적이었다고 가장해서는 안 된다. 벨기에의 분석가 나탈리 브리아부안은 이미 1839년에 이런 질문을 던졌다. "과학혁명과 산업혁명이 왜 프랑스와 잉글랜드에서 먼저 발생했는가?" 물론 그는 이탈리아, 독일, 스웨덴에서도 산업 발전이 일부 존재했다는 각주를 붙였지만, 그럼에도 "프랑스가 화학기술 분야에서 혁명의 현장인 것과 잉글랜드가 기계 분야에서 혁명의 현장이라는 점에는 일종의 보편적인 합의가 존재한다"고 단언했다(1: 191-192). Sée(1951, 2:226)도 유사하게 "전체적으로 루이 필리프 체제 아래 당대인들이 발언한 의미 있는 경제적 팽창이 존재했다"고 일러준다.
Coussy(1961)의 자세한 분석은 제2제정이 어느 정도까지 예전과 이후의 프랑스 경제정책과의 단절을 대변하는지에 대해서 회의적이다. 특히 체제의 경제적 자유주의는 "오늘날이라면

고 추진하도록 만들고 세계체제의 자유주의적 핵심을 강화함으로써 혼란에 대한 정치적 해법 — 제2제정의 포퓰리즘적 권위주의 — 이 얼마간의 정치적 긴장을 해결하는 데에 기여했기 때문이다.

경제지표는 분명했다. 대외무역이 세 배나 증가했다(Palmade, 1961, 193). 생산수단의 생산은 소비재 생산에 비해서 증대되었다(Markovitch, 1966, 322).[92] 1867년에 대외투자에서 얻은 순수입이 자본순수출을 넘어설 정도로 국내 투자뿐만 아니라 해외 투자에서도 호황기를 맞이했다. 캐머런(1961, 79)에게 이것은 프랑스가 "'원숙한' 채권국"[93]이 되었다는 것을 의미했다. 프랑스의 공공 재정은 영국의 공공 재정과 더불어 "견고해졌다." 정부 공채에 대한 공개 청약은 "두 국가가 지닌 저축의 힘과 풍부한 자본을 입증했다"(Gille, 1967, 280).[94] 간단히 말해서, 이는 영국뿐 아니라 프랑스에게도 경제적 영예의 시기였다. 또한 "제2제정의 공적이 아니더라도 제2제정에게 유익한 일이었지만," 팔메이드(1961, 127, 129)가 주장하듯이 "대외적으로 유리한 상황이 그 기회를 이용하기로 굳게 약속한 정부에게 주어졌다."

더욱이 정부는 정부의 활동이 이런 경제적 팽창에 필수적이라고 생각했고, 나폴레옹 3세의 말을 빌리면 국가의 행위는 "필요한 병폐"가 아니라 오히

온건한 보호주의라고 지칭될 만큼 매우 상대적인 자유주의"였다고 주장한다(p. 2). 다른 한편 "온건한 보호주의"는 자본주의적 세계경제의 일련의 정부 정책에서 자유주의적 극단이 되는 경향이 있었다. 어느 국가든 단지 잠시 동안만 이런 개방의 수준을 넘어설 뿐이었다.

92) 마르코비치는 레몽 바르를 인용한다. 마르코비치는 이를 근본적 구조 변화의 증거로 채택한다 (p. 321 참조).

93) 캐머런은 이를 "프랑스의 경제적 국제관계의 역사에서 중요한 전환점"으로 인식한다. 이 과정의 일환으로 "1850년대 철도 판촉에서 프랑스의 지도력이 두드러진다"(p. 213). 또한 Sée(1951, 2:355)를 참조하라. "1871년 프랑스는 외국의 증권을 120억 [프랑] 이상 보유했다. 그 가운데 20억 프랑은 전쟁 부채를 충당하기 위해서 제외해야 했다. 그러나 이 손실은 곧 이익으로 바뀌었다. 프랑스는 독일, 이탈리아, 그리고 심지어 영국이 1873년 발생한 중유럽의 위기에서 빠져나오기 위해서 파리의 증권거래소에서 꼭 팔아야 했던 증권을 저렴하게 획득할 수 있었다."

94) Gille(p. 276)은 "대중이 당시 [이런 공개 청약을] 자본의 보통선거권이라고 불렀다"고 언급한다.

려 "모든 사회 유기체의 호의적인 원동력"이라고 간주했다. 그럼에도 불구하고 그 의도는 민간기업을 장려하려는 것이었다. 정부의 "우선 관심사"는 "가능한 한 많은 [경제]활동을 창출하는 것"이었지만, 정부는 여전히 "개인이 할 수 있거나 정부가 할 수 있는 것보다 개인이 더 잘할 수 있는 활동에 국가가 관여하는 괴로운 경향을 회피하기"를 원했다.[95] 더욱이 정부의 공공사업 프로그램은 단지 공업을 돕는 것뿐만 아니라 농업 부문의 강화를 지향했다.[96] 그리고 이런 관행—"기술관료적 드골파의 근대화의 선구자"— 뒤에는 1848년 혁명의 도가니 속에서 출현한 체제로서는 매우 중요한 "정치 불안과 계급 갈등"에 맞서 싸우려는 목표가 있었다(Magraw, 1985, 159).[97]

이것이 바로 유명한 생시몽주의의 연계가 끼어드는 대목이다. 실제로 우리는 (바르텔레미 프로스페르) 앙팡탱이 이끈 유사(類似) 종교적 국면에서 출현

---

95) 이 모든 나폴레옹 3세의 인용문은 Palmade(1961, 129)의 저서에 포함되어 있다.

96) Vigier(1977, 18, 19, 21)는 보나파르트주의에 대한 그의 평가에서 제2제정이 7월 왕정 시기에 이미 존재하던 공공사업을 활용해서 "소작농들이 농산물 가격 인상으로부터 충분히 이익을 얻을 수 있게 하는" 프로그램을 얼마나 더 많이 실행했는지를 강조한다. 그 뒤 그는 보나파르트주의가 농민층에게 지방 정치를 민주화하고 "스스로를 지방 명사들의 후견에서 점차 자유롭게 하는 데"에 기여했는지를 질문한다. 후자의 질문에 대한 역사가들의 이견을 기술하면서 그는 자신의 견해가 "꽤 미묘한 차이가 있을 것"이라고 말한다. Pouthas(1983, 459, 462)는 더 긍정적이다. "농업은 체제의 중요한 수혜자였다……사회주의와 반동의 위협에 맞서 기력을 되찾은 농민들은 잉글랜드인들과 카를 마르크스가 제2제정을 "농민의 제국"이라고 부를 정도로 체제의 가장 강력한 지지자들이 되었다." 그러나 결국 루이 나폴레옹이 농민층을 부드럽게 다루고 애정을 베푸는 것과 필이 영국 농업의 근대화를 강요한 것이 얼마나 달랐는가? 두 가지 사례 모두에서 지배체제는 국가의 식량 공급을 통제한 실질적인 정치 세력에게 장기적으로 쇠퇴하는 역할과 이 부문의 수익성으로의 조용한 이행을 허용하면서 유화정책을 폈다. 이 의도는 1873년 이후 누구에게나 명백해졌다. Varley(1987, 166)를 참조하라. "1860년대 국내의 농업 생산성은 전 세계적 수요의 성장과 보조를 맞출 수 없었다." Mokyr & Nye(1990, 173)는 정부 정책이 "프랑스가 분명히 비교우위를 누리는 농업으로 경제의 방향을 재조정했다"고 기술한다. 만일 그렇더라도, 프랑스는 곧 그런 비교우위를 상실했다. 나는 보나파르트의 정책을 농민들의 불만 억제를 지향한 더 명백히 정치적인 것으로 파악한다.

97) Magraw(p. 163)에 따르면, "보나파르트 시기에 정치경제의 득실표는 균등하지 않았다."

하고 생시몽의 "급진적" 정신 — 엄밀히 근대주의적, 기술관료적, 개혁적이고 (일부가 주장하듯이) 궁극적으로 "사회주의적"이거나 "보수주의적"이지 않았으나 제2제정에서 가장 분명하게 드러나듯이 본질적으로 정신에서 "자유주의적인"—만을 보유했던 포스트-생시몽주의자들에 대해서 논의해야 한다.[98] 그것은 자유주의의 두 가지 핵심적 특징 — 사회적 개선과 연계된 경제발전 — 을 결합했기 때문에 정신에서 자유주의적이었다. 자유주의자들에게 그 두 가지는 같은 동전의 양면이다. 생시몽주의자들은 "정치 영역에 대한 경제 영역의 우위"를 주장했다(Blanchard, 1956, 60). 그러나 그들은 또한 이삭 페레이르가 1831년에 강조한 상투어구, 즉 경제적 진보가 "최대 계층과 최빈곤층의 운명을 개선할" 것이라고 주장했다(Plessis, 1973, 86에서 인용). 이는 물론 나폴레옹 3세와 생시몽주의자들이 왜 "서로 잘 어울렸는지"를 보여준다(Weill, 1913, 391-392).[99] 확실히 생시몽주의자들은 "[나폴레옹이] 활용할 수 있는 유일한 지식인 집단"이었다(Boon, 1936, 85). 그러나 그 역도 맞는 말이었다. 부르주아지의 근대주의적 부문, 즉 진정한 자유주의자들은

---

98) Carlisle(1968, 444-445)을 참조하라. "생시몽주의자들의 급진주의는 내부에서 나폴레옹 이후 프랑스의 자유주의적 부르주아 실업계의 전망, 관습, 관행들을 수정하고자 결심한 것에 있었다. 더욱이 생시몽주의자들의 급진주의는 엄격하고 벗어날 수 없는 경제법칙의 개념이 지배하는 이 실업계에 그 법칙에서 탈출할 수 있는 가능성에 대한 확신과 탈출해야 할 불가피성을 제공했다……생시몽주의자들은 프랑스 기업가 사이에서 진취성, 모험 감수, 융통성, 그리고 확장과 같은 태도의 창조자였다." Cole(1953, 1:52, 56)은 그들의 전 세계적 전망과 수에즈와 파나마 운하의 건설에 대한 관여를 언급하면서 다음과 같이 말한다. "그들은 사실 트루먼 대통령이 제창한 '4개항'(1949년에 발표한 저발전지역 개발원조계획/옮긴이) 정책의 선구자들이었다. 그들이 기획하기에 너무 거창한 프로그램은 아무것도 없었다……그들은 오늘날 '경영혁명'이라고 부르는 것을 처음으로 이해한(그리고 승인한) 사람들이었다."

99) 베이유는 계속 설명한다. "생시몽주의자들은 생산 증대에 최우선순위를 부여했다……대규모 공공사업은 빈민들을 신속하게 돕는 최선책이 아니었는가? 이런 대규모 사업을 수행하는 것은 국가의 역할이었다……그러나 만일 국가가 그 의무를 소홀히 했다면, 생시몽주의자들은 민간의 진취성에 호소하기를 주저하지 않았다……제국 정부는 동일한 프로그램을 가지고 있었다." 이는 결코 민주적 사회주의의 프로그램이 아니었다. Brougin(1913, 406)을 참조하라. "불평등에 기반을 둔 생시몽주의적 사회주의는 민주주의에 토대를 둔 새로운 학파와 아무런 공통점이 없었다. 강력한 정부의 지지자들은 나폴레옹 3세의 모든 적대세력에게 불신의 원천이었다."

7월 왕정에서 질서당파를 지배한 바 있는 "부자들의 소심함에서 자신들을
해방시키기 위해서 [나폴레옹을] 필요로 했다"(Agulhon, 1973, 234).[100) 이
는 게라르(1943, chap. 9)가 왜 나폴레옹 3세를 "말을 탄 생시몽"이라고 불렀
는지 이해할 수 있게 해준다.

은행들이 국가 경제 발전의 주요 행위자로 나선 것 역시 이 시기였다. 또
한 이와 관련한 영예는 "은행들이 경제생활에서 맡을 수 있는 자극과 조정의
역할을 처음으로 깨달은 이들"인 (페레이르 형제와 같은) 포스트 생시몽주의
자들에게 돌아가야만 한다(Chelpner, 1926, 15). 그러나 그 이야기는 페레이
르 형제 이전에 발생했다. 적어도 1815년 이래 가장 규모가 큰 은행들—특
히 로스차일드와 베어링 가문의—은 우선 정부와 협상하고 대출을 촉진하
는 데에, 그 다음에는 대규모 민간기업을 유지하는 데에 그들의 주안점을
장기 대출로 바꾸었다. 랜디스(1956, 210-212)가 기술하듯이 이 은행들은
"너무 왕성한 식욕"을 보여 경쟁자들에 의해서 약화될 수 있었기 때문에,
그들은 카르텔을 형성하곤 했다. 특히 로스차일드 가문은 신성동맹과의 암
묵적인 연계에서 최상의 수익을 얻었고 그리하여 당시 "자금 공급의 중심이
라기보다는 수요시장"이었던 주요 자금시장에서 사업을 시작할 수 있었다
(Gille, 1965, 98).[101) 더욱이 로스차일드 가문이 "선호하는 책략"— 곤경에

---

100) Kemp(1971, 158-159)는 "국가가 경제를 활성화하는 역할을 맡아야만 한다는 것이 제2제정
의 객관적 상태에서 매우 중요했다"는 점을 근거로 들어 생시몽주의자들의 중요성을 경시한다.
"국가는 모든 동산(動産)의 소유자들에게 그것을 늘릴 수 있는 가능성을 부여했다. 그 체제의
큰 힘을 구성한 것은 중간계급과 유복한 농민들의 탐욕에 대한 이런 암시적인 호소였다. 물론
오로지 그것이 성공했기 때문이다. 기조의 '부자가 되라'가 대다수 프랑스인들에게 실현된 것
은 1850년대와 1860년대였다." 그러므로 그의 결론은 "19세기 3/4분기의 유리한 경제적 국면
때문에 시민들의 평화를 유지할 수 있는 어떤 형태의 정부 아래 금융과 산업 구조의 질적 변화
를 반드시 수반하는 분명한 경제 성장이 이루어질 것처럼 보인다"는 것이다(p. 200). 물론 이는
맞는 말이었지만, 시민들의 평화를 유지할 수 있었던 것은 나폴레옹 3세의 정부였고 그 주위에
있으면서 필요한 계획을 수행할 의지가 있었던 이들은 생시몽주의자들이었다.
101) 질은 계속 기술한다. "메테르니히가 분명히 받아들이지 않았다고 하더라도 그들은 스스로
신성동맹의 은행가라고 생각하게 되었을지 모른다. 무엇보다 그들은 만만찮은 일부 경쟁자들

빠진 정부에 단기 비상 대출을 제공하는 것 ―은 반드시 국가의 자급자족에 대한 지원이 아니었다. 캐머런(1957b, 556)은 그런 정부들은 "좀처럼 다시 [그들의] 독립을 되찾지 못했다"고 주장하고, 그 관행을 "습관성 마약"에 비유한다.102)

물론 필요한 것은 지역적으로 더 통제된 신용의 공급원이었다. 슐렙너 (1926, 19)는 페레이르 형제의 크레디트 모빌리에(Crédit Mobilier)에 앞서 벨기에에 "선배"―1822년 빌럼 1세가 창립한 소시에테 제네랄(Société Générale) 이 가장 유명했다 ―가 존재했다는 점을 일러준다. 그렇지만 1831년 레오폴트 1세의 즉위와 더불어 벨기에가 독립을 이룬 뒤에야 은행은 경제발전, 특히 철도 건설의 주역이 되었다. 이 은행과 아울러 1835년에 설립된 경쟁상대인 벨기에 은행이 1838년 금융위기 이후 상대적 동면기에 빠져들었다면, 그들은 1846-1847년 영국과 프랑스의 경제위기로 훨씬 더 강한 충격을 받았을 것이다. 이를 배경으로 1848년 2월은 혁명의 두려움, 독립 상실의 두려움, 그리고 국가가 은행을 지원하고 소요의 시대를 끝내게 만든 "진정한 금융 공황" (Chlepner, 1926, 238; 또한 1931 참조)으로 귀결되었다. 그리하여 벨기에는 혁명의 고조를 피할 수 있었고, 1851년에 소시에테 제네랄의 반관적(半官的) 성격을 제거하면서 더 엄밀히 자유주의적인 체제로 바뀔 수 있었다.103)

을 밀어낼 수 있었을 때, 극히 유리한 순간(국면)으로부터 이익을 얻었다. 그들은 이제 이런 입지를 강화하고, 심지어 개선하는 데에 힘을 쏟았다."

102) 그는 그들이 "새로운 자금 투입을 위해서 거듭 되돌아왔다"고 말한다. 그러나 이 정부들이 얼마나 많은 선택의 기회를 가졌는가? Gille(1965, 79-80)은 대다수 정부들이 국제시장에서 만, 특히 런던과 파리의 시장에서 대출금의 제공자들을 찾을 수 있었다는 점을 지적한다. 이를 위해서 그들은 조직책을 필요로 했다. 아무 조직책이라도 상관없는 것이 아니라 자신감을 불어 넣을 조직책을 원했다. "[평판이 좋은 기업의] 이름은 그것이 입수할 수 있는 모든 자본을 빼내서 [대출금을 지원하는] 금융 거래의 일부라는 것만으로는 충분하지 않았다. 그리고 만일 [이 기업이] 위임과 자금을 예치할 시설을 통해서 일정 수의 활동적인 대리자를 보유하고 있었 다면, 그 우위는 보증되었다."

103) 1838년 벨기에의 재정 상황이 특히 심각했던 것은 경제적 이유가 아닌 정치적 이유 때문이었 다. 그것은 네덜란드 왕국에서 벨기에의 분리를 승인한 1831년 조약을 네덜란드의 빌럼이 최종

앞에서 논의한 영국의 은행 논쟁은 은행들이 경제 성장을 촉진하는 데에 직접적인 역할을 맡을 수 없는 상황을 조성했다. 이 논쟁은 1844년 은행법을 통해서 절정에 이르렀다. 필의 관점에서 보면, 그 목적은 우선 "더 견고한 금본위제의 기반을 만들고" 그 다음으로 국내의 정치적 무기로서 금의 사용을 없애려는 것이었다(Fetter, 1965, 192).[104] 아마 영국은 경제 성장을 촉진할 은행 정책을 갖추지 않을 정도로 다른 어떤 국가보다 더 여유가 있었을 것이다. 캐머런(1961, 58-59)은 이를 "비효율적"이라고 불렀으나, "역설적으로 합리적인 은행과 통화제도의 길을 막는 바로 그 장애물이 공업기술 혁신의 완전한 이익을 실현할 수 있게 만드는 금융 혁신을 도입하도록 민간부문을 독려했다."

영국 정부가 실패를 통해서 촉진한 것—19세기 중엽 경제적 팽창에 알맞은 신용의 공급—을 나폴레옹 3세 치하의 프랑스 정부는 계획적으로 창출할 예정이었다. 1852년 2월의 포고령은 융자은행(mortgage bank)—최초의 융자은행 가운데 하나가 에밀 페레이르의 크레디트 폰시에(Crédit Foncier)였다—의 육성을 승인하면서 오스망의 파리 재건에 필요한 재정적 기반을 제공했다. "프랑스는 느림보에서 융자의 주역이자 혁신가가 되었다"(Cameron,

---

적으로 수용한 결과였다. 이는 1831년의 강요를 수용할 수밖에 없었던 벨기에에게 불리한 것이었다. 이 조약은 1838년 더 강해진 벨기에에게 더 이상 타당해 보이지 않았다(Chlepner, 1926, 154, n. 2).

104) 금은 1832년 개혁법의 정치학에서 두드러진 요소였다. 개혁법이 상원에서 패배하고 웰링턴이 끝내 성공하지는 못했지만, 정부를 구성하려고 애썼을 때, (우리가 이미 진술했듯이) 프랜시스 플레이스는 "공(公)을 멈추려면, 금을 가지러 가라"는 유명한 구호를 만들었다. 금에 대한 수요가 폭증하고 정치적 상황에 영향을 미쳤다. 그러나 이는 결과적으로 "은행 지폐가 법정 화폐여야 한다는 여론을 강화했다"(135-136). 아마 1844년 필은 그 무기가 한 번 더, 이번에는 곡물법 철폐 투쟁에서 자신을 겨냥해서 사용될지 모른다고 예측했을 것이다. 또 Fetter(p. 174)는 1840년대 영국에서 "지폐 발행이 기업 활동이 아니라 정부의 기능이라는 견해가 점차 더 수용되었다"는 점과 동시에 자유무역의 정서가 증대되었다는 점을 거론한다. 그러나 그는 자유방임 교의의 측면에서 이것이 얼마나 역설적인지에 대해서는 언급하지 않는다. 분명히 상품 거래가 더 자유로울수록 자유로운 상품 거래자들은 금전의 거래가 덜 자유롭기를 원했다. 이익을 위험에 빠뜨린다면, 너무 지나친 자유는 전혀 가치가 없다.

1961, 129).[105] 로스차일드 가문은 만족하지 않았다. 제임스 드 로스차일드는 이런 구조의 변화가 검증되지 않은 이들에게 너무 많은 권한을 집중시키게 될 것이라고 주장했다. 그것은 똥 묻은 개가 겨 묻은 개를 나무라는 경우처럼 보인다.[106] 어쨌든 제2제정기에 거대한 법인은행의 등장이 고급 은행(haute banque)이라고 부르던 것, 즉 "민간(비법인) 은행가들의 강력한 집단"에서 독점을 제거했다(Cameron, 1953, 462). 그러나 고급 은행은 **프랑스** 기업에게 충분한 신용-대출을 제공하지 않았다.[107]

제2제정의 막바지인 1867년에 새로운 은행들 가운데 최대 규모인 크레디트 모빌리에가 파산했다. 그렇지만 로스차일드 가문은 당시 건재했고 오늘날까지도 지속되고 있다. 그럼에도 자유주의 국가는 개입을 통해서 근대 자본주의의 전 세계적 융자구조를 바꾸었다. "유럽 대륙의 모든 국가에서 은행 제도는 프랑스가 끼친 영향의 흔적을 간직하게 되었다"(Cameron, 1961, 203).[108] 국

---

105) 이런 활동들은 제2제정에서 막대한 부의 원천이 되었다. "높은 금리의 이자와 함께 정기적으로 발행된 철도 채권과 파리 시 또는 크레디트 폰시에의 채권은 저축에 확실하고 수지맞는 투자처를 제공했다"(Girard, 1952, 399). 캐머런이 계속 이야기하듯이 "크레디트 폰시에의 구상은 1860년대에 급속히 확산되었고, 1875년 무렵에는 모든 유럽 국가와 유럽 밖의 일부 국가들이 유사한 제도를 갖추게 되었다"는 사실은 그리 놀랍지 않았다.

106) 제임스 드 로스차일드의 견해에 대한 자세한 논의는 Gille(1970, 132-134)과 Pouthas(1983, 457)를 참조하라.

107) "제한군주정[제한선거권에 의거하여 선출된 입법부를 지닌 군주정] 내내 조직적인 융자의 부족과 실제 그것의 부재에 대한 불만이 있었다. 루이 필리프의 통치 막바지에 이런 사실에 대한 불만이 크게 늘었다. 1848년 혁명 이후 위기가 부분적으로는 선진적 신용-대출 제도의 부재 탓이었다는 인식이 일반적이었다"(Gille, 1959a, 370). Lévy-Leboyer(1964, 699)는 그 불만이 "별 근거가 없었다"고 확인한다. 그는 1840년대에 철도가 부설되고 있을 때, 서유럽의 "금융시장이 경제의 핵심이라는 인상을 주었다"고 말한다. 그는 이것이 주로 파리와 브뤼셀, 그밖의 일부 다른 주요 도시들에 적용되었고 "중대한 공백이 있었다"고 인정한다(p. 705). 이는 실제로 무슨 일이 벌어졌는지에 대한 단서일지 모른다. Plessis(1987, 207)는 7월 왕정기에 프랑스 은행이 다른 은행들을 막기 위해서 지방의 지점들을 개설한 반면, 제2제정기에는 지방 명사들의 저항에 맞서 지방 지점들을 폐쇄했다고 지적한다. 지방 명사들은 프랑스 은행과 더불어 다양하고 경쟁력 있는 신용-대출의 원천을 제공했기 때문에 새로운 은행들도 원했다.

108) Cameron(1953, 487)은 이런 현명한 평가를 내린다. "크레디트 모빌리에와 당대 은행들이

제시장을 지향하는 더 많은 은행들의 창설은 고급 은행의 힘을 약화시킬 수 있었을지 모른다. 이는 빠듯한 재정 상황에 처해 있는 더 약한 국가 기구들에게 반드시 큰 미덕은 아니었다. 젱크스(1927, 273)는 정부를 상대로 한 대출 부문에서의 더 치열한 경쟁이 기대에 어긋나게 야기한 결과를 논의한다.

경쟁은 단순히 그것을 헐뜯는 성공하지 못한 은행가의 노력에 직면하여 대출금을 거래할 위험을 높일 뿐이었다……하지만 경쟁이 장려한 것은 더 많은 자금을 빈번히 "당황하는" 차용자들에게 밀어넣는 행위였다……한마디로 융자 업무는 단자극(單磁極)과 같이 독점화의 경향을 보였다.[109]

크레디트 모빌리에의 붕괴는 이런 분석에 신빙성을 부여한다. 그것은 허약한 정부들에 대한 대출의 고갈을 초래한 연속적 사건의 일부였고, 1873년 이후 대불황이 될 상황을 강조한 것이었다.[110]

자유주의자들은 19세기 중엽에 이루기를 바랐던 것을 마침내 성취했다.

경제 발전에 기여한 바를 적절하게 판단하기 위해서는 그 기록에 대해서 가능성 있는 상쇄를 감안해야만 한다. 자본 수출이 프랑스의 경제 성장 자체를 방해했는가? 크레디트 모빌리에는 그 활동을 자국에 국한함으로써 더 크게 기여할 수 있었는가? 그런 질문들에 대한 간결한 답변이 결코 만족스럽지는 않겠지만, 정통파 경제 교의와 결합된 당시의 프랑스 특유의 경제적 조건들은 그것이 추구한 경로가 최대의 사회적 유용성을 향하고 있었다는 것을 보여준다."

109) 물론 더 가난한 국가들에게 자금을 빌려주는 것은 결코 어렵지 않다. Jenks(1927, 263)가 관찰하듯이 "여러 정부들은 진보를 위한 열정과 납세자를 달래려는 욕구 사이에 분열되었기 때문에 즉시 자금을 차용한다."

110) Newbold(1932, 429)의 분석을 참조하라. "1866년 영국의 재정 위기와 1870년 프랑스의 정치적 몰락 이후 남아 있던 더 보수적인 가문들은 이미 적잖은 돈을 낭비한 데다 돈을 더 쓸 마음이 없었고 튀르크인, 이집트인, 그리고 라틴 아메리카의 '자유주의' 공화국들을 위해서 오래된 대출금의 이자를 지불할 수단을 새로운 대출 원금의 범위를 넘어 강구할 생각도 없다……그러므로 술탄, 이집트의 총독, 대여섯 명의 대통령이 의무를 완수할 능력을 완전히 상실했다고 선언하게 될 때 그것은 단지 시간문제일 뿐이었다." 뉴볼드는 만일 미국 내전('남북전쟁')의 후유증을 덧붙인다면, 우리가 1869-1873의 "투기 난장판"을 쉽게 이해할 수 있을 것이라고 말한다.

세계경제의 긴 상승과 핵심 지역 — 특히 영국과 프랑스 — 정부들의 활동은 최소한 20세기 말까지 변함없는 전 세계적 재배치의 과정을 보장했다. 우리는 이를 "강력한 시장"이라고 부를지도 모른다. 그것은 19세기와 20세기에 자본주의적 세계경제의 위대한 성취로 인정될 자유주의적 세계질서의 3개의 기둥 가운데 하나였다. 그러나 자유주의적 세계질서에는 2개의 기둥이 더 있었다. 바로 강력한 국가와 강력한 국가 간 체제였다. 우리가 이제 몰두할 문제는 그 2개의 기둥을 확보하는 과정이다.

절대군주제는 강력한 국가를 세운 적이 없었다. 절대주의 체제는 내부에서 약한 국가들이 더 강력해지려고 분투하는 발판일 뿐이었다. 진정으로 강력한 국가 — 즉 적절한 관료조직과 사리에 맞는 대중의 묵인(전시에 이것은 열정적인 애국주의로 전환될 수 있었다)을 갖춘 국가 — 의 수립은 1789년 이후 세계체제의 표준적 변화와 인민주권의 분위기 속에서만 가능할 것이었다. 그리고 세계체제의 핵심 지역에 그런 국가를 수립할 수 있었던 이들은 오직 자유주의자뿐이었다. 관료제의 성장은 경제 성장, 즉 최소한 당시 자본가들이 기대하고 기술적으로 가능했던 규모의 경제 성장에서 꼭 필요한 부속품이었다.

사실 강력한 관료제 국가의 수립은 15세기 말에 시작된 기나긴 과정이었다. 그런 국가 건설에 대한 저항은, 실제로 유럽 전역과 전 세계의 대부분에서 존재했듯이, 프랑스만큼이나 영국에서도 물론 존재한 구체제에 대해서 언급할 때 우리가 진정으로 뜻한 바이다. 우리가 보통 콜베르주의라고 부를 수 있는 것은 지역 차원에서 실권을 장악하고 그것을 군주의 수중에 집중시켜 이런 저항을 극복하려는 시도였다. 그것은 기껏해야 얼마간 성공을 거두었을 뿐이다. 자코뱅주의는 공화주의의 얼굴을 한 콜베르주의에 지나지 않았다. 그것은 1815년 본래의 형태를 상실했다. 1815년 이후 강력한 국가를 건설하고자 분투한 것은 자유주의일 것이다. 콜베르주의와 자코뱅주의는 그 의도에 대해서 너무 솔직했던 반면, 자유주의자들은 강력한 국가의 건설이 그들의 의도 ― 여러모로 그들의 우선순위 ― 임을 인정하기를 거부했다는 사실은 아마 정확히 그들이 왜 콜베르주의자와 자코뱅주의자보다 더 성공할 수 있었는지 일러줄 것이다. 실제 그들이 크게 성공했기 때문에 개화된 보수주의자들도 이런 동일한 목표를 받아들였고 그 과정에서 대체로 그들 자신과 자유주의자 사이의 어떤 이데올로기적 구분마저 지워버렸다.

사실 자본가들이 왜 강력한 국가를 유용하다고 생각하는지에 대해서는 다양한 이유가 존재할 것이다. 첫째, 강력한 국가가 자본 축적을 돕기 때문이다.[111] 둘째, 이 자본을 보증하려고 하기 때문이다.[112] 그러나 1848년 이후 자본가들은 앞서 그렇지 않았더라도 강력한 국가 ― 즉 개혁적 성향의 국가 ― 만이 노동자들의 불만이라는 파괴력을 막을 수 있다는 점을 충분히 깨달았다. 페레이르는 "'강력한' 국가가 대규모 자본주의의 복지국가가 되었다"고 분명히 지적한다(Bouvier, 1967, 166에서 인용). 물론 여기서 "복지국가"는 노동계급의 복지를 확실히 할 뿐만 아니라 자본가의 복지 역시 포함한다는 이중의 의미를 가진다.

우리는 빅토리아 시대의 영국을 반(反)국가주의의 전성기를 구가한 장소로 간주하고, 이 시기에 "[대다수 영국인들이] 일반적으로 국가와 중앙집권

---

111) Daumard(1976, 3:150)는 부르도를 인용한다. "[자본주의의] 이론가들은 자유방임주의의 구호를 되풀이하지만 기업가들은 입법자들에게 할 수 있는 권력[할 수 있는 수단]을 요구한다. [자본가들에게] 행동의 자유를 용인하는 것으로는 결코 충분하지 않았다. 그들은 능동적인 자유를 원한다."

112) 1914년 봄 프랑스 탄광위원회의 서기 앙리 드 페예리모프는 한 연설을 통해서 전 세계적인 경제적 경쟁에 대해서 언급했다. "이 투쟁에서 우리는 무엇에 의지할 수 있습니까? 우리의 자본에 의지할 수 있습니다. 그것은 힘입니다. 그러나 다른 이들이 지지하지 않을 때 그것은 허약한 힘에 불과합니다. 무방비 상태의 부는 가장 매력적인 먹잇감이고 가장 가치 있는 인질입니다. 베네치아가 이 역할을 맡았고 네덜란드가 그 뒤를 이었습니다. 유럽의 모든 군주들에 대한 암스테르담 호프 가문의 재정 청구는 피쉬그루의 경기병(輕騎兵)에게 큰 영향을 미치지 않은 것처럼 보이지만, 저는 실제로 반쯤 비어 있던 가장 고귀한 공화국(산마리노)의 금고가 보나파르트를 위협하기보다 그의 마음을 끌지 않았을까 염려합니다. 우리 제국이 우리의 돈을 방어할 수 있는 한 우리의 돈은 우리 제국을 위해서 움직일 것입니다"(Bouvier, 1965, 175에서 인용).

화에 대해서 못 미더워한"것은 사실이다(Burn, 1964, 226).[113] 그러나 국가
가 더 이상 농업적 이해관계를 지지하지 말아야 한다고 생각한 이들(대체로
"자유주의자")과 다른 한편 지방과 더 전통적인 권위를 지지하면서 그것을
빈민에 대한 사회적 관심의 수사(修辭)와 결합시키기를 원한 이들(대체로
"보수주의자") 사이의 이해관계의 충돌 속에서[114] 후자가 국가의 산업 개입
을 얼마간 용인하는 기획을 추진함으로써 자유로운 통상의 전적인 승리에
대한 보상을 찾기는 용이했다. 브레브너는 이를 "미뉴에트 같은 19세기 중엽
의 춤곡"이라고 부른다. 즉 1832년 의회 개혁, 1833년 제1차 공장법, 1841년
필의 예산, 1842년 광업법, 1846년 곡물법 철폐, 1847년 10시간 노동법이다.
"[1825-1870년 정치적 조치들의] 한 가지 공통적 특성은 이해관계 집단들
이 집단주의적 이익을 위해서 변함없이 국가를 활용할 준비가 되어 있었다
는 점이다"(Brebner, 1948, 64, 70).[115]

---

113) 그러나 그는 동일한 영국인들이 "어떤 특수한 이해관계가 있을 때에는, 그것을 추진하기
위해서 국가의 행위를 활용할 준비가 되어 있었다"고 진술한다.

114) 물론 스피넘랜드(speenhamland)는 이 충돌 과정의 중요한 책략이었다. 1795년에 제정된 이
것은 1834년에 끝을 맺었다. Hobsbawm(1962, 200)은 그것을 "구빈세에서 노동자의 임금을
보조함으로써 최저임금을 보장해주려는 선의의 시도, 하지만 잘못된 시도"라고 부른다. 그 정
책은 실상 임금을 낮추었기 때문에 잘못된 것이었다. Polanyi(1957, 81)는 그것과 동시에 1799-
1800년에 결사금지법이 통과되었기 때문에 이런 결과가 빚어졌을 뿐이라고 지적한다. 그리하
여 보수주의적 공세는 산업자본가들이 추구한 자유로운 노동시장의 형성을 막았지만 노동계급
에게는 어떤 실제적 이득도 없었다. 홉스봄이 계속 진술하듯이 경제적 자유주의자들은 결국
"[노동자에게] 사회적 임금으로 일자리를 찾거나 이주를 강제함으로써 흔히 하듯 딱딱하고 무
자비하게" 문제를 해결했다. 이주는 두 가지 형태, 즉 이촌향도(Cairncross, 1949, 70-71 참조)와
해외 이주로 나타났다. 후자는 숙련 장인의 이주 제한을 철폐함으로써 활기를 띠었다(누가 어
디로 갔는지에 관한 세부사항은 Clapham, 1930, 1:489 참조). 선행 연구에 관해서는 Wallerstein
(1989, 120-121)을 참조하라.

115) 19세기 개입주의적 입법의 긴 목록에 관해서는 브레브너의 부록(70-73)을 참조하라. 공장
법 같은 사회 입법에 반대하지 않은 고전파 경제학자들의 태도에 관해서는 Alfred Marshall
(1921, 763-764)을 참조하라. "리카도나 그 주위의 대단한 친구들 가운데 어느 누구도 초창기
공장법에 반대하지 않은 듯 보인다." 그는 투크, 맥컬로크, 뉴마치 등이 모두 공장법을 지지했
고 나소 시니어는 처음에 반대하다가 나중에 지지로 돌아섰다고 지적한다. 자유방임주의의
진정한 대변자들이 사회적 영역에서 정부의 개입을 일부 승인할 준비가 되어 있다는 사실은

1848년 이전 국가의 사회 개혁에 대한 중간계급의 논의는 대부분 "광범위하게 확산된 자선활동의 열정과 노동자들이 처한 빈곤의 참상에 대한 불편한 양심"을 기반으로 이루어졌다(Halévy, 1947, 218). 그렇지만 영국인들이 사회적 개입을 시작함으로써 회피했다고 느끼지 않을 수 없었던 1848년 혁명은 단순한 가책에 개혁적 입법의 정치적 중요성에 대한 감각을 덧붙였다.116) 그리하여 잉글랜드 자유주의가 고전기의 정점에 이르렀을 때 "중앙 정부의 성장은 휘청거리고 있었다"(Katznelson, 1985, 274).117) 에번스(1983, 285)가

또다른 자유주의 경제학자 스탠리 제번스가 1882년 다음과 같은 방식으로 이론화했다. "우리가 준군사적 관리들의 손짓에 따라 정부의 기능을 극대화해서는 안 되지만, 진정한 최상의 철학자들의 이론에 따라서 그것을 최소화해서도 안 된다. 우리는 장점에 따라 각 사례를 판단하는 법을 배워야만 한다"(「국가와 노동의 관계[The State in Relation to Labour]」, p. 171, Clapham, 1932, 2:389에서 인용). 제번스의 진술은 실제로 Burn(1949, 221)이 19세기 중엽 영국에서 "자유주의적 균형"이라고 부른 것의 완벽한 사례이다. "일부 계급과 이해관계자 사이에, 그리고 '개인'과 국가 사이에 균형, 평형이 유지되었다. 그것은 모두 시대의 경향에서 두드러진 변화에 기여했고 그 변화에 의해서 도움을 받았다. 한 당대인은 실제로 그 변화를 편의적 책략에 의한 원칙의 억압으로 묘사했다."

116) 이는 Halévy(1947, 326)가 지적한 대로 영국에서 종교적 편견이라는 특이한 과거의 유물 때문에 강화되었다. "우리는 상상을 통해서 '교황의 공격'이 잉글랜드에서 그런 동요를 불러일으킨 1850년으로 돌아가야 한다. 라틴계 유럽 곳곳에서, 그리고 오스트리아와 벨기에에서 가톨릭은 자유주의, 무신론, 사회주의를 무너뜨렸다. 1851년이 끝나기 전에 전체 주교단의 축복에 둘러싸인 루이 나폴레옹은 프랑스의 헌법을 뒤엎게 될 것이었다. 교황의 공격은 1789년 이래, 그리고 1830년 이후에는 원기를 되찾아 곳곳에서 가톨릭을 위협한 적대세력에 맞서 이런 가톨릭 반동의 해협을 넘어선 연장일 뿐이었다. 그러므로 영국의 여론이 경고를 받아들였다는 것은 놀랍지 않았다. 대륙에서 1848년 혁명의 패배는 가톨릭의 승리였다. 그러나 잉글랜드는 그 혁명을 모면했다. 그리고 잉글랜드에 닿은 가톨릭 반동은 대륙에 존재하지 않았던 장벽, 즉 1846년 혁명의 승리, 달리 말해서 자유주의의 승리에 부딪혔다."

Cahill(1957, 75-76)은 동일한 서술에서 반대의 결론을 이끌어낸다. "흔히 영국 자유주의에게 승리의 해로 간주되는 1848년은 실제로 국내외의 위협에 직면하여 자유주의 이데올로기의 파산을 목격했다. 혁명의 해는 반(反)프랑스 정서와 반가톨릭 감정을 토대로 개선되고 강화된 영국 민족주의의 승리를 목격했다……1848년 영국의 성공은 아일랜드의 곡물법 철폐 운동, 프랑스의 급진주의, 자유주의적 교황, 아일랜드의 가톨릭, 민주주의적 차티즘을 연결함으로써 국내의 사회적 불안에서 비롯된 긴장을 완화한 애국주의적 출판물의 성과였다."

117) 중앙 관료제는 1797년부터 1869년까지 15배나 늘었다. "통합된 잉글랜드 정부는 1834년 구빈법, 1848년, 1866년, 1872년, 1875년의 공중보건법, 1839년과 1856년 경찰법, 1860년과 1872

말했듯이, 근대적 정부의 이런 토대는 "강풍의 이빨 속에" 놓였을지도 모른다.[118] 그러나 글래드스턴의 자유주의는 경제적 평등에 대한 전념과 최소한의 유사성이 없기는 했지만 "들썩이고 개혁적인 신조"였다(Southgate, 1965, 324).

글래드스턴이 이끈 개혁사상의 기원은 우리가 본 바와 같이 벤담주의였다.[119] 그 결과는 "새롭고 다소 의식적인 페이비언주의"(MacDonagh, 1958, 60)[120]의 목표 속에서 국가의 기능을 바꾼 이른바 행정상의 혁명이었다. 조

년 식료약품법 등의 통과로 공공 분배정책을 중앙에 집중시켰다."

118) Evans(p. 289)는 이를 "최고의 반어법"으로 간주한다. 그러나 우리의 분석에서는 반어법이 전혀 존재하지 않는다. 에번스 자신이 말하듯이, "가장 효과적이고 가장 덜 헛되게 규제하는 방법을 제2세대 자유방임주의 철학자, 벤담주의적 공리주의자보다 더 잘 알거나 더 잘 안다고 생각한 이들은 없었다." 그 뒤 벤담주의적 공리주의자와 다양한 형태를 가진 그 계승자들은 국가 권력의 증대와 더불어 "전문가의 권력 또한 커졌기" 때문에 영구적인 역할을 맡게 될 것이었다(Kitson Clark, 1967, 167).

119) Coates(1950, 358)를 참조하라. "벤담은 정부 입법권의 제한 없는 활용을 통해서 개혁을 시행하려고 애썼다." 또한 Checkland(1964, 411)를 참조하라. "벤담주의는 사회의 긴급 과제를 확인하고 그 실행수단을 처방하는 것을 의미했다. 그것은 해당 분야의 감독관과 중앙집권적 관리자와 함께 구체적인 입법을 의미했다. 그것은 벤담이 그랬듯이 '의제'에 관해서 생각한 의원(議員)들을 의미했다." 1852년부터 1867년까지 이 의제는 국가가 규제하고 촉진하는 경찰력, 감옥, 기부금으로 설립된 재단법인 학교, 의사, 수의학 등을 포함했다. Burn(1964, 167-226)을 참조하라.

　존 메이너드 케인스는 「자유방임주의의 종말(The End of Laissez-Faire)」(1926, 45-46)에서 벤담주의와 국가에 대해서 꽤 명료하게 진술했다. "벤담에게서 비롯된 19세기의 국가사회주의, 자유경쟁 등은 어떤 측면에서는 19세기 개인주의와 똑같은 철학의 더 명백한 변형, 다른 한편에서는 더욱 혼란스런 변형이다. 모두 다 동일하게 자유를 강조했다. 하나는 소극적으로 기존의 자유에 대한 제한을 회피하고자 했고, 다른 하나는 적극적으로 선천적이거나 후천적인 독점을 무너뜨리고자 했다. 그들은 동일한 지적 분위기에 대한 각기 다른 반응이었다."

120) 이 변화는 꽤 실용적이었다. "그런 변화의 거대한 본체는 사례의 긴급성 때문에 결국 수면으로 떠오른 구체적인 일상사에 대한 자연스런 답변이었다"(p. 65). Aydelotte(1967, 226)은 동일한 사례를 언급한다. "이제 19세기 중엽은 일반적으로 [영국에서] 행정적 허무주의의 시대가 아니라, 반대로 사회적 상황에 대한 정부 규제의 신속하고 중요한 발전을 이룬 시대였다고 평가된다." 또 Watson(1973, 70)을 참조하라. "빅토리아 시대에 정부 활동의 수준이 높아졌다.

금씩 "스미스와 리카도의 제자들은 강력한 온정주의적 국가를 초래한 일련의 사회개혁을 [촉진하기에 이르렀다]"(Roberts, 1958, 335). 그리고 마지막 전환 속에서 이런 방식으로 재정립된 잉글랜드의 자유주의는 "다른 원칙이 모호해지는 위험에 처한 가운데 확실한 자유주의적 원칙을 실현시킨 보수당에서 보완적인 표현을 찾아냈다"(Ruggiero, 1959, 135).

프랑스의 상황은 현저히 유사했다. 그곳에서도 자유방임주의는 "지배적인 좌우명"이 되었다. 그러나 그곳에서도 "실제는 이론과 다소 달랐다." 그리고 그곳에서도 "권력층은 우월한 지위를 확보하려는 세계의 투쟁, 평화롭지만 전쟁처럼 변하는 경향이 있는 투쟁에서 공업적 요인의 중요성을 의식하고 있었다"(Léon, 1960, 182).[121] 그리고 그곳에서도 19세기는 강력한 국가의 수립 시기였다. 확실히 국가의 수립은 리슐리외에서 콜베르, 자코뱅파, 나폴레옹, 제한군주정, 제2제정, 제3공화정을 거쳐 제5공화정에까지 이어지는 지속적인 과정이었다.[122] 그러나 여러 가지 측면에서 제2제정은 중대한 일보 전진이었다. 아니면 아마 제2제정은 대중의 묵인이라는 기반을 놓음으로써 국가 구조를 고정시킬 것임을 보여주었을 터이다. 루이 나폴레옹은 그렇게 할 수 있었다. 왜냐하면 기조(Pouthas, 1983, 144에서 인용)가 말했듯이, 마

그것도 크게 높아졌다는 점은 의문의 여지가 없을 것이다." 이런 견해에 대한 비판으로는 Hart(1965)와 Parris(1960)를 참조하라.

이것은 교의상이 아니라 실제적 변화였다는 점을 기억하는 것이 중요하다. 자유무역의 교의는 당시 유럽의 대다수 지역에서 우세했다. 실제 Kindleberger(1975, 51)는 1820년부터 1875년까지 광범위한 자유무역으로의 전환을 유럽이 "이데올로기적 또는 아마 더 나은 교의상의 이유 때문에 자유무역으로 움직인 유일한 실체"였다는 증거로 본다. 그러나 그 뒤 유럽은 대공황의 결과로 자유무역에서 멀어질 것이었다. 현실은 계속해서 교의를 극복했다.

121) 19세기 중엽 프랑스와 영국 간의 주요한 차이는 당시 세계경제에서 차지하는 그들의 상대적인 힘을 감안할 때, 영국 정부와 달리 프랑스 정부가 통상 영역에 개입하기를 결코 단념하지 않았다는 점이다.

122) "행정체계의 합리화는 [1789년] 혁명이 발발하기 훨씬 전에 시작되어 줄곧 중단되지 않았다"(Théret, 1991, 141-142). 또 1815년 이래 꾸준한 팽창에 관해서는 Fontvieille(1976, 2011)를 참조하라. "통계상으로 국가의 팽창은 경제구조에 대한 개입의 증대에 따라서 결정된다."

지못해서 하는 찬사처럼 들리지만 그가 단번에, 그리고 동시에 "국가의 영광, 혁명적 보장, 질서의 원칙"을 구현했기 때문이다.[123]

나폴레옹 3세가 수립한 것은 위로부터의 복지국가 원리였다. 제2공화정은 모든 인민의 주권이 "그들 중 일부가 처한 조건 속에서 드러나는 비참한 열세와 대조를 이루고 상반되었다"고 주장하면서 "사회 문제"를 의제의 전면에 내세웠다. 이런 관찰에서 두 가지 결론이 가능한 듯 보였다. "무제한적인 정치권력"으로 귀결될 인민주권의 정의 또는 사회를 "통치 불능으로" 만들 위험성이 있던 "정치적 권위에 대한 절대적 거부"(Donzelot, 1984, 67, 70). 보나파르트주의는 "사회 문제"에 대한 해답을 제공하려면 권력을 활용해야 한다는 점을 결코 잊지 않으면서 전자(前者)의 정의를 대변했다.

권좌에 오른 첫 10년 동안 나폴레옹 3세는 억압적으로 질서를 재확립하고 정부를 활용해서 공공사업을 전개하고 은행제도를 근대화했으며 영국과 1860년 자유무역협정을 체결했다. 이 시기에 나폴레옹 3세는 주로 "산업자본가에게 유리한 환경," 따라서 노동계급이 "억제되는" 환경을 조성하는 데에 관심을 가졌다(Kemp, 1971, 181).[124] 일단 이것이 보증된다면 그는 그 다음에 노동계급을 정치 과정으로 통합하는 일에 착수했을 것이다. 그는 1858년 이후 노동자들에게 꽤 인기를 얻게 되었다. 이 시기는 대단한 번영과 정치 개혁의 시기였고 프랑스는 이탈리아와 다른 곳에서 피억압 민족들을 지원하

---

123) Werner(1977, xi-xii)는 기조의 재치 있는 발언을 확대한다. "일부 부인할 수 없이 보수적, 심지어 반동적인 특성에도 불구하고 보나파르트주의는 지지자들에게 나폴레옹 1세가 용인한 방식으로 국민과 1789년 혁명이라는 개념에 대한 헌신을 요구했다……정치적으로 조직되고 선거에서 투표하는 인민은 더 이상 왕자의 신민이 아니라 국민투표로 선출된 대통령과 심지어 황제까지 봉사해야만 하는 진정한 주권자였다……보통선거권, 자유, 평등, 우애의 사상, 시민의 개념은 모두 혁명의 살아남은 성과를 대변했다. 이는 지지자들의 마음속에 강력하고 중앙집권적인 권력이 미래의 혁명을 예방하기 위해서 필요하지 않다는 것을 의미하지는 않았다."

124) 또한 Bourgin(1913, 224)은 이렇게 진술한다. "노동계급은 자기 손이 묶였고 권위주의적 황제가 임금과 관련된 갈등에서 명백히 노동계급에 맞서 다른 편을 든다고 느꼈다. 그러나 아마 제국의 배타적인 특징인 자선활동에 대한 집착을 부인할 수 없었을 것이다."

고 있었다. 보나파르트를 지지하는 노동자 집단이 등장하게 되었다(Kulstein, 1962, 373-375; 1964). 이런 분위기 속에서 노동자들의 지지를 얻기 위해서 공화주의자, 왕당파, 나폴레옹 대공(나폴레옹 3세의 사촌. 나폴레옹 1세의 막내 동생 제롬-나폴레옹 보나파르트[Jérôme-Napoléon Bonaparte]의 둘째 아들/옮긴이) 사이의 경쟁이 치열해졌다. 그들은 모두 "자신들이 신뢰하는 자유 경제와 양립할 수 없는 것이 아니"라는 점을 근거로 협동조합을 장려했다 (Plamenatz, 1952, 126).[125]

나폴레옹 3세는 다양한 방식으로 "새로운 사회적 좌파에 더 가까워지고 자" 노력했다(Duverger, 1967, 156).[126] 1864년에 그는 노동조합과 파업을 합법화했다. 이는 앙리 세(1951, 2:342)의 표현에 따르면, "프랑스의 사회사 에서 매우 중요한 법률의 하나"였다.[127] 실제로 정권은 "요람에서 무덤까지" 빈민들에 대한 지원을 자랑하면서 선전의 핵심 주제로서 "노동자들과 빈민 들의 상황을 개선하고자" 그런 지원을 활용했다(Kulstein, 1969, 95, 99).[128] "민주주의적 보나파르트주의자" 가운데 첫 인물로서 나폴레옹 3세가 찾으려 고 한 것은 "대중에게 보존할 무엇인가를 제공함으로써 대중을 보수적으로 만들" 프로그램이었다(Zeldin, 1958, 50). 이런 식으로 그는 프랑스를 자유주 의 국가로 변모시키는 기획 — 1875년 헌법에서 신성하다고 선언될 기획—

---

125) 나폴레옹 대공은 심지어 1862년 런던에서 열린 세계박람회에 참석할 노동자 대표단을 꾸리 기도 했다. 그렇지만 일단 그곳에 도착하자, 노동자 대표단은 국제노동자연합(제1인터내셔널) 의 구성에 가담했고 귀국한 뒤에는 나폴레옹 대공과 관계를 끊었다.

126) Bourgin(1913, 232)이 주장하듯이 여전히 "정부는 노동자들과의 관계에 대해서 망설였다." 그리고 그는 정부의 망설임이 옳았다고 덧붙인다. "제정이 권위주의적 기반을 무너뜨릴 정도로 양보하는 한, 노동자들은 힘이 커졌다고 느끼기 시작했고 지속적으로 그들을 괴롭히고 달랬던 정부가 허물어지고 있음을 보게 되었다."

127) 세는 여러 가지 제약들이 남아 있었다고 진술하지만, 그 법은 "중대한 일보 전진"이었음에도 불구하고 "이후부터 채택의 순간까지 오히려 파업하는 노동자들은 여전히 사법당국에 의해서 기소되고 있었다"고 말한다.

128) 그렇지만 Théret(1989, 1160)는 "정부 지출에 대한 통계를 가까이서 들여다보면, 제2제정의 '사회적' 이미지가 그리 잘 작동하지는 않는다"고 매우 현실적으로 관찰한다.

을 완수할 수 있었다.[129] 더욱이 프랑스는 자유주의 국가일 뿐 아니라 민족 국가였고 19세기 유럽에서 이 두 가지의 동일시를 보증한 것도 바로 프랑스였다.[130]

영국/자유주의적 세계질서의 세 번째 기둥은 강력한 국가 간 체제였다. 억압적인 간섭이 주전자 뚜껑을 고정시키고자 시도 ― 나중에 1848년 혁명이 보여주었듯이 더 많은 혁명들에 대한 확실한 해결책 ― 를 한 반면, 민족주의적 감정을 부추기는 경향이 있었기 때문에 메테르니히의 신성동맹은 그런 방향에서 하나의 단계로 간주되지 않았다. 또는 영국과 프랑스 모두 그렇게 생각했다. 당시 헤게모니 강국이자 세계경제의 가장 강력한 주역으로서 영국이 원한 것은 가능한 한 자유무역을 확대하는 것이었다. 이는 군사비 지출을 최소한으로 유지하면서 가능한 한 정치적으로 많은 일들을 이루어내는 것을 의미했다. 영국인들은 자신들의 방식을 시행하는 데에 너무 많은 힘을 계속 쓰기를 원하지 않았다. 간단히 말해서 그들은 경제적 이해관계에 도움이 될 정도의 안정과 개방을 원했다. 물론 어떤 의미에서 이 목표는 전혀 새롭지 않았다. 그러나 19세기 중엽에 영국인들은 더 솔직하게 그것을 요구하고, 단시간에 그런 정책의 열매에서 큰 이익을 얻는 위치에 올라 있었다. 이것에 대해서 커닝엄(1908, 869)은 확실하게 진술했다.

어느 정도 진실을 닦아 잉글랜드가 공업국으로서 특정한 발전단계에 이르렀기 때문

---

129) Daumard(1976, 138)는 그 기획을 이렇게 규정한다. "계속해서 프랑스인들은 신민에서 시민으로 달라졌다."

130) Woolf(1992, 101)를 참조하라. "프랑스의 모델은 아마 영국의 모델보다 근대 유럽의 정치적 개념 구성에서 훨씬 더 중추적이었다고 주장할 수 있다. 왜냐하면 바로 자유주의자들의 지배 아래 국민적 독자성이 국가에 귀속되어 있다고 간주되는 주도적 역할과 결합했기 때문이다. 나폴레옹 시대의 이런 유산에서 나타나는 가장 두드러진 특징 중 하나는 통일된 국가적 정체성을 구축하기 위한 방법으로서 자유주의와 표준화된 행정 개혁이 점점 더 연계되는 현상이었다……새로운 국민국가들이 19세기에 독립을 달성하자 각 정부는 반국가적인 지역적 또는 종족적 독자성의 위험이라고 판단한 것에 맞서 동일한 방법을 고집했다."

에 규제 없는 교류체계가 잉글랜드에게 적절했다고 지적할 수 있을지 모른다. 그러나 그런 교류는 경제체제가 덜 발전한 국가들에게도 똑같이 득이 되지는 않았다.

그리고 머슨(1972b, 19)이 지적하듯이 자유무역이란 사실 또 하나의 보호주의적 교의일 뿐이었다. 즉 이것은 특정한 시기에 더 큰 경제적 효율을 누리고 있던 이들의 우위에 대해서 보호주의적이었다.[131]

우리는 자유무역이 19세기 자본주의적 세계경제에서 또는 최소한 유럽 열강들 가운데 우세했다고 주장할 정도까지 그것이 잘해야 19세기 중엽 콘드라티에프 A국면, 즉 1850-1873년의 역사였다는 점을 잊지 말아야 한다. "19세기는 유럽에서 국제무역에 대한 제한으로 시작해서 그것으로 끝났다"(Bairoch, 1976a, 11).[132] 즉 그것은 대륙봉쇄령으로 시작해서 다수의 보호관세로 끝나는 상당히 심각한 제한이었다.

영국은 단지 천천히 스스로 자유무역의 장점에 이끌렸다. 상무부의 정치경제학자들은 1815년 곡물법의 채택이 그들을 이중으로 괴롭힌 관세동맹에 대

---

131) "[자유무역]은 예전의 중상주의 정책만큼이나 보호주의적이었다. 그것은 외국의 산업 경쟁 상대의 성장을 막거나 지연시키려는 목표를 가졌다. 해외의 여러 국가들은 염가로 외국의 공업을 무력화시킬 영국의 제조업을 위해서 식량과 원료를 교환하리라고 기대되었다."

Schuyler(1945, 246)는 영국의 식민지 특혜 관세가 1860년에야 완전히 폐지되었다고 언급하면서(물론 19세기 마지막 30년 동안 원상태로 복구될 것이다) 다음과 같이 말한다. "영국인들은 교역로를 만들고자 더 이상 전 세계에서 자신을 널리 알릴 필요가 없었다. 무역은 독특한 보호 조치가 되었다." 그리고 Evans(1983, 31)는 1780년대 영국의 "통상 조약에 대한 열망"을 거론하면서 그것을 미국 독립전쟁이 끝난 뒤 "유럽에서 완전히 고립되는 상태"를 극복하려는 시도로 보고 단 하나의 조약 — 1786년 프랑스와의 이든 조약 — 만 체결되었을 뿐이라고 말한다. 그러나 그는 이렇게 언급한다. 그 조약은 "영국이 세계 최초의 공업 국가가 되면서 누리게 될 감춰진 독점에 대해서 처음으로 넌지시 알려주었다. 무역자유화는 가장 효율적인 생산자에게 유리하게 마련이었다"(이든 조약에 관해서는 Wallerstein, 1989, 87-93 참조).

132) Bairoch(1973, 561-562)는 1860년부터 1880/1890년까지의 시기를 "유럽의 자유무역 체험기"라고 본다. 그 시기에 "유럽 내 교역은 더욱 급증했다." 나중에 쓴 논문(1989, 36)에서 그는 1860년부터 1879년까지로 더 엄밀하게 규정한다. Polanyi(1957, 19)는 1846-1879년을 "자유무역 단계"로 명시한다. 영국은 1846년에 자유무역 원칙을 공식적으로 채택했다.

한 자극제였다고 믿었다. 그것은 독일의 여러 국가들 내에서 경쟁력 있는
제조업의 발전을 촉진했고 또한 영국이 이들을 예전에 그랬듯이 프로이센,
바이에른, 오스트리아, 러시아로 향하는 "탁월한 밀수 기지"로 활용하지 못하
도록 고립시키는 경향이 있었다(Clapham, 1930, 1:480-481; Kindleberger,
1975, 33-34).[133] 1830년대에 경쟁력 있는 제조업에 대한 우려가 커졌다.[134]
앞에서 언급한 국내적 고려사항뿐만 아니라 이런 우려는 1840년대에 필이
선택한 행동의 이유를 설명해준다. 우리는 필이 자유무역의 이론가가 아니었
다는 점을 기억해야 한다. 그는 콥든이 아니었다. 스카일러(1945, 134)의 적
절한 은유에 따르면, 그는 "이론을 논리적 한계까지 밀어붙이는 것을 꺼리는
할부제(割賦制) 개혁가"였다.[135]

　영국에서 자유무역의 가장 강력한 주제 — 달리 말하면 그 뒤에 가장 광범
위한 여론을 결집한 주제 — 는 "자유주의적 개입주의"라고 부를 만한 것이
었다. 영국인들에게 자유무역은 다른 국가의 정부들이 영국 기업에게 손해
를 끼칠지도 모르는 어떤 일이든 하지 못하게 막으려는 신조였다. 이런 의미
에서 반노예제(그리고 노예무역 반대) 운동은 자유주의적 개입주의의 첫 번

---

133) 킨들버거는 다음과 같이 결론짓는다. "이런 근거로 판단해볼 때, 곡물법의 철폐는 '자유무역
　　제국주의,' 즉 제조업 상품의 대외 교역을 독점하려는 욕구에 의해서 유발되었다. 1830년대
　　관세동맹은 단지 서둘러야 할 필요를 깨닫게 해주었다."
134) Cain(1980, 19)을 참조하라. "1830년대에 상호주의에 입각해 유럽 국가들에게 양보를 유도
　　하려는 시노는 흔히 농업 중심의 영국과 농업 중심의 유럽 사이에 '자연스런' 노동 분업이 존재
　　해야 한다는 관념 위에서 이루어졌다. 이런 협의는 프랑스 같은 국가들이 제조업 상품을 영국
　　에 의존해야 하는 상황을 모면하기로 결심했기 때문에 대체로 실패했다."
135) 나중에 관찰자들이 그의 조치에 대해서 그런 정반대의 평가를 내릴 수 있게 허용한 것은
　　정확히 이런 중도적 타협이다. 한편에서 Jenks(1927, 126)는 (철도에 대한 열광에 더해) 곡물
　　법 철폐가 "영국의 대외무역 조건에서 [이전 세대가 이룬 생산의 변화만큼이나] 완벽한 혁명을
　　초래했다"고 말했다. 거의 동시에 보수적 보호무역론자인 Walker-Smith(1933, 17, 27-28)는
　　이렇게 주장했다. "필의 관세 개정은 자유무역이 아니라 과학적이고 등급별로 나뉜 보호주의를
　　목표로 했다……보호주의적 의회가 정돈되었다. 당시 일부에게 새로운 관세와 개정된 물가연
　　동제는 단지 자유무역 우위의 조그마한 발단처럼 보였을지 모른다……[그러나] 자신이 이끈
　　정당만큼이나 강력하게 필은 그동안 강화하고 수정한 보호주의 체제 위에 굳건히 서 있었다."

째 대성공으로 간주될 수 있을 것이다. 우리는 예전에 어느 정도까지 영국의 노예제 폐지 운동이 경제적 고려사항에 근거를 두었는지 논의한 바 있다 (Wallerstein, 1989, 143-146).[136] 여기서 우리가 주목하려는 것은 반노예제 운동이 어느 정도까지 자유주의적 개혁사상의 모델을 제공했는지, 즉 블랙 번이 강조한 요점이다(1988, 439-440).

매우 힘든 시대에 노예제 반대는 중간계급 개혁가들이 사회경제적 이상을 강조할 수 있도록 도와주었다……[노예제 반대는] 특정 이해관계라기보다 일반적 정책에 의해서 좌우되는 입법의 본보기를 제공했다. 그것은 계약 자체를 신성시하는 반면, 노동계급의 계약을 규제하는 데에 정부의 개입을 정당화했다. 노예해방의 옹호자들 은 노예해방이 시장의 팽창을 매개로 경제를 자극한다고 주장했다. 자유로운 노동자 는 소비자이기도 했다.[137]

국가가 주도하는 개혁의 정당성에 대한 동일한 자유주의적 확신은 자유무 역에 적용되었다. 영국 정부는 일단 "유럽 시장에서 인도의 경쟁자들이 초래 한 어떤 위협에 맞서 랭커셔를 안전하게 보호하게 되자"(Farnie, 1979, 100),

---

136) Drescher(1981, 18)는 노예제 반대가 "단일한 중간계급의 세계관을 보편화하는 수단" 또는 국내 개혁의 방향 전환이었다는 생각에 단호하게 맞선 대변인이다. 오히려 그는 노예제 반대를 "서로 대립하는 자본주의적 착취가 매우 구체적인 조건에서 통렬하게 평가될 수 있으리라는" 생각에 맞서 인간성의 한 가닥을 제공하는 것으로 인식한다. 경제적 요인에 훨씬 더 큰 역할을 부여하는 경향이 있는 Blackburn(1988, 520)은 그럼에도 "노예제가 경제적 이유로 타도된 것이 아니라 정치적으로 지탱할 수 없었던 곳에서 사라졌다"고 결론 내린다. 여기서 정치적 이유란 본질적으로 어느 정도까지 노예 저항이 존재했고, 노예제 폐지를 원하는 당파의 사회적 동원이 어느 정도였는지를 의미했다. 그러나 나는 이것이 경제적 영역과 정치적 영역을 인위적으로 구분하는 것처럼 보인다.

137) 또한 Blackburn(p. 430)은 "개혁과 노예제 폐지 사이의 유사성은 단지 의회가 추산한 결과만 이 아니었다"고 기술한다. "두 가지 운동은 그들이 무엇을 비정상적인 재산의 일종이라고 보았 는지에 의문을 제기했다……노예제 반대는 중간계급이 혁명에 빠져들 위험에 처하지 않고 그들과 추종자 대중을 동원하는 데에 도움이 되었다."

인도를 면직물 수출국에서 원면 수출국으로 강제로 변화시키면서 영국의 면
직물 제조업자가 자유무역을 전적으로 받아들이도록 허용했다.138) 파머스
턴은 1841년 1월 22일 오클랜드에게 "상인에게 길을 열어주고 안전하도록
보호하는 것이 정부의 업무"라고 말했다(Platt, 1968b, 85에서 인용).139) 이
논리를 심지어 유럽 국가들에 적용하면서 한 휘그당파 의원은 1846년 의회
토론에서 자유무역을 "우리에게 외국을 통치할 책임을 부과하지 않고 외국
이 우리에게 가치 있는 식민지가 될" 유익한 원칙으로 서술할 수 있었다.140)

---

138) 인도뿐 아니라 세계경제로 새롭게 편입된 다른 지역들의 탈산업화 과정은 Wallerstein(1989, 149-152)에서 논의된다.

139) 플랫은 이렇게 논평한다. "빅토리아 시대의 모든 이들, 즉 정치인, 무역업자, 관리들은 전
세계적 무역 개방이 정부가 추진하리라고 기대할 수 있는 목표였다는 데에 동의했다. 그들은
수단에 대해서는 의견을 달리 했을 테지만 목표에 대한 신념을 공유했다. 그들은 물질적이고
심지어 도덕적인 진보를 교역의 팽창에서 자동적으로 기대할 수 있으리라고 생각했다. 예컨대
리처드 콥든은 영국과 중국의 전쟁(아편전쟁/옮긴이)을 맹렬히 반대했지만 그 결과—중국의
대외무역 개방—를 환영했다. 그는 무력에 의한 시장 개방이 도덕적으로 잘못되었다고 주장했
다. 그러나 그런 시장에 대한 접근은 실제로는 서로에게 도움이 되었고 결국 세계 평화를 위한
최선의 보증이었던 무역의 팽창을 가져오게 될 것이었다. 런던을 기반으로 삼은 대다수 관리들
은 콥든의 견해를 공유했다."

140) 「의회 토론(*Parliamentary Debates*)」 3rd ser., LXXXIII, 1846년 2월 23일, 1399-1400,
Semmel(1970, 8)에서 인용. 물론 일부 인사들은 자유무역이 가지는 이익의 취약성이나 일시적
인 성격을 자각하고 있었고, 따라서 그것을 결코 시도해서는 안 된다는 결론을 이끌어냈다.
디즈레일리는 그런 인물들 가운데 한 사람이었다. 1838년 그는 유럽 국가들이 "영국에게 세계
의 공장이기를 허락하리라"고 가정하는 것은 "망상"이었다는 이유로 곡물법 철폐에 반대했다.
물론 장기적으로 볼 때 그는 옳았다. 1840년, 의회 연설에서 그는 네덜란드인들 역시 한때
유럽 전체를 "그들의 농장"으로 간주했다는 점을 상기시켰다(「의회 토론」 3rd ser., XLI, 1838
년 3월 13일, 940; LIII, 1840년 6월 1일, 383-384; Semmel[1970, 155]에서 인용).

　1846년 곡물법 철폐에 관한 중요한 의회 토론에서 디즈레일리는 금지하는 보호와 제한 없는
경쟁 사이의 중도(中道)를 요구했다. 그는 오스만튀르크 제국을 언급하면서 에스파냐와 터키를
각각의 사례로 들었다. "거기에서는 오랫동안 순전한 경쟁체제를 완벽하게 적용했다. 그것은
실제로 그 정책의 어떤 철학적 확신에서 비롯된 것이 아니라 오히려 정복자들의 경주가 무역을
중시하기 쉽다는 오만한 무관심이 빚어낸 결과였다. 터키에는 자유무역이 존재해왔다. 터키는
무엇을 생산했는가? 터키는 세계에서 가장 훌륭한 일부 상품을 파괴해버렸다"(Holland, 1913,
265에서 인용). 물론 이 주장은 1838년 영국-터키 자유무역 통상 협약이 이 파괴 과정에서
담당한 역할은 언급하지 않기 때문에 허울만 그럴듯하다(Wallerstein, 1989, 176-177 참조).

186

이렇게 자선을 강요하는 분위기는 면직물 제조업이 존 러스킨에게 소중한 순수예술보다 문명의 "사회적 재건"에 더 필수적이라는 "거의 종교적인" 신념으로 귀결될 수 있었다(또는 "거의 종교적인" 신념에 기반을 두었다). 1870년 R. H. 허턴은 이렇게 주장했다. "만일 우리가 남성다움과 도덕의 이름으로 티치아노(이탈리아 베네치아파의 화가/옮긴이)와 랭커셔의 면직물 공장 사이에서 선택해야 한다면, 우리에게 면직물 공장을 달라"(Farnie, 1979, 87-88).141)

갤러거와 로빈슨(1953, 2-3, 11, 13)이 사용해서 유명해진 문구에 따르면, 자유무역은 자유무역 제국주의였지만 그들의 중요한 단서를 항상 명심해야 한다. "영국의 정책은 가능하다면 비공식적으로, 필요할 경우에는 공식적으로 통제하는 원칙을 따랐다." 심지어 19세기 중엽의 자유무역 시대(19세기 마지막 30년의 널리 인정된 식민지 쟁탈보다 시기적으로 앞선다)에도 일련의 식민지들을 점령하거나 병합하려는 시도가 필요해 보였다. 이 시기는 "무관심"의 시대이기는커녕 영국의 해외 팽창에서 "결정적인 단계"로 생각될 수 있을 정도였고, 영국이 "자신에게 가장 잘 어울릴 수 있는 지역의 경제를 지배할 만큼" 상업적 침투와 식민통치의 결합을 가능하게 했다.142) 개입은

---

141) 허턴은 이 구절을 "러스킨 씨의 예술 철학"이라는 기사에 썼다. 「스펙테이터(*Spectator*)」, 1870년 8월 6일, p. 953.

142) 이 시기에 영국이 획득한 새로운 식민지의 목록은 다음과 같다. 뉴질랜드, 황금해안(가나/옮긴이), 라부안(보르네오 서북쪽의 섬/옮긴이), 나탈(남아프리카 공화국 동부의 주/옮긴이), 펀자브, 신드(파키스탄 남부 인더스 강 하류 지역/옮긴이), 홍콩, 베라르(인도 중서부의 마하라쉬트라 주 동쪽 지역/옮긴이), 아우드(인도 우타르 프라데쉬의 중부 지역/옮긴이), 저지대 미얀마(미얀마의 해안 지방), 주룽(홍콩 구룡반도/옮긴이), 라고스, 시에라리온 부근, 바수톨랜드(현재 레소토/옮긴이), 그리콸랜드(남아프리카공화국 동부 지역/옮긴이), 트란스발. 영국은 퀸즐랜드와 브리티시컬럼비아에서도 더 팽창했다. Semmel(1970, 203)은 "평판이 좋은 빅토리아 중기의 '반제국주의 정책'이 신화"라는 것에 동의한다. Platt(1973, 90)은 적절하게 기술한다. "1830년부터 1860년까지의 시기에 교역이 그다지 중요하지 않았던 '비공식 제국'의 지역, 즉 라틴 아메리카, 레반트(지중해 동쪽 지역), 극동으로 [영국의] 신속한 경제적 팽창을 위한 동기와 기회는 결코 존재하지 않았다."

다소 불쾌한 것으로 간주되었지만, 인도 항로에 대한 위험 또는 무역 경쟁국의 "불공정" 행위 탓에 영국이 세계경제에서 차지하는 입지에 대한 "놀랄 만한 위협"이 발생한 듯이 보이는 경우에는 언제든지 개입이 신속하게 정당화되었다(Platt, 1968b, 32).

화친 협정에도 불구하고, 그리고 자유주의적 세계질서를 강요하는 데에 영국과 프랑스가 사실상 협력했음에도 불구하고, 프랑스는 명백한 보호주의를 포기하기를 꺼렸다. 프랑스는 1786년에 잠시 보호주의를 포기했으나 결과가 좋지 않았다(Wallerstein, 1989, 87-93). 1815년 이후 시기에 영국은 좀더 철저하기는 했지만 프랑스처럼 보호주의를 유지했다.[143] 영국이 자유무역 보호주의로 바뀌었을 때, 프랑스는 꽤 설득력 있는 듯 보인 이유로 꿈쩍하지 않았다. 프랑스의 한 산업자본가가 1845년에 동료들에게 행한 연설이 이를 명료하게 보여준다.

신사 여러분, 아우성치는 이론, 즉 무역의 자유에 주목하지 마십시오. 이 이론은 가장 철저한 금지의 관행을 오랫동안 유지해온 잉글랜드가 자국의 산업을 엄청난 발전 수준에 이르게 했을 때에야 무역 세계의 진정한 법칙이라고 선언한 것입니다. 다른 어떤 대규모 산업이라도 잉글랜드의 산업과 경쟁할 수 있는 시장이 없었을 때 그렇게 한 것입니다.[144]

---

143) 영국은 1820년대에야 산업의 보호주의를 포기할 것이었다. 농업의 보호주의는 1846년까지, 해상운송의 보호주의는 1849년까지 유지했다. 프랑스는 제한을 완화하는 데에서 덜 자발적이었다. 왕정복고 이후에도 그 이면에 나폴레옹의 대륙봉쇄령이 유지되었고, 의식적인 경제적 선택을 하도록 요구받았다. "1814년의 선택은 꽤 분명했다. 프랑스의 정책은 국내적으로 최대의 경제적 자유와 국제시장에서 최대의 보호주의를 연결시킬 예정이었다"(Démier, 1992, 97). Crouzet(1972b, 103)는 논평한다. "그렇지만 보호주의는 [1815년 이후] 대다수 유럽 대륙 국가들의 산업에 반드시 필요했다고 인식하는 것이 더욱 합리적이다. 프랑스의 실책은 보호주의를 극단으로 몰고 갔다는 것 ― 대다수 외국의 제조업 상품에 대한 철저한 금지 ― 이었다."

144) Léon Talabot, 「전국제조업협의회: 1845년 회기(*Conseil général des manufactures: Session de 1845*)」(1846, 4), Lévy-Leboyer(1964, 15)에서 인용.

실제로 1840년대 초 프랑스는 성공을 거두지는 못했지만, 영국에 맞서 산업의 입지를 강화하기 위해서 이웃 국가들과 관세 연합을 추진하고자 했다.[145]

그러므로 19세기 중엽 유럽에서 영국이 거둔 자유무역 외교의 가장 큰 승리가 이른바 슈발리에-콥든 조약 — 1860년 영국-프랑스 통상조약, 즉 "19세기의 가장 중요한 무역자유화 협정을 대표한 조약"(O'Brien and Pigman, 1992, 98) — 의 서명이었다는 것은 놀랍게 보일지도 모른다. 무슨 일이 벌어졌는가?

그 조약은 가장 중요한 모든 산업에 영향을 미쳤다. 프랑스는 금지조치를 끝내고 종가관세(從價關稅)를 제한했다. 종가관세는 6개월 내에 종량세(從量稅)로 대체될 예정이었다. 영국은 포도주를 제외하고 거의 모든 프랑스의 상품을 면세 대상으로 하는 데에 동의했다. 석탄은 양국에서 면세 수출품이 될 것이었다. 그러나 영국이 수출국이고 프랑스가 수입국이었기 때문에 이는 실제로 영국의 양보조치 — 영국 내에서 엄청난 반대를 유발한 양보 — 였다. 더욱이 조약은 최혜국 조항을 포함했다. 따라서 프랑스가 다른 유럽 국가들과 상호 관세 삭감을 협의할 정도로 영국이 자동적으로 이득을 볼 것임을 뜻했다. 동일한 조항을 포함하는 새로운 조약은 각기 전반적인 관세 인하를 신속하게 이루어 "10년여 동안 유럽이 제2차 세계대전 이후까지 자유무역을 거의 성취할 정도에 이르렀다"(Cameron, 1989, 277).[146]

---

145) 관세 연합은 1842년 벨기에와 거의 체결될 뻔했고, "프랑스 기득권층뿐 아니라 프랑스의 영향력이 부활하는 것을 우려한 열강들의 외무부의 공동 반대가 연합을 효과적으로 억눌렀을" 때에도, 그것을 네덜란드, 스위스, 피에몬테로 확대하려는 회담이 이미 개최되었다(Cameron, 1961, 37).

146) 그리하여 "1860년 조약은 지속적으로 늘어나는 통상 협정의 연쇄에서 첫 번째 연결 고리로 기능했다"(Dunham, 1930, 142). 그 조약이 "양국의 실질적 양보"를 상징했다는 점을 충분히 인식하는 것이 중요하다(Condliffe, 1951, 222). 흔히 간과되는 이 자유무역의 막간극이 가져온 한 가지 중요한 결과는 그것이 세계 무역의 지형도에 끼친 영향이었다. 1790년 유럽 내 교역은 유럽 전체의 국제무역 가운데 76퍼센트를 차지한 반면, 1800-1860년은 지리적 다양화가 증대하는 시기였다. 지리적 다양화는 1860-1880/1890년에 뒤집어졌다가 그 뒤 또다시 재개되었다. 그럼에도 이런 동향이 과장되어서는 안 된다. 전체 가운데 유럽 내 교역이 차지하는 비율은

영국의 자유무역 외교는 늘 프랑스를 중심으로 전개되었다. 물론 프랑스가 주요 무역 상대국이었지만, 더 중요한 사항은 영국이 무역수지에서 가장 크고 지속적인 적자를 기록하는 국가였다는 점이다(Bairoch, 1978a, 45).[147] 1815년 이래 프랑스와 조약을 체결하려는 영국의 모든 노력은 실패로 돌아갔다. 사실 양국은 모두 협상에 열의를 보이지 않았다. 왜냐하면 거론되는 조건들이 항상 엄격한 상호주의를 수반했고, 무엇보다 의심할 바 없이 프랑스 정부가 "보호주의적인 의회를 통제할 영향력이 부족했기" 때문이다(Dunham, 1930, 101).[148] 바뀐 것은 자유주의 국가를 강화하려는 나폴레옹 3세의 바람이었다. 혁명가들에 대한 탄압에 이어 그가 10년 뒤 노동조합을 승인하게 될 것처럼, 그는 10년간 정부 주도로 프랑스 경제를 강화한 뒤인 1860년에 조약을 추진하게 될 것이었다. 정확히 그가 권위주의적 권력에 힘입어 비밀리에 실행했기 때문에 이를 효과적으로 이룰 수 있었다. 언젠가 국무부 장관인 아실 풀드에게 보낸 편지에서 나폴레옹 3세는 그 조약을 간단하게 발표했다. 그것은 즉시 "나폴레옹 3세의 새로운 쿠데타"라는 낙인이 찍혔다(Bairoch, 1970, 6).[149]

나폴레옹 3세에게 이 조약의 협상에서 중요한 사항은 그것이 초래한 경제

19세기 내내 결코 3분의 2를 밑돌지 않았다. Bairoch(1974b, 561-563)를 참조하라.

147) 당시 프랑스에 맞선 영국의 상황은 1980년대 일본에 맞선 미국의 상황, 그리고 1990년대와 21세기 초반 중국에 맞선 미국의 상황과 동일했다.

148) 던엄은 계속 기술한다. "하지만 1840년 또는 1852년에 조약이 체결되었더라도 그것이 해낼 수 있는 것은 거의 없었을 듯하다. 각각의 경우에 소량의 상품에 대한 제한적인 합의보다 더 중요한 구상이 없었기 때문이다." 게다가 예전의 시도에서도 최혜국 조항에 대해서 어떤 의문도 없었다.

149) Fahlen(1956, 418)은 결국 나폴레옹 3세가 스스로 택한 조치 때문에 막대한 정치적 대가를 치렀다고 주장한다. "단 하나의 진지한 관세 개혁은 부르주아지의 의지에 맞서 그것을 성취할 수 있는 권위적인 방법을 필요로 했다. 그것 때문에 나폴레옹 3세는 왕위를 잃었다. 1860년 1월 23일에 체결된 영국-프랑스 통상 조약은 '산업의 쿠데타'로 인식되었다. 그것이 결코 진정한 자유무역을 가져오지는 않았을지라도, 경제적 전통과 부르주아 이데올로기에 위배되었기 때문이다……나폴레옹 3세는 부르주아지를 배반했고 그들은 1870년에 이를 기억할 것이었다.

적 변화가 아니라 문화적인 의미였다. 그 조약의 체결은 프랑스가 자유주의 국가의 개념에 철저하게 헌신한다는 것을 의미했다. 경제적 조건에서 그것은 "프랑스 경제 개방의 시작이 아니라 정점"이었다(Mokyr and Nye, 1990, 173). 그것은 기껏해야 공공연한 보호무역 체제에서 "온건한 보호무역 체제"로의 이동이었다(Rist, 1956, 943; cf. Coussy, 1961, 3).[150] 경제적 측면에서 그 조약의 결과는 무엇이었는가? 던엄(1930, 1-2)은 그것이 "대외 경쟁이라는 유익한 압력을 통해서 빈사 상태의 프랑스 산업"을 회복시켰다고 주장한다.[151] 하지만 베로흐(1972, 221)는 프랑스에 경제적인 혜택이 있었다고 설득당하지 않는다. 오히려 그는 "무역자유화가 프랑스의 경제 성장을 상당히 늦추었다"고 말한다.[152]

일반적으로 자유무역은 영국에게 크게 도움이 되었다고 간주된다. 그리고 그 지지자와 반대자 모두가 영국의 관점에서 그것이 "바로 그 시작[1846년]

---

150) Broder(1976, 335)는 동일한 쟁점을 더 예리하게 지적한다. "우리는 1860년 조약에 대해서 어떤 환상도 가져서는 안 된다. 조약을 둘러싼 논쟁은 기본적으로 잘못된 것이다. 19세기 내내 프랑스는 단호하게 보호주의적이었다. 누군가는 프랑스의 보호주의를 전반적 단계(1820-1852), 온건한 단계(1852-1881), 선택적(1882-) 단계로 분류할 수 있을 것이다."

151) 또한 그 결과가 대개 프랑스에 유리했다는 데에 동의한 Rist(1956)를 살펴보자. 영국에 관해서, 던엄은 [그것이] 영국 산업의 전반적 발전에 긍정적으로 영향을 미쳤는지 의심스럽다"고 주장한다. 그 결과 자유무역을 칭송하는 영국의 이 가수에 따르면, 조약은 사실상 (이를 통해서 거의 이익을 얻지 못한) 영국이 (자국에게 도움이 되도록 영국을 꼬드길 필요가 있었던) 프랑스에게 준 고귀한 선물인 것처럼 보인다. 만일 그렇다면, 왜 영국이 그것을 그렇게 열망했는지 궁금하다. Iliasu(1971)는 조약의 동기가 경제적이기보다는 더 정치적이었다고 주장한다. 결국 그는 조약의 체결이 1846년 이후 어떤 통상 조약도 체결하지 않기로 결정한 "원칙의 파기"(p. 72)였다고 말한다. 그는 조약을 이탈리아를 둘러싼 양국 사이의 "해결되지 않은 외교적 분쟁"(p. 87) 탓으로 돌린다. 나폴레옹은 1861년 니스를 합병했고 조약은 "옳든 그르든 합병에 대한 영국의 동의를 구입하는 뇌물로 여겨졌다"(p. 96).

152) Bairoch(1970, 7)는 이것이 성장을 지연시켰을 뿐만 아니라 "보호주의의 재도입[1892년의 멜린 관세]은 성장률의 가속을 유발했다"고 말한다. 게다가 더 자유로운 교역이 전개된 이 시기는 다른 유럽 대륙의 국가들보다 프랑스에서 더 오래 지속되었다. 후속 연구서(1976a, 238)에서 베로흐는 "농산물의 쇄도가 프랑스의 자유주의 정책이 실패한 이유를 설명하는 데에 가장 중요한 요인"이었다고 결론짓는다.

부터 성공"이었다는 데에 동의하고는 했다(Imlah, 1950, 156). 그러나 자유무역이 심지어 영국을 위해서도 얼마나 잘 작동했는지에 대해서 회의적인 목소리들이 나타났다. 경제적 이점에 대한 회의론.[153] 영국 내에서 자유무역의 실제 지지도와 "자유무역주의자들"이 얼마나 영향력이 있었는지에 대해서 회의론이 대두했다.[154] 그리하여 레드퍼드(1956, 11)는 1860년의 위대한 사건, 즉 영국-프랑스 조약과 글래드스턴의 예산이 예전에 생각한 것보다 "실제적인 결과"를 더 적게 가져왔을지 모르지만(아마 그랬을 것이다), "자유무역이라는 건물에 멋진 갓돌을 만들었다"고 말한다.

그럼에도 불구하고 영국-프랑스 통상 조약이 영국이나 프랑스에게 준 경제적 이득의 정도를 둘러싼 시끄러운 논쟁은 자유주의를 유럽의 이데올로기로 정당화할 국제 질서의 수립활동에 대한 시야를 잃게 만들지도 모른다. 우리는 1815-1914년을 '영국의 평화(Pax Britannica)' 시기라고 말한다. 사실 이것은 기만적인 서술방식이다. 실제로 그 시기는 끊임없는 식민지 전쟁, "일부는 흔히 불리는 것만큼 아주 '작은' 규모가 아닌" 전쟁의 시기였다(Gough, 1990, 179-181).[155] 왜냐하면 자유주의 국민 국가의 창설은 또한

---

153) Bairoch(1978a, 75)는 1860-1910년 영국의 수출 확대는 유럽의 다른 국가들에 비해서 부진했고, 실제로 보호주의 국가들이 최고 실적을 올렸다고 지적한다. 하지만 전 세계적인 경제 성장의 측면에서 "자유주의 시대는 유럽의 다른 국가들보다 [영국 같은] 선진국에게 더 유리했다"(p.163). McColskey(1980, 318)의 결론은 더욱 혹독하다. "자유무역은 영국의 국가소득을 줄이면서 교역 조건의 악화를 초래했다."

154) 자유무역주의자들이 끼친 영향력의 정도가 "지적 후계자들에 의해서 과장되어왔다"고 지적한 Farnie(1979, 39-41)를 참조하라. 그는 그들이 휘그당파 고위층이나 양심적 비국교도보다 자유당에 영향을 덜 끼친 "사상의 학파"에 지나지 않았다고 생각한다. 그는 "원칙보다 편의의 동기"에서 비롯된 맨체스터 상인들의 지지를 확인한다. 그는 1848년 청년 잉글랜드주의, 1850년 기독교 사회주의, 1851년 라파엘 전파(前派)(라파엘이 등장하기 전인 14-15세기의 이탈리아 화가들과 비슷한 양식의 그림을 그린 19세기의 영국 화가들/옮긴이) 운동, 그리고 널리 읽힌 칼라일의 "신랄한 비난" 등 곡물법 철폐 이후 등장한 반자유주의 지식인들의 모든 운동에 주목한다. "맨체스터는 시인, 지식인, 예술 애호가들에 대한 공격의 반석이 되었다." 아마 일부 장기적인 이득을 얻었을지는 모르지만, 단기적으로 곡물법 철폐는 "1846-1853년에 맹위를 떨친 신랄한 논쟁의 시대를 예고했고 자유무역이라는 본래 신조의 무력화와 함께 겨우 끝났다."

필연적으로 자유주의 제국의 창설이었기 때문이다.

확실히 1815년과 1870년대 사이의 세계정세는 주변부를 향한 영국의 "한층 더 관대한 정책"에 유리했다. 이 시기는 영국 무역의 "번영기"였다. 그리고 "소(小)잉글랜드"의 신화는 "비공식적 제국"의 부담을 부인하는 좋은 방법이었다(Galbraith, 1961, 39-40).[156] 더욱이 번(1949, 222-223)은 그가 영국의 "자유주의적 균형"이라고 부르는 것의 일환으로 대중의 분노를 밖으로 향하도록 유도하는 것이 대단히 중요했다고 주장한다. "폭력 본능 또한 외부로 방향을 전환하고 있었다⋯⋯영국인들은 결코 평화를 사랑하는 이들이 아니었고 반항적인 세포이(영국군 소속의 인도인 용병/옮긴이), 소란을 피우는 흑인, 러시아인이나 프랑스인, 또는 1861년 미국인들에게 무엇을 해야만 하는지 또는 무엇을 할지를 생각함으로써 스스로 만족했다." 이런 방향 전환은 사회심리학뿐 아니라 사회적 유동성의 문제였다. 식민지에서의 취업 기회는 19세기 초 급진주의에서 "독침의 일부"를 빼냈다.[157]

이론상 자유주의의 신봉자들은 인간의 자유를 침해한다는 이유로 식민주

155) 고우는 이렇게 덧붙인다. "거의 모든 상황에서 법, 즉 평화의 제국을 떠받치는 토대는 본질적으로 비효율적이었다. 그것은 힘으로 뒷받침되어야 했다. 이는 가장 작은 섬 식민지 또는 보호령인 핏케언(남태평양의 투아모투 제도 동남쪽에 있는 영국령/옮긴이)과 마찬가지로 가장 큰 대륙의 자치령인 캐나다에도 해당되는 것이었다."

156) Condliffe(1951, 254)는 기존의 식민지들에 대해서 형용사 '관대한'을 인정하는 것조차 꺼려했다. 소(小)잉글랜드주의자들의 견해에도 불구하고, 아메리카의 식민지를 상실한 뒤 영국에게 남아 있던 식민지에서 관리 업무는 관대해지지 않았고 오히려 더 엄격해졌다⋯⋯제조업자들은 전쟁과 전쟁 준비 비용에 반발했을 테지만 대다수 영국인들은 해군력에 대한 신뢰와 제국에 대한 자긍심을 고집스럽게 유지했다. 더욱이 광범위한 기득권의 성패가 달려 있었다. 해운업자들은 항해법의 완화에 반발했다. 육군과 해군은 그런 서비스업을 유지하는 데에 전문적인 이해관계가 있었고 식민지에 대한 후원에 개인적인 관심을 보였다.

157) Neale(1972, 97)은 최소한 더 강력한 중간계급이 배출될지 모르는 그 준(準)집단 가운데 출세지향적인 전문가와 소부르주아 구성원의 일부에게 이는 사실이라고 말한다. 그는 1788년과 1856년 사이 오스트레일리아의 상황에 대해서 말하면서(p.108) "총독과 행정관들의 사회적 신상명세에 따르면, 그들이 주로 적어도 홈 카운티(런던을 둘러싼 여러 주들/옮긴이)나 스코틀랜드의 저지대에 거주한 이들 가운데 중류층의 제2세대이고 영국 국교회와 장로교회의 신자였다"고 덧붙인다.

의에 반대했다.[158] 그러나 이는 매우 이론적인 차원에 그쳤다. 실제로 영국의 자유주의(그리고 사회주의) 경제학자들과 논객들은 다소 회의를 품었던 일부 시기(1780-1800년, 1860-1880년)가 있었지만,[159] "야만인"(이는 식민지의 백인 정착민들을 포함하지 않았다)에 대한 영국의 제국 지배라는 개념을 발전시켰고 점점 더 그것에 호의를 보였다. 존 스튜어트 밀 같은 민족자결의 강력한 지지자들조차 "적합성"의 기준을 무리하게 강제했다.[160] 인도는 물론 영국 제국주의 기획의 중심이었다. 베일리(1989, 10)가 제대로 주장하듯이, 인도는 처음에는, 그리고 아마 주로 자유무역 제국주의의 문제라기보다는 세입의 문제였다.[161] 그리고 자유무역의 옹호자들이 동인도회사를

---

158) 공식적인 견해의 고전적 진술에 대해서는 1847년 존 브라이트에게 보낸 콥든의 서신을 참조하라. "하지만 당신은 악(惡)이 그 고귀한 섬의 상징적 인물인 존 불의 공격적이고 활기가 넘치며 자급자족적이고 외국인을 얕보며 가련하게 여기는 듯한 특성에 뿌리를 둔다고 스스로 위장해서는 안 됩니다. 존 불에 대한 워싱턴 어빙의 묘사를 읽어보십시오. 어빙은 지표면 어디에서든 발생하는 언쟁에 대해서 듣는 순간 항상 곤봉을 더듬거리는 존 불, 그리고 자신에게 먼저 동의를 구하거나 참여하도록 요청하지 않고 감히 다툼을 벌이는 다른 이들의 바로 그 생각에 화가 나서 발끈하는 존 불을 묘사합니다"(Condliffe, 1951, 255에서 인용).

159) 애덤 스미스부터 G. D. H. 콜에 이르기까지 경제학자들과 논객들의 이력을 추적한 Wagner (1932, 74)를 참조하라. 와그너가 말하듯이 "그들은 식민지나 식민화가 아니라 식민지 정책에 반대했다." 그는 어떤 경우든 "경제학자들이 때때로 [제국의 미덕에 대해서] 비관적이었다고 할지라도 제국주의의 신용이 위태롭게 낮아질 때에는 보통 신뢰를 회복하고 심지어 제국주의의 신용을 복원하고자 돕기까지 했다"고 기술한다.

160) 1848년 혁명이 한창일 때, 밀이 작성한 문건을 참조하라(1849, 31). "국적은 자유를 성취하는 수단으로 바람직하다. 그리고 이는 하나의 이탈리아를 재건하려는 이탈리아인들의 태도와 하나의 폴란드가 되려는 포즈난 주민들의 태도에 충분히 공감할 수 있는 이유이다. 사실 한 민족이 자치정부를 가질 수 없다면, 흔히 그들 자신보다 더 선진적인 문명과 교양을 갖춘 외국인의 독재 아래에 있는 편이 더 낫다. 하지만 라마르탱 씨의 은유를 사용한다면, 정복자들의 국적으로 합쳐지거나 섞이지 않고 자유의 시간이 다가왔을 때, 그들 자신의 것에 대한 재정복은 흔히 자유로운 조직체들을 획득할 수 있는 필수조건이든지, 또는 실제로 그것들이 획득되었다면 자유의 정신으로 그것들을 운영할 수 있는 가능성의 필수조건이다."

161) "인도의 경우 동인도회사 소속의 병력이 가진 재정적, 군사적 기세는 허세를 부리는 존재에 불과한 자유무역주의자들과 더불어 팽창의 원동력이었다. 인도의 무역이 아니라 인도의 영토에서 얻는 세입은 여전히 아시아에서 영국인들이 받던 주된 경제적 포상이었다. 1834년 이후에도 동인도회사는 무역 전제주의의 여러 가지 특징을 유지했다. 영국과 네덜란드의 자바 통치와

그림에서 완전히 제거하는 데에 성공했을 때, 그들은 "영국과 인도의 제국주의적 연계의 효력과 지속성"에 기여한 방식으로 그렇게 했다(Moore, 1964, 145).

프랑스의 자유주의는 그에 못지않게 제국주의 국가에 적응했다. 결국 "인류 진보의 확실성"을 신뢰하는 많은 다른 이들처럼 생시몽에게 "동양"은 여전히 진보의 "유아기"에 있다고 생각되었다(Cole, 1953, 1:41).[162] 루이 드 부갱빌은 이미 1766년 12월 15일 생-말로에서 시작하여 투아모투, 타히티, 사모아, 뉴헤브리디스, 솔로몬 제도, 몰루카 제도 등 태평양 지역을 둘러보았다. 그렇지만 1796년 이후에야 선교사와 상인들이 태평양 지역에 대해서 약간 흥미를 가지기 시작했다. 샤를 10세의 알제리 침입을 시작으로 루이 필리프 시대에도 프랑스는 "끊임없이 해외 영토를 넓혀갔다"(Schefer, 1928, 430).[163]

7월 왕정은 태평양에서 조업하는 포경선에 대한 명령을 유지하려는 경제적 관심을 표명했다. 1843년 이른바 프리처드 사건에서 영국과 프랑스가 드러낸 격렬한 대립 때문에 화친 협정이 거의 교전으로 와해되다시피 한 것은 이 시점이었다. 1838년 프랑스인들은 타히티와 조약을 체결했다. 1840년 영국은 뉴질랜드를 병합하여 프랑스를 물리쳤다(Jore, 1959, 1: 186, 213). 프랑

실론(현재의 스리랑카/옮긴이)에서 영국이 전개한 중상주의적 전제주의는 19세기 중엽까지 유사한 특징들을 유지했다. 인도와 다른 아시아 지역에서 영국 제품의 판매는 1840년대까지도 부진했다. 실제로 1790년과 1830년 사이에 영국의 대외무역 확대는 상당히 과장된 것일 수 있다."

나중에 무역이 중요한 역할을 하게 되었을 때조차 세입은 결코 도외시되지 않았다. Jenks (1927, 223-224)를 참조하라. "인도에 청구하는 것이 편리하다고 밝혀진 부담은 터무니없어 보인다. 반란의 손실, 회사의 권리를 국왕에게 넘겨주는 대가(對價), 중국과 아비시니아(에티오피아의 별칭/옮긴이)에서 동시에 벌이는 전쟁의 비용, 인도의 사무소에서 근무하는 청소부의 보수에 이르기까지 인도와 아주 약간 관련이 있을 뿐인 런던의 모든 정부 물품, 그리고 출항했지만 교전에 가담하지 않은 선박들의 비용과 출항에 앞서 국내에서 6개월 동안 훈련을 받은 인도 연대(聯隊)의 비용 등 모든 것이 대표자가 없는 인도 농민의 계좌에 청구되었다."

162) 7월 왕정과 제2제정 시기 알제리 식민 사업에서 생시몽주의자들이 맡은 적극적 역할에 관해서는 Emerit(1941)을 참조하라.

163) 프랑스는 알제리 영토를 넓혔을 뿐만 아니라 기니 해안, 인도양과 태평양 섬들을 정복했다.

스는 1842년 누벨칼레도니에 선교사를 파견했을 뿐만 아니라 마르키즈 제도
를 탈취하고 타히티에 대한 보호권을 확립함으로써 "복수를 감행했다." 영국
이 난징 조약을 통해서 중국을 "개방한" 것도 바로 그때였다(Faivre, 1954,
9, 338; Jore, 1959, 1:200-207, 213, 224; 2:81-106, 165-171, 181-353).

경쟁의 절정은 타히티에서 발생했다. 영국인들은 마르키즈 제도에 대해서
"묵인했지만," 타히티에 대해서는 더 불만족스러워했다. 1842년 프랑스는 타
히티에서 영국 영사 프리처드를 체포했다. 1843년 C. V. 폴릿 경은 프랑스인
들이 역시 탐내던 하와이를 영국의 보호령으로 만들고자 했다. 양국 모두에
서 격정이 고조되었다. 그러나 곧이어 양국 모두 물러섰다. 기조와 애버딘은
상황을 가라앉히는 데에 동의했다. 프랑스인들은 프리처드에게 손해배상금
을 제안했다. 프리처드와 타히티의 프랑스 영사 모에렝우는 모두 교체되었
다. 월리스 섬이나 누벨칼레도니에 대한 프랑스의 보호권은 없을 것이고,
(서아프리카) 감비아에 대한 영국의 보호권도 없을 것이었다. 양국은 하와이
를 독립국가로 인정하기로 합의했다(Faivre, 1954, 496-497; Jore, 1959, 2:
385-387).

이렇듯 벼랑 끝에서 서로 물러서게 된 까닭은 적지 않았다. 아일랜드의
소요 사태가 고조되었고, 미국이 부상하고 있었다. 영국과 미국은 캐나다의
태평양 연안 국경을 놓고 격렬하게 다투었다. 미국의 민주당 전당대회는 "54
도 40분 아니면 전투를"이라는 구호를 공표했다. 미국의 국무부 장관 웹스터
는 먼로 선언을 하와이까지 확장했다. 영국과 프랑스 양국은 지속적인 식민
화에서 생겨날 이득이 상호 목표에 꼭 필요한 그들의 동맹에 미칠 피해보다
크지 않을 것이라고 생각했다. 양국은 모두 태평양에서 현상을 유지할 뿐만
아니라 그런 사태의 재발을 막기로 결의했다. 그리하여 양국은 (옛 선원들의
표현처럼) "돌풍에 대비하기"로 결심했다(Jore, 1959, 2:388).[164]

---

164) Faivre(1954, 497)의 관점에서 영국인들은 합의의 대부분을 취했다. 왜냐하면 그가 말하기
    를, 영국인들이 이제 "태평양에서 과거 에스파냐인들이 그랬던 것보다 더 강력한 입지를 확보

이런 화친 협정의 재확인이 세계질서에 끼친 영향은 1850년대 크림 전쟁과 더불어 분명해졌다. 기본적으로 크림 전쟁은 러시아가 오스만튀르크 제국이 통치하는 지역까지 남쪽으로 영토, 권력, 영향력을 확대하려는 오랜 시도에 관한 것이었다. 마찬가지로 영국인들(과 프랑스인들)은 이 지역의 경제적 흐름을 통제하기를 원했고 영국인들이 사실상 오스만튀르크 제국을 그들에게 매우 종속적으로 바꿔놓는 과정에 들어섰기 때문에, 두 열강은 러시아가 영국에게 우선권을 양보해야 한다는 점을 군사적으로 분명하게 하기로 결정했다. 그리하여 그 전쟁은 폴라니(1957, 5)의 표현대로 "거의 식민지적 사건"이었다.[165] 실제 영국이 헤게모니 국가로서 (오스만튀르크는 말할 것 없고) 프랑스의 지지를 받았기 때문에, "파머스턴의 전쟁"은 군사적인 승리를 거둘 수밖에 없었다. 러시아는 "굴욕적인 평화"를 강요받았다. 그러나 그것이 정말 "이루고자 나선 것을 이루어낸 보기 드문 전쟁의 사례"라고 불릴 수 있을까(Vincent, 1981, 37-38)?[166]

돌이켜보면 크림 전쟁은 국지적인 전쟁터와 제한적인 목표를 수반하면서

했기" 때문이다. 물론 이렇게 평가할 때, 그는 영국과 미국을 "앵글로색슨"으로 한데 묶는다.

165) 필요한 부분을 약간 수정한다면, 당시 러시아는 훗날 1945-1990년에 소련이 미국 여론에 미치게 될 것과 동일한 역할을 영국 여론에 대해서 수행하고 있었다. Briggs(1959, 379-380)를 살펴보라. "크림 전쟁은……영국 정부 인사들의 동기를 주의 깊게 읽는 것으로는 이해될 수가 없다. 영국 전역에는 대중의 러시아 혐오증이라는 강력한 정서가 존재했다. [일부 영국 작가들의] 주요 독자들로 하여금 오직 해방을 갈망하는 노예들만이 반(半)야만인인 러시아의 폭군들을 아시아의 대초원으로 몰아넣을 수 있다는 견해에 익숙해지도록 했다. 1848년 이후의 세계에서 러시아 비판자들은 제한된 독자층이 아니라 대규모 군중을 자극했다. 왕년의 차티스트 운동가는……대중적 대의의 보편적인 적에 맞서는 투쟁을 고조시켰다. 데이비드 어콰트는……러시아를 비난할 뿐 아니라 러시아인들의 '범죄'를 연구하기 위해서 '노동자의 외교문제 위원회'를 설립했다……[대표적 급진파이자 협동조합원인 G. J. 홀리오크]가 조급하다고 느낀 평화조약이 체결되었을 때, 그는 플리트 가(街)(런던의 신문사 거리/옮긴이)에 있는 사무실의 조명을 밝히기를 거부하고 폴란드, 이탈리아, 헝가리에서 계속되는 곤경을 다룬 엘리자베스 바렛 브라우닝의 시(詩)를 현수막에 게시했다."

166) 빈센트는 이렇게 주장한다. "그 전쟁의 위업은 지속적이었다. 러시아가 그 다음에 튀르크를 공격했을 때, 러시아는 흑해의 제해권을 장악하지 못해서 육지에서 고생해야만 했다. 튀르크는 러시아의 위성국이 되는 위험에 다시 빠지지 않았다."

영국의 평화에 대한 "사소한" 예외로 비춰졌다(Imlah, 1958, 1). 휴 시턴-왓슨
(1937, 359)은 크림 전쟁을 "근대 유럽사에서 가장 불필요한 전쟁"이라고 부
른다.[167] 그 전쟁은 분명 오스만튀르크 제국에서 영국의 입지를 강화했
다.[168] 그러나 영국에서 그 전쟁은 예측하지 못한 부작용을 낳았다. 영국
정부는 전투에 활용하고자 식민지에서 일부 병력을 끌어와야 했다. 심지어
미국에서도 병력을 모집하려고 했고, 이 때문에 외교 관계에 큰 부담을 주었
다.[169] 하지만 크림 전쟁에 이 병력을 활용한 것은 역효과를 낳았다. 왜냐하
면 그것은 "제국의 부담"을 줄일 수 있었고, 그 결과 보수주의자들에게 "새로
운 제국주의의 부상"을 뒷받침할 그 이상의 논거를 제공했다는 점을 입증했
기 때문이다(Schuyler, 1945, 233).

그렇지만 더 중요한 것은 이 전쟁이 어쨌든 벌어졌어야 했다는 점이다.
헤게모니는 여러모로 절대적 권력이 결코 도전받지 않는다는 사실에 달려
있었다. 비록 영국이 승리를 거두었지만, 그것은 "크림 반도의 첫 겨울에 겪
은 패배와 참사가 널리 알려진 뒤에야" 가능했다. 그 결과로 초래된 "역설"은
영국이 군사적 준비에 훨씬 더 많은 비용을 써야 했고, 그럼에도 "유럽에서
영향력의 쇠퇴"를 목격했다는 점이다(Gash, 1970, 310-311). 따라서 러시아
의 패배는 사실 일시적인 현상일 뿐이었다. 러시아인들은 "흑해에서 강요된

---

167) "전쟁에서 큰 이득을 얻은 사람은 나폴레옹 3세였다. 전쟁으로 그 체제는 안정을 찾았다.
오스만튀르크 제국의 정부도 마찬가지였다."
168) Baster(1934, 82, 86)를 살펴보자. "전쟁의 결과는 영국으로 하여금 재건되는 터키의 상업과
재정적 전망에 더 큰 관심을 가지도록 부추겼고 점차 은행 영업 허가를 위한 영국의 응찰을
늘렸다……낙후된 국가에 대한 경제적 침투 수단으로서 오스만튀르크 제국 은행과 같은 기관
의 유용성은 19세기 외교에 두드러진 본보기를 제공했다. 서유럽의 강력한 자본수출 국가들은
분명히 그것을 통해서 이익을 얻는 데에 미적거리지 않았다."
169) 그 결과 워싱턴 주재 영국 공사는 미국 정부에 의해서 추방되었다(Schuyler, 1945, 221). 이는
미국이 공식적으로 중립을 선언했음에도 핼리팩스에 미국인 자원병을 위해서 창고를 설치하는
작업을 별로 달가워하지 않았기 때문이다. 당시의 경기침체를 감안한다면, 사실 미국인 자원병
모집은 그리 어렵지 않았다(Brebner, 1930, 303-305, 320). 곧이어 내전기에 미국은 연방군
(북군)에 복무할 캐나다인을 모집함으로써 신세를 갚았다(pp. 326-327).

제약을 풀 수 있는 순간을 참을성 있게 기다리기만 하면 된다는 것을 깨달았다"(Seton-Watson, 1937, 359). 그리고 크림 전쟁은 예전에는 다루기 힘들었던 영국의 제조업자들에게 자유주의 국가가 적극적인 제국이어야 하는 현실의 중요성을 납득시켰다.[170]

1860년대는 프랑스와의 중요한 동맹을 통해서 영국이 지배하는 평화적 세계질서가 결정적으로 확립된 시기였다. 그 시기는 사실 영국이 절정에 도달했지만 또한 쇠퇴하기 시작했음을 보여주었다. "영국에서 제국의 붕괴로 향하는 추세가 정점에 이른 바로 그 시기"(Schuyler, 1921, 538)는 "슐레스비히-홀스타인에 대한 영국의 무기력함과 평화주의가 마지막으로 발휘되는" 시기이기도 했다. 그리하여 "영국의 영향력이 가진 도덕적 권위에 대한 오랜 믿음이 산산이 부서졌다"(Gash, 1979, 317-318).[171]

---

170) Farnie(1979, 44)를 참조하라. "1846년에 시작된 엄청난 논쟁은 크림 전쟁으로 종식되었다. 크림 전쟁은 1850년 파머스턴의 돈 파시피코 연설로 촉발된 랭커셔 경제 엘리트들의 세계관에 변화를 가속시켰다. 자유무역 시대의 첫 국제적 충돌은 경기침체가 아니라 경제적 번영을 가져왔고, 1851년 이래 중시된 영속적인 평화의 꿈을 없애버렸다. 크림 전쟁은 랭커셔의 모든 계급에게 군인 정신을 불어넣었고, 맨체스터가 영국 국교회로 끌리도록 독려했다. 그것은 맨체스터 주민들의 여론을 파머스턴에 대한 지지로 결집시키고, 전쟁이 끝난 뒤 1857년 총선에서 맨체스터 학파의 대표들을 결정적으로 거부하도록 발판을 놓았다. 당시 유권자들은 중국 시장과 비공식적인 영국 제국의 확대 과정에서 정부의 활동이 중요하다는 점을 분명히 인식했다. 시장 경제가 국가로부터 완전한 독립을 이루는 데에 실패하자, 자유무역의 윤리는 그 자체로 더 높은 목표를 위한 수단이기보다 하나의 목표가 되었고 사회적 부흥의 자주적 방법에서 단지 상품들의 기계적 교환으로 변모했다."

171) 1864년 무렵 현상유지를 지지한 영국은 고립되고 무기력한 상태에 빠졌다……장차 영국이 더 많이 활동해야 하거나 발언을 덜하게 될 것이 분명했다……권위와 자유주의 사이의 오랜 적대감은 1848년 민족주의와 왕조 국가들의 군국주의라는 새롭고 위험한 종합으로 귀결되고 있었다. Seton-Watson(1937, 449, 465)은 영국 외무부 장관 러셀 경의 발언을 이렇게 전한다. "캐닝이 '조만간 우리가 전쟁을 해야 한다고 들었는데 사실이 그렇다면, 나중에 이야기할 것'이라고 언급한 것을 나는 기억한다. 나는 캐닝과 '나중에' 말할 것이다." 대륙의 문제에 연루되기보다 식민지에 관여하기를 선호한 보수주의자들은 맨체스터 학파의 불간섭주의자들에게 합류했다. 그 결과는 몰트케에게 분명했다. 몰트케는 1865년에 이렇게 말했다. "잉글랜드는 추정하는 만큼 유럽 대륙에서 무기력하다." 내부적으로 이는 보수당의 권좌 복귀를 의미했다. "1870년 여름부터 계속 반제국주의 정서가 급속히 약해졌다……디즈레일리는 교묘하게 제국주의를

동일한 상황이 프랑스에서도 발생했다. 크림 반도(1854-1856)와 1862년 코친 정복과 더불어 나폴레옹 3세는 중앙아메리카로 진출하여 강국으로서 프랑스의 입지를 강화하려고 애썼다. 이를 통해서 미국의 힘을 제한하고자 했다. 1852년 프랑스와 영국은 미국에게 세 국가가 함께 쿠바를 보호령으로 삼자고 제안했다. 미국의 "오만한 거절"은 그 의도에 대한 의혹을 증폭시켰다.172) 1859년 멕시코에서 두 정부, 즉 베라크루스의 후아레스 정부와 멕시코 시의 술로아가 정부가 경쟁하는 상황에서 뷰캐넌 대통령은 쿠바와 멕시코에 대한 미국의 야심을 드러내고 후아레스에게 힘을 실어주었다. 술로아가는 프랑스에 군사적 지원을 요청했다. 1861년 내전의 발발로 미국이 마비되었을 때, 프랑스와 멕시코의 군주제 지지자들은 힘을 모아 오스트리아의 막시밀리안 대공을 멕시코의 왕으로 추대하려고 했다. 이로써 프랑스는 아메리카 판(版) "크림 반도"를 개시했다.

후아레스가 채무 상환을 유예했을 때, 프랑스, 영국, 에스파냐의 연합 세력은 베라크루스와 탐피코에 채무감독관의 배치를 요구했다. 1862년에 세 열강 모두 병력을 파견했으나, 단지 프랑스만이 기꺼이 막시밀리안을 지지하고자 했다. 다른 두 강국과 막시밀리안 자신은 물러섰고 프랑스만 홀로 남겨져 "진짜 전쟁을 강요받았다." 나폴레옹 3세는 전체 원정대를 파견했지만 실패로 끝났다. 물론 제2제정은 특히 유럽에서 "대부분 기반을 두고 있던 위신"을 크게 잃으면서 "불신의 대상이 되었다"(Schefer, 1939, 11, 241).173)

그들이 지배할 자유주의적 세계질서를 수립하려는 영국과 프랑스의 시도

정당의 쟁점 가운데 하나로 붙잡았고, 아마 제국을 온전하게 유지하겠다는 그의 서약보다 영국 유권자들에게 더 강력하게 호소력을 발휘한 정치 전략은 없었을 것이다. 1874년 보수당의 총선 승리는 실제 정치의 영역에서 소잉글랜드주의를 완전히 몰아냈다"(Schuyler, 1921, 559-560).

172) Schefer(1939, 7-11)를 참조하라. "요컨대 미국에 대한 두려움이 [카리브 해에서] 영국, 에스파냐, 프랑스의 정책을 지배했다."

173) Girard(1977, 25)를 참조하라. "눈에 띄는 성공 이후 체제 몰락의 원인으로 작용할 것은 외교 문제였다. 프랑스는 구체제와 혁명 사이의 중도를 유럽 대륙에 열어놓을 만큼 더 이상 강력하지 않았다. 수십 년 동안 이 해결책을 강요할 인물은 오히려 비스마르크였다."

는 크게 성공적이었지만, 큰 실패이기도 했다. 한편에서 양국은 경제적, 군사적 위세를 충분히 신장시켰지만 독일과 미국의 꾸준한 상승세를 막을 수 없었다. 독일과 미국은 실권을 강화하고 이들의 상호 경쟁은 1870년 이후 점점 더 갈등이 고조되는 세계질서를 형성하기 시작할 것이었다. 영국과 프랑스 양국은 그들만이 속도를 정하던 방식에서 이제 (적어도 꽤 많은) 참가국들이 자유롭게 "앞 다투어 쟁탈하는" 방식으로 식민지 획득의 유형을 바꾸지 않을 수 없었다. 하지만 다른 한편으로 영국과 프랑스는 세계체제에 자유주의라는 지문화를 부과하는 데에 성공했다. 최소한 제1차 세계대전의 발발까지 누구든지 이 지문화에 점점 더 경의를 표했다. 비스마르크는 신성동맹의 언어를 재개할 수 없었고, 그러려는 관심을 조금도 보이지 않았다. 오히려 비스마르크와 디즈레일리는 제2제정에서 긍정적인 교훈을 얻을 것이었고, 실제로 자유주의의 보수적 변형인 개화된 보수주의를 제안했다.

19세기 세계질서의 전환점은 1866-1873년, 즉 "19세기 후반의 역사가 바뀌는 거대한 경첩(이음새) 같은" 시기일 것이다(Clapham, 1944, 2:271). 미국은 연방을 유지했고, 1866년 독일 역시 그렇게 될 것이 분명해 보였다. 따라서 두 신흥 강국은 각기 지정학적 역할을 강화할 상황에 처해 있었다. 동시에 영국은 프랑스와 함께 남성 보통선거권 도입이라는 대도약에 합류할 참이었다. 1867년 영국의 의회 개혁은 상당히 정확하게 "한 시대의 종말"로 비춰졌다(Burn, 1964, chap. 6). 1870-1871년 프랑스의 폭발과 더불어 1867년 영국의 개혁법은 1815년에 시작된 위험한 계급들 — 특히 도시 프롤레타리아 — 의 길들이기 과정, 즉 이들을 체제 내로 정치적으로 통합해서 이들이 양국의 기본적인 경제, 정치, 문화 구조를 뒤엎지 않도록 만드는 과정이 절정에 이르렀음을 상징했다.

앞서 50년 동안 참정권의 확대는 이론적으로 자유주의자들의 제안이었으므로 보수주의자들의 저항에 시달렸다. 이에 대한 고전적 증거는 1832년 개혁법의 통과이다. 1832년 개혁법에 선행한 1829년 가톨릭 해방, 1846년 곡물

법 철폐, 그리고 가장 중요하게는 사실상 남성 보통선거권을 승인한 1867년
개혁법 등 다른 중요한 진전이 대부분 보수적인 정치가들의 후원 아래 또는
최소한 지도를 통해서 이루어졌다는 점이 당시에는 이상하지 않았을까?
1867년에 대한 분석에서 힘멜파브(1966, 117)는 자유주의자들이 개인들이
정치적으로 중요하다고 생각하면서 개인이 이룬 집단의 처분에 정치적 합의
를 맡기는 것에는 매우 신중한 나머지 보통선거권을 "심각하고 위험한" 것으
로 간주했다고 말한다. 힘멜파브는 이렇게 주장한다. 보수주의자들은 "인간
본성과 사회의 영원한 진리를 신뢰하면서" 덜 걱정했다. 이는 왜 개혁법이
"보수당 정부에 의해서 착수되고 실행된, 보수적 조치"였는지를 일깨워준
다.174) 이것은 어느 정도까지는 의심할 바 없이 이 두 정치 세력의 구성원들
의 추론 과정에 대한 정확한 기술이다. 하지만 나는 이것이 실제 일어난 일이
라고는 확신하지 않는다.

나는 자유주의자들이 보수적인 귀족들의 정치적, 사회적 자기 확신에 대해

---

174) 힘멜파브는 1867년 개혁법을 "영국 근대사의 결정적인 사건들 가운데 하나, 어쩌면 가장
결정적인 사건"이라고 부른다. "영국을 민주주의 체제로 바꾸고 민주주의를 훌륭한 통치형태로
만든 것이 바로 이 법이었다(미국은 결코 아주 훌륭한 적이 없었다). 하지만 또한 그것은 곧
의심할 여지없이 유일하게 자연스럽고 적절한 통치형태로 여겨졌다." 민주주의라는 단어를 제
외하고 이 주장은 매우 정확하다. 보통선거권은 민주주의가 아니다. 만일 그랬더라면, 어떤
훌륭한 보수주의자나 실제로 어떤 훌륭한 자유주의자도 그것을 지지하지 않았을 것이다. 보통
선거권은 모든 성인(또는 적어도 모든 성인 남성)에게 완전한 시민권을 승인하는 것으로 정치
적 의사결정에서 그들이 동등한 발언권을 가지는 것에는 한참 못 미친다. 하지만 민주주의를
"남성 보통선거권"으로 규정하는 것은 1867년 선거법 개정 이후 정치적 담론에서 흔히 있는
일이 되었다. 자유주의자들과 그들의 신중함에 관해서는 1832년 영광의 순간에 대한 Schapiro
(1939, 131)의 연구를 참조하라. "보통선거권을 지지했음에도 공리주의자들은 1832년 선거개혁
법의 협소한 선거권 제한을 침착하게 받아들였다. 사실 그들에게 성인 남성의 선거권은 실제
정치에서 필수적인 쟁점이라기보다는 '최대 행복'의 원칙이라는 전제에서 비롯된 논리적 결론
이었다. 논리는 벤담으로 하여금 성인 남성 선거권을 옹호하지 않을 수 없게 강제했으나 끊임
없이 공리주의자들을 따라다닌 타협의 정신 때문에 벤담은 '세대주의 선거권을 위해서 기꺼이
타협할' 것이라고 밝혔다."

서 거의 알지 못한 채, 위험한 계급에 대한 보수주의자들의 모든 두려움을
공유했다는 단순한 이유 때문에 결코 자기 소신대로 행동하지 못했다고 생
각한다. 자유주의자들은 무모하다고 비난받는 것을 늘 두려워했다. 반면 보
수주의자들은 개혁을 서두르지 않았지만 개혁이 필수적이라고 생각했을 때
에는 급진적인 신념으로 인해서 공격받을 것을 두려워하지 않고 더 단호하
게 나아갈 준비가 되어 있었다.175) 게다가 그들은 좀더 영리하게 선거권의

---

175) 보수주의자들이 독촉을 받지 않고 나아간 것은 아니었다. Hinton(1983, 12-13)은 흉작, 혹독
한 겨울, 콜레라의 전염 ─ 이 모든 것이 "불만을 악화시켰다"─을 겪은 뒤 1867년의 결정이
내려졌다는 점을 일깨워준다. 좌파는 선거개혁 연맹 내에서 주도권을 잡았고, 하이드 파크에서
15만 명에 이르는 군중이 붉은 깃발을 흔드는 시위를 개최할 수 있었다. 2주일 내에 디즈레일리
는 선거권을 부여받게 될 이들의 수를 네 배 늘리는 급진적인 개정안을 수용했다. 아직은 보통
선거권이 아니었다. ("공문서에 등록되어" 있지 않거나 "거주지"가 없는) 도시 빈민들이 배제되
었을 뿐만 아니라 더 중요하게는 **농촌** 노동자들이 포함되지 않아 이 라이딩 구역(영국의 옛
요크셔 주를 동, 서, 북의 세 구역으로 나누었을 때, 각 지역을 가리키던 명칭/옮긴이)들에
대한 보수주의자들의 지속적인 통제를 보증한 셈이었다. 디즈레일리는 주로 "정치에 대한 더
계급의식적인 정의"의 위협을 피하고자 노력했다.

　이런 단서조항에도 불구하고 이는 과감한 조치였다. 디즈레일리의 지지자들은 두려움의 아
픔을 알고 있었다. Briggs(1959, 513-514)는 더비 경이 "대단한 실험을 진행했고" "어둠 속에서
도약했다"고 솔직하게 인정한 점을 일깨워준다. 그리고 브리그스에 따르면, 디즈레일리가 개혁
법을 통과시키는 데에 힘을 보탠 개손 하디는 "우리가 들어서려는 곳은 미지의 세계이다. 만일
젠트리층이 나름의 역할을 맡는다면, 그들은 지도자로 선택될 것이다. 만일 우리가 선동정치가
들의 손에 맡겨진다면, 신이시여 우리를 도우소서!"라고 말했다. 하지만 브리그스가 또 말했듯
이, 우리는 돌이켜보면 1867년 이후 실제 일어난 일들이 토리당파의 도박을 정당화했다는 것을
알고 있다. "갑작스런 정치의 변화는 없었다……'개선의 시대'가 갑자기 끝나지는 않았다……
노동계급은 즉시 진가를 발휘하지는 못했다……젠트리층은 여전히 영향력이 컸고……중간계
급은 계속 번성했다."

　확실히 당시 "1867년 디즈레일리의 대담성"(Goldman, 1986, 95)을 미친 짓 그 자체였다고
생각한 보수주의자들이 있었다. 1869년 익명의 한 기사(솔즈베리 제3후작 크랜본 경이 작성했
을 법한[Southgate, 1977, 160 참조])는 1840년대 이래 영국 보수당파의 정책이 "극단적인 정적
들과 연합해서 온건한 반대자들을 물리치고자 끊임없이 노력했고, 틀림없이 그런 발상에 참신
한 구석이 있었을 것"이었다고 불평했다. 이 익명의 필자는 1867년 선거개혁법에 대한 분석에
자신의 풍자를 적용했다. "2년 전, 세대주 선거권이 보수파의 조치인지 급진파의 조치인지가
인기 있는 토론의 주제였다……더 빈곤할수록 더 쉽게 부자들에게 영향을 받는다는 애매모호
한 생각, 중간계급과 흥정하거나 싸우는 일을 직업으로 삼은 이들은 그런 까닭에 젠트리층을

확대를 자유주의자들보다 자신들을 지지하는 득표로 전환할 수 있었을지도
모른다.176) 따라서 다음과 같은 언급이 전적으로 우연의 일치는 아닌 듯 보

사랑해야만 한다는 관념, 사고방식이 더 무례한 계급이 ─ 더 이상 없을 것이기 때문에 ─전통
적 감정에 더 민감할 것이라는 느낌, 그리고 보통선거권으로 혁명을 길들이는 데에 성공했다고
추정된 (당시) 나폴레옹 3세의 사례를 잉글랜드의 정치에 불명료하게 적용하려는 시도, 이 모든
논거들은……휘그당파의 법안보다 더 급진적인 선거개혁법에서 확실하고 주목할 만한 승리의
비결을 발견해낸 보수당파 다수의 분명한 확신을 다지는 데에 도움이 되었다"(익명의 필자,
1869, 284-285).

176) 이것이 결국 어떻게 작동했는지에 대한 증거로는 Mckenzie & Silver(1968)의 연구를 참조하
라. 이들은 카를 마르크스에서 월터 배젓까지 당시 대다수의 분석가들(디즈레일리는 눈에 띠
는 예외였지만)이 이런 선거권의 확대가 보수당을 파멸에 이르게 할 것이라고 믿었다는 점에
주목한다. 그러나 그 뒤 100년간 보수당은 약 75년에 걸쳐 영국을 통치했다. 이는 "상당한 노동
계급의 지지를 성공적으로 확보함으로써" 가능했다(p. 240). 단기적인 고려사항들에 관해서는
다음과 같은 Moore(1967, 54-55)의 분석을 참조하라. "1867년의 진정한 역설 ─ 만일 정말 그
렇게 불려야 한다면 ─ 은 선거권이 아닌 경계였다……선거구의 선거권에 관해서 1860년 파머
스턴 법안과 1867년 더비-디즈레일리 법안 사이에는 선택할 만한 여지는 거의 없었다. 더비-디
즈레일리 법안이 결국 수정되었기 때문이다……하지만 선거구의 경계라는 문제를 놓고서 두
법안 사이에서 선택할 여지가 많았다. 1867년의 역설은 하원에서 자유당과 대다수가 경계 획정
위원들의 임명에 농의했을 뿐 아니라 '상황 또는 다른 지역적 형편을 적절하게 고려해야 하기
때문에 의회의 목적을 위해서 선거구의 경계 내에 모든 토지와 점유자들이 포함되도록 하기
위해서' 이 위원들에게 선거구들의 확대를 지시하는 데에 동의했다는 사실에 있다. 분명히 그
들은 위원들이 그 지시를 마음속 깊이 새겼을 때, 그리고 교외의 과잉 인구를 흡수하기 위해서
모든 중요한 선거구가 확대되어야 한다는 보고서에 근거해서 경계법안이 도입되었을 때에야
자신들이 어떤 일을 해왔는지를 깨달았다. 권력의 상징적 기반이 카운티에 있고 아마 많은
자유주의자들보다 위계적 사회가 몸에 밴 보수주의자들에게 그런 조치는 그들이 알고 있었던
세계를 복원하려는 수단으로서 필수적이었다. 다른 한편, 그것이 선거에 미치는 결과를 충분히
인식한 많은 자유주의자들에게 그것은 단순한 게리맨더(자기 당에 유리하게 선거구를 제멋대
로 고치는 행위/옮긴이)였다." 우리는 여기서 단순히 선거권의 확대가 왜 민주주의의 실행과
거의 관련이 없는지를 확인하게 된다.

1867년 선거개혁법은 "토리당파 노동자"로 알려진 일부 노동자들을 모집하고 선거구를 유리
하게 고쳤을 뿐 아니라 보수주의자들이 예전의 자유당파 투표자들 사이에 영향력을 미칠 수
있도록 했다. Smith(1967, 319)를 참조하라. "역설적이게도 언뜻 보기에 1867년 선거개혁법은
디즈레일리가 보수당파에게 '토리 민주주의'를 추구하도록 이끈 대단한 성공이었지만, 장기적
으로 부르주아의 동화에 필요한 조건들을 확립하는 데에 큰 몫을 담당했다. 선거개혁법은 도시
노동자들에게 실질적으로 정치권력을 부여하고 정치인들에게 노동계급의 이해관계를 고려하
는 것이 필수적이라는 점을 실감하게 해준 반면, 중간계급의 구성원들이 보수당을 급진주의와

일 것이다.

1869-1870년의 시기에 식민지에 대한 영국 여론의 태도는 분명히 전환점을 맞이한
듯하다. 제국의 해체가 임박한 듯 보인 상황에 직면했을 때, 일부 정치 지도자들이
무엇을 바라든 영국인들이 맨체스터 학파의 교조적인 신봉자들을 따를 준비가 되어
있지 않았다는 것은 분명했다(Schuyler, 1945, 276).

이것을 바랐을 법한 정치 지도자들은 보수당파가 아니라 자유당파였다. 노
동계급을 방어해야 할 무엇인가가 있는 시민으로 만들고, 중간계급에게 재
산을 몰수당하지 않을 것이라고 안심시키면서, 보수주의자들은 영국을 더
명백한 자유주의 제국으로 이끌어갈 수 있었다. 어떤 경우든 영국은 선택의
기회를 많이 가지지 못했다. 유럽에서 지배적인 경제적, 정치적 입지가 손상
된 것을 고려하면서 영국은 제국의 역할에서 위안을 얻으려고 했고 힘을 회
복했다.

　제2제정이 이와 동일하게 성숙한 자유주의 제국으로의 순조로운 이행을
이룰 수 있었을까? 프랑스는 이미 보통선거권을 확보했다. 프랑스에게 부족
한 것은 완전히 자유로운 의회 정치체제였다. 그러나 나폴레옹 3세는 이를
깨닫고 1860년대에 그런 방향으로 나아가려고 분명히 노력하고 있었다. 플
라메나츠(1952, 162)가 말하듯이 "자유주의 제국을 구축함으로써 나폴레옹
3세는……진정으로 공화주의자들을 회유하고자 했다." 실상 그의 정권은 품
위유지용 지출에 돈을 낭비하고 공적 차입을 통해서 의회의 통제를 회피했
다는 이유로 비난을 사고 있었다.[177] 그럼에도 나폴레옹 3세의 점진적인 자

　　노동자들의 옹호자들에 대한 유일하게 믿을 만한 저항의 대리자로 인식하고 이동하도록 만든
　　압력과 두려움을 강화했다."

177) 비난의 상세한 내용은 Girard(1952, 400)의 연구를 참조하라. 그는 이렇게 결론짓는다. "대다
　　수 부르주아들은 잉글랜드에서 승리를 거둔 방식을 적용하고자 원한 반면, [제2제정에서는]
　　'임시 지도부'를 제외하고 무엇이든 생각해보기를 거부했다." 환멸을 불러일으킨 원인은 정확

유화 조치는 보불(프로이센-프랑스)전쟁과 프랑스의 패배가 없었더라면, 성공을 거두었을지 모른다.

비스마르크는 제2제정이 영국의 헤게모니 구조 속에서 약한 고리였고, 프랑스를 무너뜨리는 것이 세계체제의 지정학적 구조에서 더 신속한 영국의 몰락을 보증할 것임을 정확히 간파했다. 비스마르크가 예상하지 못한 것은 나폴레옹 3세를 무너뜨리는 것이 또한 일반적으로 프랑스의 노동계급과 프랑스의 급진적 민주주의자들에게 촘촘하게 가해진 정치적 제약들의 해체를 의미했다는 점이다. 곧이어 파리 코뮌이 등장했다. 파리의 노동자들을 각성시킨 것은 파리에 대한 포위 공격과 휴전이었다.

넉 달이 넘는 기간 동안 프랑스 노동자들은 프로이센에 저항했고 여전히 기꺼이 저항하고자 했다. 패배당한 것은 지방 주민들이었다. 제2제정을 지지한 이들은 교회와 부르주아지의 지배를 받아온 지방 주민들이었다. 그들은 비애국적이고 반동적이었다(Plamenatz, 1952, 137).

2월 5-8일의 선거에서 파리와 다른 큰 도시들은 공화파에게 투표했지만, 지방들은 (평화를 위해서) 왕당파를 지지했다. 보나파르트주의자들은 주목받지 못했다. 공화파는 호전파가 되었다. 민족주의와 공화주의/사회주의는 파리 코뮌에서 깊이 뒤얽혔다. 파리 코뮌은 의심할 바 없이 서유럽 역사상

히 그동안 가지고 있던 환상이었다. "제국과 생시몽주의식 재정은 늘 미래를 무시해왔다. 1852년의 미래는 1868년의 현재였다……비교적 비싸지 않은 비용으로 완수된 창의적인 대담성과 그렇게 많은 공공사업에도 불구하고 주택, 철도, 증기선을 얻게 된 감사할 줄 모르는 대중은 그 정도로 비용을 치르고 있다는 데에 깜짝 놀랐다. 나폴레옹 3세와 12월 2일(1851년 12월 2일 당시 제2공화정의 대통령이었던 나폴레옹 3세의 친위 쿠데타를 의미한다/옮긴이)의 정치경제를 주름잡고 있던 페레이르 형제는 그들이 이것을 공짜로 얻을 것이라고 너무나 자주 말했다. 그래서 대중은 신용 거래에 실망한 이 마법사들을 더 이상 결코 사기꾼이 아니라고 간주하기를 원하지 않았다. 대중은 더 이상 마법사를 원하지 않았고 폭넓은 공적 토론에 뒤이어 매우 견고한 통화를 원했다"(p. 371).

가장 중요한 노동자들의 봉기였고, 더욱이 피고용인, 즉 "더 깨끗하고" 보수를 더 많이 받으며 당시 더 숙련된 기술을 보유한 노동자들에게 의미 있는 지지를 이끌어낸 최초의 봉기였다.

> 그것은 아직 "화이트칼라 노동자[cols-blancs]"가 아니라 여전히 그저 "사무원[ronds de cuir]"일 뿐인 이들이 대규모로 노동자들의 봉기 대열에 합류한 첫 사례였다. 1848년 6월에 피고용인들은 기존 질서의 편에서 싸운 바 있었다(Rougerie, 1964, 128).[178]

중간계급이 1815년에 애매모호하게, 그리고 1848년에 더 적절하게 두려워한 상황이 발생하고 있었다. 위험한 계급들은 민주주의를 원했다. 위험한 계급들은 그들의 **국가**이자 **그들의** 국가라고 생각되는 국가를 관리하기를 바랐다. 파리 코뮌의 봉기는 당시 독일군의 호의적인 불간섭을 즐기던 베르사유 임시정부의 군대에게 맹렬히 진압당했다. 이는 동시에 노동계급의 격렬한 저항에 직면했고 이 저항이 진압된 뒤에는 대대적인 처형이 이루어졌고, 추방 선고가 내려졌다.[179]

그러나 일단 완료된 뒤에 결과는 무엇이었는가? 나는 플라메나츠(1952, 155-156)가 그것을 딱 알맞게 알려준다고 생각한다.

> 1870년대 코뮌은 19세기 중엽에 6월 봉기가 수행한 역할을 공화파를 위해서 떠맡았다. 코뮌은 사회주의자들과 혁명가들의 평판을 손상시켰다. 하지만 이때 그것은 보수주의자들을 강화하지는 못했다…….

---

178) Rougerie(1964, 127, 129)의 연구에 수록된 표들은 코뮌 참여자들의 명세를 포함한다.

179) "베르사유의 군대, 특히 장교들이 가장 잔인하게 행동했다……피비린내 나는 마지막 주간 동안 거의 2만 명이 파리의 거리에서 살해당했다. 빈민들에게 겁을 먹은 부유하고 존경받는 계급이 벌이는 복수보다 더 추잡한 것은 없다"(Plamenatz, 1952, 154). 마찬가지로 Rougerie(1964, 59)는 "비굴한 부르주아의 테러 행위……맹렬한 진압에서 입증된 1871년의 엄청난 공포"에 대해서 언급한다. "그들이 유죄판결을 받은 반란자들에게 사면을 허락하기까지 10년이 걸렸다."

코뮌의 실패는 공화파에게 피해를 주지 않았지만, 그렇지 않았을 상황보다 공화파를 더 보수적이게 만들었다.[180]

왜냐하면 공화파는 만일 위험한 계급들이 과도하게 요구한다면 그들을 억압하고, 그러나 또한 그들에게 시민권, 더구나 자유주의 제국의 시민권을 부여할 준비가 되어 있는 자유주의 제국의 언어를 구사하면서 정확하게 나폴레옹 3세가 중단한 곳에서 시작했기 때문이다.[181] 아돌프 티에르는 그런 전환의 화신이었다. 그에 앞서 탈레랑과 기조가 그랬듯이, 티에르는 여러 체제를 거친 인물로서 1834년에는 리옹의 노동자들을 지지했지만, 1848년에는 질서당파(기존의 집권세력/옮긴이)를 지지했다. 그는 제2제정의 정부에 참여하여 위태로운 처지에 놓이지 않았고, 왕당파와 공화파 양측과 모두 우호적인 관계를 유지했으며, 혁명가들에 대한 맹렬한 적대자였다. 1870년에 그는 공화정을 원하지는 않지만 그의 눈에 공화정은 한 가지 장점이 있다면서 이렇게 말했다. "공화정은 모든 정부 형태 가운데 우리를 가장 덜 갈라놓는다."

1875년 즈음에 자유주의 제국은 영국과 프랑스에서 확고히 자리를 잡았고, 위험한 계급들을 억제할 수 있는 역량을 과시했다고 볼 수 있다. 그리하여 그것은 다른 국가들에게 본보기가 되었다. 그 본보기에서 가장 지속적이

---

180) Billington(1980, 346)은 코뮌의 정치적 결과에 대해서 약간 다르게 평가한다. "코뮌은 유럽 전역에서 우파의 승리를 촉발시켰고 혁명적 좌파에게 새로운 지평을 열었다." 아마 그랬을 것이다. 그러나 1914년까지 자유주의적 중도파는 꽤 손쉽게 우파와 좌파 모두의 압력을 억제할 수 있었다.

181) Elwitt(1975, 306-307)을 살펴보라. "[공화파의 급진적인 수사는] 포괄적인 동시에 기존 질서의 기본 원칙에 도전한 급진적/사회주의적 주제를 무자비하게 배제하는 등 정치적 본질에서 제한적이었다……공화파 부르주아지는 보통선거권을 계승하고 환영하며 활용했고 그것을 정치적 장점으로 바꾸었다……프랑스 노동자들에 관해서 말하자면, 독자적 계급으로서 그들의 존재는 거듭 부인되었다. 공화파가 '화해'를 언급했을 때, 그것은 가능하다면 통합을, 필요할 경우에는 억압을 의미했다." 물론 제3공화정은 제2제정이라는 적극적인 국가의 정책을 지속했다. Girard(1952, 393)가 말하듯이, "기회주의적 공화정은 결국 [나폴레옹 3세가] 1860년 1월 5일 편지에서 언급한 약속을 실행하게 될 것이었다."

었던 것은 확실히 자유로운 시장에 대한 충성(세계경제와 그 주기적인 리듬의 영향 속에서 해당 국가의 변화하는 경제적 입지에 따라 달라진 충성)이 아니었다. 또한 자유주의 제국은 개인 권리의 극대화에 대한 신의(개인이 기본적인 사회질서에 도전하는 데에 이 권리를 활용하는 정도에 따라 달라진 신의)를 특징으로 삼지 않았다. 자유주의 제국을 구별해주는 것은 경제성장(또는 오히려 자본의 축적)을 촉진하는 동시에 위험한 계급을 길들이는(그들을 시민으로 통합하고 작은 부분일지라도 그들에게 제국이 지닌 경제 규모의 일부를 제공함으로써) 국가의 지능적인 개혁에 대한 헌신이었다.

이 목표를 이루기 위해서 자유주의 제국은 정치적 중도파를 중심으로 돌아가고 반동이나 혁명의 낌새가 있는 체제를 회피해야만 했다. 물론 이를 실행하려면 어떤 국가는 외부인들과의 관계에서 해결되지 않은 심각한 민족주의적 문제가 없어야 하고 국내에 불만을 품은 강력한 소수집단도 없어야 했다. 또한 그 국가는 집단적 번영의 전망이 비현실적이지 않을 정도로 세계 경제에서 충분히 강력해야 했고 외세의 지나친 간섭에서 자유로울 수 있도록 충분한 군사력이나 강력한 동맹국들을 보유해야 했다. 이 모든 조건이 우세했을 때, 자유주의 제국은 보존할 만한 무엇인가를 가진 다수파의 집단적 보수주의를 자유롭게 재현하고는 했다.

그러므로 자유주의 제국은 무엇보다 강한 국가이자 강력해진 국가여야 했다. 확실히 처음부터 국가 권력의 확대는 주로 위험한 계급들의 통제를 지향했다.

벤담과 특히 [에드윈] 채드윅이 계획한 중앙집권화는 단지 지배적인 중간계급에 영향을 주려는 시도에 지나지 않았다. 이론과 무관하게 맹위를 떨친 중앙집권화는 노동계급에 영향을 끼친 그런 서비스에 대한 허가를 의미했다. 중앙집권화가 더 존경할 만한 계급의 경제적, 사회적 자유를 조금이라도 축소할 의도를 가지고 있지 않았다는 것은 의심할 여지가 없다. 그것은 그러지 않았다(Hill, 1929, 95-96).[182]

그 다음으로 자유주의 제국은 선거권의 확대에 전념했다. 하지만 우리가 보아왔듯이, 이 확대는 신중하게 이루어졌다. "자유를 행사할 수 있는 권리는 고전적 자유주의자들에 의해서 단지 책임감 있는 성인에게만 보장되었다"(Crouch, 1967, 209). 책임이라는 개념은 선거권의 확대에 적용되었듯이 시의성(時宜性)과 인간의 교육 가능성에 대한 계몽주의적 신뢰 모두를 포함했다. 그러므로 보통선거권에 대한 자유주의의 지지는 로장발롱(1985, 136–137)이 설명하듯이, "매우 모호했다."

대부분의 경우에, [그런 지지는] 해당 국가에서 단지 문명의 동향과 계몽주의적 진보를 예상하는 표현을 나타내면서 미래에 대한 일종의 내기에 지나지 않았다⋯⋯그것에 호의적이었던 자유주의자와 공화파에게 보통선거권은 평등이라는 원칙의 결과라기보다는 훨씬 더 잠재적인 능력의 인정, 즉 사회 속에서 함께 사는 인간의 상징적 변형으로 이해되었다⋯⋯따라서 보통선거권의 도입이 시기상조인지 아닌지를 둘러싸고 엄청난 논쟁이 벌어졌다. 그것은 여전히 **시기상조**라는 이유로 흔히 거부되었다. 무지하고 미숙한 대중의 선거권은 두려움의 대상이었다.[183]

---

182) 이 프로그램의 성공은 Darvall(1934, 307)에 의해서 널리 알려졌다. "근대 입법의 흐름이 시작되자마자, 혁명의 동기와 성공 가능성은 신속히 더욱 줄어들었다. 한편에서는 경찰력과 근대적이고 효율적인 지방정부 기구의 탄생으로 무질서한 이들의 기회가 줄어들었다. 폭동이 혁명으로 번질 기회는 훨씬 더 줄어들었다. 반면 결사법의 철폐, 몇 차례 공장법의 통과, 자유무역 운동, 의회 개혁 프로그램 등 모든 것이 대중의 불만을 완화하는 효과를 지녔고 혁명의 동기를 제거했다. 예전에는 신뢰할 수 없었지만, 불만에 대한 교정과 보상이 평화로운 방법을 통해서 서서히 그러나 여전히 효과적으로 이루어지리라고 믿을 수 있게 되었다." 다발의 분석은 "치안 유지 활동에서 은연중에 풍기는 국가 권력의 증대가 왜 차티스트들이 가장 격렬하게 이의를 제기한 쟁점 가운데 하나였는지를 분명히 밝힌다"(Evans, 1983, 257).

183) 교육과 질서의 관련성에 대해서는 Johnson(1970, 119)이 잘 설명한 바 있다. "빅토리아 시대 초기의 빈민 교육에 대한 집착은 권위, 권력, 통제의 행사(또는 재천명?)에 대한 관심을 통해서 가장 잘 이해된다. 이런 관심은 교육적 수단의 포착을 통해서 노동계급의 생각, 감정, 행동의 양식을 밝히려는 대단히 야심만만한 시도에서 드러났다. 믿을 수 있는 교사가 감독하고 운동장의 담에 둘러싸인 학교는 새로운 노동자 집단 — 존경할 만하고 쾌활하며 열심히 일하고 충직하며 애국적이고 신앙심이 깊은 — 의 양성을 목표로 삼았다.

그렇기는 하지만 자유주의는 합리주의, 과학, 경제적 진보와 동일시되었다. 그런 까닭에, 그리고 그런 의미에서, 19세기 중엽 "거의 모든 정치가와 공무원들은……이념적 소속에 관계없이 자유주의자였다"(Hobsbawm, 1975, 105).[184]

이 시기에 주목해야 할 가장 흥미로운 일은 보수주의자들의 입지이다. 영국의 선거개혁법에 이어 1834년에 로버트 필 경은 "그의 정당을 '보수당'이라고 개명했을지라도, 어떤 점에서든 반동적 정책을 추진할 의도가 없음을 분명히 하려고 했다"(Halévy, 1947, 57).[185] 동시에 프랑스에서도 1830년 혁명에 이어 보수주의는 "흔히 혁명 후에 사회를 관리하는 방식"으로, 또 "혁명을 끝맺는 방법"으로 다듬어지고 있었다. 로장발롱(1985, 277-278)이 잘 표현하듯이, 보수주의는 그 자체로 더 이상 자유주의의 반대 개념이 아니었다. "오히려 보수주의는 자신을 자유주의의 완성, 즉 그것의 영속으로 생각했다."

그 결과 보수주의자들 역시 강력한 국가를 선호하기 시작했다. 보수주의자들에게는 적어도 세 가지 고려사항이 있었다. 첫째, 버크가 보수주의 이념의 기초로 삼으려던 전통과 연속성에 대한 호소에 내재된 약점이었다.[186]

---

184) 그러나 19세기 중엽 자유주의의 신성화 속에서 "그때 승리를 거둔 부르주아 질서의 업무들을 공식적으로 관장한 이들이 프로이센 출신의 매우 반동적인 지방 귀족, 프랑스의 가짜 황제, 영국 지주 귀족의 상속자였다는 점" 역시 사실이었다(p. 3). Zeldin(1958, 46)은 이 점에서 어떤 우연이나 역설을 발견하지 않는다. "[나폴레옹의] 다채로운 특성은 아마 옛 세력과 새로운 세력이 대치하고 화해하지 못하는 국가를 바꾸려는 일에 열중한 인물에게 필요했을 법하다……디즈레일리는 여러 모로 나폴레옹에 대응할 만한 영국인이었다. 그는 나폴레옹과 유사한 작업을 추진했고 나폴레옹처럼 특이하고 신비로운 인물이었다. 그들의 추종자들은 양국에 균등하게 나뉘어 있었고 모두 가장 진보적인 급진주의에서 가장 완고한 토리(보수)주의까지 모든 극단파를 상대해야 했다.

185) Gash(1963, 163-164)는 이런 변화의 장기적 효과를 상술한다.

1841-1846년 보수당 내 갈등의 핵심은 정확히 무엇이 원칙이었는지, 그리고 무엇이 "유연한 정치의 규칙"이었는지를 둘러싼 것이었다. 필은 자신이 보수적이지 않은 어떤 정책에도 결코 착수하지 않았다고 정당하게 주장할 수 있었다. 그의 견해에 따르면, 귀족의 주도권과 전통적인 권력구조를 유지하는 가장 확실한 수단은 무역과 산업의 장려, 번영을 통한 계급과 분파적인 차티즘의 둔화, 시의적절한 양보에 의한 [반곡물법] 연맹의 약화 등이었다.

베네통(1988, 116)이 지적하듯이, 프랑스와 마찬가지로 일단 장기적으로 중단이 된다면 다른 전통의 창출로 이어지므로, 이런 입장은 모순을 초래하기 때문이다. 그렇다면 무엇을 할 수 있을까? 보수적 정치사상은 "숙명론과 급진적 개혁 사이, 또한 제한적 국가의 통치와 강력한 국가에 대한 호소 사이에서" 흔들리기 시작했다. 따라서 많은 보수주의자들에게 강력한 국가는 전통 회복의 길 또는 적어도 부분적 회복의 길이 되었다. 둘째, 많은 보수주의자들은 보수주의가 "법, 질서, 안정적 통치 속에서 정부의 최우선적인 원칙을 확인하는 태도"라고 생각했고, 필과 마찬가지로 이를 통해서 "국가기구의 보호와 꾸준한 개선이 원칙적으로 필연적인 결과"였다는 결론을 이끌어냈다 (Gash, 1977, 59).

그러나 자유주의 사상가 귀도 루지에로(1959, 136-137)가 독일 로맨티시스트들의 영향을 받은 영국의 토리당파가 어떻게 국왕의 특권에 대한 보호를 국가 주권에 대한 옹호로 전환했는지를 논의하면서 알아차렸듯이, 세 번째 이유는 가장 납득할 만했다.

중요성과 위신이 재천명되어야 하는 것은 바로 국가였다. 국가는 대립하는 사리사욕 간의 타협이 아니라 버크가 지칭한 것, 즉 사고방식들의 살아 있는 교감으로 간주되어야 했다.

이런 까닭에 보수주의자들은 국가의 기반을 넓히고 그것을 특권의 탑이 아니라 전체 인민의 감정과 이해관계라는 변변찮지만 단단한 연단 위에 세울 필요가 있음을 인정했다. 옛 토리주의는 과두제 정부를 창출했다. 그러나 자유주의 정부는 출생과 오래된 전통의 특권에서 벗어난 부(富)에만 근거하기 때문에 통치할 자격이 덜한

---

186) Gash(1977, 27)는 다음과 같이 버크의 견해를 재개한다. "변화는 모든 유기체와 마찬가지로 정치생활의 일부였다. 시간 그 자체는 가장 위대한 혁신이었다……하지만 사회구조의 연속성은 존중되어야 한다. 변화는 혁명이 아니라 진화에 의해서, 파괴가 아니라 적응에 의해서 서서히 단계적으로 이루어져야 한다……추상적 정의를 추구하면서 마치 인간의 본성과 기존 사회가 무시될 수 있는 것처럼 행동한 교조적인 개혁가에게, 버크는 경멸의 눈길을 보낼 뿐이었다."

과두제가 아니었는가?

보수주의자들은 왜 자유주의가 국가를 약화시키기를 원했는지 물었다. 그에 대한 답변은 쉬웠다. 자유주의는 개인보다 더 우세하고 온건화와 평등화의 기능을 개인에게 행사할 수 있는 모든 권력을 파괴함으로써 가장 강력한 세력이 가장 취약한 이들과의 경쟁에서 마음껏 활동할 수 있도록, 그리고 투쟁의 주역이 아니라 희생자였던 무방비 상태의 대중을 착취할 수 있도록 전폭적인 권한을 허용하고자 했다.[187]

1960년 킬뮈어 경(1960, 70-71)이 "사회혁명 운동"(그는 1832, 1846, 1906, 1945년을 그렇게 지칭한다)에 크게 패배한 뒤, 영국의 보수주의자들이 어떻게 항상 권좌로 복귀했는지를 설명하려고 시도했을 때, 그의 대답은 "섀프츠베리(Shaftesbury)의 전통"이었다. 그에 따르면, 이것은 예컨대 공장법, 주거 및 공중위생법, 그리고 노동조합에 유리한 법 등의 다양한 형태로 최저 기준을 보증해주는 국가의 개입과 토리주의의 연계였다. 요컨대 보수주의자들은 그들 나름의 사회개혁을 구현하기 위해서 국가를 활용해왔기 때문이다.

이와 같이 "[보수]당과 인민의 호혜적 동맹"은 디즈레일리의 이른바 국민적 토리주의의 핵심이었다. 디즈레일리가 토리당에서 원래 두각을 나타낸 계기가 필의 곡물법 철폐에 대한 맹렬한 반대의 결과였다는 사실에도 불구하고, 디즈레일리의 향후 정치적 실행을 면밀히 관찰해보면, 그가 "대체로 필 지지파였다"는 점을 알 수 있다(Smith, 1967, 4, 15).[188] 디즈레일리가 "필

---

187) Hill(1929, 100)이 다음과 같이 언급하듯이, 상징으로서 군주제의 역할은 정치 투쟁에서 파생된 흥미로운 부작용이었다. "[자유주의적] 개혁 입법의 중앙집권적 경향에 맞서 싸우면서 토리당파와 급진파는 모두 다른 종류의 국가주의(étatisme)로 기울어졌다. 디즈레일리는 군주를 칭송함으로써 의회와 내각의 오만한 권력을 견제할 것이었다. 리처드 오슬러는 군주의 대권을 활용하여 자신이 학대를 가하는 장관들의 권력이라고 지칭한 것을 제한하고자 젊은 여왕의 양식에 호소할 것이었다. 오슬러가 고령에 이르렀을 때에도 그런 간절한 요구는 여전히 들려왔다. 이제 여왕을 칭송할 이는 킹즐리와 기독교 사회주의자들이었다."

188) 1980년대에 마거릿 대처가 웰링턴 이래 처음으로 개혁주의를 보수파의 신조와 관행에 맞지 않는 것으로 주장할 수 있었을 때, 사실 디즈레일리는 필이 유발한 정당의 분열 탓에 "시달렸

의 통치"에 근본적으로 추가한 것은 제국주의였다. 자유주의적 개혁사상은 "더 높은 목표인 제국을 위한 봉사 과정의 수단이요, 통로이자, 훈련"으로 생각되었다(Ruggiero, 1959, 140). 따라서 그것은 노동계급을 국가뿐 아니라 어느 정도는 보수당에도 더욱 긴밀하게 연결시켜주었다.

만일 1830-1875년에 자유주의의 대단한 정치적 업적이 위험한 계급 길들이기였다면, 대단한 이념적 성취는 보수주의 길들이기, 즉 보수주의를 자유주의가 제기한 합리적 국가를 지향하는 개혁사상의 변종으로 바꾼 것이었다고 언급할 만하다. 공통의 토양은 민족주의와 강력한 정부였고, 이는 보수주의자들의 문화적 관점에도 영향을 미쳤다. 바전(1943, 143-144)은 1850-1885년에 로맨티시즘에서 사실주의로 문화적 조류가 바뀌었다고 설명하면서 이를 1848년의 "실망을 딛고 반등(反騰)한 것"이라고 부른다. 그는 "자연과학, 특히 물리학의 당당한 권위"에 의해서 강화된 현실 정치와 유물론의 부상에 주목한다. 그는 이렇게 주장한다.

자유주의자, 보수주의자, 급진주의자는 유형(有形)의, 영토상의 국민국가를 갈망한다는 공통점이 있었다. 과학적 가설들은 기계적 재현이나 유추에 얼마나 적합한지에 의해서 검증되었다……반면에 물리력은……사회적 역설과 복잡성에 대한 주된 해결책으로 활용되었다.[189]

다"고 암시함으로써 "디즈레일리의 유산"을 재정립하려는 시도가 있었다. Coleman(1988, 157, 161-162)을 참조하라. "[디즈레일리는 항상 정당의 이해관계와 보수적인 목적에 전념했다……디즈레일리의 내각이 돋보이는 것은 어떤 일탈이 아니라 연속성과 전통주의이다……이 결론은 디즈레일리의 지도력에서 심오한 창의성을 찾고자 하는 로맨티시스트를 실망시킬 것이다……[그는] [보수당이] 뚜렷이 더 진보적인 방향이나 엄격하게 완고하고 보수적인 태도로 변화하지 않도록 막았다." Coleman(pp. 131-138 참조)은 또한 1866-1867년 의회 개혁이 의도한 급진주의를 최소화한다.

189) 사실주의가 "유형의, 영토상의 국민국가"를 상징하기 위해서 사용된 것처럼, 그보다 앞서 로맨티시즘 역시 그랬다는 사실에서 숨은 의미가 무엇인지 찾아볼 필요성이 제기될 수 있다. Agulhon(1973, 13-14)을 참조하라. "[1848년에] 모든 것이 지식인 엘리트층에게 인민 속에서 새롭고 건강한 세력의 원천을 바라보도록 몰아붙였다. 18세기 말에 독일의 로맨티시즘, 중부와

자유주의와 보수주의가 "국가 개입이라는 공통의 정책"을 향해 나아가자, (19세기 말 체임벌린 같은) 일부 보수주의자들은 자유주의자들에게 국가 개입이란 "모든 이들이 스스로 통치하기 위해서 지원을 받아야 한다"는 믿음이었던 반면, 보수주의자들에게 그것은 "후원" 행위였다고 그 차이를 강조하고자 했다. 하지만 루지에로(1959, 151)가 말하듯이 "실제로 그런 차이는 매우 사소했다." 물론 그러했다. 1875년 사회주의자들은 아직 완전히 길들여지지 않았다. 사회주의자 길들이기는 1875년부터 1914년의 시기에 가서야 완료될 것이었다. 따라서 샤피로(1947, vii)는 자유주의에 관한 그의 저서를 이렇게 마무리할 것이었다. "역사학적으로 19세기가 1914년에 종료되었을 때, 자유주의는 유럽에서 정치생활의 전형적인 방식으로 받아들여졌다."

동부 유럽 민족주의 운동에 영감을 준 이들과 운동의 지도자들이 귀족과 그들의 국제주의적 문화에 맞서 싸우면서 처음으로 제안한 주제들은 전통문화, 대중가요, 설화가 가진 민족적 미덕이나 대중의 원초적 건강함을 찬양했다. 확실히 프랑스는 민족주의 문제가 해결되었다고 생각했기 때문에 동일한 상황을 맞이하지는 않았다. 하지만 우리의 자유주의자들과 공화파는 그리스에서 아일랜드까지, 폴란드에서 이탈리아에 이르기까지 봉기에 가담한 여러 인민과 민족들을 소중히 여겼고 그 결과 유럽의 투쟁들을 뒷받침하던 애매모호한 포퓰리스트(인민주의) 이념은 프랑스의 동지들에게 영향을 미치는 데에 실패하지 않았다."

4

자유주의 국가의 시민

오귀스트 생-고뎅, "로버트 구드 쇼와 54연대." 미국의 내전 당시 북부는 노예제 폐지를 지지하는 매사추세츠의 한 가문 출신인 백인 장교가 지휘하는 아프리카계 미국인 자원병 연대를 마지못해 조직했다. 54연대는 와그너 요새 공격에서 용맹을 떨쳐 널리 알려지게 되었다. 약 30년 뒤 생-고뎅은 보스턴에 구리로 된 기념물을 건립해달라는 의뢰를 받았다. 누구라도 알 수 있듯이 기념물은 주로 백인 지휘관에 관한 것이다. 1982년에야 비로소 그 전투에서 사망한 아프리카계 미국인 병사 64명의 이름이 기념물의 뒷면에 새겨졌다. (예일 대학교 바이네케 희귀본, 필사본 도서관, 예일 미국 문학 컬렉션 제공)

국민주권의 원칙이 프랑스 혁명의 바로 심장부에 있다는 점은 우리가 거의 주장할 필요가 없이 분명한 것이다. 국왕에서 국민으로 절대적 주권을 이전함으로써 이 원칙이 창출되고, 실행에 옮겨졌다는 것은 반복하고 검토할 가치가 있는 자명한 사실이다.
—키스 마이클 베이커, "주권"(1988)

나는 프랑스의 혁명 전통이 오늘날보다 19세기에 더 큰 영향을 미쳤다고 말할 것이다.
—메르네스트 라브루스(1949B, 29)

불평등은 잘 알려진 모든 역사적 체제에서 그랬듯이, 근대세계체제의 본질적인 현실이었다. 다른 점, 무엇보다 역사적 자본주의의 독특한 점은 평등, 즉 시장 내의 평등, 법 앞의 평등, 동등한 권리를 부여받은 모든 개인들의 근본적인 사회적 평등이 체제의 목적(과 실제로 업적)으로 선포되었다는 점이다. 근대 세계의 중요한 정치적, 문화적 질문은 평등에 대한 이론적 용인과, 그 결과로 생긴 현실의 기회와 만족의 양극화가 지속적일 뿐만 아니라 점점 더 극심해지는 상황을 어떻게 조정할 것인가라는 과제였다.

　오랫동안—16세기에서 18세기까지 3세기에 걸쳐—이 질문은 근대세계체제에서 논란의 여지가 거의 없었다. 불평등은 사실 신이 정한 운명처럼 여전히 자연스럽게 받아들여졌다. 그러나 18세기 말의 혁명적 고조가 평등이라는 용어를 문화적 상징으로 완전히 바꿔놓자, 달리 말해서 어느 곳에서든 권위에 대한 도전이 아주 흔해지자, 이론과 실제 간의 불일치는 더 이상 간과될 수 없었다. 이런 문화적 권리의 영향을 억제하고 그리하여 이제 "위험한 계급들"을 길들일 필요성은 권력을 장악한 이들의 우선적 관심사가 되었다. 자유주의 국가의 건설은 그런 권리를 제한하기 위해서 수립되어야 할 중요한 틀이었다. 근대 이념들을 다듬는 작업은 결국 자유주의 국가의 수립에서 본질적인 기제였다.

프랑스 혁명과 시민권의 개념

프랑스 혁명의 위대한 상징적 표현은 칭호, 심지어 무슈(Monsieur)와 마담(Madame)까지도 더 이상 사용되지 않을 것이라는 강력한 주장이었다. 모든 이들은 시민(Citoyen)으로 불리게 되었다. 이 표현은 전통적 위계서열에 대한 거부, 새롭게 수립되고 있던 사회에서 사회적 평등의 외피 장식을 입증하려는 것이었다. 프랑스 혁명은 끝났다. 작위와 같은 칭호는 다시 도입되었으나, "시민"의 개념(칭호로 사용되지는 않더라도)은 살아남았다. 그것은 생존 그 이상이었다. 그것은 번성했다. 또한 자유주의 국가의 수사적 기반이 되었다. 그리고 그것은 어느 곳에서든 법률적으로 채택되어 1918년에 이르러 세계는 어딘가에서 시민권을 주장할 수 없는 상대적 소수를 묘사하기 위해서 "국가 없는" 이들이라는 개념을 고안할 필요가 있다고 생각할 정도였다.

시민권의 개념은 포괄적이어야 했다. 즉 한 국가의 일부 인사(군주, 귀족)만이 아니라 모든 이들이 정치적 영역에서 집단적 의사결정 과정의 일부, 그것도 동등한 부분으로서 권리를 가진다는 점을 주장하려는 것이었다. 따라서 모든 이들이 국가가 분배하는 사회적 혜택을 받을 권리를 가져야 한다는 것은 틀림없었다. 20세기 후반에 시민에게 보장된 그런 권리들의 존재는 사실상 이제 모든 국가가 표방하는 근대 "민주주의" 국가를 구성하는 최소한의 정의가 되었다.

그러나 시민권이 가지는 포괄성의 이면은 배제였다. 국가의 시민이라는 새로운 범주에 속하지 않은 이들은 정의상 다른 새로운 개념인 외국인이 되었다. 어떤 외국인은 아마 다른 국가의 시민일 수 있지만, 해당 국가의 시민은 아니었다. 그럼에도 특정 국가에서, 심지어 그 경계 내에서 외국인의 배제는 이론적으로 포함되는 이들의 수를 매우 많이 제한하지는 않았다. 대부분의 경우 해당 국가 거주민들의 90퍼센트 이상이 시민—**법률상** 시민이었다. 달리 말해서 시민권은 이제 법률적 정의의 문제가 되었다.

그리고 이것은 정확히 프랑스 혁명 이후 여러 국가들이 직면한 문제였다. 시민이 너무 많아졌다. 그 결과는 사실 위험할 수 있었다.[1] 19세기(사실 20세기)의 상황은 (특권과 이점을 가진) 일부가 지속적으로 시민권을 협소하게 규정하려고 시도한 반면, 다른 모든 이들은 더 넓은 정의의 정당성을 입증하고자 시도하면서 대응했음을 보여주었다. 1789년 이후 시기의 지적인 이론화는 이 투쟁에 관한 것이었다. 사회운동들은 이 투쟁을 둘러싸고 형성되었다.

이론적으로 원칙을 유지하면서 실제 시민권을 협소하게 규정하는 **방식**은 두 가지 범주의 시민을 창출하는 것이다. 그 노력은 바스티유 감옥이 함락된 지 불과 엿새 뒤 시에예스 신부의 주도로 시작되었다. 1789년 7월 20-21일 국민의회의 제헌위원회에서 읽은 보고서에서 그는 수동적 권리와 능동적 권리 사이, 수동 시민과 능동 시민 사이의 구분을 제안했다. 그는 자연적이고 시민적인 권리의 "유지와 발전을 **위해서** 사회가 형성된다"고 말했다. 이는 수동적 권리이다. 또한 정치적 권리가 존재하고 "그것에 **의해서** 사회가 형성된다." 이는 능동적 권리이다. 이런 구분을 통해서 시에예스는 다음과 같이 결론을 이끌어냈다.

한 국가의 모든 거주민들은 그 내부에서 **수동** 시민의 권리를 누려야 한다. 모두가 그들의 신체, 재산, 자유 등을 보호하는 권리를 가진다. 그러나 모두가 공적 권위의 형성에서 능동적 역할을 맡을 권리를 가지지는 않는다. 모두가 **능동** 시민은 아니다. 여성(최소한 지금으로서는), 아동, 외국인, 그리고 공공기관을 유지하는 데에 아무런 기여도 하지 않은 다른 이들이 공적 생활에 적극적으로 영향을 미치도록 허용해서는 안 된다. 모두에게 사회의 이점을 누릴 수 있는 자격이 있지만, 공공기관에 기여하는 이들만이 위대한 사회적 기업의 진정한 주주(株主)인 셈이다. 그들만이 진정한

---

1) "하나의 유령이 19세기 초에 대다수 정치 평론가들을 괴롭혔다. 사회적 해체라는 유령이……이런 공통적 관심사의 심장부에 인민주권의 모델을 회피하려는 바람이 놓여 있다……겁에 질리게 하는 것은 수효였다"(Rosanvallon, 1985, 75-76).

능동 시민이요, 진정한 결사체의 구성원이다(Siéyès, 1789, 193-194).

시에예스는 지체 없이 정치적 권리의 평등이 근본적 원칙(짐작하건대 단지 능동 시민만을 위한)이고, 그것이 없다면 특권이 다시 효력을 발휘할 것이라고 덧붙였다. 1789년 10월 29일에 국민의회는 이런 이론적 개념을 법령으로 전환해서 최소 3일치 급료를 직접세로 납부하는 이들을 능동 시민으로 규정했다. 재산은 능동 시민권의 선결조건이 되었다. 로장발롱(1985, 95)이 지적하듯이 "이성이 주권을 가진다면, 인간은 법을 만들 수 없다. 인간은 법률을 발견해야만 한다……능력이라는 개념은 이런 틀에서 그 논리를 찾는다."[2]

시민권의 의미를 제한하려는 시도는 다양한 형태를 띠었다. 그 모두는 필연적으로 수동 시민과 능동 시민의 구분을 정당화할 수 있는 이율배반의 창출을 포함했다. (신분, 계급, 젠더, 인종/종족, 교육의) 이분법은 오래된 현실이었다. 19세기의 특이사항은 그 구분이 법률적 범주로 전환되는 것을 정당화할 수 있는 이론적 발판을 만들려는 시도가 있었다는 점이다. 그리하여 그런 범주들은 모든 시민에게 선포된 평등이 실제로 어느 정도까지 실현되었는지를 제한하는 데에 기여하도록 했다.

이유는 간단하다. 불평등이 표준이었을 때, 다른 신분, 일반적으로 귀족과 평민 간의 구분 이상의 어떤 구분을 만들 필요는 없었다. 그러나 평등이 공식적 표준이 되었을 때, 누가 실제로 동등한 권리를 가지는 "모든 사람," 즉

---

2) 이론적 정당화는 투표 자격의 기준이 "판단의 독립성"이었다는 데에 있었다. 이에 따라서 "미성년자, 여성, 하인 등 자신의 의지를 행사하는 데에서 다른 누군가에게 의존한다고 간주되는 모든 이들이 선거권에서 배제되었다"(Gueniffey, 1988, 616). 이는 나중에 '납세자(제한선거권) 체제'라고 불리게 될 것의 기원이었다(Théret, 1989, 519).

판단력은 선거권을 거부하는 주요한 구실로 계속 거론되었다. 예컨대 영국 자유주의자 가운데 주도적 인물이던 제임스 밀은 1824년 여성과 노동계급의 선거권을 모두 반대했다. 그 까닭은 "그들 대신 정치적 권한을 더 잘 행사할 수 있는 다른 사람들, 즉 여성의 경우 남편과 부친에 의해서, 그리고 노동계급의 경우 '공동체에서 가장 현명하고 도덕적인 인물, 중류층'에 의해서 그들의 이해관계가 효과적으로 대변될 수 있기" 때문이었다(Taylor, 1983, 16).

"능동" 시민에 포함되는지를 아는 것이 갑자기 중요해졌다. 평등이 도덕적 원칙으로 선포되면 될수록, 사법적, 정치적, 경제적, 문화적 장벽은 그것의 실현을 막기 위해서 더 많이 설치되었다. 시민의 개념은 19세기와 20세기 자본주의 세계경제의 문화적 기반을 구성하게 된 긴 이분법 목록의 (지적이고 법률적인) 구체화와 견고화를 강제했다. 부르주아와 프롤레타리아, 남성과 여성, 성인과 미성년자, 생계비를 버는 가장과 주부, 다수파와 소수파, 백인과 흑인, 유럽인과 비유럽인, 교육받은 자와 무지한 자, 숙련공과 비숙련공, 전문가와 아마추어, 과학자와 문외한, 고급문화와 저급문화, 이성애와 동성애, 정상과 비정상, 건강체와 장애인, 그리고 이 다른 모든 것이 암시하는 원형의 범주, 즉 문명과 야만.

시민들이 동등한 권리를 누리는 국가에서 피지배 집단은 포함되고자 시도한 반면, 지배 집단은 배제를 모색했다. 그 투쟁은 정치적이고 지적인 영역 모두에서 전개되었다. 모든 사람들은 스스로 이율배반적 대립의 어느 한쪽에 속해 있다는 점을 알게 되었다. 지배 진영에 있는 이들은 다소 자연스러운 방식으로 구분을 이론화하는 경향이 있었다. 지배 집단에게 핵심적인 문제는 각각의 그리고 모든 이분법에서 그들이 지배 진영에 개인으로서 자신들을 자리하게 하는 일이었다. 이에 맞서 피지배 집단에 속한 이들은 스스로를 능동 시민, 문명화한 자들의 범주에 재배치하기 위해서 그 구분을 평가절하하고 파괴하거나 재규정하고자 시도하면서 조직화되기 시작했다.

다양한 이분법의 범주가 존재했다는 사실은 어려움을 야기했다. 일부 범주에서는 지배층의 진영이지만 다른 범주에서는 그러지 않을 수도 있었다. 아마 만점(滿點)이라고 불릴 만한 것을 가지지 않은 이들은 자신이 완전한 시민을 구성한 집단의 일부로 간주되기를 원한다면 정치적 결정을 내려야 했다. 그들은 흔히 당연하게도 지배 집단의 편에 있던 범주들에 우선순위를 부여하고자 했다. 그 결과는 특권 집단을 얼마간 넓히는 것이었지만, 이는 계속 배제당한 이들의 어려움을 가중시킬 뿐이었다. 투쟁 전술과 잠재적이

고 바람직한 연대의 본질에 관한 사회운동 내부의 지속적인 논쟁의 근원에
는 이분법적 범주의 우선순위를 어떻게 규정할 것인지에 대한 투쟁이 존재
했다.

확실히 시민권 개념은 신이나 자연의 수여를 주장하는 통상적 위계서열의
무거운 짐에서 우리 모두를 해방시키는 것을 의미했고 실제로 해방시켰다.
그러나 그 해방은 법적 무자격에서 부분적으로만 벗어난 해방이었고 새로운
포함은 지속적인(그리고 새로운) 배제를 더욱 첨예하고 뚜렷하게 만들었다.
그 결과 보편적 권리는 실제로는 어느 정도의 언어적 신기루, 즉 모순어법으
로 밝혀졌다. 덕 있는 동등한 이들의 공화국을 창설하는 작업은 그 때문에
부덕하다고 간주된 다른 이들에 대한 거부를 요구한 셈이었다.[3]

근대세계체제의 지배적 이념이 될 자유주의는 미덕을 가르치고 배울 수
있다고 역설했고 따라서 적절한 관리를 통해서 수동 시민을 능동 시민의 지
위로 승격시킴으로써 권리의 증진, 말하자면 야만인을 문명인으로 바꿀 수
있는 길을 제공했다. 법률적 승격의 과정은 되돌릴 수 없다고 생각되었으므
로 그것은 조심스럽고 신중하게, 그리고 무엇보다 점진적으로 처리되어야
했다. 다른 한편 권리를 완전히 인정받지 못한 이들의 이해관계를 옹호하기
위해서 등장한 사회운동들은 언제나 가능한 한 신속하게 인정받지 못하는
상황을 끝내기 위해서 무엇을 해야 하는지에 대해서 논쟁을 벌였다. 사회운
동들이 반체제적이어야 한다고, 즉 그 운동들이 평등에 대해서 희화화를 일
삼던 기존의 역사적 체제를 파괴하고자 시도해야 한다고 줄곧 주장한 이들
이 있었다. 또한 본질적으로 통합주의자, 즉 그 운동들의 역할이 권리의 획득

---

3) 시에예스의 구분은 어떤 형태로든 곳곳에서 채택될 것이었다. "유럽 다른 지역의 자유주의자들
과 마찬가지로 이탈리아의 자유주의자들은 시민과 대중 또는 민중 사이를 명확하게 구분했다.
자유주의 국가에서 민중은 시민적 권리를 누릴 자격이 있었지만, 단지 성별, 재산소유, 공식
교육 덕분에 책임 있는 자리를 감당할 수 있는 소수, 즉 시민만이 정치적 권리를 제대로 부여받
을 수 있었다……자유주의적 태도는 정치적 민주주의가 불안정한 정부와 '폭민 정치'로 이어지
지 않을까 하는 두려움을 반영했다"(Lovett, 1982, 33).

을 가능하게 하는 기존의 자유주의 프로그램을 촉진하는 것일 뿐이었다고
본 이들도 있었다.

우리가 이미 보았듯이, 이 이야기는 프랑스 혁명 그 자체와 함께 시작되었
다. 동일한 보고서에서 시에예스는 이렇게 말했다. "모든 공적 권력은 차별
없이 일반 의지의 소산이다. 모든 공적 권력은 인민, 즉 국민에게서 비롯된다.
이 두 용어는 동의어로 인식되어야 한다"(1789, 195). 이런 견해의 실행은
단순하고 신속했다. 국왕과 관련된 모든 꼬리표는 국민이라는 꼬리표로 다시
명명되었다.4) "프랑스의 혁명가들에게 국민은 기정사실이 아니었다. 그것은
창조되어야 했다"(Cruz Seoane, 1968, 64). 국민이라는 개념은 다른 국가들
로 신속하게 퍼져나갔다.5) 여러 국가들의 자기 결정이라는 개념을 정당화하
고자 처음으로 국민 개념을 사용한 이들 역시 프랑스의 혁명가들이었다. 국
민의회는 1791년 9월 13일 "자신의 운명을 결정할 수 있는 인민의 권리"라는

---

4) Godechot(1971, 495)는 다음과 같이 언급한다. "1789년의 선거운동 기간 동안 국민은 갑자기
대중 속에서 혁명적 반향을 불러일으켜 큰 인기를 얻었다. 실제로 '결집한 국민', 그 다음에
단지 국민은 위계서열에서 국왕의 지위를 떠맡게 될 것이었다. 따라서 1789년 9월에 '국민,
법, 국왕'이라는 좌우명이 채택되었다. 법을 결정하고 지휘하는 것은 국민이고, 국왕은 단지
법을 실행할 뿐이다. '국왕'에 관한 모든 것은 이제 국민의 것이 되었다. 국민의회, 국민방위대,
국군, 국민교육, 국민경제, 국토, 국민복지, 국채 등. 대역죄의 사례를 따라 이제 국민에 대한
반역죄가 생겨났다."

　　Nora(1988, 801)는 프랑스 혁명이 국민이라는 용어의 세 가지 의미, 즉 "법 앞에 평등한
시민 전체라는 (국민의) 사회적 의미, 구성된 권력과 대비되는 구성하는 권력이라는 (국민의)
법률적 의미, 연속성에 의해서 과거와 미래와 통합된 이들의 집단이라는 (국민의) 역사적 의
미"를 결합시켰다는 사실을 강조한다. Billington(1980, 57)은 그 개념의 사회심리적 중요성을
강조한다. "(국민은) 그 속에서 사소한 원한뿐 아니라 덜 중요한 충성심이 조국의 자녀들로
재탄생했다는 환희에 의해서 일소된 새로운 우애이다." 그는 그것을 "호전적인 이상"이라고
부른다.

5) 1810년 에스파냐의 카디스 의회는 "국민주권"과 "인민주권"을 새로운 정치적 원칙으로 정했다.
이곳에서도 "국왕"과 관련된 모든 것은 이제 "국민"의 것이 되었다(Cruz Seoane, 1968, 53, 64).
Lyttleton(1993, 63)은 이탈리아의 사례를 논의한다. "1796년 이전에 이탈리아 문제는 정치적
현실로서 존재하지 않았다. 이탈리아의 자코뱅파는 통합된 이탈리아의 창출을 구체적인 정치
기획으로 제기한 첫 번째 사례였고 그들의 국민 개념은 프랑스 혁명에서 유래했다."

이름으로 아비뇽과 콩타 브네송의 합병을 가결했다(Godechot, 1965, 189).

그러나 국왕에서 국민으로 주권이 이양된 순간, 국민주권이 구성되었다는 점에 일단 주목하면서 노라(1988, 893)는 적절한 질문을 한다. "그러나 무슨 국민, 그리고 무슨 사회인가?" 프랑스 혁명의 전성기에 평범한 민중의 열정이 국민 개념에 순간적으로 지나치게 평등주의적인 색조를 부여했을 테지만 그것과 상당히 다른 계몽주의 전통 역시 존재했다. 계몽주의 전통은 "국민" —교육을 받은 계층을 지칭하고자 사용되는 개념—과 "타락하지 않았지만 쉽게 영향을 받고 그러므로 그들의 지위에 적합할뿐더러 그들에게 노동자로서의 삶을 가장 잘 마련하게 해줄 도덕 교육과 기술 교육(또한 체육)이 필요한"(Woolf, 1989, 106) "인민" 사이를 선명하게 구별했다. 아마 조국에서 국민을 거쳐 인민으로 주안점이 바뀌면서 언어 게임이 계속 필요할 것이었다.[6]

국민(nation)이라는 용어가 너무 유순해지고, 인민(people)이라는 용어가 매우 인기를 끌게 되어 심지어 독재자들조차 그것을 사용하고자 하는 데에는 그리 오랜 시간이 걸리지 않을 것이었다.

1830년대에 로맨티시스트적인 혁명가들은 거의 일상적으로 인민(le peuple, das Volk, il popolo, narod, lud 등)을 인류의 역사에서 일종의 활력의 재생으로 언급하고 있었다. 1830년 혁명 이후 권좌에 오른 새로운 군주, 즉 루이 필리프와 레오폴트 1세는 프랑스 또는 벨기에의 국왕이라기보다는 "프랑스인"과 "벨기에인"의 국왕으로서 "인민"을 승인하고자 했다. 심지어 반동적인 차르 니콜라이 1세조차 1830-1831년 폴란드인들의 봉기를 진압하고 3년이 지난 뒤에 자신의 권위가 (전제정치와 정교

---

6) Godechot(1971, 495)는 '불만의 진정서'를 읽어보면, 조국이라는 용어가 적잖이 사용되었고 '각자가 편안하게 느끼는 국가'로 조국을 규정한 볼테르와 그것을 "각자가 태어난 국가"라고 주장한 루소 사이의 역사적인 논쟁에 대해서 매우 잘 알고 있는 것처럼 보였던 이들이 식자층이었음을 알 수 있다고 주장한다. 더 혁명적인 성향을 띠는 이들은 주로 국민이라는 용어를 사용했다. 그렇지만 로베스피에르는 혁명적 대의를 위해서 조국을 구해내기를 바란 것처럼 보였다. 그는 이렇게 말했다. "귀족이 지배하는 국가에서 조국이라는 용어는 주권을 몰수한 귀족가문들이 아니라면 별다른 의미가 없다"(Carrère d'Encausse, 1971, 222에서 인용).

회뿐 아니라) "민족"에 근거하고 있다고 선언했다. 그가 사용한 민족(narodnost)이라는 단어는 또한 "인민의 정신"을 의미했고, 이는 폴란드어 narodowść를 그대로 옮겨 적은 것이었다(Billington, 1980, 160).

그러나 그것은 게임 이상이었다. 그것은 누가 진정한 시민인가에 대한 중요한 토론의 일부였다. 이는 단지 추상적인 토론이 아니었다. 국민의회와 그 후속 조직인 국민공회는 시민권에 대한 세 가지 구체적인 쟁점, 즉 여성, 흑인, 노동자 문제에 직면했다. 프랑스 혁명에 대한 기록은 엇갈렸지만 각각의 경우에 그들은 괴로움을 남긴 채 배제하기로 결정했다.

여성의 경우, 모든 문제가 잘못 시작되었다. 삼부회를 소집한 국왕의 포고령에 따르면, 세습 영지를 소유한 여성들은 선거인단에서 그들을 대변해줄 남성 대리인들을 선택해야 했다. 예컨대 성직자가 아닌 여성 평신도는 귀족을, 수녀는 성직자를 선정해야 했다(Landes, 1988, 232, n. 5). 그럼에도 여성들(종교단체, 여성상공인협회)은 불만의 진정서를 작성했다. 그리고 그들의 불만 가운데 일부는 향후 동맹의 문제를 예시했다. 페이 드 코의 B*** O*** 부인은 이렇게 썼다. "흑인 노예의 해방에 관한 이야기가 돌고 있다……우리에 대해서 [온 국민이] 잠자코 있다는 것이 가능한 일인가?"[7]

여성들이 프랑스 혁명기 동안 다양한 대중 시위에서, 1789년 이른바 10월의 나날에 가장 중요한 역할을 맡았다는 사실은 잘 알려져 있다. 당시 파리의 시장 여인들은 (국민방위대와 함께) 베르사유로 행진했고 국왕 부처에게 파리로 거처를 옮기도록 압박했다. 그러나 이 시위는 여성 자신들이 아니라 가난한 이들의 권리에 관한 것이었다.[8] 이 폭동이 발생한 지 두 달 뒤인 1789

---

7) Duhet, 1989, 33. 얼마 지나지 않아 국민의회에 대한 호소문에서 누군가가 이렇게 썼다. "여성들은 분명히 유대인과 유색인만큼 가치가 있다"(Rebérioux, 1989, x에서 인용).

8) Hufton(1971, 95)은 이렇게 주장한다. "구체제의 가장 중요한 사회적 분열은……'우리 집에 항상 빵이 있다'고 당당하게 주장할 수 있는 이들과 그럴 수 없는 이들 간에 존재했다……식량 폭동에 가담한 여성의 격렬한 기세는 궁핍과 극빈 간의 경계선을 넘지 않은 채 남아 있을 필요

년 12월 22일에 국민의회는 공식적으로 여성의 투표권을 거부했다. 1790년 콩도르세가 여성들의 시민권 취득을 요구하는 유명한 팸플릿을 작성한 것은 맞지만, 그는 권력자들을 설득하지 않았다. 1791년 헌법은 이런 배제를 거듭 강조했고, 이는 1793년 7월 24일 국민공회의 표결에서도 되풀이되었다. 이 것에 따르면, 여성들은 구체제에서 최소한 귀족 여성들이 누렸던 모든 정치적 권리로부터 배제되었다.[9]

여성의 권리가 얼마간 신장된 것은 사실이다. 혼인과 이혼은 민사상의 절차가 되었다. 장자상속제가 폐지되고 사생아와 그 어머니에게 재정적 지원을 받을 권리가 승인되었다. 물론 지속적인 논란에 휩싸이기는 했지만, 여성이 출생, 혼인, 사망과 관련된 문서에서 증인이 될 수 있도록 승인하는 법안이 통과되었다(Abray, 1975, 55). 그리고 자코뱅 시대의 열띤 분위기 속에서 여성들은 스스로 조직화되기 시작했다. 그들은 민중협회에서 훨씬 더 큰 역할을 맡기 시작했다. 그들은 국민공회의 문 밖에 서서 입장하는 이들을 통제하고자 했다. 그들은 방청석을 가득 채우고 의견을 외쳤다(Landes, 1988, 139-140).

성에 대한 공감 여부에 달려 있었다……극빈자들은 항의하거나 폭동을 일으키지 않았다……그들은 포기했고 아무것도 기대하지 않았다."

"프랑스 혁명기의 식량폭동은 1789년 10월 5-6일 베르사유로 향한 행진이든 그보다 덜한 혁명력 3년의 제르미날과 프레리알의 나날이든 탁월한 여성들의 승리였다. 식량과 관련된 곳은 여성들의 분야였다. 여성 없는 식량폭동은 내재적 모순이다."

Applewhite & Levy(1984, 64)는 여성의 역할을 다소 다르게 파악한다. "파리에서 대중 계급의 여성들은 혁명에 대해서 가장 중요하고 심지어 독특한 것에 크게 기여했다. 그것은 18세기 서양 세계에서 가장 민주적인 기반을 가진 인민주권의 성취였다. 계몽주의적 자유주의에서 성장한 시민권과 정치적 권리에 대한 페미니스트(여권신장론자)들의 요구는 혁명의 권력투쟁에서 결코 중심이 되지 못했고, 나폴레옹 법에 의해서 부인되었으나 엘리트층이 아닌 여성들의 정치활동은 혁명 정치의 중심에 있었다."

9) "미남왕(美男王) 필리프가 1302년 삼부회를 엄숙하게 소집했을 때, 그는 남성과 여성이 함께 선출한 의회를 받아들였다. 5세기가 넘는 기간 동안 특권을 가진 모든 신분의 여성들은 지방과 전국 차원에서 투표권을 보유했다. 하지만 인권선언의 혁명은 1790년대에 여성의 정치적 권리를 폐지했다"(Hause, 1984, 3).

1793년 5월 5일 공화파-혁명 여성협회가 창설되었다. 그들은 여성들의 식량에 대한 요구를 활발히 독려했다. 그들의 언어는 분명히 페미니스트적 의미를 내포했다. 그들은 좌파에서 자코뱅파를 비판하던 격앙파(Enragés)와 동맹을 맺었다.[10] 그러나 무엇보다 그들은 여성, 목소리를 높이고자 조직된 여성이었다. 파리의 한 구역에 거주하는 여성들이 무기를 휴대할 수 있는 권리를 청원했을 때, 파브르 데글랑틴은 국민공회에서 식식거리며 말했다. "공화파가 회합에서 착용한 붉은 모자(bonnet rouge) 다음에는 권총 벨트 차례일 것이고 그 뒤에는 총을 요구할 것이다"(Abray, 1975, 56에서 인용). 공안위원회는 여성들이 정치적 권리를 행사해야 하는지, 그리고 여성의 정치 클럽 참여를 허용해야 하는지를 숙고하고자 앙드레 아마르가 이끄는 한 위원회를 지정했다. 두 가지 문제에 대한 대답은 부정적일 것이었다. 그 위원회는 여성들이 정치적 권리를 행사할 만한 "도덕적, 신체적 자질"을 갖추지 못했고, 더욱이 "여성들을 남성들과 다투게 하고자" 여성들이 이런 권리를 가지기를 원한 이들은 귀족이었다고 주장했다(George, 1976-1977, 434에서 인용).

아마르는 왜 여성들이 정치협회에 참여하여 회원이 되도록 허용해서는 안 되는지에 대해서 꽤 솔직하게 설명했다.

> 만일 우리가 남성들의 정치 교육이 그 출발선에 있다고 간주한다면, 도덕 교육이 전무한 여성이 정치의 원리에 관해서 덜 알고 있는 것이 얼마나 훨씬 더 타당한가? 따라서 여성들이 민중협회에 참석하는 것은 실수와 유혹에 더 노출된 이들에게 정부 내에서 적극적 역할을 부여하게 될 것이다. 여성들이 그 조직에 의해서 지나치게 흥분하기 쉽기 때문에 공무에 치명적이라는 점, 그리고 정열의 격정이 실수와 무질서를 통해서 만들어낼 수 있는 모든 것에 국가의 이익이 희생당할 것이라는 점을 덧붙이도록 하자(Landes, 1988, 144에서 인용).

---

10) George(1976-1977, 420)는 공화파의 목적이 "격앙파의 프로그램에 대한 열렬한 지지를 확보하고자 '민중'의 절반인 여성을 조직하려는 것"이었다고 말한다.

뱅크스(1981, 28)가 주목했듯이, "인권" 옹호는 반드시 "여성의 권리"로 이어지지 않았다. 왜냐하면 "여성을 남성과 다른 본성을 가진 존재로 규정하는 것이 상당한 정도로 가능하기" 때문이었다. 확실히 여성의 배제는 대개 임시 조항으로 제출되었다. 앞서 1793년 4월 (장-드니) 랑쥐네가 작성한 보고서는 "여성 교육의 결함을 제거하는 데에 걸리게 될 시간을 고려하여" 정치적 권리에서 여성의 배제를 요구했다. 세라티(1966, 170)가 신랄하게 논평했듯이 "[이런 결함은] 극복하는 데에 한 세기 반이나 걸렸을 정도로 지독하게 완강했을 것이 틀림없다."

왜 여성 클럽들이 [1793년 9월] 용의자법[11]의 첫 번째 피해자가 되었는지는 상당한 논쟁을 불러일으킨 문제였다. 조지(1976-1977, 412)는 "자코뱅의 신경이 곤두섰고 참여민주주의의 주창자들에 대한 자코뱅의 인내심은 바닥을 드러냈으며" 그 여성들이 손쉬운 첫 번째 표적이었다고 생각한다. 라이틀(1955, 25)은 "파리 시민들의 식량 요구를 만족시킬 수 없었던 로베스피에르의 추종자들에게 혁명파 여성들이 위협요소가 되었다"고 명시한다. 허프턴(1971, 102)은 혁명파 여성의 위협을 상-퀼로트의 태도라는 문제와 연결시킨다.

> 쇼메트의 말에 따르면, 그가 1793년 10월 여성 클럽들을 해산했을 때, 상-퀼로트는 정치적 회합에 참석하는 동안 그 아내에게 가정의 관리를 요구할 권리를 가졌다……다른 이들은 민중협회와 구역에서 또는 위임받은 직업 혁명가로서 상-퀼로트가 새롭게 발견한 중요성에 대한 자부심에 오래 취해 있었다……남편이 여전히 대화하고 있는 동안, 일부 지역에서 아내는 식량을 구하기 위해서 줄을 섰고, 그렇게 하자마자 아내의 충성심은 어쩌면 의심받게 되었을 것이다.

애플화이트와 레비(1984, 76)는 여성 클럽의 불법화를 "민중혁명에 대한 부르주아 혁명의 승리"로 파악한다.[12] 그러나 물론 부르주아 페미니스트들이

---

11) Racz(1952, 171)는 공화파가 열렬히 지지한 이 법의 "역설"을 지적한다.

라고 사정이 더 낫지는 않았다. 「여성과 시민의 권리 선언(*Declaration of the Rights of Woman and Citizen*)」[13])의 저자 올랭프 드 구주는 1793년 11월 3일에 단두대로 보내졌다. 자코뱅의 태도를 어떻게 설명하든 자코뱅이 몰락한 뒤에도 상황은 바뀌지 않았다. 1795년 프레리알(prairial) 1일 이후 국민공회는 의사당에서 여성을 완전히 배제했다. 시민증이 있는 남성과 동행하지 않는 한, 여성들에게는 방청조차 허용되지 않았다(Abray, 1975, 58). 그리고 1796년 500인 협의회는 선임 교수직에서 여성을 제외했다. 1804년 나폴레옹 법전은 구체제 수준으로까지 퇴행했다. 예전에 귀족 여성들은 최소한 재산과 법적 문제를 처리할 수 있도록 허용되었다. 이제 프랑스 혁명이라는 더욱 평등주의적 분위기 속에서 모든 여성들은 어떤 권리도 가지지 못한 채 단지 동등한 존재로 간주될 뿐이었다(Levy et al., 1979, 310).

나는 이를 복합적인 그림으로 이해해왔다. 누군가는 그것이 내포한 부정적인 측면을 강조할 수 있다. 에이브레이(1975, 62)는 그것이 "[혁명의] 본질적인 사회적 보수주의를 드러내는 뚜렷한 증거"라고 말한다. 나이비흘러(1976, 824)는 그것이 "여성 지위의 상대적 후퇴"를 보여준다고 주장한다. 조지(1976-1977, 415)에게도 "부르주아적 이성과 자연법의 신성성에 의해서 규정되고 은폐되며 정당화된 당시 여성의 지위는 가톨릭과 과거 봉건제 아래 그들이 유지하던 지위보다 분명히 더 열등했다." 세라티(1966, 13)는 프랑스 혁명 당시 여성의 더 많은 권리 요구는 "평등을 지지한 [다른] 열정적인

---

12) Lacour(1900, 403) 역시 그렇게 이해한다. "미슐레가 '이 엄청난 사회 문제[여성의 정치적 권리]는 뜻하지 않게 억압당했다'고 썼을 때, 그는 잘못 판단하고 있었다. 공포정치는 여성 클럽을 억누르는 데에 논리적이었다. 그들이 억압했거나 더 정확히 말해서 그들이 억압을 끝낸 것은 르클레르의 인민의 벗에서, 그리고 혁명적 공화파의 연단에서 절실하게 헌법의 이행을 요구한 바로 그 당파였다. 사회혁명을 원하고,⋯⋯로베스피에르의 사회주의적 약속, 그리고 뒤이어 헌법에 대한 투표를 진지하게 받아들인 이들은 남성과 여성의 당파였다."

13) 이 선언은 소심하지 않았다. "여성이여, 깨어나라, 이성의 경종이 전 세계에 울려퍼지고 있다. 여러분의 권리를 찾으라!"(Levy et al., 1979, 92에서 인용) 올랭프 드 구주의 견해와 역할에 관한 날카로운 분석은 Scott(1981)을 참조하라.

[남성] 동지들의 냉담한 반응"에 직면했다고 단언한다. 그렇지만 랜디스
(1988, 148)는 페미니스트 자신들이 "일반 여성들을 향한 양가적(이중적)인
감정의 흔적을 가지고 있었다"는 점이 문제의 일부분이었다고 주장한다.

그러나 반대로 그 경험을 더 긍정적으로 평가할 수도 있다. 랜디스(1988,
170) 역시 "어떤 면에서 예전에 그리 중요하지 않았을 성차(性差, 젠더)는"
프랑스 혁명 이후 "사회적으로 의미 있는 범주가 되었다"고 지적한다. 켈리
(1982, 79)는 1789년 이후 페미니스트들의 상황과 15세기에 크리스틴 드 피
상을 비롯한 일부 인사들이 시작해서 유명해진 여성들의 논쟁에 가담한 이
들을 호의적으로 비교한다. 켈리는, 예전의 페미니스트들은 "사건을 바꾸는
사회운동의 전망"이 부족했던 반면, 1789년 이후 페미니스트들은 진보와 의
식적인 사회 변화라는 관념 때문에 생기가 넘쳤다고 말한다. 그리고 모지스
(1984, 14)는 1789년 이전 페미니즘이 단지 상류계급을 위한 관심사였던 반
면, 프랑스 혁명이 "범위에서 더 전면적이고 더 폭넓은 추종자를 거느린 페
미니즘의 등장"을 가져왔다고 역설한다. 부정적 평가는 실제로 성취된 변화
와 당대를 정당화하는 관념을 강조한다. 긍정적 평가는 페미니스트 운동의
발전과 그것이 이룬 동원을 역설한다. 이 긴장 상태는 지배자들의 이론화와
피지배자들의 조직화라는 19세기(그리고 20세기)의 주된 문화적, 정치적 이
율배반으로 남아 있게 될 터였다.

흑인들의 상황도 크게 다르지 않았다. 물론 혁명 당시 프랑스 본토에는
흑인들이 거의 없었다. 그러나 식민지, 무엇보다 생도맹그에는 대단히 많았
다. 나는「근대세계체제」제III권에서 그곳에서 잇달아 발생한 봉기, 아메리
카 대륙 최초의 흑인 국가 창설, 전쟁, 그리고 아이티 공화국의 외교적 고립
에 대한 일대기를 풀어놓은 바 있다(Wallerstein, 1989, 여러 곳, 특히 240-
244, 253-256). 여기서 나는 당시 파리에서 벌어진 논쟁을 강조하고자 한다.

생도맹그는 혁명 전에 뚜렷한 사회적 계층구조를 가지고 있었다. 대부분
농장주로 구성된 소수의 백인 계층과 물라토 자유민 계층도 있었으나 최대

집단은 흑인으로서 그들은 거의 모두 노예였다. 이는 순서에 따른 사회적 위계였다. 그러나 이 집단들 가운데 어느 누구도 정치적 권리를 가지지 않았기 때문에 프랑스 혁명은 세 계층 모두에게 열렬히 환영받았다. 그들은 모두 프랑스 혁명이 그들에게 정치적 권리를 가져오기를 희망했다. 그러나 백인들은 사회적 평등이 물라토 자유민들에게 허용되기를 바라지 않았다. 그리고 백인과 물라토 자유민들은 노예해방을 원하지 않았다. 다시 한번 평등의 규준은 누가 포함되어야 하는지의 문제를 제기했다. 애메 세제르(1981, 342)는 이것에 대해서 매우 예리하게 지적한다.

국왕의 권위가 다양한 방식으로 모든 계급을 억압하지 않고서는 흑인들을 억압할 수 없었던 것처럼, 프랑스 혁명기에 출현한 권력은 식민지 사회의 존재 그 자체의 문제를 상정하지 않고 식민지 사회의 여러 계급들 가운데 하나가 제기하는 자유의 요구에 응할 수 없었다는 것이 곧 분명해졌다. 더 구체적으로 말하면, 프랑스 혁명기에 출현한 부르주아 권력은, 자유는 분할할 수 없으며 그들이 백인 농장주들에게 정치적 또는 경제적 자유를 부여하고 물라토 계층을 철권통치 아래에 묶을 수 없으며 또한 유색인 자유민의 시민적 평등을 인정하는 동시에 흑인들을 강제 노동수용소에 묶어둘 수는 없다고 생각했다. 요컨대 식민지 사회의 여러 계급들 가운데 하나를 해방하기 위해서는 그들 모두를, 즉 생도맹그를 해방시켜야만 했다. 이는 프랑스의 이익에 반하는 것처럼 보였다.

국민의회와 국민공회 내에서 이 점을 깨달은 이들이 얼마 되지 않았던 것은 아니다. 노예의 상태에 관한 토론에서 그레구아르 신부는 열변을 토했다. "여전히 하나의 귀족정치, 즉 피부색의 귀족정치가 존재한다"(Césaire, 1981, 187에서 인용). 그러나 세제르가 암시했듯이 자선활동과 심지어 인종차별 반대를 넘어 반식민주의가 기다리고 있었고, 그레구아르와 로베스피에르조차 그렇게 멀리 갈 준비가 되어 있지 않았다. 오직 마라만이 그렇게 했다. 마라는 이 쟁점이 바로 능동 시민의 원칙 그 자체와 연계되어 있다고 지적했다. "그러나 우리가 1에퀴(écu, 옛 프랑스의 금화/옮긴이)의 직접세를 납부할 수 없는 이들을 시민으로 대우하지 않으면서 어떻게 피부가 검은 이들을 자유민으로 대우할 수 있을까?"(Césaire, 1981, 189-190에서 인용)

1793년 노예해방은 프랑스 혁명가들의 평등주의적 추진력이 맺은 결실이 아니었다. 그것은 생도맹그에서 노예 봉기를 이끈 투생 루베르튀르의 힘이 부과한 것이었고, 국민공회는 법령(1794년 2월 4일의 법령 2262호)을 통해서 비준했을 뿐이다. 1802년 투생 루베르튀르가 수감된 뒤에 나폴레옹은 이 법령을 철회했다(그리고 1848년까지 다시 제정되지 않았다).

그러나 더욱 분명하게 드러난 것은 물라토 자유민들에게 허용된 권리들을 다룬 기존의 토론이다. 흑인의 벗 협회에 떠밀리고 백인 농장주들의 이해관계를 대변한 마시악 클럽의 반대에 부딪힌 국민의회는 "만장일치로" 이상한 타협안을 결정했다. 유색인 자유민에게 투표권을 부여하는 법령을 채택한 다음 뒤퐁 드 느무르는 백인들의 "선언"을 제출했다. 이 선언은 투표권이 "자유민 부모를 둔 자격 있는 물라토"에게만 부여되고, "자유롭지 않은 물라토 또는 노예 신분에서 해방된 자유민들은 '외국'의 구성원이므로 이들"에게는 부여되지 않고 또 부여될 수 없다는 점을 근거로 백인들이 동의했다고 밝혔다(Blackburn, 1988, 187-188에서 인용).[14] 생도맹그의 **가난한** 백인들은 자신들을 배제하면서 일부 물라토 자유민들에게는 투표권을 부여할 어떤 재산 자격조건에도 반대했다. 그들은 "정치적 권리들에 대한 자격이 없는 일종의 외국인"이라는 백인 농장주들의 묘사를 모든 물라토 자유민들에게 적용

---

14) 생도맹그에서 백인들은 이 법령을 무시할 것이었고 실제로 그들은 이 법령의 이행을 보장하려고 애쓴 유색인 자유민 지도자인 오제를 처형했다. 이는 백인과 물라토 간의 내전을 초래했다. 이 내전은 그 뒤 흑인 노예들이 백인과 물라토 모두에 맞서 봉기를 일으킴으로써 무의미해지게 되었다. Blackburn(1988, 176)은 노예들의 이해관계가 "국민의회뿐 아니라 혁명 클럽 내에서도 거부권을 가지고 있었다"는 점을 지적하면서 물라토 권리를 선도적으로 옹호한 흑인의 벗 협회가 정치집단으로서 "무능했다"고 평가한다.

했다(Blackburn, 1988, 177). 물라토 자유민조차 개념 규정상 "국민"의 일부가 아니었다. 따라서 그들은 시민일 수 없었다.

우리는 이미 능동 시민이라는 개념이 재산에 근거하여 정치적 권리를 새롭게 규정함으로써 프랑스 노동자들을 배제시켰고, 사실 그것을 의도했다는 점을 지적했다. 그렇지만 격렬한 혁명적 분위기 속에서 노동자들은 조직화를 통해서 그들의 상황을 개선하고자 시도했다. 국민의회는 길드를 폐지했다. 고용주들과 노동자들은 이를 두고 정반대의 해석을 내놓았다. 이로써 고용주들에게 생산을 지배하는 유일한 법은 공급과 수요의 법칙이었다. 노동자들은 그것이 자신들이 원하는 대로 자유롭게 조직을 만들 수 없다는 것을 의미한다고 생각했다(Soreau, 1931, 295).

아시냐(assignat)라는 지폐의 가치 상실과 더불어 급속한 물가 상승은 노동자들의 흥분을 부추겼고, 이는 국왕의 도피와 헌법의 제정 직전인 1791년 봄에 절정에 달했다. 파업과 무질서 상태가 파리 당국의 통제를 벗어난 듯 보였고 국민의회는 행동을 요구하기에 이르렀다. 국민의회는 불평등한 투표 기준을 유지하면서 "반(反)음모법"을 제정함으로써 노동자들의 조직화 가능성에 맞서 평등의 이데올로기를 활용하고자 했다. 1791년 6월 14일에 채택된 악명 높은 르 샤플리에 법은 노동자들의 모든 결사를 불법화했고, 7월 20일에 이 금지 조항은 오래 존속해온 콩파뇽아주(compagnonnages), 즉 상호공제조합까지 확대 적용되었다(Wallerstein, 1989, 107, n. 248).

스티븐 L. 캐플런(1979, 74-75)은 평등이라는 새로운 언어의 이면에서 혁명가들이 국왕의 체제가 따랐던 것과 동일한 바로 그 관행을 어떻게 존속시켰는지를 진술한다.

예전에 집합적이고 단체적인 공공복지라는 이름으로 억압한 것을 앞으로는 개인의 자유라는 이름으로 억압하게 될 것이다……자유의 수호를 위해서 혁명가들이 활용한 노동의 세계를 사회적으로 통제하려는 두 가지 주요한 수단—강제로 성립된 식량 공급체제에 의해서 지지된 최고가격제와 반음모법 — 이 금압적이고 가부장적인 구체제의 초석이었다는 점을 깨닫는 것은 인상적이다.

저서 「프랑스 혁명의 사회주의적 역사(Histoire socialiste de la Révolution française)」에서 장 조레스(1968, 912)는 노동자들과 고용주들 사이의 균형이라는 명목하에 노동자들에게만 심각한 영향을 미치고 75년 동안 그들을 가혹하게 짓눌렀던 이 "끔찍한 법"을 비난했다. 조레스는 그 법을 "부르주아의 쿠데타"라고 불렀던 마르크스를 인용한다. 그리고 그는 로베스피에르가 침묵을 지킴으로써 그 법의 제정을 암묵적으로 지지했어야 했다는 것을 그리 놀랍지 않다고 생각한다.[15]

프랑스 혁명은 보편적인 현상이며 모든 사람들에게 속하는 본성에 호소했다. 그러나 그것은 또한 모든 사람들의 잠재적(현실에 반드시 드러나지 않을 수 있는) 특성일 뿐인 미덕에 호소했다. 이런 개념들로부터 프랑스 혁명은 인권의 존재를 이끌어냈다. 다양한 "본성"과 능력이 존재할 수 있기 때문에, 그 담론은 "양면적 속성"을 가졌다(Landes, 1981, 123). 스콧(1981, 2)은 "독특하고 뚜렷한 집단들과 구체적으로 나타난 보편적 실재의 관계라는 끊임없이 지속되는 문제"를 매우 잘 요약한다. "어떻게 빈민, 물라토, 흑인이나 여성의 권리가 인간의 권리로 이해될 수 있을까? 일반적인 답변은 '어렵사리'이다."

그럼에도 프랑스 혁명의 결과, "혁명적 행위는 그 약속이나 위협이 반란

---

15) Cobb(1970, 184)는 이를 계급 갈등이라고 부르기를 거부하지만, 기본적으로 조레스의 견해에 동의한다. "자코뱅 독재와 민중운동 사이의 갈등, 로베스피에르 추종자들과 상-퀼로트 간 진로의 분리는 넌지시 암시되었던 것보다 훨씬 더 확실했다. 강령은 이런 분리에 별 영향을 미치지 않았고 계급의 측면에서 어떤 갈등의 '불가피성'을 발견할 수도 없었다. 양측은 결코 몇 개월 이상 공존할 수 없었던 정부 형태(민중 투사들의 공동체주의[코뮌 자치를 묘사하기 위해서는 차라리 정부의 제거 또는 비[非]정부가 더 나은 용어일지 모른다)를 대변했다." 상-퀼로트가 정확히 어떻게 사회적 범주로서 가장 잘 분석될 수 있을지에 관해서는 Hobsbawm(1977, 88), Soboul(1962, 394), Tønnesson(1978, xvii)의 논의를 참조하라.

행위와 질적으로 다른 동시에 또다른 시대와 장소에서 위대한 종교적 변화가 부여받아온(때때로 여전히 부여받는) 것과 도의적으로 비교할 만한 지위를 획득했다"(Sonenscher, 1989, vi). 물론 혁명적 행위는 약속인 동시에 위협이었기 때문에 많은 이들의 양극화를 초래했고, 이 양극화는 "그 뒤 한 세기 반 동안의 정치를 위한 토양을 제공했다"(Roberts, 1978, 73).

그리하여 시민이라는 거대한 사회통합적 개념은 다양하게 교차하는 이분법 범주의 공식화와 정치생활의 이원적 긴장, 즉 우파와 좌파, 질서당파와 운동당파 간의 분열(중도적 자유주의는 이 분열을 무의미하게 만들고자 모든 노력을 기울일 것이었다)을 가져왔다. 그 결과 공적 생활의 극심한 갈지자형 행보가 나타났다. 공적 생활은 진보에 대한 거대한 믿음으로 활력을 얻었고, 세계체제 내에서 현실 생활의 사회경제적 양극화가 지속되고 더 심각해짐에 따라서 일그러졌다.

19세기에 이른바 중간계급이 서양 세계를 지배하게 되었고 유럽은 세계를 지배하게 되었다. 유럽이 최고의 자리를 차지했을 때, 문제는 더 이상 거기에 어떻게 도달하느냐가 아니라 어떻게 그 자리에 머무를 것이냐였다. 국가 차원에서 중간계급, 전 세계적 차원에서 유럽인들은 특권을 정당화하기 위해서 본성과 미덕의 계승자가 됨으로써 그들의 우위를 유지하고자 했다. 그들은 그것을 문명이라고 불렀고, 이 개념은 그들이 기울인 노력의 핵심적인 요소였다. 서양 세계에서 그것은 교육으로 바뀌었고 교육은 대중을 통제하는 방식이 되었다.16) 전 세계적인 무대에서 나폴레옹과 함께 시작된(그러나

---

16) E. P. Thompson(1997, 23)의 요약을 참조하라. "프랑스 혁명의 결과로 사회계급, 대중문화, 교육에 대한 태도는 한 세트가 되었다. 한 세기가 넘는 기간 동안 대다수 중간계급 교육가들은 교육의 과업과 사회 통제작업을 구별할 수 없었다. 그리고 이는 너무 흔하게 거친 사투리나 전통 문화의 형태로 드러난 학생들의 생활 경험의 타당성에 대한 억압이나 부정을 동반했다. 그리하여 교육과 일반적으로 인정되는 경험은 상충되었다. 그리고 스스로 노력해서 교양 있는 문화에 잠입한 노동자들은 즉시 그들이 동일한 긴장의 장소에 있다는 사실을 알아차렸다. 그곳에서 교육은 동료들의 거부와 자기 불신이라는 위험을 초래했다. 그런 긴장은 물론 여전히 지속되고 있다."

곧이어 다른 모든 유럽 열강들도 채택한) "이데올로기로서 문명의 개념은 염치없이 문화적 제국주의의 한 형태가 되었다"(Woolf, 1989, 119).

프랑스 혁명은 1793/1799/1815년에 결정적인 정치적 종말에 다다른 뒤에 그저 정치적 상징과 문화적 기억이 될 뿐이었다. 그러나 그것은 세계체제 전체에 기념비적인 유산을 남겼다. 바야흐로 주권은 인민, 달리 말해서 국민의 것이 되었다. 또 정치적 토론과 정치적 변화는 인민주권의 정상적인 결과였다. 세계체제의 특권층은 그들이 유해하다고 보았던 유산과 타협해야만 했다. 그들은 기존 위계서열의 근본적인 혼란 가능성을 억제하는 방식으로 그 유산을 제도 속에 통합할 수 있을지 확인하게 될 것이었다.

이 봉쇄의 과정은 세 가지 형태를 띠었다. 첫 번째는 이데올로기라고 부르게 된 것의 결정화(結晶化)였다. 이데올로기는 철학적 구성물이라고 알려졌지만 실제로는 정치적 전략이었다. 두 번째는 세계를 서술하는 새로운 담론으로서 개념적 범주의 정교한 손질이었다. 우리가 언급해왔듯이 이것은 애당초 주로 토론의 틀을 잡고 시민권의 제한을 정당화하려는 지배층의 작업이었다. 결국 이런 창조적인 개념화 작업은 사회과학으로 알려진 지식의 구조로 바뀌고 제도화되었다. 세 번째는 조직망의 확립으로서 이는 주로 변화를 촉진하는 행위자로 활약했지만 동시에 변화를 제한하는 기제로 작용하게 될 피지배층의 몫이었다.

1815-1848년에는 누구나 할 것 없이 이렇게 바뀐 정치 지형 속에서 불확실하게 움직이는 듯했다. 반동세력은 시곗바늘을 거꾸로 돌리고 프랑스 혁명이라는 문화적 대변동을 지워 없애려고 애썼다. 우리가 살펴보았듯이 그들은 이런 시도가 사실상 가능하지 않다는 점을 깨달았다. 한편 피지배(피억압)층은 적합하고 효과적인 조직화 방식을 모색했다. 그리고 떠오르는 자유주의 중도파는 혼란과 불안을 통제하기 위해서 어떻게 적절한 정치적 토대를 구축해야 할지 또는 구축할 수 있을지 자신이 없었다. 우리가 보았듯이 그들은 가장 강력한 국가, 즉 영국과 프랑스에서 무엇보다 가장 중요한 자유

주의 국가를 건설하는 데에 전념했다.

1848년 세계혁명

세계체제를 안정시키고 어느 정도의 정치적 균형을 회복하기 위해서 이런 불확실한 모색과 노력의 해소를 요구한 것은 바로 1848년의 세계혁명과 그것의 즉각적인 여파였다. 7월 왕정이 신뢰를 잃고 정통성을 고갈시킨 프랑스에서 또다시 혁명이 시작되었다. 1848년 2월 25일의 봉기는 중간계급과 노동계급 모두, 그리고 보나파르트파, 심지어 교회뿐 아니라 "루이 필리프의 몰락을 1830년에 대한 복수로 생각한" 정통주의자(부르봉 왕가의 옹호자)들로부터 폭넓은 지지를 얻었다(Pierrard, 1984, 145). 그것은 벨기에는 물론이고 민족주의가 결집의 계기를 부여한 독일, 이탈리아, 헝가리 등 다른 국가들에서도 즉각적인 반향을 불러일으켰다. 이런 까닭에 역사가들은 1848년을 "여러 민족의 봄"이라고 부르게 되었다. 혁명이 발생하지 않은 유일한 국가는 영국이었다. 1848년 2월 26일 「타임스(Times)」의 한 사설에서 곧 설명되었듯이, 이는 "영국인들이 기존의 상태에서 정부 내에 대변자가 있으며 그런 의견을 효과적으로 표현할 수 있다고 느낀다"는 사실 덕분이었다.[17]

---

17) 1848년 2월 26일에 게재된 이 사설은 상세하게 읽어볼 가치가 있다. "[1830년 이래] 주목할 만한 시기에 영국의 군주와 영국 정부는 꾸준히 자국의 기관들을 개선하고 대중화해왔다. 그들은 대표제의 토대를 크게 확대했다. 그들은 하원의 권한을 분명하고 신중하게 늘려나갔다. 또 지방자치체들을 개방했다. 그들은 기업과 계급의 독점권을 제한하고 무효로 만들었다. 그들은 제조업과 상업을 관습에서 해방시켰다. 그러나 우리가 왜 세부 사항들을 언급하며 시간을 보내야 하는가? 한마디로 그들은 인민의 팔에 스스로를 내던졌다. 그들은 정당한 갈망을 하나씩 모두 충족시키는 선수를 쳐서 민주주의의 허를 찔렀다. 인생의 한창 때에 아직 도달하지 않은 누군가로 하여금 현재와 같은 대중 선동과 지난 프랑스 혁명 이전의 동요를 비교하도록 하자. 당시 영국은 유기적인 변화를 바라는 아우성으로 끊임없이 어수선했다. 귀족, 교회, 재산권, 법, 군주제, 그리고 질서 자체가 사라질 것처럼 보였다. 소란한 상황에 발생한 변화에 유의하자. 요즘 대중 소요는 전적으로 합리적이고, 말하자면 입법적 특징을 가진다. 수천, 수만 명이 사회의 기초나 국가의 재건이 아니라 일부 사소하고 논란의 여지가 있는 현안에 관련된 자신의

「타임스」가 영국에 대해서는 옳았을 수 있지만, 프랑스의 혁명은 더욱 사회적이고 더 노동계급적이며 급진적인 분위기를 띠었다. 4개월 뒤인 6월 25일 이른바 두 번째 사회혁명이 도래했다.[18] 광범위한 지지는 거의 즉시 사라졌다. 7월 2일에 「르 모니퇴르 엥뒤스트리엘(*Le Moniteur Industriel*)」은 이렇게 비난했다. "가족, 재산, 국가, 이 모든 것이 철저하게 공격당했다. 19세기의 문명이 새로운 야만인들의 일격으로 위협받게 되었다"(Scott, 1988, 117에서 인용). 우리는 이 두 번째 혁명이 어떻게 끝났는지, 달리 말해서 사회체제의 패배, 그리고 루이 나폴레옹과 제2제정의 등장으로 이어졌는지 잘 알고 있다.

그러나 비밀이 밖으로 드러났다. "기껏해야 부르주아 민주주의 운동의 꼬리, 활기찬 꼬리"(Droz, 1972a, 16에서 인용)[19]에 지나지 않았던 사회주의 운동은 스스로를 중도적 자유주의와 명백하게 분리시킬 것이었다.[20] 알레비(1947, 204)에게 "차티즘은 영국이 아닌 프랑스에서 승리했다."[21] 분명히 이

견해— 일반적으로 그들의 현명한 의견—를 대표자들에게 명심하도록 하기 위해서 회합한다. 토론은 주제 면에서 합법적이고 논조 역시 일관적이다"(Saville, 1990, 229에서 인용).

18) "모든 프랑스 혁명 가운데, 1848년 혁명은 근대적 의미에서……'노동계급' 또는 '프롤레타리아'적 의미에서도 분명히 사회적 성격이 가장 뚜렷했다"(Labrousse, 1952, 183). 이런 특징은 당시 다른 국가들에서도 잘 알려져 있었다. Droz(1972b, 462)는 "노동자들은 인민 자체를 구성한다"는 프랑크푸르트 노동자협회의 1848년 5월 14일 선언을 인용한다. Conze & Grob(1971, 143)는 1848-1849년에 "민주주의 운동과 노동계급 운동의 토대가 사회적 상황이 극도로 불안정했다고밖에 묘사될 수 없는 충분한 자격을 갖춘 소수, 즉 '노동자-직인(職人)' 등의 지지를 얻었을 뿐"이라고 단언한다.

19) 의심할 바 없이 사회주의 운동은 1848년 이전에 다른 어떤 지역보다 프랑스에서 더 튼튼한 뿌리를 내리고 있었다. Bruhat(1979a, 331)는 이 시기의 프랑스를 "분명한 사회주의 국가"라고 부른다.

20) 1848년은 "유럽에서 자율적인 사회주의적 노동운동이 민주주의 혁명의 기반으로부터 등장하기 시작한 때"였다(Lichtheim, 1969, vii). 또 Lehning(1970, 171)을 참조하라. Bruhat(1972, 505)는 사회주의가 1848년에 "교리와 같은 영향력"으로 등장했다고 서술한다. 독일에서 "급진적-민주주의 정치와 사회주의 정치 사이의 뚜렷한 분리는 1848년 이전에는 발생하지 않았다"(Kocka, 1986, 333).

21) 그러나 차티즘이 영국에서 승리를 거두지 못했다는 사실은 Lichtheim(1969, 4)에게 중요한 고려사항이다. 왜냐하면 그것은 "빅토리아 사회의 강화"를 가능하게 했기 때문이다.

신흥 운동은 "1848년 이후 크게 후퇴했다"(Cole, 1953, 1:157). 그리하여 1840
년대 이래 사회주의 운동의 사도였던 당대의 경제학자 루이 레보는 1854년
에 다음과 같이 공표하기까지 했다. "사회주의는 죽었다. 사회주의에 대해서
언급하는 것은 추도 연설을 하는 것과 같다"(Droz, 1972a, 16에서 인용). 이
것이 그런 식의 너무 이른 의견표명의 마지막 사례는 아니었다.

그 당시에도 민족주의가 죽었다고 말하는 것은 더욱 대담한 발언이었을
것이다. 러벳(1982, 92)은 1848년 혁명을 지역에 기반을 둔 이탈리아 민주주
의 운동이 "전국적 민주주의 조직망"으로 변모한 것이라고 보았지만 그것은
"사회적" 문제를 직시하는 데에 어려움을 겪었을 것이다.[22] 헝가리의 민족주
의 운동은 다른 종류의 문제를 발견했다. 코슈트에게 "민족주의는 자유주의
와 일치한"(Fejtö, 1948b, 133) 반면, 헝가리의 경계 내에 있는 세르비아인,
루마니아인, 크로아티아인들에게 헝가리의 민족주의는 "귀족의 운동이자 헝
가리의 봉건 영주들과 빈의 통치자들 간의 가족 분쟁"처럼 보였다(Fejtö,
1948b, 153).[23] 그럼에도 1848년은 "유럽에서 혁명의 물결이 확산되는 데에
시동을 걸었다"(Djordjević and Fisher-Galati, 1981, 106). 그리고 그것은 발칸
반도의 전역으로 퍼져나갔다.

1848년 혁명들은 근대세계체계의 첫 번째 세계혁명을 구성했다. 그것은
세계체제의 모든 지역에서 발생하지는 않았다. 결코 그렇지 않았다. 또한

Saville(1990, 227)은 오히려 그것을 "[영국에서] 지분이 아무리 적었다고 하더라도, 소유권 지
분을 가진 모든 이들의 지위와 등급을 정리한 것"으로 본다.

22) "가장 중요하게도 혁명적 경험은 많은 민주주의 활동가들에게 마치니가 했던 것보다 더 일관
성 있고 구체적인 용어들로 혁명의 사회적 목표를 명확히 표현하지 않은 채 문화적이고 정치적
인 혁명을 위한 대중의 지지를 얻는 것이 불가능했다는 점을 납득시켰다……이탈리아 혁명의
사회적 목표에 대해서 모호하게라도 합의하는 것은 그것의 문화적이고 정치적인 목표에 합의
하는 것보다 훨씬 더 어렵다는 점이 드러났다. 통일 이전과 이후 모두 사회 정의라는 쟁점은
실제로 민주주의 진영에서 불화를 초래하는 주요 원인이었다"(Lovett, 1982, 50-51).

23) 크로아티아 민족주의자들은 "자유주의자가 아니라 단순히 그들이 하나의 민족(국가)을 형성했
다는 것을 인정하지 않으려는 모든 이들에게 크게 분노하는 민족주의자였다"(Fejtö, 1948b,
154-155).

혁명가들은 목표를 성취하지도 못했다. 대개 혁명은 정치적으로 패배했다. 혁명은 배제라는 쟁점, 즉 시민권 혜택의 배제를 둘러싸고 전개되었다. 반체제 운동의 두 가지 부류, 달리 말해서 이 배제를 다루는 두 가지 별개의 방식─국가 내에서 더 많은 권리를 추구하는 방식(사회혁명)과 지배적인 다른 종족 또는 민족 집단으로부터 특정한 종족 또는 민족 집단을 분리하는 방식(민족주의 혁명)─이 존재할 수 있다는 사실을 처음으로 분명하게 목격하게 된 계기가 바로 1848년이었다.

그리고 장기적 전략의 문제가 처음으로 분명히 제기된 것 역시 1848년이었다. 1815년부터 1848년까지 이념 투쟁은 자유주의자와 보수주의자 사이에서, (모든 전술은 아니라고 할지라도) 프랑스 혁명 정신의 계승자와 더 오래된 세계관에서 유래한 질서를 회복하고자 열렬히 시도하는 자들 사이에서 벌어지는 것으로 간주되었다. 이 투쟁에서 "민주주의자들"과 "급진파"는 설 자리가 거의 없었다. 보수주의자들이 끔찍이 혐오하고 자유주의자들을 곤혹스럽게 만드는 그들은 자유주의자들에게 (크게 성공하지는 못하더라도 주목을 끌 수 있도록) 더욱 대담해지도록 압박을 가하면서 기껏해야 쇠파리(잔소리꾼)의 역할을 맡았다. 1848년 혁명들의 역할은 때때로 "사회주의자"라고 스스로를 칭하지만 또다른 경우 "민족주의 혁명가"라고도 부르는 이 민주주의자/급진파가 귀찮은 존재 이상의 역할을 맡을 수 있게, 그리하여 그들이 자유주의 중도파와는 구별되고 뚜렷이 다른 대중 활동을 조직할 수 있도록 가능성을 열어준 것이었다. 이는 차티즘이 예시하고, 또 알레비가 차티즘은 영국이 아닌 프랑스에서 승리했다고 말했을 때, 그의 주장이 의미한 바였다.

이것은 보수주의자뿐만 아니라 자유주의 중도파가 무서워할 만한 전망이었다. 그리고 이 두 세력은 적절히 반응했다. 급진파에 대한 억압은 단지 러시아와 오스트리아-헝가리 제국, 독일과 이탈리아의 여러 정권뿐만 아니라 프랑스와 영국이라는 자유주의 국가에서도 당대의 관행이 되었다. 이는 콜이 언급한 "후퇴"였다. 사회주의 운동과 노동조합 운동은 10-15년 동안 어려운 시절을 보내게 될 것이었고, 페미니스트 운동과 민족주의 운동 역시 그럴 것이었다.

억압은 효과적이었지만 오래 지속되지는 않았다. 모든 운동들이 10-20년 내에 훨씬 더 강력한 형태로 다시 등장했기 때문이다. 지속된 것은 19세기의 세 가지 고전적 이념, 즉 보수주의, 자유주의, 급진주의의 지지자들이 1848년의 경험에서 끌어낸 교훈이었다. 자유주의자들은 두 가지 교훈을 도출했다. 하나는 그들이 여러모로 스스로 생각한 것보다 보수주의자에 더 가까웠다는 점, 그리고 급진적 분파와의 동맹이 흔히 그들의 이해관계를 위협한다는 것이 판명되었다는 점이다. 하지만 두 번째는, 그들이 시민들 가운데에, 시에예스 식으로 말해서 능동 시민과 수동 시민 사이에 계속 구별을 두고 이런 구별을 유지하기를 원한다면, 그것을 위한 이론적 정당화를 더 정교하게 고안해야 한다고 결심했다는 점이다.

보수주의자들은 다른 교훈을 이끌어냈다. 메테르니히의 전략(사실상 드 메스트르, 보날 등의 전략)은 효과가 없을 것이었다. 그들은 급진 세력이 가장 강력한 국가였음에도 불구하고, 오직 영국만 봉기를 겪지 않았다는 사실에 감명을 받았다. 그들은 영국이 보수주의자들이 좀더 중도적인 길을 따랐던 유일한 국가로서 적어도 중간계급 세력을 정치적 의사결정의 무대로 흡수하고 끌어들이기 위해서 얼마간 양보할 준비가 되어 있다는 점에 주목했다. 그리고 그들은 「타임스」의 사설이 제안했듯이, 이런 정책이 성공을 거두었다는 점에 관심을 기울였다. 보수주의자들은 비록 다소 더 보수적인 견해 ─ 역사가들이 "개화된 보수주의"라고 부르게 될 ─ 라고 할지라도 이제 중도적 자유주의의 일부 변형을 추구하는 길로 향할 채비를 갖추게 되었다.

급진주의자들(옛 민주주의자)은 훨씬 다른 결론을 이끌어냈다. 그것은 자발성이 충분하지 않았다는 점이다.[24] 만일 누군가가 중요한 정치적 영향력

────────

24) 그들은 이미 음모가 효과를 내지 못할 것임을 알았다. 1839년 블랑키의 봉기가 전적으로 실패한 것이 뚜렷한 계기였다. 1846년 카를 쇼퍼는 런던 공산주의 통신위원회를 대표하여 어느 편지에 다음과 같이 썼다. "음모는 우리의 적들을 제외하고는, 어느 누구에게도 득이 된 적이 없다……우리는 인간이 엄청난 혁명을 피할 수는 없으나, 음모와 어리석은 선언들을 통해서

을 가지고자 한다면, 체계적이고 장기적인 조직이 선행되어야 했다. 이는 일시적 개념인 "운동"을 구성원과 지휘관, 재정과 언론, 강령, 그리고 궁극적으로 의회 참여를 동반하는 관료적 조직의 길로 이끌 것이었다.

슈얼(1985, 82)은 프랑스 혁명이 혁명의 개념을 "국가에 발생한 어떤 것에서, 인민이 국가에 대해서 의식적이고 신중하며 계획성 있게 행한 것으로" 바꾸었다고 말한다. 1848년의 운동들이 확인한 것은 "인민"이 조직적인 형태로 먼저 통합되지 않고서는 국가에 중대한 영향을 미칠 어떤 일도 할 수 없다는 점이었다.[25] 이는 불가피하게 그들을 국가에, 달리 말해서 **국가의** 정치적 차원에 집중하도록 만들었다. 또한 결국 불가피하게 이 운동들이 다소 더 성급한 형태이기는 하지만, 어느 정도까지 단순히 중도적 자유주의의 변형이 아니라 전정한 반체제적 운동으로 지속될 수 있을지 의문을 제기할 것이었다.

그런 혁명을 일으키려는 시도는……터무니없다는 점을 확신하고 있다"(Ellis, 1974a, 42에서 인용). 하지만 이제 결론은 음모의 가치를 의심하는 차원을 넘어 자발적인 반란으로 충분하다는 것을 의심하는 데까지 이르렀다.

25) Geary(1981, 26-28)는 산업화 이전("통상적으로 식량폭동"), 산업화 초기(러다이트 운동), "안정적이고 지속적으로 존재하는" 공식적 조직의 창출이라는 특징을 가진 근대 산업화 시대의 저항 등 세 가지 종류의 노동자 저항을 구분하고자 한다. 이와 유사하게 Tilly(1986, 389, 392)는 1848년/1851년 이후 프랑스에서 대중 저항이 "전국적 인식의 대상으로 바뀌었다"고 언급한다. 그는 예전의 저항이 "국지적이고 후원을 받은" 것이었다면, 그 뒤에 발생한 저항은 "전국적이고 자율적인" 것이었다고 기술한다. Calhoun(1980, 115) 또한 이렇게 말한다. "사회학적 수준에서 '계급적' 행동으로 전환하는 과정의 중대한 변화는 전국적 차원의 행동을 위해서 노동자들을 동원할 수 있는 공식적 조직의 발전과 함께 나타났다." 그는 이런 변화가 1820년대에 시작되었다고 말한다. 나는 이 시기가 너무 이르다고 생각한다. 나는 이 시기에는 프랑스에서 기껏해야 이 변화의 미약한 시작이, 그리고 영국에서는 잘 해야 부분적으로 계급에 근거한 활동이 엿보였을 뿐이라고 생각한다. 진정으로 전국적인 계급적 조직의 출현은 1848년 이후의 현상이다. 나는 Hobsbawm(1975, 115)의 시기 설정이 칼훈보다 실상에 더 가깝다고 생각한다. "우리는 이제 1860년대의 두 가지 성취가 영구적이었다는 점을 알 수 있다. 향후 조직적이고 독립적이며 정치적이고 사회주의적인 대중 노동운동이 등장하게 되었다. 마르크스주의적 사회주의 이전에 활약한 좌파의 영향력은 크게 약해졌다. 그에 따라 정치의 구조는 영구적으로 바뀔 운명에 처했다."

사실 19세기의 남은 기간과 20세기 대부분의 이야기는 중도적 자유주의자들이 이론을 갖추고, 반체제 운동(사회주의 운동과 다양한 민족해방 운동 모두)은 조직화되며, 개화된 보수주의자들이 법률을 제정해가는 것이었다. 그들은 타협안을 만들고 그 과정에서 반체제 운동들을 약하게 만드는 것처럼 보였다. 하지만 이를 가능하게 만든 것은 시민권에 대한 자유주의자들의 이론화였다. 이제 바로 그 이야기를 펼쳐보도록 하겠다.

노동운동과 사회운동

서유럽, 북아메리카, 그리고 나중에는 중유럽의 자유주의 국가들에서 시민권의 혜택을 가장 강력하게 요구한 것은 도시의 노동계급이었다. 그들이 가장 빈번하게 부르주아지에 맞서는 프롤레타리아의 사회주의 투쟁이라고 불렀고, 그 당시뿐만 아니라 그 뒤에도 가장 주목을 많이 끈 것은 도시 노동계급의 투쟁이었다. 따라서 이에 관한 이야기로 시작하는 것이 적절할 듯하다. 나는 이를 사상과 운동으로서 사회주의의 시대적 구분, 즉 라브루스(1949b, 5)가 제시한 구분— 1815년부터 1851년까지 "강력한 사상, 미약한 운동"; 1851년부터 1871년까지 "운동의 상승, 사상의 쇠퇴"; 1871년부터 19세기 말까지 "강력한 사상, 강력한 운동"— 에 의거하여 구성할 것이다.

우리는 이미 1830년대와 1840년대에 노동운동의 시작에 대해서 언급했다.26) 존스(1983, 59)는 그들의 혼란스러운 노력을 잘 설명한다. "노동계급의

---

26) 이는 그 당시 표출된 견해였다. 급진적 투사이자 노동조합원인 브롱테르 오브라이언은 1833년에 다음과 같이 기록했다. "노동계급 가운데 전례가 없는 정신이 출현했다"(Briggs, 1960, 68에서 인용). 그러나 Foster(1974, 47-72)는 1800년대와 1830년대 사이에 잉글랜드에서 더 일찍 "법외 노조운동"이 존재했고, 그 결과는 "노동자들의 대대적인 문화적 개편"(p.72)이었다고 주장한다. 나는 그것이 흔히 "노동조합주의라고 정의하는 것"에 달려 있다고 가정한다. Rule (1988, 10)은 애덤 스미스의 저작과 아울러 고용주들이 "기존 노동조합들에 맞서 그들의 힘을 강화하는 방편"으로 간주한 1799년 결사법의 통과에서 그가 확인한 갈등을 참고하여 18세기 잉글랜드 노동조합의 존재에 관한 증거를 발견한다. 또 1825년 이전 영국의 노동조합에 대해서

정치의 요소들은 전례가 없는 상황에서 계몽주의, 사회주의, 국교 반대, 도덕 경제의 전통적 관념 등의 혼합적 유산을 바탕으로 함께 만들어져야 했다."[27] 그들이 알아챈 것은 자신들이 어쨌든 혁명적 전통 가운데 더 급진적인 요소들의 상속자였다는 점이다.[28]

우리가 알다시피 1830년에 프랑스에서 혁명이 발생했지만 잉글랜드에서는 부재했다. 대신 잉글랜드에서는 1832년에 선거법 개정안이 통과되었다. 이는 잉글랜드에서는 샤를 10세 당시에 과격파의 체제에 버금가는 사례가 없었기 때문이다.[29] 하지만 "혁명"이든 아니든, 노동계급 의식의 발전은 프

"노동자라기보다 거의 예외 없이 숙련된 장인의 노동조합"이라고 평가한 Pelling(1976, 14)의 논의를 참조하라.

27) 영국의 노동자들은 "[그들이] 마르크스를 기대하는 것만큼이나 로크를 떠올리며 그리워했다. [그들의 이론은] 생산 내의 착취에 대한 이론이 아니라 불평등 교환이론이었다. 자본가들은 여전히 주로 중개자나 독점자들로 간주되었다……그리하여 수익은 노동의 성과에서 차감된 것이었고 생산수단의 소유를 통해서 강제되었다……묘사된 상황은……낙담한 장인이나 하청 작업자의 상황과 매우 유사했다"(pp. 57-58).

28) Rudé(1969, 52, 95, 112)는 정치적, 경제적 요지인 리옹의 노동자들에 대해서 말하면서 대다수 노동자들이 샤를 10세의 즉위를 "열렬히 환영하지 않은 것"은 물론이고, "오히려 왕정복고에 부정적으로 반응했으며" "자코뱅 전통이 오랫동안 보존되었다"고 단언했다. 1830년대 미국에서 노동조합과 노동자 정당의 출현을 언급하면서 Bridges(1986, 163-164)는 다음과 같이 말한다. "이런 조직의 활동은 잭슨 시대의 장인들이 [토머스] 페인과 미국 혁명의 이념을 자랑스럽게 전파했다는 사실을 드러낸다……그들의 수사학은 자유민을 노예와, 귀족을 공화주의와 대립하게 만들었다……그것은 분명하게 평등과 자연권에서 주장의 근거들을 찾아냈다." Monnsen(1979, 81)은 1860년대 독일의 노동운동을 "부르주아 급진주의의 계승"으로 파악한다.
    그러나 Geary(1981, 49)는 "급진적인 사상들이 1830년대와 1840년대에 영국 노동계급의 일부에게 그 이후 시기보다 더욱 우호적인 환영을 받았다"는 사실은 "이념적 활동 자체보다 변화하는 상황 — 풍요와 자유주의 국가 — 이 노동에 대한 인식을 결정했다는 점을 암시한다"고 경고한다.

29) Rudé(1969, 243)는 영국과 프랑스에서 중간계급 체제에 대한 태도의 차이를 강조한다. "요컨대 [영국에서는] 1832년에 혁명이 존재하지 않았다. 그 까닭은 토리당파나 상원이 휘그당파나 급진파의 위협에 굴복했기 때문이라기보다 오히려 중요한 인물들 중에서 어느 누구도 혁명을 원하지 않았고, 그것만으로 혁명을 가능하게 만들 수 있는 정치적이고 중요한 요소들의 결합이 분명히 존재하지 않았기 때문이다." Jones(1983, 57)는 1832년 영국의 선거법 개정이 "공동의 투쟁으로 인식되어온 것"에 대한 중간계급의 "큰 배신"으로 간주되었으므로, 그것을 노동계

랑스와 잉글랜드 모두에서 정당 내부가 아니라 정당 밖에서 뿌리를 내리기 시작했다.30) 이를 위해서 초기의 사회주의 운동은 프랑스 혁명(그리고 그것이 낳은 시민 일반)의 혁명적 수사학에서 예전에 허용될 수 없었던 집단의 요구를 위해서 공간을 개척해야만 했다. 그들은 단일 직종이 아니라 하나의 계급으로서 모든 "노동자"의 "협력"과 "연합"을 언급하기 시작했다.31) 1830년 이전에도 노동자들이 주도하는 집단행동의 필요성은 인식되었다. 그들이

급 의식에 대한 자극으로 파악한다. 이 배신감은 휘그당파 정부의 후속 조치들— 아일랜드 강제법, 10시간 노동제의 거부, 노동조합에 대한 공격, 지방자치체법, 새로운 구빈법 등 — 에 의해서 더욱 깊어졌다. 이 모든 조치들은 "중간계급의 배신에 대한 확인"으로 받아들여졌다. 이를 통해서 이끌어낸 실제적인 결과는 노동계급이 자신의 해방을 위해서 투쟁해야 한다는 것이었다.

30) "1830년과 1836년 사이에 프랑스와 영국 모두에서 위대한 운동은 정치가들이 필요하지 않았다. 정반대로 정치가들은 의혹의 대상이었다. 정당 지도자들은 단지 권력을 잡고 권좌에 머무르는 데에만 관심을 쏟았다"(Dolléans, 1947, 1:30).

31) 따라서 Lichtheim(1969, 7)은 잉글랜드와 프랑스를 새로운 사회주의 운동의 "쌍둥이 출생지"로 만들고 그 시점을 "1830년 무렵"으로 본다. Sewell(1986, 61)은 프랑스에 집중하고 그 시점을 "1831년, 1832년, 1833년"으로 잡는다. 그는 "노동계급 가운데 진정으로 거대한 사회주의의 발전은 혁명적 정치 전통의 포기라기보다 전유(專有)의 결과였다"고 강조한다(p. 65). 독일에서 1830년대와 1840년대에 "'공산주의자 동맹'과 같은 초기 급진적 단체들은 회원들을 대개 수공업자, 즉 길드의 규칙에 따라 훈련받고 종속적 지위에서 일하는 직인이나 젊은 장인 계층에서 모집했다(Kocka, 1984, 95).

Moss(1976, 38)는 협동조합적 사회주의를 "7월 혁명 이후에 나타난 노동계급의 저항에 맞선 공화주의자들의 대응"으로 파악한다. 확실히 인권협회의 급진적 공화파는 중간계급이었지만, "평등주의 원칙을 산업 사회에 적용함으로써 그들은 중간계급의 이해관계를 넘어 진정한 사회주의 프로그램을 향해 움직였다." 그리하여 이 운동이 "프티부르주아(소부르주아) 사회주의"이고 "중간계급" 운동이라는 마르크스의 관점에 맞서, 모스는 그 사회적 토대가 "주로 노동계급"이고 "조합 사회주의, 즉 숙련 노동자들의 연맹이 주도하여 산업 자본의 집단적 소유를 지향하는 진정한 프롤레타리아의 열망을 대변했다"고 주장한다(p.47). Plamenatz(1952, 177)는 또한 마르크스에 대해서 반대 방향에서 이의를 제기하고자 한다. 사회주의는 프롤레타리아의 이념이기는커녕, "계급적 이익을 위해서 그것을 고안한 특정 계급이 요구하기 전에 프랑스에 도래했다……그것은 부르주아의 마음속에서 탄생한 [부르주아] 이념의 자연스런 관심사였다. 그리고 노동자들은 먼저 1789년의 원칙을 받아들였기 때문에, 또 '인간의 권리'가 다른 이들만큼이나 그들 자신에게 중요한 의미가 있다는 점을 배웠기 때문에 그것에 익숙해졌다(또는 그들이 이해할 수 있는 만큼 그것을 받아들였다)."

취한 태도의 논리는 프랑스 혁명에 따른 길드 해체의 결과로부터 직접 유래했다. 생산의 관리자는 더 이상 장인이 아니었다. 이제 고용주가 장인을 대체했다. 그에 따라 노동자들은 더 많은 자유를 누리게 된 반면, 그들은 장인의 온정주의적 배려를 요구할 모든 권리를 상실했다. 이를 만회하기 위해서 노동자들은 여러 의식(儀式)과 더 오래된 조직 형태를 갖춘 노동자 길드를 창립하면서 "도덕적 직업 공동체의 지속적인 존속을 옹호하고 일터의 노동 조건을 계속 감시하고자 노력"하는 등 "구체제의 단체적 표현양식을 얼마간 수정한 형태"를 채택했다(Sewell, 1979, 55). 초기 노동운동의 가장 강력한 지지자가 된 이들은 이런 직인들이었다. 코카(1986, 314-315)는 그들이 "엄청난 지속성, 안정성, 그리고 결속력을 가진 길드의 전통에 익숙하고 상대적으로 교섭력이 좋은 도시 수공업 조합" 출신이었고 말한다.[32]

노동자들은 불법이었음에도 불구하고 비공식적인 사회관계망이 만든 익명의 신호를 통해서 파업이라는 무기를 활용하기 시작했다.[33] 동시에 노동자

---

32) "이런 유형의 장인들은 고용주의 집 밖에 거주했다. 그들은 전통적인 직인으로부터 자격을 갖춘 임금 노동자로 변모하는 과정에서 더욱 형편이 좋아졌으나, 여전히 대부분 자신의 직종을 전통적인 방식으로 유지했고 이를 저항과 조직 구성의 기반으로 활용했다(Kocka, 1986, 315). Calhoun(1980, 421)이 혁명적 활동에 관여할 가능성에 대한 설명으로 상기시킨 것은 정확히 이런 행태의 "지속성, 안정성, 결속력"이었다. "나는 독특한 '대의명분'에 선행하는 사회적 유대가 장기적이고 위험하며 일치된 집단행동에 사회적 영향력을 제공하는 데에 매우 중요하다고 생각한다." Sewell(1986, 53)은 유사하게 "'장인들'의 계급 의식적 행동 성향"을 "공장 노동자들의 상대적 침묵"과 비교해서 설명한다. 당시 공장 노동자들은 그런 방식으로 그들 자신의 "노동을 이해했다." 장인들에게 그것은 "대개 단체나 길드 체제에서 유래한 사회적 인식의 결과"였던 반면, 공장 노동자들은 "생산관계에 대해서 좀 덜 사회적이고 더 개별화된 개념"을 가지고 있었다. 또 Moss(1976, 22-23)를 살펴보자. "숙련 노동자들은 수동적 희생자로서 산업화 과정을 겪지 않았고, 그 과정에 자율성, 자부심, 직업적 연대감, 조직적 경험, 그리고 대중적 공화주의를 통해서 배양된 평등주의적 기풍 등 일련의 가치관과 지향성을 가져왔다. 그것은 적극적인 변혁적 반응을 촉진했고 숙련 노동자들은 전문성과 프롤레타리아 계급 의식을 결합했다."

33) "산업화 초기에 파업이 새로운 환경에 적응하는 법을 미처 배우지 못한 공장 노동자들의 비이성적인 분출이었다는 관념은 파업 참여자들이 보여준 합리성과 높은 수준의 조직력을 감안할 때 모순적이다. 또한 초창기 파업은 전통적인 길드 공동체에 잘 통합된 수공업 분야의 장인들

들은 동료들의 "국적," 즉 노동시장에서 경쟁자로서 비"시민"의 문제에 관여하기 시작했다. 우리는 이미 1831년 리옹의 견직물 직조공들(canuts)이 어떻게 "외국인" 노동자의 고용을 주요 불만사항의 하나로 간주했는지를 검토했다. 장인 길드와 유사한 일부 조직들은 "특히 파리로의 이주가 계속 늘었기" 때문에 1830년 이후 쇠퇴하게 되었다(Judt, 1986, 57). 그 결과는 "노동자를 국민으로서 새롭게 인정하는 것"이었다(Derainne, 1993, 33). 이제 노동자들의 단합의 기반에 대한 논의가 제기될 것이었다. 노동자 단합의 매우 강력한 옹호자인(중요한 페미니스트이기도 한) 플로라 트리스탕(1983, 53)은 1843년 이 주제에 대해서 쓴 팸플릿에서 노동운동의 역사 가운데 매우 큰 논란을 초래하게 될 추론을 끌어냈다. 그것은 식민지 국가들의 독립운동 지지와 더불어 계급으로서의 노동자들을 구성물로서의 "인민"과 융합하는 것이었다.

만일 내가 계속 아일랜드[오코넬이 이끄는 가톨릭협회]를 인용한다면, 그것은 여전히 아일랜드가 예속과 굴종을 끊고 싶을 때에 먼저 거대하고 견고하며 파괴할 수 없는 조합을 결성하는 일부터 시작해야 한다는 것을 깨달은 유일한 국가이기 때문이다. 왜냐하면 조합은 힘을 제공하고 누군가의 권리를 요구하거나 그런 권리들에 대중의 이복을 집중시키도록 하기 위해서 무엇보다 자신의 생각을 전달하기에 충분할 정도로 권위 있게 말할 수 있는 위치에 있어야 하기 때문이다.

트리스탕은 프랑스인이었기 때문에 아마 아일랜드를 언급할 수 있었을 법

에 의해서 집중적으로 발생했다"(Aminzade, 1982, 63). 억압이 매우 신속했기 때문에 이 시기의 노동자들은 대개 조합활동에 신중할 수밖에 없었다. 예컨대 에스파냐에서는 어떤 칙령에 의해서 1839년 상호공제조합이 승인되었다. 하지만 바르셀로나에서 갈등이 생기자마자 이에 연루된 조합은 해체되었다. 그리고 다양한 행태의 동요가 발생한 뒤인 1845년에 모든 조합의 활동은 금지되었다(Tuñon de Lara, 1972, 41-48). 잉글랜드에 대해서 이야기하면서 Sykes(1988, 193)는 "1830년대 초 특히 격렬하고 적대적인 갈등이 한동안 벌어졌다. 이 모든 경험은······계급적 태도와 관계에 크게 영향을 미쳤다"고 언급한다.

하다. 잉글랜드의 노동자들은 이 문제에 대해서 현저하게 과묵했다. 그들의 유일한 초점은 잉글랜드였다. 1830년대와 1840년대 잉글랜드 역사의 중심은 차티즘이었다. 1838년에 채택된 헌장은 잘 알려진 대로 매년 의회 소집, 보통선거권, 선거구의 균형과 공정성, 비밀투표, 의원의 면책특권, 그리고 선거권을 위한 재산 요건의 폐지 등 여섯 가지 요구사항을 담았다. 그 요구사항은 잉글랜드의 급진파가 오랫동안 주장해온 것이었다. 이것이 기껏해야 의회 민주주의를 위한 일련의 요구사항일 뿐인지 아닌지에 대해서, 돌레앙(1947, 127)은 이것이 단지 "외관"이었을 뿐이고 실제로는 헌장이 "분명히 사회주의적 성격"을 띠었으며 차티스트에게 "진정한 민주주의란 사회 혁명을 의미했다"고 대답한다. 이것이 차티즘을 바라보는 방식인지는 오랫동안 논쟁의 대상이었다. 한편에는 에번스(1983, 255, 257)처럼 차티즘을 "19세기에 조직된 노동계급의 가장 중요한 정치운동"으로 인식하고, 그것이 "노동자들의 정치교육에서 결정적인 단계"라고 주장하는 연구자들이 있다.[34] 개시(1979, 209) 같은 이들은 오히려 차티즘을 단지 "예전의 급진적 개혁운동이 다른 이름으로 지속된 것"으로 파악한다. 존스(1983, 168, 171)는 "차티즘이 노동자들의 운동이 되었다면, 그것은 선택이 아니라 필요 때문이었다"고 언급함으로써 두 관점 사이의 가교 역할을 담당한다.[35]

---

34) Bédarida(1979, 319)는 이에 동의한다. "영국의 관점에서 볼 때, 차티즘은 근대 잉글랜드가 겪은 가장 강력하고 심각하며 풍부한 대중해방 운동을 대변한다. 유럽의 관점에서 그것은 1871년 파리 코뮌과 더불어 19세기에 전개된 두 가지 엄청난 혁명적 노동자 투쟁이었다."

35) "비종교적 현상으로서 차티즘은 가장 혁명적이지는 않았다고 하더라도 사회에 대한 급진적 비판 가운데 최후의 것이었고, 가장 두드러지며 가장 필사적인 것이었다……이런 비판의 이면에 있는 전망은 대체로 근면한 자들만 거주하고 최소한의 정부만을 요구하는 평등주의적인 사회였다……"

"만일 급진파와 차티스트의 정치가 객관적이고 불가피하며 돌이킬 수 없는 경제적 과정으로 여겨지는 산업자본주의의 출현에 대한 대응으로 해석된다면, 그것은 이치에 맞지 않다. 급진적인 양상은 훨씬 더 자의적이고 인위적인 발전과 관련되어 있었고 그 원천은 실제적인 경제 활동이 아니라 앞서 50년 동안의 정치적 발전으로 가능해진 재정적 약탈 과정의 가속화와 강조에서 찾아볼 수 있었다." 물론 차티즘은 여전히 다른 요소들을 포함했다. 그런 점에서 "급진적 그렇지만 우리가 알다시피 차티즘은 결국 실패했다. 로일(1986, 57-58)이 주장한 대로, 아마 그 까닭은 "대책 없이 순진한" 도덕교육가들과 "자기 논리에 사로잡힌 물리적 폭력의 옹호자"로 분열되어 차티스트들이 "일관성 있거나 효과적인 전략을 제공하지 못했기" 때문일 것이다. 그럼에도, 로일(1986, 93)이 말하듯이 "차티스트의 가장 큰 업적은 차티즘, 즉 절망이 아니라 희망을 통해서 분출된 운동이었다." 차티즘은 1848년 세계혁명으로 확고해진 19세기와 20세기 대부분의 거대한 사회적 모순(상호 비양립성), 즉 부르주아 대(對) 프롤레타리아를 규정하는 과정에서 필수적인 요소였다.

부르주아도, 프롤레타리아도 영원한 본질이 아니다. 그들은 확실히 어떤 사회적 현실을 반영하면서 그 뒤에 구체성을 띠게 된 사회의 창조물이었다. 그런 개념들이 모두 그렇듯이 뒤이어 등장하게 될 신념 체계와 달리 그 구체화의 과정을 시작한 이들은 피지배층이 아니라 지배층이었다. 우리는 심지어 7월 왕정 이전에도 기조가 생시몽에게서 인용한 계급의 개념을 손질할 때에 어떤 역할을 했는지 이미 논의한 바 있다. 그는 물론 귀족과 반대되는 부르주아지의 정치적 역할을 정당화하기 위해서 그렇게 했다. 하지만 그는 또한 (조만간 귀족에 동화될 것이라고 생각한) 부르주아지를 프롤레타리아에 대비시켜 자리매김하고 둘 사이를 구별하기 위해서 그렇게 했다(Botrel and Le Bouil, 1973, 143). 만일 그가 부르주아지, 그리고 결국 완전한 정치적 통제를 위해서 시민권을 추구하고 있었다면, 그는 특히 프롤레타리아의 포함에 반대했을 것이다. 시민권은 능동 시민들— 달리 말해서 유산층—을 위해서 마련될 것이었다.[36)]

기독교의 감성"의 역할에 관해서는 Yeo(1981, 110-112)를 살펴보라. "전통적 보호주의"를 의미하는 이른바 북부 차티즘의 토리-급진적 성격에 대해서는 Ward(1973, 156, 그밖의 다른 여러 곳)를 참조하라.

36) 에스파냐에서 계급이라는 개념의 등장을 논의할 때, Ralle(1973, 124)는 1871년 에스파냐 사회주의 계열의 신문인 「해방(*La Emancipación*)」에 등장한 부르주아지의 정의, 즉 "다른 계급에 속하고 다른 정당을 지지하면서 사회적 불의의 체제 속에 살고 있으며, 어느 정도 자신이 얻은

부르주아지가 서서히 "중간계급" 또는 "중간계급들"[37]이라는 훨씬 더 모호하고 포괄적인 범주로 진화하면서 결국 프롤레타리아 역시 "노동계급" 또는 "노동계급들"이라는 더 애매하고 포괄적인 범주로 바뀌었다. 많은 정치가와 사회과학자들은 명백한 계급적 용어에 대해서 맹렬히 저항하게 될 것이었다. 왜냐하면 그 용어의 사용이 특정한 정치적 태도— 예컨대 마르크스주의적 관점— 와 동일시되었고, 따라서 그 사용이 많은 이들에게 마르크스주의적 분석과 정치의 수용을 의미하게 되었기 때문이다. 그러나 더 모호한 용어로 퇴행하는 것은 모순을 제거하지 않았다. 오히려 그것은 그 선을 확고하게 유지하는 동시에 개인들이 조용히 그 선을 더 쉽게 무시하도록 만들면서 모순을 강화했다. 그 선을 통과한 이들에게 중요한 일은 선, 즉 다른 이들은 통과하지 못하게 할 뿐만 아니라 그 때문에 어떻게든 통과하는 데에 성공한 이들이 새롭게 얻은 완전한 시민권이라는 특권적 지위를 약화시키는 구분이 존재해야 한다는 것이었다.[38]

결국 프롤레타리아라는 개념은 노동계급의 희석된 변형에서조차 배제될 것이었기 때문에 그렇게 호명된 이들이 흔히 그 용어의 개념을 재정립하고자 열심히 노력한 것은 놀랍지 않다. 예컨대 카탈루냐에서 열악한 노동 조건에 처해 있던 소매점 종업원들은 스스로 노동자(treballador)라고 주장하면서

이익의 결실을 즐기고 그 체제를 유지하는 데에 기여하려고 애쓰는 모든 이들"이라는 정의를 인용한다.

37) 이는 나중에 사회과학자들이, 진정한 중세 성직자들처럼 격분하여, 중간계급에 대한 정확한 정의를 둘러싸고 논란을 벌이도록 허용하게 될 것이다. 그들이 프랑스에 적용하고자 한 정의들을 다룬 토론에 관해서는 Cobban(1967), O'Boyle(1967), Stearns(1979a), O'Boyle(1979), Stearns(1979b)의 연구를 연속적으로 참조하라.

38) 잉글랜드는 항상 계급의 용어에 대한 혐오에서 두드러진 예외였다. Jones(1983, 2)는 잉글랜드에서 "계급의 어휘가 특이하게도 만연해 있었다"고 언급하고 다음과 같이 설명한다. "독일과 달리 잉글랜드에서 계급의 어휘는 이미 존재하던 신분의 어휘와 결코 심각하게 경쟁하지 않았다. 프랑스나 미국과 달리 공화주의의 어휘와 시민권 개념은 사소한 경향에 지나지 않았다…… 남유럽 국가들과 달리 계급의 어휘는 사회민주주의 정당들의 출현을 수반하지 않았고 오히려 그것에 훨씬 더 앞섰으며 그런 계열의 정당들과만 배타적으로 연계되지 않았다."

직공(obrer)이나 프롤레타리아로 불리는 것을 거부했다. 왜냐하면 19세기에 노동자는 직공보다 비숙련 육체노동과 덜 연관되었기 때문이다(Lladonosa and Ferrer, 1977, 284). 독일에서 작명(作名)의 정치는 매우 분명했다. 1830년대 이래 노동자(Arbeiter)라는 용어는 원래 비숙련 노동자를 지칭하는 표현에서 직인을 포함하고 정치적으로 급진적인 직인들에게 수용되는 등 확대되기 시작했다. 그러나 숙련 자영업자들은 이 범주에 반대했고 노동자들의 운동도 숙련 자영업자들의 포함에 저항했다(Kocka, 1986, 326-327).39)

물론 이는 두 집단 모두가 겨룰 수 있는 시합이었다. 스콧(1988, 123-124)은 1848년 사회혁명의 위신을 깎아내리려는 의도에서 사회구조의 재범주화를 시도한 1851년 파리 상공회의소의 보고서에 대해서 흥미로운 이야기를 상술한다. 사업체의 책임자라는 범주 속에 모든 자영업자들, 즉 타인—가족의 일원과 무보수 일꾼까지 포함하여—을 고용해서 주문받은 물품을 생산하는 모든 이들, "부르주아 고객"을 위해서 물품을 만드는 모든 이들(세탁부를 포함), 그리고 제조업자들을 위해서 주문받은 물품을 만드는 모든 이들을 포함함으로써 노동자들의 수를 줄이려는 것이 보고서의 목적이었다. 이로써 그 보고서는 이들이 1848년 2-6월에 명시한 대로 노동자나 프롤레타리아라고 계급을 표시하는 것을 근절했다. "1848년의 결과로 작성된 그 보고서는 혁명의 가장 급진적인 정치적, 경제적 요구사항을 토론하고 특히 사회주의 이론가들이 격렬하게 도전한 [위계질서를 중시하고 조화로운] 경제조직의

---

39) 잉글랜드의 노동계급을 나타내는 용어에 관한 논의는 Hobsbawm(1979, 59-63)의 저작에서 발견할 수 있다. Hobsbawm(1964, 116)은 가내공업 노동자와 옥외 노동자들을 우리가 어떻게 이해해야 하는지에 대해서 매우 유용한 논의를 전개한다. "산업화 초기는 가내 노동자가 공장 노동자로 대체되는 시기가 아니었다……반대로 가내 노동자들이 늘어났다……[나중에] 굶주리게 될 손베틀 직조공은 단지 '중세로부터 살아남은 이들'이 아니라 수적으로 늘어나고 공장 노동자들이 그랬던 것처럼 주로 초기 국면에 자본주의적 산업화의 일부로 창출된 계급이었다……산업화 초기의 공장 밖 노동자들을 시야에서 제외하는 것은 타자기 도입의 사회적 영향에 대한 논의를 그것을 제작하는 대량생산 공학기술 공장의 노동자들의 임금과 등급화로 한정해서 타자수를 제외하는 것만큼이나 비현실적이다."

전망을 거듭 주장하고자 했다." 이와 같이 급진파가 조직을 결성했을 때, 자유주의자들은 이론을 제시했다.

1848년 혁명의 패배에서부터 1860년대 말까지는 노동운동으로서는 매우 어려운 시기였다. 권력을 잡은 이들의 초기 반응은 혁명의 나날들을 상기하려는 그 어떤 시도라도 억압하는 것이었다. 차티즘과 1848년 혁명의 패배는 노동계급 내에서 "각성"의 분위기를 조성했다. 존스(1983, 71)는 "산업자본주의의 내구성이 이제 확실한 것처럼 보였지만, 가장 깊이 절망한 옥외 노동자들을 제외하고 모든 이들이 이런 사실에 적응하도록 강요받았다"고 주장한다.[40] 하지만 더 면밀히 살펴보면, **적응하**다는 잘못된 단어일지 모른다. 아마 더 좋은 시절이 올 때까지 **바짝 웅크린다**는 것이 더 적합할 것이다. 1848-1862년의 시기를 가리켜 "끓어오르는 불"로 묘사한 돌레앙(1947, 1:225)의 서술이 더 잘 어울리는 표현인 듯싶다.

마치 억압이 일시 중지되면 노동자들의 전술이 다시 시작되었던 것처럼, 저술가마다 강조하는 것은 1840년대와 1860년대 경향 사이의 연속성이다. "대중적 급진주의는 1848년 이후 살아남았을 뿐만 아니라 주요 정치 세력으로 존속했다"(Biagini and Reed, 1991, 5).[41] 그리고 어디에서나 우리는 비슷

---

40) Kumar(1983, 16)는 잉글랜드 노동계급의 "온건화"에 대해서 유사하게 설명한다. "일부 산업의 고용주들이 끝내 노동 조직과 방식에 대한 길드의 통제를 깨뜨리는 데에 성공했다는 사실과 더불어 기세를 꺾는 차티즘의 패배는 노동조합의 계약조건에서 최상의 기대를 확인할 뿐 대체로 정치에 무관심한 공장 노동자를 양산했다."

41) 영국에 관해서 이야기하면서 Musson(1976, 355)은 다음과 같이 주장한다. "1830년대와 1840년대에는 지속적이고 통합적이며 계급의식이 있는 '대중운동'이 존재하지 않았고 '새로운 노동귀족'이 19세기 중엽에 갑자기 등장하지는 않았다. 지속적이고 점진적인 변화라는 측면에서 볼 때, 1850년 무렵에는 크나큰 '단절'이 아니라 연속성이 존재했다." 독일에 대해서 살펴보면서 Conze & Groh(1971, 1:159)는 "인원, 이데올로기, 그리고 정도는 덜하지만 조직의 측면에서 노동운동과 따라서 민주주의 운동의 중요한 부분의 지속성"을 언급한다. 호글랜드는 미국의 1850년대에 대해서 이렇게 말한다. "보편적이고 열정적인 이상을 빼앗기고 국민에게 호소할 노동자 신문 하나 없는 상태에서 숙련공들은 영구적이고 배타적인 조직을 통해서 더 많은 보수를 얻을 수 있는 냉정한 사업에 착수했다."

련 공장 노동자들과 대조적인 장인들의 중요한 역할을 확인할 수 있다. 힌턴 (1983, 2)은 빅토리아 시대 중기의 잉글랜드에 대해서 다음과 같이 언급한다. "당대의 사회적 논의 속에서 '숙련'과 '조직적'이라는 표현은 흔히 동의어로 쓰였다."[42]

물론 "수공업자와 노동계급의 역사 사이의 연속성을 과장하는 것에 반대하는" 코카(1984, 112)의 경고를 충분히 인정할 수 있다.[43] 그러나 슈얼 (1974, 88-89)이 말하듯이 우리는 이 시기에 장인 계층, 특히 "이주민" 가운데 얼마간의 "급진화"를 발견한다.[44] 힌턴의 논평(1983, 5)은 이런 외관상의 역설을 해명하는 데에 유용하다. 그는 "노동조합이 비공식적인 직업 공동체의 파생물"이었던 수공업 노동자들과 다른 분야의 숙련 노동자 등 두 부류의

---

42) 프랑스에 관해서는 Moss(1976, 8)를 살펴보라. "프랑스 노동운동은 공장 노동자들이 아니라……소규모 자본주의적 생산에서 임금 노동자로 고용된 숙련 장인들로부터 생겨났다." 또한 마르세유에 관한 Sewell(1974, 81)의 연구를 참조하라. "장인들의 업종은 직능조합회의소가 합법화된 1860년대 말까지 대개 친목협회나 상호공제조합의 형태로 거의 항상 노동조직을 유지했다……반면 나는 어떤 프롤레타리아의 업종에서도 지속적인 노동조직의 증거를 찾지 못했다." 독일의 경우는 Geary(1976, 298)를 참조하라. "1860년대 노동자 클럽과 협회의 일반조합원을 구성한 이들은 주로 비교적 소규모 사업체의 숙련 노동자들이었고 확실히 밀집된 비숙련 노동자들에서 충원되지는 않았다." 또 Kocka(1986, 314)를 참조하라. "직인들이 초기 노동운동의 주된 지지자였다는 점은 놀랍지 않다." 단지 미국에서만 우리는 약간 다른 분위기를 확인할 수 있다. "1850년대 무렵 노동계급 내에 비숙련 집단의 대변자들과 스스로 임금 노동자라고 밝히는 이들이 더 많아졌다"(Bridges, 1986, 177). 하지만 그 뒤 미국에서 1850년대에 자유로운 백인 노동계급은 특별한 억압에 시달리지 않았다.

43) Kocka(1984, 99)는 1860년대 이래 독일에서 "사회민주주의와 사회주의 노동운동의 상승이 직인과 (숙련) 산업 노동자 가운데 명백하게 수공업과 장인의 전통과 충성심을 공략했다"고 상기시킨다. "왜냐하면 그들은 그런 전통과 충성심이 순전히 수공업 고유의 특성이고 배타적이며 편협했다는 점과 자신들이 그토록 이루고자 노력한 폭넓고 포괄적인 계급적 연대의 길에 서 있었다는 점을 정확하게 인식했기 때문이다."

44) Sewell(1974, 99-100)이 언급하는 인과관계의 순서는 다음과 같다. 제2제정기에 노동자 조직에 대한 억압은 가톨릭과 왕당파 성향이 강한 마르세유의 비이주민들로 구성된 배타적인 클럽의 조직을 해체했다. 또한 이는 "장인 계층 내에서 공화주의와 사회주의 정치로 향하는 길을 연" 카페 문화의 출현을 이끌었다. 그리하여 슈얼은 "노동계급"의 출현이 "정치적 변화일 뿐 아니라 **문화적 변화**"였다고 주장한다(p.106).

숙련 노동자들을 검토한다. 후자의 경우 "숙련 노동자의 지위"는 노동조합 조직에 선행하기보다 "더욱 흔하게 노동조합 조직의 산물이었다." 전자는 "공장 노동자보다 더 큰 상대적 박탈감을 겪었기 때문에"(Moss, 1975b, 7) 때때로 매우 급진적이었지만, 결국 시야에서 사라지게 되었다. 반면 후자는 향후 사회주의 조직과 노동조합 조직의 대들보 역할을 맡게 될 터였다.

이 시기 내내, 19-20세기에 걸쳐서도 "대중에 대한 두려움, 질서에 대한 우려는……항상 지배계급의 행동에 내재하는 고민거리였다"(Moorhouse, 1973, 346). 어떤 전술이 가장 바람직한가라는 문제는 노동계급에게든 지배층에게든 늘 남아 있었다. 지배층의 관점에서는 억압이 나름의 장점이 있지만 그것은 끓어오르는 불을 지피고 결국 반란을 낳는다. 그리하여 1860년대 말에는 나폴레옹 3세와 영국의 보수당 모두 제약을 완화하고 노동자 조직의 존재를 더 가능하게 만들며, 시민권에 대한 실제적 정의를 다소 확대해야 할 필요성을 느꼈다. 1860년 영국의 전국사회과학협회 대회를 위해서 작성된 보고서에서는 "자치의 시도로서 노동조합주의"가 승인되었고, 보고서 작성자들은 "정연하게 조직된 사회가 아닌 곳에서는 파업 지도자들이 잘 조직된 사회에 비해서 더 비이성적이고 폭력적일 가능성이 있다"고 단언했다 (Pelling, 1976, 51에서 인용). 그것은 초보적 수준의 사회과학적 지식으로서 시민권의 정의에 대한 조직적인 노동계급 운동의 도전에 대응하려는 움직임의 시작을 알린 셈이었다. 100년 뒤 또다른 사회과학자는 과거를 회상하면서 "잉글랜드에서는 하층계급의 저항들이 노동자의 시민권 확립을 목표로 설정한 것처럼 보인다"는 견해를 밝혔다(Bendix, 1964, 67). 벤딕스는 이를 잉글랜드와 유럽 대륙을 구별하는 특징으로 간주했다. 그는 이중으로 틀린 듯하다. 그 목표는 잉글랜드와 마찬가지로 유럽 대륙의 노동운동에도 해당하는 것이었다. 그것이 노동운동의 유일한 목표였다는 것은 잉글랜드에서조차 사실이 아니다. 하지만 그것은 노동운동이 성취하게 될 모든 것이고, 이론적 측면에서 자유주의 중도파이자 실천적 측면에서 개화된 보수주의자들은 그것이 노동운동이 필요로 하거나 요구해야 하는 모든 것이었다고 설득하고자 노력했다.

이 시기에는 이른바 제1인터내셔널, 즉 국제노동자협회(International Workingmen's Association, IWMA)가 설립되었다. 그것은 매우 작고 미약한 조직이었고 그 가맹 조직들 역시 미약했으며 전적으로 국제적이지만은 않은 목표를 추구하고 있었다.[45] 그러나 노동운동 전략의 진화라는 측면에서 그것은 카를 마르크스와 미하일 바쿠닌의 엄청난 논쟁의 장으로 활용되었다 (Forman, 1998, chap. 1). 이 논쟁은 여러 가지 측면에서 중요했다. 하지만 그 핵심은 무정부주의자들이 국가를 결코 타협할 수 없는 확고한 적으로 간주했다는 점이다. 반면 마르크스주의자들은 본질적으로 2단계 사회개혁론을 고수했다. 어쨌든 국가권력을 획득한 뒤 세계를 바꾼다는 것이었다. 물론 어떻게 국가권력을 얻을 것인가는 마르크스주의자를 심각하게 갈라놓게 되는 문제였다. 그러나 먼저 그들은 무정부주의적 관점의 영향력을 극복해야만 했다.

그런 상황은 19세기의 마지막 30여 년간 진전될 것이었다. 라브루스의 표현에 따르면, 사회주의는 강력한 사상일 뿐 아니라 강력한 운동이 되었다. 그래

---

45) Krigel(1979, 607)을 살펴보라. "본질적으로 국제노동자협회는 서로 다른 이해관계가 잠시 동안 수렴된 결과로 탄생했다……[영국의 노동조합원에게는] 파업 파괴자를 잉글랜드로 유입시키는 것이나 더 낮은 임금으로 일하는 외국인 노동자들과 경쟁하는 것을 막는 데에 유용한 듯이 보였다. 프랑스 노동자들은 본보기를 찾고 있었다. 그들은 어떤 노선을 선택해야 할지 확신하지 못했다. 공화주의 부르주아지와 연합하여 권위주의와 대중적 지지의 호소 사이에서 동요하는 제국에 맞서는 정치적 투쟁을 전개할 것인가? 아니면 잉글랜드와의 새로운 경쟁에 깜짝 놀라고 프랑스 경제가 겪고 있던 빠른 속도의 변화에 부실하게 적응한 고용주에 맞서 경제적 투쟁을 펼칠 것인가? 프랑스와 영국 사이의 그런 대화가 내포한 엄청난 유용성은 이 새로운 연합에 구체적인 목적을 제공했다." Van den Linden(1989)은 주로 노동조합을 회원으로 받아들인 국제적 정치 연합으로서 국제노동자협회가 가지는 고유한 문제점들을 지적한다. 예 컨대 그는 1867년 이후 영국 노조들이 국제노동자협회를 떠난 근본적인 이유가 그들이 파업 파괴자로서 잉글랜드에서 외국인 노동자를 활용하는 데에 맞서기 위해서, 그리고 파업 기간 중 재정적 원조를 제공할 국제노동자협회의 지원이 더 이상 필요하지 않았기 때문이라고 지적 한다. 왜냐하면 영국의 노조들은 국가적 수준에서 볼 때 확고하게 뿌리를 내렸기 때문이다.

256

서 최소한 세계체제의 더 산업화되고 부유한 지역에서 파리 코뮌을 시작으로
사회주의 정당과 노동조합이 출현하면서 계급 갈등이 상당히 "급진화"한 것처
럼 보인다. "1880년 [사회주의 정당들은] 겨우 존재했다……1906년 무렵 그들
의 존재는 당연하게 받아들여졌다"(Hobsbawm, 1987, 116-117).46) 그러나
1890년 이후 이 운동들이 전반적으로 온건하게 변모했고47) 결국 1914년 모든
사회주의 정당들(볼셰비키만이 뚜렷한 예외였다)의 전쟁 찬성 투표로 그 절정
에 이르렀다는 서술은 이제는 진부한 이야기이다.48)

이 주제를 다룬 대다수 역사 문헌이 우리에게 제공하는 그림은 대중 동원
을 통해서 투쟁 정신의 곡선이 상승했다가 그 뒤 개량주의적 현명함(또는
만일 누군가가 그런 수사학을 선호한다면, 배신이라고 할 수 있는)을 통해서
하향하는 것이다. 곡선의 상승 부분이 일부가 믿는 만큼 대단하지는 않았다
고 할지라도 대략적인 윤곽으로는 의심할 바 없이 맞는 진술이다. 미셸 페로
(1967, 702)가 19세기 말 프랑스의 사회주의자들 사이에서 불거진 이른바
수정주의에 관해서 말하는 대로, "'수정'이 존재하려면 먼저 수정할 대상이

46) "개인적인 관점에 따라서 달리 파악할 수 있지만, 노동당과 사회주의 정당들은 거의 모든
곳에서 놀랄 만하거나 경이로운 속도로 성장하고 있었다……프롤레타리아가 그 정당들에 합
류하고 있었다."
47) Geary(1981, 109)를 참조하라. "유럽의 노동계급은 파업을 위해서 바리케이드를, 평화로운
조직을 위해서 봉기를 포기한 듯이 보였다."
48) 전쟁 선포 바로 직전에 나온 모호한 논쟁들은 Haupt(1965)의 연구에서 찾아볼 수 있다. 그
핵심은 사실상 모든 정당들이 참전을 거부하기로 약속했고, 실질적으로는 모두가 전쟁 공채(公
債)에 찬성표를 던졌다는 점이다. 대중의 태도가 변하는 것은 시간 문제였다. Krigel & Becker
(1964, 123)는 프랑스 사회주의자들의 태도를 이렇게 설명한다. "어떤 사회주의는 단지 자코뱅
주의의 현대적 형태에 지나지 않았고 국가가 위험에 빠졌을 때 '위대한 조상들'의 목소리는
현실의 상황과 조화를 이루기 어려운 사회주의 이론을 압도하는 것처럼 보인다." 그리고
Schorske(1955, 284)는 독일 사민당의 전쟁 공채 찬성 표결을 "앞선 10년 동안 정당 내의 권력
요직의 지배권이 개량주의 세력에게 넘어갔다는 분명한 전개 방향의 논리적 결말에 지나지
않는다"고 설명한다. 실제로 볼셰비키는 전쟁을 규탄하는 유일한 세력이 아니었다. 전쟁 중인
1915년에 발칸 반도의 사회주의 정당들은 부쿠레슈티에서 만나 전쟁과 더불어 대다수 사회주
의 정당이 전쟁을 지지했다는 사실을 규탄했다. 그들은 "인터내셔널의 치욕"을 언급했다
(Haupt, 1978, 78).

존재해야 한다."[49]

　문제는 이른바 급진적인 정치적 상승의 뿌리가 어디에 있는가라는 점이다. 결국(1914년경) 그런 정치적 상승은 외피로 덮인 근대세계체제의 사회구조 가운데 어떤 것도 더 이상 위협할 듯이 보이지 않았다. 이를 시민권, 다시 말해서 누가 특권과 아울러 이런 권리를 가진 (능동) 시민으로 선정되는 부수적인 혜택 속에 포함되어야 하는지를 둘러싼 충돌로 해석하는 것이 합리적인 것처럼 보인다. 확실히 그것은 실질적인 쟁점인 동시에 정체성과 귀속의식의 문제이기도 했다. 1815-1848년에 실질적 시민권에 대한 지배적인 정의의 (노동자들은 교육받지 못했고 재산이 없으며 따라서 사회질서를 유지할 이유가 없다는 전제에 의해서 정당화된) 편협성은 "세계혁명"을 불러일으켰고, 이는 중간계층을 오싹하게 했으며 (그것이 극단으로 치닫게 될 조짐을 보였기 때문에) 억압으로 이어졌다. 억압의 장점이 20년 내에 소진되었을 때,[50] 대중의 행동을 위한 더 많은 정치적 공간이 생겨났다. 한편에서 자유주의적 중도파가 노동계급의 "교육"을 추진했고 다른 한편에서는 노동계급이 독자적인 "교육"을 촉구했다.

　이것은 적어도 도시의 남성 노동계급을 포함하는 속도를 촉진하고자 하는 중대한 조직들의 설립으로 이어졌다. 이 조직들은 지배계급과 노동계급을 정치적으로 동원하려는 이들 모두에게 진지하게 받아들여지기 위해서 요구사항의 강도를 다소 높여야 했다. 그리하여 "급진적인" 수사학이 생겨났다.

---

49) 유사하게 독일 사민당의 공식적인 마르크스주의가 어떤 역할을 했는지 고찰하면서 Geary (1976, 306)는 "초창기 독일 사민당의 급진주의가 과장되었음이 분명하고 이는 정당의 부르주아화에 대한 일반적 이론에 의문을 제기하는" 것이라고 말한다.

50) 파리 코뮌 다음의 두 번째 탄압에도 불구하고 억압의 장점은 소진되었다. 어느 정도는 그런 탄압 탓에 국제노동자협회가 파리 코뮌 이후 소멸했다. 잉글랜드의 회원들은 사무국의 「프랑스의 내전(*The Civil War in France*)」 출판과 자신들이 관련이 없다는 점을 분명히 하고자 사퇴했다. 그리고 프랑스 정부는 파리 코뮌의 기원이나 활동과 사실상 관련이 없는 국제노동자협회를 파리 코뮌에 대해서 책임이 있다고 기소하려는 조직적인 운동을 강행했다. 하지만 어떤 구실이라도 통했을 것이다(Forman, 1998, 61).

이 수사학은 효과적이었고 지배층은 투표권 확대, 경제적 혜택의 신장(초창기 복지국가를 포함), 인종차별과 제국주의의 결과로 발생한 식민지인들의 배제를 통해서 도시의 남성 노동자들을 "국민"으로 포섭하는 것 등 다양한 종류의 양보로 대응했다. 물론 개략적으로 볼 때 이런 대응은 체제의 유지와 노동자들이 활용하는 수사학의 "온건화"라는 애당초 의도한 결과를 가져왔다. 돌아보건대, 대개 일반적이고 불가피해 보이는 과정을 설명하기 위해서 판단의 착오(허위의식), 주요 관료층의 사리사욕(배신, 과두제 철칙)이나 보수를 더 많이 받는 노동자들(노동귀족)의 특별한 이해관계 등의 개념을 무리하게 강요할 필요는 없다. 그 과정은 각각의 역사와 당면한 조건의 세부 사항에서 국가적 변이―이는 궁극적으로 그다지 중요하지 않았다는 것이 입증되었다―가 존재함에도 불구하고 (1870-1914년에 산업화 수준이 더 높고 더 부유한 지역에서) 세계 곳곳에서 상당히 유사한 형태로 발생했다.

1870년 이후의 "급진주의"가 1848년 이전의 "급진주의"보다 기질과 의도에서 실제로 훨씬 덜 급진적이었다는 견해가 있다. 존스(1983, 237-238)는 다음과 같이 진술한다.

> 1790년부터 1850년까지 사회운동들의 가장 두드러진 특징 중 하나는 국가에 대한 개념의 명확성과 구체성이었다……국가는 살아 있는 강제, 착취, 부패의 기구로 생각되었다……인민의 승리는 그것을 수평파나 자코뱅파 방식의 대중 민주주의로 대체할 것이었다.

그러나 구체적인 프로그램은 "공화주의, 세속주의, 대중적 독학, 협동, 토지 개혁, 국제주의"였고, 이 모든 주제들은 자유주의 중도파, 적어도 그 가운데 더 진보적인 이들의 장황한 탄원의 일부가 되었다. 19세기 말의 운동은 그 강조점을 "권력에서 복지"로 옮겼을뿐더러 "방어적 문화" 속에 갇히게 되었다. 어떤 의미에서 1870년 이후의 운동이 아무리 급진적이었다고 하더라도,

그것은 1848년 이전의 운동보다 덜 격렬했다. 시민권이라는 보상의 유혹이 너무 강력하게 작동하고 있었다.

1870년대부터 제1차 세계대전까지 이어지는 시기에는 최초의 실질적인 노동계급 조직이 정치운동(주로 사회주의자와 무정부주의자)과 노동조합으로 변모했다. 그러므로 그 시기에는 전략에 관해서 중요한 토론이 전개되었다. 조직의 구성원 모두가 몰두한 문제는 노동계급이 어떻게 자신의 목표를 달성할 수 있는가, 그리고 특히 그들이 기존의 국가, 의회와 어떻게 관계를 맺어야 하는가라는 것이었다. 마르크스주의자와 무정부주의자 사이에 논쟁이 벌어졌고, 이른바 혁명파와 개량주의자 사이에 또다른 논쟁이 전개되었다. 한편에서 이 논쟁들은 박진감 있는 진정한 토론이었고 조직의 에너지와 시간을 상당 부분 흡수했다. 다른 한편에서 그것들은 그 당시와 이후에 흔히 추측한 것보다 덜 중대한 토론임이 밝혀졌다.

가장 강력하고 큰 영향력을 미친 운동은 주로 경제적으로 부강한 국가들, 즉 영국, 프랑스, 독일, 미국, 이탈리아, 벨기에, 네덜란드, 그리고 정도는 덜하지만 유럽과 영국의 백인 자치령 전역에서 주로 발생했다는 점에 주목해야 한다. 또 이 목록에 러시아를 추가한다면, 그 뒤 전 세계 사회/노동 운동의 중요한 역사적 기억을 형성하고, 거의 모든 곳에서 담론의 전거가 되는 토론들은 대부분 이 국가들에서 전개될 것이었다. 이 국가들에서 펼쳐진 토론을 검토할 때, 눈에 띄는 대목은 중요하고 자주 언급되는 각국의 역사적 특수성과 흔히 그것을 묘사하는 데에 쓰이는 수사학적 문구의 차이에도 불구하고, 그 토론이 놀랍도록 매우 유사했다는 점이다.

1870년 이후 남성 선거권이 널리 확대되었다는 점을 먼저 떠올려보자. 가장 두드러진 사례는 1867년 영국에서 디즈레일리, 독일에서 비스마르크가 도입한 선거권의 확대였다. 그 조치들은 앞서 프랑스 제2제정과 미국에서 시작된 것에 필적하게 되었고 곧 유럽의 다른 곳에서도 비슷해질 터였다. 물론 영국과 독일의 사례는 훨씬 덜 보편적이었다.[51] 벤딕스(1964, 63)는 이런 확대를, 하층계급의 저항이 "기존의 정치 공동체에 완전히 참여할 권리를 실현하거나 참여가 가능할 수 있는 전국적인 정치 공동체를 확립하도록" 길을 열어준 계기로 보고 환영한다. 아마 그가 옳을 것이다.[52] 문제는 우리가 이를 얼마나 많이 환영해야 하는가이다.

대다수 연구자들의 관점에 따르면, 1870년 이전에 등장한 운동들의 주요 무대 두 곳 가운데 하나인 영국에서는 1880년대 말 이른바 '신조합주의'가 새로운(또는 회복된) 투쟁성을 대변했다. 물론 홉스봄(1984c, 152-153)이 지적하듯이, 유럽 대륙과 달리 노동당의 설립 기반이 될 신조합주의와 "싸우고, (그것을) 바꾸며 확대시킬……'구식의 노동조합 운동'이 이미 확립되었기" 때문에 영국에서 "신"조합주의가 존재할 수 있었다.[53] 새로운 조합들은

---

51) Hinton(1983, 77)은 1884년 영국에서 한 차례 더 선거권이 확대된 뒤에도 성인 남성의 3분의 2만(거주지 등록 요건과 극빈자의 배제 때문에) 자격을 얻었을 것이라고 추정한다. Moorhouse (1973, 346)는 1918년 이전에 노동계급 남성의 절반만 투표권을 가졌다고 주장한다. 하지만 힌턴은 이 수치에도 불구하고 1884년 이후 "선거권 확대가 노동계급의 정치에서 결코 핵심적인 쟁점이 되지 않았다"고 언급한다. Roth(1973, 35)는 비스마르크가 투표권 확대를 "특히 농촌에서 자유주의자들에 맞서 보수적인 대중의 투표"를 제공하는 것이라고 생각했다고 주장한다. 이는 아마 디즈레일리가 고려한 사항이기도 했을 것이다. 기묘하게도 Groh(1973, 27)는 1867년 독일의 선거권 확대를 예외적인 "독일 입헌주의 체제" 때문으로 설명할 수 있을 것이라고 본다.

52) 그러나 미국에 대해서는 Bridges(1986, 192)의 주장을 참조하라. "선거권의 중요성을 강조할 때 몇 가지 유보사항이 필요하다. 나는 여기서 라인하르트 벤딕스가 그랬던 것처럼 미국 노동자들이 '보상'으로서 투표권을 가졌기 때문에 다른 지역의 투표자보다 산업화에 대해서 덜 분개했다고 말하는 것이 아니다……나는 노동자들이 정치적 목표를 가지고 투표할 권리를 부여받았으며 도시의 소수집단이었을 때, 그들이 불가피하게 선거정치와 정당정치에 끌려들어갔고 이런 관행은 역시 불가피하게 그들의 의식과 문화를 형성했다고 주장하는 것이다."

문화의 형성은 Langewiesche(1987, 517)의 관심사이기도 하다. "만일 독일 제국의 사회와 문화를 '부르주아적'이라고 규정한다면, 사회주의자의 문화적 노동운동은 **부르주아화**의 도구였다. 하지만 이런 문화적 조직을 수립한 사회주의 노동자들과 고귀한 프로그램에 공헌한 사회주의 전문가들은 문화적 향상을 위한 그들의 노력을 이런 식으로 파악하지 않았다. 반대로 그들은 부르주아 문화가 아니라 민족적 문화, 즉 독일 제국의 계급체제가 **그들에게 주지 않으려**고 모의한 유산을 위해서 투쟁하고 있다고 믿었다."

53) 19세기 말 대륙의 '신조합주의'가 그때까지 일부 지역과 특별한 일부 수공업 분야 외에는 존재하지 않았던 노동조합들을 만만찮은 세력으로 확립했다는 점을 고려한다면, 이는 새로운

장인이나 꾸준하고 지속적인 임금 노동자보다 더 많은 이들을 규합하려는 의도를 가지고 있었다. 새로운 조합들은 수공업 조합의 전술을 활용할 수 없었기 때문에 인적 자원이 부족하고 조직을 구성하지 못한 매우 유동적인 비숙련 노동자들을 위해서 "일반"노동조합(직종별, 산업별, 기업별 노동조합을 만들기 어려운 노동자들이 전국 또는 지역 차원에서 조직한 노조/옮긴이)이 되어야 했다. 일반노동조합은 비숙련 노동자들에게 하나의 무기로서 기대를 받았다(Hobsbawm, 1949, 123-125).

이 신조합주의는 신흥 사회주의 운동과 긴밀하게 연계되어 전략과 조직의 형태, 그리고 훨씬 더 강력한 노동조합 운동을 창출하기 위해서 비조직 노동자들의 조직화를 강조했다. 신조합주의는 흔히 독특한 영국적 현상으로 인식되지만, 사실상 여러 유럽 국가들에서 유사한 변화가 일어났다(Hobsbawm, 1984d, 19; Pollard, 1984, 58). 이 신조합주의는 1889-1891년 그 시초부터 노동조합의 굉장한 성장세를 이끌었으나 갑작스런 성장은 그리 오래가지 못했다. 1891년부터 1914년까지 그 수는 매우 느린 속도로 약간 증가했을 뿐이다(Hinton, 1983, 45-53, 64).[54] 왜 그렇게 "전성기가 짧았을까?" 하이먼 (1984, 331)은 "다양한 제도적 교정수단이 무질서의 가능성을 [억제하고]

현상이었다. 반면 G. D. H. Cole(1937, 21-22)은 구식의 영국 노동조합들이 "매우 대단한 전투성"을 띠었다는 점을 옹호하는 대변자이다. "나는 1860년대와 1870년대 초 노동조합 지도자들이 어떤 의미에서든 사회주의자가 아니었다는 점에 완전히 동의한다. 그러나 차티즘의 지도자들 역시 동일했다고 볼 수 있다. 나는 그들이 결코 혁명파가 아니었다는 데 동의한다. 하지만 혁명적 태도를 포기하는 것과 자본주의의 철학을 수용하는 것은 별개의 문제이다."

어쨌든 우리는 신조합주의의 출현을 촉진한 것 가운데 하나가 1875년 디즈레일리가 통과시킨 두 가지 법안이었음을 잊어서는 안 된다. 그 법안들은 음모법에서 노동조합을 배제하고 평화로운 피켓 시위를 허용하며 계약 위반에 따른 수감을 없앰으로써 노동조합을 사실상 합법화했다. 이 법안들은 특히 1871년 자유당 정부의 법안보다 더 많은 권한을 부여했다(Hinton, 1983, 22; Pelling,1976, 66, 69). 또다시 진보적 이론을 법제화한 것은 보수주의자의 양보였다.

54) 짧은 상승에 대한 Hinton(1983, 50)의 설명은 다음과 같다. "1889-1890년에 신조합주의의 성공 여부는 완전고용, 격렬한 피켓 시위를 용납하는 경찰의 준비 태세, 그리고 고용주들이 합의한 반대의 부재 등에 달려 있었다. 이 조건들 중 어느 것도 오래 지속되지 않았다."

상당히 줄였다"고 주장한다. 홉스봄(1964, 189)에게 불황을 이겨내는 계급투쟁적인 일반노동조합들의 역량은 그들이 고용주들에 의해서 "용인되고 인정받는" 정도에 좌우되었고, 이는 결국 "더 신중하고 유화적인 정책"에 의존하고 있었다. 마찬가지로 하월(1983, 111)은 신조합주의가 희소가치를 가진 노동(가스와 금속 분야)의 종사자들을 조직할 때 가장 성공적이었음을 고려하면서, 희소 분야의 노동자들이 "대규모 일반노동조합들의 보편적 희망"을 포기할 필요가 있다는 점을 인식한 뒤 "신중한 태도가 생존의 조건이었다"는 생각을 따르게 되었다고 지적한다. 버지스(1975, 309)는 평균적인 노동자들과 다른 "생활양식"을 지닌 노동조합 관료층의 발전을 강조한다. 노동조합 관료제가 자리잡으면서 고용주들과의 분쟁이 조합 기금, 노동조합 관계자의 입지, 그리고 회원들이 누리는 공제조합의 혜택을 "위태롭게" 만든다면, 노동조합들은 지나친 투쟁성을 "꺼리게" 되었다.

그 결과 영국의 신조합주의는 몇 가지를 성취했다. 그것은 노동조합이 자유당의 영향에서 벗어나 노동당으로 향하는 데에 도움을 주었다.[55] 또한 노동력의 새로운 부문—내부에서 조직자들이 기존 노동조합의 구조와 경쟁하지 않아도 되는—을 조직했고(Hobsbawm, 1984b, 166-167), 노동계급 내에서 "차이를 좁히는 데"에 기여했다(Hobsbawm, 1984b, 156). 그러나 긴 안목으로 보면, 결국 구식의 노동조합 운동과 신조합주의 사이에 "본질적인 관점의 차이"가 없다고 밝혀질 것이었다(Duffy, 1961, 319).[56]

이 시기에 노동운동의 주요 쟁점 중 하나는 노동조합과 사회주의 정당

---

55) 그러나 Hinton(1983, 60)은 이렇게 말한다. "1890년대 사회주의 정치의 성장은 산업 노동자들이 가진 투쟁성의 정치적 일반화가 아니라 산업 노동자들의 패배에 대한 반응, 즉 산업상의 해결책이 실패한 곳에서 정치적 해결책을 모색하려는 시도를 대변했다. 그 이면에 노동조합 조직의 불완전성과 약점이 놓여 있었다."

56) 또는 Hobsbawm(1949, 133)이 진술했듯이, "1889년 '신조합주의'는 불쾌하게도 한때 맞붙어 싸웠던 '구식의 노동조합 운동'처럼 변모했다. 그에 따라서 그 지도자들의 정치는 변모했다. 혁명적 마르크스주의자들은 점차 훨씬 더 온건한 사회주의자들로 대체되었다."

간의 관계였다. 이것은 많은 토론과 얼마간의 긴장을 초래한 문제였다. 영국에서 노동조합은 새로운 노동당의 중요한 조직적 기반이었고 대다수 다른 국가들의 경우보다 정당 내에서 더 큰 제도적 역할을 수용했다. 그러나 영국에서 신조합주의는 아마 노동운동이 지닌 전투성의 중심축이 노동조합의 활동 그 자체에서 발견되는 마지막 사례였을 것이다. 1890년대 이래 노동조합이 정당을 통제하고자 애쓰기보다는 대체로 정당들이 노동조합들을 통제하고자 시도했다.

제2인터내셔널은 이 관계를 명확히 규정하는 데에 적극적이었다. 1881년에 이미 스위스 노동조합들은 정당과 노동조합의 관계를 종속의 관계로 표현하고자 "기꺼이" 남성과 여성이라는 은유를 사용했다(Haupt, 1981, 31). 제1인터내셔널이 흔히 정치적 활동과 경제적 활동의 상대적 장점에 대해서 논쟁한 반면, 제2인터내셔널은 두 가지 활동 사이의 **조직적** 구별을 시도하기에 이르렀다.57) 1891년 제2인터내셔널 대회는 모든 사회주의 정당들이 당 조직 내부에 노조사무국을 설치하도록 요청하는 결의안을 통과시켰다(Hansen, 1977, 202). 정당들이 노동조합을 더 면밀히 통제하려고 했을 때, 노조는 저항했고 "노조의 자율성이라는 관념은 세력을 넓혔다"(Haupt, 1981, 43). "현존 사회질서의 일상적 과정"에 관여하는 노조와 "사회 변혁의 계획"(Hinton, 1983, viii)을 가진 정당 사이의 항상 "문제가 많았던" 관계는 점점 더 "분기"와 "마찰"을 유발했다(Hobsbawm, 1984b, 171).

정치적인 측면에서 노조들은 외곽으로 밀려났고 그 뒤 투쟁성의 정도와 형태에 관한 전략적 토론은 정당 내에 집중될 것이었다. 제1차 세계대전까지 전 세계 사회/노동 운동에서 "모범 정당"은 독일 사민당이었다.58) 독일 사민

---

57) Gaston Manacorda(1981, 185)의 견해를 살펴보자. "분리의 순간은 독일에서 사회민주주의가 탄생하는 순간이었다." 마르크스주의적 이론화는 이 문제에 대해서 모호했다. 노동조합의 역할, 그리고 노동조합과 사회주의 정당의 관계를 다룬 마르크스 저작들의 상충되는 해석에 대해서는 Moses(1990)를 살펴보라.

58) 모범 정당이라는 표현은 Haupt(1986)의 연구서 제3장의 제목이다. 옵트는 독일 사민당이 동남

당은 제2인터내셔널에서 가장 강력한 정당이자, 진정한 대중적 기반을 가진 유일한 정당이었다. 또한 가장 진지한 이론적 논쟁의 정당이었다. 1877년 독일 사민당이 독일 제국의회 의원 16명을 배출했을 때, 이는 탄압을 가중시키는 결과를 낳았다(1878년의 반사회주의자법). 또한 무정부주의자 관련 사건의 감소(Ragionieri, 1961, 57-62)[59]와 1891년 에어푸르트 대회에서 독일 사민당의 공식 교의로서 마르크스주의의 수용이라는 결과를 낳았다.[60]

이 시점부터 독일 사민당은 베른슈타인과 카우츠키 사이에 벌어진 엄청난

유럽의 다양한 정당들에 미친 영향을 언급한다. Fay(1981, 187)는 볼셰비키까지 포함한 모든 러시아 사회주의자들의 "꿈"이 "노동조합의 조직과 아울러 노동조합과 정당과의 관계라는 측면에서 독일의 모범 사례를 러시아의 토양으로 옮겨놓는 것"이었다고 말한다.

59) Carlson(1972, 3)은 다른 학자들의 "오해를 부르는" 단언에 반해서, 독일에 중요한 무정부주의 단체들이 존재했다고 주장한다. 라지오네리와 달리 칼슨은 1880년대에 진지한 무정부주의 운동이 쇠퇴한 까닭이 어떤 정도까지는 그들 자신의 행동, 특히 역효과를 낳고 만 1878년 암살 시도 때문이라고 설명한다(chap. 8). 게다가 산업화는 무정부주의자 단체의 기둥이었던 "불만을 품은 수공예품 노동자"(p. 395) 계층을 제거했다. 라지오네리의 주장은 이런 설명과 결합될 수 있다.

60) Roth(1963, 165)는 이런 결과의 발생을 주로 "제국의 완고한 권력과 계급 구조, 노동운동의 고립과 무기력에 대한 반응"으로 해석한다. Schorske(1955, 3)는 독일의 노동운동이 비스마르크가 그들에게 터뜨렸던 "분노"에 대한 반응으로 마르크스주의에 의지하게 되었다고 말한다. 교의로서 "마르크스주의"는 "그것의 정확한 본질이 마르크스주의의 다양한 경향과 학파 사이에서 논의되기 시작한 바로 그때," 즉 1890년대의 산물이었다(Hobsbawm, 1974, 242).

독일 사민당에서 무정부주의자와 마르크스주의자 간의 마지막 분열은 이 시점에 발생했다. 1880년에 사민당 대표이자 블랑키주의자였던 빌헬름 하셀만은 비스마르크의 반사회주의자법에 대해서 언급하면서 "의회 잡담의 시대가 끝나고 이제 행동할 때가 시작되었다"라고 말했다(Bock, 1976, 42에서 인용). 무정부주의 파벌은 공식적으로 에어푸르트 대회가 끝난 뒤인 1891년에 독일 사민당을 떠났다. 그 까닭은 독일 사민당이 "국가사회주의"를 위한 "소부르주아지"의 수중에 넘어갔기 때문이다. 하지만 그들의 새로운 조직인 독립사회주의협회는 성장하지 못하고 곧 해체되었다(pp. 68-73).

1893년 취리히에서 열린 제2인터내셔널의 제3차 대회는 베벨이 규정한 대로 "정치활동의 필요성을 인정하는" 조직만을 허용한다는 결의안을 16 대 2로 채택함으로써 무정부주의자들을 배제했다. 1896년 런던에서 개최된 차기 대회에서 리프크네히트는 더 구체적인 안을 성공적으로 제시했다. 회원 조직들은 "입법 활동과 의회 활동을 [사회주의]에 이르는 데에 필요한 수단으로" 인정해야 했다(Longuet, 1913, 27, 35).

논쟁의 장이 되었다. 베른슈타인은 더 이상 "파벌"이 아닌 정당의 "개량주의 (reformism)"를 설파했고, 보통선거권을 가지고 독일 사민당은 투표를 통해서 목표를 이룰 수 있다고 주장했다. 카우츠키는 "혁명적인" 선택이라고 추정된 "정통" 마르크스주의를 대변했다.

이 이론적 논쟁은 얼마나 중요했는가? 기어리(1976, 306)는 이 논쟁이 소수의 지식인들에게 영향을 미쳤을 뿐이고, 노조원들은 "흔히 정당의 정통 교의에 찬성했다"고 말한다. 왜냐하면 그 논쟁은 노조원들의 실제 작업에 영향을 미치지 않았고 그들은 "좌파와 우파 이론가를 가릴 것 없이 모두 싫어했기" 때문이다. 나중에 러시아 혁명의 지지자가 될 리프크네히트조차 (1893년 선거 참여에 반대한 인터내셔널의 네덜란드 대표에 맞서) "전술은 본질적으로 실제 정치에 관한 문제"이며 "혁명적이거나" "개량적인" 전술은 존재하지 않는다고 주장했다(Longuet, 1913, 29에서 인용). 1905년 러시아 혁명 이후 혁명 정신이 고조되었으나(Schorske, 1955, 28; Stern and Sauerzapf, 1954, xxxiv, xliii), 1905년 혁명과 마찬가지로 그것은 오래 지속되지 않았다.

누군가는 이 역사적인 궤적을 "급진적 이론과 온건한 실천"(Roth, 1963, 163)으로 요약할 수 있을 것이다. 그리고 이런 기여의 기반은 (베른슈타인과 카우츠키라는) "결정론적 마르크스주의"의 두 가지 변종이었다.[61] 로스 (1963, 167)는 노동운동이 "고립을 깨뜨리고 빠져나올" 수 없다는 점을 감안

---

61) 에어푸르트 대회 당시 베벨의 발언을 참조하라. "부르주아 사회는 파멸을 향해 필사적으로 분투하고 있다. 우리는 그 손에서 빠져나와 권력 쟁취의 순간을 기다리기만 하면 된다" (Mathias, 1971, 1:178에서 인용). Hobsbawm(1987, 134)이 상기시키듯이, 마르크스주의는 "혁명적" 교의와 반드시 동일시되지는 않았다. "1905년과 1914년 사이에 서양의 전형적인 혁명가들은 아마 어떤 혁명적 생디칼리스트였을 것이다. 그들은 역설적이게도 혁명을 일으키려고 시도하지 않는 데에 대한 변명으로 정당들이 활용한 마르크스주의를 공식 이데올로기로서 거부했다. 이를 마르크스와 연결시키는 것은 다소 불공평했다. 왜냐하면 마르크스의 깃발을 내걸었던 서양의 프롤레타리아 정당들과 관련해서 놀라운 점은 그 내부에서 마르크스의 역할이 실제로 그리 대단하지 않았기 때문이다. 그 지도자들과 투사들의 기본적인 신념은 흔히 비마르크스주의 노동계급 급진파나 자코뱅 좌파의 신념과 구별되지 않았다."

할 때, 그것이 독일 사민당의 하위문화에 "어울리는 이데올로기"였다고 단언한다. 놀런(1986, 389)은 결정론적 마르크스주의가 "혁명적이지 않은 상황에서 혁명의 약속을, 고유의 혁명적 전통이 없는 국가에서 혁명이론을 제공했다"고 강조하면서, 동일한 내용을 더 우호적인 방식으로 서술한다. 마시아스(1971, 1:178)는 마르크스주의를 독일 사민당의 공식 이데올로기로 삼은 것이 "마르크스주의에 대한 숙명론적 해석을 수용하는 전제조건"이었다고 주장한다.

핵심적인 변화는 용어가 아니라 1870년대 이래 사회주의자들이 보호주의적 입법을 요구하기 시작했다는 사실에 있었다. 1871년 이후 노동계급은 "국민국가와 밀접한 관계를 맺게 되었다"(van der Linden, 1988, 333). 놀런(1986, 386)은 이를 "정치에서 사회적 정책으로의" 전환이라고 부른다. 독일 사회주의자들은 "비스마르크가 정해놓은 의제"에 대응하고 있었다. 이는 시간이 흐르면서 "노동계급의 국가로의 통합"으로 이어져야 했다(Mathias, 1971, 1:181).[62]

독일의 경우 로스(1963, 8, 315)는 이를 "부정적 통합"이라고 부르고 "적대적인 대중운동이 합법적으로 존재할 수 있도록 허용하지만, 권력의 중심으로 접근하려는 시도를 막는 것"이라고 정의한다.[63] 어쨌든 황제 빌헬름 1세는 1890년 반사회주의자법을 폐지하고, 국제적인 노동 입법을 추진하기 위

---

62) 마시아스는 훨씬 더 나아간다. 그는 노동계급이 "결국 제국과 자본주의의 사회질서를 확고부동한 현실로서 수용했다"고 말한다. 나는 그들이 이를 의식적으로 "수용했다"는 데에 동의하지 않는다. 분명히 이 시기에는 그렇지 않았다. 그러나 사실상의 결과가 크게 다르지는 않을 수 있다.

63) Groh(1973, 36)는 그 개념을 선호하고 그것이 "혁명적 대기(Attentismus)라는 행동양식"과 상관관계가 있다고 말한다. 독일 사민당의 "개량주의적" 색조는 1904년 애슐리에 의해서 이미 관찰된 바 있었다(Marks, 1939, 339에서 인용). 애슐리는 그것을 물질적 조건의 향상 탓이라고 생각했다. 그러나 막스는 "노동 관료조직 내의 동조자들에 대한 독일 사민당의 의존과 당원의 조직적 구성"에서 근거를 찾아내면서 애슐리의 견해가 너무 단순하다고 생각한다(p. 345). Maehl(1952, 40)은 박해를 당한 끝에 독일 사민당이 "실제적인 과제"에 집중하게 되었고, 그리하여 "전투적인 계급투쟁에서 멀리 벗어났다"는 점을 확인한다.

해서 국제회의를 요청했다(Ragioneri, 1961, 159). 그는 때때로 "더 억압적인 법안에 의지하는" 등 계속 흔들리기는 했지만, 작은 규모의 다양한 "개량주의적 양보"를 통해서 노동자 황제라는 별명을 얻었다(Hall, 1974, 365). 로스는 이를 영국과 미국에서 발생한 것과 매우 다르게 파악하고자 한다. 나는 그 수사학이 독일에서 더 귀에 거슬렸다는 점에 동의하지만, 궁극적인 결과가 그리 크게 달랐을까?

만일 영국과 독일이라는 두 "모범" 국가의 사례로부터 사회주의/노동 운동이 성장한 다른 주요 장소로 주의를 전환해본다면, 우리는 중대한 차이가 없는 변화를 발견할 뿐이다. 어디든지 그 양식은 국가의 억압을 감안할 때 약간의 어려움을 겪으면서 흔히 급진적인 수사(修辭)와 대체로 온건한 실천을 결합해서 전국적인 공동체로 일종의 "부정적 통합"을 조직하는 것이다. 프랑스에서 파리 코뮌 직후 시행된 강력한 억압은 1875년 이후 누그러졌고, "사회정책"의 타당성을 인식한 정부는 "노동계급을 겨냥했다"(Schöttler, 1985, 58).

프랑스의 게드파는 1882년 프랑스 노동당(POF)을 창설하고 마르크스주의자로 자칭했으나, 그것은 여전히 무정부주의의 영향을 받은 제한적 형태의 마르크스주의였다(Willard, 1965, 30). 대다수에게 마르크스주의가 의미하는 것처럼 보인 것은 계급적 조화에 바탕을 둔 "연합주의"의 거부와 "노동조합 사회주의를 추구하는 혁명전략"이었다(Moss, 1976, 157). 프랑스 노동당이 마르크스주의에서 가장 좋아한 것처럼 보인 것은 자본주의에 대한 "통렬한 비판"과 결합된 생시몽주의적 산업화 전통이었다. 그것은 "초월적인 미래를 예고하는 선구자"였다(Stuart, 1992, 126).[64] 프랑스 노동당은 나중에 탄생하는 통합사회당(SFIO)과 달리 결코 대중 정당이 아니었다(Cottereau, 1986,

---

64) 그러나 게드파는 사회경제적 변화가 으뜸이라는 생각을 고수하는 동시에 "혁명의 봉기적 개념을 분명히 거부했다……노동당의 정치적 패러다임에서는 [바로 그 옛 사회의 가슴 속에서 새로운 사회의 발전과 성숙이] 그 자체만으로도 혁명적인 사회 변화를 이룬다"(p. 260).

143). 프랑스 노동당에 대한 스튜어트의 비문(碑文)(1992, 54)은 다음과 같다. 프랑스 노동당의 일대기는 "오래 지연되고 고통스런 출생, 좋아질 가망성이 없는 청년기, 순조롭고 희망에 찬 장년기를 거쳐 명백한 말년의 위기와 [1905년] 최후의 변형"이었다. 비유적으로 말한다면, 이는 틀림없이 각기 다른 속도로 움직이는 모든 사회주의/노동 운동에 대한 언급이 아닐까?

프랑스의 사회주의자들은 또다른 길을 선택할 운명이었다. 1896년 알렉상드르 밀랑은 **개량주의**(reformism)라는 용어를 처음으로 만들었다(Procacci, 1972, 164). 그는 향후 "공화주의 집결"의 후원 아래 피에르 발덱-루소의 연립 정부에 참여한 최초의 사회주의자가 될 것이었다(Willard, 1965, 422).[65] 1906-1908년에 뒤이은 총파업의 실패(1919-1920년의 두 번째 파업까지 포함)는 "[마지막] 꿈, 즉 노동자들의 파업을 통한 혁명이 종말에 이르렀음을 보여주었다"(Perrot, 1974, 1:71).

어쨌든 모든 정당들은 사실상 개량주의의 길, 즉 (비록 부정적이지만) 각국의 정치구조로의 통합을 따라갈 듯 보였다. 헤이우드(1990, chap. 1)는 에스파냐 사회주의자들을 "카페인을 뺀 마르크스주의자"라고 부른다. 네덜란드의 정당과 노동조합들은 "분명히 개량주의적 방향으로 이동하고 있었다" (Hansen, 1977, 199). 이탈리아 정당은 독일 사민당의 프로그램에서 "신 맛을 없앤 형태"(Andreucci, 1982, 221)를 추구했고, 1901-1902년 "개량주의의 후원 아래" 엄청난 팽창을 경험했다(Procacci, 1972, 163).[66]

---

65) 게드는 이런 움직임을 비난했으나 어떤 국제적인 지지도 받지 못했다. 독일 사민당은 그 문제에 대해서 중립을 선언했다. 게드의 견해에는 일관성이 있었다. 그는 항상 "공화주의 신화"를 비난하고 이런 자유의 연대기를 다른 "역사적 신화"로 대체했다. "이 역사적 신화는 1791년 샹 드 마르스의 학살에서, 1891년 푸흐미에의 총격과 살인에 이르기까지 피로 물든 두루마리에서 펼쳐진 부르주아의 탄압, 즉 공화정 체제에 대한 사회주의자들의 고발을 신성화한 100년에 걸친 노동계급 순교의 연대기에 기반을 두었다"(Stuart, 1992, 228).

66) Procacci(1972, 332-374)는 이탈리아 사회당의 정부 참여를 놓고, 투라티와 라브리올라 사이에 벌어졌지만 결론에 이르지 못한 논쟁을 설명하고, 이탈리아가 이룬 발전의 장점을 찾고자 한다. 프로카치는 정치 발전이 "더뎠던" 이탈리아 정당의 "독창성"은 통일운동(Risorgimento)이

립셋(1983, 14)이 주장하는 대로 미국(과 캐나다)은 봉건제적 과거의 유산
이 없었기 때문에 "계급의식에 근거한 정치와 기획이 두드러지지 않았다"는
점에서 다르다. 유사점을 살펴보기 위해서는 수사학을 약간 변경하기만 하면
될 것이다. 허버그(Dubofsky, 1974, 275에서 인용)는 미국 노동총연맹
(American Federation of Labor, AFL)의 직업별 노조와 ("프롤레타리아의 직접
행동을 강조하는") 세계산업노동자동맹(Industrial Workers of the World,
IWW)의 관계가 베른슈타인의 "개량주의"와 카우츠키의 "정통 마르크스주의"
의 관계와 어느 정도까지 유사했는지를 보여주었다. 래슬릿(1974, 115-116)
은 미국 사회당에 대해서 본질적으로 동일한 요점을 언급한다. 포너(1984,
74)는 "미국에는 왜 사회주의가 존재하지 않았는가"에 관한 문헌에 대응하면
서 그 질문이 사실 "선진 자본주의 사회에서는 어디든 왜 사회주의적 변혁이
존재하지 않았는가"로 제기되어야 한다고 말한다. 미국(과 캐나다)과 서유럽
국가들의 가장 두드러진 차이는 미국의 민주당(과 캐나다의 자유당)이 노동계
급 정치의 가장 중요한 매개체로 남아 있는 능력이 있었다는 것이다(Shefter,
1966, 270; Kealey, 1980, 273). 그것은 주민 노동자들을 통합하는 데에서
도시의 조직들이 맡았던 역할로 가장 잘 설명될 수 있을 것이다.[67]

남긴 민주주의 유산의 대부분을 전용할 수 있는 능력에 있었다……후진성은 (도리어) 그 정당
의 강점이었다"고 말한다(pp. 74-75). 그러나 이탈리아의 '뒤늦음'은 그리 놀랄 만하지 않았고,
우리가 보아왔듯이 이탈리아의 운동은 더 앞선 시기의 급진적이고 비사회주의 전통에 의지하
려는 유일한 사례도 아니었다. 결코 "후발" 주자가 아니었던 잉글랜드에서도 분명히 마찬가지
였다. 나는 Belloni(1979, 44)가 이탈리아 사회당에게 "혁명은 그 정당의 독자적 신념 속에서
확고하고 의심할 여지가 없는 요소였고, 그 신념은 확실하지 않았지만 단기 또는 중기적 측면
에서 실제 정치적 행동과 전략에 많은 영향을 끼치지 못할 정도로 충분히 멀리 떨어진 미래로
투사하는 것이었다"고 말할 때, 표적에 더 근접했다고 생각한다.

67) 1880년대 미국의 격변 속에서 노동기사단이 맡은 역할을 설명하는 Commons(1918, 1:13)를
참조하라. "예전에는 그렇게 광범위하거나 깊게 접근한 조직이 없었다. 새로운 경쟁 분야, 새로
운 인종과 국적, 새로운 비숙련 노동자 집단, 그리고 숙련과 반(半)숙련 노동자들로부터 새롭게
충원된 이들 등은 조직처럼 보였지만 거의 행렬에 가까웠던 것에 일시적으로 올라탔고, 그 회원
들도 급속히 바뀌었다. 전성기 당시 노동기사단의 회원 명부에는 75만 명이 있었고, 100만
명 이상이 집회에 참석했다가 곧 빠져나왔다." Shefter(1986, 272)는 도시의 정치기구들에 대해

모든 사회/노동 운동에게 중요한 것은 결국 국가에 참여하려는 의욕이었다. 벨기에 노동당의 통합은 보통선거권을 위한 투쟁의 틀 속에서 이루어졌다(Sztejnberg, 1963, 214). 1880년대 프랑스에서 사회주의자들의 요구는 "국가, 더 정확히 말하자면 공화정에 대한 호소"에 의해서만 충족될 수 있는 물질적 욕구에 집중되기 시작했다(Schöttler, 1985, 68). 미국 노동조합 운동은 1860년대부터 1890년대까지 전국적으로 "균일한 임금체계를 요구하기" 위해서, "즉 아래로부터 자본주의에 일정한 질서를 부과하기 위해서" 전국적 운동이 되었다(Montgomery, 1980, 90; Andrews, 1918, 2:43-44 참조). 그리고 1906년 프랑스의 노동조합 연맹인 노동총연맹의 아미앵 헌장(Charte d'Amiens)을 논의하면서 브룅(1970, 2:132)은 노동조합과 사회주의 정당의 "상호보완적 투쟁"을 서술한다. 노동조합들은 노동자들의 생산적 역할을 강조하고, 사회주의자들은 "'시민권'의 측면"을 강조했다.

노동자들은 스스로를 노동계급으로 간주했다. 상류층은 그들을 위험한 계급으로 생각하는 경향이 있었다. 노동자들은 대부분의 전술적 투쟁에 대해서 어떻게 하면 "위험하다"는 꼬리표를 떼고 시민의 칭호를 얻을 수 있을지에 집중했다. 1871년 이후 독일에서 사회민주주의자들은 "국가의 적"이자 "조국이 없는 자(Vater landlos)"라고 비난받았다(Groh, 1966, 17). 그들은 이 꼬리표를 이겨낼 필요가 있었다. 슈발리에(1958, 461)는 결국 정치적 쟁점이었던 그 분석의 핵심을 잘 표현한다.

노동계급을 위험한 계급에서 구별해내는 것은 다음과 같은 사실 때문에 더욱더 어려워진다. 즉 이런 범주 사이의 경계가 불분명하고 그 불확실한 경계에 수많은 매개 집단들이 존재하며, 그 집단들이 어느 한 범주 또는 다른 범주에 더 분명하게 속하는지

___

서 이렇게 말한다. "도시의 정치기구들은 노조에 속한 숙련 노동자, 노조가 책임지기를 거부한 비숙련 노동자, 그리고 중간계급과 상층계급의 구성원을 공통의 깃발 아래 규합하면서 인종과 민족 공동체의 분열을 정치로 조직했다. 그리고 이 기구들이 대변하는 단체와 쟁점은 다소 달랐지만, 조직적인 운동에서 당시의 노동조합과 유사한 전투성을 보여주었다."

말하기 어렵다는 사실 때문이다. 그들이 서로 섞이고 시대나 계절, 혁명, 위기, 전염병에 따라서 그들이 한 범주에서 다른 범주로 변화하게 만드는 경제적, 정치적 또는 생물학적 환경에 크게 의존할 때, 어떻게 그들을 결정적으로 구별할 수 있겠는가?

널리 사용된 한 가지 주요 기제는 노동자들을 인종이나 국적의 범주로 구별하는 것이었다. 내적으로는 인종차별, 외적으로는 제국주의/식민주의가 위험하다는 꼬리표를 노동자들의 하위범주로 옮겨놓는 기능을 담당했다. 이것이 설득력 있는 한, 일부 노동자들은 능동 시민이 될 수 있었던 반면, 다른 노동자들은 수동 시민이나 비시민으로 남아 있었다. 다시 한번 포함은 배제에 의해서 성취되고 있었다.

내적인 배제는 19세기에 지속적으로 이주가 이루어졌던 미국의 상황에서 가장 두드러진다. 미국에서 이주민들은 도시 지역에 정착하고 상대적으로 비숙련 노동자로 시작하는 경향이 있었다. 반면 토박이 미국인들은 장인 계층의 대부분을 차지하고 더 높은 위치로 상승할 가능성이 컸으며, 그들이 남겨놓은 자리는 이주민(과 제2세대) 노동자들이 채우곤 했다. 1850년대에 이미 토박이 장인과 대다수 이주민 임금 노동자 사이의 사회적 거리는 "개신교적 배경뿐 아니라 장인의 지위를 강조하는" 배외주의 정당(반이주민, 반가톨릭)이라는 정치적 형태를 받아들였다(Bridges, 1986, 176). 내전으로 인해서 징집된 토박이 노동자들의 자리는 흔히 외국인 노동자들로 대체되었고, "인종적 적대감은 고용주와 노동자 사이의 자연스런 투쟁에 격렬함을 더했다"(Ely, 1890, 62). 내전 직후 제1인터내셔널에 대한 미국의 관심과 참여는, 국제노동자협회와의 타협으로 이주를 규제하고자 새롭게 출범한 전국노동조합의 시도로 더욱 고무되었다(Andrews, 1918, 2:86). 이는 우리가 이미 주목했듯이, 영국의 노동조합들이 공유한 바 있는 관심사였다. 노동자 조직들은 1882년 중국인 배제법을 위한 운동을 주도했다. 심지어 셀리그 펄먼(1922, 62)은 미국 노동조합 운동의 역사를 다룬 유명한 저서에서 이 운동이

"틀림없이 미국 노동사에서 가장 중요한 단일 요인이었다"고 말하기까지 한다. "왜냐하면 이 운동이 없었다면, 미국 전역에 몽골인 노동자들이 들끓고 노동운동은 계급 대립이 아니라 인종 갈등이 되었을지도 모르기 때문이다."

사회당은 불균형적으로 이주민 노동자들을 받아들였다. 한편으로 이는 19세기 말 미국 노동계급이 "주로 외국 태생이거나 외국인 부모를 가진" 남성과 여성으로 구성되었기 때문이다(Ely, 1890, 286). 그러나 이는 또한 이주가 차단되고 이주민 제3세대가 이전 세대 이주민들의 과거사와의 연결을 꺼렸을 때, 사회당이 왜 쇠퇴했는지 그 이유를 설명할 수 있다.

물론 고용주들은 이런 인종적 분열을 악용하고 흔히 "흑인, 동양인, 여성"을 파업 파괴자로 활용했다(Shefter, 1986, 228). 그리고 미국의 역사 내내 영어를 구사하는 백인 노동자들이 인종적 위계서열에서 "은연중에 최상위를 차지했고" 무질서는 어김없이 이주민 탓으로 돌려졌다는 것은 명백한 사실이다(Soffer, 1960, 151). 그러나 이는 미국 노동자들 사이에서 종족적/인종적 구별이 왜 지속적으로 중심적인 역할을 해왔는지를 설명하기에는 충분하지 않다. 나는 코먼스(1935, 2:xvii)가 미국 노동조합과 "미국적 특수성"의 관계라는 쟁점의 본질을 잘 포착한다고 본다.

[무연탄 광산은 광부들과 "오픈 숍(open shop)" 협약을 맺었다.] 그 결과 1912년 노동조합의 약화와 함께 탄광회사들은 광산이 조합원들과 세계산업노동자동맹의 침투에 시달리고 있음을 알아챘다. 그들은 노조에 대한 태도를 뒤집었다. 미국의 노동운동이 아무리 공격적이었다고 할지라도 그것은 혁명에 맞선 으뜸의 방파제이고 입헌 정부의 가장 강력한 옹호자였다는 점이 밝혀졌다. 사실 이주민들을 "미국화"하는 첫 부담은 노조에게 돌아간다. 50년 넘게 그렇게 해왔다. 우드로 윌슨 대통령은 제1차 세계대전 동안 이질적인 국가를 통합할 필요성을 확인하고, 미국 노동총연맹 대회에 참석해서 연설한 최초의 대통령이 되었다. 50년간 그 조직을 이끈 새뮤얼 곰퍼스가 74세에 공산주의자들의 조직 장악을 막기 위해서 멕시코를 방문하여 멕시코 노

동운동과 결연을 맺고 돌아왔을 때, 1924년 미국-멕시코 국경 부근의 어느 침상에서 죽는 순간에 남긴 마지막 말은 "신이시여, 우리 미국의 조직들을 축복하소서!"였다.

포함/배제가 중요한 역할을 맡은 또다른 영역은 국가 외부, 즉 다른 국가나 (식민 본국의) 식민지였다. 한편으로는 서유럽의 노동자들이 멀리 떨어진 곳에 있는 이들의 해방 투쟁을 지지하는 얼마간의 급진적/자유주의적 전통을 지키는 것은 용이했다. 1844년 파리의 노동자 1,505명은 "노동자는 자기 자신에게 속하고" "현재 프랑스의 노동 조직들이 지닌 악습이 무엇이든 간에 어떤 의미에서 노동자는 자유롭다"고 언급하면서 의원들에게 식민지 노예제의 철폐를 청원했다(Césaire, 1948, 11에서 인용). 영국의 노동자들은 크림 전쟁을 "러시아 농노에 맞선 자유로운 영국인"의 싸움으로 보았다(Foster, 1974, 242). 1860년대 영국 노동계급은 가리발디, 미국 내전기 북부, 그리고 폴란드인들의 봉기를 지지했다(Collins, 1964, 29-30).[68]

그러나 19세기 초 잉글랜드에서 노예제 반대운동이 노동계급의 강력한 반감에 부딪혔다는 것 또한 사실이다. 왜냐하면 "흑인 노예들의 형편이 이미 백인 노예들에 비해서 더 좋았고, 흑인 노예들의 자유가 백인 노예들에 대한 더 큰 억압을 초래할 것이며, 일단 자유를 얻은 흑인 노예들이 백인 노예들만큼이나 비참하게 살게 될 것이었기 때문이다"(Hollis, 1980, 309). 그리고 20세기 초에 영국 노동자들은 남아프리카의 란드 광산에서 일할 중국인 노동자들을 수입하려는 제국의 정책을 집중적으로 비판했다. 그들은 이 일을 "정부가 파업 방해를 후원하는 추가적인 증거"로 보았다(Hinton, 1983, 73).

제2인터내셔널은 식민지 문제를 둘러싸고 심각하게 나뉘었다(Haupt and Rebérioux, 1967a, 77-283). 영국의 힌드먼과 레닌처럼 항상 제국주의를 비

---

68) 사실 1864년 4월 글래드스턴이 가리발디에게 잉글랜드 방문을 서둘러 끝내도록 강요했을 때, 큰 소란이 벌어졌고 글래드스턴은 "노동계급의 선거권 확대를 공개적으로 요구함으로써 균형을 회복하고자 했다"(Collins, 1964, 24).

난한 이들은, "식민지 현실의 필요성"에 대해서 말하고, 단지 제국주의의 "범죄"를 제한하기를 바랐던 네덜란드의 헨리 판 콜 같은 인물이나 "식민지 문제는 문명 확대의 문제"라고 인식한 베른슈타인 같은 이들과 충분히 균형을 유지하고 있었다(Rebérioux and Haupt, 1963, 13, 18). 오스트리아-헝가리 제국에서 다양한 민족들의 요구에 대해서 더욱 미묘한 차이를 보인 인식으로 꽤 유명한 오스트리아 사회주의자들조차 헝가리의 "분리주의"를 격렬하게 반대했다.69)

결국 게드파처럼 반식민주의적 태도를 취한 이들에게조차 그것은 항상 기껏해야 "사소한 투쟁"이었다(Willard, 1965, 63). 정서를 지배한 것은 독일 사민당이 우세했을 때에 표명한 확실성이었다. 독일 사민당은 당의 "승리가 소작농들을 뒤로 휩쓸어 보내고, 따라서 경제적 후진국에서도 사회주의의 출현을 가능하게 만들 것"이라고 강조했다(Haupt, 1986, 57). 이는 우선적으로 다루어야 할 문제로 논의되었다. 그러나 노동계급 사이에서는 그것이 "개화된 문명인"70) 중에 포함되는지의 여부에 대한 문제로 인식되었다. 식민지

---

69) 1905년 "예컨대 카를 렌너는 '모로코의 시장이 독일 자본에게 중요한 것보다 헝가리의 시장은 오스트리아의 자본에게 비교가 안 될 정도로 더 중요하지만, 마자르인들의 분리주의적 계획을 묵인하기 시작한 오스트리아 부르주아지의 비겁함을 호되게 꾸짖었다.'" 그는 "[헝가리] 도시의 고리대금업자, 사기꾼, 정치적 선동가들의 열띤 함성을 오스트리아 공업, 오스트리아 노동계급, 그리고 헝가리 농업 종사자들의 정당한 이해관계에 맞서" 대비시켰다(Anderson, 1991, 107에서 인용).

70) Jones(1983, 181-182)는 정치적 무관심이라는 요소를 강조한다. 19세기의 마지막 30여 년간의 잉글랜드 노동계급의 태도에 대해서 논의하면서 그는 이렇게 말한다. "만일 노동계급이 적극적으로 호전적 애국주의를 조장하지는 않았다고 하더라도 틀림없이 수동적으로 묵인했을 것이다……빅토리아 시대 말기와 에드워드 시대에 런던의 노동계급에게 깊은 인상을 남기려고 한 급진파와 사회주의자들의 실패는 주체적 역량의 부족보다 더 깊은 원인이 있었다……마페킹(남아프리카공화국 케이프 주 동북부의 소도시로서 1899-1900년 보어 전쟁에서 보어인에게 포위당한 바 있다/옮긴이)과 다른 제국주의적 축하행사가 예고한 것은 런던의 노동자 대중 가운데 잘못된 정치가 우세했다기보다 오히려 그들이 정치활동 자체로부터 멀어졌다는 점이었다. 당시 정치적으로 적극적인 노동자는 급진파나 사회주의자였다는 여론이 일반적이었다. 애국주의는 무관심의 소산이었다." 그러나 무관심은 국민에 포함된, 따라서 적어도 타자의 배제에 대한 수동적 수용의 결과였다.

의 사회주의자들은 우선순위에 관해서 나름의 결론을 끌어내야 했다. 마르크스주의자이자 아일랜드 민족주의자로 자처한 코놀리가 1914년 프롤레타리아 국제주의에 대한 유럽 노동계급의 배신이라고 간주한 것을 목격했을 때, 그는 소속 정당의 더블린 본부 바깥에 "우리는 국왕이나 [독일] 황제를 섬기지 않는다. 오로지 아일랜드를 섬길 뿐"이라는 표지판을 내걸었다(Bédarida, 1965, 20). 그리고 계속 나아가서 1916년 부활절 반란을 이끌었다.

여성운동과 페미니스트 운동

19세기 페미니스트/여성 운동의 일대기는 사회/노동 운동의 일대기와 아주 많은 측면에서 유사하다. 그러나 두 운동 집단은 대부분 넓게 분리되어 있었고 대체로 평행한 경로를 보이면서 서로 간에 거의 넘나들지도 않았고 협력하지도 않았다. 사실 여러 가지 측면에서 사회/노동 운동은 페미니스트/여성 운동을 경쟁세력, 골칫거리, 주의를 다른 곳으로 분산시키는 요소, 심지어는 상당히 자주 적대자로 간주했다. 이 모든 것은 포함/배제와 관련되어 있었다.

물론 두 가지 투쟁이 양립할 수 있을 뿐만 아니라 밀접하게 관련되어 있다고 본 소수의 견해도 있었다. 플로라 트리스탕은 1848년 이전에 이 점을 설파하는 데에 매진했다. 실제 트리스탕은 노동자들의 대의에 헌신하면서 1843년에 쓴 「노동자들의 연합(*The Worker's Union*)」(1983, 83)에 "모든 노동계급의 불행은 빈곤과 무지라는 두 단어로 요약할 수 있다. 이제 이런 미로에서 빠져 나가기 위해서 나는 오직 하나의 길만 바라본다. 여성이 소년과 소녀들을 가르치는 일을 맡고 있기 때문에, 여성을 교육하는 일부터 시작하려고 한다"는 문구를 넣었다. 트리스탕은 게드의 제자인 알린 발레트처럼 정계 밖에서 고독하게 활동한 인물이라고 해야 할 것이다. 발레트는 1892년 3월 15일에 「사회적 조화(*L'Harmonie sociale*)」에서 "사회를 혁신하기 위해서는 사회에서 억압당하는 두 집단, 즉 여성과 프롤레타리아의 연합이 필요하다"

고 썼다(Zylberberg-Hocquard, 1978, 89에서 인용).

그 문제는 도시의 남성 임금 노동자들에게 매우 분명해 보였다. 여성들은 급료를 적게 받았고— 실제로 1914년 이전에는 "아주" 적게 받았다(Guilbert, 1966, 21)— 이는 전반적인 임금 수준을 위협했다.[71] 위협적이라는 단언이 남성 노동자들이 모일 때마다 제기되었다(Guilbert, 1966, 188). 일부 신화에 도 불구하고 제조업 노동력 가운데 여성 노동자들은 사실 상당히 많은 부분을 차지했다. 19세기 중엽 파리에서는 40퍼센트로 추산되었다(DeGroat, 1997, 33). 여성들은 더 "프롤레타리아적인" 지위로 강등되었다(Judt, 1986, 44-46, 50-51). 부분적으로는 의심할 바 없이 숙련 장인들이 해당 업종에 대한 여성의 진입을 가로막았기 때문이지만(Hinton, 1983, 31), 다른 한편으로는 고용주들이 여성 노동자들을 남성보다 더 나은 노동 규율(또는 온순함)과 더 좋은 기술적 솜씨를 가진 생산성이 더 높은 노동자라고 생각했기 때문이다(Berg, 1993, 41).

남성 노동자들은 개인적 차원과 조직적 차원 모두에서 대응했다. 알렉산더(1984, 144)는 그들의 대응을 주로 "(법적으로) 통제하고 (도덕적으로) 성적 역할을 강제하려는 욕구로" 파악한다. 성적 동기를 결코 과소평가해서는 안 되며 틀림없이 이 욕구는 특히 "여성들을 보수를 받는 일자리에서 완전히 배제시키는 것과 더불어 혼인과 가정에서 무보수 노동에 국한시키려는"(Kleinau, 1987, 199) 당대 중간계급 여성들의 문화적 관행에 매우 잘 들어맞았다. 도시의 남성 임금 노동자들 사이에서 "프롤레타리아적 반페미니즘이 우세했다"는 것 역시 분명한 사실이다(Thönnessen, 1973, 19). 독일의 남성 노동자들은 여성 노동자들을 "공장 사람(Fabrikmenschen)"(문자 그대로 "공

---

71) 그러나 Hartmann(1976, 155)의 논평을 참조하라. "남성 노동자들이 여성의 고용을 일자리에 대한 위협으로 보았다는 것은, 노동자 사이의 경쟁이 전형적인 경제체제를 고려한다면 놀랍지 않다. 여성들이 더 낮은 임금을 받는다는 사실은 위협을 악화시켰다. 그러나 그들이 왜 여성들을 조직하기보다는 여성들을 배제하려는 시도로 대응했는지는 자본주의가 아니라 남성과 여성 사이의 가부장적 관계에 의해서 설명할 수 있다."

장 남성"을 의미했지만 "공장 소녀"라는 음조를 띠었다는 점에서 특이한 문구이다)이라고 불렸고, 그들을 "도덕적으로 타락한" 사람들로 취급하는 경향이 있었다(Quataert, 1979, 153). 홉스봄(1978, 8)은 19세기에 노동자들의 이미지가 바뀌어 19세기 마지막 30년 무렵이 되면 19세기의 시작을 장식한 "영감을 주는 여성"(들라크루아의 그림 "영광의 3일"을 참조할 것)의 이미지는 단지 "고통을 받고 견디는" 여성의 이미지로 변모한 반면, 벌거벗은 남성의 몸통은 이제 노동자들의 원기와 힘의 회화적 상징이 되었다고 지적한다.

제1인터내셔널은 그 쟁점을 둘러싸고 갈라졌다. 1866년에 제네바에서 열린 제1차 대회에서 라살레가 이끈 전독일 노동자협회의 대표들은 여성을 "보호한다"는 명목으로 여성 고용의 금지를 제안했다(Hervé, 1983, 23). 최종결정은 여성들의 노동이 긍정적으로 간주되어야 한다고 언급했지만, 자본주의적 생산 아래의 노동 조건을 비판함으로써 절충안이 마련되었다(Frei, 1987, 39). 노동자 조직들은 이제 그들의 요구사항을 임금의 평등, 가족 임금, 위험한 작업 조건의 종결 등 세 가지 전선에 맞추게 될 것이었다.

임금의 평등(동일 노동의 동일 임금)은 표준이자 노동조합의 분명한 요구이다. 그러나 만일 임금이 (여성, 소수인종과 이민자, 다른 국가 출신의 노동자들에게) 동일하게 정해졌다면, 위계서열상 우세한 노동자(상위 민족 집단의 남성 시민 노동자)는 단지 문화적, 역사적 이유 때문에 우선적으로 고용될 것이라는 점은 흔히 은밀한 희망사항일 뿐이었다. 예컨대 1898년 렌에서 열린 프랑스 노동총연맹(Confédération Générale du Travail, CGT)의 제9차 대회에서 마련된 결의안의 표현에 주목하라.

모든 삶의 영역에서 우리가 **남성이 여성을 양육해야 한다**는 사고방식을 전파하고자 노력하는 것, 과부든 어린 소녀든 여성으로서는 반드시 자기 자신을 위해서 제공하지 않으면 안 되는 것, 동일 노동에 동일 임금이라는 공식이 여성에게 적용되어야 한다는 것은 이해되어야 할 것이다……

남성들로 하여금 여성에게 어울리는 일자리와 노동을 취하지 못하게 하라. 마찬 가지로 여성들이 남성의 자연스러운 직무와 노동을 남성으로부터 빼앗지 못하도록 하라(Guilbert, 1966, 173에서 인용).[72]

대체로 여성들은 노동조합에 가입하지 않거나 가입하지 못하도록 방해받 았다. 1900-1914년 노동조합이 상대적으로 강력해졌을 시기에도, 프랑스에 서 5-10퍼센트에 불과한 여성 노동자가 조합원으로 추산되었다(Guilbert, 1966, 29, 34). 특별한 여성 노동조합들을 구성하려는 시도가 얼마간 존재했 고, 같은 시기에 잉글랜드에서는 상대적으로 수가 늘었지만 그런 조합들은 교섭력이 있는 조직이라기보다는 "차이를 구분할 수 없는" "공제조합"에 더 가까웠다(Olcott, 1976, 34, 39).

프랑스 서적노동자연맹(FFTL)이 마지못해 내놓은 결의안에서 볼 수 있듯 이 노동조합은 물론 여성들의 배제를 정당화하는 데에 어려움을 겪었다. 그 조직은 여성 고용을 금지하라는(여성을 고용에서 배제해달라는) 요구를 내 걸고 파업을 가장 많이 벌인 것으로 악명이 자자했다. 결국 프랑스 서적노동 자연맹은 경제적인 이유 때문에 자기 직종에서 여성의 고용에 반대한 노동 자들조차 자기 부인들을 다른 업종에서 일하도록 꾸준히 강요했다는 점을

---

[72] "남성이 여성을 양육해야 한다"는 인습적 방식은 사실 다른 문제를 감추는 것이다. 그렇다, 남성은 여성이 물질적으로 양육될 수 있도록 돈을 벌어야 한다고 간주되었다. 그러나 Hinton (1983, 32)은 19세기의 남성 노동자에게 "육체적 위안과 정서적 부양의 영역으로서 가정의 구성"—물론 남성뿐만 아니라 자녀들을 위해서—을 가능하게 만들기 위해서 여성이 일하러 나가 서는 안 되었다는 점을 상기시킨다.

인습적 방식들은 중요하다. **젊은 미혼** 여성들이 합법적으로 일할 수 있다는 사고방식은 어느 곳에서나 받아들여졌다. 그렇지만 19세기 말 일본에서 이것이 어떻게 정당화되었는지 살펴보 라. "직물 작업장의 젊은 여성들은 다른 어떤 집단보다 더 정부와 경영진이 여성 노동자들에게 가진 태도의 모범 사례였다. 그들은 노동자가 아니라 혼인 전에 몇 년 동안 가족, 국가, 작업장 을 위해서 일하는 '딸'이나 '학생'이었다. 헌신과 기술이 부족하다는 점은 이들에게 지급되는 저임금과 더불어 비상근 시간제 근무나 임시직으로 이들을 규정하는 관행을 모두 정당화하게 했다"(Sievers, 1983, 58).

인정하면서 다음과 같은 타협안을 제안했다.

1. 우리는 최소한의 노동조합 회비를 받음으로써 여성의 착취에 맞서 저항하려는 지방 주민들을 물심양면으로 지원할 것이다.
2. 과도기 동안……현재 고용 상태에 있는 여성들이 남성들과 같은 조건으로 연맹에 가입하도록 승인될 것이다. 과도기가 끝날 쯤에는 노동조합 회비로 고용된 여성들만 가입이 승인될 것이다(Guilbert, 1966, 62에서 인용).

두 번째 결의안은 동시에 "가장인 노동자들이 가정의 여성이라는 원칙을 적용하고 동료들에게 가정 밖의 모든 노동을 거부하도록" 촉구했다. 만일 이것이 다른 결의안과 일부 모순되는 것처럼 보인다면, 그런 까닭 때문일 것이다.
　사회과학자들은 이런 태도의 정당성을 입증하기 위해서 전문지식을 빌려주었다. 윌리엄 오글 박사는 1890년에 왕립통계협회에 이렇게 설명했다.

노동이 기쁨을 주기 때문에 일하는 남성들이 있고, 노동이 의무이기 때문에 힘써 일하는 남성들도 있다. 그러나 절대 다수의 남성들은 단지 우선 자기 자신을 지키고 다음으로 혼인하고 가족을 부양할 수 있으리라는 기대 때문에 양(量)이나 성격에서 그들의 마음에 들지 않는 노동을 하도록 자극받을 뿐이다.……그러므로 만일 어떤 국가의 복지가 국민의 성숙한 복지로 구성된다면, 인구의 가장 큰 부분이 이 두 가지 자연스러운 소망을 만족시킬 수 있을 때, 그 국가는 가장 번성할 것이다(*Journal of the Royal Statistical Society*, Lewis, 1984, 45에서 인용).

"가족 임금(family wage)"은 노동조합 조직들의 핵심적 요구사항이 되었다. 부분적으로 이런 요구는 현실 문제에서 비롯되었다. 18세기에 남성뿐만 아니라 여성과 아동들도 임금을 받고자 일하는 것이 널리 인정된 반면, 가정 밖에서의 많은 생산활동의 변화는 여성과 아동들의 가사노동을 감안한다면, 소득의 손실을 의미하는 것이었다. 이것이 아마 18세기 말과 19세기 초에 관찰된 실질 가구(세대) 소득의 하락에서 핵심적인 요소일 것이다(Pinchbeck, 1930, 4; Wallerstein, 1989, 124).

가족 임금은 단순한 구상이었다. 성인 남성이 임금 노동으로 받아야 하는 최저 임금은 그와 부인, 미성년 자녀들을 부양하기에 충분한 액수여야 한다. 이 개념은 폭넓은 호소력을 가졌다. 그것은 노동운동의 강력한 지지를 받았다(Lewis, 1984, 49). 또한 노동력의 안정성을 약속하는 것처럼 보였기 때문에 많은 고용주들에게도 인기를 끌었다(May, 1982, 418). 그것은 가족을 보살피는 남성의 "책임"에 대한 19세기적 가치와도 잘 어울렸다(Evans, 1983, 281). 그러므로 그것은 제1인터내셔널과 다른 노동운동뿐만 아니라 다양한 부류의 중도파 정치인들에게 인기를 끌게 되었다. 페미니스트들만 그 개념에 반대했다(Offen, 1987a, 183).

여성 노동자를 위한 특별한 "보호" 입법의 개념은 항상 "까다로운 문제"였다(Rowbotham, 1974, 114). 그 개념은 고결한 구상인 듯했고, 오랫동안 사회주의 운동의 우선적 관심사였다(Guilbert, 1966, 413). 단지 그것이 정부의 개입을 수반했기 때문에 무정부주의자들은 그리 좋아하지 않았다. 중간계급 페미니스트들은 평등의 이름으로 그것에 반대했다. 여성 노동자들은 그것이 임금의 하락을 유발하지 않을까 우려했다. 사회주의 운동은 다소 분열되었다. 예컨대 클라라 제트킨은 마르크스와 엥겔스를 따르면서 산업화가 "독특한" 변수로서 나이와 성별을 파괴했기 때문에 그것은 관련이 없다고 주장했으나, 이는 독일 사민당 내의 소수 견해일 뿐이었다(Quataert, 1979, 39). 독일의 가톨릭 중앙당은 더 뚜렷한 사회적 자본주의를 추구하는 과정의 일환으로 가족 임금을 지지했다. 대다수 남성 노동자에게 그것은 일터와 정치적 모임에서 여성의 동등한 역할을 받아들이지 않으려는 그들의 태도에 대한 핑계로 작용했다. 그들은 남성 노동자들의 포함이 여성들을 전체 주민 중 더 약하고 더 취약하며 그 때문에 더 수동적인 부분으로 간주하도록 요구했다고 생각하는 것처럼 보였다.

여성의 권리라는 쟁점은 노동조합보다 사회주의 정당들에서 어느 정도 더 호의적이고 동조적인 관심을 모았다. 여성과 정당의 관계에 대한 사회주의자들의 토론 가운데 가장 유명하고 중요한 장소는 콰테어트(1979)가 "주저하는 페미니스트"라고 기술한 독일 사민당 내부였다. 독일 사민당 내에서 여성협의회와 여성국이 차지하는 중요한 역할은 사회주의 정당 내에서 예외적인 것이었다. 그것은 독일의 제한적 법률이 낳은 결과에서 비롯되었다. 1851년 프로이센의 결사법은 여성들의 정치조직 가입뿐만 아니라 집회 참석조차 금지했다. 바이에른과 작센에도 유사한 법이 존재했다(Evans, 1976, 10-11). 여성들을 동원하기 위해서 독일 사민당은 법률적으로 비정치적이라고 주장할 수 있는 별도의 조직을 설립하지 않을 수 없었다. 이것은 양날의 칼로 판명되었다. 그것은 독일 사민당이 정부의 법에도 불구하고 여성을 조직할 수 있게 해주었다. 그러나 또한 여성 사회주의자들이 "여성의 특별한 이해관계를 위한 대표성을 확보하면서" 당 내에서 조직적인 당파로 활약하도록 만들어주었다. 게다가 그것은 여성 사회주의자들이 정확하게는 독자적인 조직을 가졌기 때문에 중간계급 페미니스트 운동들과 극단적으로 대립했다는 것, 그들의 불화가 "뚜렷이 드러났다"는 것을 의미했다(Honeycutt, 1979, 32-33).

그 결과는 페미니스트 쟁점에 대한 기이한 중간적 태도였다. 한편에서 아우구스트 베벨은 사회주의자가 여성에 대해서 쓴 책들 가운데 가장 중요하고 가장 많이 인용되며 비교적 "페미니스트적"이라고 알려진 「여성과 사회주의(*Frau und Sozialismus*)」를 저술했다.73) 여성 사회주의자들이― 이탈리

---

73) 그러나 스위스의 사회주의자이자 급진적 페미니스트인 프리츠 브루프바커가 1935년에 내놓은 신랄한 분석을 참조하라. "베벨은 좋은 책을 썼다⋯⋯그러나 이런 종류의 사회주의는 일요일이나 정당의 중요한 축제일(3월의 축하행새3월 18일, 1848년 프랑크푸르트 의회 소집 기념일와 노동절[5월 1일])에 만일 누군가 연설을 해야 한다면 그에 알맞은 장식이 될 뿐이었다. 근무일인 평일은 이런 종류의 사회주의와 거리가 멀었다. 평일은 일요일 사회주의에 주의를

아, 프랑스(게드파), 러시아 운동들이 그랬듯이—다른 운동들과 다르게 "여성 문제" 같은 것은 존재하지 않았다고 강력히 주장했지만, 독일 사민당은 여성의 정치적 해방을 강조했다(Honeycutt, 1979, 37). 또한 로자 룩셈부르크(룩셈부르크는 독일 사민당의 여성운동에 결코 관여하지 않았다)의 견해에도 불구하고, 그들은 "자본주의 아래의 성적 억압을 완화하고자" 고안된 다양한 개혁을 모색했다(Quataert, 1979, 12). 다른 한편으로 독일 사민당의 여성운동은 사실 "대체로 기혼 여성들— 주부와 노동자가 아닌 여성들— 의 운동"이었다(Evans, 1977, 165). 독일 정부가 새로운 결사법을 통과시키고 1908년에 여성의 정치 활동에 대한 규제를 끝내자, 곧 독일 사민당은 1910년 여성협의회를, 1912년에는 여성국을 폐지했다. 허니컷의 평가(1981, 43)에 따르면, 여성 사회주의자들의 지도자인 클라라 제트킨이 "사회주의 운동을 통해서 페미니스트의 이상을 실현하고자" 스스로 설정한 목표는 "자신이 살고 있던 시대에는 유토피아적이었다."

프랑스의 여성 사회주의자들은 독일 여성들의 부르주아적 페미니즘에 대한 적대감을 공유했다. 1899년에 최초로 여성 사회주의자 집단을 조직한 루이즈 소모노는 부르주아 페미니스트들과의 어떤 협력도 완강히 거부했다(Hause and Kenney, 1981, 793). 그러나 1900-1913년에 독일 사민당의 거의 20퍼센트를 차지하고 있던 독일의 여성 사회주의자들과 달리 프랑스의 정당에서 여성들의 비중은 2-3퍼센트에 불과했다(Sowerwine, 1976, 4-5). 다른 한편 사회주의와 페미니즘은 프랑스에서 덜 모순되는(양립 불가능성이 덜 한) 것 같았다. 무엇보다 파리 코뮌의 지도자로서 여성들의 이미지가 매우 강했다(Rabaut, 1983, 6). 실제로 그것이 가진 대중적 이미지는 매우 강력했고 그 체제전복적인 특성 때문에 부르주아 여성운동조차 손상을 입은 듯했다.[74]

기울이지 않았다. 거기에는 부르주아 가문을 위한 것이 존재할 뿐이었다"(Frei, 1987, 56에서 인용).

74) "제3공화정이 새로운 유형의 온건한 정치인들을 육성하여, 파리 코뮌의 폭력과 혼란, 공포정

둘째, 프랑스에는 독일에서 유사한 전형이나 상징을 찾기 힘든 위베르탱 오클레르라는 인물이 존재했다. 오클레르는 1879년 제3차 프랑스 노동자 사회주의자 대회에 참석해서 "노동자이기 때문이 아니라 여성, 즉 착취당하는 노예 900만 명의 권한을 위임받은 노예의 대표이기 때문에" 그 자리에 왔다는 유명한 연설을 남겼다. 오클레르는 다음과 같이 끝을 맺으면서 노동자들과 여성들 간의 연합을 호소했다. "오, 프롤레타리아여! 자유롭기를 바란다면 부당하고 불공평하길 중단하라. 근대 과학으로, 과학은 어떤 편견도 알지 못한다는 것을 인식하면서 말하라. 모든 인간의 평등을! 남성과 여성 간의 평등을"(Auclert, 1879, 1-2, 16). 그리고 오클레르는 대회에서 여성이 자녀들을 양육할 의무를 가진다고 강력히 주장하기는 했지만, 동시에 "남성과 여성의 완전한 평등"과 여성의 노동권(확실히 "동일 노동, 동일 임금"을 강조하면서)을 지지하는 강력한 결의안을 얻어냈다(Guilbert, 1966, 156-157).

그러나 프랑스에서도 잠시 이루어진 연합은 결국에는 실패할 것이었다(Rebérioux, 1978a, xvi; Sowerwine, 1978, 233-234). 1882년에 프랑스 사회주의자들의 분열은 일반적으로 더 개량주의적인 분파(브루스파 : 폴 브루스가 이끈 가능주의자, 현실적 개혁주의자들의 당파/옮긴이)와 더 혁명적인 분파(게드파) 간의 불화로 간주되었지만, 즉각적인 해명 사유는 여성 문제였다. 브루스파인 레오니 루자드는 1881년에 파리 시의회 선거에 입후보했고 게드파는 그에 대해서 확실히 냉담했다. 이는 정당에서 게드파의 축출로 이어졌다. 그후 게드파는 브루스가 "계급투쟁"이라기보다 "성별투쟁"을 옹호한다고 단언하면서 프랑스 노동당을 결성했다. 게드파는 여성의 정치적 권리 옹호가 혁명으로보다는 "합법적으로" 성취될 수 있는 문제이기 때문에 "개량주

치기 6월의 나날 등을 지닌 공화주의의 함의를 지우고자 했던 것처럼, 페미니스트들도 예전에 페미니즘과 정치적 급진주의 간의 연계에 대한 기억을 떨쳐버리기를 바라고 있었다……초창기 두 운동 사이의 연계를 고려한다면, 프랑스에서 주류 페미니즘이 처음부터 소심하다고 묘사하는 것이 더 나을지 모를 정도로 신중하고 온건한 과정을 선택한 것은 전혀 놀랍지 않다"(McMillan, 1981b, 84).

의"에 지나지 않는다고 말했다. 이에 대해서 브루스파는 남성 또한 합법적으로 "권리"를 성취했다고 응답했다. 그럼에도 뒤이어 게드파는 여성의 권리를 자신들의 독자적인 기획에 받아들였다(Sowerwine, 1982, 28-45).

결국 프랑스에서 페미니스트와 사회주의자들 모두는 연합의 구상을 포기했다. 사회주의자들을 짓누른 것은 대다수 여성이 교회의 영향을 크게 받아왔고, 사회주의 정당에 불리하게 선거권을 행사할 수 있다는 강한 두려움이었다(Perrot, 1976, 113). 프랑스 통합사회당(SFIO)이 여성 보조단체를 창설했을 때, 그것은 여성의 완전한 권리 확보를 위해서가 아니라 주로 페미니즘의 확산을 막으려는 의도를 가지고 있었다(Sowerwine, 1978, 1).

불만스러운 관계는 1913년에 "쿠리오 사건"으로 가장 격렬한 정점에 도달한 듯 보였다. 엠마 쿠리오는 오랫동안 노동조합의 투사였던 남편의 지원을 받아 활판식자공(인쇄공) 노조에 가입하려고 했다. 그 신청은 거부되었고 엠마 쿠리오의 남편은 부인이 일하도록 허용했다는 이유로 노조에서 추방당했다. 큰 소란이 벌어졌고 엠마 쿠리오는 페미니스트뿐만 아니라 일부 노동조합 관련 모임의 지지를 받았다. 그 쟁점은 1915년에 열릴 예정이던 프랑스 서적노동자연맹의 차기 전국대회에 맡겨졌으나, 대회는 전쟁 탓에 끝내 열리지 못했다(Albistur and Armogathe, 1977, 361). 많은 저자들은 이 사건이 여성의 노동권에 대한 노동계의 적대감이 얼마나 깊었는지를 보여준다고 강조해왔지만 소워와인(1983, 441)은 그것을 더 긍정적으로 인식한다. "만일 쿠리오 사건이 '여성에 대한 태도의 징표'라면 그것은 여성 혐오의 지속이 아니라 평등주의를 향한 일보 전진을 의미한다."

이탈리아의 사회주의 운동은 또한 여성 선거권에 관한 유명한 논쟁, 즉 「사회 비평(Critia sociale)」을 통해서 알려진 사회당 지도자 필리포 투라티와 그의 평생 동반자인 안나 쿨리쇼프 사이의 논쟁을 목격했다. 이탈리아에서도 남성 사회주의자들은 남성 보통선거권을 더 신속하게 성취하기 위해서 여성 선거권 쟁취 투쟁을 늦추기를 원했다. 또한 그들은 예컨대 여성이 "정

치에 참여하지 않았다"와 같은 방식으로 자격의 정당화를 활용했다. 쿨리쇼
프가 응수한 대로, 만일 이것이 논거라면 누구라도 "얼마나 많은 남성이 실
제로 정치에 참여하는가?"라고 물어야만 한다. 그리고 쿨리쇼프는 투표권이
남성 문맹자에게 주어진다면, 여성들이 문맹이기 때문에 선거권이 주어져서
는 안 된다고 누가 주장할 수 있겠는가라고 반문했다(Ravera, 1978, 77-79;
Pieroni, 1963, 122-123; Pieroni, 1974, 9; Puccini, 1976, 30-31 참조).

　양면성은 어디에서나 발견될 수 있었다. 잉글랜드에서 노동당은 마지못해
여성 선거권 운동을 지지했다. 다수의 노동당 지지자들은 "페미니즘이 단순
히 유산층 여성들의 특권을 확대하려는 시도의 다른 이름"이라고 믿었다
(Liddington and Norris, 1985, 28). 보수적인 여성들의 투표에 대한 두려움
탓에 대다수 남성 노동당원들은 여성 선거권에 대해서 "열의를 보이지 않았
다"(Fulford, 1957, 113). 1912년에야 비로소 노동당은 여성을 포함하지 않은
어떤 선거권 확대도 더 이상 지지하지 않겠다고 결의했다(Hinton, 1983, 79).

　미국에서는 1868년에 전국노동자대회에서 엘리자베스 케이디 스탠턴이
노동자 조직의 대표가 아니라는 이유로 대회 참가자격이 의문시된 유명한
사건이 발생했다. 결국 스탠턴의 자격을 인정하면서 대회 주최자들은 그들
이 스탠턴의 "독특한 견해"에 동의하지는 않지만, 그 조직이 노동 조건의
개선을 추구하기 때문에 스탠턴을 받아들일 뿐이라고 강조했다(Andrews,
1918, 2:128).

　벨기에와 오스트리아(독일 역시)에서 사회주의 정당들은 남성 보통선거권
을 위태롭게 하지 않기 위해서 여성 선거권의 지지를 거부했다(Evans, 1987,
86-88). 반면 국가마다 사회주의자들은 궁극적으로 (어느 정도는 고통스럽
게) 여성 선거권 운동을 편들었다(Evans, 1987, 76). 그리고 혁명 이후 러시아
에서 클라라 제트킨 식의 "프롤레타리아 여성운동"은 알렉산드라 콜론타이
와 레닌의 부인 나데즈다 크룹스카야 모두의 승인을 얻었다(Stites, 1957,
251).[75]

286

그럼에도 케네디와 틸리(1985, 36)는 페미니스트와 사회주의자들이 적어도 1890년부터 1920년까지 "거리를 유지한 채" 머물러 있었고, 실상 "증오심에 가득 찬 적"이 되었다고 주장한다. 클레이만과 로슈포르(1989, 231)는 "1889년부터 1914년까지 페미니스트 조직과 사회당의 관계가 결코 대립을 멈추지 않았다"고 말한다. 노동계급 여성에게 기본적인 선택은 항상 "자매들인가? 또는 시민들인가?"(Sowerwine, 1982, 1)의 문제인 듯했다. 결국 정치적으로 활동적인 노동계급 여성에게 양자 간의 선택을 거부하는 것은 허용되지 않았다.

그렇지만 페미니스트/여성 운동은 무엇보다 사회/노동 운동의 프리즘을 통해서 이해되어서는 안 된다. 여러 가지 측면에서 유사한 점이 있지만, 그것은 나름의 역동성을 가졌다. 존 스튜어트 밀은 이 역동성을 잘 설명했다.

특권 없는 이들에 대한 특권층의 양보는 그것을 강요하는 특권 없는 이들의 힘보다 더 나은 동기에 의해서 좀처럼 성취되지 않는다. 그들이 여성들은 그것에 대해서 불만을 터뜨리지 않는다고 스스로 말할 수 있다면, 성별의 특권에 맞서려는 어떤 주장도 대다수에게 거의 주목받지 않을 것이다(Rossi, 1970, 214에서 인용).

그 일대기는 실제로 여성이 아니라 남성들과 함께 시작되었다. 오닐(1971,

---

75) 그렇다고 해도 클라라 제트킨 방식을 넘어서는 것도 아니었다. Kollontai(1971, 59-60)는 매우 분명하다. "페미니스트들의 요구사항은 보기에는 급진적이기는 했지만, 페미니스트들이 계급적 지위 때문에 여성 해방의 완수에 필수적인, 현재 사회경제적 구조의 근본적 변화를 위해서는 싸울 수 없었다는 사실을 놓쳐서는 안 된다."
이탈리아에서도 마찬가지였다. 이탈리아에서는 안나 몬조니가 사회당과 함께 여성 해방을 위한 조직의 필요성을 역설하고 사회주의자들이 그 점을 이해하지 못했다면 그 까닭은 "노동계급이 부르주아지로부터 새로운 형태의 반(反)페미니즘을 물려받고 있었기" 때문이라고 주장한 반면에, 안나 쿨리쇼프(여성 선거권의 중요성에 관해서 동지 필리포 투라티와 토론을 벌인 인물)는 "여성 해방과 같이 매우 분명한 목표"조차 받아들일 수 없었던 "계급 간 조직"에 대해서 반론을 제기했다(Bortolotti, 1978, 105).

6)이 빅토리아 시대의 남성에 대해서 말하듯이(그러나 19세기 내내 유럽의 여러 곳에 대해서도 대체로 사실이었다) 그들은 "스스로 특별한 계급으로 생각하도록 여성을 가르쳤다……[그들은] 예전에 여성들만 존재한 곳에서 바로 그런 여성을 창조했다."

19세기 초 잉글랜드에서 여성들은 주로 노예제 반대운동의 일부로 조직되었고, 그것은 아마 나중에 페미니스트 조직을 위해서 결실을 맺게 될 것이었다. 뱅크스(1981, 22)가 제시하듯이 노예제 반대운동에 대한 여성들의 적극적인 참여는 "자금 조달과 청원을 위한 서명운동과 같은 일상적인 정치 활동의 기본을 다지는 데에 귀중한 경험을 제공했다." 그런 활동이 아마 바리케이드를 지키는 일보다는 덜한 것이었지만, 분명히 거실에서 대화하는 일보다는 조금 더 나간 것이었다. 초창기 차티스트의 정치는 전술에서 더 급진적이었다. 실제로 대중 정치를 지향했고 여성들이 참여했다. 그러나 차티스트들은 여성의 권리(특히 투표권)에 대해서 나중의 사회/노동 운동만큼이나 모호한 태도를 드러냈다. 초창기에 차티스트의 보통선거권 요구는 여성들을 "특별히 포함한"(Fulford, 1957, 38) 반면, 나중에 등장한 성명에서는 대부분 "그 문제를 분명히 다루지 않았다"(Thompson, 1976, 132). 핵심 쟁점은 "계급의 문제"라는 것이 일반적인 정서였다.

초창기 페미니즘에 가장 우호적인 환경을 제공한 것은 오언의 사회주의였다. 오언주의는 "여성 해방에 대해서 이론적일 뿐만 아니라 실천적인 헌신"을 보여주었다(Taylor, 1983, xiii).76) 그러나 오언주의는 차티즘이 막 몰락할 무렵인 1845년에 오언우드의 몰락과 더불어 점점 희미해질 운명이었다. 오언은 여성의 해방을 자신이 설파해온 더욱 광범한 "사회적 개조"의 일환이라고 생각했다. 그리고 이런 운동이 사라지면서 "페미니즘과 [잉글랜드] 노동

---

76) "그들은 여성이 소유물이라는 상태를 종식시키는 유일한 방법은 사적 소유 자체를 끝장내는 것이라고 주장했다. 그것은 확실히 울스턴크래프트가 제안한 것보다 더 급진적인 해법이었다. 그렇지만 어떤 의미에서는 울스턴크래프트와 다른 페미니스트들이 제기한 요구사항들의 논리적 결과가 아닌가."

계급의 급진주의 사이에 이데올로기적 연대가 이루어졌다." 그 다음에 "단일한 이데올로기의 쌍둥이 투쟁"으로 비친 것은 "다른—때때로 반대의—관점에서 조직된 별개의 투쟁이 되었다"(Taylor, 1983, 264).

18세기 마지막 25년과 19세기 전반은 영국의 매리 울스턴크래프트와 해리엇 마티노의 페미니스트 저작에서 프랑스의 마담 드 스타엘과 조르주 상드의 문화적 주도성, 그리고 라헬 파른하겐, 헨리에테 헤르츠, 도로테아 폰 쿠르란트 등이 모인 베를린의 살롱 사교 모임에 이르기까지 빼어난 여성 지식인들이 뚜렷하게 기여한 시기였다(Hertz, 1988). 그러나 모두 기본적으로 다양하고 대체로 소규모의 사회주의적 운동이었지만, 페미니스트 운동이 움트는 것을 지켜볼 수 있는 곳은 주로 프랑스였다. 사실 아벵수르(1913, 222, 230)는 1830년부터 1848년까지 프랑스 페미니스트들의 요구사항들(이혼, 자유직업에 대한 진입, 정치적 권리)이 의미 있는 성과를 거두지 못한 까닭에 대해서 "그들이 사회주의적 신조와 굳건히 결합했기 때문"이라고 설명한다.

특히 페미니스트들은 생시몽주의자들이나 푸리에주의자들과 연계되었다. 생시몽주의자들은 사랑, 따라서 여성에 의한 개조와 혁신을 강조했고 처음에는 그들의 조직에서 여성에게 중요한 역할을 부여했다(Thibert, 1926, 78). 그들은 많은 여성 잡지와 간행물을 펴냈다. 몇 가지 사례로는 노동계급 여성이자 생시몽주의자인 데지레 베릴[77]이 쓴 「자유 여성(*La Femme Libre*)」, 1832년에 여성들이 작성한 기사만을 출판한 「여성의 옹호자(*Tribune des Femmes*)」(Moses, 1982, 251-257), 생시몽주의의 정신과 민주적 동향을 결합하려고 시도한 잔 드루앵이 1836년에 창간한 「여성 신문(*La Gazzette des*

---

77) 창간호에 실린 베릴의 편집 논평 제목은 "여성의 사도직"이었다. 그것은 다음과 같이 시작하는 "여성을 향한 호소문"이었다. "모든 이들이 자유를 위해서 활동하고 프롤레타리아가 투표권을 요구할 때, 우리 여성들은 눈앞에서 벌어지는 위대한 사회적 해방운동 속에서 수동적으로 머물러야 할까? 우리의 권리와 힘을 이해하자. 우리는 매력이라는 힘, 억누를 수 없는 매력이라는 무기를 가지고 있다. 그것을 어떻게 활용할지 알도록 하자"(Adler, 1979, 41). 베릴은 자신의 이름을 잔-데지레로 바꾸었다.

Femmes)」 등을 들 수 있다.[78]

티베르(1926, iii-iv)는 생시몽주의적 페미니즘의 "감정적이고 이상주의적인" 본질을 찬양하고 "공평무사한 관대함"에 관해서 언급한다. 모지스(1982, 265)는 무슨 일이 벌어졌는지에 대해서 더욱 차분한 평가를 시도한다. 모지스는 여성들이 자기 권리를 강력하게 주장함에 따라서 남성 생시몽주의자들이 어떻게 그 조직 내에서 그들의 권한을 축소하는 방향으로 움직였는지에 주목한다. 그러나 모지스는 결과적으로 "여성 생시몽주의자들이 남성의 보호로부터 스스로를 해방시켰고" 역사상 최초의 독립적인 여성운동을 만들었기 때문에 "얄궂게도 그 결과는 속박으로부터의 해방이었다"고 말한다.

푸리에는 여성 해방을 자신의 사회주의에서 가장 중요한 "도덕적 해방"에 연결시켰다. 그러나 훨씬 더 중요하게 그는 여성의 도덕적, 사회적 자유가 여성의 경제적 독립, 즉 "일하는 권리"를 "필수조건"으로 수반한다고 주장했다(Thibert, 1926, 99, 140). 페미니즘(feminism)이라는 용어를 창안했다고 일반적으로 인정받는 사람은 푸리에이다(Perrot, 1988, 33).[79] 그러나 이 주장은 논란의 여지가 있다.[80] 어쨌든 또다른 초기 사회주의 운동의 지도자인 (그리고 19세기 내내 강력한 영향력을 미친) 프루동(1846, 197, McMillan, 1981b, 193에서 인용)처럼 "매춘부냐 가정주부냐(courtisane ou ménagère)"라

---

78) Bouglé(1918, 106)는 이렇게 논평한다. "1848년의 불꽃 속에서 이 조합은 융합되었다." 그는 또한 "이런 생시몽의 예언자적 색조는 현재[1918년] 우리 여성 참정권론자의 가슴 속에 다양한 형태로 살아 있다"고 말한다(p. 110).

79) 그러나 페로는 그 용어가 프랑스 페미니스트 협회연맹의 창설과 더불어 1892년에야 "제도화되었다"고 언급한다.

80) 튀르제옹은 「프랑스 페미니즘(*Le féminisme française*)」(1907, 1:10, Abray, 1975, 43에서 인용)에서 푸리에의 「네 가지 바람風]의 이론(*Théorie des Quatre Vents*)」(1841)에서 그 용어를 찾아냈다고 주장하지만, Offen(1987b, 193, n. 4)은 푸리에의 그 저작에서 페미니즘이라는 용어를 찾을 수 없었다고 말한다. 오펜은 단지 그 용어의 "모호한" 기원이 1972년보다 앞선다는 데에 동의할 것이다. Moses(1992, 80-81)는 푸리에의 어떤 저작 속에서도 그 용어를 찾아낼 수 없었고 그것의 첫 중요한 용례는 1885년에 오클레르의 잡지 「여성 시민(*La Citoyenne*)」에서 찾을 수 있다고 말한다.

는 공식의 창안자로 기억되기보다는 페미니즘의 창안자로 기억되는 편이 더
낫다. 프루동의 이런 이분법은 잔 드루앵에 의해서 즉각 비판을 받았고, 그
뒤 계속 질책당하는 이유가 되었다(Tixerant, 1908, 186).[81]

우리가 이미 주목했듯이, 플로라 트리스탕은 여성의 투쟁과 프롤레타리아
의 투쟁이 공통의 대의명분이었다고 주장하는 용감한 노력을 경주했다. 왜
냐하면 여성과 프롤레타리아 모두는 사회에서 "열등한 지위"를 차지하고
(Puech, 1925, 337), 그리하여 두 가지 투쟁이 "떼려야 뗄 수 없기" 때문이었
다(Albistur and Armogathe, 1977, 284). 트리스탕이 말하기를, 사실 "여성은
프롤레타리아 중의 프롤레타리아였다"(Rebérioux, 1978a, xix에서 인용;
Dijkstra, 1992, 178; Portal, 1983, 95 참조).

1848년의 세계혁명을 통해서 그런 호소는 마침내 결실을 맺은 듯했다.
1848년 페미니즘은 프랑스와 다른 곳에서 스스로를 사회혁명의 일환으로 재
확인했다. 프랑스에서 그런 요구사항은 수없이 많았다. 폴린 롤랑은 파리
시장 선거에서 투표하고자 했으나 거부당했다. 잔 드루앵은 1849년에 국민
의회 선거에 입후보하고자 청원했다. 잡지 「여성의 투표(*Voix des Femmes*)」
는 "사회주의적 정치 잡지, 모든 여성의 이익을 위한 기관지"라는 부제가
달려 있었다. 편집자인 외제니 니보예는 더욱 과감하게 국립도서관의 모든
공간이 여성 독자에게 개방되어야 한다고 요구했다(Thibert, 1926, 313,
317-318, 327). 그러나 소수의 공산주의자 단체를 예외로 하면 이런 요구사
항은 "청교도주의의 물결"에 직면했다(Devance, 1976, 92). 1850년, 드루앵과
롤랑을 비롯한 여성들은 사회주의 초등학교 교사(남교사, 여교사), 교수 연합
을 결성했지만, "정치적 목표를 가진 비밀단체"였다는 이유로 투옥되었다
(Thibert, 1926, 332-334).

---

81) 프루동은 페미니즘에서 "매춘의 낌새가 느껴진다"고 말하고 페미니즘을 "매춘부 정치"라고
불렀다. 이어서 프루동은 "가부장적 관습에 얽매인 농민"이라고 불리게 되었다(Thibert, 1926,
171, 185, 190).

미국에서 1848년 세계혁명의 유일한 표출은 세네카 폴스 대회였다. 이것은 일반적으로 미국 페미니즘의 태동이라고 간주된다. 독립선언을 모방한 1848년 7월 19-20일의 '감정 선언(Declaration of Sentiments)'은 이렇게 시작한다. "우리는 이 진리를 자명한 것으로 생각한다. 모든 남성과 여성은 평등하게 창조되었다." 8월 18일에 정리된 불만사항들에는 여성들이 "시민의 첫 번째 권리인 선거권," 즉 "내국인과 외국인을 가릴 것 없이 무식하고 품위 없는 남성들"에게 부여된 권리를 빼앗겼다는 사실(이 불만은 장차 벌어질 갈등을 예시하는 것이었다)이 적시되었다(Rossi, 1973, 416).

유럽에서 그에 대한 억압은 가혹했다. 프랑스에서 6월의 나날은 "사회적 변화의 제한적인 수용조차도 거부되고"마는 결과를 낳았다(Thompson, 1996, 399). 그리하여 7월 왕정의 더 자유로운 분위기는 사라지게 되었다. 페미니스트 출판물은 금지되었다(Adler, 1979, 175). 그리고 1848년 7월 26일 한 법령은 여성의 지위를 미성년자의 지위와 동일시함으로써 여성들이 정치 클럽의 모임에 참여하는 것조차 금지했다(Tixerant, 1908, 63). 이탈리아에서는 여성의 대의명분에 대한 임시정부(2월 25일-5월 4일) 초기의 호의가 제헌의회(5월 4-28일)의 차별적 조치에 의해서 부인되었고, 곧이어 "여성 지위의 향상에 대한 어떤 환상"도 더 이상 존재할 수 없는 입법부가 등장했다(Anteghini, 1988, 57). 자유주의자들과 연계된 독일의 페미니스트들은 "1848년 혁명에 뒤이은 억압의 희생자가 되었다"(Hacket, 1972, 362).

그리하여 1848년의 최종적인 결론은 사회주의자들에 대한 억압뿐만 아니라 페미니스트들에 대한 억압이기도 했다. 그렇지만 이것은 그 두 집단을 함께 묶지 못했다. 오히려 두 "추방자" 집단은 대부분 독자적인 조직 구성에 나서게 될 것이었다. 19세기 전반부에 발생한 흐름에 관해서는 오닐(1969, 17)이 잘 요약하고 있다.

여성들의 협소한 영역과 남성들의 넓어진 영역 사이의 간격은 자유주의와 자유지상주의 사상이 우세해졌을 때, 가장 크게 벌어진 듯하다. 잉글랜드와 미국 모두에서 여성에 대한 배제는 선거권이 확대되면서 더 분명해졌고 방어하기가 더 어려워졌다.

물론 이는 유럽 대륙에도 해당되는 서술이었다. 이 시점 이후 페미니스트/여성 운동의 초점은 방어하기 어려운 이 간격[82]에 맞춰질 것이었다.

이제 가정주부는 여성이 근대 세계에서 떠맡도록 예정된 역할의 지배적인 문화적 이미지가 되었다. 여성은 이전 시대에 "경제 영역에서 인정받은 협력자"로서 존재해온 모든 요소들을 상실했다(Ortega, 1988, 13). 물론 대다수의 여성들이 경제 영역에서 "협력하기"를 그만두지 않았으므로, 인정받은이라는 단어에 강조점이 놓여야 한다. 홀(1992c, 68)이 언급하듯이, "부르주아지는 자기 부인들을 경제적, 이데올로기적으로 종속적인 지위의 숙녀로 만들었고 따라서 하층-중간계급과 노동계급 여성들을 자기 집안에서 가사노동을 담당하고 직물을 생산하는 데에 활용했다."[83]

19세기에 삶의 공적 영역과 사적 영역 사이의 구분은 지문화(geoculture)의 핵심적 요소가 되었다. 그것은 근대성의 큰 진전 가운데 하나로 칭송되었고 합리성에 대한 요구의 논리적인 결과였다. 합리성을 추구하는 가운데 "좋은 사회조직"은 "공간, 역할, 업무에 대한 더욱 엄밀한 정의"를 요구하는 듯이 보였고(Perrot, 1988, 35), 그것은 또한 "남성과 여성에게 개인적 특성과 사회적 역할의 부여를 정당화하는 논리로서 기여했다"(Allen, 1991, 29).[84] 이것

---

82) 1879년, 이 넓은 간격에 대한 위베르탱 오클레르의 대응은 유명한 선언이었다. "남성은 그들에게 유리하게 법률을 만들고 우리는 침묵 속에서 고개를 숙이지 않을 수 없다. 복종과 체념은 이제 그만! 사회에서 쫓겨난 자들이여, 일어서라!"(Bidelman, 1982, xiv에서 인용).

83) Hobsbawm(1984c, 93)은 "(보수를 받지 못하는) 가사노동과 (보수를 받는) 외부 노동 사이의 성적 분업을 늘리고 더 분명하게 만드는 경향이 있었다는 점이 19세기 산업화의 역설"이라고 언급한다. 그러나 이것이 왜 역설인가?

84) Rowbotham(1977, 47)은 젠더에 따라 구분된 영역과 경제구조 사이의 연계를 논의한다. "자유시장과 자유로이 경쟁하는 경제적 원자(原子)의 모형은 이런 감정이 적절한 위치에 유지되는 한 감정으로 하여금 모형에 응집력을 부여하도록 요구했다. 그렇지 않으면 부르주아 남성은

은 "공적 영역의 젠더화"라고 불린 현상인데, 랜디스(1988, 2)는 19세기와 구체제의 문화적 정의 사이에 어떤 차이가 있었는지 언급한다. 구체제의 문화적 정의 속에서 "권리는 보편적이지 않았고 공적인 권력의 통로에서 여성의 배제는 특별히 예외적이라고 간주되지 않았기 때문이다."[85] 페미니스트들이 지속적으로 주장했듯이, 정확한 핵심은 권리들이 이제 보편적이어야 한다는 점이었다. 1876년 독일의 페미니스트 헤드비히 돈은 "인권[Menschen-rechte]에는 성별이 없다"고 선언했다(Clemens, 1988, 1에서 인용).

그러나 페미니스트 운동들은 처음부터 그들을 위해서 만든 개념적 딜레마에 빠졌다. 한편으로 그 운동은 프랑스 혁명에서 신성시된 보편적이고 개인주의적인 전통의 계승자였다. 그러나 페미니스트들이 능동 시민으로서의 완전한 권리를 요구했을 때, 그들은 일부 중요한 점에서 남성과 그들이 차이가 있다는 것을 근거로 요구가 거부되었다는 사실을 알아차렸다.[86] 다른 한편,

---

나름의 합리성 아래 해체된 홉스식 세계에 남겨졌다. 빅토리아 시대의 중간계급은 그들의 크리놀린(스커트를 부풀어 보이게 하기 위한 페티코트/옮긴이)에 싸인 여성들 속에서 그들의 감정을 발견했다." 그러나 Perrot(1986, 99)에 따르면, 물론 빅토리아 시대의 중간계급만의 문제는 아니었다. "20세기 초 [프랑스에서도] 남성의 의식이 계급의 차원으로 출현했다……생디칼리슴(syndicalism : 20세기 초에 프랑스, 이탈리아, 에스파냐 등지에서 위세를 떨친 노동조합[syndicat] 중심의 운동으로 정당과 의회 정치를 불신하고 총파업과 같은 직접 행동을 통해서 자본주의 체제의 극복을 지향했다/옮긴이)은 공적 공간을 남성적 공간으로 간주하는 부르주아적 정의를 이어받음으로써 스스로를 조직했다." 나는 이런 현상이 20세기 초보다 훨씬 이전에 발생했다고 본다.

85) Nye(1993, 47)는 공적 영역과 사적 영역의 이런 젠더화가 1789-1815년의 시기에 합법적으로 용인되었다고 단언하고 이를 과학적 이론화와 연결한다. "남성과 여성의 생의학적 모델은 남성과 여성을 각각의 사회적, 가족적 역할에 '자연적으로' 부합하도록 만든 이 시기의 의학자들에 의해서 수립되었다. 이 과정에서 출현한 성별화된 인간들은 너무 잘 구성되어 '정반대'인 동시에 '상호보완적'이었다. 부르주아적 질서의 공적 영역과 사적 영역은 서로의 윤곽이 매우 뚜렷하게 구분되었기 때문에 단지 두 가지의 완전히 다른 존재가 그 영역들을 차지할 수 있었다."

86) "개인주의는 자유주의 운동……(노예제 반대운동 조직, 민족주의 단체, 도덕 개혁운동, 사회 개혁협회, 정당 등)과 조직적 페미니즘의 등장 사이에 이데올로기적 연계를 제공했다. 이런 연계는 두 가지 방식으로 작동했다. 첫째, 대다수는 아니라고 하더라도 많은 초기의 페미니스트 활동가들이 이런 부류의 자유주의 운동들과 밀접하게 연루된 가문 출신이었다는 것은 그럴 듯하게 보인다……둘째, 이런 부류의 여성과 다른 여성들은 대개 자유주의 개혁운동에서 적극

페미니스트들이 그 대신에 "다름 속의 평등," 즉 19세기 중엽 프랑스의 페미니스트인 에르네스트 르구베가 암시한 개념을 추구하기로 결정했을 때,[87] 그들은 의심할 여지없이 "자유주의를 확대하고 자유주의가 받아들인 가부장적 정치 세계를 극복하는 방법"을 찾고 있었다(Caine, 1992, 53). 그들은 또한 남녀의 신체를 서로 비교할 수 없는 "일련의 이항대립으로" 이해한 "새로운 과학적 신체관"과 잘 맞고 있었다(Poovey, 1988, 6). 그러나 이를 행함으로써 그들은 불가피하게 수동 시민으로서의 역할, 말하자면 남성들이 "자비로운 가부장"으로서 여성들에게 할당한 역할을 받아들이고 있었다(Offen, 1983, 257).

진퇴양난의 경로를 항해하는 일은 결코 쉽지 않았고 거의 성공적으로 수행된 적이 없었다. 이를 멀리서 지켜본 누군가는 약간 특이한 결론에 도달할 수 있을 것이다. 이본 튀랭(1989, 359)은 아마 우리는 수녀들을 19세기의 진정한 여성해방 운동가로 생각해야만 할 것이라고 제안한다.

수녀들은 최초의 의학도이자 약학도였고, 최초로 기업체를 이끈 지도자였으며, 최초의 파업자이기도 했다……페미니스트든 아니든 이론화 작업에 완전히 생소한 그들은 일상의 실천을 통해서, 그들로 하여금 책임을 떠맡도록 했을 뿐만 아니라 교회와 시민사회가 자신들의 새로운 계획을 채택하도록 강요한 것, 스스로 소명이라고 부른 것을 완수함으로써 자신들의 존재를 의식하도록 했다. 교회는 그들에게 활동에 충분할 만큼 큰 자유의 영역을 제공하는 유일한 조직체였다……행동에 앞서 오늘날의 페미니스트는 여성에게 하도록 요청되는 일을 남성도 하는지 자문한다. 그

적인 역할을 맡았다……이 운동에 적극적으로 참여하는 여성들은 공통적으로 처음에는 열정을 경험하고 이어서 그들을 이끈 남성들이 활동을 제한하는 데에 환멸을 느끼고 각성하고는 했다"(Evans, 1977, 33).

87) "'다름 속의 평등'이라는 르구베의 구호는 여성 권리를 위한 공화주의 운동 조직과 르구베 자신이 [1848년에] 개요를 구상한 개혁안, 그리고 제3공화정 초기 프로그램 등에 반복적으로 등장하는 중심 주제가 되었다"(Offen, 1986, 454).

에 대한 답변이 긍정적이라면, 페미니스트는 동의한다. 만일 부정적이라면, 페미니스트는 거부한다. 페미니스트는 어떻게 모방하고 반복하며 순응하는지 알고 있으며 여성들의 풍부한 창의성을 망친다. 19세기의 수녀는 여기저기에서 발끝으로 살금살금 걷는 여성을 만들었다.

문화적 경계의 다른 끝에 있는 이질적이지만 기묘하게 보완적인 이 주장 속에서 루빈(1975, 185)이 어떻게 정신분석학을 해석(그리고 비판)하는지 살펴보라.

> [정신분석학]은 인간 사회의 성(性)에 대한 이론이다. 가장 중요하게 정신분석학은 성별이 나뉘고 변형되는 기제와 양성(兩性)의 특성을 지닌 유아들이 어떻게 소년과 소녀로 변하게 되는지를 설명한다. 정신분석학은 결함이 있고 불충분한 페미니스트 이론이다.

그러나 어떻게 급류를 헤쳐나가는지에 대한 튀랭의 의식도, 또 어떻게 급류가 매우 위험해지는지 이해하는 법에 대한 루빈의 인식도 1848년 이후 20세기 말에 이르기까지 페미니스트들이 생각하고 조직한 방식에서 핵심적이지 않았다. 페미니즘은 성차별이 합법적일 뿐만 아니라 공공연하고 공격적으로 반박되며 그리하여 잠재적인 동맹세력 모두에게 영향을 주었던 세계 속에서 그 길을 넓혀가야 했다. 르베리우(1978b, 154)는 "19세기 모든 유럽 사회에 공통적이었고 사회주의자들에게서도 나타난 '문화적' 반페미니즘의 힘"에 대해서 이야기한다. "[사회주의] 정당들은 반국가 세력으로 기능할 수 있었지만 반사회적이지는 않았다."

학자나 정치 평론가, 또 정치 지도자 그 누구도 별 도움을 주지 못했다. 잉글랜드에서 페미니즘에 대한 허버트 스펜서의 이른 (개인주의적 사상에서 비롯된) 지지는 다윈식의 선택 원리에 대한 스펜서 본인의 발견으로 인하여 페미니즘 반대로 바뀌었다(Paxton, 1991). 미슐레의 「여성(*La Femme*)」(1981 [1859], 49)은 여성의 한계에 대한 두 남성의 믿을 수 없을 정도의 성차별적인 대화를 담고 있다. 대화 속의 여성은 "프랑스의 모든 남성들이 사랑하고 믿는 것," 즉 세속적 가치, 과학, 1789년의 혁명을 "혐오하고 경멸하도록 양육되었다." 맥밀런(1981a, 362-363)은 미슐레, 프루동, 쥘 시몽— 모두 확고한 반교권주의자들이다 — 이 가정에서 여성의 역할에 대한 교회의 관습적인 견해를 공유했다는 점을 지적한다. 우파 세력에 관해서 그들은 페미니즘을 가치 타락의 또다른 사례로 만들어버렸고, 그들의 견해를 민족주의적 주제와 연결시켰다.[88] 1893년, 이탈리아에서 롬브로소와 페레로는 「비행(非行) 여성, 매춘부, 정상 여성(*La donna delinquente, la prostituta, la donna normale*)」이라는 책을 출판하고 여성의 지적인 열등성, 거짓말을 하는 천성, 유전적인 일탈의 가능성 등에 대해서 논의했다.[89]

렌덜(1985, 321)은 "1860년에 이르러 [미국, 프랑스, 잉글랜드에서] 여성의 정치적 권리에 관한 문제가 논의된 공통적 언어는 여전히 공화주의와 시민권의 언어"였다고 논평한다.[90] 이는 물론 세 국가에만 해당되는 상황은

---

88) "이런 [프랑스의] 맹목적 애국주의 학파가 출판한 서적들과 소책자들(저자들은 지나치게 의학적 은유를 좋아했다)은 프랑스가 침입당하고 실제 외부의 병적인 영향력—유대인, 개신교도, 프리메이슨 등—에 감염되었다고 주장했다. 이 모든 외부의 악영향은 프랑스의 여성 권리 증진 운동의 지도자들 가운데에서 두드러지게 드러났다. 페미니즘의 반대자들은 프랑스가 철저하게 '국제주의'와 '사해(세계)동포주의'에 의해서 위협당하고 있다고 주장했다. 그들은 신랄한 어조로 모든 형태의 앵글로색슨의 문화적 제국주의를 비난했다. 그중 페미니즘은 가장 비난받아야 할 요소였다"(Offen, 1984, 662).

89) Casalini(1981, 17-18)는 여성의 매춘을 남성의 범죄와 비교한 사회주의 지도자 필리포 투라티의 견해가 결국 롬브로소와 페레로의 견해와 그리 다르지 않았다고 주장한다. 오히려 투라티의 견해는 기껏해야 "실증주의가 마르크스의 영향을 받은 합리주의적 실증주의에서 더욱 역행하는 다원주의로 점진적으로 변화할" 뿐임을 보여준다.

90) 공화주의에 대한 여성운동의 헌신은 반드시 기대한 성과를 내지는 않았다. Klejman & Rochefort(1989, 57)는 프랑스의 페미니즘에 관한 저작의 한 장(章)에 "페미니즘과 공화주의: 귀머거리의 대화"라는 제목을 달았다. 그 결과 위베르탱 오클레르는 1889년에 프랑스 혁명 100주년을 맞아 "여성들은 남성적인 1789년을 기념해서는 안 되며, 여성적인 1789년을 창조해

아니었다.91) 국가로의 정치적 통합은 "압도적으로 중간계급이 우세한" 운동
이 추구하는 사실상 유일한 정치적 쟁점이 되었다(Evans, 1977, 34). 어떻게
하면 누군가가 능동 시민이기를 요구할 수 있는가? 그에 대한 답변은 충분
히 단순한 듯 보였다. 조직하고 법률이 개정되도록 요구하며 변화를 실현하
고자 압력을 가하고 공작하라. 이것은 페미니스트들이 실행한 것이다. 만일
누군가가 시민이 되는 것이 왜 중요했는지 묻는다면? 그 답변은 마르크스
주의의 2단계 이론과 유사할 것이다. 먼저 투표하라, 그 뒤 다른 모든 일을
하라.92)

어떻게 투표권을 얻느냐가 문제였다. 이를 위해서는 조직, 여성으로서의
조직이 필요했다.93) 프랑스 페미니스트들은 두 가지의 가능한 대안 전술에

야 한다"고 썼다(Auclert, 1982, 126). 오클레르는 자신의 잡지를 「여성 시민(*La Citoyenne*)」이
라고 명명했다. 그리고 독일 부르주아 페미니스트 운동의 창립자 중 한 명인 루이제 오토-페터
스의 매우 분명한 표현을 참조하라. "우리는 이런 사회질서 자체가 아니라 자본주의적 사회질
서의 결과에 맞서 싸우고 있다"(Hervé, 1983, 19에서 인용).

91) 예컨대 러시아에서는 1905년에야 조직적인 페미니스트 운동이 등장했고 그 형태는 여성 선거
권 운동이었다(Stites, 1978, 191). 인도(印度)의 사정에 관해서는 Forbes(1982)를 참조하라.

92) "고전적 페미니즘은……결국 서양에서 해방의 절정으로서 투표에 초점을 맞추게 되었다. 이는
투표를 페미니스트가 품은 열망의 최종 목표로 보아야 한다는 의미는 아니다. 대다수 페미니스
트들이 정치적 평등을 하나의 수단으로, 더 높은 단계의 해방 과정을 위한 지속으로 생각했다는
증거는 충분하다. 여성 유권자는 여성을 선출할 것이며 자신의 성별을 위해서 기대한 개혁(법
률, 이혼, 교육 등)을 달성할 뿐만 아니라 (때로는 주류 페미니스트의 수사학과 모순되는 여성의
감수성을 위한 주장을 통해서) 국가의 개조에 기여하고 알코올 중독, 매매춘, 전쟁과 같은 악폐
의 철폐를 보증할 것이다"(Stites, 1978, xviii). Bidelman(1982, 190)은 프랑스 페미니스트들의
견해를 이렇게 요약한다. "'첫 번째 단계'의 정치적 문제에 대한 영구적인 자유주의적 답변이
없다면, '두 번째 단계'의 여성 문제에 대한 답변은 있을 수 없을 것이다." 이 전략에 대한
Dubois(1978, 17018)의 방어 논리를 참조하라. "투표가 여성의 억압이라는 문제를 해결하지
않았다는 이유로 여성 참정권 운동이 여성해방 투쟁에서 쓸모없는 산만함과 혼란이었다고 결론
짓는 것은 잘못이다……그것은 여성 자신의 해방을 위한 최초의 독립적인 여성운동이었다."

93) "자유주의적 페미니즘은 단지 자유주의에 덧붙여진 페미니즘이 아니다……페미니즘은 은연
중에 내포되고 분명하지 않다고 하더라도 여성으로서 여성의 성적-계급적 일체화에 대한 인정
을 요구한다……여성은 성적 계급의 구성원으로서 시민권으로부터 배제되었다. 여성의 **귀속
적인** 사회적 지위는 자유주의 사회가 제공하는 개인적 **성취**에 여성이 참여하는 것을 가로막고

이름을 부여했다. 그들은 두 가지 전술을 (마리아 드즈랭과 관련된) "파기(破棄)의 정치"와 (위베르탱 오클레르와 연계된) "공세(攻勢)의 정치"로 명명했다. 쟁점은 시민적 해방의 쟁취와 정치적 해방의 쟁취 가운데 어느 쪽에 우선권이 주어지는가라는 문제였다(Bidelman, 1982, chaps. 3, 4). 전술에 대한 토론으로서, 이것은 독일 사회민주주의자들의 개량이냐 혁명이냐를 둘러싼 논의와 크게 다르지 않았다. 일반적으로 파기의 정치가 지배적이었다. "거의 어느 곳에서나 급진파(즉 무엇보다 여성 선거권을 요구한 이들)는 소수파였고 흔히 '온건한' 페미니스트 다수파와 강력하게 대립했다"(Evans, 1977, 37).

페미니스트 운동의 완화에 대한 일반적인 설명은 부르주아적 가치를 가진 중간계급 여성들이 그 운동들을 지배했다는 사실이다. "부르주아적 심성은 그들을 점진적이고 합법적인 해결책으로 기울도록 만들었다"(Hause and Kenney, 1981, 783).[94] 그러나 일부 페미니스트들은 더 급진적인 전술로 옮겨갔다. 에번스(1977, 189-190)는 "적극적인 전술과 집중적인 선전방식" 때문에 "전투적인" 페미니스트라고 알려지게 된 이들에게 영감을 준 사회주의 운동의 본보기와 사회민주주의 여성운동의 등장을 인정한다. "거리에서 전개한 대중 시위, 깃발과 현수막, 구호와 여러 가지 색깔, 상대방에 대한 적극적인 공세적 접근 등은 모두 사회주의 운동이 개척한 전술이었다."

공격적인 전술은 특히 영국과 미국에서 효력을 발휘했다. "[영국의] 여성

는 했다"(Eisenstein, 1981, 6).

94) Hause & Kenney(p. 804)는 페미니즘이 "영국에서 그랬던 것처럼 노동계급의 경험이라는 효모를 받지" 않았기 때문에 이런 결과가 특히 프랑스에서 강력했다고 주장하지만, Rover(1967, 61)는 영국의 상황을 이렇게 기술한다. "1866년 이래 조직적으로 여성 선거권을 지지한 초창기 중간계급 페미니스트들[전국여성선거권협회]은 초창기 개혁협회나 차티즘보다 반곡물법연맹과 훨씬 더 긴밀하게 연계되었다. 개혁협회나 차티즘의 지지자들은 주로 노동계급이었고, 반곡물법 운동의 중심지인 맨체스터가 여성 선거권 운동의 주요 중심지였다는 것은 전적으로 우연이 아니다." Perrot(1988, 47)는 프랑스 페미니즘이 영국이나 미국의 페미니즘과 현저하게 다르다고 보는 앵글로색슨의 역사 서술에 이의를 제기한다. Evans(1976, 272)는 독일 페미니즘의 두 가지의 주요 특징이 "자유주의적이고 중간계급 중심적"이었다는 점을 강조한다.

참정권론자들은 리젠트 거리(런던의 고급 쇼핑가/옮긴이)의 판유리들을 박살낸 것만큼이나 효과적으로, 수동적이고 의존적인 존재로서의 여성의 이미지를 깨뜨렸다"(Rover, 1967, 20). 채페츠와 드워킨(1986, 112)은 미국[과 영국]의 운동이 "대중의 추종"을 성취할 수 있었던 것은 정확히 이런 전투성과 "쟁점을 선거권으로만 한정한 전술" 때문이었다고 주장한다. 만일 이런 일이 프랑스에서 벌어지지 않았다면, 모지스(1984, 230)가 말했듯이, 그것은 프랑스 페미니즘 운동이 "스스로 소진되었기" 때문이 아니라 오히려 "억압적인 정부들이 반복적으로 페미니즘을 태워 없앴기" 때문이었다.

선거권 획득 투쟁을 이끈 페미니스트들은 최종 목표로든지 아니면 우선적인 고려사항으로든지, 다른 목적을 선거권보다 앞세우는 여성 조직들과 대립하게 되었다. 여성 참정권론자들은 이런 다른 운동들을 본질적으로 덜 전투적이고 사회적으로 더 보수적이라고 인식했다. 그러나 일부는 그런 분석을 뒤집는다.

> 여성 참정권 운동의 출현은 여성운동을 급진적이게 하기는커녕 그 목표와 더불어 운동의 범위를 상당히 축소시킨 실용주의와 온건화에 대한 강조 사이의 모순으로 이어졌다……여성 참정권론자들의 지배적인 역할은 전염병 시위와 혼인법, 고용에 관한 더 앞선 일부 작업에서 분명히 드러난 모든 여성의 문제에 대한 관심 대신에, 일부 중간계급 여성들에게만 직접적으로 중요한 쟁점에 주로 초점을 맞추는 제한적인 관심을 유발했다(Caine, 1982b, 549-550).[95]

그 주장은 단지 선거권 대(對) 다른 우선적 고려사항의 문제가 아니었다. 근본적인 쟁점은 여성들이 공적 영역에 들어설 때, 그 목적이 성차(性差) 없는 개성(어떤 일을 막론하고 법 앞의 평등, 시장에서의 평등, 교육과 어떤

---

95) 전염병법은 1820년대에 영국에서 마련된 입법의 일부였다. 그 쟁점과 "페미니스트들과 급진적인 노동계급 남성 사이의 계급 횡단적인 동맹"에 대해서는 Walkowitz(1982, 특히 80-83)를 참조하라.

다른 문화적 영역에서의 평등)을 요구하기 위한 것인지, 아니면 여성 특유의
미덕과 재능에 대한 인정을 보증하기 (그리고 이런 미덕과 재능이 "사적"
영역에만 한정되어서는 안 된다고 주장하기) 위한 것인지의 여부였다. 페미
니스트/여성 운동 내부에서 이 토론은 19세기 운동들에 영향을 미쳤고 오늘
날까지도 끝나지 않았다.96)

사회적 페미니스트가 실제 선거권에 전념한 정치적 페미니스트만큼이나
정치적 문제(즉 법률의 문제)에 관심을 기울였다는 점을 인식하는 것이 중요
하다. 왜냐하면 법은 무수한 방식으로 여성들의 권리와 가능성에 악영향을
미쳤기 때문이다. 낙태의 (사회적 반감이 아니라) 불법화는 19세기 초의 조
치였다(Rendall, 1985, 226). 그 뒤 낙태의 합법화는 지속적으로 여성들의 주
요 쟁점이었다(McLaren, 1978a; Evans, 1977, 108). 산아 제한 역시 그러했
다.97) 특히 미국에서는 많은 여성 참정권론자들이 참여한 절제(절주, 금주)
운동도 마찬가지였다.98) 독일의 페미니스트들이 유치원 교육에 찬성했을
때, 그것은 입헌국가에 토대를 둔 자유주의 국가의 독자적인 모델을 추구하
려는 시도였다. "단지 개인의 자유를 보호하는 것뿐만 아니라 공동체 의식을

---

96) Lewis(1984, 89)는 후자의 집단, 즉 "여성을 도덕적 질서의 자연스러운 수호자로 보는 발상을
받아들이는" 사람들이 "어머니의 영향력을 가정 너머로 확대하자고 주장하기" 위해서 (예전에
여성을 가정 안에 가둔) 복음주의의 전통과 과학의 언어를 사용한다고 생각한다.

97) "생식 권리에 대한 극소수의 옹호자들은 공동체, 국가 또는 새로운 세대의 복지에 대한 언급
없이 순전히 또는 주로 개인으로서 여성들의 권리에 입각한 주장을 채택했다. 이런 맥락에서
독일의―단지 급진적 조직뿐만 아니라―페미니스트 운동은 자신의 보수성이 아니라 상대적
인 진보와 대담성을 주장한다"(Allen, 1991, 204). 그러나 문제는 이 점에서 무엇이 "보수적인
가" 하는 것이다. McLaren(1978b, 107)은 그것이 가진 모호함을 지적한다. "초창기 산아 제한
이데올로기는 기묘한 혼합물이었다. 그것의 '진보적' 차원은 그 쟁점이 여성 권리와 의학적
자조(自助)에 관심을 가졌다는 점으로 예증되었다. 반면 그것의 보수성은 신맬서스주의 경제학
에 대한 신봉에서 드러났다." 그 뒤 우생학자들이 토론에 가담했고 이는 "어머니의 권리에서
국가의 권리로, 노동력의 양(量)에서 노동력의 질(質)로 관심을 옮기게 했다"(p. 154).

98) "여성 참정권론자들의 [여성 절제운동 참여는 두 운동 사이에 합의의 영역이 존재했기 때문에
가능했다. 두 운동 모두 여성에 의한, 여성을 위한 것이었을 뿐만 아니라 공적 영역에서 활동할
수 있는 여성의 권리를 옹호했다"(Blocker, 1985, 471).

적극적으로 독려하는 데에 정부가 적극적인 역할을 할 것을 요구했다." 유치원은 "어린이의 자립적 행동 본능을 일찍부터 자극함으로써"(Allen, 1991, 65) 이 목표를 증진한다고 생각되었다.

여성성의 요소들을 통제하려는 여성들의 이 모든 시도는 하나의 장애물, 19세기에 새롭게 중요해진 장애물을 만났다. 바로 지배적인 전문가로서 새로운 의학의 과학성에 기초한 의사들의 등장이었다.[99] 일반적으로 이 내과의사들은 "여성과 남성이 비슷하기보다는 좀더 다르고, 양성 간의 생리적 차이는 서로 다른 사회적 역할로 '자연스럽게' 전환되었다고 가정했다"(Theriot, 1993, 19). 이렇게 더 세속적인 세계에서 내과의사는 그동안 성직자가 성(性)의 영역에서 "정상상태의 수호자"로서 담당한 역할을 계승했다(Mosse, 1985, 10).[100] 특히 "가정의(family physician)"라는 새로운 개념은 가정 내에서 공인된 행동에 대한 "직접적인 관찰과 감시의 방식"이 되었다(Donzelot, 1977, 22, 46). 보수적인 여성들조차 공적 영역으로 나오려고 애썼고 따라서 어느 정도 개인적 자율성을 다시 얻고자 했다.

물론 행동에 대한 종교적 통제로부터 의학적/과학적 통제로의 전환에서 우리는 "자연스러운" 행동— 죄인들은 벗어날지 몰라도 회개한 자들은 돌아올 수 있는 행동—이라는 개념으로부터 과학자가 다루는, 어느 정도 "통제하거나" "개선할" 수는 있지만, 근본적으로 변하지 않는 "생리학적으로 필수적인 행동"이라는 개념으로 옮겨간다. 푸코(1976, 59)는 이것이 어떻게 성에 작용하는지 보여준다. "[17세기] 남색자(男色者)는 다시 타락하고 병이 재발한 인간이었다. [19세기] 동성애자는 하나의 종(種)이다." 푸코는 그것이 금지된 행위(남색)와 과거, 유아기, 삶의 방식(동성애)을 지닌 인간(기질) 사이

---

99) 계몽사상 이전에 내과의사와 외과의사들은 대체로 크게 존경받지 못했다. Kniehbiehler & Fouquet(1983, 4)가 말하기를, "몰리에르는 이를 증명한다."

100) 물론 이런 일이 일어나지 않았을 때는 아마 훨씬 더 나빴을 것이다. 당시 "[페미니스트]라는 적에 대한 가장 집요하고 완고한 반대자는 로마 가톨릭 교회"였기 때문이다(Evans, 1977, 124).

의 차이라고 주장한다. 물론 일단 누구나 이런 행동들을 인간/기질로 구체화
하면 그 행동들이 모두 생물학에 뿌리를 두고 있기 때문에 어떤 종류의 일탈
을 다른 종류의 일탈과 연결할 수 있다. 이런 일을 가장 잘 할 수 있는 이들은
(극소수의) 생물학자가 아니라 내과의사들이었다.

> 의사들은 기초과학의 교육과 훈련을 충분히 받았기 때문에 임상 치료의 신비와 일
> 상생활의 성가신 문제 사이의 과학적 조정자로서 신뢰할 만하다. 의사들은 또한 잘
> 조직되어 있을 뿐만 아니라 철저히 세속적이고 정치적인 관점을 가졌으며 자신들의
> 전문적이고 사회적인 특권의 열렬한 옹호자였다(Nye, 1984, xi).[101]

물론 페미니스트들은 공적 영역에서 무엇을 강조해야 하는지에 대한 문제
를 두고 갈라졌다. 일부 사람들은 "모성의 은유"와 "가족과 모성의 역할이
여성의 공적이고 사적인 행동에 긍정적인 영향을 미친다"고 생각했다(Allen,
1991, 1, 244). 극소수는 "자유연애"를 옹호했지만 다른 이들은 대체로 혼인
과 가족에 대한 담론이 여성을 여성의 영역에 가둬놓는 것으로 끝났다고 생
각했다. 어떤 방식으로든 그들은 "가부장제의 뿌리"를 공격하고(Basch,
1986, 36) 여성을 위한 더 많은 공간을 창출하고자 노력했다.

여성들이 특별히 여성적인 역할을 맡고자 애쓴 마지막 주요 공적 영역은
지정학(地政學)이었다. 여성들은 평화운동을 조직했고, 흔히 여성이 남성과
달리 군사적 특성을 회피하기 때문에, 또 "어머니로서" 아들이 무의미한 전
쟁에서 죽는 모습을 보기를 거부하기 때문에 그렇게 한다고 역설했다. 평화
주의는 여성들의 전문 영역이 되었다. 제1차 세계대전이 한창이던 1915년에

---

101) 나이는 주로 프랑스를 다룬다. 그는 프랑스에서 사회적 일탈에 대한 이런 생물학적 지식의
적용이 1870년의 패배를 설명하기 위해서 활용되었고, "프랑스인들에게 국가적 쇠퇴와 국민의
약점의 기원이 무엇인지 설명하려는 철저하게 **문화적인 목표**"를 지녔다고 말한다(p. xiii). 나이
는 제10장에서 영국과 독일을 다루면서 "그런 관심사가 어디에서나 드물지 않았다"고 인정한
다(p. 320).

전쟁에 맞서 저항하는 평화와 자유를 위한 국제여성연맹(Women's International League for Peace and Freedom, WILPF)과 같은 특별한 국제 조직이 등장했다.[102]

입법의 문제가 아니었기 때문에 여성들이 최소한의 역량으로 영향을 미친 국가의 활동은 인구조사 부문이었다. 19세기 말 오스트레일리아에서 기혼 여성은 모두 부양가족의 범주에 속했는데, 이는 "노동시장의 폐쇄를 목적으로 노동계급 남성들의 이익을 도모하고자 시행된 정치적 조치"였다(Deacon, 1985, 46). 그 분류는 널리 퍼지게 되었다. "1900년 무렵 가정 밖에서 보수를 받는 일자리를 가지지 않은 기혼 여성을 '피부양자'로 보는 관념은 과학적 사실의 지위를 획득했다"(Folbre, 1991, 482). 사회과학적 개념과 구상이 법률로 제정될 때, 그것은 효과를 발휘하고 사회체제의 일상적 기능에 큰 영향력을 미칠 수 있는 어느 정도의 합법성을 얻는다.

종족/인종 운동

앞에서 우리는 사회/노동 운동들이 능동 시민권을 요구하는 페미니스트/여성 운동들의 타당성을 수용하는 데에 큰 어려움을 겪었다는 사실을 확인해 왔다. 유사한 방식으로 페미니스트/여성 운동들은 능동 시민권을 요구하는 종족/인종 운동들의 타당성을 인정하는 데에 큰 어려움을 겪었다. 이는 마치

---

102) 그러나 실제 전쟁은 역효과를 가져올 수 있었다. 일본에서 1894-1895년 중국(청 왕조)과의 충돌의 결과는 "당연히 반페미니스트적이었던 보수적 경향"을 가속화했고 정부로 하여금 "여성들이 자식을 낳고 기르며 정부 정책을 지지하는 데에 기여할 수 있는 역할"에 대해서 앞장서서 선전하도록 부추겼다(Siever, 1983, 103). 제1차 세계대전 중에 이탈리아의 페미니스트들은 "투철한 평화주의에서 전쟁의 조직과 선전에 대한 협력으로 비교적 쉽게 넘어갔다"(Bigaran, 1982, 128). 프랑스에서도 같은 일이 발생한 것처럼 보였다(Klejman and Rochefort, 1989, 189). Vellacott(1987, 95)은 영국에서 일단 전쟁이 끝나자 "세 가지 '주의'—페미니즘, 평화주의, 사회주의—의 표면을 덮은 금박이 떨어져 나갔고 평화주의자들은 군국주의적 세계야말로 여성들이 가진 이상의 죽음이었다는 자신들의 주장이 옳았음을 실제로 입증했다"고 말한다.

배 위에 모든 사람들을 수용할 만한 공간이 넉넉하지 않은 상황과 같았다. 아마 더 나은 비유라면 단일 등급 선박—모든 시민, 동등한 시민—이라는 구상을 받아들이기 싫어하는 태도라고나 할까. 19세기에 이 두 번째 조직적 충돌은 주로 미국에서 발생할 터였다. 그곳에서는 흑인들에 대한 억압이 정치적 긴장관계에서 핵심적인 요인이 되었고, 그리하여 흑인들의 사회운동들을 유발했다. 영국에서 등장한 아일랜드인들의 권리 투쟁은 그것이 미국 흑인들의 사례에서 볼 수 없었던 정치적 분리를 포함했다는 점을 제외하면 유사한 쟁점을 제기했다.

지배층의 정치적 견해에서 볼 때, 여성의 권리라는 쟁점과 흑인들(실제 다른 "소수" 종족)의 권리라는 쟁점은 근본적으로 다르지 않았다. 사실 두 가지 쟁점은 흔히 인식을 융합시키는 것처럼 보였다.

> 공화주의적 젠더 이데올로기는 급진적 시민권의 발전을 용이하게 했다. 젠더 이데올로기는 남성을 생산성과 독립에, 여성을 노예 상태와 종속에 단단히 묶어둠으로써 남성과 여성을 대립하게 만들었다……소수 민족 남성에게 여성적 특성을 부여함으로써 오래된 혈통(17-18세기에 아메리카로 이주해온 서북 유럽계 백인을 의미한다/옮긴이)의 미국인들은 비굴하고 의존적일 것이라고 추정된 남성들을 거세했을 뿐만 아니라 그들을 공화주의적 자유에 대한 위험으로 낙인찍었다……종속적인 여성의 이면이 고결한 여성이었다면, 종속적인 남성의 이면은 폭압이라는 병원균이었다(Mink, 1990, 96).

19세기 초 여성들은 특히 영국과 미국에서 노예제 폐지운동에 매우 적극적으로 참여했다. 당시 여성의 권리는 어디에서나 더 나빠지고 있었다. 미국의 경우에는 "극적으로" 악화되었다(Berg, 1978, 11). 처음으로 여성을 투표에서 **공식** 배제한 조치가 1832년 영국의 선거개혁법이었는데, 이 법은 역설적으로 예전에 선거권을 가지지 못한 이들에게 선거권을 부여하려는 것이었다는 점을 기억해야 한다. 그러나 이를 통해서 그 법은 "남성(male person)"을 명시했다. 이 표현은 이전의 잉글랜드의 법률에서는 결코 등장한 적이 없었다. 이 문구는 영국의 페미니즘을 성장시킬 "공격의 초점과 분노의 원천을 제공했다"(Rover, 1967, 3).[103]

여성들은 자유에 대한 권리를 주장하기 위해서 아주 적확하게 "자연권(natural rights)" 개념에 의지했다. 그것은 계몽사상과 프랑스 혁명의 유산이었다. 또한 노예제 폐지운동은 "자연권" 개념에 토대를 두었고, 그것은 "표면에 나타나지 않은 페미니스트 정서를 조직적인 운동의 출발로 바꾼 촉매제로 작용했다"(Hersh, 1978, 1). 물론 노예제 폐지는 노예제의 종결을 포함하는 것이며, 그리하여 노예였던 사람들이 공식적인 시민권 안으로 진입하게 했다. 그러나 우리가 보았듯이 사실상 두 등급의 시민, 즉 능동 시민과 수동 시민이 존재했기 때문에 즉각적인 문제는 해방된 노예들을 둘 중 어느 범주에 배치해야 하는가라는 것이었다.

이것은 내전이 끝난 뒤에 미국 헌법의 수정조항 제13, 14, 15조를 둘러싼 논쟁의 요점이었다. 링컨 대통령은 1863년 1월 1일 노예들(실제로는 모든 노예들이 아니라 대다수 노예들이었다)의 해방을 선언했다. 1865년에 통과된 수정헌법 제13조는 노예제를 위헌이라고 선언했다. 1868년에 통과된 수정헌법 제14조는 어느 주(州)에서든 해당 주의 "남성 거주민" 중 21세 이상의 시민들에게 투표권이 거부된다면, 의회에서 해당 주 대표의 권리가 줄어들게 될 것이라고 선언했다. 1870년에 통과된 수정헌법 제15조에 따르면, 투표권은 "인종, 피부색 또는 예전 노예의 신분 여부 등을 이유로" 제한되지 않아야 했다.

페미니스트들은 수정헌법 제14조를 "정치적 후퇴"라고 보았다. 그 조항에

---

103) Fulford(1957, 33)는 이 문구에 대해서 이렇게 말한다. "의원들은 그런 권리들이 존재했다는 생각을 전혀 하지 못했기 때문에 여성들에게서 정당한 권리를 빼앗으려는 교활한 의도는 없었다." 이 진술은 페미니스트 운동이 뽑아내려고 시도하게 될 여성들의 종속적 지위의 뿌리가 얼마나 깊었는지를 분명히 보여준다.

남성이라는 단어가 최초로 포함됨으로써 최초로 여성들이 "명시적으로 정치에서 배제되었기" 때문이다(Ryan, 1992, 20). 이는 확실히 1832년 영국의 선거개혁법으로 인해서 벌어졌던 일과 유사했다. 선거권이 확대되는 과정에서 여성은 의식적이고도 명확하게 배제되었다. 물론 여성들은 선거권이 앞서 배제된 모든 사람들에게 동시에 확대되어야 한다고 주장했다. 미국 노예제 폐지운동의 지도자 가운데 한 사람인 웬델 필립스는 1865년 5월, "지금은 니그로(흑인)의 시대"이기 때문에 여성 참정권에 대한 요구를 밀어붙여서는 안 된다고 말했다. 이 유명한 발언은 매우 강력하고 거의 동등하게 유명해진 엘리자베스 케이디 스탠턴의 응답을 이끌어냈다. 1865년 12월 26일, 「전국 노예제 반대 표준(National Anti-Slavery Standard)」의 편집장에게 보낸 편지에서 스탠턴은 이렇게 응수했다.

전국의 여성 대표들은 지난 30년 동안 흑인의 자유를 확고히 하기 위해서 최대한 노력을 기울여왔다. 흑인이 최하위 등급의 존재였던 동안 우리는 그들의 요구를 기꺼이 밀고 나가려고 했다. 그러나 이제 시민권으로 향하는 하늘의 문이 천천히 열리자 우리가 옆으로 비켜서서 "삼보(Sambo)"(중남 아메리카에서는 원주민과 흑인 사이의 혼혈인을 의미하지만 여기서는 니그로와 같은 경멸적인 표현이다/옮긴이)가 먼저 왕국으로 걸어 들어가는 모습을 보는 것이 더 좋을지는 진지한 질문이 되었다…….

특권을 가진 집단이 현실에 안주하여 우리를 내려다보며 다음과 같이 말하는 것이 과연 좋기는 한가. "지금은 흑인의 시대이니 그들의 길을 방해하지 말고 어떤 새로운 쟁점을 내세워 공화당을 난처하게 만들지 말라. 너그럽고 관대하라. 흑인들이 일단 안전해지면, 다음에는 여성의 차례가 돌아온다." 이제 우리의 기도가 새로운 조치나 일련의 새로운 사고를 포함한다면, 단번에 심지어 이 두 가지의 단순한 질문만으로 "백인 남성 시민"을 책망하는 것은 무자비한 일일 것이다. 그러나 선거권을 빼앗긴 이들이 모두 동일한 요구를 제시하고, 어떤 계급에 선거권을 보증하는 동일한 논리와 정의는 그것을 모두에게 부여한다.

지난 30년간의 투쟁은 흑인 남성 자체가 아니라 인류라는 더 광범위한 기반에 의지해서 전개되었다(Gordon, 1997, 504-505).[104]

여성 참정권론자들은 아무 말 없이 수수방관하지 않았다. 그들은 1867년에 호레이스 그릴리의 반대를 뛰어넘어 뉴욕 주 헌법에서 백인과 더불어 남성이라는 단어를 삭제할 수 있었다(O'Neill, 1971, 17). 그리고 1867년 캔자스에서 스탠턴과 수전 B. 앤서니는 잘 알려진 인종차별주의자이지만 여성 참정권을 옹호했던 조지 프랜시스 트레인의 선거운동을 지원했다.[105] 노예제 반대 투쟁을 통해서 오랫동안 협력해온 사람들—즉 미국 의회 내 공화당

---

104) 나중에 스탠턴은 1868년 1월 15일 잡지 「혁명(Revolution)」에 "우리의 친구들은 누구인가?" 라는 제목의 글을 기고했다. 스탠턴은 이렇게 말했다. "찰스 섬너, 호레이스 그릴리, 게릿 스미스, 그리고 웬델 필립스는 만장일치로 전국의 여성들에게 옆으로 비켜서서 흑인의 구원을 주시하라고 지시한다. 웬델 필립스가 말하길, '한 세대를 위한 하나의 사상'을 중요한 순서대로 언급하면, 첫째 흑인 선거권, 둘째 절제(금주)운동, 셋째 8시간 노동운동, 그 다음에야 비로소 여성 선거권이었다. 30년을 한 세대라고 본다면, 3세대가 흐른 뒤인 1958년에 필립스와 신의 섭리가 허락한다면, 여성 선거권의 차례가 오게 될 것이다"(O'Neill, 1969, 117). 미국에서 여성 선거권은 실제로 1919년에 시행되었다. 그러나 Catt & Shuler(1923, 108)가 말하듯이 "흑인(니그로) 선거권을 달성한 수정헌법 제15조의 채택(1870년 3월 30일)과 1910년 사이에 40년의 간격이 있었다. 그동안 백인 여성들은 결코 도래하지 않은 여성의 시대를 위해서 끊임없이 지켜보고 기도하며 함께 일했다." 물론 우리는 1919년에 투표권을 얻은 미국의 백인 여성들이 그 권리를 실제로 획득한 반면, 흑인 남성(과 여성)들은 1963년 민권법의 시행 전까지 투표권을 실제로 행사하지 못했고 그때조차 많은 이들이 계속해서 그 권리를 실질적으로 박탈당했다고 말할 수 있을 것이다.

105) 흑인 지도자 프레더릭 더글러스는 스탠턴과 앤서니가 트레인과 제휴한 것에 대해서 비난했다(Dubois, 1978, 187). Hersh(1978, 70)는 그것이 "짧은 제휴"일 뿐이었다고 말한다. 그러나 Dubois(1978, 95-96)는 "트레인에게 의존함으로써 [앤서니와 스탠턴이] 여성 선거권 운동은 민주당이 자유민에 반대하는 데에 활용한 수단이었다는 반페미니스트 공화당원의 비난에 내용을 제공한 셈"이라고 주장한다. 더글러스는 오랫동안 여성 선거권의 지지자였다. 그는 1848년 (뉴욕 주) 세네카 폴스에서 열린 여권신장대회에 참석했고, 1870년대에 그것을 거듭 지지했다. "그러나 1866-1869년의 매우 중대한 시기에 그는 지지를 보류했다"(Evans, 1977, 48). 그 까닭은 그가 여성 선거권을 개혁 꾸러미에 첨부하는 것이 (흑인) 자유민의 선거권 획득을 위태롭게 할지 모르고 (흑인) 자유민의 선거권 획득이 더 중요하고 긴급하다고 믿었기 때문이다.

다수파, 옛 노예 출신 인사―과 이렇게 충돌을 빚으면서 "여성들은 연전연패했다"(Griffith, 1984, 118).

모든 여성 지도자들이 스탠턴과 앤서니 같은 태도를 보이지는 않았다. 루시 스톤은 "여성들이 정치적 자유를 획득할 수 없었을지라도, 흑인 남성들이 그들의 정치적 자유를 획득할 수 있어서 다행"이라고 반박했다(Kraditor, 1967, 3). 그 결과는 페미니스트 운동 내에서의 심각한 분열이었다. 1869년에 앤서니와 스탠턴은 전국여성선거권협회를 창설하고 민주당과의 연계를 더욱 분명히 했다. 스톤과 헨리 워드 비처는 미국여성선거권협회를 결성하고 공화당과의 연계를 강화했다. 전국여성선거권협회는 여성의 억압이 혼인과 노동의 성적 분업 때문이라고 주장하면서 사회적 분석에 더 많은 관심을 가졌다. 미국여성선거권협회는 선거권이라는 핵심적인 정치적 쟁점에 활동을 국한시켰다(Buechler, 1990, 50).[106]

19세기 후반에 여성운동이 모든 사회/노동 관련 쟁점에 대해서 더 보수적이 되면서 (미국에서처럼)[107] 국가 내부의 모든 종족/인종적 쟁점이나 (영

---

106) 1890년에 두 단체가 전미여성선거권협회(NAWSA)로 통합됨으로써 결국 분열은 끝났다. 그렇지만 향후 노동 문제에 대한 태도에서 드러나듯이 다양한 여성 지도자들의 정치는 변하지 않았다. 루시 스톤은 노동운동 전반에 적대감을 보이면서 1892년에 카네기 제강회사에 맞서 싸운 홈스테드(펜실베이니아 주 홈스테드/옮긴이)의 파업자들이 "일자리에 만족하지 않았다면, 왜 자신들의 독자적 사업을 시작할 수 있는 소득을 저축하지 않았는지"를 물었다. 다른 한편 수전 B. 앤서니는 자신을 "유진 V. 데브스와 노동자들의 친구"라고 불렀으나 흑인 선거권에 대한 평소의 견해에 충실하게도 여성들이 선거권을 가지게 될 때까지는 어떤 대의명분의 운동이든 지지하지 않을 것이라고 말했다(Kraditor, 1965, 158-159).

107) 미국에서 여성운동은 이민자 집단들이 여성 선거권에 대해서 보인 적대감 때문에 반감이 점점 더 강해졌다. "그 과정에서 한때 동등한 권리의 표현이었던 여성 선거권은 사회적 특권의 문제가 되었다." 수정헌법 조항들을 둘러싼 갈등 뒤에 흑인과의 관계라는 측면에서 동일한 일이 발생했다. "19세기가 끝날 무렵까지 남부에서 여성 선거권을 지지하는 데에 흔히 인종차별적 주장들이 활용되었다"(Banks, 1981, 141). Cohen(1996, 708-709)은 후속 세대 페미니스트들의 태도에 대해서 이야기하면서 다음과 같이 언급한다. "페미니스트들은 흔히 백인 여성들의 인종차별이 여성들을 갈라놓음으로써 자신들의 이해관계를 손상시키고 백인 남성들에게 도움이 된다고 생각해왔다. 그러나 [미국의] 백인 여성 선거권 운동의 지도자들은 백인이 아닌 (또는 외국 태생) 여성과 남성에 대한 반감을 분명히 드러내곤 했다. 그들의 태도는 페미니스트적

국의 사례처럼)[108] 식민지 관련 문제들에 대해서도 그런 경향이 뚜렷해졌다. 이런 보수화 과정에서 많은 페미니스트들이 "자연권"과 관련된 주장을 포기했다. 미국에서 페미니스트들은 "외국 태생 주민의 충격에 맞서 균형을 유지하기 위해서" 여성들에게 선거권이 주어져야 한다고 주장하기 시작했다 (Berg, 1978, 269). 1903년에 전미여성선거권협회가 선거권을 위한 "교육 요건"에 (샬롯 퍼킨스 길먼의 두드러졌지만 외로운 반대에도 불구하고) 찬성했을 때, 페미니스트들은 선거권 확대운동에서 "일부 미국인들— 남부의 흑인과 북부의 귀화시민—로부터 투표권을 빼앗으려는" 제안으로 옮겨갔다 (Kraditor, 1965, 137; Flexner, 1975, 316 참조).[109]

우수한 인종에게는 높은 출산율이 필수적이라는 주장을 근거로 여성 선거권에 반대한 잉글랜드와 독일 양국의 단호한 반페미니스트적 우생학자들에게

분석의 오류라기보다 실제의 특권을 반영하고 만드는 일종의 정치 전략이었다."

108) "영국에서 조직적인 페미니즘의 탄생은 노예제 반대의 열정이라는 배경에 맞서 이루어졌으나, 그 발전은 대중적 제국주의 시대에 굳건해졌다"(Ware, 1992, 118). "페미니즘은 제국주의처럼 도덕적 책임이라는 관념을 둘러싸고 체계화되었다. 빅토리아 시대의 용어에서 **책임**은 보호적, 계급 차별적, 노인 차별적, 위계적이었다⋯⋯페미니스트의 주장은 제국주의적 변명에 못지않게 인종 보호, 인종의 순수성, 인종적 모성(母性)에 사로잡혀 있었다. 그 까닭은 부분적으로 그래야만 했기 때문이다. 여성 해방 문제를 겨냥한 가장 심각한 공격의 하나는 그것이 백인들을 무기력하게 할 것이라는 주장이었다"(Burton, 1990, 296, 299).

109) 유사한 방식으로 영국의 페미니스트 운동은 선거권 부여를 위한 재산 조건 문제를 둘러싸고 갈라졌다(Banks, 1981, 133-134). 러시아에서는 1861년에 농노해방령 이후 "자신의 신분에 민감한 여성들이 5,000만 명에 이르는 문맹 농노들의 해방(그리고 2년 뒤 미국에서 400만 명의 흑인[니그로] 노예들의 해방)을 여성 해방의 결여와 신속하게 대비시켰다"(Stites, 1978, 43). 그럼에도 스타이츠는 1905년부터 1917년까지 러시아의 여성 참정권 운동들이 "보통선거권에 무관심했을지 모르지만⋯⋯어디에서도 캣, 스톤, 스탠턴과 같은 미국인들이 노동자, 흑인, 그리고 '3등 선실'에 대해서 아낌없이 퍼부었던 날카로운 적대감과 맞먹는 사례를 발견할 수는 없었다고 덧붙인다"(p. 228). 이런 유형의 페미니스트 논의들은 서양 국가들에 국한되지 않았다. 1920년대 명백히 상류층에 속하는 한 필리핀의 페미니스트는 이렇게 썼다. "내 지시를 받는 운전기사, 요리사, 그리고 남자 하인은 투표할 수 있다. 왜 정부는 나에게, 그리고 필리핀 여성들에게 투표소에 가는 기본적 권리를 허용할 수 없는가?"(Jayawardena, 1986, 155에서 인용).

일부 페미니스트들은 "새로운 사회질서를 위한 여성의 요구사항이 받아들여지지 않는다면, 여성의 자녀 양육 거부가 인종적 쇠퇴로 귀결될 것"이라고 응답하는 것이 타당하다고 생각했다(Rowbotham, 1974, 106).[110] 1900년에 발생한 이른바 러핀 사건은 당시의 지배적인 분위기를 예증하는 것이었다. 전국여성 클럽연맹의 밀워키 회합에서 여성시대 클럽은 새로운 회원 조직으로 승인되었다. 조세핀 생피에르 러핀이 클럽의 대표로 참석했을 때, 집행위원회는 그것이 흑인 여성들이 모인 클럽임을 알아차리고 입회 승인 결정을 뒤집었다. 러핀 부인은 매사추세츠 주 연맹, 즉 자신이 회원으로 참여하는 "백인 클럽"의 대표 자격으로는 집회에 참석할 수 있지만 "유색인 클럽"의 대표로서는 허용되지 않는다는 말을 들었다. 누군가가 러핀 부인의 회원 휘장을 잡아채려고 하는 정도―러핀 부인이 저항했기 때문에 그 시도는 성공을 거두지 못했다― 로까지 그 사건은 악화되었으나, 그 뒤 러핀 부인은 참석을 거부했다(Moses, 1978, 107-108).[111]

긴장이 절정에 이르렀을 때, 일부 여성 참정권론자들은 노골적인 인종차별에 의존했다. 예컨대 그들은 "잔인하게 생긴 흑인 짐꾼이 세련된 외모의 백인 여성 옆에 앉아 있는" 모습을 담은 벽보를 제작했다. 거기에는 "그는 투표할 수 있다. 그런데 왜 난 할 수 없지?"라는 짧은 설명이 붙어 있었다. 물론 이런 움직임은 여성 참정권에 반대하는 남성들로부터 백인 여성들의 투표권을 승인하면 당연히 그 만큼의 지적인 득표가 유입되겠지만, 흑인 여성들에게도 동시에 선거권이 인정됨으로써 망쳐질 것이라는 분명한 응답을

---

110) 설상가상으로 독일 여성 참정권 운동 가운데 급진적 진영의 지도자로 추정되는 엘제 린더스는 인종 간의 혼인을 반대했다(Evans, 1976, 167).

111) 거의 50년 전인 1854년 6월에 상당히 유사한 배제 사례가 발생했다. 그때에는 노예제를 반대하는 (백인) 남성 투사들이 (백인) 여성들을 막아섰다. 런던에서 열린 국제 노예제 반대회의는 미국 여성들이 대표로 참석할 수 있는지를 논의하느라 첫째 날을 통째로 허비했다. 결국 회의는 압도적 표차로 그들이 참석할 수 없다고 결정했다. "남은 회의 시간 동안 그들은 커튼―'성가대를 대중의 시선으로부터 숨기는 데에 쓰이는 막과 같은'―뒤에 앉아 있어야만 했다"(Ware, 1992, 82).

받았다. 1910년에 「월간 대서양(*Atlantic Monthly*)」에 한 여성 참정권 반대론자는 이렇게 썼다. "우리는 패트릭(성 패트릭 또는 성 파트리치오, 아일랜드의 남성 수호성인/옮긴이)의 수중에서 어려운 일들을 많이 겪었다. 또한 신세계는 브리짓(성 브리지다, 아일랜드의 여성 수호성인/옮긴이)을 보낼 것이다. 그리고 어리석고 상냥하며 교육을 받지 않은 흑인의 선거권에 더 심각한 위험, 즉 (논리적으로 생각한다면) 그런 흑인 남성보다 더 어리석고 더 상스러운 (흑인) 여성의 선거권이 추가될 것이다"(Kraditor, 1965, 31). 부커 T. 워싱턴 부인 같은 흑인들이 이민자들보다 흑인이 도덕적으로 우월하다는 점을 근거로 심사숙고해줄 것을 호소하는 행위는 별 도움이 되지 않을 터였다.[112]

제1차 세계대전은 여러 가지 측면에서 페미니스트 운동들에 정치적 전환점이었다. 많은 국가들에서 페미니스트 운동가들은 그 무렵까지 또는 그때에 투표권을 획득했다. 그렇지만 이와 더불어 페미니스트/여성 운동들은 심각한 쇠퇴에 빠진 듯했다. 한 가지 이유는 선거권을 획득하기 위한 동원의 과정이 선거권을 "억압적인 전통에 맞서 도전하는 수단으로 인식하는 견해에서 그런 전통의 대부분을 받아들이고 그것을 발판으로 투표에 관한 논의를 전개하려는 견해로"(Buechler, 1987, 78-79)[113] 여성 참정권론자들의 세

---

112) 1896년 11월 23일 백인 개혁가 에드나 D. 체니에게 보내는 서신에서 워싱턴 부인은 이렇게 썼다. "윌라드 양이 아르메니아 문제를 거론한 뒤, 제가 어떤 감정에 사로잡혔는지 당신에게 말할 수 없습니다. 윌라드 양이 그리 해서는 안 된다는 의미가 아니라 유색인 여성이 완전히 간과되고 있는 상황에서 이 나라에 대한 특별한 권리가 없는 이들이 북부 여인들의 마음을 그렇게 차지해야 한다는 것은 너무 이상하기 때문입니다." 그리고 부커 T. 워싱턴 자신은 애틀랜타 박람회 연설에서 이렇게 덧붙였다. "남부의 번영을 위해서 외국 태생의, 이상한 말씨와 습관을 가진 이들이 도착하기를 기다리는 백인들에게 나는 평소 흑인들에게 말하던 것을 되풀이하려고 합니다. '당신이 있는 곳에서 양동이를 내던지세요.'" 흑인 출판물 「여성 시대(*Woman's Era*)」의 논설은 한 걸음 더 나아갔다. "자기 조국을 떠나 이곳에서 피난처를 찾는 외국인들 중 상당수는 범죄자와 반역자이며, 이곳에 있지만 하루 전에 이 땅의 토박이 시민들에게 맹렬한 비난을 퍼붓던 외국인들의 뻔뻔함은 참을 수 없는 지경에 이르렀다"(Moses, 1978, 112-113).

113) Lindhohn(1991, 121)은 여성에게 이득은 "실제 구조적 변화의 측면에서 상당한 대가를 치르고 찾아왔다"고 주장하고 그리하여 스웨덴 페미니즘의 조직적 활동을 "보수적 혁명"이라고 부

계관을 바꾸었기 때문이다. 에번스(1977, 227)는 미국에서 금주법과 여성 선거권이 사실상 동시에 결정되었고, 대체로 동일한 주민들의 지지를 받았다는 데에 주목한다.

> 둘 다 인민주의와 혁신주의와 연계되었다. 둘 다 흑인, 이민자, 그리고 대도시들을 통제하려는 중간계급 백인 앵글로색슨 개신교도의 시도를 상징했다. 금주법과 여성 선거권은 미국적 가치의 우월성에 대한 위협이 커졌다고 인식하고, 이에 대응한 정책이었다. 중간계급 백인 앵글로색슨 개신교도는 전쟁에서 승리를 거두었다. 그 까닭은 특히 독일에 맞선 갈등, 그보다도 비중이 엄청나게 더 큰 것은 1917년 볼셰비키 혁명과 전쟁 말기 중유럽의 혁명들 탓에 (미국적) 가치들의 전복에 대한 개신교도 중간계급의 두려움이 공포의 수준에 이르렀기 때문이었다.

만일 노동자와 여성들이 시민권, 즉 능동적 시민권을 성취하기가 어려웠다면, 유색인들(또는 일부 지위가 높은 집단에 의해서 독특하다고 규정되고 어쨌든 열등하다고 취급받은 다른 집단들)이 그럴 기회를 가지기란 훨씬 더 어려웠다. 이에 대한 지적 정당화는 자본주의적 세계경제가 시작된 이래 점점 강화되었다.[114] 그러나 19세기에야 비로소 우월한 "인종"과 열등한 "인종"이라는 주제가 백인들에 의해서 끊임없이 다듬어지고 자명하다고 간주되었다. 무엇보다 예전의 인종 이론들은 모두 예컨대 "개종"[115]을 통해서 구분

른다. 오닐은 그의 책(1971, viii)을 "페미니즘의 실패에 대한 탐구"로 규정하고, 선거권이 "막다른 골목"에 몰리게 되었다고 말한다(p. 48). Buhle(1981, 318)는 미국 페미니즘을 다룬 책에서 "한때 역동적이었던 페미니즘이 전문직 여성들의 협소한 개인주의적 열망으로 강등되었다"고 주장한다.

114) "더욱 면밀히 살펴본다면, 16세기부터 18세기까지 유럽의 문헌들은 유색인들이 열등하다는 주장의 핵심 논거로 활용되었고 중요한 주제를 드러내는 발상들의 거대한 실험실이었음을 확인할 수 있다"(Poliakov et al., 1976, 52).

115) "'인종'은 일부 유럽 언어를 가로질러서 자리잡은 용어로서 근대 초기에는 매우 불안정한 개념이었다……이 시대의 초기에 에스파냐어의 raza, 포르투갈어의 raça, 프랑스어나 영어의

선을 넘는 이동의 가능성을 얼마간 용납했다. "19세기 초에는 암시적이든 명시적이든 **인간성의 파열**이 있었다. 여러 집단들이 '존재하며' 더 이상 지위의 이동이 쉽지 않아졌다"(Guillaumin, 1972, 25).

계급 이데올로기가 전개된 방식으로 인해서 인종적 분열과 대립은 처음부터 거의 불가피해졌다.[116] 평민들이 잉글랜드와 프랑스 양국에서 모두 시민권을 강력히 주장했을 때, 그들이 때때로 활용한 주장 가운데 하나는 귀족들이 토박이가 아니라 "낯선 자들"이라는 것이었다. 이는 17세기 이래 잉글랜드에서 제안된 노르만의 명예론이었고,[117] 얼마 동안 유포되었지만 프랑스 혁명기에 두드러진 프랑스의 "골족"과 "프랑크족" 간의 차이에 대한 견해였다.[118] 이탈리아에서도 고대 에트루리아에 대한 열광과 관련되는 유사한 주

'race'는 고귀한(또는 성경의) '종족과 혈통'의 의미처럼 가문이나 계보의 개념들을 다양하게 고안했다. 이는 에스파냐에서 모로인(영어식 발음으로는 무어인/옮긴이)과 유대인에게 그 개념을 적용하거나 나중에 결국 인종차별과 인종적 차이에 관한 담론의 토대가 될 신체적, 표현형적(表現型的) 차이의 패러다임으로 확대되기 훨씬 전에 일어난 일이었다"(Hendricks and Parker, 1994, 1-2).

116) Balibar & Wallerstein, 1988, 제10, 11장의 논의를 참조하라.

117) 노르만의 명예론의 골자는 1066년 노르만의 정복이 앵글로색슨 주민들로부터 "자유롭고 동등한 시민"으로서의 유산을 빼앗고 주민들의 투쟁이 옛 권리를 재탈환했다는 것이다. 1651년에 제작된 공화정의 국새에는 자유가 "신의 뜻에 의해서 회복되었다"고 새겨졌다. 또한 Hill(1958, 67)이 주목하듯이, 이 이론은 "훨씬 더 깊이 있는 잉글랜드인의 애국심과 잉글랜드 개신교(국교회)의 감정을 자극했다. 여기에 그것이 지닌 힘이 있다."

118) 프랑스 혁명기에 "골족"은 부르주아지(따라서 "민중")와, "프랑크족"은 "귀족"과 동일시되었다(Poliakov et al., 1976, 69). 폴리아코프를 비롯한 저자들은 불렝비에르, 몽테스키외, 몽틀로지에 백작의 예전 주장들을 인용한다. 나중에 기조는 자신이 생각하는 자유주의와 부르주아지의 대의명분을 위해서 프랑스 혁명을 정당화하려는 노력의 일환으로 이런 차이를 노골적으로 활용했다. "만일 7월 혁명이 프랑스에서 부르주아지를 지배계급으로 완전히 자리잡게 한 정치적 완성을 의미한다면, 그것은 또한 프랑스에 대한 골족의 견해가 큰 승리를 거둔 이력을 의미했다"(Poliakov, 1974, 32). 19세기 동안 이런 골족의 견해는 프랑크족(독일인), 라틴족(이탈리아인), 그리고 셈족(유대인)에 대한 적대감을 정당화하는 데에 유용했다. Simon(1991)은 이를 "켈트족의 문화"라고 부른다.

장이 출현했다(Poliakov, 1974, 65-66). 그러나 만일 귀족들이 외국 출신이라는 이유 때문에 능동 시민에서 배제되었다면, 유색인들이 그렇게 배제된 것은 하물며 얼마나 더 명백할까? 출생지주의(속지주의)에 대립하는 혈통주의(속인주의)는 의미상 배타적이고 틀림없이 인종차별적이다. 그럼에도 일반인들의 인종적 우월성이라는 주제가 존재했다면, "귀족 혈통"과 그들의 자연권이라는 훨씬 더 강력한 주제 역시 존재했다.[119]

인종이 19세기에 이론적 개념이 되고 인종차별이 관행으로 제도화되었다면, 그것은 주로 시민권 개념이 중심적 역할을 맡은 결과였다. 개념으로서의 시민권에는 두 가지 논리적 결과가 있기 때문이다. 그것은 국가들이 모든 시민들의 이론적 평등을 정당화하는 유일하게 견고한 기반으로서 균질성을 강조하고 사실로 단정하며 강력히 주장하게 했다. 그리고 그것은 국가들로 하여금 특유의 균질적인 속성이 동등하게 균질적이지만 열등한 피지배 국가의 문명보다 더 높은 수준의 문명을 실현했다는 점을 근거로 타국에 대한 정치적 지배를 정당화하도록 했다.

국민의 유기체적 속성은 우리가 자코뱅주의라고 부르게 된 것에 내재되어 있다. 자코뱅주의의 핵심 개념은 국가와 개인 사이에 어떤 매개조직이 존재해서는 안 된다는 것이다. 모든 개인이 평등하므로 그들은 시민이라는 속성 외에 어떤 공적인 (또는 국가와 연관된) 속성도 가지고 있지 않다. 아무리 잘 조직되었더라도, 그 기반이 무엇이라고 해도 집단들은 그 자체로 합법적이거나 도덕적인 지위를 가지지 않는다. 길로이(2000, 63)는 그 결과로 생긴 국민을 "무엇보다 국가의 활동에서 분명히 드러난 새로운 유형의 폭력적이고 유기체적인 실체"라고 부른다. 이 유기체적 실체는 진보를 상징했다. 부

---

119) "인종차별주의의 망상은 국민 이데올로기라기보다는 실제 계급 이데올로기, 무엇보다도 지배자들의 신성(神性), '푸른(즉 귀족)' 또는 '백색' 혈통과 귀족들의 '가정교육'에 대한 주장에 그 기원이 있다. 그러므로 근대 인종차별주의의 창시자로 추정되는 인물이 일부 프티부르주아가 아닌 조제프 아르튀르, 바로 고비노 백작임에는 틀림없다는 것이 그리 놀랍지 않다" (Anderson, 1991, 149).

르게(1976, 812)는 어떻게 이것이 혁명력 9년(1800)의 「도지사(道知事)의 통계(*Statistique des Préfets*)」에 언급될 수 있었는지를 분석한다.

> 그리하여 진보는 전에 비해서 더 균질적인 사회로 향하는 행진이자 자연에 대한 인간의 승리, 다양성에 대한 균일함의 승리라고 규정되었다······ 계몽주의와 프랑스 혁명의 철학은 이런 합리적 사회의 이상을 만들었다. 그런 합리적 사회로부터 비정상적이고 병적이며 특이한 것은 배제될 예정이었다.

각 국민의 차이, 그리고 더 일반적으로는 개화된 (유럽) 국가들을 한데로 합친 것과 다른 국가들 모두를 합친 것 사이의 차이 때문에 유기체적 속성이라는 개념을 다른 개념으로 바꾸는 것은 어렵거나 심지어 비논리적이지는 않을 것이다. 균질성의 창출에서 쉽게 변할 수 없는 문화적, 유전적인 유기체로의 하락도 역시 어렵지 않았다. 인종 심리학에 관한 1886년의 저작에서 유기체적인 국민에 대한 가장 큰 위험을 범죄자, 여성, 종족 집단, 식민지 주민들의 동화로 규정했던 구스타브 르 봉의 경우가 적절한 사례이다(Nye, 1975, 49-50).[120] 따라서 우리는 모든 시민들의 평등을 합법화한 유기적 통일체로부터 시민 사이의 위계서열을 정당화한 유기체로 옮겨간다. 다시 한번 말하면 모든 시민으로부터 능동/수동 시민의 구별로 이동한다. 어느 순간에는 배제된 이들이 자신들의 포함을 요구할 수 있었다. 그러나 그들은 성난 응수, 수사학적 책략이나 귀속의식의 주도자로서 반대자들을 포용할 수도 있었다.[121]

---

120) 근대 세계의 모든 극우 사상가들과 마찬가지로 Le Bon(1978[1894], 9-10)은 개인과 인종들의 평등이라는 관념이 실제로 세계를 지배하게 되었다고 믿는 것처럼 보인다. "군중에게 매우 호소력 있는 이 관념은 군중의 정신 속에 견고하게 뿌리내리면서 종말을 맞이했고 곧 결실을 맺었다. 그것은 옛 사회의 기반을 흔들고 엄청난 혁명들을 낳았으며 결과를 예측하기 어려운 일련의 폭력적 소동 속으로 서양 세계를 내동댕이쳤다."

121) "'프롤레타리아,' '위험한 계급'과 같은 단어와 개념은 19세기 초반의 담론과 상상력 속에

전 세계적으로 19세기는 유럽의 절정기였다. "유럽 혈통의 백인 남성들이 [이토록] 도전을 덜 받으면서 [세계를] 지배한 적은 결코 없었다"(Hobsbawm, 1975, 135).[122] 이는 의심할 바 없이 그들의 군사력에 기초한 것이었지만 이데올로기적 구조물에 의해서 보증되었다. "유럽은 문명이라는 통합적 체계의 건설을 통해서 '유럽화'되었다. 다른 모든 문화권들은 이를 기준으로 평가되고 분류될 수 있었다"(Woolf, 1992, 89).[123] 국가들은 균질적인 시민들로 이루어진 국민을 만들고자 시도하면서 동시에 생시몽이 옹호한 "세계

끊임없이 떠올랐다. 이 무섭고 부정적이며 야만적인 환상은 노동자들에게 그 개념들을 자신의 것으로 만들든지 아니면 더 일반적으로 그 개념들과 자신들을 구별하든지 그것과 연관시켜서 그들 자신을 자리매김하도록 강제했다. 노동자들은 월요일 결근자(성[聖]월요일 준수자), 주정뱅이, 싸움꾼, 저속한 말을 내뱉는 자로 자칭하면서 때때로 부정적인 특성을 강조했다. 이런 점에서 노동자주의는 네그리튀드[negritude : 흑인성, 흑인 문화 예찬/옮긴이]와 유사하다. 스스로에게 부여하기를 원했던 그들의 이미지는 일종의 반작용으로서 대조를 보였다……그것을 거부하는 이들에 맞서 스스로에게 긍정적인 이미지를 부여할 필요가 있었다. 동일성은 이런 긴장 속에서, 적대자와의 이런 관계 속에서 자기 자신을 만들었다"(Perrot, 1986, 95-96).

122) 홉스봄은 그 시기가 19세기의 3/4분기였다고 명확히 말한다. 절정기에 대한 이런 견해는 20세기의 주요 인종차별적 저작 가운데 하나인 로스럽 스토다드의 「백인의 세계 지배권에 맞선 유색인의 상승세(The Rising Tide of Color against White World-Supremacy)」에서 주장하는 바와 다르지 않았다. Stoddard(1924, 153)는 이렇게 말했다. "1900년은 앞선 400년 동안 한창 쇄도한 백인의 흐름이 최고 수위에 도달한 시점이었다. 그 순간에 백인은 명성과 권력의 정점에 서 있었다. 짧은 4년이 지나고 포트 아서(뤼순 항의 별칭/옮긴이)의 어두컴컴한 바다를 가로지른 일본 대포의 섬광은 화들짝 놀란 세계인들에게 썰물이 시작되었음을 드러냈다."

123) 존 스튜어트 밀의 한 학생은 다음과 같이 보고한다. "밀은 우리에게 기조, 빌멩, 미슐레, 쿠쟁이 프랑스를 위해서 좀더 앞서 행한 것과 같이 중요한 일을 옥스퍼드의 신학자들이 잉글랜드를 위해서 행했다고 말하곤 했다. 그들은 유럽 역사의 쟁점과 의미를 파헤치고 넓히며 심화시켰다. 그들은 역사가 유럽적이라는 점과 단지 지역적인 것으로 취급된다면 그것을 제대로 이해할 수 없다는 점을 우리에게 상기시켜주었다"(Hammond and Foot에서 인용된 Morley, 1952, 25).

Delacampagne(1983, 200)는 유럽의 인종차별주의가 제국의 팽창이나 계급투쟁 또는 자본주의에 의해서 설명될 수 있다는 점을 부인하고 "처음부터 서양 문화를 규정하고 서양 문화의 특징으로 나타난 것, 즉 완전한 편협성"으로 설명할 수 있다고 주장한다. 그리고 그는 이 편협성이 유럽의 보편주의적 허세에서 비롯되었다고 파악한다. 그러나 이런 견해는 단순히 본질주의(실재론)를 유럽의 본질주의적 가해자들에 맞서 등을 돌리게 할 뿐이고 19세기 세계에서 제도로 자리잡은 인종차별주의에 대한 역사적 이해의 가치를 떨어뜨린다.

의 후진 지역에 맞서 싸우는 성전(聖戰)"을 통해서 백인(유럽계) 인종을
창출하고자 했다(Manuel, 1956, 195).[124] 성전은 식민화를 수반했다. "색깔
을 인간 이하의 존재와 결부시키는 태도는 프랑스인들이 식민지 개척자로서
자신의 역할을 규정하던 과정의 필수적인 부분이 되었다"(Boulle, 1988,
245-246).[125] 물론 이는 국내에도 동일하게 적용되었다. 조던(1968, xiii)은
혁명 이후 미국에서 지식인들이 수행한 일은 "사실상 미국을 백인 남성의
국가라고 주장한 것"이라고 지적한다.

인종적 위계서열이라는 개념은 19세기의 위대한 문화적 우상인 과학의 정당
화를 수용했다. 과학은 고비노 백작과 같이 공인된 인종차별주의자들의 악
명 높은, 그러나 중도적 자유주의자들 사이에서 단지 좀더 부드러운 형태로
뚜렷이 드러난 "사회학적 현실과 생물학적 현실의 혼란"(Guillaumin, 1972,
24)[126] 속에서 이를 수행했다.[127] 19세기 중엽의 "다원발생설(복수의 조상설

---

124) Manuel(p. 176)은 생시몽을 인용한다. "다른 모든 인종보다 우월한 유럽계 인종으로 지구를
가득 채우고 전 세계를 돌아다닐 수 있도록 개방하며 유럽처럼 살기 좋게 만드는 것은 유럽
의회가 지속적으로 유럽의 활력을 이끌고 항상 그 추진력을 유지해야만 하는 사업계획이다."
마누엘은 생시몽이 언급하는 유럽이란 서유럽, 주로 잉글랜드, 프랑스, 독일을 의미한다고 덧
붙인다. Manuel(p. 401, n. 11)은 미개한 무질서에 맞서는 성전에 대한 생시몽의 요구가 봉건적
우두머리들의 갈등을 끝냈다는 점을 근대 국가들의 미덕으로 본 보날의 견해와 유사하다고
파악한다.
125) 물론 영국인들도 그러했다. "1890년 이후 [영국인들의] 정치적 연설을 대강 살펴보기만 해도
그들이 국제적 문제뿐만 아니라 국내 문제의 해석에서 '생물학적' 용어를 점점 더 많이 사용했
다는 점을 확인할 수 있다. 가장 두드러진 사례의 하나는 분명히 '죽어가는 국민'에 관한 솔즈베
리 경의 연설[1898]이었다"(Mock, 1981, 191).
126) 기유맹은 이런 혼란이 어떻게 19세기와 20세기의 새로운 현상이 되었는지를 언급한다. 18세
기에 "진화는 사회구조 내부의 현상"이었고, 차이의 기원은 "지리적이거나 심리적이거나 순전
히 사회구조와 관련이 있었지만 어떤 경우에도 생물학과는 무관했다"(pp. 24-25). 마찬가지로
Lewis(1978, 74-75)는 다음과 같이 주장한다. "그것이 지닌 한계가 모두 언급되었을 때, '이성
의 시대'라는 [18세기의] 평판이 공허하지 않았다는 점은 여전히 사실이다. 그 시대는 비유럽인
들을 진정한 호기심의 차원에서 살펴볼 준비가 되어 있었고 그렇게 하기를 간절히 원했다.
틀림없이 비유럽인들을 더 이상적으로 묘사하는 경향이 있었다……그러나 흑인과 갈색 인종

[祖上說])"은 심지어 「성서」의 견해에 대한 도전이라는 사실에도 불구하고 인류학자들 사이에서 유행했다. 그렇지 않았다면, 아마 정반대일지도 모른다. 다원발생설이 흥미를 끈 이유 가운데 하나는 그것이 창세기보다 더 "과학적으로" 보였기 때문이다.[128] 토도로프(1989, 3)는 이 "과학만능주의"를 어찌 되었든 계몽주의의 "기본 원리, 즉 결정론에 대한 자유의 승리"를 배신한 것으로 이해한다. 그는 결정론이 "마땅히 그래야 하는 것보다 실제 그런 것을 우선시하기를 거부하는" 태도라고 주장한다. 그러나 내가 보기에 코언(1980, 210)은 계몽주의 사상가들이 "인간" 사이의 차이가 그 기원에서 볼 때, 환경에 따른 것인지 아니면 생물학적인지에 대한 논쟁을 "해결하지 않은

들의 목소리에 기꺼이 귀를 기울이고 비유럽 문명권에는 유럽에 결여된 문화적이고 정신적인 가치들이 존재한다고 인식하고자 했다." 그 사이에 끼어든 것은 프랑스 혁명의 보편성과 시민권의 딜레마였다.

폴리아코프를 비롯한 연구자들(1976, 67) 역시 강조점이 바뀐 시기로 프랑스 혁명기를 추정한다. 자유, 평등, 우애라는 신조의 이면—저자들은 이것이 당대에 거의 주목받지 못했다고 말한다—은 "생물학적 요소들의 결정적인 특성을 강조하려는 경향의 새로운 과학적 심성이었다. 그것은 구식의 종교적, 문화적 분류를 관찰하는 물리적 특징(피부색 등)에서 유래된 새로운 분류로 대체했다. 새로운 분류는 바뀔 수 없으며 해당 개인들의 행동에 영향을 미쳤다고 간주되었다." 또한 Poliakov(1982, 53)는 "과학이 구축한 가치 판단으로서 근대적 형태"의 인종차별이 "18세기까지 거슬러올라간다"고 말한다. Jordan(1968, xiii)은 미국에서 벌어진 동일한 변화를 언급한다. "흑인(니그로)의 본성에 대한 토론은 예전보다 [미국] 혁명 이후에 특히 달라진 것처럼 보였다. 그 까닭은 1775년 이후 유럽과 미국에서 인간의 차이를 탐구하는 해부학적 연구에 대한 관심이 급속히 늘어난 현상"과 아울러 "해부용 메스와 캘리퍼스를 활용해서 이런 차이들을 밝히는 데에 대한 관심이 확산되었기" 때문이다.

127) "과학적 인종차별주의의 진정한 수용 범위는 그것이 보통 지지자들로 간주되지 않는 사람들, 즉 과학자들 가운데 자유주의자들에게 얼마나 호소력을 가지는지에 의해서 가장 잘 파악될 수 있다"(Barkan, 1992, 177). 바르칸은 특히 줄리언 헉슬리와 허버트 스펜서를 인용한다. Poliakov(1982, 55-56)는 그런 사고방식의 토대를 놓는 데에 볼테르, 칸트, 뷔퐁이 담당한 역할을 언급한다. 19세기와 20세기에 시민적 자유의 위대한 상징으로 추앙받은 볼테르는 명백히 흑인과 유대인에 대한 반대자였다.

128) Cohen(1980, 233)은 "1850년대에 다원발생설이 프랑스를 휩쓸었다"고 말한다. Jordan(1968, 509)은 내전 이전의 미국 남부에서 "작지만 요란한 인류학의 '미국 학파'가 본래 인간의 단일성을 집요하게 부인한 반면, 그들을 반대한 성직자들은 창세기를 방어하는 데에 점점 더 완고하고 독단적이 되었다"고 상술한다. 영국의 다원발생설에 관해서는 Stepan(1982, 3)을 참조하라.

채” 남겨놓았다고 더 정확하게 지적한다. 그 문제는 1945년까지, 그리고 아마 더 나지막한 목소리라고 할지라도 오늘날까지 공적 토론에서 여전히 해결되지 않았다.[129]

사회적 현실에 대한 이런 생물학적 해석에 기여한 핵심적인 과학적 개념의 하나는 아리안족이라는 개념이었다. 그것은 본래, 기본적으로 언어학적인 개념이었다. 그것은 광범위한 일련의 언어들— 유럽과 페르시아에서 사용되는 거의 모든 언어와 남아시아에서 사용되는 일부 언어 — 사이의 연계를 검토한 19세기 언어학자들의 발견이었다. 언어학자들은 이를 인도-유럽어족이라고 부른다. 1814년 (피에르 시몽) 발랑슈는 라틴어 연구를 산스크리트어 연구로 대체할 것을 제안했다. 이는 사실 신이 계시를 통해서 가르쳐준 언어에 맞서 인간이 창조한 언어를 선택한 것이었다. 슐레겔과 그림 같은 언어학자들은 앞서 “원시적” 언어로 간주되어온 것의 놀랄 만한 복잡성을 알아낸 바 있었다(Schwab, 1950, 190-191). 19세기에 아리안족에 대한 이론은 “과학적 진보의 주류 속에” 자리잡았다(Poliakov, 1974, 327-328).

19세기 말 유럽의 열강들이 더 적극적인 제국주의 팽창의 길에 나서면서 예전에 노예제를 지지한 인종차별적 사고방식은 “새로운 사이비 과학적 의상을 잘 차려입고 대중의 관심을 끌게 되었다”(Davis, 1993, 73). 아리안족이

---

129) “명백히 바꿀 수 없는 인종적 차이와 대면했을 때, 계몽주의적 관점의 가장 좋은 범세계주의자적(cosmopolitan) 의도는 약화될 수 있었다. 그런 의도는 인간의 경계가 어디까지인지에 관한 모호함과 갈등 탓에 손상되었고, ‘인종’에 의해서 세계를 분류하고 인종적으로 나뉜 범주를 통해서 역사의 동향을 읽는 데에 관여하는 정치적 기획과 이성에 대한 가장 계몽주의적인 견해를 적극적으로 공모(共謀)하게 만드는 백인우월주의적 사고에 어김없이 패배를 당했다. 인간 삶의 통일성에 대한 미약한 의식과 손잡은 이런 결합은 계몽주의의 자유주의적, 사회주의적 계승자들에게 수상쩍은 유산이었을 것이다. 확실히 우리는 그저 20세기 중엽에 나치와 동맹세력의 패배를 계기로 예전의 완전히 인정받을 만한 인종학 연구가 존경할 만한 평판의 경계를 넘어 일시적으로 밀려났다고 말할 수 있었다. 그에 앞서 제국의 잘못된 행위와 식민지 팽창 정책에 반대하는 목소리들조차 제국의 권력을 칭송한 ‘인종,’ 민족, 문화 등 동일한 인류학적 개념들과 맞닥뜨려야 했고 그 개념들이 맞물린 상호연계의 바로 그 논리에 맞서 싸우며 더 공정한 목표로 그들을 이끌 수밖에 없었다”(Gilroy, 2000, 38).

라는 개념은 이제 비유럽 세계에 대한 유럽인의 지배를 정당화하는 기반이 되었고 그 뒤 오리엔트라는 개념과 만났다.

길로이(2000, 72)는 이 모든 과학적, 사이비 과학적 이론화가 결국 자신이 "인종학(raciology) 연구"라고 부르는 것을 의미한다고 시사한다. 그는 인종학 연구를 "특성상 생물학적이고 문화적인 [인종에 대한] 본질주의적이며 환원주의적인 여러 가지 사고방식"으로 규정한다. 본질화는 그것이 생물학적일 때에 못지않게 문화적일 때에도 치명적이라는 점을 강조하는 것이 중요하다.

인종차별주의의 이론화는 인종차별 반대운동을 낳았다. 그러나 그 운동들이 19세기에 사실 상당히 미약했다는 점, 사회/노동 운동과 페미니스트/여성 운동보다 훨씬 더 허약했다는 점을 인정하지 않을 수 없다. 결국 인종차별 반대운동은 다른 종류의 운동들보다 자유주의적 중도파의 지지를 훨씬 덜 받았다. 부분적으로 이것은 부르주아나 남성 지배의 이데올로기보다 인종차별적 이데올로기가 훨씬 더 강력했다는 사실을 반영할지도 모른다. 다른 한편 그것은 서양 국가들에서 인종적 위계서열의 밑바닥에 있는 사람들의 수적 열세를 반영했다. 이는 미국에는 해당되지 않았다. 그럼에도 불구하고 미국은 처음은 노예제, 그 이후에는 짐 크로(남부의 흑인 차별 관행/옮긴이)에서 드러나듯이, 정확히 인종차별적 이데올로기가 가장 깊게 뿌리를 내린 국가였다.

인종차별에 저항하는 데에 중도적 자유주의자들이 겪은 어려움은 근본적으로 그들이 능동/수동 시민의 구별을 받아들인 것과 관련되어 있었다. 그들은 이런 구별을 모든 인간이 문명인(따라서 능동 시민)일 수 있는 타고난 잠재력과 아직 잠재력을 성취하지 않은 사람들의 현재 수준(따라서 수동 시민) 사이의 차이로 표현했다. 그들은 잠재력을 가진 이들이 비록 "자애로운 앵글로색슨족의 가장 신중하고 가부장적인 보살핌까지 고려한다고 하더라도 자신들을 따라잡기 위해서는 몇 세대─ 심지어 몇 세기─"가 걸릴 것이

라고 추정했다(Bederman, 1995, 123).[130] 이런 태도는 미국 절제운동의 지도
자인 프랜시스 윌라드가 조직 내의 인종적 평등이라는 쟁점에 대해서 얼버
무린 애매한 언급과 영국에서 연설 여행 도중에 흑인 여성 지도자 아이다
B. 웰스와 벌인 긴장감 넘치는 공개 토론에서 엿볼 수 있다(Ware, 1992, 198-
221). 이는 또한 얼마나 대담하게 기꺼이 인종차별에 반대할 것인지에 대한
노동자들과 민족주의 운동 세력의 선택에서도 포착할 수 있다.[131]

　미국의 사회주의 지도자 유진 V. 데브스(1903, 255, 259)가 행한 연설과
유사한 사례는 매우 드물었다.

　전 세계는 흑인(니그로)에 대한 의무를 지켜야 하고 백인의 발뒤꿈치가 여전히 흑인
의 목 위에 있다는 사실은 단지 세계가 아직 문명화되지 않았다는 증거일 뿐이다.
미국 흑인의 역사는 유례없는 범죄의 역사이다……우리는 간단히 말해야만 한다.
"계급투쟁에는 색깔이 없다."

더 적절한 것은 19세기가 "종합의 시대(age of synthesis)"였다고 기억하는
것이다. 만일 마르크스가 경제학과 다윈의 생물학을 종합했다면, 적어도 거

---

130) Lasch(1958, 321)는 미국의 필리핀 획득에 관한 토론에서 제국주의 진영과 반제국주의 진영
　의 차이가 평등에 대한 서로 다른 견해들을 중심으로 드러나지 않았다고 지적한다. 오히려
　차이가 있었다면, 단지 반제국주의자들이 "특히 군국주의와 폭정의 위협을 목격했을 때 [앵글
　로색슨의] 운명이 그들의 그런 불굴의 노력을 필요로 했다고 믿기를 거부했다"는 점이다.
131) 알제리 사회주의자들의 반유대주의적 분노에 대해서 조레스와 프랑스 사회주의자들이 보인
　다양하고 모호한 태도를 참조하라. 그들은 알제리 이슬람 교도를 위해서 "점진적 동화"—우연
　히 고안되었지만 "관심 부족이나 교리적 곤란함 때문에" 결코 강력하게 추진되지 않은 정책—
　외에 다른 어떤 것을 고려할 준비가 되어 있지 않았다(Ageron, 1963, 6, 29). 또 19세기 전반
　아일랜드 민족주의 운동의 지도자 대니얼 오코넬이 미국에서 아일랜드인 지지자들에게 노예제
　를 반대해야 한다고 말했을 때, 직면하게 된 어려움을 잘 서술한 자료를 살펴보라. 그들은 그의
　제안을 다소 강력히 거부했고 결국 오코넬은 자신의 공적인 견해를 완화했다. "미국을 훈훈하
　게 만드는 아일랜드인의 자유에 대한 사랑 대신 공화주의적 노예제의 후폭풍이 아일랜드로
　불어왔다. 오코넬의 표현대로 아일랜드인들은 미국의 '대기' 속에서 무엇인가에 의해서 녹색에
　서 흰색으로 탈색되고 약해졌다"(Ignatiev, 1995, 31).

의 같은 효과로 인종차별을 종합한 사람은 고비노였다(Cohen, 1980, 217).

이론으로 제시된 인종차별적 이분법은 성적(性的) 특성의 이분법과 밀접하게 관련되었다. 베데르만(1995, 50)이 말하듯이, "'백인 남성'은 백색과 남성다움에 의해서 균등하게 규정되는 유일한 인류로서 '문명'을 대변했다." 인종적 차이와 성적 차이의 서열을 연결하는 것은 항상 중요한 듯 보였다. 누구나 위계서열에 맞게 생물학적 논증을 전개하는 한, 그것은 논리적이었다. 모스(1985, 133-134)는 인종차별적 담론의 출발에서부터 어떻게 "흑인들에 대한 묘사가 그들이 성적 욕구를 통제하는 것은 불가능하다는 추정을 포함하게 되었는지"를 주의 깊게 관찰한다.[132] 남성 열등 인종을 자신의 성적 충동을 통제하지 못하는 사람들로 간주하는 것은 또한 남성과 여성 간의 이분법을 강화하는 데에 기여했다. 그것은 백인 남성이 백인 여성의 보호자로서 행동하도록 더 많은 구실을 제공했을 뿐만 아니라 백인 남성에게 여성을 대하듯이 흑인 남성을 대할 수 있도록 허용했다.[133] 그리고 만일 백인 남성이 다소 흔들린다면, 그는 곧 치료가 필요한 "신체적 허약성"으로 인식된 "신경쇠약" 탓에 비난받게 될 것이었다.[134]

성적 특성은 결국 민족주의와 연계되었다. 부르주아적 "존경받을 만한 품위(respectability)"라는 19세기의 지배적 개념은 "이를 옹호하면서 전혀 흔들

---

132) 그는 이렇게 계속한다. "성욕으로 가득 찬 이른바 열등한 인종이라는 고정관념은 인종차별의 주요 요소였고 사회를 위협하는 동시에 그의 존재 자체로 행위의 기준을 확증해준 '외부인'다운 용인된 가치의 전도를 보여주는 부분이었다."

133) MacDonagh(1981, 339)는 이 동일한 관계가 영국의 아일랜드 식민지배 시대에 어떻게 형성되었는지 보여준다. 그는 "형제 섬에 대한 아일랜드의 민족주의적 관념"에 대해서 언급한다. "두 섬 사이의 관계에 대한 지배자의 관념을 설명하기 위해서 성적인 이미지가 지속적으로 중요하게 활용되었기 때문에, 예컨대 나중에 출현한 토지법이 기혼 여성의 재산법에 대한 일종의 대응책이라고 희미하게나마 인식되었다든가 또한 단언과 불안감의 유사한 혼합이 정치적 법령의 힘이 유지되는 것을 무의식적으로 인정했기 때문에 사람들은 '형제'라고 말한다."

134) "야만적이든 문명인이든 모든 건강한 남성들은 강하고 남성적인 성적 충동을 가지고 있다고 여겨졌다……[그러나] 원시 사회의 남성들은 성적인 자제를 가능하게 하는 인종적 역량이 부족했기 때문에 문명화된 능력을 행사할 수 없었다"(Bederman, 1995, 84-85).

리지 않았던" 민족주의를 통해서 모든 계급으로 퍼졌다. 그러나 동시에 "비
정상적인" 것은 존경할 만하지 않았다. 내과의사가 "정상성의 수호자"로 등
장한다(Mosse, 1985, 9-10). 따라서 이분법적 제약의 온전한 한 바퀴는 계
급, 젠더, 인종, 그리고 성 정체성(sexuality), 즉 시민권의 확산을 제한하는
모든 기제를 에워쌌다. 민족주의는 능동 시민이거나 능동 시민일 수 있는
사람들에게 우선권의 부여를 요구했다.

　다양한 사회적 출신—신분, 계급, 젠더, 인종, 그리고 교육 수준—을 가
진 사람들의 차이와 불평등은 19세기에 만들어지지 않았다. 차이와 불평등
은 오랫동안 존재해왔으며 자연스럽고 불가피한 것이며 실제로는 바람직한
것이라고 생각되었다. 19세기의 새로운 점은 공동 협치(協治)의 기반이자
중도적 자유주의 이데올로기의 핵심으로서 평등에 대한 수사학적 합법성과
시민권의 개념이었다. 이는 우리가 살펴본 대로 이분법의 이론화, 그 구별을
논리적으로 동결하고 사회의 규칙뿐만 아니라 과학의 규칙까지 반대하여 사
실상 경계를 가로질러 횡단하려는 노력으로 이어졌다. 또 새로운 점은 법적
인 구속으로부터 그들의 해방이나 최소한 부분적 해방을 확고히 하기 위해
서 이런 이분법의 구체화가 배제한 모든 사람들이 사회조직들을 만들었다는
것이다. 특정 집단의 성공은 모범사례가 되어 더욱 쉬워진 듯 보였지만, 그
다음으로 해방을 요구하는 이들의 시도는 실제로는 더욱 어려운 듯했다. 시
민권은 항상 누군가를 포함하는 것만큼 누군가를 배제시켰다.

　19세기에는 정체성이라는 완전히 현대적인 개념 장치가 탄생했다. 일단
규칙이 더 이상 유산—프랑스 혁명이 그 현실은 아니더라도 합법성을 분명
히 제거한 체계—에 의해서 보증된 장치가 아니었기 때문에 누가 권력과
부에 대한 권리를 가졌거나 가지지 않았는지 설명하도록 동질감이 요구되었
다. 권력자들의 동질감은 가장 시급했다. 그렇지만 그것은 상대적이었다. 즉
그들은 자신이 누구인지뿐만 아니라 그들이 누가 아닌지 정체를 확인했다.
따라서 권력자들은 독자적인 정체를 창출하면서 타자의 정체를 확립했다.

부르주아라는 개념은 프롤레타리아/노동자라는 개념에 선행했고 그것의 성립을 유발했다. 백인이라는 개념은 흑인/동양인/비백인이라는 개념에 선행했고 그것의 성립을 유발했다. 남성적인 남성이라는 개념은 여성적인 여성이라는 개념에 선행했고 그것의 성립을 유발했다. 시민이라는 개념은 외국인/이주민이라는 개념에 선행했고 그것의 성립을 유발했다. 전문가라는 개념은 대중에 선행했고 그것의 성립을 유발했다. 서양이라는 개념은 "나머지 세계"라는 개념에 선행했고 그것의 성립을 유발했다.

개념은 조직에 선행했고 조직의 탄생을 유발했다. 그러나 조직은 개념을 제도화했다. 그리고 일부에게 유산을, 다른 이들에게는 반대자의 역할을 보증한 것은 조직/제도였다. 물론 이 모든 범주들은 아주 오래되었으나, 근대 세계에서 누군가의 정체성이라는 개념을 예전에는 분명히 밝히지 않았다. 19세기 이전에 정체성은 여전히 "신분"의 문제였고, 사람들은 가문, 공동체, 교회, 지위에 의해서 규정되었다. 새로운 범주들은 중도적 자유주의 이데올로기가 영향을 미치고 지배하게 된 근대세계체제의 새로운 지문화가 남긴 흔적이었다. 중도적 자유주의 이데올로기는 19세기 동안 정신과 구조를 지배하기에 이르렀다.

5

사회과학으로서의 자유주의

앙드레 뒤테르트르, "무라드 베이"(1750-1801, 오스만 제국령 이집트의 노예 용병[맘루크] 수장/옮긴이), 나폴레옹의 「이집트/근대 국가에 관한 서술(*Description de l'Egyte/Etat Moderne*)」(파리, 1809-1828)에서. 나폴레옹이 18세기 말에 이집트를 침공했을 때, 그는 여러 학자들을 대동했다. 그 학자들은 「이집트에 관한 서술」이라는 제목이 붙은 엄청난 참고문헌 작업을 떠맡았다. 그것은 오리엔탈리즘에 입각한 지식의 초석 가운데 하나였을 것이다. 이 그림은 군사적 저항을 이끈 주요 지도자 중 한 사람이 나폴레옹을 따라간 한 예술가에 의해서 어떻게 묘사되었는지를 잘 보여준다. (예일 대학교 바이네케 희귀본, 필사본 도서관 제공)

자유주의자들이 소중히 여기는 가치는 상대적이지 않은 절대적인 가치이다……
인정을 받은 곳에서 자유주의적 법질서는 영원하고 불변하며 보편적이다.
—D. J. 매닝(1976, 79)

나는 현재만 아는 것과 과거만 아는 것 가운데 무엇이 한 인간을
더 보수적으로 만드는지 잘 모른다.
—존 매이너드 케인스(1926, 16)

우리는 새로운 설명의 원칙을 혹사시키곤 한다.
—프리드리히 A. 폰 하이에크(1952, 209, n. 9)

나폴레옹의 패배로부터 제1차 세계대전의 발발에 이르기까지 한 세기는 증기기관의
시대, 민족주의의 시대—그리고 부르주아지의 시대로 불려왔다. 그것은 모두 옹호할
만한 이름들이지만 또한 조언의 시대라고도 부를 수 있을 것이다.
—피터 게이(1993, 491)

우리가 주장해왔듯이, 프랑스 혁명은 자본주의 세계경제의 현실에 엄청난 결과를 초래했다. 그것은 보수주의, 자유주의, 급진주의라는 세 가지 근대적 이데올로기의 구성을 가능하게 했고, 그 다음으로 세계체제의 지문화의 토대로서 중도적 자유주의의 승리를 가져왔다. 그것은 세계경제의 핵심 지역에서 자유주의 국가를 확립시키는 계기가 되었다. 또 프랑스 혁명은 반체제 운동의 출현을 초래했고 뒤이어 그들을 봉쇄하는 대응전략을 이끌어냈다. 그리고 그것은 역사적 사회과학이라는 완전히 새로운 지식 분야의 창립에 기여했다. 하이에크(1941, 14)는 우리가 가진 지식 체계에 프랑스 혁명이 미친 영향을 이렇게 요약한다.

우선, 기존 제도의 붕괴 자체가 우리에게 혁명의 여신인 그 이성의 구체적 현시(顯示)처럼 보였던 모든 지식을 즉각적으로 적용하도록 요구했다.

이 분야에서도 중도적 자유주의는 큰 승리를 거두게 될 것이었다. 이제부터 19세기에 자유주의가 거둔 이런 승리의 그림을 완성하기 위해서 보여주려는 것은 (사실 20세기의 첫 60여 년 동안에도 지속될) 19세기 세계체제의 또다른 한 중추(中樞)에 관한 이야기이다.

19세기에 현실의 사회적 환경은 두드러지게 변했다. 그러나 우리가 세계를 인식하고 분석하며 범주화한 방식은 훨씬 더 많이 변했다. 우리는 후자를 인식하지 못하는 만큼이나 전자를 과장한다. 현실 세계에서 가장 두드러지게 변한 것은 프랑스 혁명이 신성화한 쌍둥이 교의, 즉 변화의 정규성(正規性)과 인민주권에 대한 폭넓은 수용이었다. 세계체제의 정치에 몰두했던 사람들에게는 사회체제의 구조에 대한 대중적 선호의 영향을 제한하기 위해서 무엇이 정상적인 변화를 가져왔는지를 이해하는 일이 시급해졌다. 이는 역사적 사회과학과 그것이 구사하는 새로운 개념어가 무엇 때문에 만들어졌는지를 알아보는 작업이다.[1]

확실히 사회 분석과 사회적 이론화는 매우 오래된 활동이었고, 18세기 유럽은 특히 중요한 이론적 논의의 중심지였다. 우리가 그 논의 내용들을 읽는다면, 오늘날에도 여전히 그것들을 읽는 것이 유용하다고 생각하게 될 것이다. 그렇지만 이런 앞선 사회 분석의 전통은 우리가 오늘날 사회과학이라고 부르는 것이 아니었다. 19세기에 만들어진 사회과학은 우리의 사회체제가 어떻게 작동하는지, 그리고 특히 근대세계체제가 어떻게 작동하는지에 대한 체계적이고 조직적이며 확실히 관료화된 연구이다. 이 "사회과학"은 한편에서 "인문학"이나 "문학," 그리고 다른 한편에서 "자연과학"과 구분되는 지식 활동, 그리고 왠지 그 둘 사이에 자리잡으려는 지식 활동으로 이해되었다

---

1) 혁명이라는 용어의 변화에 대한 Brunot & Bruneau(1937, 617)의 논의를 참조하라. "바스티유가 함락된 날 밤, 마음이 뒤숭숭한 루이 16세는 '반란인가?'라고 물었다. 그러자 리앙쿠르 공작은 이렇게 대답했다. '아닙니다, 폐하, 그것은 혁명입니다.' 이 단어는 제국을 완전히 바꿔놓으려는 엄청난 운동이라는 의미에서도 새롭지 않았다. 그럼에도……그 단어는 오래된 것이었지만, 그때가 그 새로운 삶의 시작이었다."

(Lepenies, 1989).

"두 문화"의 발명

1789년부터 1848년에 이르는 시기에 새로 출현하는 이데올로기의 내용, 새로 출현하는 지식 체계의 내용과 구조는 모두 대혼란을 겪었다. 어떤 용어가 사용될지, 경계선이 어떻게 그어질지, 또 기본적인 범주의 수조차 여전히 분명하게 결정되지 않았고(두 가지 또는 세 가지의 범주가 있었는지 여부가 주요 질문이었기 때문이다) 이것들은 확실히 어떻게든 제도화되지 않았다. 당시 이런 정치적, 지적 공방들은 주로 영국과 프랑스, 그 다음으로는 독일 지역, 이탈리아 지역과 미국 등 대부분 지리적으로 매우 제한적인 무대에서 벌어졌다.

사회과학이 단지 프랑스 혁명의 세계체제가 낳은 정치적 결과의 그림자 속에서만 출현한 것은 아니었다. 그것은 또한 우리가 나중에 "두 문화(two cultures)"라고 부르게 될 개념의 신성화를 초래하고 수세기에 걸쳐 그런 상황으로 이어지고 있었던 지식 체계의 변혁이라는 맥락 속에서 출현했다. "두 문화"라는 용어는 훨씬 뒤에 C. P. 스노가 1959년 케임브리지 대학교에서 행한 유명한 (로버트) 레드 강연을 통해서 대중화되었다(1965).

먼 옛날 다른 지역과 마찬가지로 유럽에서는 단 하나의 지식 문화가 존재했다. 바로 진(眞), 선(善), 미(美)의 추구였다. 그것은 상이하고 대조적인 인식론으로 나뉘지 않았다. 오히려 누가 이런 단일한 지식 문화를 통제할 것인지를 둘러싸고 끊임없는 투쟁이 벌어졌다. 중세 유럽에서 교회는 지식의 궁극적인 심판자로서의 권리를 주장했다. 교회는 신의 진리에 접근할 수 있는 특권을 가졌다고 주장했다. 어떤 의미에서 모든 지식은 그 관점에서 목적론적이었다. 유럽이 주로 아랍-이슬람 세계를 통해서 고대 그리스의 지식을 재발견했을 때, 성(聖) 토마스 아퀴나스의 사례에서 잘 드러나듯이 교회는 그것을 목적론적 지식의 일부로서 흡수하고자 했다.

근대세계체제의 성립은 철학자라고 자칭한 비(非)신학자들의 오랜 노력, 즉 교회의 위압적인 태도에서 스스로를 해방시키려는 노력과 함께 이루어졌다. 그들은 인류가 특별히 제도화된 해석자, 즉 신학자의 길드가 가진 신의 계시로서의 지식이라는 구속복(拘束服)을 거치지 않고도 자신의 지적 능력을 직접 활용해서 지식을 습득할 수 있다고 정당화했다. 교회가 말해왔듯이, 철학자들은 진선미의 자연법이 존재한다고 주장했다. 그들은 (다른 누구보다 더 낮지는 않다고 하더라도) 그만큼 이 자연법을 잘 인식할 수 있다고 강조했다. 15세기와 18세기 사이에 철학자들은 지식의 공급자로서 점차 신학자들을 제치거나 그들과 동동한 지위에 올랐고 심지어 우위를 차지할 수 있었다.

근대세계체제의 경제적, 정치적 제도에 관여한 더욱 실제적인 인물들 가운데 철학자들이 신학자들보다 훨씬 더 많은 도움이 되었는지는 뚜렷하지 않았다. 그들의 업적은 즉각적인 실용적 성과가 거의 없고 매우 추상적인 듯했다. 원래 신학자들의 관할 구역이었던 대학은 철학자들과 신학자들의 다툼 탓에 몹시 약해졌고 지식 창출과 전파의 전당으로서 그 위상이 약화되었다. 콜레주 드 프랑스와 영국의 왕립협회 같은 다른 기관들이 그 대안으로 떠올랐다.

1750년 무렵 어디에서 어떻게 지식이 만들어질 수 있는지에 대한 혼란과 불확실성이 커졌다. 지식의 범주들을 표현할 수 있는 명칭에 관해서는 혼란이 훨씬 더 컸다. 오늘날 우리가 사회과학(social science)이라고 부르는 현상을 기술한 수많은 용어들이 존재했고 그 용어들은 별 차이 없이, 말하자면 호환성 있게 사용되었다.[2]

---

2) "사회과학에 관해서는 생리학, 심리학, 사상과 감각에 대한 분석, 인류학, 이데올로기, 정치경제학, 정치 산술, 통치(행정)학, 사회적 기술, 도덕, 정신과학(moral sciences), 인간학 등의 용어들이 그 의미에 대한 어떤 합의도 없이 무차별적으로 쓰였다"(Manuel, 1956, 130-131; p. 391, n. 4도 참조할 것). Baker(1964, 215)는 콩도르세가 1792년 사회과학(science social)과 사회적 기술(art social)을 동동하게 사용했다는 점과 영어로 번역되었을 때, 이 용어들이 "정신과학"이

자연과학자들은 이제 진실의 추구가 신학자나 철학자들의 선언에 의존할 수 없고 구체적인 경험적 관찰의 세계 속에 자리잡아야 한다고 단언하기 시작했다. 그들의 주장에 따르면, 그런 관찰들은 다른 자연과학자들에 의해서 입증될 수 있었고 잠정적인 법칙으로 제시될 수 있는 가설로 이어질 수 있었으며, 그리하여 실제적인 문제들의 해결에 적용될 수 있었다.3) 자연과학자들은 1800년 이래 여전히 낮은 위상 탓에 어려움을 겪고 있었지만,4) 그럼에도 그들의 주장은 점점 더 대중을 설득하기 시작했다. 터너(1974, 2:524)는 1820년 무렵 독일어 단어 '학술적인(wissenschaftlich)'은 독일에서 "최고의 학문적 찬사"가 되었다고 주장한다.5)

되었다는 점을 지적한다(p. 220).

3) 이것은 반드시 유일한 결론이 아니었다고 하더라도 비과학적인 "예술(또는 인문학)"로부터 과학을 구분하도록 이끌 것이었다. Cunningham & Jardine(1990, 14)은 1800년 이래 여전히 강력한 경쟁자였던 또다른 결과를 제안한다.

"[1800년경] [그런] 과목의 분류는 예술 속에 순수예술이라기보다 유용한 예술이라고 할 수 있는 공학을 집어넣게 될 터였다. 반면 화학, 역사, 신학 같이 현재 여러 대학에서 가르치는 거의 모든 다른 과목들은 과학으로 인식되었다. 실제의 구분은 이성이 지배하는 과학의 영역과 실천이나 경험에 근거한 규칙의 영역을 갈라놓았고 과학의 사도들은 일상적 사건 속에서 습관을 이성으로 대체하기를 기대했다."

4) "1800년대 초 과학은 [많은 사람들에게] 그것을 그 시대의 지배적인 특징으로 파악할 수 있도록 해주는 문화적이고 제도적인 안정성을 누리지 못했다. 그 위상은 신학과 고전학(古典學) 등 경쟁적인 형태의 지적 활동보다 더 낮았다. 경쟁적인 형태의 지적 활동들은 비록 자연계를 설명하고자 시도하지 않았지만 문화적으로 인정받은 지식의 본체를 구성하는 강력한 표본으로 자리잡았다……'과학'이라는 단어는 체계적인 지식 또는 scientia(지식, 앎)라는 초기의 의미를 완전히 상실하지 않았다. 왜냐하면 어떤 이들에게는 논리학, 신학, 문법이 여전히 '과학'이었고 그 용어는 '철학'과 같은 의미로 사용되었기 때문이다"(Yeo, 1993, 32-33).

5) 그러나 과학과 인문학 사이의 구분이 얼마나 일찍 완료되었는지에 관해서는 신중해야 한다. Proctor(1991, 75)는 이렇게 주장한다. "18세기 말과 19세기 초 독일의 학자는 지적 문화뿐만 아니라 도덕의 전달자여야 했다. 과학(앎, 지식, Wissen)은 신학, 의학, 법학, 철학 연구와 동일하게 간주되었다……학문이나 연구는 영어 단어 science보다 Wissen의 의미를 더 잘 반영한다." Ross(1962, 69)는 철학과 과학이라는 용어가 1820년에 여전히 호환될 수 있었으나 1850년 무렵에 이르러 철학이 신학적이고 형이상학적인 지식의 분야가 된 반면, 과학은 실험적이고 물질적인 지식의 분야가 되면서 분명히 구분되었다고 단언한다. 그리고 Schweber(1985, 2-3)는 우리에게 초창기 빅토리아 시대(1830-1850년경)의 지식 엘리트층이 여전히 "알려진 것과 알려

사회과학의 위상이 높아지는 것에 대한 저항이 있었던 것은 분명했다. 보날은 이미 1807년에「과학, 인문학, 예술에 관하여(*Des sciences, des lettres et des arts*)」에서 이런 일이 벌어지고 있다고 불만스럽게 언급했다. 레페니스(1989, 9)가 언급하듯이 보날은 "과학과 문학의 분리가 뚜렷해지는 가운데 근대성의 조짐과 타락의 징후"를 발견했다.[6] 반면 칼라일은 1829년「에든버러 리뷰(*Edinburgh Review*)」에 기고하면서, 벌어지고 있었던 현상에 대해서 훨씬 더 낙관적인 반응을 보였다. 그는 이렇게 언급했다.

> 물리학은 나날이 더 많은 존중과 주목을 독차지하고 있는 반면, 형이상학과 정신과학은 쇠퇴하고 있다······기계적인 방식으로 규명되고 이해될 수 없는 것은 결코 규명되고 이해될 수 없다(Ross, 1962, 69-70에서 인용).

어떤 의미에서 자연과학자들(이 용어는 그때까지 존재하지 않았다)의 조직적인 목표는 지식 활동과 결합된 모호한 상태에서 벗어나고, 다른 종류의 활동들이 배제되어야 했던 상태로부터 특정 활동을 위해서 필요한 안식처를 창출하는 것이었다. 자연과학은 스스로를 진리 추구의 유일한 수호자로 표현했다. 그것은 자연과학자들이 보기에 원래 관여했던 활동과 무척 다른 것이라고 할 수 있는 인문학이나 철학과 구분되어야 했다. 이런 지적인 "분리"에 성공하기 위해서 자연과학자들은 확고한 제도적 기반이 필요했다. 그들은 대학에 안락하게 자리잡고 새롭게 마련된 자연과학 학부(단과대학)에서

질 수 있는 모든 것에 통달해야 한다고 강조하면서 박학(博學)을 숭배했다"는 점을 상기시켜준다. 그는 런던 대학교 최초의 수학 교수인 오거스터스 드 모르간이 "학식 있는 사람의 최소 기준은 만사(萬事)의 중요한 것과 중요한 것 모두를 아는 사람"이라고 말했다는 점에 주목한다.

6) 보날은 그에 앞서 사회과학을 유용한 것이라고는 아무것도 생산할 수 없는 "지식에 대한 헛된 호기심"이라고 불렀던 보쉬에의 경멸적인 견해를 계승한 인물이었다. 그런 견해는 보쉬에의「욕망론(*Traité de la concupiscence*)」에서 잘 드러난다. 이 책을 인용한 Hauser(1903, 387)는 보쉬에가 사회과학의 박사들을 "오래된 메달과 곤충 표본의 수집가들 가운데" 배치했다고 말한다.

조직적인 역할을 맡기 시작했다.

자연과학자들이 이런 경로를 따라가자마자 "인문주의자들"은 유사한 조직적 역할을 확립하고자 시도함으로써(Lee and Wallerstein, 2004, 특히 1-3장) 방어적으로 대응하지 않으면 안 된다고 생각했다. 이런 식으로 대학은 지식 체계의 생산과 재생산 모두의 중심지로 부활하기 시작했다. 그러나 그것은 그 원형으로 추정되는 중세의 대학과는 다른 종류의 대학이었다. 18세기까지 대학은 "떠들썩하게 싸움질하는 학생들"의 장소, 아마 주로 그런 현장으로 전락했다(Ziolkowski, 1990, 220-236). 19세기에는 중세의 대학과 사뭇 다른 전문화된 대학으로 변모하게 될 터였다. 학자들은 대학에서 기본적인 소득을 올렸고, 짐작건대 지식 분야 간의 구분에 근거를 두고 우리가 학과라고 부르게 될 조직 단위가 시작되고 있었던 곳에서 상근 직책을 얻었다. 이 학과들에서 학생들 역시 상근하면서 공부에만 전념하고 진지한 연구를 지속하게 되었다.[7]

그런 구조가 갖춰지는 데에는 시간이 조금 걸렸다. 그 작업은 쉽지 않을 터였다. 옥스퍼드 대학교는 1800년과 1817년에 새로운 학칙을 채택하여 인문학(Literae Humaniores)(고전 연구, 역사, 언어), 그리고 과학과 수학 분야 모두에서 특별 과정을 설치했다(Engel, 1974, 1:307). 프랑스에서 인문학부와 이학부(理學部) 간의 구분은 1808년까지 거슬러올라간다(Aulard, 1911). 그러나 1831년에 윌리엄 해밀턴 경은 「에든버러 리뷰」(53, June, 384-427)에 "잉글랜드의 대학들―옥스퍼드"라는 기고문을 쓰는 일이 여전히 필요하다

---

7) "근대의 이원적인 교수직[수업과 연구]과 특히 임용 시 주로 지식 분야를 기준으로 삼는 관행은 더 넓은 학문 세계에서 필요한 몇 가지 조건들을 전제한다. 특히 그것은 잘 규정된 학문 공동체의 존재, 그리고 임용에서 결정 근거로서 최소한 지역의 행정 관리자들이 대략적으로 평가할 수 있는 학문 공동체 참여자들의 평판을 전제로 한다"(Turner, 1974, 2:510).

"독일 대학에서 과학(Wissen)의 부상은 대학 입학이나 전문직 진입에 대한 제한, 달리 말해서 입회에 필요한 더 높은 표준과 아울러 학생들에게 뚜렷한……영향을 미쳤다."

"……[그들의] 학문의 가치 증대와 점점 더 엄격해진 전문적 시험 때문에 더 부지런히 공부해야 했다"(McClelland, 1980, 202).

고 믿었다. 그는 기고문에서 "특정 과목을 깊이 있게 가르칠 수 있는 자격을 갖추지 못했음에도 모든 과목을 가르쳐야만 하는 칼리지의 강사보다는 잘 아는 하나의 과목을 가르치는 전문가들이 교육을 담당해야 한다는 것"을 깨닫도록 대학에 요청했다(Engel, 1974, 313에서 인용). 당시 학자들은 여러 대학 내에서 적절하고 각기 다른 자리들을 찾기 시작했다. 바야흐로 학자들은 대학 교수직과 책의 집필을 통해서 얻는 인세라는 이중적인 경제적 기반을 가지게 되었다. 후자는 자연과학자보다 인문학자에게 더 중요해졌다.[8]

"과학"과 "인문학" 간의 인식론적 차이와 반목은 제도화되고 있었다. 과학은 방법론상 경험적이고 목적상 일반 법칙을 찾으며 따라서 서술에서 가능한 한 정량적(定量的)인 활동으로 규정되었다. 인문학은 방법론상 해석적이고 일반 법칙을 환원주의적 환상으로 여기며 따라서 서술에서 정성적(定性的)인 것으로 규정되었다. 나중에 우리는 이를 보편적인 법칙 정립적 인식론과 개별 기술적 인식론 간의 차이라고 일컬을 것이었다. 더 나아가 그것은 인식론 간의 단순한 차이 이상이었다. 각 분야는 상대편을 쓸모없고 해롭기까지 하지는 않더라도 지적으로 의심스런 활동에 관여하고 있다고 생각되고는 했다.[9]

1859년에 영국과학진흥협회 회장인 앨버트 공은 이렇게 단언했다.

---

8) "우리는 또한 [19세기에] 지식인들의 **전문화**의 중요성에 주목해야 한다. 18세기에 철학자들은 유력자들의 보호를 받거나 급료를 지급받았고 그렇지 않으면 후원을 받았다. 19세기에 그들은 두 가지 이유 때문에 경제적으로 더 자율적이 되었다. 하나는 대학 교수직 임용의 중요성이고 다른 하나는 책 판매와 그에 따른 인세의 증가 덕분이었다"(Rosanvallon, 1985, 169, n. 2).

9) 19세기 중반에 르낭은 역사적이고 비판적인 연구가 "당연히 받아야 할 무시"에 빠지게 될 것이라고 예견할 터였다(Super, 1977, 231에서 인용). 이는 실증주의를 종교적 신념에 대한 근본적인 도전으로 만든 셈이었다. 그것은 "어떤 의미 있는 신학적 토론에 관여할 수 있는 인간의 능력에 의문을 제기했고 어떤 것도 그것보다 더 근본적일 수 없었다"(Cashdollar, 1989, 6-7). 그럼에도 Peter Gay(1993, 448)는 이렇게 논평한다. "때로 종교에서 멀어져가면서 고통을 겪기는 했지만, 독실한 기독교인들조차 [빅토리아 시대에] 그들이 사는 시대가 과학의 세기였다는 명제에 동의했다. 그 신념은 매우 흔하고 공통적이어서 사실상 어떤 기록도 필요로 하지 않았다."

귀납적인 과학의 영역은……사실의 영역이다……그리하여 우리는 그것이 무엇인지 거의 알지 못한 채 어린이라도 진실의 정상에 올라갈 있는 도로와 사다리를 얻게 된다(Benson, 1985, 299에서 인용).

이에 대해서 존 헨리 뉴먼(영국의 가톨릭 주교이자 신학자/옮긴이)이 대응한 바에 따르면, 과학은 그저 "우리에게 현상을 제공한다……우리는 그 사실들을 취하고 그것에 의미를 부여해야 한다"(Benson, 1985, 300에서 인용). 매슈 아널드는 더 나아가 이렇게 명시했다. "인문학자들의 과업은 '단지' 지식일 뿐인 것을 행동에 대한 우리의 감각, 우리의 미적 감각과 맺는 관계 속에 밀어넣는 것이었다"(Benson, 1985, 301에서 인용).

운동으로서 로맨티시즘은 대체로 문학적이고 형이상학적인 모든 것에 대해서 자연과학의 경멸이 증대되던 상황에 맞서 등장했다. 데일(1989, 5)은 다음과 같이 주장한다.

19세기의 필수적인 지성사는 잃어버린 기독교적 총체성의 적절한 대체물을 찾으려는 [인문학자들의] 시도, 칼라일이 통렬하게 표현했듯이 프랑스 혁명의 잿더미 위에서 구원의 신념을 되살리려는 노력으로 타당하게 묘사될 수 있을 것이다……[로맨티시즘은] 기독교를 사회적이고 개인적인 전체성의 형이상학적 견해로 세속화함으로써 근대 세계를 위한 기독교를 새로 만들었다.10)

---

10) Yeo(1993, 65)는 과학과 로맨티시즘이 "그 활동을 지켜볼 청중을 만들려는 공동의 탐색에서 상반되기보다는 변증법적으로 결부되었다. 어떤 때에는 과학과 로맨티시즘이 동일한 고객들을 놓고 서로 싸우고 있다는 것을 깨달았다"고 주장한다. Knight(1990, 8)는 여기에 다음과 같은 의견을 덧붙인다. "새로운 '과학자들'의 자아상은 대개 천재의 작업으로서 과학적 발견, 사심 없고 영웅적인 탐구로서 지식의 추구, 극적인 역사 속의 배우로서 과학자, 과학 엘리트의 자율성 등 로맨티시즘의 주제들로 구성될 것이었다."
  1833년 휴얼이 고안한 과학자라는 용어가 19세기 말까지 영국에서 일반적으로 채택되지 않았던 이유 중 하나는 "마이클 패러데이와 T. H. 헉슬리 등 일부 중요한 과학자들이 자신의 작업을 더 광범하고 철학적이며 신학적이고 도덕적인 관심사의 일환으로 평가하기를 선호했기

일상적인 변화의 원천, 즉 사회적 실체에 대한 일관성 있는 이해의 필요성
은 이런 맥락 속에서 사회과학의 구성, 실제로는 새로운 종류의 지식 분야를
낳았다.[11) 자연과학자들과 인문학자들은 모두 이렇게 새롭게 출현하는 지식
의 무대에 대한 통제권을 주장했다. 과학자들은 과학적 분석의 규칙이 보편
적이기 때문에 과학적 방법의 규칙은 물리적 또는 생물학적 활동에 적용되
는 것처럼 인간의 활동에도 적용되어야 한다고 주장했다. 이에 맞서 인문학
자들은 인간이 자연과학자들의 조사 대상과 달리 자신의 운명에 영향을 미
치는 의식적인 행위자라는 점, 그러므로 인간의 활동에 대한 어떤 분석도
법률과 유사한 일반화의 기계적 활용에 종속될 수 없다는 점을 주장했다.

사회과학들은 어떤 길을 택할 것인가? 일반적인 답변은 사회과학으로 상
정될 수 있는 것의 종사자들이 이 문제를 둘러싸고 극심하게 분열되었고 현
재까지 무시하지 못할 정도로 그렇게 남아 있다는 점이다. 일부 사회과학자
들은 과학적 방향을 선택할 것이었고, 다른 이들은 인문학적 방향을 선택할
것인 반면, 또다른 부류는 그 사이에 끼어 움직이고자 했다.[12) 전체 분야는

때문이다"(Yeo, 1993, 5).

11) 앙리 오제는 1903년에 "프랑스 혁명 이후의 시기는 사회적 혼란, 계급 갈등, 공개적인 반성과
비판이 두드러진 시기였다. 그렇기 때문에 사회과학들이 최초로 햇살 아래에 완전히 모습을
드러낸 시기가 프랑스 혁명 이후, 그리고 특히 19세기 후반이었다는 사실에 그리 깜짝 놀랄
만한 이유는 없다"고 썼다(1903, 5).

오제는 또한 파리 코뮌이 지식 협회들에 준 충격을 이렇게 언급한다. "1871년 5월의 끔찍한
억압 이후 그 어느 때보다 사회적 문제들을 거리의 영역으로부터 과학의 영역으로 옮기는 것이
더 필요한 듯이 보였다. 더욱이 9월 4일의 공화정은 앞서 1848년에 등장한 제2공화정과 마찬가
지로 공무원들을 필요로 했다. 제국 시대의 중견 간부들 가운데 공무원 선발을 바라지 않은
사람은 적절한 교육을 통해서 육성해야 했다"(134-135).

12) 이 논쟁은 치열했다. "프랑스 혁명이 불러일으킨 위대한 사고(思考)의 혁명은 사회적 문제들
을 다루는 영역에서 가장 주목할 만했다. 데카르트 이래 줄곧 모든 지식의 통합에 대한 관념이
대체로 우세했다. 모든 현상은……궁극적으로 같은 방법, 즉 사회과학의 수학적 방법에 의해
서 이해될 수 있었다. 그렇지만 프랑스 혁명과 더불어 사회 현상들이 특별한 처리와 특별한
방법론을 요구하는 하나의 특별한 부류를 구성한다는 구상이 나타났다. 자연이 영원하고 불변
하기 때문에 자연과학에는 영원불변의 법칙이 유효할 수 있지만, 인간 사회는 시대의 흐름에
따라 끊임없는 변화(진보)를 겪는다. 그러므로 사회과학의 특정한 과제는 영원한 법칙을 추구

집단적 선택을 이루었지만, 각 분야의 조직적 체계 내에서 개별적 선택이 이루어지기도 했다. 이를 충분히 인식하려면 우리는 첫째, 사회과학이 사회 개혁운동과 어느 정도 명백하게 연결되었는지, 둘째, 객관성의 본질과 가치 중립성의 진가에 대한 토론과 연계된 사회과학을 "전문화"하려는 노력이 어떠했는지를 연속적으로 살펴보아야 한다. 그런 다음에야 우리는 사회과학의 개별 분야로 나타난 것들이 어떻게, 그리고 왜 제도로 존재하게 되었는지를 더 잘 이해할 수 있을 것이다.

사회운동으로서의 사회과학

프랑스 혁명과 혁명의 약속, 그리고 혁명의 감지된 결함에 뒤이어 과학 일반, 그리고 나중에 특히 사회과학은 인간의 향상에 대한 대안적 경로로 나타나게 되었다. 나이트(1984, 3)는 이런 견해를 간략히 요약한다.

번영을 가져오고 빈곤을 줄이는 것은 정치혁명이 아니라 과학의 발전이었다. 이는 예전에 전통적인 틀, 즉 경험에 의거하여 주먹구구식으로 이루어진 활동에 과학을 적용함으로써, 그리고 "과학적" 사고방식의 전반적인 채택을 통해서 일어날 것이었다. 이는 과학의 시대, 결백과 신앙의 시대의 계획이었다.

하는 것이 아니라 변화 자체의 법칙을 발견하는 것이다"(Grossman, 1943, 386). 그러나 물론 변화의 법칙이 존재한다면, 그것은 우리가 어떤 경우에도 역사화할 수 없었던 영원한 법칙일 것이다.

그렇지만 누군가는 인간 사회에 대해서 정반대의 결론을 이끌어낼 수 있을 것이다. 그는 사회 정책에 대한 전통적 지침, 즉 철학, 고전학, 역사가 "이상적인 정부 형태에 대해서 적어도 선례, 교훈 또는 연구의 형식으로 안내를 제공했다고 말할 수 있을 것이다. 새로운 자연과학들은 정확하고 관련성 있는 추론의 가능성을 제안하는 것처럼 보였다"(Checkland, 1951, 48). 체크랜드는 이미 1783년에 콩도르세가 학자들에게 "정신과학에 철학과 자연과학의 방법을 도입하도록" 요청했다는 점을 우리에게 상기시킨다.

이런 결백과 신앙의 배경 속에서 사회과학은 19세기에 대학의 여러 학문 분야가 아니라(심지어 하나의 분야조차 아니라) 오히려 사회운동으로서 생명력을 가지기 시작했다. L. L. 버나드와 제시 버나드(1943, 33)의 설명에 따르면,

> 이는 그것이 성취한 어떤 구체적인 것보다 훨씬 더 획기적이었다. 그것이 신학 지향적인 사회에서 과학적 사고를 따르는 사회로의 이행을 대변했기 때문이다. [19세기의 첫 3분의 2 시기에] 사회과학은……모든 사회과학 분야들을 포괄하는 총칭이 아니었다. 신학이 옛 봉건 세계의 종교였던 것과 마찬가지로 그것은 산업화의 진통을 겪고 있는 사회의 종교였다.

그리고 그것은 사회운동이었기 때문에 초기에 그 활동이 표출된 곳은 대학이 아니라 사회과학협회로 알려진 조직의 내부였다. 가장 중요한 협회는 맨 처음 영국과 미국에서, 그리고 나중에 독일에서 출현했다. 이 협회들은 "당대의 사회악을 파악하고 바로잡으려는 열망의 산물……, 사회 개혁에 대한 열망의 소산이었다"(Bernard and Bernard, 1943, 25-26). 나중에 사회과학 분야들이 대학의 조직 내에 제도로 자리를 잡게 되었을 때에도 이런 활동의 중심지를 상실하지 않을 터였다.[13]

영국에서 이런 협회들 가운데 가장 일찍 출현한 것은 통계협회였다. 맨체스터 통계협회의 창립자들은 "공통의 사회적 이데올로기, [특히] 사회 개혁에 대한 헌신으로 결속했다"(Elesh, 1972, 33). 그들이 자료를 수집한 두 가지 주된 대상은 공중보건과 교육 분야였다. "통계학자들의 관심을 지배한 것은

---

13) "새로운 사회과학 분야들 사이의 밀접한 연계와 아울러 변화하는 사회적 조건에 대처하기 위해서 새로운 정치, 문화 제도의 형성이 필요하다는 전반적인 사회적 관심사가……존재했다"(Wittrock, 1993, 303). 그러나 무슨 일이 일어났는지에 대해서 다소 다르게 바라보는 다음의 견해들을 참조하라. "개혁적 사회과학이 학문으로서 사회학의 발전을 '훼방한' 것이 아니었다. 오히려 '사회학'이 개혁의 좌절에서 유래했다"(Goldman, 1987, 171).

도시화"였다(Cullen, 1975, 135). 1832년의 정치적 혼란 가운데 당시 상무부의 곡물수확 보고 감사관이었던 윌리엄 제이컵은 통계부서의 창설을 요청하면서 이렇게 주장했다.

불안을 가라앉히고 공무(公務)의 주제에 대한 만족감을 확산시키는 가장 좋은 방법은 그 조건과 관리를 솔직하고 확실하게 밝히는 것이다……공무의 상태에 관한 정확한 지식을 전반적으로 더 확산시킨다면, 그릇된 설명이나 과장이 흔히 양산하고 정부를 성가시게 만들며 최소한 여론의 일시적인 불만을 초래하는 그런 흥분과 당파심이 억제될 것이다(Cullen, 1975, 20에서 인용).

제이컵만이 아니었다. 에이브럼스(1968, 38)는 "1830년대에는 빈곤이 상퀼로트급진주의(sansculottism)의 아버지였다는 두려움이 사회 연구의 강력한 동기였다"고 시사한다.

1856년에 사회과학협회(SSA)로 더 잘 알려진 전국사회과학진흥협회는 분명히 입법 행위를 돕기 위해서 설립되었다.[14) 로저스(1952)는 협회를 구성한

---

14) 이 조직은 자유당 출신 전직 총리인 러셀 경의 지지에 힘입어 법률개정협회와 전국개혁연합의 연석회의의 결과로 창설되었다. 그것은 "사회 개혁에 전문적인 지식과 헌신이 부족한 입법부에 전문적인 안내를 제공할 목적으로 설립되었고"(Goldman, 2002, 58), 신속하게 두 차례의 개명을 거쳤다. 첫 번째 명칭은 인민의 도덕적, 사회적 향상을 위한 전국협회였고 그 뒤 전국법률개정협회로 바뀌었으며 결국 전국사회과학진흥협회라는 영구적인 명칭으로 확정되었다. 조직의 명칭이 여전히 다소 길었기 때문에, 사회과학협회(Social Science Association, SSA)로 불리게 되었다. 골드먼은 27-66쪽에서 조직 과정의 역사를 상술한다.

이 명칭들은 사회과학협회의 "국가주의적" 지향을 반영한다. "그 협회가 추구하는 자유주의는 공리주의적 성향에서 비롯된 것으로서 합리성과 체계화를 소중히 하고 이런 목적들을 달성하는 데에 필요한 통제의 정도에 대체로 무관심하며 개인의 권리를 전제로 하는 논의에 상대적으로 주의를 기울이지 않았다"(Goldman, 2002, 133). "어떤 상황에서 그 협회가 본능적으로 국가의 행위에 주목했을까? 세 가지 다른 개입의 유형들은 뚜렷했고 거기에 다음과 같은 호칭을 붙일 수 있었다. '해방을 위한 개혁 조치,' '보호주의적 입법,' 또한 가장 중요한 유형으로서 '행정적 개입주의'"(Goldman, 2002, 266).

그리고 "사회과학이 개선된 사회적 관리(행정)의 기반을 이룰 것"이라는 신념 아래 그 협회

사회 개혁자, 사회사업가, 변호사, 교육자, 경제학자, 의사, 그리고 사업가의
연합체를 "갓 태동한 단체"라고 부른다(p. 283). 그러나 그것은 "모든 것이
의회제정법에 의해서 성취될 수 있다는 것을 진정으로 확신한" 단체였다(p.
289). 골드먼은 이 협회를 일관성이 뚜렷하지 않은 단체로 인식한다. 그에
따르면, "중립의 수사(修辭), 초당파적 이미지의 구축 이면에, 사회과학협회
는 본질적으로 자유주의적 토론의 장이었다"(1986, 101).[15]

미국에서도 유사한 발전 양상이 전개되었다. 1865년에 내전이 종식되자
미국사회과학협회(ASSA)가 창립되었고, "급속하게 변화하는 자신들의 사회
를 이해하고 개선하기를 원했던……뉴잉글랜드의 상류층 지식인들로부터
후원을 받았다"(Haskell, 1977, vi). 그러나 동시에 해스켈은 미국사회과학협

는 성공을 거둠으로써 정당성을 입증했다. "1886년에 사회과학협회가 해체되었을 때, 그 적수
(敵手)였던 「타임스(*The Times*)」는 다음과 같이 역겨울 정도로 후한 찬사를 보냈다. '한창 때든
영향력이 약해진 때든 사회과학협회가 맨 먼저 권고하고 고취시키지 않고서 법률, 치안, 교육,
그리고 보건의술 분야의 개정이 실행에 옮겨진 경우는 단 한번도 없었다'"(Goldman, 2002, 19,
21).

Goldman(2002, 14)은 "카리스마적인 관계 당국보다 전문가와 전문적인 지식에 의존한다는
점에서" 사회과학협회가 막스 베버의 이념형적 관료제가 가진 특징들을 구현했다는 흥미로운
관찰을 제시한다. "우리는" 그것이 "빅토리아 시대 중반의 수십 년 동안 능숙하고 재원이 풍부
한 이념형적 관료제가 부재한 가운데 만들어진 간격을 메우기 위해서 창설된" 자발적인 협회였
다고 "말할 수 있을 것이다."

15) "[영국에서 경험적인 연구를 위한] 압도적으로 지배적인 동기는 사회 개혁을 성취하는 데에
유용할 정보 수집의 필요성이었다……왕립통계협회와 사회과학협회에 속한 회원들의 자아상
은 사회 개혁자의 모습이었다. 그들은 사회 연구를 사회 개혁을 이루기 위한 수단으로 생각했
다"(Cole, 1972, 99).

이런 정서는 크림 전쟁, 1867년 선거권의 확대, 징병제의 필요성 등에 의해서 강화되었다.
"제국의 중심에 빈곤이라는 병폐가 존재할 때, 어떻게 국가 전체의 신뢰와 지지가 확보될 수
있을 것인가?"(McGregor, 1957, 156).

콜이 일관성이 약하다고 본 것을 Goldman(1998, 5)은 사회과학협회의 강점으로 간주한다.
"협회의 연례회의는……지방과 대도시의 자유주의 엘리트들을 불러모으는 데에 기여했고, 전
통적인 동시에 급진적인 글래드스턴의 자유주의를 함께 구성한 비국교도, 사업가, 노동자, 대
학 교수, 사회 개혁가, 인정 많은 휘그파 귀족, 그리고 지방의 언론 등 복잡하고 모순적인 사회
적 이해관계자들의 결합을 강화했다."

회가 이런 개혁의 정서뿐만 아니라

> 권력 당국을 옹호하고, 상호의존적인 대중사회에서 여러 사상과 도덕적 가치의 무
> 제한적인 경쟁이 좀먹는 결과에 대비해서 제도적인 장벽을 세우려는 토크빌식의 충
> 동에 연관되어 있다고 본다(1977, 63).

그는 이것을 "보수적 개혁운동"이라고 부른다. 이것은 내가 **중도적 자유주의**
(centrist liberalism)라고 불러온 것이다.

실제로 1865년에 미국에서 전형적인 좌파-자유주의 잡지인 「더 네이션
(*The Nation*)」을 창간한 에드윈 고드킨은 동시에 1869년 미국사회과학협회
의 주요 창립자들 중 한 사람이었다. 그는 협회의 창립식에 대해서 이렇게
기술했다.

> 미국사회과학협회가 간략하게 말해서 사회 안에서 인간들이 맺는 관계를 적절하게
> 조정하는 것보다 더 복잡하고 중요한 주제가 없다는 사실, 그리고 다른 모든 주제와
> 마찬가지로 그것을 전공(專攻)으로 삼은 이들이 그렇지 않은 이들보다 더 경청할
> 만한 가치가 있다는 사실을 대중이 인식하도록 각성시키는 데에 도움을 준다면, 그
> 협회는 사회에 유익한 서비스를 제공하게 될 것이다(*The Nation*, 1869년 11월 4일,
> p. 381; Goldman, 1998, 22에서 인용).

사회과학 개혁운동이 영국과 미국에서 가장 강력하게 전개되는 동안 벨기
에, 네덜란드, 영국, 프랑스, 독일, 이탈리아, 러시아, 스위스, 그리고 미국에
서 파견된 대표단이 참석한 가운데 1862년에 브뤼셀의 회의에서 국제사회과
학진흥협회가 창립되었다(Villard, 1869). 그러나 이 협회는 1866년까지만 존
속했다(Goldman, 1987).[16]

---

16) 그럼에도 Goldman(1998, 5)은 다음과 같이 주장한다. "그것은 '사회과학'과 더불어 유럽 대륙

유사한 사회과학 운동이 독일에서 전개된 것은 독일의 통일 이후 얼마간 시간이 흐른 1890년이었다. 이 운동은 사회정책협회(Verein für Sozialpolitik) 라고 불렸다. 독일인들은 그 목표에 대해서 더욱 솔직했다. 그 명칭은 사회과 학이 아니라 사회 정책을 표현했다. 다른 단체들처럼 그 협회는 학자와 사업 가, 공무원, 자유 전문직업인 등을 규합했다(Lindenaub, 1967, 6). 크뤼거 (1987, 71)는 다음과 같이 언급한다.

> 협회는 지배적인 사회과학적 패러다임과 사회정치적 신념 사이의 분명한 연결 고리
> 였다. 1870년대 이래 역사학파가 독일의 정치경제학에서 주도적인 경향으로 부상했
> 다……이는 시대에 뒤떨어진 제도적 체계가 노동계급의 상태를 개선하는 데에 유리
> 하게 개정되어야 한다는 의견이 학자들과 교양 있는 부르주아 사이에서 널리 퍼지
> 는 상황과 거의 동시에 발생했다. 따라서 학문적인 지식과 사회정치적인 신념은 서
> 로를 정당화하고 자극했다……협회는 "사회 개혁의 전투정찰대"였다. 다시 말해서,
> 사회 개혁에 헌신하는 교양 있는 부르주아를 위한 연단이었다.[17]

어떤 종류의 개혁인지가 관건이었다. 한편으로는 "사회정책협회와 사회민 주당이 모두 노동계급에 지나치게 우호적이라는 이유로 비난을 받았기 때문 에 기업가 집단은 때때로 이들을 같은 범주에 넣었다"(Plessen 1975, 59). 사 실 적대적인 비판자들은 사회정책협회의 학자들을 강단사회주의자 또는 교

의 유사한 정치적, 전문적 지지자들 가운데 자유무역, 자유로운 제도, 자유로운 표현, 대의정부 등을 의미하는 영국 자유주의의 공명(共鳴)을 불러일으키는 강력한 본보기였다." 골드먼이 "국 제 자유주의"라고 부른 것은 "과학적 방법과 전문지식에 대한 공통의 신뢰, 사회 문제들은 국내 와 국제적인 토론의 장에서 토론되고 해결될 수 있다는 공통의 신념, 사회적 합의, 신중한 개혁 과 계몽된 공공 행정에 대한 공통의 관심, 그리고 정치적 자유, 평화와 자유무역에 대한 공통의 지지로 이루어져 있었다"(17-18).

17) "1848-1914의 시기에 독일의 사회 연구에 스며든 특성들 가운데 하나는 노동계급의 구성원 들과 그들이 겪고 있는 문제들에 대한 관심이었다. 이는 본질적으로 행동과 개혁의 필요성에 의해서 고무되었다"(Oberschall, 1965, 137).

수사회주의자라고 책망했다(Dorfman, 1955b, 18).

그러나 그것이 바로 요점이다. 그들은 혁명가가 아니라 강단사회주의자였다. 사회 개혁운동은 1820-1850년의 시기에 자유무역의 미덕을 강조한 "베를린 경제학자들"의 맨체스터 자유주의(Manchesterism)에 대해서 지적으로 반대하면서 탄생했지만(Lindenlaub, 1967, 2), 그것은 마르크스주의적 사회민주당에도 반대했다.[18] 그들의 기본적인 분석은 매우 중도적이었다.

---

18) "[고위 관료 개혁가들은] 마르크스주의 없는 사회 개혁을 원했다"(Ringer, 1969, 139). 1897년, 협회의 주도적 인물이자 아마 가장 중요한 강단사회주의자인 구스타프 폰 슈몰러는 쾰른에서 개최된 협회 창립 25주년 기념 회의에서 개회사를 맡았다. 그는 협회의 중도적인 정치적 입장을 강조했다. "사회민주주의자들은 항상 사회 개혁 활동의 개시를 우리가 아닌 그들의 활동이라고 강조해왔다. 어떤 관점에서 보면 이는 사실이다. 그들의 활동은 정치적으로 조직된 그들의 힘에 근거하고 있다. 사회민주주의는 강력한 계급적 이해관계를 대변한다. 우리는 소규모의 학자들과 인문주의 종사자들에 지나지 않는다. 우리는 사회민주주의가 성취할 수 있고 성취하기를 바라는 바를 추구할 수 없었고 추구하지도 않았다. 하지만 이것이 우리가 다른 일들을 완수하지 않았다는 것을 의미하는가?

"기업가들은 우리가 노동계급에 지나치게 우호적이라고 줄곧 비난해왔다. 우리는 노동자 친화적이었고, 그러기를 바란다. 왜냐하면 교양 있는 행위(Gesittung)와 소득 간의 지나친 격차가 미래에 가장 큰 위험을 예고하는데, 우리 사회와 국가에 살고 있는 하층계급의 생활수준을 끌어올림으로써 이를 개선할 수 있다고 믿기 때문이다. 그렇지만 이는 우리가 기업가들의 적이라는 것을 의미하지는 않는다. 우리는 기업가들이 경제 전쟁을 수행하는 군대의 지도자와 장교로서 장점을 가졌다는 점을 항상 인식해왔다"(Schmoller, 1920[1897], 26).

슈몰러는 매우 일관성이 있었다. 25년 전인 1872년, 협회의 첫 모임에서 그는 창립자들이 "우리 사회를 가르는 깊은 분열, 기업가와 노동자, 그리고 유산계급과 무산계급을 대립하게 만드는 갈등, 사회혁명의 가능성과 위험에 대해서 우려한다고 말했다"(Rueschmayer and Van Rossen, 1996, 45에서 인용). 협회의 또다른 창립자이자 주도적인 강단사회주의자인 브렌타노는 슈몰러에게 보내는 서신에서 "사회주의자나 절대주의적 폭정"에 똑같이 반대한다고 표명했다(Gay, 1993, 469에서 인용). 또 협회를 "여러 계급 간의 조정자"라고 부른 Plessen(1975, 104)을 참조하라.

협회의 중도적 입장은 영국 사회과학협회의 그것과 매우 유사했다. 영국 사회과학협회는 "노동조합 운동의 진전을 인식할 준비가 되어 있지만, 그 대가로 노동조합들에게 그 기능과 지지자들을 제한하고자 계산된 산업적 조화를 추진하는 일련의 방편을 부과할 수 있도록 허가해줄 것을 요청했다……사회과학협회는 대중에게 사회적 연대를 그렇게 과시하는 역할, 즉 계급 간 화해의 추구라는 스스로 떠맡은 역할의 표명을 즐겼다"(Goldman, 2002, 201, 205).

사회정책협회의 창립자 세대는 사회 문제에 대한 경제적 자유주의 세력의 반동적 태도와 사회주의자들의 사회혁명적 헌신이 사회적 긴장을 악화시키고 틀림없이 계급투쟁과 혁명을 초래할 것이라고 믿었다. 그들은 사회 개혁을 통해서만 흔들리는 사회질서를 안정시킬 수 있으리라고 생각했다(Lindenlaub, 1967, 4).[19]

플레센은 협회의 사회정치적 프로그램과 비스마르크의 사회적 입법 프로그램의 일치나 조화를 지적한다. 그는 더 나아가 "사회정책협회의 노력이 없었다면, 비스마르크의 혁신적인 입법은 가능하지 않았을 것"이라고 주장하기까지 한다(1975, 127).

사회과학의 전문화와 가치중립성

중도적 자유주의를 구체적으로 드러낸 사회 개혁운동으로서 사회과학이 두드러진 성공을 거두었다고 생각되었지만, 학문 분야 바깥의 중간계급 개혁가들이 아닌 학계 인사들은 점차 그들이 맡고 있는 역할을 불편하게 느꼈다. 학계 인사들은 사회질서 속에서 더 자율적이고 독특한 역할을 추구했다. 이는 사회과학협회들로부터 독립해서 전문적인 학문 전용의 체계를 창설하는 작업을 필요로 했다.

이 시기에 학문 연구자 집단은 학문적인 지식인 체하려는 아마추어 호사가(好事家)의 주장과 요구를 거부할 터였다. 아마추어 호사가들의 주장은

---

19) 어디서나 중도적 자유주의는 사회과학자들이 공유할 것처럼 보였던 두 가지 기본적인 신념을 가지고 있었다. 하나는 "완전한 투표권을 부여받는 시민이 경제적으로 확고하고 교육받아야만 한다는 것이다. 대다수에게 시민의 자유주의적 이상은 미래를 위한 모범, 즉 각 개인의 과업을 성취하는 것보다 크지 않았다"(Langewiesche, 1993, 49). "그런 발전을 유도하고 제한하고자 하는 동시에 그것을 촉진하려고 지속적으로 시도하면서" 이 신념은 계급 없는 사회의 "전망"을 만들었다(Langewiesche, 1993, 52). 두 번째 기본적인 신념은 "폭력적인 형태의 집단행동"에 대한 거부와 "입헌국가에 대한 헌신"이었다(Langewiesche, 1993, 41-42).

17-18세기에 매우 널리 알려졌고(Torstendahl, 1993, 115), 19세기에도 사회
과학협회의 틀 내에서 여전히 정당하다고 인정받고 있었다. 하지만 이 시기
에는 학계 인사들의 전문화는 이렇게 옹호되었다.

그것은 진리와 그 지지자들이 심지어 모든 인간, 모든 전통, 최고의 가치에 경의를
표하지 않도록 협박했던 다중(多衆)의 존경까지도 얻을 수 있는 권위를 견고하게
확립하는 수단이다(Haskell, 1977, 65).

그러나 무엇을 하려는 권위인가? 데일(1989, 14)은 우리에게 이렇게 상기
시킨다. (콩트, 밀, 스펜서와 같은) 모든 초창기 사회과학의 실증주의자들은
"사회과학 이론이 결국 사회질서의 재건을 가져오지 않으면 안 되며 이는
확실히 정치적인 목표"라고 생각했다. 이 새로운 경향의 근거였던 반(反)평
등주의적 주장의 요지를 놓쳐서는 안 된다. 전문화는 대중문화의 허세와 이
윤 위주의 사업가들의 협소한 시각 모두를 겨냥했다.[20] 이 이중의 목표는

---

20) 이는 미국에서 가장 명확하게 드러났다. "민주주의가 낳은 부패와 물질주의에 격분하고 '문명'
과 '문화'라는 좌우명을 중심으로 결집한 '더 나은 부류'의 미국인들은……앞선 수십 년 동안
그들이 잃었던 권위의 일부를 회복하기 위해서 19세기 말에 반격을 개시했다. 우리는 여러
차례 반복해서 19세기 말의 주요 학자들 가운데 예컨대 '더 높은 수준의 체계'가 '천박한 물질
(부)의 숭배자들'을 압도하게 만들려는 열의와 같이 공통적인 이상주의적이고 엘리트적인 동기
를 발견한다……분명히 그들은 스스로를 느슨하게 조직되고 이론적 근거가 약하며 공동체를
토대로 한 (앤드류) 잭슨 시대 미국의 문화에서 떼어내고 있었다. 새롭게 만들어진 전문적인
길드에 단단히 자리잡은 전문화는 이런 목표들에 수단을 제공했다(Higham, 1979, 9).
이는 미국에서 "초당파주의, 정부의 효율성, 선거 개혁, 그리고 정치와 행정의 분리를 강조하
는" 혁신주의 운동의 정치와 연계되었다. "[그것은] 정치적 의사결정의 중심을 선출직 공무원에
서 임명직 공무원으로 옮기고자 시도했다. 그럴 경우 후자는 당파적이지 않은 전문가의 조언을
받게 되었다. 그것은 또한 대중민주주의가 빚어낼 수 있다고 추정되는 과도함―그리고 노동계
급의 선동―이 대의민주주의의 원칙을 다시 확약함으로써 완화될 수 있다고 보는 정치운동이
었다. 사회질서와 대중의 관심은 정부를 '더 나은 부류'에게 돌려줌으로써 유지될 것이었다.
이 무렵 '더 나은 부류'는 부유한 귀족이나 지주층 또는 고위 성직자가 아니었다. 그것은 고등교
육을 받은 전문직업인 계급이었다"(Prewitt, 2004, 782).

346

요로(要路)에 해스켈이 "유능한 자들의 공동체"라고 부른 것을 자리잡게 함으로써 성취될 수 있었다.[21]

전문적 능력의 권위는 새로운 "과학의 사회적 조직"을 요구했다(Wittrock, 1993, 318). 이는 연구 중심 대학, 즉 대학이 단지 지식의 재생산뿐만 아니라 지식의 생산에서 중요한 역할을 되찾도록 허용한 조직이었다. 연구 중심 대학의 출현은 "근대 국민국가의 출현과……밀접하게 연관되어" 있었다. 그 결과 대학들은 "예전보다 훨씬 더 많은 재원을 제공받았다"(Wittrock, 1993, 305, 344).

이것이 반드시 목표로서 중도적 사회 개혁의 포기를 의미하는 것은 아니었다. 오히려 목표의 실행을 전문가들에게 더 견고하게 맡겨두는 것이었다.[22] 이는 직접적인 지지가 더 이상 안전하지 않다는 것을 의미했다. 왜냐하면 학계 인사들에게는 학계 바깥의 저명인사들의 엄호가 부족했기 때문이다. 필요한 것은 오히려 "객관적" 지식, 달리 말해서 오직 과학적인 전문가들이 확립할 수 있었고, 일반 대중에게 제공할 수 있었던 지식의 옷 속에 개혁의 목표들을 숨기는 일이었다.[23]

---

21) "유능한 자들의 공동체는……여론의 횡포에 맞서 그 구성원들을 보호하고 전문적인 의견에 그들을 복종하도록 만들기까지 하는 특별한 종류의 자발적 연합이다. 개인이 그런 공동체에 참여할 때, 그는 대중보다 높게 격상되고 대중으로부터 독립하게 된다. 그러나 동시에 그는 의도적으로 그 동료들에게 더 의존하고 유능한 자들의 합의에 덜 저항할 수 있게 된다"(Haskell, 1977, 75, n. 29).
"유능한 자들의 공동체는 능력을 확인하고 그것을 기르며 그것을 소유한 이들에게 보편적 표준—또는 더 현실적으로, 어떤 식으로든 명백하게 개인적이고 당파적이거나 특이하지 않은 기준에 따라서 권위를 부여해야 했다"(Haskell, 1977, 89).

22) "학계 바깥의 인사들과 학계의 사회과학자들 모두에게 개혁과 지식 사이의 긴장이 전문화를 위한 추진력을 제공했다"(Furner, 1975, 3). 그럼에도 "사회과학자는 전문가의 능력을 통해서 사회에 기여했다. 전문지식은 연구를 필요로 했다……고등교육의 유용성을 신봉하는 이들은……연구를 중시하고 연구의 많은 부분을 실행했다. 인문주의자들이 흔히 그랬던 것과 달리 그들은 연구를 경멸하지 않았다. 그러나 그것은 그들에게 여전히 부차적인 목표였다. 그들의 연구는 항상 주로 발견에 대한 본질적인 보상이 아니라 어떤 감춰진(그리고 실용적인) 동기에 따른 것이었다"(Veysey, 1965, 76).

묘책은 정치적인 듯이 보이지 않으면서 정치적이어야 했다. 퍼니스는 1880년대 미국에서 허버트 백스터 애덤스와 존 베이츠 클라크가 모두 규제되지 않은 산업자본주의가 불의를 초래했다고 믿었다는 데에 주목한다. 그들은 자신들이 직접 불의를 비판할 수 없다는 것을 알아챘다. 더 정확히 말하면, "학문적으로 인정받기 시작했기 때문에 두 사람은 또한 의견의 온건함을 객관성과 동등하다고 간주하고 객관성을 학술적인 가치와 동일시하기 시작했다"(Furness, 1975, 91). 프레윗은 다음과 같이 지적한다.

정치적으로 파생된 목표들을 지지하고자 사회 이론들을 탐색하는 일은……부주의한 이들이 빠져들 함정으로 가득 차고, 내재적 모순들에 주의를 게을리 하지 않는 이들조차 쉽게 나아가지 못하는 어려운 영역이다. 유용하면서도 실제로 활용되고, 당파적 옹호 외에 특정한 견해를 가지는 사회적 지능이 존재할 수 있는가? 실용주의적 자유주의를 배운 사회과학의 지도자들은……그럴 수 있다고 주장해왔다(2004, 782).

---

23) "개혁적인 사회적 가치의 영역에서 사회과학자들은 특별히 위험한 토양을 밟고 있었다. 대학들은 기금과 학생들을 모으기 위해서 존경할 만한 인물의 지원에 의존하면서 교수진의 유용성을 입증하는 일뿐만 아니라 대중의 비판을 피하는 일에도 관심을 쏟았다. [미국의] 대학 총장들은 사회과학 전공 교수진에게 그들이 민주주의에 얼마나 중대하게 기여하고 있는지를 드러내 보이도록 촉구했다. 하지만 논란을 불러일으키는 개혁의 대의와 동일시되거나 정치적 임명에 따라 정부에서 공무를 담당하는 것은 눈살을 찌푸리게 했다. 왜냐하면 그런 행위는 특정 당파와 밀접하게 연결되는 위험과 부담을 안고 있었기 때문이다……객관적인 과학자로서의 지위, 즉 대학과 전문직 모두에서 그들이 가진 위치를 위험에 내맡기기보다 그들은 자신의 가치관이 덜 두드러져 보이는 자유주의적 중도파에 정치적 지지를 한정했다"(Ross, 1979, 122-123). 로스는 이를 "중도적 타협"이라고 부른다.
　Hinsley(1981, 286)가 지적하듯이 실제로 개혁적 사회과학자들은 진퇴양난에 직면했다. "사회과학을 공부한 엘리트의 역할은……불안하게 공존하고 있던 두 가지 경향을 포용했다. 과학자는 사람들 사이에서 정신적 고양과 사회적 조화의 수단으로서 과학적 경험을 확산시켜야 한다. 구원의 소식은 풍문을 통해서가 아니라 직접 알려져야 할 것이다. 동시에 그래도 단지 소수만이 그들의 생애를 과학에 진정으로 헌신할 수 있거나 헌신하고 싶어한다는 가정에 기초한 배타성의 추구는 특별한 지위에 대한 인정을 요구하기는 했다. 후자의 필요성은 사기와 협잡꾼에 맞서는 운동과 공식적 인정의 수단을 확립하려는 노력을 재촉했다."

옹호와 가치중립성에 관해서 가장 유명한 토론은 이른바 가치판단 논쟁 (Werturteilstreit)이었다. 1909년 막스 베버와 다른 학자들은 독일 사회학회를 창립하기 위해서 사회정책협회에서 탈퇴했다. 독일 사회학회는 가치판단의 영향을 받지 않고 중립적이고자 했다. 하지만 이 목표는 보이는 것처럼 확실하고 명쾌하지 않았다. 실제로는 창립 이후 줄곧 모호함 탓에 시달렸다. 왜냐하면 사회과학자들은 가치판단의 영향을 받지 않고 중립적임을 주장하면서도 이렇게 믿었기 때문이다.

> 과학의 진보는 다가올 시대 내내 번영을 보장할 것이다……그 자체를 위해서 추구된 과학은 인간으로 하여금 서로의 사소한 차이를 뛰어넘을 수 있게 할 것이고, 과학은 무지와 질병을 이겨냈듯이 전쟁과 사회적 갈등을 이겨낼 것이다. 과학은 조화를 이루는 힘, 통합하는 힘이었다(Proctor, 1991, 96).

1871년과 1918년 사이의 빌헬름 시대에 독일 학계는 정치적으로 특히 어려운 상황이었다. 이로 인해서 사회과학자들은 매우 난처해졌다. 한편에서 학계 인사들은 숨어 있는 사회주의자들이라는 비난을 받는 동시에 그들에게 공개적인 협력자가 될 것을 요구하는 사회주의자들의 압력에 직면하고 있었다. 다른 한편에서 그들은 공공연히 독일 군대와 제국의 목표들과 동일시하려는 독일 민족주의자들의 압력에 시달리고 있었다.[24] 가치판단의 자유는 "포위당한 과학"의 이념적 표현이었다.[25] 가치중립성은 도덕적이고 지적인

---

24) "중립성은 사회학이 사회주의의 다른 이름일 뿐이라는 비난을 막는 데에 기여했다. 그러나 제도적 자율성은 중립성의 원칙이 공헌하는 유일한 사회적 기능이 아니었다. 중립성은 단지 방패가 아니라 무기였다. 중립성은 사회 이론을 정치화하려는 페미니스트, 사회진화론자, 그리고 (특히) 사회주의자들의 시도를 저지하기 위해서 활용되었다. 대체로 이런 운동들에 맞서 대응하면서 [독일의] 사회학자들은 가치중립성이라는 이상을 공식화했다"(Proctor, 1991, 120).
25) Proctor(1991, 68)는 계속 언급한다. "중립성은 검열하려는 정부, 실리적인 결과를 원하는 산업계, 그리고 당면한 문제와의 관련성을 요구하는 사회운동의 압력에 대한 자유주의적 반응이었다. 중립성은 존재론적 입장, 즉 지식과 권력 간의 관계에 대한 더 일반적이고 자유주의적인

분투를 수반했다.

그러나 그것이 통했는가? 베버의 영향을 크게 받은 두 명의 후속세대 학자 랄프 다렌도르프와 레몽 아롱은 이 주장들의 어려움과 도덕적인 불확실성을 강조했다. 다렌도르프는 이것을 그들 자신의 "폭발적인 애매모호함"이라고 불렀다. 다렌도르프는 다음과 같이 질문했다. 만일 사실과 가치, 그리고 확신의 윤리와 책임의 윤리를 나눈 베버의 구별이 그렇게 뚜렷하다면,

> 왜 베버 자신은 그의 구별을 수용하는 것이 사실상 참기 어렵다는 점을 간파했는가? 동시에 그 구별은 지적으로는 절대적인데 실제로는 불가능할 수 있는가? 그 구별은 분열을 위한 처방인가?(1987, 577-578)

아롱은 덜 가혹한 분석을 내놓지만, 결국 다렌도르프의 유보(留保)와 거리가 그다지 멀지는 않다.

> 베버의 독창성과 위엄은 무엇보다 그가 정치적인 인물이자 학자였고, 또 그 두 가지 모두이기를 원했다는 사실, 더 정확하게 말하면 그가 정치와 과학을 분리하면서도 통합했다는 사실에서 유래한다. 분리했다는 것은 예컨대 과학이 우리의 선호로부터 독립되어야 하고 어떤 가치판단도 없이 순수해야 한다는 주장과 관련이 있다. 통합했다는 것은 과학이 어떤 측면에서는 행동에 꼭 필요한 방식으로 인식된다는 주장과 관련이 있다……과학도 현실도 어떤 법칙을 부과하지 않는다. 예언이나 총체적인 전망을 제시할 수 없는 과학은 인간을 완전히 자유롭게 내버려둔다. 우리 각자는 스스로 결정해야 한다……인간은 여러 신들 사이에서 선택해야 한다……역사는 신들의 경쟁, 말하자면 신념과 현실의 필요가 빚어내는 갈등의 이야기이다(1950, 97-98).

전망의 일부일 뿐만 아니라 정치적인 진술이었다"(p. 70).

노빅(1988, 7)이 객관성이란 "말랑말랑한 젤리를 벽에 고정시키는 일"과 같다고 말한 것은 아마 이런 이유 때문이었을 듯하다. 그 토론은 항상 "공평무사하고 사심 없는" 것이 무엇을 의미하는지를 중심으로 전개되었다. 루에슈마이어와 판 로젠(1996, 150)은 사회정책협회가 공평무사하고 사심이 없다는 증거로서 "자본가계급과 노동계급 모두로부터 거리를 두고 있음"을, 즉 그들이 두 "이해관계자 집단" 모두의 공격을 받았다는 사실을 제기했다고 지적한다. 그러나 학자들의 공동체 내에서 정치적이고 이념적인 갈등이 증가하는 상황을 감안해서 베버는 사회과학이 도덕성과 정치로부터 격리되어야 한다는 "논리적인 결론"을 끌어냈다(p. 147).[26]

가치중립적인 사회과학의 객관성이 가장 분명하게 흔들리는 듯이 보인 영역은 우생학(eugenics)이었다. 우생학은 물론 근대세계체제의 기본적 특성인 지속적인 인종차별주의와 밀접하게 연관되었다. 그것은 프랑스 혁명이 낳은 지문화적인 구조에서 제도로 자리잡은 이론적으로 평등주의적인 원칙과 공공연하게 상충되는 현상이었다.

18세기에 린나이우스(1707-1778, 스웨덴의 박물학자 카를 폰 린네. 그 자신은 라틴어식 이름인 카롤루스 린나이우스를 선호했다고 한다/옮긴이)가 생물학자들이 모든 생물군을 분류한 형태학(morphology)을 구상할 때, 호모 사피엔스가 실제로 통합된 속/종이라면 왜 세계의 여러 다른 지역에 사는 사람들 사이에 뚜렷이 눈에 보이는 차이가 존재하는 것처럼 보이는지를 설명할 필요성을 느끼게 되었다. 뚜렷이 눈에 보이는 차이는 물론 사회적 규정

---

26) Gunnell(2006, 480-481)은 이런 태도를 매우 명확하게 설명한다. "사실과 가치의 분리에 관한 베버의 진술은 [20세기의] 전환기에 대학과 정치 간의 불가피한 차이를 인식하는 것에 비해서 덜 철학적인 명령이었다……그의 요점은 사회과학자들이 가치판단에 관여하는 것이 논리적으로 타당하지 않거나 불가능하다는 것이 아니라 그것이 더 이상 실제적인 역할이 아니라는 것이었다. 이념적으로나 문화적으로 점점 더 다원화된 사회에서 학계는 이런 기능을 수행할 위치에 있지 않았다……도덕적으로 교화(敎化)하는 태도를 고집하려는 사회과학자들의 시도는 그들이 가진 인식의 권위를 손상시킬 터였다. 그것은 사실 그들이 소유했던 유일한 종류의 권위였고 발휘될 가능성이 있는 실제적인 영향력의 유일한 원천이었다."

의 문제이다. 인간의 눈동자의 색깔에 따라 사회적 범주를 만들거나 활용하는 이들은 거의 없지만, 대다수는 감지할 수 있는 인간의 피부색에 따라서 그렇게 한다. 18세기 말에 **인종**이라는 용어는 주로 피부색이 다른 집단들을 분류하기 위해서 사용되었다.

18세기에 인종적 차이의 기원에 관한 두 가지 기본적 이론이 존재했다. 하나는 인류의 통합이라는 전통적인 기독교적 개념과 일치하는 일원발생설(monogenesis)이고(Heiniger, 1980, pt. 3), 다른 하나는 인종 간의 분명한 구분선을 옹호하고 그에 따라 "유색인들이 백인들에게 명백하게 복종한 역사에 대한 유용한 합리화를 제공한" 다원발생설(polygenesis)이었다(Lorimer, 1978, 132). 19세기 후반까지 다원발생설은 믿을 수 없는 것으로 인식되었지만, 인종 간의 중요한 차이에 관한 사회생물학적 논쟁은 우리가 "과학적 인종차별주의"라는 꼬리표를 붙여준 것과 접합되기에 이르렀다. 그것은 생물사회적으로 불평등한 집단 사이에 "통행할 수 없는 벽"(Guillaumin, 1992, 25)의 존재를 상정했다. 그리고 "이 권위 있는 과학적 견해를 대중화하려는 중요한 시도들이 전개되었다"(Lorimer, 1990, 369).[27]

우생학은 과학적 인종차별주의에서 파생된 사회운동이었다. 그것은 인종

27) 그 생물학적 논쟁은 멘델의 유전법칙에 근거를 둘 필요가 없었다. 라마르크의 견해에 근거를 두고 동일한 사례를 정리한 이들이 있었다. 라마르크의 학설을 따르는 저명한 영국의 생물학자들 가운데 마지막 인물인 어니스트 맥브라이드는 사회의 하류층이 대부분 "영구적으로 고정된 인종적 특성을 가진 아일랜드인"이라고 믿었다. 그가 보기에 그들의 인종적 특성은 "더 나은 조건에 노출되더라도 개선될 수 없었다"(Bowler, 1984, 246). 맥브라이드는 진화적 변화가 짐작건대 이런 인종적 차이를 줄일 수는 있을지언정 결코 제거할 수 없다고 주장했다.
그럼에도 멘델식의 주장이 지배적이었다. "사회 유전설은 19세기 중엽에 출현한 이래 세기말까지 이미 복잡한 진화를 겪어왔다. 그것의 집요하게 공격적이고 토착주의적(반이민적)이며 공식적으로 우생학적인 변형을 위한 무대가 마련되었다. 20세기의 첫 10년을 휩쓴 멘델주의의 유행은 단지 확고부동한 지적이고 감정적인 관심사를 구체화했고 그것에 자극을 더했다. 19세기의 사사분기(四四分期)에 시사평론가, 의사, 최초의 사회과학자들, 그리고 사회사업가들은 이미 거의 모든 사회 문제의 분석에 유전론의 설명을 적용했다. 인간의 행위에 대한 유전론의 설명들은 과학의 개념과 위신을 구체화하는 것처럼 보이는 미덕을 지녔던 반면, 동시에 입증할 수 있는 내용과 주제가 결여되어 있었다"(Rosenberg, 1976, 49).

의 "순수성"을 보존하고 다양한 방식으로 다른 인종들을 희생하면서 우수하다고 생각되는 인종의 수를 늘리도록 장려하는 국가의 활동을 요구했다. 호프스태터가 그것의 "근본적 보수주의"라고 부른 것에도 불구하고, 그것은 처음에 중도적 자유주의로부터 강한 지지를 끌어모았다.

우생학 운동은 그 주위에 "개혁"의 분위기가 감돌았다. 왜냐하면 그것은 [미국에서] 대다수 미국인들이 스스로를 개혁가로 생각하고 싶어하던 때에 출현했기 때문이다. 개혁운동과 마찬가지로 우생학은 공통의 목적을 이루려는 국가적 활동의 원칙을 받아들였고 개인의 성공보다 집단의 공통적인 운명에 관해서 이야기했다(Hofstadter, 1992, 167).

"인종이라는 개념은 유럽에서 [그리고 범(汎)유럽적 세계에서] 민족주의의 대두와 연관되었다. 두 가지 사실은 적어도 동시대에 발생했다"(Guillaumin, 1972, 37). 파커(1981, 827, 846)가 "자유주의적 인종주의"라고 명명한 것은 "모두를 경계 밖에 있는 자들에 대한 적대감으로 너무 쉽게 이끄는" 민족적 정체성을 탐색하는 과정의 일환이었다.

물론 우리가 알다시피 우생학이 도달한 가장 끔찍하지만 논리적이기도 한 결론은 독일 나치의 열등 인종 박멸 프로그램이었다. "과학과 정치의 상호관계"는 독일에서 특히 강력한 형태를 띠었다. 독일에서

인종위생학자들(그곳의 우생학자들이 자기 자신을 부르는 호칭)의 작은 공동체는 사회적 지위와 인정을 추구하면서 보수파와 극우파의 정치인들과 연합을 구성했다(Weingart, 1989, 260).[28]

---

28) Weingart(1989, 280)는 독일에서 인종적 위생학자들이 보여준 이런 궤적을 더 일반적인 현상, 즉 "과학의 제도적 타성(惰性)" 탓으로 돌린다. 그는 과학의 제도적 타성은 "정치적이고 도덕적인 부패에 의해서 조금도 방해받지 않았다. 단지 극소수의 과학자들만……정치에 관심 없는 과학의 이념이 비도덕적인 정치적 목표에 얼마나 유용한지, 그리고 그런 목표와 양립할 수

1945년 이후 중도적 자유주의가 그토록 확고하게 "과학적 인종차별주의"를 거부하고 결국 역시 가치중립적이라고 제시될 과학적 반(反)인종차별주의로 대체한 까닭은 독일에서 우생학이 나치의 결론으로 이어졌기 때문이다.

과학적 역사학의 창출

사회과학의 전문화는 형태상 대학 내에서 뚜렷이 구별되는 학문 분야들을 확립하고 다양한 분야에 상응하는 전국적인(결국에는 국제적인) 전문/학술 조직의 창설을 이끌었다.29) 그것은 하나의 분야로서가 아니라 "다양한 하위 분야, 새로운 조직과 전공(專攻)으로 나뉜 채" 진행되었다(Goldman, 2002, 356). 우리가 보게 되듯이, 하나의 학문 분야, 즉 특정 학계는 "하나의 어휘, 조직, 학술지, 그리고 학술회의"이다(Maloney, 1985, 2).

새로운 대학 구조에서 그 존재를 확고히 한 최초의 학문 분야는 대학의 범주로서 가장 오랜 존재감을 가진 역사학이었다. **역사**는 물론 아주 오래된 용어이다. 그리고 오늘날 주목할 만한 옛 역사가들에 대해서 이야기하는 것이 흔한 일이다. "과거"를 서술하고 중요한 통치자들을 칭송한 작가들은 언제나 확실히 존재했다. 이런 역사가들에게 주요한 사료는 전통적으로 문서 사본이 남아 있는 앞선 세대 역사가들의 저작물이었다.

19세기에 벌어진 일은 역사가들의 저작을 위한 적절한 자료들의 새로운 개념을 만드는 것이었다. 그것은 때때로 역사서술의 "과학혁명(scientific revolution)"이라고 불리고 레오폴트 폰 랑케의 작업과 두드러지게 연관된다.

있는지, 달리 말해서 둘 사이의 긴밀한 연관성을 깨달았다"고 말한다.
29) 전문화된 사회과학 분야들은 각기……공식적으로 다른 모든 분야들로부터의 독립을 선언했고……친숙한 전문적 학술지와 학회 기구, 그리고 대학 수준에서 어느 정도 균일한 훈련의 교과과정을 발전시켰다. 그리하여 지적인 권위는 회원과 더불어 쉽게 알아볼 수 있는 동료들의 공동체 내에서 차지하는 순위에 좌우되었다. 그 공동체의 회원들은 유사한 교육 훈련의 경험을 공유했고, 따라서 상당히 유사한 평가 기준의 틀을 갖추게 되었다(Haskell, 1977, 24).

우리에게 있었던 그대로의 사실(wie es eigentlich gewesen)을 기록해야 한다는 유명한 강조를 유산으로 남겨준 인물이 바로 랑케였다.[30]

이 유명한 문구에는 우리가 주목해야 할 두 가지 사항이 있다. 과거에 대한 참된 서술이 가능하다는 신념과 예전에 역사라는 이름으로 행해진 모든 것이 이 규칙을 고수한 것은 아니라는 추정이다. 랑케는 과거에 대한 "객관적인" 분석의 존재 가능성을 단언하고 있었다. 그 뒤 이 견해를 공유한 모든 사람들에게 핵심 질문은 줄곧 무엇이 어떤 서술이나 설명을 객관적이게 만드는지, 그리고 역사가들이 무엇에 관해서 기록하고 있는지였다. 랑케를 역사에서 과학적 객관성이라는 발상의 "아버지"로 보는 니퍼다이(1988, 218)는 랑케의 구상 가운데 핵심은 역사가를 "사료와 사료 비판(Quellenkritik)" 모두에 엄격하게 묶는 것, 달리 말해서 그가 "방법론적으로 제한된 객관성"이라고 명명한 것이었다고 주장한다. 헤릅스트(1965, 216)는 랑케식 역사주의의 모순을 이렇게 강조한다. "이상주의자로서 그들은 자기 학문 분야와 모든 정신과학(Geisteswissenschaften)의 자율성을 주장한 반면, 경험론자로서 그들은 자연과학의 도구들을 사용할 것을 제안했다."

사료라는 것은 매우 경험적인 개념이다. 원래 (그리고 매우 긴 시간 동안) 사료들은 문서로만 이루어져 있다고 생각되었다. 나중에 그 개념은 면밀한

---

30) "'참된' 역사가들은 연대기 학자들과 과거 세대의 지식인들과 달리 자기 자신을 과거 사건들의 탐사에 실험실의 과학자들이 관찰하고 분석하는 도구들을 적용했던 경험론자로 생각했다"(Herbst, 1965, 101).

우리가 기원으로 여기는 것에 관한 다른 모든 것과 마찬가지로, 랑케는 그런 요구를 제안한 첫 인물이 아니었다. Burke(1988, 190, n. 2)는 이미 16세기에 슬라이단(1506-1556. 룩셈부르크 공작령에 속한 슐라이덴[Schleiden] 태생의 역사가이자 종교개혁의 연대기 작가/옮긴이)이 역사가들은 "각각의 사실과 사건이 실행된 대로 낱낱이 이야기(prout quaeque res acta fuit, recito)" 해야 한다고 요구했고 포플리니에르(1541-1608. 프랑스의 서남부 가스코뉴 태생의 개신교 역사가로서 위그노 전쟁에 참가했다/옮긴이)는 "실제 발생한 대로 상황을 말하는 것(réciter la chose comme elle est advenue)"이 필수적이라고 생각했다. 그러나 이런 앞선 요구사항에 부응하는 사람들은 거의 없었고 따라서 오늘날 슬라이단과 포플리니에르의 이름은 심지어 사학사가에게도 잘 알려지지 않았다. 랑케의 표어는 때가 무르익었기 때문에 명성을 얻었다.

연구에 활용할 수 있는 고고학적 발굴물과 같은 물질적 대상을 포함할 정도로 확대되었다. 고고학은 주로 문서자료가 존재하지 않거나 매우 드문 지역과 시대를 연구하는 방법으로, 말하자면 일종의 차선책으로 활용되었다.

그러나 왜 문서자료들이 객관적 지식의 토대였는가? 주요한 주장은 문서자료들이 후대 연구자들의 관점을 위해서 작성된 것이 아니라 어쨌든 그 시대의 참여자들이 당면한 현실을 반영했다는 것이다. 분명히 그런 사료들은 그것들이 시사하는 듯이 보이는 것보다 뒤늦게 기록되었거나 당시의 다른 사람들을 속이려고 작성된 위조품일 가능성이 있었다. 그리고 이런 까닭에 사료들은 비판의 대상이 되어야 했다. 그럼에도 그런 사료들의 활용을 대체할 것은 없다고 생각되었다. 랑케는 "사실상 신의 계시로서 과거에 접근했다……랑케 자신이 언급을 했듯이, 그것이 일종의 예배(Gottesdienst)였다"(McClelland, 1980, 173).

이런 종류의 역사학 연구는 그것이 경험적 증거와 연결될 경우에 한해서 타당하다고 간주되었으므로 "과학적"이었다. 그러나 역사가들은 다른 방식에서 매우 비과학적이었다. 그들 대다수는 이런 경험적 연구에서 추론될 수 있는 법률과 같은 진술을 찾으려는 어떤 탐색도 거부하면서 이론적 접근에 반대했다.[31] 그들은 세계를 개혁하기를 원했던 계몽주의 급진파와 그 계승자들에 반대했기 때문에 기본적으로 이런 태도를 취했다.[32] 노빅(1988, 27)

---

31) Ringer(1992, 262)는 랑케의 과학적 역사가 어느 정도까지 개별 기술적(記述的)이었는지를 논의한다. "레오폴트 폰 랑케 자신은 공감과 개성의 언어로 역사에 대한 그의 관념을 서술했다……더욱이 그는 일반적인 것이 아니라 '개별적이고 특수한 것'의 '독창성'에 흥미를 가졌다. 그는 [국가가] 문화적이고 도덕적인 에너지를 대변했으며 이것이 국가 간 투쟁에 더 중요한 의미를 제공했다는 점을 믿었다."

32) 이론적 접근에 반대하는 이런 경향은 다른, 거의 정반대의 행태를 띨 수 있었다. Novick(1988, 43)은 19세기 초에 로맨티시스트적 경향이 "추상적 체계의 냉담함보다……독특한 것의 온기"를 더 가치 있게 여겼다는 것에 주목한다. 그러나 19세기 말에 "대단히 중요한 체계의 숨이 막힐 것 같은 온도와 습도로부터 해방시키는 도구로 칭송받은 것은 바로 차가운, 있는 그대로의 사실이었다."

은 랑케의 "도덕적 판단을 자제하는 태도가 사심 없이 객관적인 중립을 표명했다기보다 당시의 맥락 속에서 매우 보수적인 정치적 판단이었다"고 생각한다.[33]

그러나 이와 같이 정치에 대한 분석을 "가장 좁은 의미의 사건들"로 "축소시키는 것"(Burke, 1988, 197)은 중도적 자유주의자들의 이해관계에 꽤 도움이 되었다. 일반화가 회피의 대상이 되었을 때, 역사 서술은 19세기에 처음으로 "국민 종교"가 되었기 때문이다(Barrett-Kriegel, 1988, 264). 그 이유는 매우 단순했다. 누군가가 자유로운 국가를 건설하고자 한다면, 구성원들이 하나의 "국민"으로서 동질감을 만들 수 있는 국가가 존재해야 하고, 그들은 거기에 주된 충성심을 바칠 수 있을 것이다. 국민의 창출은 자유로운 국가의 토대로서 필수적이었다. 그리고 국민을 창출하기 위해서 그들은 국가를 가져야만 했다.[34]

역사가들은 국가를 위해서 역사적 과거에 대한 기억을 발견/창조하는 과업을 부여받았다. 이는 최초의 자유주의 국가인 영국과 프랑스에 해당되는 것이었지만, 19세기 동안에 국가로 탄생한 독일과 이탈리아에 훨씬 더 잘 들어맞았으며 더 나아가 다른 어느 곳에도 적용될 수 있는 사실이었다.[35] 1830년의 프랑스 혁명은 주지하듯이 (러시아의 지배 아래에 있던) 폴란드에

---

33) 베네통은 유사한 견해를 밝힌다. "반(反)혁명이 혁명의 대의에 반대하는 견해를 취했기 때문에, 보수주의의 경향은 사회학과 역사에 우호적인 철학을 평가절하하게 된다"(1988, 49).

34) 국가의 존재가 가지는 중요성은 "역사 없는 사람들"이 존재했다는 엥겔스의 악명 높은 개념 속에 잘 나타나 있었다. 엥겔스는 루마니아인들과 슬라브인(체코인, 슬로바키아인, 슬로베니아인, 크로아티아인, 세르비아인, 그리고 우크라이나인/루테니아인)들을 역사 없는 사람들에 포함했다. 그 근거는 이들이 결코 국가를 형성한 적이 없다는 사실이었다. 그러나 엥겔스는 국가를 형성한 적이 있다는 이유를 들어 폴란드인들을 역사 없는 사람들에서 제외시켰다. Rosdolsky(1964, 87-88)를 참조하라.

35) 20세기 말에 역사가들은 "전통의 발명"에 관해서 기록하기 시작했다(Hobsbawm and Ranger, 1992). 그들은 무엇보다 그때 만들어지고 있던 '새로운' 탈식민 국가뿐만 아니라 제1차 세계대전이 발발하기 30-40년 전 유럽에서도 이런 현상이 나타났다는 점을 알아차렸다(Hobsbawm, 1983, 263).

영향을 주었다.

그리고 이 사건은 국민 통합에 대한 관심을 자극하면서 독일의 지식인들에게도 영향을 미쳤다. 예컨대 1832년 랑케는 바르톨트 니부어가 예전에 논증한 주제, 즉 "한 국민의 역사적 발전은 그들이 가진 국민적 특성의 작용"이라는 주제에 관해 몇 편의 논문을 썼다. 랑케는 "우리는 국민의 특성을 반영할 진정한 독일인의 국가를 창출해야 한다는 위대한 독일인의 의무를 지고 있다"고 결론 내렸다(Renouvin, 1954, 75-76).[36] 그 시대의 더 젊은 역사가들은 "랑케의 보수적 성향과 더불어 그가 독일 통일을 위해서 프로이센의 주도권에 기대를 거는 태도에 회의적이었기 때문에 영감을 얻으려고 훔볼트, 피히테, 그리고 헤겔로 되돌아갔다." 그러나 1848년 혁명의 실패 역시 그들에게 "국가 행위의 지고성(至高性)과 정치권력의 윤리적 정당성"을 납득시켰다. 1871년 무렵에 보수파, 자유주의자, 그리고 심지어 민주주의자(급진파)조차 "역사라는 공통의 종교"를 공유하기에 이르렀다(Iggers, 1983, 11).[37]

독일 국민의 창출에 독일 역사가들이 참여한 것은 우리가 휘그적 역사 해석이라고 부르게 된 것에 영국 역사가들이 참여한 사실에 필적했다. 영국은 당시 세계체제의 패권국이었기 때문에 영국 역사가들은 자국을 이런 위치에 놓기 위해서 발생한 모든 일들이 필연적일 뿐만 아니라 진보적이었다는 신념 속에서 위안을 찾았다. 매닝(1976, 84)은 이런 태도의 논리를 매우 분명하게 설명한다.

---

36) Renouvin(1954, 164)은 더 나아가 법제사가 (프리드리히 카를 폰) 사비니와 언어사가 야콥 그림의 1840년대 저작들이 "정치사를 다룬 저서들에서 발견되는 것과 동일한 관심사를 가졌다"고 지적한다. "그것은 게르만족들의 밀접한 관련성을 보여줄 수 있게 해준 선례(先例)들을 발견하려는 집착이었다."

37) Iggers(1983, 42-43)는 발전되는 바로 그 역사주의라는 개념이 발전하는 과정을 확인한다. "이제 집단적 모임이나 단체에 적용되는 괴테와 훔볼트의 개성 개념과 헤르더의 역사적 낙관주의("역사의 흐름 속에 숨겨진 의미")에 나중에 "국민과 사회 내에서 국가의 지고성이라는 개념"이 덧붙여졌다. 세 가지 개념은 모두 "19세기와 20세기 독일의 역사서술 전반에 영향을 미치는 이론적 전제의 토대를 제공할 터였다."

자유주의자들이 찬양하는 시민사회를 이루는 데에 도움이 된 모든 사건들은 필연적으로 진보적이고 그런 변화에 저항하는 모든 것들은 필연적으로 반동적이다. 정의(定義)상 시민사회는 봉건사회보다 더 문명화된 상태이다. 자유주의의 어휘에서 시민이라는 단어의 의미는 개방적이고 진보적인 부분과 연결되고, 봉건적이라는 단어의 의미는 폐쇄적이고 반동적인 것과 관련되어 있다.[38]

독일의 역사주의와 (사실상 역사주의의 변형이었던) 휘그적 역사 해석은 국민의 진보를 그들의 분석과 관심사의 중심에 두는 것에 동의했다.[39]
　영국과 마찬가지로 프랑스는 형성 중이던 국민 국가의 중심에 역사를 배치하기 시작했다. 오제(1903, 119)는 7월 혁명을 전환점으로 본다.

분명히 말하지만 7월 왕정은 "역사상 유명한" 왕족과 관련이 없었기 때문에 분명히 역사를 무시할 수도, 역사를 없앨 수도 없었다……정치적 사건들의 직접적인 영향 아래에 역사는 사회를 조직하는 문제들로 방향을 돌렸다. 새로운 국가는 중세 프랑스에 대한 추억과 영국 혁명의 교훈을 활용하면서 기조와 티에리의 가문으로 하여금 이성에 기반을 둔 새로운 합법성을 창출하도록 하는 데에 모든 관심을 쏟았다.

그러나 7월 왕정은 역사가들이 그것을 정당화할 수 있도록 역사를 정당화했지만, 결국 국가의 통합에 핵심적인 역사를 확립한 것은 1870-1871년의

---

38) "자유주의에 시간은 보편적인 친구였다. 그것은 필연적으로 훨씬 더 큰 집단에게 더 큰 행복을 가져다줄 것이었다"(Schapiro, 1949, 13). Skinner(1965, 15)는 이런 19세기의 견해가 어떻게 스코틀랜드 계몽주의의 경제학과 조화를 이루는지에 주목한다. "교환경제는 원시 국가와 함께 시작된 발전의 최종적 산물로 이해되었다……그들은 더 높은 단계의 개인적인 자유가 그들이 실제로 직면한 상황에 적합했다고 결론내렸다."

39) Skinner(1965, 21)는 휘그적 역사 해석을 가리켜 새로운 질서의 "종말"에 대해서는 아니라고 해도 적어도 "그것의 기원"에 대해서 "놀랍도록 마르크스를 예견한 것"이라고 일컫는다. 그러나 이는 단지 마르크스주의와 자유주의가 19세기, 그리고 20세기에 공통점을 찾았던 또다른 한 가지 방식일 뿐이다.

대단히 충격적인 사건, 즉 독일에 맞선 프랑스의 패배와 파리 코뮌이었다. 새롭게 확립된 제3공화정은 중등 교육체제의 교과 과정을 개혁함으로써 국민을 회복시키고 통합하는 데에 기여하고자 역사가들에게 도움을 청했다. 로그(1983, 80)는 제3공화정의 교육계 지도자들의 사고방식을 이렇게 서술한다.

그때까지 무지하고 미신에 사로잡혀 있던 대중은 초기에[1875년 이후] 사제, 평수사(平修士), 그리고 최악의 경우이기는 하지만 예수회의 손에서 교육을 받은 중간계급이나 상류층의 젊은이들보다 공화정에 덜 위협적인 잠재적 적대자로 간주되었다. 19세기 말의 자유주의자들을 가장 괴롭힌 걱정거리는 엘리트와 대중 간의 불화가 아니라 바로 엘리트층 내부의 분열이었다……진정으로 공화주의적이고 자유주의적인 엘리트는 민주주의 국가의 타고난 지도자가 될 것이었다.[40]

그렇지만 홉스봄(1983, 270)은 역사가들이 노동계급을 통제하고자 "공화정의 이미지, 상징성과 전통"을 만들었다고 주장하면서 자국(自國)의 역사에

---

40) 가브리엘 모노는 1875년에 「역사학보(Revue historique)」를 창간했다. 모노는 프랑스의 역사적 전통에는 결함이 존재한다고 믿었다. "그는 그런 전문적인 방향을 위한 전제조건이 프랑스에 실재했다고 확신했으나, 전문성과 직업 정신은 성장 부진에 시달렸다고 성급하게 투덜댔다." 그는 이 목표를 촉진하고자 대학의 개혁을 모색했다. "그런 학계의 역사학 관련 전문직 창출을 기다리는 동안, 그는 「역사학보」가 전문 역사가로서의 활동에 입문하려는 청년들이 과학적인 학문 연구의 방법을 채택하도록 장려하는 데……기여하기를 희망했다"(Keylor, 1975, 52).
그런 과학은 모노에게 정치적 함의가 없지 않았다. "모노는 독일의 역사가들, 그리고 특히 「역사 신문(Historische Zeitung)」이 독일의 재통일에 크게 기여했다고 믿었다. 그는 「역사학보」가 1870년 이후 프랑스 국민정신의 재활성화라는 정치적 목적에도 이바지할 것을 희망했다"(Stieg, 1986, 6).
프랑스의 교육부 장관 쥘 페리는 기본적으로 유사한 목표를 염두에 두고 있었다. 1883년 「국제 교육학지(Revue internationale de l'enseignement)」에 실린 연설에서 그는 전문 역사가들에게 과학으로 규제되고 계몽되지 않는다면, 무질서와 무정부 상태의 정신이 될 수 있을……유토피아와 오류의 관념들에 반대할 수 있는 과학적 견해들을 발전시킬 것을 요구했다(Weisz, 1979, 83에서 인용).

대한 이런 중시가 급진적 성향에 대한 두려움 탓에 더욱 촉진되었다고 인식한다. "중도파 인사들"(이는 홉스봄이 급진적 사회주의자들을 일컫는 표현이다)은 "극좌파 인물들로 가장(假裝)함으로써" 그렇게 했다.

의심할 바 없이 중도적 자유주의자들은, 교회와 자신을 동일시한 보수파와 파리 코뮌에서 자신의 위신과 활력을 드러냈던 급진세력 모두를 제한하고자 애쓰고 있었다. 그들은 대중의 생각 속에 국민을 통합할 수 있는 과거를 확립하고 국민적 정체성을 국가를 안정시킬 애국심의 토대로 만들기 위해 새로운 과학적 역사를 활용할 수 있었다. 그것은 확실히 유일한 수법은 아니었다. 젊은이들의 군 복무는 공립학교 제도만큼이나 그들을 통합하고 사회생활에 적응하도록 만들었다. 그것은 특히 지방과 소수민족 출신의 젊은이들에게 효과적이었다. 국민적 기념물의 건립과 (예컨대 프랑스 혁명 기념일과 같은) 공공 의례의 시행 역시 체계적인 활동의 일환이었다(Hobsbawm, 1983, 271).[41] 하지만 이것들 또한 역사가들의 연구가 낳은 산물이었다. 따라서 과거는 더 단단해지고 있었다. 그러나 현재는 어떠했는가?

법칙정립적 학문 분야의 창출

국민적 정체성을 창출하고 강화하는 일이 아무리 중요했다고 해도 자유주의적 의제 가운데 일부에 지나지 않았다. 강력한 국민적 정체성은 국가를 합법화하고, 계급, 종교, 종족 또는 언어 공동체에 대한 대안적이고 잠재적으로 대립적인 충성심의 정당화를 엄격하게 제한하는 데에 기여했다. 그러나 순조롭게 기능하고 특히 위험한 계급들의 반자유주의적인 압력을 앞지르기 위

---

41) Trouillot(1995, 124)는 전통에 대한 이런 새로운 강조가 프랑스에 국한된 것은 아니었다는 데에 주목한다. "19세기 후반에 견고한 노동계급과 광범위한 선거권을 결합한 국가들은 공적 담론의 체계적인 관리에 전례 없이 주의를 기울였다……[민족주의적 기념행사는] 새로운 대중에게 부분적으로는 그들이 아닌 자들이 누구인지 언급함으로써 그들이 누구인지를 알려주었다."

해서 자유주의 국가들은 계속 진행 중인 현실을 이해할 필요가 있었다. 이것이 세 가지 법칙정립적 사회과학 ―경제학, 사회학, 정치학―의 기능이 되었다.

이 세 가지 분야에 관해서 주목해야 할 첫 번째 사항은 이것이 일종의 삼위일체라는 점이다. 과거에 대해서 기록할 때(역사의 역할), 새롭게 떠오른 대학 조직은 이른바 경제적, 정치적, 사회적 영역을 단일한 "분야"로 결합시켰다. 그러나 현재에 관심을 두자마자, 사회과학자들은 이 단일한 분야가 별도로 연구되어야 할 세 개의 개별적인 분야라고 강조했다.

무엇 때문에 이런 분열이 발생했는가? 원인은 단 하나이다. 그것은 "근대성(modernity)"의 주목할 만한 특징이 사회구조를 서로 상당히 다른 세 가지 구획으로 차별화하는 것이었다는 자유주의 사상가(보수주의 사상가나 급진주의 사상가가 아니라)의 강력한 주장이다. 이 세 가지는 매우 달랐기 때문에 결과적으로 실제 서로 분리되어야 했고, 그러므로 아주 명확하게 분석되어야 했다. 이 세 가지 영역은 시장, 국가, 그리고 시민사회였다. 대학들은 짐작건대 근대화의 결과로서 차별화된 바로 이 세 가지 영역의 이론적 차이로부터 시장의 연구를 위한 경제학, 국가의 연구를 위한 정치학, 그리고 시민사회의 연구를 위한 사회학 등 세 가지 학문 분야를 이끌어냈다.

중도적 자유주의는 항상 각종 제도들의 신중하고 정당한 개혁에 전념해왔고, 우리가 보아왔듯이 19세기 중엽에 이 목표는 현재를 연구하는 신흥 사회과학들에게 한 가지 근본적인 질문을 제기했다. 그들은 스스로를 사회 운동가로서 또는 그저 사회 개혁가들이 목표를 시행하기 위해서 사용할 수 있는 분석 연구들을 만드는 사람으로서 간주하기로 했는가? 미라보와 콩도르세와 같은 사상가들이 최초로 **사회과학**(social science)이라는 용어를 사용했을 때, 그들은 그 용어를 **사회적 기술**(social art)과 동의어로 만들었다. 사회적 기술은 "공공정책과 사회의 재건에 대한 합리적인 지침으로 실용적이고 개혁적인 의미를 가지고 있었다"(Goldman, 1987, 141). 우리가 논의했듯이 첫 결실은 사회과학협회들의 창립이었다. 하지만 19세기 말에 활동의 무대는 대학들로, 그리고 필요한 전문 인력을 배출하게 될 관련 학과들의 창설로 옮겨졌다.

1. 경제학

맨 처음 제도화된 법칙정립적 학문 분야는 경제학이었다. 경제학(economics)이라는 이름은 뒤늦게 만들어졌다. 19세기 말까지 영국과 미국에서 일반적으로 쓰인 용어는 정치경제학(political economy)이었다. 프랑스에서는 사회경제학과 정치경제학이라는 용어 사이에 얼마간 투쟁이 벌어졌다. 독일 지역에서도 유사한 분열이 존재했는데, 그곳에서는 국민경제학(Nationalökonomie)과 경제(Volkswirtschaft)가 맞서고 있었다. 후자는 (접두어 Volks를 붙이거나 붙이지 않거나 보통 "경제"로 번역되는) Wirtschaft에 (문자 그대로 "인민"이지만 강력한 민족적 색채를 띤) Volk라는 용어를 붙임으로써 더욱 모호한 단어가 되었다. 왜 결국 경제학이라는 더 짧은 용어가 지지를 받고 이 모든 다른 용어들은 거부되었는가?

정치경제학이라는 용어는 삶의 정치적이고 경제적인 영역 사이에 얼마간 관계가 있다는 것을 시사한다. 그러나 어떤 종류의 관계인가? 초창기의 표현 가운데 하나는 18세기의 이른바 스코틀랜드 역사학파였다. 애덤 스미스, 애덤 퍼거슨, 윌리엄 로버트슨, 그리고 존 밀러와 같이 다양한 인물들이 여기에 속했다. 그들은 다양하기는 했지만 역사와 정치경제학 모두에 관해서 얼마간 분명한 전제들을 공유했다. 그들의 거시사적 이미지는 인류가 여러 다른 연속적인 단계를 거쳐 진보해온 그런 세계의 이미지였다. 당시 여러 단계들 가운데 가장 빈번하게 등장한 것은 사냥, 목축, 농업, 그리고 상업 거래의 단계였다. 이 연속적인 단계의 기반은 일종의 "기술-경제적 결정주의(determinism)"였다.[42]

---

42) Meek(1976, 242)는 이렇게 말한다. "우리는 [이 단계론을] 의도하지 않은 뜻밖의 결과의 법칙,

만약 이들이 정치경제학에 대해서 언급했다면, 그것은 그들이 이런 연속적인 경제적 구조화의 형태와 특히 정치조직체, 즉 국가 내에서 발생하는 상업의 형태를 분석했기 때문이다. 그러므로 그들은 모두 로버트슨이 만든 문구인 "생계 양식(mode of subsistence)"에 중점을 두었다(Meek, 1967, 37). 그리고 그들은 모두 재산 상태를 안다면, 정치체제에 대해서 얼마간 알 수 있을 것이라고 믿었다. 왜냐하면 "재산 관계와 정부의 형태 사이에 인과관계"가 존재했기 때문이다."[43] 프리드리히 폰 하이에크처럼 시장의 우월성을 끈질기게 신봉하는 후속세대에게, 18세기의 정치경제학자들은 과학자인지 또는 도덕철학자와 사회철학자인지 결정할 수 없는 사람들로 간주되었을 것이다(Hayek, 1952, 13). 그리고 그들도, 후속세대도 우리가 오늘날 경제학과 연결지어 생각하는 그런 종류의 기술을 특별히 연마하지 않았다.[44]

물론 하이에크는 옳았다. 애덤 스미스는 사실 글래스고 대학교의 도덕철학 교수였다. 그리고 도덕철학과 역사 모두에 대한 이런 관심은 우리가 지금 고전파 경제학자(스미스에서 마르크스까지)라고 부르는 이들의 정치경제학과 19세기 말에 그 분야가 정의된 이른바 신고전파 경제학자 사이의 큰 차이점을 설명한다.

> 고전파 경제학자들은 복잡다단한 역사의 타래를 풀어내고 국가와 제국의 방향을 움직이는 (결정하는?) 거대한 중심 세력을 찾아내기를 희망했다……그들은 "웅장한

사회과학이라는 개념, 비교 연구법, 기술-경제적 결정주의라는 개념, 그리고 문화적 진화의 원칙 등 일련의 더 넓은 관념과 사고방식에 대한 최초의 위대한 이론적 결정체로 간주해야 한다."

43) "그들은, 사회는 맹목적으로 발전했다"고 주장했다(Meek, 1967, 38). 국가를 만든 것은 "위인들"이 아니라 근본적인 경제적 현실이었다.

44) Fetter(1943, 60)는 1870년까지도 미국에서 이른바 정치경제학자로 알려진 모든 이들이 "신학, 도덕철학, 문학, 언어, 법, 현실 정치, 언론, 기업 경영 또는 자연과학의 일부 분야" 등 뭔가 다른 학문 영역에서 교육받았고 "정치경제학에서 그들은 모두 말하자면 그 분야에 우연히 발을 디뎠다가 독학으로 깨우친 아마추어였다"고 지적한다.

역학"에 대한 기술에 관여했다. 반면에 [신고전파인] (마리 에스프리 레옹/옮긴이) 발라와 마셜이 착수한 과업은 평범하고 사소한 것처럼 보인다. 그러나 우리가 오늘날 보유하게 된 문제 해결형 경제학을 만든 것은 시장의 역학을 분석하려는 그들의 노력이었다(Gordon, 1973, 255).

시장과 정치의 애매모호한 관계는 프랑스에서도 유사했다. 프랑스 혁명 전에 중앙 무대에서 각광을 받았던 사람들은 중농주의자였다. 중농주의 (physiocracy)라는 용어는 "자연의 지배"를 의미한다. 그리고 그들을 지배했던 자연은 생산적인 노동의 유일한 원천이자, 따라서 순이익의 유일한 원천인 토지였다. 비록 어떤 집단들이 정말 생산적인 집단이었는지에 대해서는 이견들이 존재했지만, 누가 또는 무엇이 생산적이고 누가 또는 무엇이 결실이 없는지를 식별하는 일에 대한 강조는 정치경제학의 구성요소가 되었다. 스코틀랜드의 정치경제학자들처럼 중농주의자들은 합리주의자가 아니라 유물론자였다. 경제적 결정주의에 입각한 그들의 견해는 프랑스 혁명의 지도자들의 언행에 의해서 강력하게 뒷받침되었다.[45]

그러나 그들은 단지 경제적 결정론자 그 이상이었다. 테르미도르 반동 이후 그들의 유산은 관념론자로 알려진 집단에 의해서 계승되었다. 그렇지만 그들에게,

정치경제학은 경제주의가 아니었다. 그것은 인간의 권리에 입각한 사회의 행복을 성취하려는 많은 수단들 가운데 하나였다. 경제학의 법칙을 이해하는 데에서 발생하는 풍요는 인간을 "더 후덕하고" 더 자유롭게 통치할 수 있게 할 것이다. 정치경제학은 정신과학이나 정치학과 어깨를 나란히 했다. [정신과학, 정치학 아카데미를 포

---

45) "합리주의는 치명타를 맞았다. [프랑스] 혁명과 그 여파는 도덕적이고 법적인 관계가 이성에만 의존하지 않았다는 것, 그리고 경제적 이해관계가 전체 주민 가운데 각 집단의 정치적 위치를 결정하는 데에 더 중요한 요소였다는 점을 증명했다"(Grossman, 1943, 387).

함한] [프랑스] 학사원은 1795년에 관념론자들의 선동에 의해서 [그런 좋은 정부, 즉 선정(善政)을] 장려할 목적으로 설립되었다(Le Van-Mesle, 1980, 272-273).

그러나 이런 견해들은 먼저 나폴레옹에 의해서 위험하고 심지어 체제 전복적인 것으로 간주되기에 이르렀고, 뒤이어 루이 18세와 왕정복고 시대의 지도자들은 그런 인식을 훨씬 더 증폭시켰다. 그리하여 정치경제학은 신임을 잃었다. 하지만 정치경제학은 프랑스에서 곧 용인될 수 있는 것의 지위를 되찾았다. 그것은 자기 표현방식을 수정함으로써 가능했다. 정치경제학은 체제 전복적인 이미지를 벗고 오히려 어느 정도까지 "중도적" 신조였는지를 강조했다. 물론 그 자체로 좌파와 우파 모두에게 공격을 받았다. 그럼에도 정치경제학은 프랑스 혁명의 중도적 원칙으로 규정한 것과 경제적 자유주의 사이의 관련성을 입증함으로써 그것의 정치적 유용성을 확고히 하고자 시도할 터였다. 1845년에 정치경제학자 외젠 데르는 이렇게 썼다.

프랑스 혁명의 영광은 법률에, 아울러 정상적인 기반 위에 자유, 재산, 그리고 가족의 구조를 아로새겼다는 점이다……오늘날 이 원칙들을 수용하는 인간의 과제는 단순히 그 원칙들을 현실에서 완전하게 실현시키는 것, 그리고 우리 선조의 업적을 지워 없애며 미래 세대에게서 그들이 흘린 피에 대한 보상을 빼앗는 경향이 있는 어떤 퇴행적이거나 이른바 진보적인 신조들과 활기 있게 싸우는 것이다(Lutfalla, 1972, 495에서 인용).

일부 좌파 가톨릭 사상가들이 "사회경제학"을 "정치경제학"에 대비시키고자 한 까닭은 바로 정치경제학이 그렇게 중도적이 되었기 때문이다. 1835년, 가톨릭 대학 사회과학부의 홍보책자는 정치경제학이 단지 어떻게 부가 축적되었는지에만 관심을 두고 그 부와 재산이 잘못 분배되었다는 사실에 대해서 논의하지 않는다고 비판했다.

따라서 어떤 이들의 재산은 다른 이들의 빈곤에 기반을 두고 있었다. 그리고 빈민층의 아우성 때문에 그 꿈에서 깨어난 사회는 마침내 부유함 속에서 얻은 것을 안전함 속에서 상실했다는 점을 깨달았다(De Caux, 1835, 35).

그러므로 **사회경제학** 관련 과목이 필요하다는 결론이 도출되었다.

이런 좌파 가톨릭 신자들의 목소리는 정치 엘리트에게는 들리지 않았고 빈민층의 아우성(드 코는 의심할 바 없이 리옹에서 발생한 카뉘의 봉기를 염두에 둔 것이었다)은 1848년 혁명까지 중대한 정치적 표현을 발견하지 못했다. 1848년에 임시 정부의 주목할 만한 결정 가운데 하나는 대학에서 정치경제학의 교수직을 없애는 것이었다. 그 까닭은 정치경제학회의 헛된 저항에도 불구하고 정확히 정치경제학이 사회적 보수주의와 관련되어 있는 것으로 보였기 때문이다. 곧이어 도덕과학 아카데미는 "도덕적 질서를 회복하지 않는다면, 힘으로 물리적 질서를 회복하는 것만으로는 충분하지 않다"고 역설하면서 정부의 호소에 대응했다(Le Van-Mesle, 1980, 286).

우리가 알고 있듯이 혁명의 급진주의는 오래가지 않았지만, 정치경제학은 학문 분야로 복원되지 않았다. 아마 그것은 혁명 이후 지나치게 중도적이고 불충분하게 보수적으로 보였을 것이다. 그러나 1864년, 빅토르 뒤뤼는 황제 나폴레옹 3세를 설득하여 법학부에 정치경제학 교수직을 마련하게 했다. 그는 영국이 1848년에 유혈 혁명을 모면한 까닭은 정확히 "정치경제학의 원칙들이 모든 계층에 널리 퍼졌기" 때문이라고 주장했다(Weisz, 1979, 87). 프랑스는 중도적 자유주의로 복귀하고 있었다.

독일 지역에서는 공공 행정의 경제학을 강조했던 18세기의 중상주의(Cameralism)가 19세기 초의 "국민경제학"에게 자리를 내주었다. 정치(Staatskunst, 국가의 기술)는 프로이센에서 "경제 과정들을 통치하는" 정치학(Staatswissenschaft, 국가의 학문)으로 대체되었다(Tribe, 1988, 8). 그리고 다시 한번, 시장 원리에 대한 단순한 옹호는 독일에서 **역사경제학**이라고 불린 것으로 대체되었다. 이것은 경제적인 만큼 정치적이었던 정치경제학에 대한 최후의 변호인 셈이었다. 영국, 미국, 프랑스가 (신고전파) 경제학에 유리하게 마침내 정치경제학을 파묻을 준비가 되었을 때, 실제로 독일은 여전히 정치경제학의 한 품종(역사경제학/옮긴이)을 고수하고 있었다.

큰 변화는 명칭의 변경과 함께 발생한다. **정치경제학**은 **경제학**이 되었다. 널리 영향력을 발휘한 W. S. 제번스는 1879년에 경제학이라는 명칭을 제안했다.46) 그러나 이 명칭 변경을 제도화한 인물은 1884년에 케임브리지 대학교의 정치경제학 교수가 된 앨프리드 마셜이었다. 그는 이미 1881년에 「경제학 원리(*The Principles of Economics*)」라는 제목의 책을 집필했다. 그리고 1885년에 그는 통계협회의 명칭을 경제학, 통계학회로 바꿔야 한다고 주장했다. 이어 1890년에는 영국 경제학협회(훗날의 왕립경제학회)의 창립자로 나서서 그의 지지자들과 함께 협회를 확고하게 통제했다(Kadish, 1982, 143-144, 152; Coats and Coats, 1970). 1903년에 마셜은 경제학 전공(Economics Tripos, 트라이포스는 케임브리지 대학교의 학부 전공 과정 또는 학사 학위 자격시험을 일컫는 독특한 표현이다/옮긴이)을 케임브리지 대학교의 학부 과정 중 하나로 창설할 수 있었다.

---

46) 1879년에 개정 증보된 「정치경제학 이론(*The Theory of Political Economy*)」의 재판(再版) 서문에서 제번스는 이렇게 기술한다(xiv). "사소한 변경 중에서 나는 정치경제학이라는 이름을 하나의 간편한 용어인 경제학으로 대체한 것을 언급할 수 있으리라 생각한다. 나는 우리 학문의 오랜 골칫덩이였던 두 단어로 된 이름을 최대한 빨리 폐기한 것을 현명한 일이라고 생각하지 않을 수 없었다. 몇몇 저자들은 이재학(理財學, Plutology), 화식론(貨殖論, Chrematistics), 교환학(Catallactics) 등과 같이 완전히 새로운 이름들을 도입하려고 시도해왔다. 하지만 우리는 왜 경제학보다 더 나은 뭔가가 필요한가?"

명칭에 관한 쟁점은 오랫동안 다루기 힘든 문제였다. 19세기 전반기에 로버트 와틀리는 "정치경제학을 시대의 사회적 협의에 의문을 제기하는 것으로 간주한 사람들"에 맞서 정치경제학이라는 명칭을 옹호했다. 그는 그들에게 "정치경제학이라는 명칭의 앞부분(즉 정치)은 실제로 부정확한 호칭이었다"고 확언했다. 그는 대신 교환학이라는 명칭을 제안했지만 인기를 얻지 못했다(Checkland, 1951, 56). 체크랜드는 와틀리를 가리켜 "정치경제학이라는 중립적인 학문의 개념을 고안한 창시자 중 한 사람"으로 인정한다.

그렇지만 마셜은 무엇을 제도화했는가? 그것을 서술하는 하나의 방식은 경제학 연구의 초점을 바꾸었다는 점이다.

명칭의 변경은 가치의 생산과 국부(國富)의 분배과정에서 자본과 노동에 몰두하는 "고전파" 경제학과 관계를 끊는 것을 의미했고, 경제학을 교환과 가격 형성의 학문으로 새롭게 재출범시켰다. 지대, 이윤, 임금과 그에 상응하는 생산의 주체, 즉 지주, 자본가, 노동자를 중심으로 하는 생산과 분배의 이론 대신에 경제학이라는 새로운 학문은 그 틀 속에서 추상적인 경제적 주체의 계산이 희소 자원의 할당에 영향을 미치는 이론이 되었다. 새로운 가치 이론은 이런 자기 이익을 추구하는 주체들의 상호작용에 달려 있었고 자신의 필요를 충족시키려는 그들의 욕구는 곧이어 그들이 타인의 욕구를 충족시키고 따라서 시장 가격을 창출하도록 이끌었다(Tribe, 2005, 116-117).

그것을 서술하는 또다른 방법은 신고전파 경제학이 경제학과 역사의 연관성을 확실하게 끝냈다고 말하는 것이다. 마셜의 케임브리지 프로그램이 경제사가 윌리엄 커닝엄을 주변적 존재로 소외시킨 것은 악명 높은 사례였다. 그의 조치들은 1891년에 커닝엄이 케임브리지 대학교에서 떠나도록 한 것처럼 보인다. 두 사람의 성격 차이가 갈등의 배경이었다는 사실은 의심할 여지가 없다. 그럼에도 제프리 호지슨은 마셜이 경제사 그 자체에 적대적이었다는 견해에 동의하지 않는다. 호지슨은 마셜이 독일 역사학파를 호의적으로 높이 평가하고 지지했다는 점을 지적한다. 그는 마셜과 마찬가지로 카를 멩거가 한계효용(marginal utility) 이론의 선구자라는 사실에도 불구하고 마셜이 방법 논쟁(Methodenstreit)에서 멩거의 편을 들지 않았다는 점 역시 지적한다.[47]

---

47) 마셜은 독일 역사학파의 입장에 더 공감하는 듯했다. 마셜 자신은 드레스덴과 베를린에서 연구했고 거기서 빌헬름 로셔와 가까이 지냈다. "매우 구체적으로 멩거와 대조적으로 마셜은

아마 마셜에 의한 경제학의 조직적 변환을 해석하는 올바른 방식은 그것을 전문가가 되고 직접적인 당파성을 드러내지 않으면서, 요컨대 중도적 자유주의자로서 정책 입안과 결정에 더욱 효과적으로 영향을 미치기 위해서 경제학자들의 능력을 강화하려는 방법으로 파악하는 것이다.48) 이를 보증하기 위해서 마셜은 커닝엄과의 논쟁의 진정한 원인, 즉 경제학적 정설(正說)을 만듦으로써 대학의 교육 훈련 프로그램을 통제할 필요가 있었다.49) 곧이

역사적 특수성의 문제를 거부하지 않았다. 멩거와 달리 그는 그것을 경제학자들에게 정당하고 중요한 문제라고 보았다"(Hodgson, 2005, 334).

커닝엄과 마셜 사이에 벌어진 주요한 토론을 검토한다면, 호지슨의 분석을 충분히 입증할 수 있다. 커닝엄은 1892년 「경제학 저널(*Economic Journal*)」에서 마셜(그리고 또 소롤드 로저스)에 대한 공격을 개시했다. 그는 그 글에 "경제사의 왜곡(Perversion of Economic History)"이라는 제목을 붙였다. 그의 기본적인 주장(pp. 494-495)은 다음과 같다. "경제 이론의 관점에서 실제 사실에 대한 참으로 있는 연구의 등한시는 용납될 수 있는 것처럼 보인다. 그러나 나의 관점에서 그것은 비참한 일이다. 왜냐하면 그것은 경제학자로 하여금 그의 일반화가 대략적으로라도 사실에 근접하는 좁은 범위를 찾아내는 것을 방해하기 때문이다."

마셜은 같은 호에 실린 글에서 이렇게 대꾸했다(1892, 507). "내 책이 '동일한 동기가 모든 시대에 작동되었고 유사한 결과를 낳았다는 것⋯⋯, 그리고 동일한 법이 유효하다는⋯⋯. 기본적인 가정' 위에서 전개된다고 상정하는 커닝엄 박사는 잘못 판단하고 있다. 반대로 경제학의 성장에 관한 장(章)은 근대 경제학자들이 '어떤 학문의 주제가 다양한 발전 단계들을 겪는다면, 한 단계의 법칙이 거의 수정 없이 다른 단계들에 적용되지 않을 것'이라는 점을 생물학에서 배우고 있다고 주장한다." 마셜은 적어도 경제법칙의 보편성에 섬세하게 접근한다. 리카도의 지대의 법칙(law of rent)을 중세 잉글랜드의 실상에 대한 설명으로 인정했다고 커닝엄으로부터 비난당한 마셜은 이렇게 대답한다(p. 510). "그러나 사실 관습은 대체로 유연하다. 그리고 흔히 지대론은 강력한 지위를 유지하고, 토지의 지배자인 최상위 소유자에 의해서 효과적으로 통제되지 않는 상위의 소유자가 실제 경작자로부터 강제로 뽑아낼 수 있는 징수 행위에 상한선을 제공한다."

48) 이는 Maloney(1985, 2)가 자신의 분석에서 마셜의 세 가지 주요 목표를 인식한 방식이다. "첫째, 그는 과도하게 슬퍼하지 않으면서 비전문가로서는 접근하기 어려울 것이라고 그가 인식한 일군의 이론을 경제학자들이 잘 습득하기를 원했다. 둘째, 그는 후생 경제학의 발전을 통해서 경제학자에게 정책 입안의 기술에서 필요한 전문가의 목소리를 제공하려고 애썼다. 셋째, 그는 정치적 당파성에 초연함으로써 그의 주제가 가지는 과학적 권위를 강화하기를 원했다."

49) Maloney(1985, 4)는 1880년과 1914년 사이에 경제학 내에서 발생한 것을 이렇게 설명한다. "이론적 부적절성과 사회적 연관성의 결여 탓에 1870년대와 1880년대에 사방에서 비난을 받은 경제학적 정설은 이런 비판에 대한 성공적인 대답에 의해서가 아니라 그것이 주로 그 비판자들

370

어 처치는 전문화라는 바로 그 과정이 경제학자들을 역사주의적 경향에서
떼어놓았다고 설명한다.[50] 그러나 동시에 이 전문화는 동일한 경제학자들이
사회 개혁을 위해서 경제학을 구제하는 것을 가능하게 했다.[51]

프랑스에서는 경제학이 대다수 국가에서처럼 문리학부(文理學部)보다는

을 무시할 수 있는 우세한 입지를 획득함으로써 이 상황을 해결했다."

50) "경제학자들은 역사학파, 귀납적 학파의 신조라기보다 신고전파 이론에 입각하여 더욱 기꺼이
전문화할 수 있었다. 경제학적 일반화가 상대적이고 각각의 경제 문제는 새롭게 처음부터 다루
어져야만 한다는 역사학파의 견해는 우수한 훈련이 자신의 견해를 훈련받지 않은 이들보다
더 권위 있게 만들었다는 고등 교육기관에 속한 경제학자의 주장을 약화시켰다……훈련받은
경제학자가 폭넓게 적용할 수 있는 원칙들과 일반 대중에게 알려져 있지 않은 전문적인 기술에
숙달했다는 관념이 없었다면, 경제학자는 전혀 권위를 주장할 수 없었을 것이다"(Church, 1974,
2:593).

　　Maloney(1985, 215-216)는 이 견해를 공유한다. "경제학자들은……그들이 선택한 인식의
틀에 내재된 세계관에 맞서 좀처럼 효과적으로 싸우지 않는다. 고전파, 마르크스주의, 신고전
파, 케인스 학파 같은 경제학적 패러다임은 무엇보다 철학적 출발점에서 각기 다르다……한
경제학자는 그의 철학적 출발점뿐만 아니라 그것이 이끄는 사실에 관한 강조 방식에 의해서
제약을 받는다. 그림을 마무리하려는 그의 시도는 그림의 방법론적 진수보다 독자들의 마음속
에 덜 확고하게 새겨질 가능성이 크다. 그리고 그런 시도는 전문화의 과정에 의해서 약화될
것이다……전문화는……특히 선택적인 세계관을 받아들이는 바로 그런 유형의 패러다임을
선호한다."

　　그러므로 공공정책에서 멀어진 것이 아니라 역사주의에서 멀리 떨어진 것이다. 만일 누군가
가 케임브리지 대학교의 다름 아닌 주류 경제학부의 2008년 웹 페이지를 방문한다면, "학부의
약사(略史)"를 종결하는 다음과 같은 진술을 발견하게 될 것이다. "현재의 교수진이 지지하는
또다른 전통은 공공정책에 관여하는 것으로서 여러 조직들 중에서도 통화정책위원회, 경쟁력
위원회, 저임금위원회, 그리고 회계 기준 심의회 등에 활발하게 참여하고 있다. 경제학, 정치학
부는 100주년 기념일을 맞이하면서 경제학을 유용한 학문으로 유지하는 데에 헌신하고 있
다"(www.econ.cam.ac.uk/contacts/history.html).

51) Tribe(2005, 130)는 이런 취지를 설명한다. "제번스, 마셜, 피구 그리고 케인스는 분명히 19세
기 초의 정치경제학을 진정으로 '우울한 과학'이라고 믿었고, 세계를 바꿀 수 있는 새로운 학문
을 창출하고자 애썼다. 따라서 정치경제학에서 경제학으로의 이행은 이 글에서 추상적이고
공식적인 '딱딱하고 어려운' 학문이 더 폭넓고 더 윤리적인 지식 체계를 대체하는 것을 뜻하지
않는다. 리카도, 맥컬로크, 그리고 그 동료들이 만든 추상적이고 공식적인 학문은 19세기 말과
20세기 초의 관점에서 불행한 일탈이었다고 널리 인식되었다. 이는 적극적인 사회 개혁의 학문
구축을 위한 토대가 아니었고 교사와 학생 모두를 새로운 경제학에 빠져들게 한 것은 이런
인식이었다. 새로운 대안의 손질을 가능하게 만든 것은 19세기 후반의 새로운 교육 구조였다."

법학부에 개설되는 경향이 있었지만, 정책에 영향력을 행사하는 능력에 대한 강조는 프랑스 경제학자들의 관행에도 동일하게 영향을 미쳤다.[52] 경제학의 훈련이 사회정책협회의 오랜 지배적 역할과 연계된 역사주의적 초점을 유지했던 독일에서도 다를 바 없었다.[53]

이것을 염두에 두고, 미국 경제학회의 초창기에 벌어진 유명한 투쟁을 지지와 전문적 식견, 즉 통상적인 분석의 경계선 사이의 투쟁으로 평가해서는 안 된다. 오히려 공공정책에서 적절한 개혁을 이루기 위한 가장 효과적인 방식이 무엇이었는지에 관한 토론으로 간주해야 한다.

미국에서 19세기 말의 핵심 인물은 리처드 T. 엘리였다. 엘리는 독일 하이델베르크 대학교의 카를 크니스 아래에서 수학했다. 그는 독일 역사학파로부터 큰 감명을 받았고, 귀국 후인 1881년에 존스홉킨스 대학교의 경제학 교수가 되었다. 1882년에 이미 그는 독일 비스마르크의 사회 입법을 수용할 것을 촉구했다(Dorfman, 1955b, 24-25). 1884년에 한 편지에서 적었듯이, 그는 "학문적 신조로서 자유방임을 거부한" 경제학자들의 협회를 창설할 계획을 세웠다(Coats, 1960, 556에서 인용).

---

52) Karady(1976, 281)가 설명하듯이 이런 정치적 압력은 법학부 교수들을 바꿔놓았다. "실제로 경제학(엄밀한 의미의 정치경제학, 경제학설사, 재정학, 통계학)이든 법학(국제법, 공법, 법제사, 헌법 등)이든 이 새로운 교육과정은 정부 소속의 관리자와 고위 공무원들의 요구보다 개업 중인 변호사들의 요구를 덜 충족시킨다는 공통점이 있었다. 어떤 의미에서 그것의 도입은 특정한 종류의 역량, 더 구체적으로는 개혁가들이 법률 훈련과 연수의 결과로 보고, 그 뒤 유능한 정치, 행정 인력을 제공하도록 요구한 새로운 임무가 필요로 하는 역량에 대한 수요에 대학 교과과정이 적응하는 상황을 대변했다. 동시에 그것은 바로 이 역량을 통해서 정리하려던 권력을 정당화하는 데에 기여했다. 이런 의미에서 법학부 교수들의 변화는 민주적일 뿐만 아니라 능력 중심적이었고, 공공 서비스의 전문화를 강화하려고 시도한 제3공화정의 이념을 고려하지 않고서는 설명될 수 없다."

53) "[협회는] 당대의 사회경제적 문제들에 대한 학문적이고 기술적인 토론을 장려할 뿐만 아니라 정부와 여론에 모범적인 영향력을 행사하려는 의도가 있었다"(Ringer, 1969, 146). 그리고 Oberschall(1965, 139)이 강조하듯이, 독일에서 제1차 세계대전의 발발 직전까지 "사회과학자는 실제로 정치경제학자를 의미했기" 때문에 공공정책에 영향을 미치려는 이런 경향이 여전히 가장 중요했다.

1885년 엘리는 미국경제학회(American Economics Association, AEA)의 창립자 중 한 사람으로서 초대 사무총장이 되었다. 미국경제학회의 창립 원칙 선언에서 첫 번째 요점은 이렇게 표현되어 있다. "우리는 국가를 그 적극적인 지원이 인간 진보의 필수적인 조건 가운데 하나인 기관으로 간주한다." 그것의 다른 세 가지 요점들은 "현실의 조건들에 대한 역사적이고 통계적인 연구," 노동과 자본의 갈등에서 비롯된 사회 문제 해결의 필요성, 그리고 미국경제학회가 당파에 치우치지는 않았지만, "경제적 상황들의 점진적인 발전이……입법 정책의 상응하는 발전에 의해서 채워져야만 한다"는 점도 끈질기게 강조했다(Dorfman, 1955, 27).

엘리 자신은 25년 뒤에(1910, 60), 이 선언이 "보편성을 위한 타협이었고……각각의 수정은 '좀더 유연해지는' 과정이라고 불려온 것을 대변했다"고 단언했다. 이 타협은 효과가 없었다. 1892년에 엘리는 사무총장직에서 물러났다. 나중에 미국경제학회의 회장으로 선출되어 1년간 재임했지만, 미국경제학회가 오히려 대중을 위한 지원에 관여해야 한다는 그의 견해는 더 "전문적인" 경향에 대한 지지 속에 거부되었다.[54] 하지만 이것은 공공정책에 영향을 미치려는 시도에서 돌아서고 외면했다는 것을 의미하지는 않았다. 정확히 "중상층"이 이것을 긍정적인 역할로 보았기 때문이다.[55] 그저 전문적

---

[54] "미국경제학회를 당면한 사회 문제들에 대한 해결책을 찾아내고 그 해결책의 시행을 위해서 폭넓은 대중의 지지를 불러일으키는 데에 관심을 두는 경험주의적 경제학자들의 조직으로 상정한 엘리의 전망은 실현되지 않았다. 고전파와 역사학파 모두의 구성원들은 경제학자가 연구자이자 대중을 위한 교육자로서 봉사할 수 있다는 생각을 거부하게 되었다……대다수 경제학자들은 의견 차이의 공개적인 발표와 토론이 공공정책에 영향을 미치려는 그들의 노력을 방해할 것이라고 믿게 되었다. 그들 스스로가 경제학의 결론에 동의할 수 없다면, 어떻게 경제학자들이 외부인들에게 자신들의 말에 귀를 기울이도록 기대할 수 있겠는가?"(Church, 1974, 2:588).

[55] "학문을 정부 운영에 적용하는 것은 특히 미국 사회의 중상층에게 매력적이었다. 왜냐하면 그것은 갈등의 해소와 질서의 회복을 약속했기 때문이다. 사회적 갈등이 사회 내부에서 근본적인 가치의 불일치나 구조적인 불평등을 반영할 수 있다는 것을 인정하기를 싫어하거나 알지 못했던 더 풍족한 사회 계층들은 그 사회를 괴롭히는 갈등을 무지나 감정적 행위 탓으로 생각

이고 중립적인 경제학의 정치적 함의—주로 중도적 자유주의의 정치적 의미
—가 공개적으로 인정되지 않고 은밀해졌다는 것을 의미했다.

2. 사회학

사회학은 경제학과 동일한 전문화의 과정을 겪었다. 그러나 사회 개혁에 헌
신한다는 측면에서 사회학은 학문 분야로서 더욱 적극적이었다. 잘 알려져
있듯이, **사회학**(sociology)이라는 용어는 사회적 관계의 연구를 실증주의적
활동의 절정, 즉 "학문의 여왕"으로 생각했던 오귀스트 콩트가 고안했다. 그
러나 정치적 스펙트럼 속에서 콩트의 성과를 어디쯤에 위치시킬 수 있을까?
코이레(1946, 56)에게 콩트의 사상은 "근대적 의상으로 한껏 치장했거나 상
당히 변장한" 극단적 보수주의자 보날의 사상과 같았다. 니스벳(1952, 173)
도 유사한 평가를 내렸다.

> 콩트 자신은 결코 과학자가 아니었다. 그러나 과학에 대한 그의 애정 어린 숭배를
> 통해서 가족, 공동체, 언어, 종교의 사회 구조들은 보날의 사상 속에 놓여 있었던
> 노골적으로 신학적이고 반동적인 맥락에서 제거되었고, 과학의 본질은 아니더라도
> 그 맥락과 전문용어를 제공받았다……콩트의 작업은 후대의 사회과학자들이 더 받
> 아들일 수 있는 시각으로 보수적인 원칙들을 바꿔주는 수단이었다.

그렇지만 우리는 또한 콩트가 생시몽의 비서로 그의 경력을 시작했다는
것을 알고 있다. 생시몽은 정치적으로 그 특징을 묘사하기는 어렵겠지만 사
회에 대한 보날의 관점에 공공연히 적대적이었던 것은 확실하다. 하이에크
(1941, 9, 11, 18)는 콩트가 더 좌파적인 입장에서 진화하여 더 분명하게 정

했다. 그들에 따르면, 무지나 감정적 행위는 관련 당사자들이 제대로 확인된다면 분명히 서로
에게 조화로운 것으로 밝혀질 자신들의 진정한 이익을 깨닫지 못하게 만들었다. 물론 사회과학
에 능통한 전문가는 서로 경쟁하는 이해관계들 사이에 조화를 이루고 그 이해관계들을 사회
전체의 이해관계와 일치하게 할 진실을 깨닫도록 도와줄 것이다"(Church, 1974, 2:598).

치적 중도파에 도달했다고 이해한다. 하이에크에게 19세기의 두 가지 위대한 지적 조류는 사회주의와 (그가 과학주의라고 부르기를 선호한) 실증주의(positivism)였다.

> 둘 다……파리에서 성장하고 더 상술하자면 파리 이공대학(École polytechnique, 에콜 폴리테크니크)에서……수학한 전문적인 과학자와 기술자들의 이런 조직체로부터 직접 출현한다…….
>
> 프랑스 실증주의의 발전 과정 내내, 아마 데카르트의 영향 덕분에 이 합리주의적 요소는 중요한 역할을 계속 맡았다…….
>
> 의도적으로 만들어지지 않은 어떤 것에서 감각을 인지하지 않을 그 인위적인 정신은……젊은 파리 이공대학 출신 인재들의 혁명적인 열정에 덧붙여진―그리고 시간이 지남에 따라서 심지어 그 열정을 대체하기 시작한―강력한 새로운 요소였다.

19세기 중엽에 프랑스 사회학의 또다른 주요 인물은 프레데리크 르 플레였다. 그는 야금술사의 훈련을 받았고, 엘리트 교육기관인 국립광업대학을 졸업했다. 그가 이런 교육에서 끌어낸 것은 추상적인 이론화에 대한 혐오와 더불어 사회과학이 물리학과 유사하지 않고 오히려 "분류상, 그리고 눈에 띄게 실용적인 야금학"과 유사하다는 신념이었다(Goldfrank, 1972, 134). 그리하여 그는 콩트와 정반대로 경험과 관찰의 사회학을 추구했다. 동시에 그는 역시 콩트와 정반대로 경건한 가톨릭 신자였다. 그러나 그는 사목(司牧) 가톨릭 신자라고 불릴 만한 인물이었다. 이 때문에 그는 생시몽의 합리주의와 개인주의를 혐오했다.

1848년 혁명은 르 플레에게 경험의 형성기였다. 질서당(Party of Order)과 노동계급 사이에 분열된 정치적 분위기 속에서 그는 "개혁적 사회정책"을 촉진하려고 시도했다(Kalaora and Savoye, 1989, 100). 그는 1855년에 특별히 노동계급을 위한 경제 발전의 사회적 영향에 관심을 가진 사회경제학회

(Sociéte d'Économie Sociale)를 창립했다. 그는 영국의 사회과학협회와 유대를 맺었고, 보수적인 색채를 띠면서 사회적 조화라는 목표를 추구했다.

> 신중하지만 가치판단에서 자유롭지 않은 사회과학자로서 르 플레는 "사회의 평화"가 "사회의 현실"의 이해를 통해서만 성취될 수 있다고 주장했다. 그 현실은……산업적 분업에서 재생되는 불평등한 계급들의 위계서열로 이루어졌다. 그 때문에 그는 사회적 관계의 모델로서 시장을 내버렸고 대(大)부르주아지가 우세한 "사회적 권위"로서 역할을 맡는 영지(領地)를 도입했다(Elwitt, 1988, 212).

르 플레의 개혁주의는 사회적, 경제적 변화가 아니라 "사회조직의 다섯 가지 토대, 즉 종교, 가족, 재산, 노동, 후원(patronage)을 재천명하는 도덕적 개혁"이었다(Chapelle-Dulière, 1981, 745). 그러나 그의 온정적 보수주의에도 불구하고 골드프랭크(1972, 148)는 그를 "기묘하게도 현대적인 인물, 즉 그가 봉사하기를 간청했던 바로 그 지배집단에 의해서 영속화된 문제들을 '과학적으로' 해결하고자 희망한 상승 지향적인 보수적(자유주의적) 기술 관료"로 생각한다. 19세기 말 영국에서 르 플레가 초창기 복지국가의 새로운 자유주의와 연관된 인물로 인식되었다는 점은 주목할 만하다. 그는 "어수선한 자본주의의 사회적 무질서와 사회주의의 폭정에 대한 세 번째 대안"을 대변한 것으로 인식되었다(Abrams, 1968, 60). 요컨대 중도적 자유주의자로 간주된 셈이다.

예비대학 수준의 사회학에서 또다른 위대한 인물은 허버트 스펜서였다. 스펜서는 19세기 후반 영어권 세계에서 단연 가장 널리 읽히고 높이 평가받는 사회학자였다. 그의 사회학은 전적으로 결정론적인 품종의 것이었다. 그는 다윈의 "적자생존"에 대한 극단적인 견해를 채택했다. 진화에 대한 이 혹독하고 무자비한 견해는 무슨 일이 있어도 유리한 것을 옹호했다. 에이브럼스(1968, 73)가 주장하듯이, "사회학의 더 큰 목적은 인간에게 입법적 조치에 의해서 자신이 처한 상태의 개선을 가속하려는 노력이 얼마나 어리석은 짓인지 명심하게 하려는 것이었다"는 결론이 도출되었다.56) 사회진화론 (Social Darwinism)은 말할 것도 없이 중도적 자유주의의 이미지와도 양립할 수 없었다. 따라서 영국과 미국에서 그가 누린 명성에도 불구하고,57) 스펜서의 혜성과 같이 일시적으로 화려한 존재는 사회학이라는 신흥 학문 분야에서 거의 유산을 남기지 못한 채 사라졌다.

이론적이고 전문적인 사회학이 탄생한 세 곳은 프랑스, 독일, 미국이었다. 우리는 이미 새로운 독일 사회학계의 중진(重鎭)인 막스 베버가 천명한 가치중립적인 사회학의 모호함을 논의했다. 이 모호함은 사실 프랑스와 미국에서 전개된 사회학의 제도화의 요소와 유사했다.

프랑스에서 지적이고 조직적인 측면 모두에서 핵심적인 인물은 에밀 뒤르켐이었다. 뒤르켐은 마셜과 같은 조직가였다. 대학에서 철학 교육을 받은 그는 그 분야가 불가사의하고 시대의 도덕적이고 정치적인 문제들로부터 너무 동떨어져 있다고 생각했다. 1887년 그는 보르도 대학교의 철학 분야에 임용되었다. 그러나 정부의 고등교육 감독관인 루이 리아르의 권유로 그는 사회과학의 한 과목을 가르칠 수 있게 되었다. 1896년에 그는 프랑스의 대학 제도 내에서 최초로 사회과학의 전임(專任) 교수가 되었다. 1898년 그는 「사회학 연보(L'Année sociologique)」, 즉 사회학이라는 이름을 가진 학술지를 창간했다. 그것은 프랑스와 다른 곳에서 경험적 사회과학을 지향하

---

56) 에이브럼스는 계속 서술한다(p. 78). 스펜서는 "보이지 않는 손을 보이지 않는 주먹으로 바꾸었다. 그리고 이제 그는 동시대인들을 초대해서 보이지 않는 주먹이 해로운 짓을 하는 광경을 조용히 지켜보게 했다."

57) Hofstadter(1992, 43)는 1882년 한창 인기를 끌던 스펜서의 기억에 남을 만한 미국 방문에 대해서 언급한다. 언론과의 인터뷰에서 "스펜서는 미국인의 기질이 공화주의의 제도들을 활용할 정도로 충분히 성장하지 않았다는 (그것은 약간 귀에 거슬리는 말투였다) 그의 우려를 표현했다." 하지만 그는 "생물학적 진실"에 의거해서 "미국인들을 구성하는 아리아인(종)과 같은 여러 계열의 기본적인 혼합이 '이제까지 존재했던 이들보다 더 훌륭한 유형의 인간'을 낳을 것"이라는 희망을 피력했다.

는 모든 이들을 위해서 제도적으로 중요한 공통 영역이 되었다. 1902년 그는 파리의 소르본 대학교에 초빙되었고, 1908년에 "교육사회학"교수가 되었다. 이 칭호는 1913년 장관의 명령에 따라서 "교육학과 사회학"으로 변경되었다.58)

뒤르켐은 이 시기에 특히 드레퓌스 사건 중에 정치적으로도 적극적이었다. 그는 주요한 드레퓌스파 조직인 인권수호동맹(Ligue pour la Défense des Droits de l'Homme) 보르도 지부의 사무총장을 맡았고, "보르도 지역 집회의 인기 있는 연설가"였다(Clark, 1972, 161). 여기서 관건은 베버에 관해서 논의할 때처럼 뒤르켐의 학문적 활동과 정치적 활동 사이에 얼마나 긴밀한 연관성이 있었는지의 여부이다. 그리고 이에 대한 대답 또한 모호하다.

클라크는 우리에게 한 가지 답변을 제시한다(1972, 170).

[뒤르켐은] 사회학 이론뿐만 아니라 긴급한 도덕적, 정치적 관심사를 위해서 중요한 문제들을 만드는 탁월한 능력을 가지고 있었다. 협력자와 일반 대중에게 미치는 그의 명망은 세속적 도덕성에 대한 규정, 연대에 대한 견해의 발전, 그리고 사회적 일탈을 초래하는 원인들로부터의 분리 등을 설명하기 위한 이론적 작업의 적시성(適時性) 덕분에 강화되었다. 또한 뒤르켐의 동조자들은 공통의 훈련과 경력 양식을 공유했다. 그들은 일련의 중요한 정치적 경험에 의해서 다시 한번 결속했다.

그러나 클라크의 답변은 그 자체로 모호하다. 왜냐하면 그것은 의도의 초점

---

58) 이렇게 해서 프랑스에서 뒤르켐은 우리가 오늘날 알고 있듯이, 흔히 사회학의 창설자로 명성을 떨치게 되었다. Lacroix(1981, 30-31)는 이를 "현재 학문 분야들의 기반 위에서 과거를 재건하는 것"으로, 그러므로 "인식론적이고 전기적(傳記的)인 측면 모두에서 이중적인 시대착오"로 인식한다. 그는 19세기 내내 모두가 많은 다른 이름들을 사용하고 있었고 전혀 일관되지 않았다고 말한다. "그리고 이 이름들은 미개척 분야의 불확실성, 대상의 혼동, 완전한 재조직 과정에서 지식 영역의 방법을 둘러싼 언쟁 등을 반영한다. 이 사상들의 대소동에서 유일하게 변함없이 일정했던 것은 과학에 대한 믿음이었다."

을 얼버무려 넘기기 때문이다. 뒤르켐이 사회학을 진정으로 분명한 학문으로 바꾸고자 시도했다면,[59] 리히터가 주장하듯이(1960, 172), 다음과 같은 진술은 뒤르켐에 대해서도 적용된다.

사회학은 공화정을 위한 튼튼한 기반을 만들고자 했다. 그것은 무슨 개혁 조치들이 필요한지를 보여줄 것이다. 그것은 국가가 통합에 나설 수 있도록 근거를 제공하는 도덕적 신조뿐만 아니라 정치에서 질서의 원칙들을 제시할 것이다. 왜냐하면 뒤르켐은 정치적이고 이념적인 차이들의 거친 표면 아래에 여러 가치들에 대한 진정한 합의가 존재한다고 믿었기 때문이다. 이 믿음은 그에게 무슨 관계가 한 사회의 구성원들을 뭉치게 하고 그것을 유지하는 데에 필수적인 최소한의 질서와 조화를 만드는지 찾아내도록 노력할 동기를 부여했다.

뒤르켐이 자신을 제3공화정의 확고한 지지자로 생각했다는 것, 그리고 그가 실제로도 그랬다는 데에는 대체로 견해가 일치한다. 문제는 이 사실이 정치적 스펙트럼 내의 어디쯤에 그의 자리를 배치하는지에 관한 것이다. 학계의 보수주의자들은 흔히 그를 사회주의자로 분류했다. 그리고 그가 결코 당원은 아닐지라도 개인적으로 프랑스 사회주의자들의 동조자였다는 것을 보여주는 증거가 있다.[60] 반면 루이스 코저(1960, 212)는 그의 "지속적인 보

---

59) Wolf Lepenies(1989, 49)는 이 점 때문에 그를 매우 엄하게 책망한다. "방법에 대한 질문들에 집착하는 것보다 새로운 소르본 대학교의 과학적 과잉이 드러내는 특징을 더 잘 나타내는 것은 없었다. 그것은 개혁가들이 선호하는 구호였다……이것의 가장 특이한 사례는 형이상학으로 가득 찬 에밀 뒤르켐의 저서 「사회학적 방법의 규칙들(Règles de la mèthode sociologique)」을 통해서 제시되었다. 뒤르켐은 '사회의 현실'이 그것을 구성하는 개인들과 상당히 다르고 완전히 무관한 것이었다는 공리 위에 수립된 사회학에 철학자들을 소개했다. 이는 수치스러운 만큼이나 무척 놀라운 일이었다."

60) 클라크의 차분한 평가를 참조하라(1972, 171-172). "사회주의와 뒤르켐 자신의 관계는 대단히 복잡했고 상당한 학문적 논쟁의 주제이기도 했다. 뒤르켐이 원래 구상한 학위논문의 주제는 개인주의와 사회주의의 관계였다. 그리고 개인과 사회로 변경되었지만, 사회주의는 결코 「사회분업론(De la Division du Travail Social)」의 표면에 훨씬 못 미치지 않았다. 또 그것은 「자살

수주의"와 관련된 사례를 입증하려고 한다.[61]

그러나 대다수 분석가들은 그를 그 둘 사이에, 달리 말해서 중도적 자유주의의 적절한 사례로 배치했다. 나는 바이스(1979, 111)가 일반적으로 프랑스의 사회과학이, 그리고 특히 뒤르켐이 정확히 어느 지점에 서 있었는지를 잘 포착했다고 생각한다.

론(Le Suicide)』이나 일부 다른 저서들에서도 그렇지 않았다. 그는 단지 생시몽에 관한 부분만 끝마쳤지만, 사회주의 사상의 역사를 다루는 저서를 구상했다. 조레스는 일요일 저녁식사를 위해서 몇 차례에 걸쳐 뒤르켐의 집을 방문했고 뒤르켐은 뤼시앵 에르와 긴밀히 접촉하고 있었다……그가 눈에 띄게 「뤼마니테(L'Humanité)」(사회주의자들의 신문, 훗날 사회당과 공산당의 기관지/옮긴이)를 들고 소르본 대학교의 강의실에 도착했다가 끝난 뒤에 학교 밖으로 걸어나갔다는 것은 잘 알려졌다. 그것 자체가 정치적 행위였다. 하지만 그는 결코 사회주의 정당에 입당하지 않았고, 젊은 협력자들과의 당파적 활동에도 참여하지 않았다. 뒤르켐은 대다수 사회주의 저술가들의 감정과 엄밀함의 부족에 혐오감을 가지게 되었지만, 그들이 다룬 많은 현상들에 계속 깊은 관심을 보였다. 그러나 이런 미묘함에 덜 관심이 있는 많은 이들에게 뒤르켐이 사회주의자였다는 점은 의심할 여지가 없었다." 클라크는 더 나아가 이렇게 언급한다(182, n. 72). "1925년까지도 프랑스에서 출판된 저서들의 주요 참고문헌인 오토 로렌츠의 「프랑스 도서관의 종합 목록(Catalogue général de la librairie française)」에는 '사회주의; 사회과학'이라는 결합된 제목이 있었다."

일부 뒤르켐의 동조자들 역시 이렇게 재미삼아 사회주의 운동의 가장자리에 손을 대려고 시도했다. 모스, 시미앙, 부글레, 알박스, 에르츠 등은 「뤼마니테」와 「사회주의 평론(Revue socialiste)」에 정기적으로 기고했으나 "아직 정계 진출로 완전히 선회하지는 않았다"(Karady, 1976, 294).

61) 코저는 보수주의를 "현행의 질서와 제도를 유지하거나 위협받는 것처럼 보이는 질서를 강화하려는 경향"으로 규정한다. 그는 다음과 같이 지속한다(p. 214). "자유주의 또는 급진적 사상가는 이상적 상태를 실제 상태와 맞대어 비교한다. 반대로 뒤르켐은 이상적인 것과 현실적인 것 사이의 분리를 정상적인 것과 병적인 것 사이의 차이로 바꿔놓았다……그리하여 보수주의에 대한 편견을 드러냈다."

그에 반해서 Neyer(1960, 45)는 "뒤르켐이 사회의 '사회주의적' 조직화를 향한 발전을 그가 '개인의 출현'이라고 일컬었던 것의 결과뿐만 아니라 개인주의의 윤리와 진보에 대한 필연적인 대응으로 평가했다"고 주장한다. 마찬가지로 Richter(1960, 181)는 이렇게 말한다. "문제는 개인주의를 억제하거나 방지하기 위해서 싸움으로써 어떻게 사회질서를 성취하는지가 아니라 오히려 어떻게 개인주의를 완성하고 확대하는가이다……자유주의에 대한 [뒤르켐의] 재진술은 스펜서와 자유방임주의 경제학자들에 맞선 그의 더 잘 알려진 논쟁에 견주어 이해되어야 한다. 개인의 발전을 가로막는 모든 인위적인 장애물이 제거되어야 한다는 그의 간청은……경제생활에 대한 국가의 개입을 정당화하는 자유주의적 사회철학을 드러낸다."

우리는 대학 내의 사회과학과 분명히 반(反)사회주의적이었던 공화주의 진보파의 이념 사이에 밀접한 관계가 있었다는 데에 주목해야 한다. 뒤르켐의 경우는 특정 집단들이 그를 사회주의자로 간주했을 정도로 더욱 모호했다는 것이 사실이다. 그러나 자신의 사상이 얼마나 점진적이고 실용적이며 반(反)유토피아적이고 때때로 보수주의적이기까지 했는지를 강조함으로써 뒤르켐은 대학의 주요 인물들을 안심시키고자 애썼다.

로그는 다음과 같이 덧붙인다(1983, 151).

> 뒤르켐은 전통적인 보수주의, 자유방임적 자유주의, 그리고 집산주의적 사회주의를 거부한 반면, 그의 사상의 대부분은 어떻게 사회적 통합과 개인의 자유를 결합할 수 있을지 같은 새로운 자유주의의 주요 문제에 열중했다.[62]

종합적으로 뒤르켐 식의 중도적 자유주의는 베버의 민족-자유주의보다 아마 독일의 강단사회주의자들이 공식화한 입장에 조금 더 가까웠을 것이다. 그러나 슈몰러, 베버, 뒤르켐은 모두 집단적 가치의 화신(化身)으로서 국가

---

62) Logue(1983, 179)는 계속 언급한다. "뒤르켐의 사회학은 민주적 자유주의에게 각기 다른 전선에서 동시에 유용할 만한 지적 무기를 제공했다. 그것은 인간의 상호의존성과 사회에 대한 채무 관련 토론을 집산주의에 대한 명분으로 활용하려고 애쓴 사회주의자들에 맞서 방어책을 공급했다. 그것은 개인의 사회적 가치보다 가족의 그것을 고취하고자 시도하고 인간의 합리적인 이해를 초월하는 지도와 교시(敎示)의 필요성을 고집한 보수주의자들에 맞서 방어수단을 제공했다."

　　Giddens(1971, 513)는 동일한 주장을 펼친다. "뒤르켐의 사회학은 한편에서 반이성적 보수주의, 다른 한편에서 사회주의라는 쌍둥이 도전에 직면하여 정치적 자유주의의 주장과 요구를 재해석하려는 시도에 뿌리박고 있었다."

　　또 사회연대주의에 관해서는 Ringer(1992, 210)의 논의를 참조하라. 사회연대주의는 "확실하게 혁명적 사회주의에 대한 진보적 부르주아의 대안으로 기능했다. 사회연대주의적 사고의 정치적 미덕은 그것이 자유방임적 사고와 온건한 사회 개혁을 위한 국가의 행위에 대한 합리화를 양립시켰다는 점이다……뒤르켐의 「사회분업론」은……사회연대주의의 원칙들을 뒷받침하는 실증주의적 사회과학의 본보기로 기여할 것이다."

의 중요성을 강조했고, 결국 세 인물 모두는 민족주의자였다. 메이어(1992, 134)는 그것을 이렇게 표현한다.

> 콩트에서 뒤르켐에 이르는 사회학은 사실상 점점 더 자리를 잡아가는 민주정치를 튼튼하게 할 수 있도록 시민사회의 조직을 장려하려는 지적 기획이었다. 그리고 이는 프랑스뿐만 아니라 다른 곳에서도 마찬가지였다.[63]

미국은 사실 학문으로서 사회학이 가장 일찍 제도화된 국가였다. 토론과 해결책은 프랑스와 독일의 그것과 크게 다르지 않았다. 미국 사회학의 역사에서 주요한 조직가로 손꼽을 만한 인물은 앨비언 스몰이었다. 그 자신의 이력은 대다수 동시대인들의 궤적을 예증한다. 침례교 목사의 아들인 그는 신학대학에서 공부했지만 성직자의 길을 걷지 않았다. 대신 그는 1879년에 독일로 건너가 역사와 사회과학(Sozialwissenschaft)을 연구했다. 그 뒤 1881년 그는 콜비 칼리지(미국 메인 주 워터빌의 메이플라워 힐에 있는 4년제 교양[liberal arts] 대학/옮긴이)에서 역사와 정치경제학을 가르치는 교수로 임용되었다. 그는 존스홉킨스 대학교에서 경제학과 역사학 박사학위를 취득하기로 결심했으며, 1889년에 학장으로 콜비 칼리지에 복귀했다. 거기서 그는 도덕철학 학위 과정을 사회학 학위 과정으로 대체했다. 이는 그런 호칭이

---

63) 자칭 보수주의자인 Robert Nisbet(1952, 167)은 사회학의 개념들이 사실 그 기원과 결과에서 보수적이었다고 단언했다. "지위, 결속, 적응, 기능, 규범, 상징과 같은 개념들은 각기 질서의 유지 또는 보존에 솔직하게 관심을 보이는 사회의 한 관점을 지시 대상으로 가지고 있다는 표면적인 의미에서뿐만 아니라 이 모든 단어들이 유럽 보수주의의 지성사에서 필수적인 구성요소라는 중요한 의미에서도 보수적인 개념들이다." Coser(1960, 213)는 니스벳의 견해를 명확하게 지지한다.

여기서 문제는 질서에 대한 관심이 오직 보수적 이념의 목적일 뿐이라고 추정하는 것이다. 그러나 중도적 자유주의자들로부터 보수주의자들을 분리해내는 쟁점은 질서가 바람직한지 아닌지가 아니라 오히려 질서가 어떻게 달성될 수 있는지의 문제이다. 중도적 자유주의자들은 질서가 필연적으로 어느 정도의 경제적 재분배를 포함하는 신중하지만 중대한 개혁에 의해서만 보증된다고 믿는다.

붙은 최초의 과정 가운데 하나였다.

1892년에 스몰은 새로 창설된 시카고 대학교에 초빙되어 미국에서 (그리고 실은 전 세계에서) 최초로 공인된 사회학과를 설립했다. 1895년 그는 시카고에서 「미국 사회학지(*American Journal of Sociology*)」(AJS)를 창간했고, 1905년에는 미국 사회학회의 공동 창립자 중 한 명이 되었다. 같은 해 그는 「일반 사회학(*General Sociology*)」이라는 기본 교재를 출판했다. 불머(1984, 34-35)는 스몰의 기본적인 관점과 전망을 다음과 같이 잘 설명한다.

> 스몰은 사회학이 과학이라고 믿었고, 그것이 두서없이 산만한 분야에서 경험적인 연구에 근거를 둔 객관적인 학문 분야로 바뀌고 있으며 법칙정립적이고 이론적인 성격을 가진 누적적인 학문 분야라고 생각했다…….
>
> 동시에 사회학은 윤리적인 학문 분야였고 사회학자는 사회의 개선 과정에서 특유한 역할을 맡았다. 그의 전문 지식과 헌신은 그가 특정 계급이나 이익집단의 견해를 옹호하지 않으면서 사회 개혁에 참여할 수 있게 했다. 과학자적인 사고와 태도, 윤리주의는 완전하게 연결되었다.

오버샬에게 이것은 스몰이 "문자 그대로 아슬아슬하게 줄타기를 했다"는 것을 의미했다.[64) 컬럼비아 대학교 정치학부의 학장 J. W. 버지스가 1891년에 프랭클린 기딩스를 사회학 교수로 영입한 까닭은 그가 "행형학(行刑學), 자

---

64) "한편에서 종교적 후원자들의 협조를 얻으려고 노력하면서 그는 '최종적인 사회학은 본질적으로 기독교적이어야만 하고,' '최종적인 사회과학의 원칙들은 순수한 기독교의 반복일 것'이라고 공언했다. 다른 한편에서 그는 「미국 사회학지」의 계획 보고서에 다음과 같은 내용을 작성했다. '많은 예상 독자들에게 가장 중요한 질문은 "기독교적 사회학"에 대한 학술지의 견해와 관련된 것이리라. 그 답변은……[이 학술지가] 진심으로 경의를 표하는 기독교 사회학의 가까이에 있으며, 대단히 못 미더워하는 이른바 "기독교 사회학자들"을 향하고 있다'는 것이다" (Oberschall, 1972, 203).

경제학자 리처드 엘리와 마찬가지로 스몰은 사회복음주의 운동의 적극적인 지지자였고 "종교와 과학 사이에 현존하는 것으로 추정되는 갈등을 극복하려고" 분투했다(Potts, 1965, 92).

선, 그리고 빈민 구제 등의 여러 전문적 현안들이 순수 정치경제학의 견지에서 논의될 수 없고, 사회 윤리에 관한 많은 문제들이 개인 윤리의 관점에서 연구될 수 없다고 느꼈기 때문이다"(Dorfman, 1955a, 176). 오버샬은 이를 "3D, 즉 결함이 있고(defective), 의존적이며(dependent), 사회 규범을 어기는(delinquent) 계급들"을 다루게 될 과정에 대한 수요라고 부른다.

미국 사회학의 초창기 역사에서 다른 주요 인물들도 모두 다양한 방식으로 그들의 사회학과 사회 개혁을 연결시켰다. 레스터 워드는 "더 오래된 수동적 결정론을 개혁의 활용에 적응할 수 있는 능동적인 사회 이론들로 대체했다"(Hofstadter, 1992, 68). E. A. 로스는 "스스로 모든 악인들의 파멸을 위한 모든 선인들의 공모자가 될" 수 있도록 "현명한 사회학자"가 "사회의 도덕적 자본을 관리하는 이들"에게 호소하기를 원했다(Dorothy Ross, 1984, 163에서 인용). 대개 보수주의자로 인정되는 섬너조차 "'진보'는 숙련된 사회과학자들에 의한 통치나 관리를 의미했다고 가정하고자 시도하면서, [스펜서의 이론들이 가진] 자유방임적 내용을 비판했다"(Crick, 1959, 50).

불머(1984, 39)와 오버샬(1972, 188)이 모두 주목했듯이, 당대의 혁신주의 운동에서 영향력이 매우 컸던 자유주의적 개신교의 근본적인 효과는 이 사회학자들의 작업에 스며들었다. 그럼에도 그들은 모두 사회학과 사회주의가 일으킬 수 있는 혼란을 의식했다. 앨비언 스몰이 자신의 「미국 사회학지」 창간을 허용하도록 시카고 대학교의 하퍼 총장을 설득하려고 애썼을 때, 그는 총장에게 띄우는 편지에 그 학술지가 "유토피아적인 사회적 노력에 제한을 가할 뿐만 아니라 사회적 협력을 도모하려는 분별 있는 시도를 안내하기 위해서 필요하다"고 썼다(Dibble, 1976, 301에서 인용). 전문가들이 관리하는 정부는 중도적 자유주의의 핵심 요소였다.

3. 정치학

법칙정립적 사회과학의 세 분야 가운데 정치학(political science)은 독자적인 학문 분야로서 가장 늦게 출현했다. 그 초창기에는 파리 정치대학(시앙스 포[Sciences Po]), 컬럼비아 대학교의 정치학부, 그리고 런던 정치경제대학 (London School of Economics, LSE) 등 세 곳의 교육기관 설립이 두드러졌 다. 특이한 사항은 세 곳 중 어느 기관도 원래 정치학을 독자적인 분야로 확립할 계획이 없었다는 점이다. 사실 세 기관은 모두 다양한 학문 분야에 걸친 종합적인 접근을 시도할 작정이었고 실제로도 그러했다. 그렇다고 해 도 세 기관은 모두 정치학이라는 분야에 지속적인 흔적을 남겼다. 20세기에 정치학은 우선 미국에서, 그리고 그 뒤(특히 1945년 이후)에 세계 곳곳에서 독자적인 학문 분야로서 고유하고 개별적인 길을 걸어갔다.

세 기관은 동시에 설립되지는 않았다. 파리 정치대학이 1871년에 가장 먼 저 설립되었다. 컬럼비아 대학교 정치학부의 설립 시기는 특정하기가 더 어 렵다. 왜냐하면 그것은 여러 조직 형태를 거쳤기 때문이다. 그러나 가장 적절 한 시점은 아마 1880년일 것이다. 런던 정치경제대학은 마지막으로 1895년 에 공식 창립되었다. 그들의 일대기는 연계되어 있지만, 순서대로 살펴볼 필요가 있다.

시앙스 포는 일반적으로 널리 알려진 호칭이지만, 공식적인 명칭이 아니 다. 2007년 리샤르 데쿠엥이 작성한 파리 정치대학의 반(半)공식적인 역사(p. 27)에 따르면,

에밀 부트미는 1871년에 정치학 자유대학(École libre des sciences politiques)[시앙스 포의 원명]을 창립했다……에밀 부트미는 누구인가? 왜 1871년인가? 우리는 "자유 대학"의 의미를 어떻게 이해해야 하는가? 우리는 "정치학"을 어떻게 정의해야 하는 가? 그것은 파리 정치대학에서 흔히 "주제의 범위 정하기(baliser le sujet)"(월러스틴 이 각주 65에서 밝히고 있듯이, baliser는 번역하기가 쉽지 않은 단어이다. 영어 단어 define, steer 등의 의미, 즉 '규정하다,' '경계와 범위를 표시하고 한정하다,' '안내하 다,' '이끌다' 등의 의미로 옮길 수 있을 것이다/옮긴이)라고 부르는 것이다.[65]

부트미는 중도 좌파 부르주아였고 많은 연줄과 큰 영향력을 가진 교양 있는 정치 평론가이자 기업가였다. 이 모두를 동시에 가진 인물이었다.

왜 1871년인가? 이는 아마 시작된 장소 때문일 것이다. 1870-1871년은 프랑스로서는 대단히 충격적인 시기였다. 프랑스는 군사적으로 프로이센에 패배했다. 나폴레옹 3세의 제정이 끝났고 제3공화정이 선포되었다. 프로이센의 군주 빌헬름은 자신을 독일의 황제로 선포하기 위해서 다소 과시적으로 베르사유 궁전의 거울의 방을 사용했다. 그리고 아마 무엇보다 가장 중요한 사실은 파리가 엄청난 유혈사태와 함께 결국 진압되었던 코뮌, 즉 격렬한 사회혁명의 현장이었다는 점이다.

프랑스의 지성계는 그 결과 "프랑스 사상에 대한 독일의 위기"에 시달렸다 (Descoings, 2007, 32-33). 뱅상(1987, 28)은 "독일의 승리가 무지에 대한 지식의 승리로 여겨졌다"고 말한다. 하지만 그 이상으로, 군사적 패배뿐만 아니라 코뮌의 경험은 프랑스의 정치적 삶을 완전히 바꿔놓았다.

> [이 두 가지 사건들의 결합은] 또다른 사회적 폭발과 (군사적) 패배가 발생할 가능성이 있다는 생각을 낳았다. 그들은 독일에 맞서 활용할 수 있는 방책을 독일로부터 차용해야만 했다. 그러자 곧 독일로 떠나는 순례는 프랑스 학계의 교육 프로그램(cursus)의 일부가 되었다. 자유대학에서 에밀 부트미가 수립한 새로운 교육제도 역시 바로 독일의 대학들로부터 차용한 것이었다(Vincent, 1987, 13).

---

65) "Baliser le sujet"는 번역하기가 매우 까다롭다. 다행히 데쿠엥 자신이 다른 글(2008)에서 그 의미를 설명한다. "복잡성을 수용하는 것은 무엇보다 그것을 배치하고 효율적으로 활용하는 것이다. 그것은 또, 항상 문제에 대해서 의문을 제기하고 결코 자명한 공리(公理)로 공표하지 않는 것이다. '남이 말한 곳으로부터' 진술하고 사용된 단어들과 동원된 표현들을 분석하며 문제에서 언급되지 않은 것이 무엇인지 고려하고 필자의 의도들을 평가하며, 요컨대 파리 정치대학 학생들의 잘 알려진 문구, 즉 '주제의 범위 정하기(baliser le sujet)'를 시작하는 것이다."

코뮌은 프랑스 내에서 여전히 엄청난 논란의 대상이자 중도적 자유주의자들이 양면적인 감정을 품고 있었던 프랑스 혁명의 경험과 분리될 수 없는 것이었다. 뱅상(1987, 13)은 이 점 또한 부트미가 염두에 두었음을 시사한다.

1789-1794년에 전통적인 엘리트들은……완전히 일소되었고 대개 짧은 기간 이상으로 어느 정도까지 통치할 수 없었던 다른 이들로 대체되었다. 1792년의 지도자들은 1788년에 모두 사실상 무명 인사였다. 따라서 "대중"은 오늘날 우리가 말하듯이 위험하지만—물론 왜 안 되겠는가?—이용할 수 있고 "만회할 수 있는" 어떤 "어마어마한" 잠재력을 가지고 있다고 간주되었다.[66]

부트미의 주요 해법은 엘리트층의 육성이었다. 뱅상(1987, 12)이 서술하듯이,

부트미는 엘리트라는 단어의 사용을 주저하지 않았다. 그에게 이는 (맞서 싸우기보다 자기편에 두는 것이 더 나을) "하층계급" 출신의 일부 특출한 재능을 가진 이들을 포함하여 지배계급의 우수한 계층에서 충원된 정치적, 경제적 결정자들을 프랑스에 유증(遺贈)하는 것을 의미했다.[67]

---

66) "자유대학의 교수들은……오귀스트 콩트의 문구를 인용한다면, '질서 속의 진보'를 보장하는 데에 모두 몰두해 있었다. 그들은 모두 [프랑스] 혁명에 사로잡혀 있었다. 그들은 모두 그들 자신을 관습과 심성의 거대한 변화에 적응시켜야 할 정치 구조의 실패 탓에 프랑스 혁명이 발발했다고 확신했다. 응징보다 예방이 더 낫다"(Vincent, 1987, 211).

67) 부트미는 친구 에르네스트 비네에게 띄운 편지에서 이런 주장들을 분명하게 밝혔다. 이 편지는 1871년에 출간되었다. "새로운 교육 프로그램은 사회적 지위가 보장되고 그들의 마음을 갈고 닦을 여가 시간을 가진 계층들을 위해서 마련된 것이다. 이들은 종전에 정계를 지배했다. 그러나 그들의 지위는 위협받고 있다……수적으로 더 많은 이들의 권리에 굴복해야 하는 압력 아래에서 스스로를 엘리트라고 부르는 이들은 가장 유능한 자들의 권리를 환기시키는 것 외에 더 이상 그들의 정치적 주도권을 유지할 수 없다. 그들이 가진 특권과 전통의 벽이 무너지는 배후에서 민주적 급류는 제2의 성벽, 달리 말해서 빛나고 유용한 가치의 성벽, 명망이 확실한 우월함의 장벽, 남에게서 빼앗는 것이 어리석기 짝이 없는 행동일 뿐인 재능의 성벽에 직면해

그리하여 부트미는 사립 교육기관의 설립에 필요한 자금을 모으기 위해서 그의 연줄을 활용했다. 그러나 첫해에는 단지 정치 상황을 연구하고 오늘날 우리가 학문적인 정치학으로 볼 수 있는 것을 추구할 채비를 갖춘 학생들을 많이 찾아내지 못했다. 그래서 그는 지식의 전달에 전문적인 목표를 추가하면서 서둘러 그의 전략을 조정했다. 1872년에 투자자들에게 보낸 보고서에서 그는 "국가의 운명에 그런 큰 영향력을 미치는 가장 인기 있는(haut vol) 두 가지 직종—외교와 고위 공무원직—의 종사자들이 지금까지 접할 수 없었던 최고 수준의 대비 과정을 이 기관에서 발견할 수 있도록 중요한 것을 제공하는 일"이 꼭 필요하다고 제안했다(Descoings, 2007, 40에서 인용). 벵상의 은유에 따르면, 그것은 지식 기관에서 권력 기관으로의 변화였다. 그리하여 "자유주의적이고 반국가적인 자유대학은 재무감독국, 국무원, 회계감사원, 그리고 프랑스 외무부의 채용 시험을 준비하는 중심지가 되었다"(Vincent, 1987, 61).[68]

부트미는 이렇게 자유대학, 즉 소르본에 종속되지 않을 뿐만 아니라 교권(敎權)을 지지하지 않는 사립 교육기관을 창설했다. 그것은 "정치적 학문들

야만 한다"(「고등교육 학부의 설립에 관한 어떤 구상」, E. 부트미와 E. 비네의 편지, 프로그램. Paris: Imp. de A. Lainé, 1871, 15-16, Favre, 1981, 433에서 인용).

68) 부트미는 신속하게 이런 전문 교육으로의 변화를 뒷받침할 만한 근거를 찾았다. "전적으로 프랑스적이든 라틴적이든 우리의 정치학은 근대 유럽과 신세계를 의도적으로 무시한다……." "프랑스에는 의사, 변호사, 기술자, 군 장교들을 위한 교육기관들이 있다. 정치인을 위한 기관은 전혀 없다……만일 프랑스가 정치적 지식을 갖추고, 자신의 의견을 피력할 수 있는 사회적 지위, 그리고 인민에게 모든 문제들이 어렵고 대부분의 해결책들이 복잡하다는 점을 깨닫게 할 수 있는 주장을 가진 2,000-3,000명의 인물을 해마다 배출한다면, 그것은 분명히 위대하고 기쁜 혁명일 것이다. 정치가의 교육을 위해서 계획된 교육과정은 프랑스에 민주 사회의 기반인 교양 있고 현명한 중간계급을 동시에 제공할 것이다. 이제까지 중간계급은 보수적인 본능, 바른 예절, 재산 등의 특징이 있다고 간주되어왔다. 그러나 이 계급이 정치적 계몽 덕분에 자신의 지위를 유지하지 못했다고 말하지 않으면 안 될 것이다"(Descoings, 2007, 34에서 인용). 부트미는 이 교육과정의 이름을 찾았다. 약간 망설이다가 그는 결국 18세기 독일의 관방학(官房學, Kameralwissenschaft)이라는 개념의 번역어인 국가재정학(sciences camérales)으로 정했다(Vincent, 1987, 84).

(political sciences)"의 대학이었다(복수형에 주목할 것). 그러나 **정치적과 학문들**이라는 단어는 모두 다소 모호했다. 프랑스어 시앙스(sciences)는 독일어 비센샤프텐(Wissenschaften)처럼 여전히 지식 일반을 뜻하고자 사용되었다. 그리고 **정치적 학문들**은 여전히 사회과학 일반을 의미할 수 있는 용어였다. 사실 부트미가 실제로 제안한 것은 더 좁게 정의된 정치학이라기보다 주로 우리가 오늘날 역사, 경제학, 그리고 사회학으로 부르게 될 것이었다.[69]

존 버지스는 1876년 애머스트 칼리지로부터 컬럼비아 대학교로 초빙되면서 정치학, 역사학, 국제법의 교수라는 직함을 가지게 되었다(Hoxie, 1955, 6). 버지스가 1893년에 상술했듯이, 컬럼비아 대학교 이사회의 의도는 "사법(私法) 전공 학생들에게……법률학(science of jurisprudence)을 완성하는 데에 필요한 윤리학, 역사, 그리고 공법(公法) 분야의 연구들을 제공함으로써 법학 전문대학원(로스쿨)의 강렬한 전문 직업의식을 상쇄하려는 것"이었다(Bryson, 1932, 322에서 인용). 버지스는 로스쿨이 "꿰뚫을 수 없이 완고하다"고 생각하고 대신에 정치학부의 창립으로 방향을 돌렸다.

컬럼비아 대학교의 개교 200주년을 기념하여 집필한 정치학부의 공식 역사에서 혹시는 파리 정치대학과의 관련성을 이렇게 서술한다.

> 자유대학의 이야기는 존 버지스에게 영감을 불러일으켰다. 우리 정부에 관심이 아주 많은 다른 이들과 마찬가지로 그는 1879년에 미국 행정기관의 상태에 대해서 크게 우려했고 (러더포드) 헤이즈 행정부가 시도한 개혁을 주의 깊게 지켜보고 있었다. 더욱이 그가 영국의 행정기관에 대해서 스탠퍼드 노스코트 경에게서 얻은 정보와 구상은 그에게 깊은 감명을 주었다. 1878년에 잉글랜드를 방문하는 동안 그는 행정기관 업무가 의학이나 법학에 관해서 많이 준비하는 것에 견줄 만큼 전문적인 직종

---

69) 다양한 학문 분야에 걸친 종합적인 속성(pluridisciplinarity)에 대한 데쿠엥의 논의를 참조하라 (2007, 39). 또 부트미가 자유대학을 위해서 그 이름을 선택한 근거를 다루는 벵상의 논의를 참조하라(1987, 47-48).

으로 인식되었다는 데에 주목했다. 미국에도 정치학 자유대학과 다르지 않게 공무원들의 교육 훈련을 담당할 대학원, 학부 또는 적어도 학과가 확립될 수 있지 않을까? 또한 그것이 컬럼비아 대학교 로스쿨 교육과정의 명백히 바꿀 수 없는 전문가 기질에 대해서 보완책을 제공할 수 있지 않을까?(1955, 11)

이것은 "머그웜프스(Mugwumps)"라고 불린 독자 노선을 견지하던 공화당원들의 정치운동에 매우 잘 들어맞았다. 이 집단은 대개 사회 엘리트 출신으로 공무원 제도의 개혁에 전념했다. 그들은 전형적인 중도적 자유주의자였다. 그들은 이른바 그린백 당원들(Greenbackers)(미국 내전 이후 부채에 허덕이는 농민층에게 유리하도록 통화 팽창정책을 주장하면서 1874년에 결성된 정당의 당원으로 법정 불환[不換] 지폐의 사용을 옹호하고 지폐 사용 축소에 반대했다/옮긴이)과 노동조합에 반대했다. 그들이 보기에 노동조합은 재산의 몰수를 원했기 때문이다. 또 그들은 해방된 흑인 노예들의 정치적 권리를 보장하려는 투쟁에서 주도적인 역할을 맡은 이른바 급진파 공화당원들에도 반대했다. 머그웜프스는 급진파 공화당원들을 광신도로 보았다. 다른 한편으로 머그웜프스는 자신들을 중도파로 생각했던 부유층의 사회적 무책임성을 통렬히 비난했다. 그들은 학식 있는 엘리트 속에서 구원의 가능성을 찾았다. 결과적으로 "교육과정에서 사회과학의 입지를 넓히는 것이 이 교육적 노력의 또다른 부분이었다"(Church, 1974, 577).[70]

---

70) 처치는 더 나아가 사회과학에 대한 머그웜프스의 견해를 상술했다(1974, 577). "그들은 미래의 엘리트에게 정치적, 사회적 조직의 올바른 원칙, 만일 사회가 적절하게 기능한다면 지켜져야 하는 사회정치적 관계를 관리하는 법들을 가르칠 것을 제안했다. 그때에는 대학 교육이 거의 엘리트에만 한정되어 있었다. 사회과학은 대헌장 이래(때때로 독일의 숲에서 출현한 촌락 공동체 이래) 잉글랜드인의 자유가 어떻게 발전했는지, 그것이 미국에서 어떻게 신장되고 더 보호받았는지, 어떻게 헌법이 개인의 자유, 재산, 소수 집단의 권리(이 경우 그들은 '폭도'의 욕구에 맞서는 부유층의 권리를 의미했다)를 보호했는지, 그리고 그것이 어떻게 민주주의의 영향력을 제한했는지 등을 연구하고, 고전적인 자유방임적 경제의 법과 원칙을 검토함으로써 단지 이 원칙들과 법률을 가르쳤다."

컬럼비아 대학교의 이사들이 정치학부(School에서 나중에 Faculty로 바뀜)의 설립을 승인했을 때, 그들은 버지스가 "명확하게 정치학부를 정부의 행정 업무에 종사할 인재들을 훈련시키려는 계획의 일환이라고 공언하도록" 지시했다. "그러나 이를 공공연한 목표로 만들 필요는 전혀 없었다. 그렇게 하는 것은 그것의 성공에 해로울 질투를 불러일으킬 수 있었다"(Hoxie, 1955, 15에서 인용). 이사들은 다른 학부의 반발을 두려워했을 테지만, 그 목적의 장점에 관해서는 스스로 의심하지 않았다. 컬럼비아 대학교의 1880년 대학 편람에는 새로운 정치학부의 목표가 이렇게 명시되었다. "가장 중요한 목표는 정치학의 모든 부문들의 발전이다. 두 번째 목표는 모든 부문의 공직에 종사할 청년들을 준비시키는 것이다"(Crick, 1964, 28에서 인용).

에밀 부트미와 존 버지스가 각기 파리 정치대학과 컬럼비아 대학교의 정치학부를 설립하려는 추진력이었듯이, 시드니 웨브와 베아트리스 웨브 부부는 런던 정치경제대학 창립의 원동력이었다. 1894년에 헨리 헌트 허치슨이 사망하고 페이비언 협회에 당시로서는 거액인 2만 파운드를 유산으로 남겼을 때, 웨브 부부는 오랫동안 그런 교육기관의 출현을 바라고 있었다. 그래서 웨브 부부가 소집하고 조지 월러스와 조지 버나드 쇼가 참석한 1895년 8월 4일의 조찬 모임에서 (쇼의 반대에도) 런던 정치경제대학의 창립이 결정되었다.

다른 두 교육기관의 경우처럼 초기의 의도는 영국의 정치와 기업을 이끌 엘리트의 교육 훈련을 개선하는 것이었다. 웨브 부부는 파리 정치대학의 교육과정을 그들이 바칠 공물(貢物)의 기반으로 활용했다. 사실 그들의 관심사는 경제적 쟁점으로 지나치게 기울어져 있었지만, 나중에(1974~1984년/옮긴이) 런던 정치경제대학의 총장이 된 랄프 다렌도르프는 자신이 집필한 대학 100년의 역사(1995, 196)에서 대학의 명칭에 "정치학"이라는 문구가 삽입된 이유를 이렇게 설명한다.

그것은 웨브 부부가 파리의 정치학 자유대학과 컬럼비아 대학교 정치학부에 대한 암시와 언급을 놓치기를 원하지 않았고, 그리하여 정치학이 그 명칭에서 한 자리를 찾아야만 했기 때문이다.

더욱이 다렌도르프(1995, 21)는 전문적 교육이라는 목표를 추구하는 수단으로서 애당초 모든 수업을 야간에 개설했다고 언급한다.

학생들은 특별히 어떤 학위를 염두에 두지 않을 것이었지만, 출석은 영국 은행가공인협회, 런던 상공회의소 등의 시험뿐만 아니라 공무원 임용시험에도 유용할 터였다.

파리 정치대학은 학생들에게 외교 분야와 고위 공직의 입문에 대비하도록 교육하는 소임을 그 역할 가운데 하나(유일한 것은 아니더라도)로 계속 유지했지만, 런던 정치경제대학의 경우 이것은 결국 주된 역할이기를 중단했다. 반면 컬럼비아 대학교의 정치학부는 사회과학 전공의 대학원이 되었고, 그 중 하나가 정치학과였다(그 무렵에 컬럼비아 대학교에서는 공법, 통치[Public Law and Government]학과로 불렸다).

우리가 이미 알고 있듯이, 1900년 전후에 정치학은 미국에서 가장 먼저 출현했다.[71] 그 등장은 휴스(1958, 66-67)가 1890년대의 주요한 관념이라고 불렀던 것, 즉 "정치적 행동의 마찰 이면에서……실제로 권력을 휘두르는 자들을 관통해 영향을 미친" 관념의 일부였다. 크릭(1959, 37-38)은 이 관념이 어떻게 발전되었는지 보여준다.

---

71) 왜 정치학이 1945년 이후까지 영국에서 실제로 독립된 법칙정립적 학문 분야로서 모습을 드러내지 않았는지 설명하고자 노력하면서, Dahrendorf(1995, 227)는 그 까닭을 "오래된 대학들, 특히 옥스퍼드 대학교에서 전통적인 정치철학이 가지고 있던……엄청난 영향력"의 탓으로 돌린다. 그러나 그는 또다른 요인을 덧붙인다. "적용에 관한 한 근대 정치학은 근대 경제학보다 덜 효과적인 것으로 밝혀졌다." 나는 "덜 효과적"이 적절한 형용사인지 잘 모르겠다. 나라면 "영향력이 덜하다"고 말할 것이다.

진보의 필연성에 대한 이론뿐만 아니라 사회에 대한 치료의 이론이 등장했다. 그 이론들은 심리학적 설명에 대한 애호, 역사적이고 철학적인 설명에 대한 적대감에서 드러나듯이 정치 이론과 정치적 실천 사이의 새로운 분열을 초래했다……그 이론들은 독특한 유형의 철학, 즉 실용주의와 대체로 체계적이지는 않지만 점차 영향력을 발휘하는 실증주의의 등장을 위한 추가적인 환경을 제공했다.

1903년 미국 정치학회(APSA)의 창립자들이 가졌던 실증주의와 현재주의적 성향은 한편으로 역사와 경제학뿐만 아니라 버지스의 공무 수행을 위한 훈련 지향과 단절하는 태도를 대변했다. 그러나 거널(2006, 481)이 주장한 대로 역사와 경제학과 단절한 주된 이유는 방법이 아니라 "사회과학과 정치 사이의 관계에 대한 우려" 때문이었다.

미국 정치학회의 창립자들은 그들의 선배처럼 "사회과학을 위한 효과적이고 실용적인 역할"을 완수하는 데에 관심이 있었다. "그러나 그들은 또한 강단사회주의자들의 태도를 거부하고 있었다"(Gunnell, 2006, 481). 그들은 정확히 1909년 독일 사회학회의 설립 과정에서 베버와 퇴니에스가 시도하게 될 것을 하고자 애쓰고 있었다. 이런 길을 택하면서 독일의 사회학자들과 마찬가지로 미국의 정치학자들은 다렌도르프(1995, v)가 "상황의 원인을 알고자 하는 것과 상황을 바꾸고자 하는 것 사이"의 시드니 웨브 단층선(fault line)이라고 부르는 것에 접근하고 있었다.

단층선을 항해하는 방법은 중도적 자유주의였다. 로위(1985, ix)가 제안하는 그 선택 사항은 특히 미국에서, 그리고 미국 내의 정치학에서 분명했다.

미국에서 늦게 그리고 천천히 출현한 연방정부는 그럼에도 자유주의 노선에 따라서 수립되었다. 사회과학, 특히 정치학 역시 그랬다……우파와 좌파를 거부하면서 자유주의는 행동 규범이나 자본주의의 도덕성을 판단하는 것을 회피했다. 자유주의 정부는 단지 결과적으로 해롭다고 간주되는 행동에 관심을 가짐으로써 정당화될 수 있었다. 사회과학은 그런 체제를 분석할 수 있었고 또한 행동과 그 결과 또는 그와 연관해서 행동과 그 원인들에 관한 가설에 관심을 가짐으로써 그런 체제에 봉사할 수 있었다. 이는 왜 정치학과 새로 등장한 연방정부가 모두 과학과 그런 친화성을 가지는지를 설명하는 데에 도움이 된다.

비서구 세계

19세기의 마지막 3분의 1의 시기와 20세기 전반기에 역사학과 경제학, 사회학, 정치학 등 세 가지 법칙정립적 학문 분야의 제도화는 대학에서 다루는 지식 분야의 형태를 갖추었다. 그곳에서 서양 세계는 일어나고 있었던 일을 더 잘 통제하기 위해서 자기 자신을 연구하고 자신의 기능을 설명했다. 나는 서양 세계를 말하고 있지만, 우리가 주목해왔듯이, 실제로 학문 활동의 95퍼센트는 영국, 프랑스, 미국, 독일, 그리고 이탈리아 등 단 5개국에서 이루어졌고, 주로 그 5개국에 관련된 것이었다. 남은 5퍼센트는 대개 스칸디나비아, 저지대 국가들(벨기에, 네덜란드 지역/옮긴이), 러시아, 이베리아 반도, 그리고 매우 적게 라틴 아메리카에 관한 것이었다.

우리는 서양 세계, 특히 5개국이 정치적, 경제적, 문화적으로 세계의 나머지를 지배한 시기를 이야기하고 있기 때문에, 이는 놀라운 일이 아닐 것이다. 그럼에도 세계의 나머지는 열강(列强)에게 얼마간의 관심사였다. 그들은 자신이 장악하고 있던 "타자"를 가장 잘 통제하는 방법을 알고자 했다. 통제하기 위해서는 적어도 조금이나마 이해해야 한다. 그리하여 필요한 지식을 산출하기 위해서 학계의 전문 분야들이 출현한 것 또한 놀랄 일이 아니다.

그러나 세계의 나머지는 정치적으로 두 부분으로 나뉘었다. 이는 흔히 부정확한 용어로 명명된 분할이었다. 전문가들은 때때로 식민지와 반(半)식민지를 언급했다. 이는 "유럽"의 강대국에 의해서 직접적인 식민 통치를 받는 지역들과 명목상으로 여전히 독립적이지만 유럽의 엄청난 지배에 종속된 지역들 사이의 구분이었다. 우리가 알다시피 특정 장소들을 분류하는 이런 방식은 그 상황을 정확하게 파악한다면 한계를 넘지 않을 수 없었던 분석 틀을 고안했다. 그렇지만 우리는 이 시기에 **인류학**(anthropology)이라는 학문 분야가 출현했다는 것, 그리고 그것은 대개 식민지나 본국(서구 열강)의 속령(또는 준주[準州]) 내에 있는 특정 구역과 같은 지역들을 다루었다는 점을 언급하면서 시작할 수 있다. **오리엔탈리즘**(orientalism)이라는 두 번째 분야는 이 시기에 주로 반(半)식민지들을 다루었다(그러나 그 지역들만 배타적으로 다루지는 않았다).

이 두 "학문 분야"는 드물게 예외적인 경우를 제외하고는 서로 완전히 분리되었다. 사실 심지어 21세기에도 대다수 사회과학자들은 두 "학문 분야"가 서로 희미하게라도 연결되어 있다고 보지 않는다. 더욱이 일련의 공통 주제에 대한 두 가지 변종(變種)으로도 인식하지 않는다. 그럼에도 두 분야 사이에 공통의 주제가 존재했다. 첫 번째는 두 분야가 19세기 말 지배적인 범(汎)유럽 지역의 일부가 아니었던 세계의 "나머지"를 다루었다는 점이다. 두 번째 주제는 그들이 다루었던 주민들이 "근대적"이라고 간주되지 않았다는 점이다. 이것은 그 주민들이 근대적 "진보"를 구성하는 요소로 평가된 기술과 기계장치를 가지지 않았다는 것을 의미한다.[72] 따라서 그 주민들은 범유럽 세계에서 상상되고 실행되는 것과 같은 근대적 가치들을 공유하지 않는다고 인식되었다. 그리고 세 번째 공통 주제는 이 국가/지역/주민들이 역사를 가지고 있지 않았다는 단언이었다. 이것은 그들이 역사적 시간의 흐름에 따라서 변화하고 발전하며 진보하지 않았다는 것을 의미한다.

그러나 어떤 또는 다른 꼬리표가 붙여진 이들 사이에 하나의 중요한 차이점이 있었다. 인류학자들은 수적으로, 그리고 거주지의 규모로 보아 상대적으로 작은 주민 집단들을 다루었다. 흔치 않게 예외적인 경우가 있었지만

---

72) "교회(개화)의 매개로서의 기계"(211-236), 그리고 "문명생활의 전제조건으로서 물질적 지배와 통제"(194-198)라는 유럽적 관념에 대해서 논의하는 Michael Adas(1989)를 참조하라.

주민 집단들은 식민 지배에 복속될 무렵에 기록된 문서들을 가지고 있지 않았다. 그들은 모두 보통 다른 이웃 주민 집단들과 통하지 않는 단일 언어를 구사했다. 그들이 믿는 신 역시 공유되지 않았다. 유럽 정복자들의 관점에서, 이들은 모든 측면에서 이상하고, 생활방식과 사고방식이 평범한 유럽인들에게는 거의 이해될 수 없는 "원시인들"로 명명되었다.

오리엔탈리스트들은 꽤 다른 부류의 주민들을 다루었다. 그들은 수적으로나 거주지의 규모에서나 큰 주민 집단이나 "문명"을 상대했다. 유럽인들이 해독하기는 어려웠지만, 그들은 기록된 문서들을 가지고 있었다. 또한 넓은 지역에 걸쳐 통용되는 공통어나 적어도 공용어(lingua franca)가 존재하는 듯 보였다. 그러므로 언어 구사자의 수는 상당했다. 게다가 그들은 이 넓은 지역에서 단일한 유력 종교, 달리 말해서 19세기에 서양의 학자들이 "세계 종교"라고 보기에 충분할 정도로 큰 규모의 종교를 가진 듯했다. 그리고 그들은 분명히 역사를 가지고 있었지만, 서양의 학자들은 그것을 왠지 "동결되고" 그리하여 "근대성"으로 진화하지 않은 역사라고 생각했다. 검토한 결과 이 모든 대규모의 "동결된" 문명은 과거 언젠가 존재했던 광범위한 관료제 제국, 우리가 "세계제국"이라고 일컬어온 것의 산물이었음이 드러났다. 공통어 또는 공용어, 공통의 "세계 종교," 그리고 공통의 문화적 전통을 낳은 것은 바로 이 관료제 제국이었다. 모두는 아니더라도 이 지역들의 다수는 직접적인 식민화에 저항할 수 있을 정도로 정치적, 군사적으로 충분히 결집되어 있었다.

두 유형의 비유럽 지역 사이에 존재하는 이런 중요한 차이의 결과로, 두 가지 다른 지적인 질문들이 학문적 조사의 기반을 구성했고 두 가지 다른 실천적 연구방법이 활용되기에 이르렀다. 인류학자들은 연구하는 주민 집단들, 즉 그들이 거의 한결같이 "부족들"로 다루기 시작한 사람들이 실제로 어떻게 살아왔는지를 해독하기 위해서 노력했다. 말하자면 그들은 대다수 유럽인들에게 비이성적인 행위로 비쳤던 것의 바깥층에서 행위의 이성적 근거를 발견하고자 애썼다. 이런 의미에서 행위의 숨겨진 합리성을 찾으려는 탐색은 다른 사회과학자들이 "근대적" 인간 집단들을 연구할 때, 그들이 행하고 있다고 믿었던 것과 그다지 다르지만은 않았다. 그것은 사회과학의 적절한 역할에 대한 계몽주의적 발상에서 유래된 탐구였다.

그러나 그들이 어떻게 이것을 행할 수 있었을까? 애초에 인류학자들이 읽을 수 있는 것은 아무것도 없었고, 적어도 연구 작업에 착수할 때에 그들은 그 주민들과 말로 의사소통조차 할 수 없었다. 이 문제에 대한 해법은 **참여관찰**이라고 불리는 현실적인 방법의 형태로 다가왔다. 이 방법은 현지 조사를 필요로 했다. 인류학자들은 보통 일정 기간 동안 특정 집단 속에서 살기 위해서 현지를 방문했다. 그들은 "언어에 능통한 자들"로 생각한 사람들, 즉 어떤 이유에서인지 유럽인의 언어를 구사할 수 있었던 주민 집단의 일부 구성원들을 찾아내려고 노력했다. 이들은 인류학자들과 자신이 속한 집단 사이의 중개인일 뿐만 아니라 (문자 그대로 언어의) 통역사이자 (지적으로 문화의) 해설자가 될 것이었다.

인류학자들은 결국 이 주민 집단들의 문화 기술지(記述誌)를 남기기 위해서 그들의 문화를 불변의 단일하고 통합적인 전체로 규정하고 그들에 관한 모든 것을 배우고자 노력할 터였다. 일단 작업이 끝나면, 인류학자들은 일반적으로 유럽 세계에, 그리고 흔히 특정 식민 당국에 그 주민 집단들을 알리는 문화적, 정치적 해설자가 되었다. 물론 이것은 벌어진 상황에 대한 매우 이상적인 묘사이지만, 당시로서는 활동에 대한 표준적인 기술이었다.

오리엔탈리스트들은 상당히 다른 관심사와 상당히 다른 현실적 방법론을 가지고 있었다. 그들이 "고도의 문명"이라고 일컬었지만 유럽 문명이 스스로를 근대적인 것으로 인식한 의미에서 볼 때, 그들이 보기에는 근대적이지 않았던 것을 다루었기 때문에, 오리엔탈리스트들이 해결해야 할 가장 분명하고 즉각적인 문제는 왜 이 "고도의" 문명이 유럽인들이 근대성을 이루기 위해서 갖추었다고 추정된 진화론적 도약을 전혀 이루지 않았는지를 설명하

는 것이었다. 물론 이것은 유럽인들이 제기한 매우 자기만족적이고 자축적
인 질문이었다. 그것은 우수성을 상정했고, 그 현실을 입증하기보다(왜냐하
면 그것은 오히려 의심의 여지없는 전제였기 때문이다) 그 기원을 설명하려
고 애썼다.

관건은 이를 실행하는 방법이었다. 기록된 문헌이 존재했기 때문에, 인류
학자들의 자랑거리였던 현지 조사와 같은 유형에 참여하는 것은 결코 시급해
보이지 않았다. 그럼에도 이 문헌은 유럽의 오리엔탈리스트들에게 익숙한
언어들과는 매우 다른 언어로 기록되어 있었다. 특히 이 문서들은 대부분
아주 오래된 것이었고 그중 다수는 종교적인 문헌이었기 때문에 언어를 습득
하는 과정은 오랜 훈련을 요구했다. 필요한 역량은 대체로 문헌학(philology)
과 관련된 것이었고 연구의 중심지는 주로 제한된 숫자의 주요 도서관이었
다. 확실히 오리엔탈리스트들은 인류학자들과 같은 사회과학의 기본 전제를
공유했다. 그들은 또한 겉보기에 불합리한 행위와 철학적인 주장의 합리적
기반을 설명하고자 했다. 그들은 또 일반적으로 유럽 세계, 그리고 흔히 특정
한 정치적 권력자에게 자신들이 연구하는 문명의 해설자가 되기를 원했다.

연구 대상인 부족 또는 문명의 근본적인 합리성을 설명하려는 인류학자들
과 오리엔탈리스트들의 욕구는 거의 불가피하게 그들 자신을 암시적인 이념
에서 중도적 자유주의자로 이끌었다. 그들은 권력자들이 부담을 잘 관리하
고/관리하거나 다른 문명들을 더욱 지적이고 효과적으로 상대하도록 지원하
면서 약자들과 권력자들의 매끄럽지 못한 관계를 개선하고자 노력했다.[73]

---

73) Adas(1989, 203)가 관찰했듯이, "유럽인들은 이제껏 알려진 것들 중에서 가장 진보적이고 선
   진적인 문명을 대변했기 때문에 그들이 아프리카와 아시아 사회에 대한 최고의 통치자이자
   개혁자라는 추정"이 만연했다.
     1903-1904년에 팔리어(Pali : 불교 경전에 사용된 고대 인도의 일상어/옮긴이) 불교 문헌의
   전문가였던 T. W. 리스 데이비스는 영국의 공공정책에 오리엔트 연구가 얼마나 중요한지 역설
   했다. "우리는 이제 상황이 바뀌고 있다는 것을 잊어서는 안 된다. 그리고 우리의 해군 예산에
   서 대외 활동을 감안하는 것처럼, 우리는 또한 실제적인 정책으로 오리엔트의 상황에 관해서
   우리의 정보국을 적어도 다른 열강 가운데 어떤 두 국가의 정보기관만큼 강력하게 만들어야

그들은 갈등과 더불어 무엇보다 범유럽적인 지정학적 세력의 현상(現狀)을 급진적으로 뒤집으려는 시도를 제한하는 데에 도움이 된 개혁을 부추겼다.

오리엔탈리즘은 가톨릭 교회가 지녀온 오랜 전통의 계승자였다. 이미 중세에, 해당 지역들에서 전도하려는 노력의 일환으로 이슬람 세계와 중국의 언어와 문헌을 연구했던 수도사들과 다른 기독교 학자들이 존재했다. 그런 학문적 성과는 유럽의 팽창이 아시아 대륙의 모든 다른 지역들을 포괄하기 시작한 18세기 말과 특히 19세기에 새로운 (그리고 흔히 더 세속적인) 자극을 받았다.

구체화된 고대 이집트 문명의 연구—이집트학—는 18세기 후반에 시작되었다. 그렇지만 두 가지 정치적 사건들이 오리엔탈리즘의 하위 분야로서 이집트학의 진지한 발전에 대단히 중요했다. 하나는 1798년 나폴레옹의 이집트 침공 실패였고, 다른 하나는 1823년의 그리스 독립전쟁이었다. 나폴레옹의 침공은 결국 정치적으로 유산(流産)되었다(Cole, 2008 참조). 그러나 그는 이집트를 연구하기 위해서 관련 학자들의 집단 전체를 대동하려는 계획을 수립했었다. 한 가지 주요 성과는 「이집트에 관한 서술(*La Description de l'Egypte*)」이라고 일컬어진 여러 권의 저작이었다. 이것은 역사, 건축, 이집트의 동식물군과 더불어 지도와 판화에 관한 다양한 글을 수록한 전서(全書)였다.

이 기념비적인 저작은 아마 이집트학의 창설보다 서양 문명의 원천으로서 그리스의 구체화와 관련하여 더욱 중요했다. 그리스를 서양 문명의 원천으로 보는 관념은 오늘날 너무 잘 알려져 있기 때문에, 이것이 역사에 대한 서양의 인식에서조차 항상 기정사실은 아니었다는 점을 기억하기 어려울 정도이다. (서양) 고전문명의 아프리카, 아시아적 뿌리를 주장한 저서「블랙 아테나 : 서양 고전문명의 아프리카, 아시아적 뿌리(*Black Athena: The Afroasiatic*

한다는 점을 잊어서는 안 된다. 현재 정보국에 대한 우리 정부의 방치 탓에 우리는 엄청난 위험을 무릅쓰고 있다"(p. 196).

Roots of Classical Civilization)」에서 마틴 버낼은 제1권의 제목을 「날조된 고대 그리스 1785-1985(*The Fabrication of Ancient Greece, 1785-1985)*」라고 붙였다.

버낼이 강조하는 요점은 대위법(對位法)처럼 흥미로운 대조를 이룬다. 로맨티시즘 운동을 위해서 "자유의 본보기"를 대표한 것은 로마와 이집트가 아니라 바로 그리스였다(p. 289). 이집트에 대한 지나치게 호의적인 묘사는 "그리스 문명과 유럽 문명 전체의 독특성"에 위협을 가할지도 모른다(p. 269). 그리스인들이 1823년 오스만튀르크 제국에 맞서 봉기했을 때, 유럽의 로맨티시스트들은 그것을 "유럽의 청년다운 활력과 아시아, 아프리카의 쇠퇴, 부패, 잔혹성 사이의 투쟁"으로 선포하면서 연대를 촉구했다(p. 291).

버낼의 책이 불러일으킨 학문적 논란에 대한 분석은 여기서 크게 중요하지 않다.[74] 부인할 수 없는 것은 이집트학이 19세기에 오리엔탈리즘의 하위분야로서, 말하자면 타자에 대한 연구로서 발전했다는 점이다. 19세기의 문헌(그리고 사실 20세기의 문헌)을 지배했던 이집트 문명에 대한 대체로 비하적인 묘사는 당대 세계체제의 지정학과 지문화에 상응했다.[75]

---

74) 메리 레프코비츠는 고대 그리스 문명의 이집트적 뿌리에 관한 버낼의 분석을 반박하고자 시도했던 가장 저명한 학자였다. G. R. 로저스와 공동으로 편집한 「블랙 아테나 재고(再考)(*Black Athena Revisited)*」(1996)라는 제목의 모음집에서 레프코비츠는 이렇게 주장한다. "그리스 문화의 어떤 측면에 이집트가 미친 **영향**의 증거는 분명하고 부인할 수 없다……그러나 그리스 문화에 대한 이집트적 기원의 증거는 완전히 별개의 문제이다"(p. 6). 레프코비츠는 버낼을 아프리카 중심주의라는 이유로 비판했다. 실제로 1997년에 출판된 레프코비츠의 저서에는 「아프리카로부터 벗어나지 않고: 아프리카 중심주의가 어떻게 신화를 역사로 가르치는 구실이 되었는가(*Not out of Africa: How Afrocentrism Became an Excuse to Teach Myth as History)*」라는 제목이 붙어 있다.

레프코비츠와 다른 이들의 비판(Moore, 2001, 27)에 대응하면서, 버낼은 아프리카 중심주의 자임을 부인했다. 그는 오히려 자신이 "아프리카와 유럽 문화의 공통적 기원을 찾으려는 동화주의적 입장"을 견지하고 있다고 주장했다. 그는 이를 "대륙 간 혼종"설이라고 불렀고, 이런 견해야말로 "근본적인 대륙의 차이와 구분이라는 아프리카 중심주의적 관념보다 그리스가 이집트로부터 중요한 어떤 것도 차용하지 않았다는 레프코비츠의 견해에 훨씬 더 위협적일" 것이라고 주장했다.

  영국의 (곧이어 미국의) 대학들에서 연구 분야와 학과목으로서 고전학(古
典學)의 출현이 지문화에서 중도적 자유주의의 공세를 반영했다는 것은 또
한 분명해 보인다. 한편으로 고전학은 꼼꼼한 문헌 읽기를 강조한다는 점에
서 전통적인 옥스퍼드-케임브리지 교육의 정체된 교육과정과의 단절을 상징
했다. 그러나 동시에 그것은 프랑스 혁명이 불러일으킨 급진주의에 대한 거
부감을 대변했다. 그것은 일종의 "제3의 길"이었다.76)

  그럼에도 이집트는 오리엔탈리즘이라는 신흥 분야에서 인도에 비해서 부
차적이었다. 1818년에 제임스 밀은 「영국령 인도의 역사(A History of British
India)」 초판을 출간했다. 그 책에서 밀은 영국령 인도의 힌두교도와 이슬람
교도 모두를 변하지 않는 이들로 보고 그들을 매우 부정적으로 묘사하면서
유럽의 계몽 전제군주제와 상당히 다른 어떤 것으로서 동양적 전제군주제에
대한 가설을 전개했다(Bannerji, 1995, 60-61). 그 책은 대단히 성공적이었고
증보판이 지속적으로 간행되었다. 그 때문에 밀은 동인도회사 런던 본사의
고위직에 임명되었고 결국 사장이 되었다.

  그러나 밀의 이런 이력과 인도가 영국의 식민지가 되었다는 사실에도 불
구하고, 인도 문명 연구의 중심지가 된 곳은 영국이 아니라 오히려 독일이었
다. 20세기 말 독일의 인도사 연구자인 디트마르 로테르문트는 독일 로맨티
시즘의 "인도 탐구"의 기원을 "독일에서 프랑스풍의 우위와 고전주의 문학의
선례에 맞선" 18세기 말 독일 시인들과 극작가들의 투쟁 덕분이라고 생각한
다. 그는 "문단에 진정한 선풍을 일으켰고," "영국에서 윌리엄 존스의 영어
번역보다 훨씬 더 뜨거운 호평"을 받은 1791년 게오르크 피셔의 인도 서사시
「샤쿤탈라(Shakuntala)」의 번역에 주목한다(1986, vii-viii). 인도학은 영국과

---

75) Bernal(1987, 442)이 지적했듯이, "이집트의 지위는 1820년대 인종차별주의의 등장과 함께
    추락했다. 페니키아인들의 지위는 1880년대 인종적 반유대주의의 부상과 함께 위축되었고,
    1917년과 1939년 사이에 정점에 도달한 뒤 붕괴했다."
76) 이 표현 또한 버낼의 것이다(1987, 282, 317). 버낼은 이것이 독일 대학들의 고고학(考古學)에
    도 동일하게 적용된다고 암시했다.

프랑스의 보편주의를 독일이 거부하는 데에 기여했다.[77]

독일의 인도학은 언어학적 형태를 뚜렷하게 드러냈다. 우리가 오늘날 인도-유럽 어족이라고 부르는 언어들의 방대한 집단들 사이에 존재하는 관련성을 발견한 것은 18세기 말까지 거슬러올라갈 수 있다. 16세기에 영국의 예수회 수사와 이탈리아의 상인, 17세기에 네덜란드의 언어학자, 그리고 18세기에 프랑스의 예수회 수사 두 명이 각각 그런 언어적 관련성이 존재한다고 제안했지만, 이런 의견들은 아시아 협회(Asiatick Society)의 창립자 윌리엄 존스(원문에는 Thomas Jones로 잘못 표기됨/옮긴이)가 1786년 협회장 연설에서 제의할 때까지 거의 주목받지 못했다. 인도-유럽어라는 현행의 용어는 그 뒤 1813년에 토머스 영이 만들었다(Decharneux, 2000, 13).

그렇지만 독일에서 인도-유럽어는 인도-게르만어(Shapiro, 1981)라는 명칭으로 불렸고, 독일의 연구는 때때로 "최초의 고향, 즉 발상지(Urheimat)"의 탐색과 결부된 "본래의 언어(Ursprache)"에 대한 탐구를 강조했다. 이 탐구는 산스크리트어를 가장 오래된 언어로, 그리고 독일어를 산스크리트어와 구조상 가장 가까운 언어로 만들면서 언어학적 순수성이라는 로맨티시즘의 관념을 채용할 수 있었다(Mawet, 2000, 62). 이는 로테르문트(1986, 53)가 독일 인도학의 "보수적" 형태로 인식한 것이다. 그 형태는 "가장 오래된 과거에서 언어와 종교의 가장 위대한 순수성과 완벽함이 발현하는 것을 확인하고" "본래의 계시의 근원에 도달하기 위해서 나중의 퇴락과 부패의 외피를 꿰뚫는 것"을 목표로 삼았다.

그럼에도 불구하고 19세기 독일의 인도학자 가운데 가장 유명한 막스 뮐러는 또한 진화론적 신조가 내포한 자유주의적 낙관론으로부터 영향을 받았다. 그리고 그는 기독교에 더 가까워지게 할 힌두교의 종교적 진화 가능성을

---

77) Rothermund(1986, 13)가 주시하듯이, 인도학은 개성기술적 접근에 역점을 두었다. "(1900년 무렵) 독일의 모든 주요 대학들은 용어의 엄격한 의미에서 산스크리트 문헌학을 의미하는 인도학 강좌를 개설하고 있었다. 그리고 강좌를 맡은 교수들은 사변적인 이론들에 몰두하는 다방면의 지식을 소유한 인물, 철학자, 그밖의 다른 사람들을 의심쩍은 눈으로 바라보곤 했다."

상상했다. 그는 19세기와 20세기 초에 아시아의 다른 여러 종교들에서 발생했던 움직임과 유사한 과정을 실제로 실행하고 있었던 브라흐모 사마즈(Brahmo Samaj, 람 모한 로이를 주축으로 한 힌두교의 개혁파가 종교와 전통 사회의 개혁을 모색하고자 조직한 결사체. 사마즈는 공동체 또는 협회를 의미한다/옮긴이)의 지도자들과 개인적으로 가까웠다(Rothermund, 1986, 54).

물론 모든 독일의 학자들이 인도 관련 연구자들은 아니었다. 오직 고대 그리스에서만 인류가 "고향에서 살기(in seiner Heimat zu sein)" 시작했다는 관념을 헤겔이 그렇게 특별히 강조한 것은 정확히 오리엔탈리스트들의 견해에 반대하기 위함이었다(Droit, 2000, 91). 인도 역시 이집트의 경우와 다르지 않았다. 그것은 유럽의 보편주의 대(對) 서양의 지도와 후견 아래에서만 진화할지 모르는 오리엔트의 동결된 문명들이라는 뚜렷한 대립 구도였다. 그러므로 인도와 다른 아시아 국가들에 관한 독일(실제로 모든 서양)의 19세기 학문 연구가 그 국가들의 동시대 역사에 관심이 없었던 것은 우연이 아니었다.[78]

중국은 어떤 점에서 오리엔탈리스트의 인식이 관련된 가장 흥미로운 논쟁의 사례이다. 오래되고 부유하며 멀리 떨어진 문명으로서 중국의 이미지는 오랫동안 유럽인의 감탄을 불러일으켰다. 그러나 대략 18세기 중엽에서 말까지의 시기에 그 이미지는 뒤집혔다. "중국인들은 계몽사상이 감탄할 만하다고 여겼던 것, 즉 그들의 안정성 탓에 이제 비난받고 있었다"(Bernal, 1987, 240). 중국은 특히 제1차 아편전쟁(1839-1842)이 끝난 뒤 "전형적으로 '정적'이고 '전통적'이라고 상투적으로 해석된 문명"이 되었다(Blue, 1999, 94-95).[79]

여기서도 독일이 주도한 것처럼 보였다. 그러나 인도의 경우와 다르게 독

---

78) Rothermund(1986, 4)가 신랄하게 지적하듯이, "카를 마르크스가 런던에서 뉴욕의 한 신문에 기고한 인도 관련 기사들은 제외되어야" 한다.

79) Blue(1999, 92)는 "'진보'가 '다른' 문명들과 대조적으로 유럽의 '근대적' 정체성을 정의하는 표어가 되면서 19세기 서양 세계에서는 [중국에 대한] 경멸이 (만장일치는 아닐지라도) 광범위하게 공유되었다"는 점을 언급한다.

일의 사상가들은 모든 측면에서 관대하지는 않은 듯했다. 헤르더는 중국이
"분명히 구시대적이고 국지적인 동방 몽골인들의 산물이었고……고대 생활
방식의 화석화(化石化)일 뿐이며……겨울잠을 자고 있는 마멋(marmot)이
며……방부 처리를 한 이집트의 미라"였다고 주장하면서 선두에 섰다(Rose,
1951, 58).

헤겔은 약간 더 너그러웠다. 로즈(1951, 59)는 헤겔의 견해를 다음과 같이
요약한다.

중국인들의 국가는 감탄할 만한 가부장제와 제대로 작동하는 관료제였지만, 또한
참을 수 없는 전제정치를 대변했다……헤겔은 중국에서 어떤 자유로운 정신, 내부
지향적 종교, 깊은 감정이나 높은 윤리적 표준을 찾을 수 없었다. 그들이 사는 곳에
서는 추상적 추론의 압박이 그 괴멸적인 손길로 모든 생명을 억류해왔다. 중국은
역사의 지분을 소유하지 않았다. "중국은 항상 과거인 채로 머물러 있다."

마지막으로 고비노는 진보와 근대화에 매우 반대했지만, 다른 서양 사상
가들이 제시한 근거와 사실상 정반대였다고 할지라도 중국을 경멸하는 이유
들을 찾아냈다. 블루(1999, 134)는 고비노의 분석이 가진 특성을 이렇게 밝
힌다.

그가 볼 때, [평범함, 전제정치, 그리고 자유의 결핍은] "대중"과 "혁명"의 전형적인
특성들이었다. 그리하여 중국은 민주적 전제정치와 그가 이해하는 식의 "진보," 그
리고 그가 이런 것들로부터 발생했다고 본 결과, 즉 노예제, 정체(停滯), 최종적 파
멸의 두드러진 사례였다.

따라서 각기 다른 독특한 주장이지만, 유사한 논리로 "고도의 문명들"—
역사에 남을 만한 세계제국들의 현대판 후예 또는 연속—을 해석하는 방식

으로서 오리엔탈리즘은 항상 과거인 채로 남아 있는 동결된 문명으로 이 지역들의 이미지를 주조하기 위해서 결합했다. 헤겔의 표현에 따르면, 이 지역들은 유럽 세계의 개입을 통해서만 더 개선될 수 있는 지역이었다.

인류학자들은 여러모로 그들의 주장들을 입증하기가 더 쉬운 편이었다. 그들은 기록된 문헌이 없었고 대개 19세기 유럽보다 기술 수준이 낮은 지역의 주민들을 다루었다. 힌슬리(1981, 29)가 미국 원주민들의 연구에 대해서 말하듯이 "가장 중요하고 끈질기며 정치적이고 종교적인 난제이자 딜레마는 이런 질문이었다. 이 원주민들은 어떤 의미에서 우리의 형제인가? 무슨 권리로 우리가 그들의 땅에 대해서 우리 자신의 것이라고 권리를 주장할 수 있는가?"

인류학의 초창기 역사는 이른바 다원발생설에 대한 논쟁을 돌아보았다. 그것은 우리가 이전에 논의했듯이, 유럽인들과 다른 지역 주민들이 단일한 종(種)의 일부가 아니라는 발상이었다. 1910년 존 린턴 마이어스(1916, 69)는 영국 학술진흥협회(BAAS) 인류학 분과의 회장단 연설에서 그때까지 완전히 버려진 관념이었던 다원발생설이 도대체 왜 심각하게 받아들여졌는지를 설명하고자 했다. 그는 18세기 말 이전에 그 관념이 결코 진지하게 제시되지 않았다는 점을 언급하면서 시작한다. 그 다음에 무엇인가가 변했다. 그 무엇인가는 영국에서 강력한 노예제 폐지운동이 출현한 것이었다.

노예를 소유하고 있던 18세기는 흑인(니그로)과 중국인이 침팬지가 아닌 것과 같이 야만인(*Homo ferus*)도 아니라는 것을 꽤 잘 알고 있었으며 오히려 그것이 노예에게 유리하다는 이유로 아리스토텔레스가 옛날부터 정당화했듯이 노예화를 정당화했다.

그러나 정치적 측면에서 백인이 흑인을 소유하는 행위의 합법성을 처음으로 의심하고 이런 의심을 의회의 실천과 법률로 바꾼 세대가 바로 이론적 측면에서 백인과 흑인이 같은 혈통인지를 처음으로 의심한 세대였다는 것은 우연이 아니었다. 노예제가 도덕적으로 정당화될 수 있는 것으로 간주되는 한, 아무도 그것을 인류학적으로 정당화하는 데에 고심하지 않았다. 그러나 노예제 폐지론자들이 노예제의 당연함에 의문을 제기하자마자……노예 주인들은 이전의 문제를 제기했다. "설사 내가 내 형제의 보호자이고 이것이 내가 그의 주인이 아닐 수 있다는 점을 의미한다고 하더라도 하지만 이 사람, 이 흑인 형제는 도대체 어떤 진정한 의미에서 내 형제인가? 그는 겉으로 보기에는 특별히 길들이기 쉬운 동물일 뿐이고, 나와 다른 혈통을 가진 것이 아닌가?"[80]

다원발생설은 노골적인 인종차별적 발상이었다. 그것은 영국 내에서조차 켈트인들에 대한 선거권 부여를 거부하는 논거로 활용되었다(Rainger, 1978, 69). 그러나 19세기 말에 이 발상은 인류학자들의 공동체 내에서 "원시적인 (primitive)" 것에 대한 더 오래되고 대안적인 해석, 즉 진보라는 기본 개념과 연관된 견해에 자리를 내주었다.[81]

1690년 존 로크(1965, 383)는 "태초에 모든 세계는 아메리카였다"고 말했다. 18세기 중엽 프랑스와 스코틀랜드에서, 특히 자크 튀르고와 애덤 스미스에 의해서 인류 진화의 다양한 단계라는 개념이 이론적 주장으로 제시되었다. 그들의 설명에서 아메리카 원주민들은 "사회경제적 발전의 '최초' 또는 '가장 이른' 단계가 가지는 기본적인 특징들에 관해서 그럴듯한 작업 가설"을 제공했다(Meek, 1976, 128).

이 가설은 다원발생설보다 시대정신에 더 잘 들어맞았다. 그것은 또한 "자

---

80) 내가 여기서 인용한 마이어스의 1910년 연설의 개정판에 대해서 Myers(p. 1)는 그것이 1914년 버클리 소재 캘리포니아 주립대학교의 새더 기념 고전문학 강좌 교수(Sather Professor)로 부임한 결과였다고 말한다. 이런 그의 언급에 주목하는 것은 흥미로운 일이다. 인류학을 개성기술적 연구와 역사적으로 연결시키는 추가적인 증거이기 때문이다.

81) Lorimer(1978, 142)가 지적했듯이, 과학의 진보야말로 다원발생설을 무효화하는 데에 기여했다. "궁극적으로 다원주의는 그저 일원발생설과 다원발생설을 서로 상관없게 만듦으로써 양자 간의 논쟁이라는 문제를 해결했다……[그것은] 종의 개념을 바꾸었고 그 때문에 다원발생설의 전체 요점을 붕괴시켰다……다윈은 유럽인이 흑인과 관계가 있었을 뿐만 아니라 모든 인간이 유인원과 관계가 있었다는 것을 증명했다."

연사"와 "과학" 사이에 분명해지는 차이—철학과 과학 사이에서 우리가 주목해온 더 일반적인 분리의 일부—에 더 잘 부합했다. 이전에 두 용어가 "거의 같은 것, 즉 자연계에 대한 지식을 의미했던" 반면(Merrill, 1989, 12), 과학이 서로 다른 학문 분야로 나뉨에 따라 두 용어는 이제 독립된 기획을 의미하게 되었다. 메릴이 주목하듯이, 이제 "박물학자는 여전히 자연의 모든 것을 공부할 수 있었다……과학자는 단지 그 일부만을 연구했다……자연사는 여전히 아마추어도 접근하기 쉬웠지만, 반면 (과학은) 전문가들의 영역이 되었다."

인류학이 문화기술적(文化記述的) 묘사에 대한 강조를 채택한다는 점에서 인간 집단에 초점을 맞춘 자연사의 한 형태였다는 것은 분명하다. 그리고 물론 20세기 초에 결국 전문가의 영역이 되기 전에는 꽤 오랫동안 아마추어에게 개방되었다. 19세기 전반기에 인류학은 여전히 여행가들의 작업—때때로 해군 원정대에 동승한 과학자, 지리학협회들이 파견한 탐험가, 식민지 관리, 선교사, 자선사업에 관여한 대리인 등—에 의존했다.

결정적인 변화는 "원시적" 단계를 구성한 것의 정의에서 감지되었다. 19세기 중엽까지 "단순성의 사회적 또는 예술적 조건으로 (그러므로 생물학적 현상으로 분석할 수 있다고) 인식되었던" 것이 "이제 특정한 문화적 존재 상태로 재규정되었다"(Betts, 1982, 67). 일단 그런 변화가 나타나자마자 인류학은 명확한 연구의 대상을 가진 학문 분야가 될 수 있었다.

트루요(1991, 40)는 그것의 핵심을 이렇게 포착한다. "인류학은 미개인을 만들지 않았다. 오히려 미개인은 인류학의 존재 이유였다." 1871년의 두 가지 유명한 진술은 이를 위한 무대를 마련했다. 이탈리아의 인류학자 체자레 롬브로소는 다음과 같이 말했다. "신학자들의 꿈과 형이상학자들의 환영(幻影)을 위해서 [우리는] 몇 가지 엄연한 사실들을 대체해왔다……하지만 그것들은 사실이다"(Zagatti, 1988, 24에서 인용). 그리고 같은 해에 에드워드 테일러는 「원시 문화(*Primitive Culture*)」(1920, 410)에서 "문화학은 본질적으로 개혁가의 학문"이라는 그의 명제를 제안했다.

그 전문직의 윤곽이 이제 드러났다. 그것은 현지 조사에 입각한 개성기술적인 문화기술지를 만들면서 전체론적이고 서술적일 것이다. 그것은 "원시적인" 주민 집단들의 합리성에 대해서 해석하고자 할 것이다. 그것은 그 집단들의 혜택과 그들을 지배한 유럽 국가들의 이익을 위해서 그런 집단들을 근대 세계에 더 잘 통합시키려는 시도를 옹호할 것이다. 그리고 그것은 1945년 이후 시기의 반(反)식민지 혁명들이 인류학이 지식의 구조 속에서 꼭 맞는 자리를 주조했던 기본적인 지정학적, 따라서 지문화적인 틀을 손상시킬 때까지 남아 있을 것이다.

6

논점의 재론

명예의 신전으로
펀치 씨(가장 큰 경의를 표하며), "먼저 가시죠, 경(卿)!"

펀치, "명예의 신전으로." 1858년 10월 23일 영국의 주간지 「펀치(Punch)」에 실린 이 유명한 만화는 자유당파 귀족 브로엄 경을 묘사하고 있다. 브로엄 경의 런던 자택에서 그 전해에 사회과학협회가 창립되었다. 만화가는 자유주의적 귀족의 개혁적 포부와 더불어 사회과학 형성과의 연계를 풍자한다. (프랑스 국립도서관 제공)

이 책은 통상적으로 1789년부터 1914년까지 이어진 장기의 19세기의 근대세계체제에 관한 것이다. 이 시대의 기본적인 특징들을 검토한 책들은 헤아릴 수 없을 정도로 많다. 다양한 이념적이고/이념적이거나 학문적인 견해를 가진 학자들이 공유하고 우리가 통상적인 견해로 생각할 수 있는 것이 존재한다.

이 시기는 우선 산업혁명, 과학기술혁명, 민중혁명(그리고 특히 프랑스 혁명)과 같은 다양한 혁명들의 세기로 간주된다. 통상의 견해는 이 모든 혁명들의 결합이 근대성을 창출했다거나 그렇게 이름 붙일 수 있다는 것이다. 장기의 19세기에 시작된 근대성은 20세기로 이어질 터였다.

지금까지 집필한 4권 전권에 걸쳐 표현한 대로 이 작업의 견해는 다르다. 먼저 "산업혁명"이라는 개념을 살펴보자. 대다수 학자들에게, 그것은 잉글랜드(또는 영국)에서 처음—가장 일반적인 시기는 1760년과 1840년 사이의 언제쯤이다—발생했고, 그 다음에 유럽 대륙과 북아메리카의 다른 여러 국가들에서 복제되거나 모방되었다. 우리는 왜 이런 인식이 부정확하다고 생각하는지를 제III권에서 길게 설명했다.

우리는 이 시기에 잉글랜드에서 발생한 것이 산업 생산의 기계화가 가져온 주기적인 상향 증가(upward increase), 달리 말해서 이전에 여러 차례 발생했고 나중에도 여러 차례 발생하게 될 현상이었다고 생각한다. 우리는 또한 그것이 세계경제 전체의 과정, 즉 세계체제의 새로운 패권국이 되려는 투쟁에서 프랑스를 물리친 영국에게 특별히 유리하게 누적된 과정이었다고 생각한다.

오랫동안 프랑스 혁명에 대한 지배적인 견해는 이른바 사회적 해석이었다. 이것은 프랑스 혁명이 프랑스를 "자본주의" 국가가 될 수 있게 하면서 부르주아의 봉건세력 타도를 대변했다고 주장했다. 지난 40년 동안 이 해석은 프랑스 혁명을 결국 실패했지만 자유주의적이고 의회주의적 진로를 추구하려던 시도로 파악한 해석들의 도전에 직면해왔다.

또다시 우리는 두 가지 견해 모두에 동의하지 않았다. 제III권에서 우리는 왜 프랑스 혁명이 "자본주의"를 설치한 부르주아 혁명으로 파악될 수 없는지를 설명했다. 그 까닭은 프랑스가 훨씬 전에 자본주의적 세계경제의 일부가 되었다고 생각했기 때문이다. 오히려 우리는 프랑스 혁명을 부분적으로는 패권국이 되려는 투쟁에서 영국을 물리치기 위한 최후의 시도로, 그리고 어느 정도는 본질적으로 실패했지만, 근대세계체제의 역사에서 등장한 "반체제적"(말하자면 반자본주의적) 혁명으로 간주했다.

우리는 근대세계체제가 두 가지 주요한 순환 과정을 가진다고 주장해왔다. 하나는 거의 50년에서 60년 정도의 주기를 가진 콘드라티에프 순환(Kondratieff cycle), 즉 세계경제 전체가 겪는 팽창과 침체의 순환 과정이다. 두 번째 순환은 훨씬 더 느린 과정이다. 그것은 국가 간 체제 내에서 발생하는 패권국의 성쇠와 관련된 것이다. 우리는 제II권에서 네덜란드 연방(United Provinces, 연합 주[州])이 17세기 중엽에 어떻게 패권국의 지위를 성취했는지를 설명했다. 그리고 제III권에서는 영국이 1792년부터 1815년까지 혁명과 나폴레옹의 "세계전쟁"에서 프랑스를 물리친 뒤에 어떻게 패권국이 될 수 있었는지를 설명했다.

마지막으로 우리는 제III권에서 자본주의적 세계경제의 기능적 경계가 경험한 두 번째의 주목할 만한 지리적 팽창을 상술했다. 우리는 본질적으로 자본주의적 세계경제의 바깥에 있었던 네 지역(러시아, 오스만튀르크 제국, 인도 아대륙, 그리고 서아프리카)이 세계경제 내로 편입되는 과정과 더불어 이 포섭의 결과로 어떤 경제적, 정치적, 사회적 변혁을 겪었는지 설명했다.

따라서 장기의 19세기의 이야기를 거론하기에 이르렀을 때, 우리는 앞서 출간된 3권의 책에서 분석한 내용에 근거를 두었다. 근대세계체제는 장기의

16세기 이래 자본주의적 세계경제였다고 할 수 있다. 영국은 19세기 중엽의 패권국이었다. 근대세계체제의 실질적인 경계는 비록 아직 지구 전체를 아우르지는 못했지만 계속 확대되었다. 세 번째이자 마지막 팽창은 19세기 말과 20세기 초에 이루어질 터였다. 이 이야기들은 제IV권에서 우리가 되풀이하지 않아도 될 것이다(우리는 서문에서 우리가 왜 근대세계체제의 세 번째이자 마지막 팽창에 관한 이야기를 제V권까지 미루었는지를 설명했다).

대신 우리는 제IV권에서 우리가 생각하기에 장기의 19세기에 발생한 새로운 것에 집중하기로 했다. 우리는 그 새로움을 "중도적 자유주의의 승리"라고 부른다. 물론 우리에 앞서 19세기의 이념으로서 자유주의가 가진 강점에 주목했던 사람들이 적지 않다. 그러나 이 쟁점에 우리가 접근하는 방식은 다른 학자들의 접근법과 다소 다르다. 무엇보다도 이 접근방식은 자유주의라는 용어의 어려운 개념사와 아울러 그것의 모호한 용법이 이념적 현실을 설득력 있게 분석하려는 과정에서 초래한 혼란을 재검토하도록 요구했다.

이 과제를 수행하기 위해서 우리는 우선 근대세계체제의 역사적 발전에서 아직 성취되지 않았던 무엇인가가 있었다는 점을 논증해야 했다. 그것은 우리가 근대세계체제의 지문화라고 부르고 있는 것의 창출이었다. 지문화라는 용어로 우리는 명시적으로든 보이지 않는 방식으로든 세계체제 도처에서 매우 폭넓게 공유되는 가치들을 의미한다.

우리는 장기의 19세기까지 세계체제의 정치경제학과 그것의 산만한 수사학 사이에 괴리가 존재해왔다고 주장했다. 제IV권에서 우리는 근대세계체제의 세 가지 주요 이념인 보수주의, 자유주의, 급진주의의 발전에 의해서 이 괴리의 극복을 필수적이게 만든 것이 바로 프랑스 혁명의 문화적 영향이었다고 주장했다.

우리는 자유주의가 좌파도, 우파도 아니라 어떻게 항상 중도적 원칙이자 신조였는지를 설명하려고 애썼다. 비록 세 가지 이념 모두 그런 것처럼 자처했지만, 우리는 세 가지 가운데 어느 것도 실제로 반(反)국가통제주의적

(antistatist)이지 않았다고 주장했다. 그리고 중도적 자유주의가 어떻게 다른 두 이념을 사실상 중도적 자유주의의 화신(化身)으로 변형시키면서 "길들여왔는지"를 보여주고자 노력했다. 그런 식으로 우리는 장기의 19세기의 끝무렵에 중도적 자유주의가 세계체제의 지문화의 지배적인 신조였다는 점을 주장할 수 있었다.

우리는 어떻게 중도적 자유주의가 그 이념을 세 가지 중요한 영역에 부과했는지를 자세히 검토했다. 첫 번째는 영국과 프랑스가 최초이자 가장 중요한 모범 사례로 부각되었듯이, 세계체제의 중심부에 "자유주의 국가"가 창설된 것이었다. 두 번째는 포함에서 배제로 시민권의 원칙을 바꾸려는 시도였다. 우리는 여성, 노동계급(재산이 없고 흔히 글을 모르는), 그리고 종족적/인종적 "소수집단" 등 배제되었던 세 주요 집단들을 언급함으로써 이를 예시했다. 세 번째는 자유주의 이념의 반영이자 지배 집단들이 피지배층을 통제할 수 있게 하는 방식으로서 역사적 사회과학들의 출현이었다.

우리는 모을 수 있는 만큼 많은 경험적 증거와 정리할 수 있는 모든 이론적 주장을 이용하여 이 분석을 제시했다. 이 책에서 제시하는 분석은 장기의 19세기를 설명하는 다른 방식보다 전 세계의 사회적 현실에 더 잘 부합한다고 할 수 있다.

참고 문헌

Abel, Wilhelm. 1973. *Crises agraires en Europe, XIIe-XXe siècle*. Paris: Flammarion.

Abensour, Léon. 1913. *Le Féminisme sous le règne de Louis-Philippe et en 1848*. Paris: Plon-Nourrit.

_____. 1923. *La Femme et le féminisme avant la révolution*. Paris: E. Leroux.

Abrams, Philip. 1968. *The Origins of British Sociology, 1834-1914*. Chicago: Univ. of Chicago Press.

Abray, Jane. 1975. "Feminism in the French Revolution." *American Historical Review* 80, no. 1 (February): 43-62.

Adas, Michael. 1989. *Machines as the Measure of Men: Science, Technology, and the Ideologies of Dominance*. Ithaca, NY: Cornell Univ. Press.

Adler, Laure. 1979. *A l'Aube du féminisme: Les premières journalistes (1830-1850)*. Paris: Payot.

Aelders, Etta Palm, d'. 1791. *Appel aux Françoises sur la régénération des moeurs et nécessité de l'influence des femmes dans un gouvernement libre*. Paris: L'Imprimerie du cercle social.

Ageron, Charles-Robert. 1963. "Jaurès et les socialistes français devant la question algérienne (de 1893 à 1914)." *Le mouvement social*, no. 42 (January-March): 3-29.

Aguet, Jean-Pierre. 1954. *Contribution à l'histoire du mouvement ouvrier français: Les grèves sous la Monarchie de Juillet (1830-1847)*. Geneva: Droz.

Agulhon, Maurice. 1970. *Une ville ouvrière au temps du socialisme utopique: Toulon de 1815 à 1851*. Paris and The Hague: Mouton.

_____. 1973. *1848, ou l'apprentissage de la République, 1848-1852*. Vol. 8 of *Nouvelle histoire de la France contemporaine*. Paris: Éd. du Seuil.

_____. 1979. *La République au village*. Réédition, augmentée d'une Préface. Paris: Éd. du Seuil.

_____. 1998. "1848, l'année du suffrage universel." *Le Monde*, March 1-2, p. 12.

Albistur, Maïté, and Daniel Armogathe. 1977. *Histoire du féminisme français du Moyen Age à nos jours*. Paris: Éd. de Femmes.

Aldcroft, D. H. 1964. "The Entrepreneur and the British Economy, 1870-1913." *Economic History Review*, n.s., 17, no. 1 (August): 113-134.

_____. 1968. "Introduction, British Industry and Foreign Competition, 1875-1914." In *The Development of British Industry and Foreign Competition, 1875-1914*, ed. D. H. Aldcroft, 11-36. London: George Allen & Unwin.

Alexander, Sally. 1984. "Women, Class, and Sexual Differences in the 1830s and 1840s: Some Reflections on the Writing of a Feminist History." *History Workshop Journal*, no. 17 (Spring): 125-149.

Allen, Ann Taylor. 1991. *Feminism and Motherhood in Germany, 1800-1914*. New Brunswick, NJ: Rutgers Univ. Press.

Allen, Judith. 1990. "Contextualising Late Nineteenth Century Feminism: Problems and Comparisons." *Journal of the Canadian Historical Association*, n.s., 1:17-36.

Allen, Robert. 1979. "International Competition in Iron and Steel, 1850-1913." *Journal of Economic History* 39, no. 4 (December): 911-937.

Amin, Samir. 1979. *Classe et nation, dans l'histoire et la crise contemporaine*. Paris: Éd. du Minuit.
_____. 1989. *Eurocentrism*. New York: Monthly Review Press.
Aminzade, Ronald. 1982. "French Strike Development and Class Struggle." *Social Science History* 4, no. 1 (Winter): 57–79.
Anderson, Benedict. 1991. *Imagined Communities: Reflections on the Origin and Spread of Nationalism*. Rev. ed. London: Verso.
Andreucci, Franco. 1971. "Engels, la questione coloniale e la rivoluzione in occidente." *Studi storici* 12, no. 3 (July–September): 437–479.
_____. 1979. "La Questione coloniale e l'imperialismo." In *Il marxismo dell'età della Secondo Internazionale* (vol. 2 of *Storia del Marxismo*), 865–893. Turin: Einaudi.
_____. 1982. "The Diffusion of Marxism in Italy during the Late Nineteenth Century." In *Culture, Ideology, and Politics, Essays for Eric Hobsbawm*, ed. R. Samuel and G. S. Jones, 214–227. London: Routledge & Kegan Paul.
Andrews, John R. 1918. "Nationalisation (1860–1877)." In *History of Labour in the United States*, by J. R. Commons et al., 1–191. New York: Macmillan.
Angenot, Marc. 1993. *L'Utopie collectiviste: Le grand récit socialiste sous la Deuxième Internationale*. Paris: Presses Univ. de France.
Anon. 1869. "The Past and Future of Conservative Policy." *London Quarterly Review* 127, no. 254 (October): 283–295.
Anteghini, Alessandra. 1988. *Socialismo e femminismo nella Francia del XIX secolo, Jenny D'Héricourt*. Genoa: ECIG.
Applewhite, Harriet B., and Darline Gay Levy. 1984. "Women, Democracy, and Revolution in Paris, 1789–1794." In *French Women and the Age of Enlightenment*, ed. Samia I. Spencer, 64–79. Bloomington: Indiana Univ. Press.
_____, eds. 1990. *Women and Politics in the Age of Democratic Revolution*. Ann Arbor: Univ. of Michigan Press.
Armstrong, Sinclair W. 1942. "The Internationalism of the Early Social Democrats of Germany." *American Historical Review* 47, no. 2 (January): 245–258.
Aron, Raymond. 1950. *La Sociologie allemande contemporaine*. 2nd ed. Paris: Presses Univ. de France.
Arrighi, Giovanni. 1994. *The Long Twentieth Century: Money, Power, and the Origins of Our Times*. London: Verso.
Ashley, Percy. 1920. *Modern Tariff History, Germany-United States-France*. 3rd ed. New York: Dutton.
Auclert, Hubertine. 1879. *Égalité sociale et politique de la femme et de l'homme: Discours prononcé au Congrès ouvrier socialiste de Marseille*. Marseille: Imp. Commerciale A. Thomas.
_____. 1976. "Rapport du troisième Congrès ouvrier, Marseille, 20–31 octobre 1879." *Romantisme*, nos. 13–14, 123–129.
_____. 1982. *La Citoyenne: Articles de 1881 à 1891*. Préface et commentaire d'Edith Tareb. Paris: Syros.
Aulard, Alphonse. 1911. *Napoléon Ier et le monopole universitaire*. Paris: Lib. Armand Colin.
Aydelotte, William O. 1962. "The Business Interests of the Gentry in the Parliament of 1841–47." In *The Making of Victorian England*, by G. Kitson Clark, 290–305. London: Methuen.
_____. 1963. "Voting Patterns in British House of Commons in the 1840s." *Comparative Studies in Society and History* 5, no. 2 (January): 134–163.
_____. 1966. "Parties and Issues in Early Victorian England." *Journal of British Studies* 5, no. 2 (May): 95–101.

_____. 1967. "The Conservative and Radical Interpretation of Early Victorian Social Legislation." *Victorian Studies* 11, no. 2 (December): 225–236.

_____. 1972. "The Disintegration of the Conservative Party in the 1840s: A Study in Political Attitudes." In *The Dimensions of Quantitative Research in History*, ed. W. O. Aydelotte et al., 319–346. Princeton, NJ: Princeton Univ. Press.

Babel, Antony. 1934. "Jacques Necker et les origines de l'interventionnisme." In *Mélanges d'économie politique et sociale offerts à M. Edgard Milhaud*, 25–44. Paris: Presses Univ. de France.

Bairoch, Paul. 1962. "Le Mythe de la croissance économique rapide au XIXe siècle." *La Revue de l'Institut de Sociologie* 35, no. 2, 307–331.

_____. 1965. "Niveaux de développement économique de 1810 à 1910." *Annales E.S.C.* 20, no. 6 (November-December): 1091–1117.

_____. 1970. "Commerce extérieur et développement économique, quelques enseignements de l'expérience libre-échangiste en France." *Revue économique* 21, no. 1 (January): 1–23.

_____. 1972. "Free Trade and European Economic Development in the 19th Century." *European Economic Review* 3:211–245.

_____. 1973. "European Foreign Trade in the XIXth Century, The Development of the Value and Volume of Exports (Preliminary Results)." *Journal of European Economic History* 2, no. 1, (Spring): 5–36.

_____. 1974a. *Révolution industrielle et sous-développement*. 4th ed. The Hague: Mouton; Paris: E.P.H.E., VIe Section.

_____. 1974b. "Geographical Structure and Trade Balance of European Foreign Trade from 1800 to 1970." *Journal of European Economic History* 3, no. 3 (Winter) : 557–608.

_____. 1976a. *Commerce extérieur et développement économique de l'Europe au XIXe siècle*. Paris: Mouton.

_____. 1976b. "Reply to Mr. Gunder Frank's Commentary." *Journal of European Economic History* 5, no. 2, (Fall): 473–474.

_____. 1976c. "Europe's Gross National Product, 1800–1975." *Journal of European Economic History* 5, no. 2, (Fall): 273–340.

_____. 1982. "International Industrialization Levels from 1750 to 1980." *Journal of European Economic History* 11, no. 2 (Fall): 269–333.

_____. 1989. "European Trade Policy, 1815–1914." In *The Industrial Economies: The Development of Economic and Social Policies*, ed. P. Mathias and S. Pollard, 1–161. Cambridge Economic History of Europe 8. Cambridge: Cambridge Univ. Press.

_____. 1997. *Victoires et déboires: Histoire économique et sociale du monde du XVIe siècle à nos jours*. Vol. 2, *Collection Folio/Histoire*. Paris: Gallimard.

_____. 1999. *L'Agriculture des pays développés, 1800 à nos jours: Production, productivité, rendements*. Paris: Economica.

Baker, Houston A., Jr. 1987. *Modernism and the Harlem Renaissance*. Chicago: Univ. of Chicago Press.

Baker, Keith Michael. 1964. "The Early History of the Term 'Social Science.' " *Annals of Science* 20, no. 3 (September): 211–226.

_____. 1988. "Souveraineté." In *Dictionnaire critique de la Révolution française*, by F. Furet and M. Ozouf, 888–902. Paris: Flammarion.

Baker, Paula. 1984. "The Domestication of Politics." *American Historical Review* 89, no. 3, (June): 620–647.

Baldwin, Robert E. 1953. "Britain's Foreign Balance and Terms of Trade." *Explorations in Entrepreneurial History* 5, no. 4 (May 15) : 248–252.

Balibar, Étienne, and Immanuel Wallerstein. 1988. *Race, nation, classe, Identités ambigües*. Paris: La

418

Découverte.

Ballot, Charles. 1923. *L'Introduction du machinisme dans l'industrie française*. Lille: O. Marquant.

Balzac, Honoré de. 1897. *The Country Parson and Albert Savaron*. Philadelphia: Gerrie Publishing.

Banks, Olive. 1981. *Faces of Feminism: A Study of Feminism as a Social Movement*. Oxford: Martin Robertson.

Bannerji, Himani. 1995. "Beyond the Ruling Category to What Actually Happens: Notes on James Mill's Historiography in *The History of British India*." In *Knowledge, Experience, and Ruling Relations: Studies in the Social Organization of Knowledge*, ed. M. Campbell and A. Manicom, 49–64. Toronto: Univ. of Toronto Press.

Barbano, Filippo. 1985. "Sociologia e positivismo in Italia, 1850–1910: Un capitolo di sociologia storica." In *Sociologia e scienze sociale in Italia, 1861–1890: Introduzione critiche e repertorio bibliografico*, ed. F. Barbano and G. Sola, 7–73. Milan: Franco Angeli.

Barkan, Elazar. 1992. *The Retreat of Scientific Racism: Changing Concepts of Race in Britain and the United States between the World Wars*. Cambridge: Cambridge Univ. Press.

Barker-Benfield, G. J. 1989. "Mary Wollstonecraft, Eighteenth-Century Commonwealth-woman." *Journal of the History of Ideas 50*, no. 1, (January–March): 95–116.

Barnave, Antoine. 1988 [circa 1792–1793]. *De la Révolution et de la Constitution*. Grenoble: Presses Univ. de Grenoble.

Barret-Ducrocq, Françoise. 1991. *Pauvreté, charité et morale à Londres au XIXe siècle: Une sainte violence*. Paris: Presses Univ. de France.

Barret-Kriegel, Blandine. 1988. *Les historiens et la monarchie*. Vol. 3, *Les Académies et l'histoire*. Paris: Presses Univ. de France.

Barrows, Susanna. 1981. *Distorting Mirrors: Visions of the Crowd in Late Nineteenth-Century France*. New Haven, CT: Yale Univ. Press.

Barry, Kathleen. 1988. *Susan B. Anthony: A Biography of a Singular Feminist*. New York: New York Univ. Press.

Bartier, John. 1948. "1848 en Belgique." In *Le Printemps des peuples: 1848 dans le monde*, ed. F. Fejtö, 1 :355–371. Paris: Éd. du Minuit.

Barzun, Jacques. 1943. *Romanticism and the Modern Ego*. Boston: Little, Brown.

———. 1961. *Classic, Romantic, and Modern*. 2nd rev. ed. Boston: Little, Brown

Basch, Françoise. 1986. "Women's Rights and the Wrongs of Marriage in Mid-Nineteenth Century America." *History Workshop Journal*, no. 22 (Autumn): 18–40.

Baster, Albert. 1934. "The Origins of British Banking Expansion in the Near East." *Economic History Review* 5, no. 1 (October) : 76–86.

Bastid, Paul. 1953. "La Théorie juridique des Chartes." *Revue internationale d'histoire politique et constitutionelle*, n.s., 3, no. 11 (July–September): 163–175.

———. 1970. *Siéyès et sa pensée*. Nouv. éd. revue et augmentée. Paris: Hachette.

Baudis, Dieter, and Helga Nussbaum. 1978. *Wirtschaft und Staat in Deutschland von Ende des 19. Jahrhunderts bis 1918/19*. Vaduz: Topos.

Bauman, Zygmunt. 1986–1987. "The Left as the Counterculture of Modernity." *Telos*, no. 70 (Winter): 81–93.

Bayly, C. A. 1989. *Imperial Meridian: The British Empire and the World, 1780–1830*. London: Longman.

Beales, H. L. 1934. "The 'Great Depression' in Industry and Trade." *Economic History Review* 5, no. 1 (October): 65–75.

Bebel, August. 1988. *Woman in the Past, Present and Future*. London: Zwan.

Bécarud, Jean. 1953. "La Noblesse dans les Chambres (1815-1848)." *Revue internationale d'histoire politique et constitutionelle*, n.s., 3, no. 11 (July-September): 189-205.

Bédarida, François. 1965. "Le Socialisme et la nation: James Connolly et l'Irlande." *Le Mouvement social*, no. 52 (July-September): 3-31.

_____. 1979. "Le Socialisme en Angleterre jusqu'en 1848." In *Des Origines à 1875*, ed. J. Droz, 257-330. Vol. 1 of *Histoire générale du socialisme*. Paris: Presses Univ. de France.

Bederman, Gail. 1995. *Manliness and Civilization: A Cultural History of Gender and Race in the United States, 1880-1917*. Chicago: Univ. of Chicago Press.

Beiser, Frederick C. 1992. *Enlightenment, Revolution, and Romanticism: The Genesis of Modern German Political Thought, 1790-1800*. Cambridge, MA: Harvard Univ. Press.

Belloni, Pier Paolo. 1979. "Lotte di classe, sindicalismo e riformismo a Torino 1898-1910." In *L'età giolittiana, la guerra e il dopoguerra*, ed. A. Agosti and G. M. Bravo, 43-137. Vol. 2 of *Storia del movimento operaio, del socialismo e delle lotte sociale in Piemonte*. Bari: De Donato.

Beloff, Max. 1974. "1848-1948, A Retrospect." In *A Hundred Years of Revolution, 1848 and After*, ed. G. Woodcock, 41-59. New York: Haskell House.

Benaerts, Pierre, et al. 1968. *Nationalité et nationalisme, 1860-1878*. Peuples et civilisations 17. Paris: Presses Univ. de France.

Bendix, Reinhard. 1964. *Nation-Building and Citizenship: Studies of Our Changing Social Order*. New York: Wiley.

Bénéton, Philippe. 1988. *La conservatisme*. Que sais-je?, 2410. Paris: Presses Univ. de France.

Bennett, George, ed. 1953. *The Concept of Empire: Burke to Attlee, 1774-1947*. London: Adam & Charles Black.

Bennett, Jennifer. 1982. "The Democratic Association, 1837-41: A Study in London Radicalism." In The *Chartist Experience: Studies in Working-Class Radicalism and Culture, 1830-1860*, ed. J. Epstein and D. Thompson, 87-119. London: Macmillan.

Benson, Donald R. 1985. "Facts and Constructs: Victorian Humanists and Scientific Theorists on Scientific Knowledge." In *Victorian Science and Victorian Values: Literary Perspectives*, ed. J. Paradis and T. Postlewait, 299-318. New Brunswick, NJ: Rutgers Univ. Press.

Berend, Ivan T. 1996. "Instabilità, crisi economiche, rapporto centro-periferia." In *L'età contemporanea, Secolo XIX-XX*, ed. P. Bairoch and E. J. Hobsbawm, 175-222. Vol. 5 of *Storia d'Europa*. Turin: Einaudi.

Berg, Barbara J. 1978. *The Remembered Gate: Origins of American Feminism: The Woman and the City, 1800-1860*. New York: Oxford Univ. Press.

Berg, Maxime. 1993. "What Difference Did Women's Work Make to the Industrial Revolution?" *History Workshop Journal*, no. 35 (Spring): 22-44.

Bergounioux, Alain, and Bernard Maini. 1979. *La Social-démocratie ou le compromis*. Paris: Presses Univ. de France.

Berlinerblau, Jacques. 1999. *Heresy in the University: The Black Athena Controversy and the Responsibilities of American Intellectuals*. New Brunswick, NJ: Rutgers Univ. Press.

Bernal, J. D. 1953. *Science and Industry in the Nineteenth Century*. London: Routledge & Kegan Paul.

Bernal, Martin. 1987. *The Fabrication of Ancient Greece, 1785-1985*. Vol. 1 of *Black Athena: he Afroasiatic Roots of Classical Civilization*. New Brunswick, NJ: Rutgers Univ. Press.

_____. 1991. *The Archaeological and Documentary Evidence*. Vol. 2 of *Black Athena: The e Afroasiatic Roots of Classical Civilization*. New Brunswick, NJ: Rutgers Univ. Press.

_____. 2006. *The Linguistic Evidence. Vol. 3 of Black Athena: The Afroasiatic Roots of Classical Civilization*. New Brunswick, NJ: Rutgers Univ. Press.

Bernard, L. L., and Jessie Bernard. 1943. *Origins of American Sociology: The Social Science Movement in the United States*. New York: Thomas Y. Crowell.

Bernstein, Samuel. 1948. "Saint-Simon's Philosophy of History." *Science and Society*, 12, no. 1 (Winter): 82-96.

_____. 1952. "The First International and the Great Powers." *Science and Society* 16, no. 3 (Summer): 247-272.

Berry, Christopher J. 1981. "Nations and Norms." *Review of Politics* 43, no. 1 (January): 75-87.

Bertier de Sauvigny, G. de. 1970. "Liberalism, Nationalism and Socialism: The Birth of Three Words." *Review of Politics* 32, no. 2 (April): 147-166.

Besnard, Philippe. 1979. "La Formation de l'équipe de l'Année sociologique." *Revue française de sociologie* 20, no. 1 (January-March): 7-32.

Bessel, Richard. 1990. "Workers, Politics and Power in Modern German History: Some Recent Writing on the German Labour Movement and the German Working Class in the Nineteenth and Twentieth Centuries." *Historical Journal* 33, no. 1: 211-226.

Betley, Jan Andrzej. 1960. *Belgium and Poland in International Relations, 1830-1831*. The Hague: Mouton.

Betts, Raymond F. 1982. "The French Colonial Empire and the French World-View." In *Racism and Colonialism: Essays on Ideology and Social Structure*, ed. R. Ross, 65-77. The Hague: Nijhoff, for Leiden Univ. Press.

Bezucha, Robert J. 1974. *The Lyon Uprising of 1834: Social and Political Conflict in the Early July Monarchy*. Cambridge, MA: Harvard Univ. Press.

Biagini, Eugenio F. 1991. "Popular Liberals, Gladstonian Finance and the Debate on Taxation, 1860-1874." In *Currents of Radicalism, Popular Radicalism, Organised Labour and Party Politics in Britain, 1850-1914*, ed. E. F. Biagini and A. J. Reid, 134-162. Cambridge: Cambridge Univ. Press.

Biagini, Eugenio F., and Alastair J. Reid. 1991. "Currents of Radicalism, 1800-1914." In *Currents of Radicalism: Popular Radicalism, Organised Labour and Party Politics in Britain, 1850-1914*, ed. E. F. Biagini and A. J. Reid, 1-19. Cambridge: Cambridge Univ. Press.

Bidelman, Patrick K. 1982. *Pariahs Stand Up! The Founding of the Liberal Feminist Movement in France, 1858-1889*. Westport, CT: Greenwood Press.

Bigaran, Maria Pia. 1982. "Mutamenti dell'emancipazionismo alla vigilia della grande guerra: I periodici femministe italiani del primo novecento." *Memoria, Rivista di storia delle donne*, no. 4 (June): 125-132.

Billig, Michael. 1982, 1983. "The Origins of Race Psychology." Pts. 1 and 2. *Patterns of Prejudice* 16, no. 3 (July 1982) 3-16; 17, no. 1 (January 1983): 25-31.

Billington, James H. 1980. *Fire in the Minds of Men: Origins of Revolutionary Faith*. New York: Basic Books.

Birnbaum, Pierre. 1976. "La Conception durkheimienne de l'État: L'Apoliticisme des fonctionnaires." *Revue française de sociologie* 17, no. 2 (April-June): 247-258.

Black, Eugene. 1988. *The Social Politics of Anglo-Jewry, 1880-1920*. Oxford: Blackwell.

Black, R. D. Collison. 1953. "The Classical Economists and the Irish Problem." *Oxford Economic Papers*, n.s., 5, no. 1 (March): 26-40.

_____. 1960. *Economic Thought and the Irish Question, 1817-70*. Cambridge: At the University Press.

Blackbourn, David. 1977. "The *Mittelstand* in German Society and Politics, 1871-1914." *Social History*, no. 4 (January): 409-433.

_____. 1984. "The Discreet Charm of the Bourgeoisie: Reappraising German History in the Nineteenth Century." In *The Peculiarities of German History: Bourgeois Society and Politics in Nineteenth-Century Germany*, ed. D. Blackbourn and G. Eley, 157-292. New York: Oxford Univ. Press.

_____. 1986. "The Politics of Demagogy in Imperial Germany." *Past and Present*, no. 113 (November): 152-184.

_____. 1988. "Progress and Party: Liberalism, Catholicism and the State in Imperial Germany." *History Workshop Journal*, no. 26 (Autumn): 57-78.

Blackburn, Robin. 1988. *The Overthrow of Colonial Slavery, 1776-1848*. London: Verso.

Blanc, Louis. 1841-1844. *Révolution française: Histoire des 10 ans, 1830-1840*. 5 vols. (1, 1841; 2, 1842; 3, 1843; 4, 1844; 5, 1844). Paris: Pagnerre.

Blanc, Olivier. 1981. *Olympe de Gouges*. Paris: Syros.

Blanchard, Marcel. 1956. *Le Second Empire*. 2d rev. ed. Paris: Lib. A. Colin.

Blanning, T. C. W. 1989. "The French Revolution and the Modernization of Germany." *Central European History* 22, no. 2, 109-129.

Blocker, Jack S., Jr. 1985. "Separate Paths, Suffragists and the Women's Temperance Crusade." *Signs* 10, no. 3 (Spring): 460-476.

Bloom, Solomon F. 1941. *The World of Nations: A Study of the National Implications in the Work of Karl Marx*. New York: Columbia Univ. Press.

Blue, Gregory. 1999. "Gobineau on China, Race Theory, the 'Yellow Peril,' and the Critique of Modernity." *Journal of World History* 10, no. 1 (Spring): 93-139.

Bock, Hans Manfred. 1976. *Geschichte des linken Radikalismus in Deutschland*. Frankfurt am Main: Suhrkamp.

Böhme, Helmut. 1967. "Big-Business Pressure Groups and Bismarck's Turn to Protectionism, 1873-79." *Historical Journal* 10, no. 2, 218-236.

Bolt, Christine. 2004. *Sisterhood Questioned? Race, Class and the Internationalization in the American and British Women's Movements, c. 1880s-1970s*. London: Routledge & Kegan Paul.

Bonald, Louis de. 1988 [1802]. *Législation primitive considérée par la raison*. Paris: Éd. Jean-Michel Place.

Boon, H. N. 1936. *Rêve et réalité dans l'oeuvre économique et sociale de Napoléon III*. The Hague: Martinus Nijhoff.

Bortolotti, Franca Pieroni. 1978. "Anna Kuliscioff e la questione femminile." In *Anna Kuliscioff e l'età del riformismo: Atti del Convegno di Milano, dicembre 1976*, 104-139. Rome: Mondo Operaio-Ed. Avanti!

Botrel, J.-F., and J. Le Bouil. 1973. "Sur le concept de 'clase media' dans la pensée bourgeoise en Espagne au XIXe siècle." In *La Question de la "bourgeoisie" dans le monde hispanique au XIXe siècle*, 137-151. Bibliothèque de l'École des Hautes Etudes Hispaniques, fasc. 45. Bordeaux: Éd. Bière. [Discussion, 152-160.]

Bouglé, Célestin. 1918. "Le Féminisme saint-simonien." In *Chez les prophètes socialistes*, 57-110. Paris: Félix Alcan.

Bouillon, Jacques. 1956. "Les Démocrates-socialistes aux élections de 1849." *Revue française de sciences politiques*, 6, no. 1 (January-March): 70-95.

Boulle, Pierre H. 1988. "In Defense of Slavery: Eighteenth-Century Opposition to Abolition and the Origins of Racist Ideology of France." In *History from Below: Studies in Popular Protest, and Popular Ideology*, ed. Frederick Krantz, 219-246. London: Basil Blackwell.

Bourgin, Georges. 1913. "La Législation ouvrière du Second Empire. *Revue des études napoléoniennes*, 2e année, IV, (September): 220-236.

_____. 1939. *La guerre de 1870-1871 et la Commune*. Paris: Éd. Nationales.

_____. 1947. "La Crise ouvrière à Paris dans la seconde moitié de 1830." *Revue historique*, 71e année, No. CXCVIII (October-December): 203-214.

_____. 1948. "La Révolution de 1848 en France." In *Le Printemps des peuples: 1848 dans le monde*, ed. F. Fejtö, 1:165-253. Paris: Éd. du Minuit.

Bourguet, Marie-Noëlle. 1976. "Race et histoire : L'Image officielle de la France en 1800." *Annales E.S.C.* 31, no. 4 (July-August): 802-823.

Bouvier, Jean. 1967. *Les Rothschild*. Paris: Le club français du livre.

Bouvier, Jean, François Furet, and Marcel Gillet. 1965. *Le Mouvement du profit en France au XIXe siècle*. Paris and The Hague: Mouton.

Bouvier, Jeanne. 1931. *Les Femmes pendant la Révolution*. Paris: Éd. Eugène Figuière.

Bowler, Peter. 1984. "E. W. MacBride's Lamarckian Eugenics and Its Implications for the Social Construction of Scientific Knowledge." *Annals of Science* 41, no. 3, 245-260.

Bowles, Robert C. 1960. "The Reaction of Charles Fourier to the French Revolution." *French Historical Studies* 1, no. 3 (Spring): 348-356.

Boxer, Marilyn. 1982. " 'First Wave' Feminism in Nineteenth-Century France: Class, Family and Religion." *Women's Studies International Forum* 5, no. 6, 551-559.

Boyle, John W. 1965. "Le Développement du mouvement ouvrier irlandais de 1880 à 1907." *Mouvement social*, no. 52 (July-September): 33-53.

Bramson, Leon. 1974. *The Political Context of Sociology*. Princeton, NJ: Princeton Univ. Press.

Brass, Paul R. 1991. *Ethnicity and Nationalism: Theory and Comparison*. New Delhi: Sage Publ.

Brebner, J. Bartlett. 1930. "Joseph Howe and the Crimean War Enlistment Controversy between Great Britain and the United States." *Canadian Historical Review* 11, no. 4 (December): 300-327.

_____. 1948. "Halévy, Diagnostician of Modern Britain." *Thought* 13:101-113.

Briavoinne, Natalis. 1839. *De l'Industrie en Belgique: Causes de décadence et de prospérité: La Situation actuelle*. Vol. 1. Brussels: Eugène Dubois.

Bridges, Amy. 1986. "Becoming American: The Working Classes in the United States before the Civil War." In *Working Class Formation, Nineteenth-Century Patterns in Western Europe and the United States*, ed. I. Katznelson and A. R. Zolberg, 157-196. Princeton, NJ: Princeton Univ. Press.

Briggs, Asa. 1956. "Middle-Class Consciousness in English Politics, 1780-1846." *Past and Present*, no. 9 (April): 65-74.

_____. 1959. *The Age of Improvement*. London: Longmans, Green.

_____. 1960. "The Language of 'Class' in Early Nineteenth-Century England." In *Essays in Labour History*, ed. A. Briggs and J. Saville, 1:43-73. London: Macmillan.

_____. 1967. *William Cobbett*. London: Oxford Univ. Press.

Bristow, Edward. 1974. "Profit-Sharing, Socialism and Labour Unrest." In *Essays in Anti-Labour History*, ed. K. D. Brown, 262-289. London: Macmillan.

Brock, W. R. 1941. *Lord Liverpool and Liberal Toryism, 1820 to 1827*. Cambridge: At the University Press.

Broder, André. 1976. "Le commerce extérieur: L'échec de la conquête d'une position internationale." In *Histoire économique et sociale de la France*, ed. F. Braudel and E. Labrousse, vol. 3, *L'avènement de l'ère industrielle (1879-années 1880)*, 1:305-346. Paris: Presses Univ. de France.

Bron, Jean. 1968. *Le Droit à l'existence, du début du XIXe siècle à 1884*. Vol. 1 of *Histoire du mouvement ouvrier français*. Paris: Éd. Ouvrières.

_____. 1970. *La Contestation du capitalisme par les travailleurs organisés (1884-1950): Histoire du mouvement ouvrier français*, vol. 2. Paris: Éd. Ouvrières.

Brown, Kenneth D., ed. 1976. *Essays in Anti-Labour History*. London: Macmillan.

Brown, Lucy. 1958. *The Board of Trade and the Free-Trade Movement, 1830-42*. Oxford: Clarendon Press.

Bruhat, Jean. 1952. *Des origines à la révolte des canuts. Vol. 1 of Histoire du mouvement ouvrier français*. Paris: Éd. Sociales.

_____. 1972. "Le socialisme française de 1815 à 1848." In *Des Origines à 1875*, ed. J. Droz, 331-406. Vol. 1 of *Histoire générale du socialisme.*. Paris: Presses Univ. de France.

Bruhat, Jean, J. Dantry, and E. Tersen. 1960. *La Commune de 1871*. Paris: Éd. Sociales.

Brunet, Georges. 1925. *Le Mysticisme social de Saint-Simon*. Paris: Les Presses Françaises.

Brunot, Ferdinand, and Charles Bruneau. 1937. *Précis de grammaire historique de la langue française*. Rev. ed. Paris: Masson.

Bruun, Geoffrey. 1938. *Europe and the French Imperium*. New York: Harpers.

Bryson, Gladys. 1932. "The Emergence of Social Science from Moral Philosophy." *International Journal of Ethics*, 42, no. 3 (April): 302-323.

_____. 1945. *Man and Society: The Scottish Inquiry of the Eighteenth Century*. Princeton, NJ: Princeton Univ. Press.

Buck, Paul. 1965. Introduction to *Social Sciences at Harvard, 1860-1920: The Inculcation of the Open Mind*, ed. P. Buck, 1-17. Cambridge, MA: Harvard Univ. Press.

Bud, Robert, and K. Gerrypenn Roberts. 1984. *Science versus Practice: Chemistry in Victorian Britain*. Manchester, UK: Manchester Univ. Press.

Buechler, Steven M. 1987. "Elizabeth Boynton Harbert and the Women's Suffrage Movement, 1870-1896." *Signs* 13, no. 1 (Autumn): 78-97.

_____. 1990. *Women's Movements in the United States: Women's Suffrage, Equal Rights and Beyond*. New Brunswick, NJ: Rutgers Univ. Press.

Buer, M. C. 1921. "The Trade Depression following the Napoleonic Wars." *Economica* 1, no. 2 (May): 159-179.

Buhle, Mari Jo. 1981. *Women and American Socialism, 1870-1920*. Urbana: Univ. of Illinois Press.

Buhle, Mari Jo, and Paul Buhle, eds. 1978. *The Concise History of Women Suffrage: Selections from the Classical Work of Stanton, Anthony, Gage and Harper*. Urbana: Univ. of Illinois Press.

Bulmer, Martin. 1984. *The Chicago School of Sociology: Institutionalization, Diversity, and the Rise of Sociological Research*. Chicago: Univ. of Chicago Press.

Burdeau, Georges. 1979. Le Libéralisme. Paris: Éd. du Seuil.

Burgess, Keith. 1975. *The Origins of British Industrial Relations: The Nineteenth-Century Experience*. London: Croom Helm.

Burke, Edmund. 1926. *The Works of the Right Honorable Edmund Burke*. London: Oxford Univ. Press.

Burke, Peter. 1988. "Ranke als Gegenrevolutionär." In *Leopold von Ranke und die moderne Geschichtswissenschaft*, ed. W. J. Mommsen, 189-200. Stuttgart: Klett-Cotta.

Burn, Duncan L. 1928. "Canada and the Repeal of the Corn Laws." *Cambridge Historical Journal* 2, no. 3, 252-272.

_____. 1961. *The Economic History of Steelmaking, 1867-1939*. 2nd ed. Cambridge: At the University Press.

Burn, W. L. 1949. "The Age of Equipoise: England, 1848-1868." *Nineteenth Century and After* 146 (July-December): 207-224.

_____. 1964. *The Age of Equipoise: A Study of the Mid-Victorian Generation*. London: George Allen & Unwin.

424

Burnham, T. H., and G. O. Hoskins. 1943. *Iron and Steel in Britain, 1870-1930.* London: George Allen & Unwin.

Burns, Gene. 1990. "The Politics of Ideology: The Papal Struggle with Liberalism." *American Journal of Sociology* 95, no. 5 (March): 1123-1152.

Burton, Antoinette M. 1990. "The White Woman's Burden: British Feminists and the Indian Woman, 1865-1915." *Women's Studies International Forum* 13, no. 4, 295-308.

Burwick, Frederick. 1996. *The Damnation of Newton: Goethe's Color Theory and Romantic Perception.* Berlin: Walter de Gruyter.

Bury, J. P. T. 1948. "La Grande-Bretagne et la Révolution de 1848." In *Le Printemps des peuples: 1848 dans le monde*, ed. F. Fejtö, 1:401-448. Paris: Éd. du Minuit.

Bussemer, Herrad-Ulrike. 1985. *Frauenemanzipation und Bildungsbürgertum: Sozialgeschichte der Frauenbewegung in der Reichsgründungszeit.* Weinheim, Germany: Beltz Verlag.

Butterfield, Herbert. 1931. *The Whig Interpretation of History.* London: G. Bell & Sons.

Cahill, Gilbert A. 1957. "Irish Catholicism and English Toryism." *Review of Politics* 19, no. 1 (January): 62-76.

Cain, P. J. 1980. *Economic Foundations of British Overseas Expansion, 1815-1914.* London: Macmillan.

_____. 1985. "J. A. Hobson: Financial Capitalism and Imperialism in Late Victorian and Edwardian Britain." *Journal of Imperial and Commonwealth History* 13, no. 3 (May): 1-27.

Cain, P. J., and A. G. Hopkins. 1987. "Gentlemanly Capitalism and British Expansion Overseas, II, New Imperialism, 1850-1945." *Economic History Review*, n.s., 40, no. 1 (February): 1-26.

Caine, Barbara. 1978. "John Stuart Mill and the English Women's Movement." *Historical Studies* 18, no. 70 (April): 52-67.

_____. 1982a. "Beatrice Webb and the 'Woman Question.'" *History Workshop Journal*, no. 14 (Autumn): 23-43.

_____. 1982b. "Feminism, Suffrage and the Nineteenth-Century English Women's Movement." *Women's Studies International Forum* 5, no. 6, 537-550.

_____. 1992. *Victorian Feminists.* New York: Oxford Univ. Press.

Cairncross, A. K. 1949. "Internal Migration in Victorian England." *Manchester School of Economic and Social Studies* 17, no. 1, 67-87.

Calhoun, Craig. 1980. "Transition in Social Foundations for Collective Action." *Social Science History* 4, no. 4 (November): 419-456.

_____. 1982. *The Question of Class Struggle: Social Foundations of Popular Radicalism during the Industrial Revolution.* Chicago: Univ. of Chicago Press.

Cameron, Rondo E. 1953. "The *Crédit Mobilier* and the Economic Development of Europe." *Journal of Political Economy* 61, no. 6 (December): 461-488.

_____. 1957a. "Profit, croissance et stagnation en France au XIXe siècle." *Économie appliquée* 10, nos. 2-3 (April-September): 409-444.

_____. 1957b. "French Finance and Italian Unity: The Cavourian Decade." *American Historical Review* 62, no. 3 (April): 552-569.

_____. 1957c. "Le Développement économique de l'Europe du XIXe siècle, Le Rôle de la France." *Annales E.S.C.* 12, no. 2 (April-June): 243-257.

_____. 1958. "Economic Growth and Stagnation in France, 1815-1914." *Journal of Modern History* 30, no. 1 (March): 1-13.

_____. 1961. *France and the Economic Development of Europe, 1800-1914.* Princeton, NJ: Princeton Univ.

Press.

_____. 1989. *A Concise Economic History of the World: From Paleolithic Times to the Present.* New York: Oxford Univ. Press.

Cameron, Rondo E., et al. 1967. *Banking in the Early Stages of Industrialization: A Study in Comparative Economic History.* New York: Oxford Univ. Press.

Cameron, Rondo E., and Charles E. Freedeman. 1983. "French Economic Growth: A Radical Revision." *Social Science History* 7, no. 1 (Winter): 3-30.

Camparini, Aurelia. 1978a. "La Questione femminile come problema de classe." In *Anna Kulischoff e l'età del riformismo: Atti del convegno di Milano, dicembre 1976,* 318-328. Rome: Mondo Operaio-Ed. Avanti!

_____. 1978b. *Questione femminile e Terza Internazionele.* Bari: De Donato.

Campbell, Stuart L. 1978. *The Second Empire Revisited: A Study in French Historiography.* New Brunswick, NJ: Rutgers Univ. Press.

Cantimori, Delio. 1948. "1848 en Italie." In *Le Printemps des peuples: 1848 dans le monde,* ed. F. Fejtö, 1:255-318. Paris: Éd. du Minuit.

Carlisle, Robert B. 1968. "Saint Simonian Radicalism: A Definition and a Direction." *French Historical Studies* 5, no. 4 (Fall): 430-445.

Carlson, Andrew R. 1972. *Anarchism in Germany.* Metuchen, NJ: Scarecrow Press.

Carnot, Sadi. 1875. Preface to *La Révolution de 1848 et ses détracteurs,* by J. S. Mill, v-xxx. Paris: Lib. Germer Baillière.

Caron, François. 1979. *An Economic History of Modern France.* New York: Columbia Univ. Press.

Carrère d'Encausse, Hélène. 1963. "La Révolution de 1905 au Turkestan." *Le Mouvement social* 45 (oct.-December): 86-92.

_____. 1971. "Unité prolétarienne et diversité nationale: Lénine et la théorie de l'autodétermination." *Revue française de science politique* 21, no. 2 (April): 221-255.

Casalini, Maria. 1981. "Femminismo e socialismo in Anna Kuliscioff, 1890-1907." *Italia contemporanea* 33, no. 143 (April-June): 11-43.

Cashdollar, Charles D. 1989. *The Transformation of Theology, 1830-1890: Positivism and Protestant Thought in Britain and America.* Princeton, NJ: Princeton Univ. Press.

Catt, Carrie Chapman, and Nettie Rogers Shuler. 1923. *Woman Suffrage and Politics: The Inner Story of the Suffrage Movement.* New York: Charles Scribner's.

Cecil, Lord Hugh. 1912. *Conservatism.* London: Williams & Northgage.

Cerati, Marie. 1966. *Le Club des citoyennes républicaines révolutionnaires.* Paris: Éd. Sociales.

Césaire, Aimé. 1948. "Introduction, Victor Schoelcher et l'abolition de l'esclavage." In V. Schoelcher, *Esclavage et colonisation,* 1-28. Paris: Presses Univ. de France.

_____. 1981. *Toussaint Louverture: La Révolution française et le problème colonial.* Paris: Présence Africaine.

Chafe, William. 1977. *Women and Equality: Changing Patterns in American Culture.* New York: Oxford Univ. Press.

Chafetz, Janet Saltzman, and Anthony Gary Dworkin. 1986. *Female Revolt: Women's Movements in World and Historical Perspective.* Totowa, NJ: Rowman & Allenheld.

Chandra, Bipan. 1979. *Nationalism and Colonialism in Modern India.* New Delhi: Orient Longman.

Chapelle-Dulière, Jacqueline. 1981. "Le 'Socialisme' de Frédéric Le Play (1806-1882), membre de la Commission du Luxembourg en 1848." *Revue de l'Institut de Sociologie* 4:741-769.

Charlton, Donald Geoffrey. 1959. *Positivist Thought in France during the Second Empire, 1852-1870.* Oxford: Clarendon Press.

Charvet, John. 1982. *Feminism.* London: Dent.

Chauvet, P. 1951. "Le Coup d'état vu par un ouvrier." *1848. Revue des révolutions contemporaines,* no. 189 (December): 148-152.

Checkland, S. G. 1951. "The Advent of Academic Economics in England." *Manchester School of Economic and Social Science,* n.s., 19, no. 5 (January): 43-70.

_____. 1964. *The Rise of Industrial Society in England, 1815-1885.* London: Longmans.

Checkland, S. G, and E. O. A. Checkland 1974. Introduction to *The Poor Law Report of 1834,* ed. S. G. and E. O. A. Checkland, 9-59. Harmondsworth, UK: Penguin.

Chevalier, Louis. 1958. *Classes laborieuses et classes dangereuses à Paris pendant la première moitié du XIXe siècle.* Paris: Plon.

Chlepner, B.-S. 1926. *La banque en Belgique: Étude historique et économique.* Brussels: M. Lamertin.

_____. 1931. "Les Débuts du crédit industriel modern." *Revue de l'Institut de Sociologie* 9, no. 2 (April-June): 293-316.

Church, R. A. 1975. *The Great Victorian Boom, 1850-1873.* London: Macmillan.

Church, Robert L. 1974. "Economists as Experts, 1870-1920." In *The University in Society,* ed. L. Stone, 2:571-609. Princeton, NJ: Princeton Univ. Press.

Clapham, J. H. 1910. "The Last Years of the Navigation Acts." Pts. 1 and 2. *English Historical Review* 25, no. 99 (July): 480-501; no. 100 (October): 687-707.

_____. 1916. "The Spitalfield Acts, 1773-1824." *Economic Journal* 26, no. 104 (December): 459-471.

_____. 1930. *An Economic History of Modern Britain.* Vol. 1, *The Early Railway Age, 1820-1850.* 2nd ed. Cambridge: Cambridge Univ. Press.

_____. 1932. *An Economic History of Modern Britain.* Vol. 2, *Free Trade and Steel, 1820-1850.* Cambridge: Cambridge Univ. Press.

_____. 1944. *The Bank of England.* Vol. 1, 1694-1797. Cambridge: Cambridge Univ. Press.

Clark, Terry N. 1972. "Emile Durkheim and the French University: The Institutionalization of Sociology." In *The Establishment of Empirical Sociology: Studies in Continuity, Discontinuity, and Institutionalization,* ed. A. Oberschall, 152-186. New York: Harper & Row.

_____. 1973. *Prophets and Patrons: The French University and the Emergence of the Social Sciences.* Cambridge, MA: Harvard Univ. Press.

Clemens, Barbel. 1988. *"Menschenrechte haben kein Geschlecht": Zum Politikverständnis der Bürgerlichen Frauenbewegung.* Pfaffenweiler, Germany: Centaurus Verlagsgesellschaft.

Clements, R. V. 1955. "Trade Unions and Emigration, 1840-1880." *Population Studies* 9, no. 2 (November): 167-180.

_____. "British Trade Unions and Popular Political Economy, 1850-1875." *Economic History Review,* n.s., 14, no. 1 (August): 93-104.

Coates, Willson H. 1950. "Benthamism, Laissez-faire, and Collectivism." *Journal of the History of Ideas* 11, no. 3 (June): 357-363.

Coats, A. W. 1960. "The First Two Decades of the American Economic Association." *American Economic Review* 50, no. 4 (September): 555-574.

Coats, A. W., and S. E. Coats. 1970. "The Social Composition of the Royal Economic Society and the Beginnings of the British Economics 'Profession,' 1890-1915." *British Journal of Sociology* 21, no. 1 (March): 73-85.

Cobb, Richard. 1970. *The Police and the People: French Popular Protest, 1789-1820.* Oxford: Clarendon Press.

Cobban, Alfred. 1950. Introduction to *The Debate on the French Revolution,* ed. A. Cobban, 1-32. London: Nicholas Kaye.

_____. 1967. "The 'Middle Class' in France, 1815-1848." *French Historical Studies* 5 (Spring): 41-52.

Cobbe, Frances Power. 1881. *The Duties of Women.* London: Williams & Norgate.

Cohen, Philip N. 1996. "Nationalism and Suffrage: Gender Struggle in Nation-Building America." *Signs* 21, no. 3 (Spring): 717-727.

Cohen, William B. 1980. *The French Encounter with Africans: White Response to Blacks, 1530-1880.* Bloomington: Indiana Univ. Press.

Cole, G. D. H. 1937. "British Trade Unionism in the Third Quarter of the Nineteenth Century." *International Review for Social History* 2:1-22.

_____. 1953. *Socialist Thought: The Forerunners, 1789-1850.* Vol. 1 of *A History of Socialist Thought.* New York: St. Martin's Press.

Cole, Juan. 2008. *Napoleon's Egypt: Invading the Middle East.* New York: Palgrave-Macmillan.

Cole, Stephen. 1972. "Continuity and Institutionalization in Science: A Case Study of Failure." In *The Establishment of Empirical Sociology: Studies in Continuity, Discontinuity, and Institutionalization,* ed. A. Oberschall, 73-129. New York: Harper & Row.

Coleman, Bruce. 1973. *The Idea of the City in Nineteenth-Century Britain.* Boston: Routledge & Kegan Paul.

_____. 1988. *Conservatism and the Conservative Party in Nineteenth-Century Britain.* London: Edward Arnold.

Collini, Stefan. 1978. "Sociology and Idealism in Britain, 1880-1920." *Archives européennes de sociologie* 19, no. 1, 3-50.

_____. 1979. *Liberalism and Sociology: L. T. Hobhouse and Political Argument in England, 1880-1914.* Cambridge: Cambridge Univ. Press.

Collini, Stefan, Donald Winch, and John Burrow, eds. 1983. *That Noble Science of Politics.* Cambridge: Cambridge Univ. Press.

Collins, Henry. 1964. "The International and the British Labour Movement." *Society for the Study of Labour History Bulletin,* no. 9 (Autumn): 24-39.

Collins, Irene, ed. 1970. *Government and Society in France, 1814-1848.* London: Edward Arnold.

Cominos, Peter T. 1963. "Late-Victorian Sexual Respectability and the Social System." *International Review of Social History* 8:18-48, 216-250.

Commons, John R. 1918. Introduction to *History of Labour in the United States,* ed. J. R. Commons et al., 13-21. New York: Macmillan.

_____. 1935. "Introduction to Volumes III & IV." In *History of Labour in the United States,* ed. J. R. Commons et al., 3:ix-xxx. New York: Macmillan.

Condliffe, J. B. 1951. *The Commerce of Nations.* London: George Allen & Unwin.

Condorcet, Jean-Antoine Nicolas de Capitat Marquis de. 1778. *Réflexions d'un citoyen catholique sur les lois de France relatives aux protestants.* N.p., n.d.

_____. 1788. *Réflexions sur l'esclavage des nègres.* Rev. and corrected ed. Neuchâtel, Switzerland.

Conze, Werner, and Dieter Groh. 1966. *Die Arbeiterbewegung in der nationalen Bewegung: Die deutsche Sozialdemokratie vor, während und nach der Reichsgründung.* Stuttgart: Ernst Klett Verlag.

_____. 1971. "Working-Class Movement and National Movement in Germany between 1830 and 1871." In *Mouvements nationaux et indépendance et classes populaires aux XIXe et XXe siècles en Occident et en*

Orient, by Comité International des Sciences Historiques and Commission Internationale d'Histoire des Mouvement Sociaux et des Structures Sociales, ed. E. Labrousse, 1:134-174. Paris: Lib. Armand Colin.

Cookson, J. E. 1975. *Lord Liverpool's Administration: The Crucial Years, 1815-1822*. Edinburgh: Scottish Academic Press.

Coole, Diana H. 1993. *Women in Political Theory: From Ancient Mysogyny to Contemporary Feminism*. 2nd ed. Hertfordshire, UK: Harvester Wheatsheaf.

Coornaert, Emile. 1950. "La pensée ouvrière et la conscience de classe en France de 1830 à 1848." In *Studi in Onore de Gino Luzzatto*, 3:12-33. Milan: Dott. A. Giuffrè-Ed.

Copans, J., and J. Jaurin, eds. 1994. *Aux origines de l'anthropologie française: Les Mémoires de la Société des Observateurs de l'Homme en l'an VIII*. Paris: Jean Michel Place.

Coppock, D. J. 1964. "British Industrial Growth during the Great Depression (1873-96): A Pessimist's View." *Economic History Review*, n.s., 17, no. 2 (December): 389-396.

Cordillot, Michel. 1990. *La Naissance du mouvement ouvrier à Besançon: La Première Internationale, 1869-1872*. Rev. ed. Annales Littéraires de l'Université de Besançon, Cahiers D'Etudes Comtoises, no. 45. Paris: Les Belles-Lettres.

Corry, B. A. 1958. "The Theory of the Economic Effects of Government Expenditure in English Classical Economy." *Economica*, n.s., 25, no. 97 (February): 34-48.

Coser, Lewis. 1960. "Durkheim's Conservatism and Its Implications for His Sociological Theory." In *Emile Durkheim, 1858-1917*, ed. K. H. Wolff, 211-232. Columbus: Ohio State Univ. Press.

Cosslett, Tess. 1982. *The "Scientific Movement" and Victorian Literature*. New York: St. Martin's Press.

Cottereau, Alain. 1980. "Vie quotidienne et résistance ouvrière à Paris en 1870." Étude préalable to *Le Sublime*, by Denis Poulet. Paris: François Maspéro.

_____. 1986. "The Distinctiveness of Working-Class Cultures in France, 1848-1900." In *Working-Class Formation: Nineteenth-Century Patters in Western Europe and the United States*, ed. I. Katznelson and A. Zolberg, 111-154. Princeton, NJ: Princeton Univ. Press.

Coudert, Alison.1989. "The Myth of the Improved Status of Protestant Women: The Case of the Witchcraze." In *The Politics of Gender in Early Modern Europe*, ed. J. R. Brink et al., 61-90. Sixteenth Century Essays & Studies 12. Kirksville, MO: Sixteenth Century Journal Publ.

Coussy, Jean. 1961. "La Politique commerciale du Second Empire et la continuité de l'évolution structurelle française." *Cahiers de l'Institut de Science Economique Appliquée*, no. 120 [série P, no. 6] (December): 1-47.

Craeybeckx, Jan. 1968. "Les débuts de la révolution industrielle en Belgique et les statistiques de la fin de l'Empire." In *Mélanges offerts à G. Jacquemyns*, 115-144. Brussels: Université Libre de Bruxelles, Ed. de l'Institut de Sociologie.

Crafts, N. F. R. 1984. "Economic Growth in France and Britain, 1830-1910: A Review of the Evidence." *Journal of Economic History* 44, no. 1 (March): 49-67.

Crick, Bernard R. 1955. "The Strange Quest for An American Conservatism." *Review of Politics* 17, no. 3 (July): 359-376.

_____. 1964. *The American Science of Politics: Its Origins and Conditions*. 3rd printing. Berkeley: Univ. of California Press.

Croce, Benedetto. 1934. *History of Europe in the Nineteenth Century*. London: George Allen & Unwin.

Cronin, James E. 1983. "Politics, Class Structure, and the Enduring Weakness of British Social Democracy." *Journal of Social History* 16, no. 3 (Spring): 123-142.

Cross, Máire, and Tim Gray. 1992. *The Feminism of Flora Tristan*. Oxford: Berg.

Crouch, R. L. 1967. "Laissez-faire in Nineteenth-Century Britain: Myth or Reality?" *Manchester School of Economic and Social Studies 35*, no. 3 (September): 199-213.

Crouzet, François. 1964. "Wars, Blockade, and Economic Change in Europe, 1792-1815." *Journal of Economic History* 24, no. 4: 567-590.

_____. 1967. "Agriculture et révolution industrielle: Quelques réflexions." *Cahiers d'histoire* 12, nos. 1-2, 67-85.

_____. 1970. "Essai de construction d'un indice annuel de la production industrielle française au XIXe siècle." *Annales E.S.C.* 25, no. 1 (January-February): 56-99.

_____. 1972a. "Encore la croissance économique française au XIXe siècle." *Revue du nord* 54, no. 214 (July-September): 271-288.

_____. 1972b. "Western Europe and Great Britain: Catching Up in the First Half of the Nineteenth Century." In *Economic Development in the Long Run*, ed. A. J. Youngson, 98-125. London: George Allen & Unwin.

_____. 1975. "Trade and Empire: The British Experience from the Establishment of Free Trade until the First World War." In *Great Britain and Her World, 1750-1914*, ed. B. M. Ratcliffe, 209-235. Manchester, UK: Manchester Univ. Press.

_____. 1978. *L'économie de la Grande-Bretagne victorienne*. Paris: S.E.D.E.S.

_____. 1985. *De la supériorité de l'Angleterre sur la France: L'économique et l'imaginaire, XVIIe-XXe siècle*. Paris: Lib. Académique Perrin.

Cruz Seoane, María. 1968. *El Primer lenguaje constitucional español (Las Cortes de Cádiz)*. Madrid: Ed. Moneda y Crédito.

Cullen, L. M. 1980. "The Cultural Basis of Modern Irish Nationalism." In *The Roots of Nationalism, Studies in Northern Europe*, ed. R. Mitchison, 91-106. Edinburgh: John Donald.

Cullen, Michael J. 1975. *The Statistical Movement in Early Victorian Britain: The Foundations of Empirical Social Research*. Hassocks, Sussex, UK: Harvester Press.

Cunningham, Andrew, and Nicholas Jardine. 1990. "Introduction: The Age of Reflexion." In *Romanticism and the Sciences*, ed. A. Cunningham and N. Jardine, 1-9. Cambridge: Cambridge Univ. Press.

Cunningham, Hugh. 1981. "The Language of Patriotism, 1750-1914." *History Workshop Journal* 12 (Autumn): 8-33.

Cunningham, William. 1892. "The Perversion of Economic History." *Economic Journal* 2, no. 3 (September): 491-508.

_____. 1907. *The Growth of English Industry and Commerce in Modern Times: The Mercantile System*. 4th ed. London: Cambridge Univ. Press.

_____. 1908. *The Industrial Revolution; Being the Parts Entitled Parliamentary Colbertism and Laissez Faire, Reprinted from "The Growth of English Industry and Commerce in Modern Times," by W. Cunningham*. Cambridge: Cambridge Univ. Press.

Currie, R., and R. M. Hartwell. 1965. "The Making of the English Working Class?" *Economic History Review*, n.s., 18, no. 3, 633-643.

Curtin, Philip. 1990. "The Environment beyond Europe and the European Theory of Empire." *Journal of World History* 1, no. 2 (Fall): 131-150.

Daget, Serge. 1973. "Le Mot esclave, nègre, Noir et les jugements de valeur sur la traite négrière dans la littérature abolitionniste française de 1770 à 1845." *Revue française d'histoire d'Outre-Mer* LX, 4, no. 221, 511-548.

Dahrendorf, Ralf. 1987. "Max Weber and Modern Social Science." In *Max Weber and His Contemporaries*, ed. W. J. Mommsen and J. Osterhammel, 574-581. London: Unwin Hyman.

_____. 1995. *LSE: A History of the London School of Economics and Political Science, 1895-1995*. Oxford: Oxford Univ. Press.

Dale, Peter Allan. 1989. *In Pursuit of a Scientific Culture: Science, Art and Society in the Victorian Age*. Madison: Univ. of Wisconsin Press.

Darvall, Frank O. 1934. *Popular Disturbance and Public Order in Regency England*. London: Oxford Univ. Press.

Daston, Lorraine. 1988. *Classical Probability in the Enlightenment*. Princeton, NJ: Princeton Univ. Press.

Daumard, Adeline. 1963. *La Bourgeoisie parisienne de 1815 à 1848*. Paris: S.E.V.P.E.N.

_____. 1976. "L'Etat libéral et le libéralisme économique." In *Histoire économique et sociale de la France*, vol. 3, pt. 1 (MSP 419), ed. F. Braudel and E. Labrousse. Paris: Presses Univ. de France.

Davies, Emily. 1988. *The Higher Education of Women*. London: Hambledon.

Davis, David Brion. 1966. *The Problem of Slavery in Western Culture*. Ithaca, NY: Cornell Univ. Press.

_____. 1984. *Slavery and Human Progress*. New York: Oxford Univ. Press.

Davis, Horace B. 1941. "The Theory of Union Growth." *Quarterly Journal of Economics* 55 (August): 611-637.

Davis, John A., ed. 1979. *Gramsci and Italy's Passive Revolution*. London: Croom Helm.

_____. 1989. "Industrialization in Britain and Europe before 1850." In *The First Industrial Revolutions*, ed. P. Mathias and J. A. Davis, 44-68. Oxford: Basil Blackwell.

Davis, Mary. 1993. *Comrade or Brother? A History of the British Labour Movement, 1789-1951*. London: Pluto Press.

Davis, T. W. Rhys. 1903-1904. "Oriental Studies in England and Abroad." *Proceedings of the British Academy*, 183-197.

Deacon, Desley. 1985. "Political Arithmetic: The Nineteenth-Century Australian Census and the Construction of the Dependent Woman." *Signs* 11, no. 1 (Autumn): 27-47.

Deane, Phyllis, and W. A. Cole. 1967. *British Economic Growth, 1688-1959: Trends and Structures*. 2nd ed. London: Cambridge Univ. Press.

Debs, Eugene V. 1903. "The Negro in the Class Struggle." *International Socialist Review* 4, no. 5 (November): 257-260.

DeCaux, Charles. 1835. "L'Université catholique. Premier semestre. Programme des Cours, Faculté des Sciences Sociales, Cours d'économie politique." *L'Université Catholique* 1 (July): 53-54.

Decharneux, Baudouin. 2000. "Introduction philosophique: Les Indo-Européens, de l'étude aux fantasmes." In *Modèles linguistiques et idéologies, 'Indo-Européen'*, ed. S. Vanséveren, 13-29. Brussels: Éd. Ousia.

Degler, Carl N. 1956. "Charlotte Perkins Gilman on the Theory and Practice of Feminism." *American Quarterly* 8, no. 1 (Spring): 21-39.

DeGroat, Judith A. 1997. "The Public Nature of Women's Work: Definitions and Debates during the Revolution of 1848." *French Historical Studies* 20, no. 1 (Winter): 31-48.

Dehio, Ludwig. 1962. *The Precarious Balance: Four Centuries of the European Power Struggle*. New York: Vintage Books.

Delacampagne, Christian. 1983. *L'Invention du racisme, Antiquité et Moyen Age*. Paris: Fayard.

Delaisi, Francis. 1905. *La Force allemande*. Paris: Pages libres.

Demangeon, Albert, and Lucien Febvre. 1935. *Le Rhin: Problèmes d'histoire et d'économie*. Paris: Lib. Armand Colin.

DeMarchi, N. B. 1976. "On the Early Dangers of Being Too Political an Economist: Thorold Rogers and the 1868 Election to the Drummond Professorship." *Oxford Economic Papers*, n.s., 28, no. 3 (November): 364-380.

Démier, Francis. 1992. "Nation, marché et développement dans la France de la Restauration." *Bulletin du Centre d'Histoire de La France Contemporaine*, no. 13, 95-103.

Demoulin, Robert. 1938. *Guillaume 1er et la transformation économique des provinces belges*. Bibliothèque de la Faculté de Philosophie et Lettres de l'Université de Liège 80. Paris: Lib. E. Droz.

_____. 1950. *La Révolution de 1830*. Brussels: La Renaissance du Livre.

_____. 1960. "L'Influence française sur la naissance de l'Etat belge." *Revue historique*, 84e année, CCXXIII, 1 (January-March) : 13-28.

Derainne, Pierre-Jacques. 1993. "Naissance d'un protectionnisme national ouvrier au milieu du XIXe siècle." In *Prolétaires de tous les pays, unissez-vous? Les difficiles chemins de l'internationalisme, 1848-1956*, ed. S. Wolikow and M. Cordillot, 27-34. Dijon: EUD.

Desanto, Dominique. 1980. *Flora Tristan: La femme révoltée*. New ed. Paris: Hachette.

Deschamps, Henry-Thierry. 1956. *La Belgique devant la France de Juillet: L'Opinion et l'attitude françaises de 1839 à 1848*. Paris: Société d'Edition 'Les Belles Lettres.'

Descoings, Richard. 2007. *Sciences Po: De La Courneuve à Shanghai*. Paris: Presses de Sciences Po.

_____. 2008. ". . . et assumer la complexité." 8 December. http://www.richard-descoings.net/2009/10/04/et-assumer-la-complexite (accessed August 18, 2010).

Dessal, M. 1949. "Les incidents franco-belges en 1848." In *Actes du Congrès historique du Centenaire de la Révolution de 1848*, 107-113. Paris: Presses Univ. de France.

Devance, Louis. 1976. "Femme, famille, travail et monde sexuelle dans l'idéologie de 1848." *Romantisme*, nos. 13-14, 79-103.

Devleeshouwer, Robert. 1970. "Le Consultât et l'Empire: Période de 'take-off' pour l'économie belge?" *Revue d'histoire moderne et contemporaine* 17:610-619.

Devreese, Daisy Eveline. 1989. "L'Association Internationales des Travailleurs, Bilan de l'historiographie et perspectives de recherché." *Cahiers d'histoire de L'IRM*, no. 37, 9-32.

Devulder, Catherine. 1987. "Histoire allemande et totalité, Leopold von Ranke, Johann Gustav Droysen, Karl Lamprecht." *Revue de synthèse*, 4th ser., 108, no. 2 (April-June): 177-197.

Dhondt, Jean. 1949. "La Belgique en 1848." In *Actes du Congrès historique du Centenaire de la Révolution de 1848*, 115-131. Paris: Presses Univ. de France.

_____. 1955. "L'Industrie cotonnière gantoise à l'époque française." *Revue d'histoire moderne et contemporaine* 2 (October-December): 233-279.

_____. 1969. "The Cotton Industry at Ghent during the French Régime." In *Essays in European Economic History, 1789-1914*, ed. François Crouzet et al., 15-52. London: Edward Arnold.

Dhondt, Jean, and Marinette Bruwier. 1973. "The Industrial Revolution in the Low Countries, 1700-1914." In *The Emergence of Industrial Societies*, ed. C. Cipolla, 1:329-366. The Fontana Economic History of Europe 4. London: Collins.

Dibble, Vernon. 1976. " 'Review Essay' of Herman and Julia R. Schwendinger's *Sociologists of the Chair: A Radical Analysis of the Formative Years of North American Sociology.*" *History and Theory* 15, no. 3, 293-321.

Dicey, Alfred Venn. 1914 [1965]. *Lectures on the Relation between Law and Public Opinion in England, during the Nineteenth Century*. 2nd ed. London: Macmillan.

Dijkstra, Sandra. 1992. *Flora Tristan: Feminism in the Age of George Sand*. London: Pluto Press.

Djordjević, Dimitrije, and Stephen Fisher-Galati. 1981. *The Balkan Revolutionary Tradition*. New York:

Columbia Univ. Press.

Dolléans, Édouard. 1947. *Histoire du mouvement ouvrier*. 2 vols. Paris: Colin.

Dominick, Raymond H. III. 1982. *Wilhelm Liebknecht and the Founding of the German Social Democratic Party*. Chapel Hill : Univ. of North Carolina Press.

Donzelot, Jacques. 1977. *La Police des familles*. Paris: Éd. du Minuit.

_____. 1984. *L'Invention du social: Essai sur le déclin des passions politiques*. Paris: Fayard.

Dorfman, Joseph. 1955a. "The Department of Economics." In *A History of the Faculty of Political Science*, by R. G. Hoxie et al., 161–206. New York: Columbia Univ. Press.

_____. 1955b. "The Role of the German Historical School in American Economic Growth." *American Economic Review, Papers and Proceedings*, 45, no. 2 (May): 17–28. [Discussion, 29–39.]

Dorpalen, Andrew. 1969. "The German Struggle against Napoleon: The East German View." *Journal of Modern History* 41, no. 4 (December): 485–516.

Drachkovitch, Milorad. 1953. *Les Socialismes français et allemand et le problème de la guerre, 1870–1914*. Geneva: Droz.

Drescher, Seymour. 1981. "Art Whip and Billy Roller; Or Anti-slavery and Reform Symbolism in Industrializing Britain." *Journal of Social History* 15, no. 1 (Fall): 3–24.

Dreyer, F. A. 1965. "The Whigs and the Political Crisis of 1848." *English Historical Review* 80, no. 316 (July): 514–537.

Droit, Roger-Pol. 2000. "L'Orient comme paradis ou comme enfer: Science des religions et mythes philosophiques à l'époque contemporaine." In *Sciences, mythes et religions en Europe, Royaumont, 14–15 octobre 1997*, ed. D. Lecourt, 97–103. Luxembourg: European Communities.

Droixhe, Daniel, and Klaus Keifer, eds. 1987. *Images de l'africain de l'Antiquité au XXe siècle*. Frankfurt am Main: Verlag Peter Lang.

Droz, Jacques. 1963. "L'Origine de la loi des trois classes en Prusse." In *Réaction et suffrage universel en France et en Allemagne (1848–1850)*, ed. J. Droz, 1–45. Bibliothèque de la Révolution de 1848 22. Paris: Lib. Marcel Rivière.

_____. 1967. *Europe between Revolutions, 1815–1848: The Fontana History of Europe*. London: Collins.

_____. 1971. "Cisleithanie, Les Masses laborieuses et le problème national." In *Mouvements nationaux d'indépendance et classes populaires aux XIXe et XXe siècles en Occident et en Orient*, by Comité International des Sciences Historiques and Commission Internationale d'Histoire des Mouvement Sociaux et des Structures Sociales, ed. E. Labrousse, 1:74–92. Paris: Lib. Armand Colin.

_____. 1977a. Introduction to *Des origines à 1875*, ed. J. Droz, 9–24. Vol. 1 of *Histoire Générale du Socialisme*. Paris: Presses Univ. de France.

_____. 1977b. "Le Socialisme allemand du *Vormärz*." In *Des Origines à 1875*, ed. J. Droz, 407–456. Vol. 1 of *Histoire Générale du Socialisme*. Paris: Presses Univ. de France.

Dubofsky, Melvyn. 1974. "Socialism and Syndicalism." In *Failure of a Dream? Essays in the History of American Socialism*, ed. J. Laslett and S. M. Lipset, 252–285. Garden City, NY: Anchor.

DuBois, Ellen Carol. 1978. *Feminism and Suffrage: The Emergence of an Independent Women's Movement in America, 1848–1869*. Ithaca, NY: Cornell Univ. Press.

Duchet, Michèle. 1975. *Anthropologie et histoire au siècle des Lumières*. Paris: Albin Michel.

Duffy, A. E. P. 1961. "New Unionism in Britain, 1889–1890: A Reappraisal." *Economic History Review*, n.s., 14, no. 2 (December): 306–319.

Duhet, Paule-Marie. 1971. *Les Femmes et la Révolution, 1789–1794*. Paris: Julliard.

_____, ed. 1989. 1789, *Cahiers de doléances des femmes et autres textes*. Nouv. éd. augm. Paris: Des Femmes.

Dunbabin, J. D. D. 1963. "The 'Revolt of the Field': The Agricultural Labourers' Movement in the 1870s." *Past and Present*, no. 26 (November): 68-97.

Dunham, Arthur Louis. 1930. *The Anglo-French Treaty of Commerce 1861 and the Progress of the Industrial Revolution in France*. Ann Arbor: Univ. of Michigan Press.

Dupuis, Charles. 1909. *Le Principe d'équilibre et le concert européen, de la Paix de Westphalie à l'Acte d'Algéciras*. Paris: Perrin.

Durkheim, Emile. 1925. "Saint-Simon, fondateur du positivisme et de la sociologie." *Revue philosophique de la France et de l'étranger*, 50e année, XCIX, nos. 5-6 (May-June): 321-341.

Duroselle, Jean-Baptiste. 1951. *Les Débuts du catholicisme social en France (1822-1870)*. Paris: Presses Univ. de France.

Duverger, Maurice. 1967. *La Démocratie sans le peuple*. Paris: Éd. du Seuil.

Echard, William E. 1983. *Napoleon III and the Concert of Europe*. Baton Rouge: Louisiana State Univ. Press.

Eichtal, Eugène d'. 1903. "Carlyle et le Saint-Simonisme: Lettres à Gustave d'Eichtal." *Revue historique*, 28e année, LXXXII, 2 (July-August): 292-306.

Einaudi, Mario. 1938. "Le Prime ferrovie piemontesi ed il conte di Cavour." *Rivista di storia economica* 3:1-38.

Eisenstein, Elizabeth L. 1959. *The First Professional Revolutionist, Filippo Michele Buonarroti (1761-1837)*. Cambridge, MA: Harvard Univ. Press.

Eisenstein, Zillah R. 1981. *The Radical Future of Liberal Feminism*. Boston: Northeastern Univ. Press.

Elbaum, B., and W. Lazowick. 1984. "The Decline of the British Economy: An Institutional Perspective." *Journal of Economic History* 44, no. 2 (June): 567-583.

Elesh, David. 1972. "The Manchester Statistical Society: A Case Study of Discontinuity in the History of Empirical Social Research." In *The Establishment of Empirical Sociology, Studies in Continuity, Discontinuity, and Institutionalization*, ed. A. Oberschall, 31-72. New York: Harper & Row.

Eley, Geoff. 1976." Social Imperialism in Germany: Reformist Synthesis or Reactionary Sleight of Hand?." In *Imperialismus im 20. Jahrhundert: Gedenkschrift für George W. F. Hallgarten*, ed. J. Radkau and I. Geiss, 71-86. Munich: C. H. Beck.

_____. 1980. *Reshaping the German Right: Radical Nationalism and Political Change after Bismarck*. New Haven, CT: Yale Univ. Press.

_____. 1984. "The British Model and the German Road: Rethinking the Course of German History Before 1914." In . *The Peculiarities of German History: Bourgeois Society and Politics in Nineteenth Century Germany*, ed. D. Blackbourn and G. Eley, 37-155. New York: Oxford Univ. Press.

_____. 1996. *From Unification to Nazism: Reinterpreting the German Past*. Boston: Unwin and Hyman.

Ellis, John. 1974a. "Patterns of Political Violence during the Second Republic, 1845-51." In *Revolt to Revolution: Studies in the 19th and 20th Century European Experience*, ed. M. Elliott Bateman et al., 59-112. Manchester, UK: Manchester Univ. Press.

_____. 1974b. "Revolutionary Trends in Europe, A Historical Introduction." In *Revolt to Revolution: Studies in the 19th and 20th Century European Experience*, ed. M. Elliott Bateman et al., 31-57. Manchester, UK: Manchester Univ. Press.

Elshtain, Jean Bethke. 1981. *Public Man, Private Woman: Women in Social and Political Thought*. Princeton, NJ: Princeton Univ. Press.

Elton, Godfrey Lord. 1923. *The Revolutionary Idea in France (1789-1871)*. London: Edward Arnold.

Elvin, Mark. 1986. "A Working Definition of 'Modernity'?" *Past and Present*, no. 113 (November): 209-213.

Elwitt, Sanford. 1975. *The Making of the Third Republic: Class and Politics in France, 1868-1884*. Baton Rouge: Louisiana State Univ. Press.

_____. 1988. "Debate, Social Science, Social Reform and Sociology." *Past and Present*, no. 121 (November): 209-214.

Ely, Richard T. 1890. The Labor Movement in America. Rev. ed. New York: T. Y. Crowell.

_____. 1910. "The American Economic Association, 1885-1909." *American Economic Association Quarterly*, 3rd ser., 11, no. 1, 47-92.

Emerit, Marcel. 1941. *Les Saint-simoniens en Algérie*. Paris: Les Belles-Lettres.

_____. 1943. "Les Saint-simoniens au Maroc." *Bulletin de l'Enseignement Public du Maroc*, 30e année, no. 176 (April-June).

_____, ed. 1949. *La Révolution de 1848 en Algérie*. Paris: Larose.

Emy, Hugh Vincent. 1973. *Liberals, Radicals and Social Politics, 1892-1914*. Cambridge: At the University Press.

Endres, Robert. 1948. "1848 en Autriche." In *Le Printemps des peuples: 1848 dans le monde*, ed. F. Fejtö, 2:65-122. Paris: Éd. du Minuit.

Engel, Arthur. 1974. "Emerging Concepts of the Academic Profession at Oxford: 1800-1854." In *The University in Society*, ed. L. Stone, 1:305-351. Princeton, NJ: Princeton Univ. Press.

Erickson, Charlotte. 1949. "The Encouragement of Emigration by British Trade Unions, 1850-1900." *Population Studies* 3, no. 3 (December): 248-273.

Evans, David Owen. 1951. *Social Romanticism in France, 1830-1848*. Oxford: Clarendon Press.

Evans, Eric J., ed. 1978. *Social Policy, 1830-1914: Individualism, Collectivism and the Origins of the Welfare State*. London: Routledge & Kegan Paul.

_____. 1983. *The Forging of the Modern State: Early Industrial Britain, 1783-1870*. London: Longman.

Evans, Richard J. 1976. *The Feminist Movement in Germany, 1894-1933*. London and Beverly Hills: Sage Publications.

_____. 1977. *The Feminists: Women's Emancipation Movements in Europe, America and Australasia, 1840-1920*. London: Croom Helm.

_____. 1986. "The Concept of Feminism: Notes for Practicing Historians." In *German Women in the Eighteenth and Nineteenth Centuries: A Social and Literary History*, ed. R.-E. B. Joeres and J. M. Maynes, 247-268. Bloomington: Indiana Univ. Press.

_____. 1987. *Comrades and Sisters: Feminism, Socialism, and Pacifism in Europe, 1870-1945*. Brighton, Sussex, UK: Wheatsheaf Books.

Fairlie, Susan. 1965. "The Nineteenth-Century Corn Law Reconsidered." *Economic History Review*, n.s., 18, no. 3 (December): 562-575.

_____. 1969. "The Corn Laws and British Wheat Production, 1829-76." *Economic History Review*, n.s., 22, no. 1 (April): 88-116.

Faivre, Jean-Paul. 1954. *L'Expansion française dans le Pacifique, de 1800 à 1842*. Paris: Nouvelles Éd. Latines.

Fakkar, Rouchdi. 1968. *Sociologie, socialisme et internationalisme prémarxistes: Contribution à l'étude de l'influence internationale de Saint-Simon et de ses disciples. (Bilan en Europe et portée extraeuropéenne)*. Neuchâtel, Switzerland: Delachaux & Niestlé.

Farnie, D. A. 1979. *The English Cotton Industry and the World Market, 1815-1896*. Oxford: Clarendon Press.

Farr, James. 1988. "The History of Political Science." *American Journal of Political Science* 32, no. 4

(November): 1175-1195.

Faure, Alain, and Jacques Rancière. 1976. *La Parole ouvrière, textes rassemblées et présentées, 1830/1851.* Paris: UGE.

Fauré, Christine. 1991. *Democracy without Women: Feminism and the Rise of Liberal Individualism in France.* Bloomington: Indiana Univ. Press.

Favre, Pierre. 1981. "Les Sciences d'Etat entre déterminisme et libéralisme: Emile Boutmy et la création de l'Ecole libre de sciences politiques." *Revue française de sociologie* 22, no. 3 (July-September): 429-468.

Fay, C. R. 1920. *Life and Labour in the Nineteenth Century.* Cambridge: At the University Press.

_____. 1926. "Price Control and the Corn Averages under the Corn Laws." *Economic Journal (Economic History)* 1, no. 1 (January): 149-154.

_____. 1932. *The Corn Laws and Social England.* Cambridge: At the University Press.

Fay, Victor. 1981. Remarks in *Jaurès et la classe ouvrière*, 187-188. Collection mouvement social. Paris: Ed. Ouvrières.

Feavearyear, A. E. 1931. *The Pound Sterling: A History of English Money.* London: Oxford Univ. Press.

Fehér, Ferenc. 1987. *The Frozen Revolution: An Essay on Jacobinism.* Cambridge: Cambridge Univ. Press.

Feis, Herbert. 1930. *Europe, the World's Banker, 1870-1914.* New Haven, CT: Yale Univ. Press.

Fejtö, François. 1948a. "Introduction: L'Europe à la veille de la Révolution." In *Le Printemps des peuples: 1848 dans le monde*, ed. F. Fejtö, 1:25-125. Paris: Éd. du Minuit.

_____. 1948b. "La Guerre de l'indépendance hongroise." In *Le Printemps des peuples: 1848 dans le monde*, ed. F. Fejtö, 2:123-204. Paris: Éd. du Minuit.

_____. 1948c. "Conclusion." In *Le Printemps des peuples: 1848 dans le monde*, ed. F. Fejtö, 2:435-466. Paris: Éd. du Minuit.

_____. 1948d. "Le Sens de la Révolution de 1848 en Hongrie et an Autriche." *Revue socialiste*, n.s., nos. 17-18 (January-February): 107-116.

_____. 1949. "Paris des années 40, capitale de la Révolution." In *Actes du Congrès historique du Centenaire de la Révolution de 1848*, 357-369. Paris: Presses Univ. de France.

Feldman, Gerald D. 1986. "German Economic History." *Central European History* 19, no. 2 (June): 174-185.

Feray, E. 1881. *Du Traité de commerce de 1860 avec l'Angleterre.* Paris: Plon.

Festy, Octave. 1908. *Le Mouvement ouvrier au début de la Monarchie de Juillet (1830-1834).* Vol. 2, part 3, of *Bibliothèque d'Histoire Moderne.* Paris: Éd. Cornély.

_____. 1913. "Le Mouvement ouvrier à Paris en 1840." 3 pts. *Revue de l'Ecole Libre des Sciences Politiques* 6 (July-August): 67-79; (September-October): 226-240; (November-December): 333-361.

Fetter, Frank W. 1943. "The Early History of Political Economy in the United States." *Proceedings of the American Philosophical Society* 87, no. 1 (July): 51-60.

_____. 1959. "The Politics of the Bullion Report." *Economica*, n.s., 26, no. 102 (May): 99-120.

_____. 1965. *Development of British Monetary Orthodoxy, 1797-1875.* Cambridge, MA: Harvard Univ. Press.

Fitchett, W. H. 1899-1900. *How England Saved Europe: The Story of the Great War (1798-1815).* 4 vols. London: Smith, Elder & Co.

Fitzpatrick, David. 1984. *Irish Emigration, 1801-1921.* Vol. 1 of *Studies in Irish Economic and Social History.* Dublin: Economic and Social History Society of Ireland.

Flamant, Maurice. 1988. *Histoire du libéralisme.* Que sais-je?, no. 1797bis. Paris: Presses Univ. de France.

Fletcher, Roger. 1984. *Revisionism and Empire: Socialist Imperialism in Germany, 1897-1914.* London: George Allen & Unwin.

Flexner, Eleanor. 1975. *A Century of Struggle: The Women's Rights Movement in the United States*. Rev. ed. Cambridge, MA: Belknap Press.

Flinn, M. W. 1961. "The Poor Employment Act of 1817." *Economic History Review*, n.s., 14, no. 1 (August): 82-92.

Fohlen, Claude. 1956. "Bourgeoisie française, liberté économique et intervention de l'état." *Revue économique* 7, no. 3 (May): 414-428.

_____. 1961. "Sociétés anonymes et développement capitaliste sous le Second Empire." *Histoire des entreprises*, no. 6 (November): 65-77.

Folbre, Nancy. 1991. "The Unproductive Housewife: Her Evolution in Nineteenth-Century Economic Thought." *Signs* 16, no. 3 (Spring): 463-484.

Foner, Eric. 1983. *Nothing but Freedom: Emancipation and Its Legacy*. Baton Rouge: Louisiana State Univ. Press.

_____. 1984. "Why Is There No Socialism in the United States?" *History Workshop Journal*, no. 17 (Spring): 57-80.

Foner, Philip S. 1977. *The Great Labor Uprising of 1877*. New York: Monad.

Fong, H. D. 1930. *Triumph of Factory System in England*. Tientsin, China: Chihli Press.

Fontvieille, Louis. 1976. "Evolution et croissance de l'Etat français de 1815 à 1969" *Économies et sociétés* 10 (September-December): 9-12 [Cahiers de l'I.S.M.E.A., Série AF, no. 13].

Fontvieille, Louis, with Anita Bringent. 1982. "Evolution et croissance de l'administration départementale française, 1815-1974." *Économies et sociétés* 16 (January-February): 1-2 [Cahiers de l'I.S.M.E.A., Séries AF, no. 14].

Foote, George A. 1951. "The Place of Science in the British Reform Movement, 1830-1850." *Isis* 42, pt. 3, no. 129 (October): 192-208.

Forbes, Geraldine H. 1982. "Caged Tigers: 'First Wave' Feminists in India." *Women's Studies International Forum* 5, no. 6, 525-536.

Forman, Michael. 1998. *Nationalism and the International Labor Movement: The Idea of Nation in Socialist Anarchist Theory*. University Park: Pennsylvania State Univ. Press.

Fossaert, Robert. 1955. "La Théorie des classes chez Guizot et Thierry." *La Pensée*, no. 59 (January-February): 59-69.

Foster, John. 1974. *Class Struggle and the Industrial Revolution: Early Industrial Capitalism in Three English Towns*. New York: St. Martin's Press.

_____. 1976. "Some Comments on 'Class Struggle and the Labour Aristocracy, 1830-60.'" *Social History* 1, no. 3 (October): 357-366.

Foucault, Michel. 1976. *La Volonté du savoir*. Vol. 1 of *L'Histoire de la sexualité*. Paris: Gallimard.

Fox, Robert, and George Weisz, eds. 1980. *The Organization of Science and Technology in France, 1808-1914*. Cambridge: Cambridge Univ. Press.

France, Ministre de l'Agriculture du Commerce et des Travaux Publics. 1860. *Enquête, Traité de commerce avec l'Angleterre*. Paris: Imprimerie Nationale.

Frank, Andre Gunder. 1976a. "Multilateral Merchandise Trade Imbalances and Uneven Economic Development." *Journal of European Economic History* 5, no. 2 (Fall): 407-438.

_____. 1976b. "Trade Balances and the Third World: A Commentary on Paul Bairoch." *Journal of European Economic History* 5, no. 2 (Fall): 469-472.

_____. 1977. "Imbalance and Exploitation." *Journal of European Economic History* 6, no. 3 (Winter): 750-753.

Fraser, Derek. 1969. "The Agitation for Parliament Reform." In *Popular Movements, 1830-1850*, ed. J. T. Ward, 31-53. London: Macmillan.

Fredrickson, George M. 1971. *The Black Image in the White Mind: The Debate on Afro-American Character and Destiny, 1817-1914*. New York: Harper & Row.

Freedeman, Charles E. 1965. "Joint Stock Business Organization in France, 1807-1867." *Business History Review* 39, no. 2 (Summer): 184-204.

Frei, Annette. 1987. *Rote Patriarchen: Arbeiterbewegung und Frauenemanzipation in der Schweiz um 1900*. Zurich: Chronos.

Fridieff, Michel. 1952. "L'Opinion publique française devant l'insurrection polonaise de 1830-1831." 3 pts. *Revue internationale d'histoire politique et constitutionnelle*, n.s., 2, no. 6 (April-June): 111-121; no. 7 (July-September): 205-214; no. 8 (October-December): 280-304.

Fulford, Roger. 1957. *Votes for Women: The Story of a Struggle*. London: Faber & Faber.

Fuller, Margaret. 1992. "Women in the Nineteenth Century." In *The Essential Margaret Fuller*, ed. Jeffrey Steele, 243-378. New Brunswick, NJ: Rutgers Univ. Press.

Furet, François. 1963. "Pour une définition des classes inférieures à l'époque moderne." *Annales E.S.C.* 18, no. 3 (May-June): 459-474.

_____. 1988. Preface to *De la Révolution et de la constitution*, by A. Barnave, 9-29. Paris: Presses Univ. de Grenoble.

Furner, Mary O. 1975. *Advocacy and Objectivity: A Crisis in the Professionalization of American Social Science, 1865-1905*. Lexington: Univ. Press of Kentucky for Organization of American Historians.

_____. 1990. "Knowing Capitalism: Public Investigation and the Labor Question in the Long Progressive Era." In *State and Economic Knowledge: The American and British Experience*, ed. M. O. Furner and B. Supple, 241-286. Washington, DC: Woodrow Wilson International Center for Scholars; Cambridge: Cambridge Univ. Press.

Gabaccia, Donna. 1999. "The 'Yellow Peril' and the 'Chinese of Europe': Global Perspectives on Race and Labor, 1815-1930." In *Migration, Migration History, History, Old Paradigms and New Perspectives*, ed. J. L. Lucassen, 177-196. Bern: Peter Lang.

Galbraith, John S. 1961. "Myths of the 'Little England' Era." *American Historical Review* 67, no. 1 (October): 34-48.

Gallagher, John, and Ronald Robinson. 1953. "The Imperialism of Free Trade." *Economic History Review*, n.s., 6, no. 1 (August): 1-15.

Gallisot, René. 1979. "Nazione e nazionalità nei dibattiti del movimento operaio." In *Il Marxismo dell'età della Secondo Internazionale*, 785-864. Vol. 2 of *Storia del Marxismo*. Turin: Einaudi.

Garden, Maurice. 1978. "Un exemple régionale: L'industrie textile des Pays-Bas autrichiens." In *Histoire économique et social du monde*, ed. Pierre Léon, vol. 3, *Inerties et Révolutions, 1730-1840*, ed. Louis Bergeron, 20-27. Paris: Lib. Armand Colin.

Garnier, Joseph. 1852. "De l'Origine et de la filiation du mot économie politique et les divers autres noms donnés à la science économique." 2 pts. *Journal des économistes*, IIe année, XXXII, nos. 135-136 (July-August): 300-316; XXXIII, nos. 137-138 (September-October): 11-23.

Gash, Norman. 1935. "Rural Unemployment, 1815-34." *Economic History Review* 6, no. 1 (October): 90-93.

_____. 1951. "Peel and the Party System, 1830-50." *Transactions of the Royal Historical Society*, 5th ser., 1:47-70.

_____. 1956. "English Reform and French Revolution in the General Election of 1830." In *Essays Presented*

438

to Sir Lewis Namier, ed. R. Pares and A. J. P. Taylor, 258-288. London: Macmillan.

———. 1965. *Reaction and Reconstruction in English Politics, 1832-1852*. Oxford: Clarendon Press.

———. 1977. "From the Origins of Sir Robert Peel." In *The Conservatives*, ed. Lord Butler, 19-108. London: George Allen & Unwin.

———. 1979. *Aristocracy and People: Britain 1815-1865*. Cambridge, MA: Harvard Univ. Press.

Gates, Henry Louis, Jr. 1988. "The Trope of the New Negro and the Reconstruction of the Image of the Black." *Representations*, no. 24 (Fall): 129-155.

Gay, Peter. 1993. *The Cultivation of Hatred*. Vol. 3 of *The Bourgeois Experience, Victoria to Freud*. New York: W. W. Norton.

Gayer, Arthur D., W. W. Rostow, and Anna Jacobson Schwartz. 1953. *The Growth and Fluctuation of the British Economy, 1790-1850*. 2 vols. Oxford: Clarendon Press.

Geanakoplos, Deno J. 1976. "The Diaspora Greeks: The Genesis of Greek National Consciousness." In *Hellenism and the First Greek War of Liberation (1821-1830): Continuity and Change*, ed. N. P. Diamandouros, 59-77. Thessalonica: Institute for Balkan Studies.

Geary, Dick. 1976. "The German Labour Movement, 1848-1918." *European Studies Review* 6, no. 3 (July): 297-330.

———. 1981. *European Labour Protest, 1848-1939*. London: Croom Helm.

Gellner, Ernest. 1983. *Nations and Nationalism*. Oxford: Blackwell.

Gemelli, Giuliana. 1987. "Communauté intellectuelle et stratégie institutionnelles: Henri Berr et la Fondation du Centre International de Synthèse." *Revue de synthèse*, 4th ser., 8, no. 2 (April-June): 225-259.

Genovese, Elizabeth Fox. 1987. "Culture and Consciousness in the Intellectual History of European Women." *Signs* 12, no. 3 (Spring): 329-347.

George, M. Dorothy. 1927. "The Combination Laws Reconsidered." *Economic Journal (Economic History)* 1, no. 2 (May): 214-228.

———. 1936. "The Combination Laws." *Economic History Review* 6, no. 2 (April): 172-178.

George, Margaret. 1976-1977. "The 'World Historical Defeat' of the *Républicaines-Révolutionnaires*." *Science and Society* 40, no. 4 (Winter): 410-437.

Gerbod, Paul. 1965. *La Condition universitaire en France au XIXe siècle*. Paris: Presses Univ. de France.

Gerhard, Ute. 1982. "A Hidden and Complex Heritage: Reflections on the History of German's Women's Movements." *Women's Studies International Forum* 5, no. 6, 561-567.

Gerschenkron, Alexander. 1943. *Bread and Democracy in Germany*. Berkeley: Univ. of California Press.

Giddens, Anthony. 1971. "Durkheim's Political Sociology." *Sociological Review*, n.s., 19, no. 4 (November): 477-519.

Gignoux, C.-J. 1923. "L'Industrialisme de Saint-Simon à Walther Rathenau." *Revue d'histoire des doctrines économiques et sociales* 11, no. 2, 200-217.

Gille, Bertrand. 1959a. *La Banque et le crédit en France de 1815 à 1848*. Paris: Presses Univ. de France.

———. 1959b. *Recherches sur la formation de la grande entreprise capitaliste (1815-1848)*. Paris: S.E.V.P.E.N.

———. 1965. *Histoire de la Maison Rothschild*. Vol. 1, *Des origines à 1848*. Geneva: Droz.

———. 1967. *Histoire de la Maison Rothschild*. Vol. 2, *1848-1870*. Geneva: Droz.

———. 1970. *La Banque en France au XIXe siècle*. Geneva: Droz.

Gillis, John R. 1970. "Political Decay and the European Revolutions, 1789-1848." *World Politics* 22, no. 3 (April): 344-370.

Gilroy, Paul. 2000. *Against Race: Imagining Political Culture beyond the Color Line*. Cambridge, MA:

Belknap Press of Harvard Univ. Press.

Girard, Louis. 1952. *La Politique des travaux publics sous le Second Empire*. Paris: Lib. Armand Colin.

_____. 1966. "Révolution ou conservatisme en Europe (1856): Une Polémique de la presse parisienne après la guerre de Crimée." In *Mélanges Pierre Renouvin: Etudes d'histoire des relations internationales*, 125–134. Paris: Presses Univ. de France.

_____. 1977. "Caractères du Bonapartisme dans la seconde moitié du XIXe siècle." In *Le Bonapartisme, phénomène historique et mythe politique*, ed. K. Hammer and P. C. Hautmann, 22–28. Munich: Artemis Verlag.

Glaser, John F. 1958. "English Nonconformity and the Decline of Liberalism." *American Historical Review* 63, no. 2 (January): 352–363.

Glenn, Evelyn Nakano. 1992. "From Servitude to Service Work: Historical Continuities in the Racial Division of Paid Reproductive Labor." *Signs* 18, no. 1 (Autumn) : 1–43.

Godechot, Jacques. 1965. *Les Révolutions: 1770–1799*. 2nd ed. Paris: Presses Univ. de France.

_____. 1971. "Nation, patrie, nationalisme et patriotisme en France au XVIIIe siècle." *Annales historiques de la Révolution française*, 43e année, no. 206 (October–December): 481–501.

Goldfrank, Walter L. 1972. "Reappraising Le Play." In *The Establishment of Empirical Sociology: Studies in Continuity, Discontinuity and Institutionalization*, ed. A. Oberschall, 130–151. New York: Harper & Row.

Goldman, Lawrence. 1986. "The Social Science Association, 1857–86: A Context for Mid-Victorian Liberalism." *English Historical Review* 101, no. 398 (January): 95–134.

_____. 1987. "A Peculiarity of the English? The Social Science Association and the Absence of Sociology in Nineteenth-Century Britain." *Past and Present*, no. 114 (February): 133–171.

_____. 1998. "Exceptionalism and Internationalism: The Origins of American Social Science Reconsidered." *Journal of Historical Sociology* 11, no. 1 (March): 1–36.

_____. 2002. *Science, Reform, and Politics in Victorian Britain: The Social Science Association, 1857–1886*. Cambridge: Cambridge Univ. Press.

_____. 2005. "Victorian Social Science: From Singular to Plural." In *Organization of Knowledge in Victorian Britain*, ed. M. Daunton, 87–114. Oxford: Oxford Univ. Press.

Goldstein, Jan. 1982. "The Hysteria Diagnosis and the Politics of Anticlericalism in Late Nineteenth-Century France." *Journal of Modern History* 54, no. 2 (June): 209–239.

Goldstein, Leslie. 1980. "Mill, Marx, and Women's Liberation." *Journal of the History of Philosophy* 18, no. 3 (July): 319–334.

_____. 1982. "Early Feminist Themes in French Utopian Socialism: The St.-Simonians and Fourier." *Journal of the History of Ideas* 43, no. 1 (January–March): 91–108.

Goliber, Sue Helder. 1982. "Marguerite Durand: A Study in French Feminism." *International Journal of Women's Studies* 5, no. 5 (November–December): 402–412.

Gonnet, Paul. 1955. "Esquisse de la crise économique en France de 1827 à 1832." *Revue d'histoire économique et sociale* 33, no. 3, 249–292.

Gooch, Brison D. 1956. "A Century of Historiography on the Origins of the Crimean War." *American Historical Review* 62, no. 1 (October): 33–58.

Goode, William J. 1960. "Encroachment, Charlatanism, and the Emerging Profession: Psychology, Sociology, and Medicine." *American Sociological Review* 25, no. 6 (December): 902–965.

Gordon, Ann D., ed. 1997. *Selected Papers of Elizabeth Cady Stanton and Susan B. Anthony*. New Brunswick, NJ: Rutgers Univ. Press.

Gordon, Barry L. 1976. *Political Economy in Parliament, 1819-1823.* London: Macmillan.

_____. 1979. *Economic Doctrine and Tory Liberalism, 1824-1830.* London: Macmillan.

Gordon, H. Scott. 1973. "Alfred Marshall and the Development of Economics as a Science." In *Foundations of Scientific Methods, the Nineteenth Century*, ed. R. N. Giere and R. S. Westfall, 234-258. Bloomington: Indiana Univ. Press.

Gordon, Linda. 1991. "On 'Difference,'" *Genders*, no. 10 (Spring): 91-111.

Goriély, Benjamin. 1948a. "La Pologne en 1848." In *Le Printemps des peuples: 1848 dans le monde*, ed. F. Fejtö, 2:267-318. Paris: Éd. du Minuit.

_____. 1948b. "La Russie de Nicolas 1er en 1848." In *Le Printemps des peuples: 1848 dans le monde*, ed. F. Fejtö, 2:355-393. Paris: Éd. du Minuit.

Gouges, Olympe de. N.d. Les *Droits de la Femme*. N.p.: A la Reine.

_____. 1980. "The Declaration of the Rights of Woman." In *Women in Revolutionary Paris, 1789-1795, Selected Documents*, ed. D. G. Levy et al., 87-113. Urbana: Univ. of Illinois Press.

_____. 1993. *Ecrits Politiques*. Paris: Côté Femmes.

Gough, Barry. 1990. "Pax Britannica, Peace, Force and World Power." *Round Table*, no. 314, 167-188.

Gourevitch, Peter Alexis. 1977. "International Trade, Domestic Coalitions, and Liberty: Comparative Responses to the Crisis of 1873-1896." *Journal of Interdisciplinary History* 8, no. 2 (Autumn) : 281-313.

Granger, Gilles-Gaston. 1989. *La Mathématique sociale du Marquis de Condorcet*. Paris: Éd. Odile Jacob.

Gray, Robert Q. 1979. "The Political Incorporation of the Working Class." *Sociology* 9, no. 1 (January): 101-104.

Greer, Donald M. 1925. *L'Angleterre, la France et la Révolution de 1848: La Troisième Ministère de Lord Palmerston au Foreign Office (1846-1851)*. Paris: F. Rieder.

Grew, Raymond. 1962. "How Success Spoiled the Risorgimento." *Journal of Modern History* 34, no. 3 (September): 239-253.

Griewank, Karl. 1954. *Der Wiener Kongress und die europäische Restauration, 1814/15.* 2nd rev. ed. Leipzig: Koehler & Amelany.

Griffith, Elisabeth. 1984. *In Her Own Right: The Life of Elizabeth Cady Stanton.* New York: Oxford Univ. Press.

Groh, Dieter. 1966. "The 'Unpatriotic' Socialists and the State." *Journal of Contemporary History* 1, no. 4 (October): 151-178.

_____. 1973. *Negative Integration und Revolutionärer Attentismus: Die deusche Sozialdemocratie am Vorabend der Ersten Weltkrieges.* Frankfurt am Main: Propyläen.

Gross, Leo. 1968. "The Peace of Westphalia, 1648-1948." In *International Law and Organization*, ed. R. A. Falk and W. F. Hanreider, 45-67. Philadelphia: J. B. Lippincott.

Grossman, Henryk. 1943. "The Evolutionist Revolt against Classical Economics." 2 pts. *Journal of Political Economy* 51, no. 5 (October): 381-393; no. 6 (December): 506-522.

Gruner, Wolf D. 1985. *Die Deutsche Frage: Ein Problem der Europäischer Geschichte seit 1800.* Munich: C. H. Beck.

_____. 1992. "Was There a Reformed Balance of Power System or Cooperative Great Power Happening?" *American Historical Review* 97, no. 3 (June): 725-732.

Gueniffey, Patrice. 1988a. "Introduction au texte et notes." In *De la Révolution et de la Constitution*, by A. Barnave, 31-38 and notes passim. Grenoble: Presses Univ. de Grenoble.

_____. 1988b. "Suffrage." In *Dictionnaire critique de la Révolution française*, by F. Furet et al., 614-624. Paris: Flammarion.

Guérard, Albert. 1943. *Napoleon III*. Cambridge, MA: Harvard Univ. Press.

Guichen, Eugène, vicomte de. 1917. *La Révolution de juillet 1830 et l'Europe*. Paris: Émile-Paul Frères.

Guilbert, Madeleine. 1966. *Les Femmes et l'organisation syndicale avant 1914*. Paris: Éd. du CNRS.

Guillaumin, Colette. 1972. *L'Idéologie raciste: Genèse et langage actuel*. Paris: Mouton.

Guiral, Pierre. 1960. "Le libéralisme en France (1815-1970): Thèmes, succès et lacunes." In *Tendances politiques dans la vie française depuis 1789*, 17-40. Colloques, Cahiers de Civilisation. Paris: Hachette.

Guizot, François. 1820a. *Du Gouvernement de la France depuis la Restauration et du ministère actuel*. Paris: Chez Ladvocat.

_____. 1820b. "Avant-propos de la troisième édition." *Supplément aux deux premières éditions du "Gouvernement de la France depuis la Restauration et du Ministère actuel*. " Paris: Ladvocat.

_____. 1846. *Histoire de la civilisation en France depuis la chute de l'Empire romain jusqu'à la Révolution française*. Paris: Didier.

Gunnell, John G. 2006. "The Founding of the American Political Science Association: Discipline, Profession, Political Theory, and Politics." *American Political Science Review* 100, no. 4 (November): 479-486.

Guyot, Raymond. 1901-1902. "La Dernière négociation de Talleyrand: L'Indépendance de la Belgique." 2 pts. *Revue d'histoire moderne et contemporaine* 2 (1901): 573-594; 3 (1902): 237-281.

_____. 1926. *La Première entente cordiale*. Paris: F. Rieder.

Haag, Henri. 1960. "La Social-démocratie allemande et la Première Guerre Mondiale." In *Histoire contemporaine, Comité International des Sciences Historiques, XIe Congrès Internationale des Sciences Historiques, Stockholm, 21-28 Août 1960, Rapports* 5:61-96. Uppsala: Almquist & Wiksell.

Hackett, Amy. 1972. "The German Women's Movement and Suffrage, 1890-1914: A Study of National Feminism." In *Modern European Social History*, ed. R. J. Bezucha, 354-386. Lexington, MA: D. C. Heath.

Halévy, Elie. 1900. *La Révolution de la doctrine de l'utilité (1789-1815)*. Thèse pour le doctorat. Paris: Félix Alcan.

_____. 1901a. *La Jeunesse de Bentham*. Vol. 1 of *La Formation du radicalisme philosophique*. Paris: Félix Alcan.

_____. 1901b. *L'Évolution de la doctrine utilitaire de 1789 à 1815*. Vol. 2 of *La Formation du radicalisme philosophique*. Paris: Félix Alcan.

_____. 1904. *La formulation du radicalisme philosophique*, vol. 3. Paris: F. Alcan.

_____. 1905. *L'Angleterre et son Empire*. Paris: Pages Libres.

_____. 1930. *The World Crisis, 1914-1918: An Interpretation*. Oxford: Clarendon Press.

_____. 1935. "English Public Opinion and the French Revolution of the Nineteenth Century." In *Studies in Anglo-French History*, ed. A. Coville and H. Temperley, 51-60. Cambridge: At the University Press.

_____. 1947. *The Age of Peel and Cobden: A History of the English People, 1841-1852*. London: Ernest Benn.

_____. 1948. *Histoire de socialisme européen*. Rédigée d'après des notes de cours par un groupe d'amis et d'élèves. Paris: Gallimard.

_____. 1949. *England in 1815*. 2nd rev. ed. Vol. 1 of *A History of the English People in The Nineteenth Century*. London: Ernest Benn.

_____. 1950. *The Triumph of Reform (1830-1841)*. 2nd rev. ed. Vol. 3 of *A History of the English People in the Nineteenth Century*. London: Ernest Benn.

Hall, Alex. 1974. "By Other Means: The Legal Struggle against the SPD in Wilhelmine Germany, 1890-1900." *Historical Journal* 17, no. 2 (June): 365-386.

Hall, Catherine. 1992a. "Competing Masculinities: Thomas Carlyle, John Stuart Mill and the Case of the

Governor Eyre." In *White, Male and Middle Class: Explorations in Feminism and History*, 255-295. New York: Routledge.

———. 1992b. "The Early Formation of Victorian Domestic Ideology." In *White, Male and Middle Class: Explorations in Feminism and History*, 75-93. New York: Routledge.

———. 1992c. "The History of the Housewife." In *White, Male and Middle Class: Explorations in Feminism and History*, 43-71. New York: Routledge.

Halpérin, Jean. 1848. "La Transformation de la Suisse, prélude aux révolutions." in *Le Printemps des peuples: 1848 dans le monde*, ed. F. Fejtö, 1:127-161. Paris: Éd. du Minuit.

Hammen, Oscar J. 1958. "1848 et le 'Spectre du Communisme.'" *Le Contrat Social* 2, no. 4 (July) : 191-200.

Hammond, J. L. 1930. "The Industrial Revolution and Discontent." *Economic History Review* 2, no. 2 (January): 218-228.

Hammond, J. L., and M. R. D. Foot. 1952. *Gladstone and Liberalism*. London: English Universities Press at Saint Paul's House.

Hangland, Kjell. 1980. "An Outline of Norwegian Cultural Nationalism in the Second Half of the Nineteenth Century." In *The Roots of Nationalism: Studies in Northern Europe*, ed. R. Mitchison, 21-29. Edinburgh: John Donald.

Hansen, Alvin H. 1921. "Cycles of Strikes." *American Economic Review* 11, no. 4 (December): 616-621.

Hansen, Erik. 1977. "Workers and Socialists: Relations between the Dutch Trade-Union Movement and Social Democracy, 1894-1914." *European Studies Review* 7, no. 2 (April): 199-225.

Haraszti, Eva H. 1978. *Chartism*. Budapest: Akadémiai Kiadó.

Hargreaves, E. L. 1930. *The National Debt*. London: Edward Arnold.

Harley, C. Knick. 1982. "British Industrialization before 1841: Evidence of Slower Growth during the Industrial Revolution." *Journal of Economic History* 42, no. 2 (June): 267-289.

Harlow, Vincent T. 1953. *British Colonial Developments, 1774-1834*. Oxford: Clarendon Press.

Harrison, Royden. 1960-1961. "The British Working Class and the General Election of 1868." 2 pts. *International Review of Social History* 5, no. 3 (1960): 424-455; 6, no. 1 (1961): 74-109.

Harsin, Paul. 1936. "La Révolution belge de 1830 et l'influence française." *Revue des sciences politiques* 53 (April-June): 266-279.

Hart, Jennifer. 1965. "Nineteenth-Century Social Reform: A Tory Interpretation of History." *Past and Present*, no. 31 (July): 39-61.

———. 1974. "Nineteenth-Century Social Reform: Tory Interpretation of History." In *Essays in Social History*, ed. M. W. Flinn and T. C. Smout, 196-217. Oxford: Clarendon Press.

Hartmann, Heidi. 1976. "Capitalism, Patriarchy, and Job Segregation by Sex." *Signs* 1, no. 3, pt. 2 (Spring): 137-169.

Hartog, François. 1988. *Le XIXe siècle et l'histoire: Le Cas Fustel de Coulanges*. Paris: Presses Univ. de France.

Hartwell, R. M. 1961. "The Rising Standard of Living in England, 1800-1850." *Economic History Review*, n.s., 13, no. 3 (April): 397-416.

———. 1963. "The Standard of Living during the Industrial Revolution: A Discussion." *Economic History Review*, n.s., 16, no. 1 (August): 135-146.

Hartz, Louis. 1948. *Economic Policy and Democratic Thought: Pennsylvania, 1774-1860*. Cambridge, MA: Harvard Univ. Press.

Haskell, Thomas L. 1977. *The Emergence of Professional Social Science: The American Social Science*

Association and the Nineteenth-Century Crisis of Authority. Urbana: Univ. of Illinois Press.

_____. 1984. "Professionalism *versus* Capitalism: R. H. Tawney, Emile Durkheim, and C. S. Peirce on the Disinterestedness of Professional Communities." In *The Authority of Experts*, ed. T. L. Haskell, 180-225. Bloomington: Indiana Univ. Press.

Hasquin, Hervé. 1971. *Une mutation: Le "Pays de Charleroi" aux XVIIe et XVIIIe siècles; aux origines de la Révolution industrielle en Belgique.* Brussels: Ed. de l'Université de Bruxelles.

Haupt, Georges. 1965. *Le Congrès manqué: L'Internationale à la veille de la première guerre mondiale.* Paris: François Maspéro.

_____. 1972. *Socialism and the Great War: The Collapse of the Second International.* Oxford: Clarendon Press.

_____. 1974. "Les Marxistes face à la question nationale: L'Histoire du problème." In *Les Marxistes et la question nationale, 1848-1914,* by G. Haupt et al., 9-61. Paris: François Maspéro.

_____. 1986. *Aspects of International Socialism, 1871-1914: Essays.* Cambridge: Cambridge Univ. Press.

Haupt, Georges, and Claudie Weill. 1974. "L'Eredità de Marx ed Engels e la questione nazionale." *Studi Storici* 15, no. 2 (April-June): 270-324.

Haupt, Georges, and Madeleine Rebérioux, dirs. 1967a. *La Deuxième Internationale et l'Orient.* Paris: Éd. Cujas.

_____. 1967b. "L'Internationale et le problème colonial." In *La Deuxième Internationale et l'Orient,* ed. G. Haupt and M. Rebérioux, 17-48. Paris: Éd. Cujas.

Haupt, Georges, Michael Löwy, and Claudie Weill. 1974. *Les Marxistes et la question nationale, 1848-1914.* Paris: François Maspéro.

Hause, Steven C., and Anne R. Kenney. 1981. "The Limits of Suffragist Behavior: Legalism and Militancy in France, 1876-1922." *American Historical Review* 86, no. 4 (October): 781-806.

_____. 1984. *Women's Suffrage and Social Politics in the French Third Republic.* Princeton, NJ: Princeton Univ. Press.

Hauser, Henri. 1901. "L'Entrée des Etats-Unis dans la politique 'mondiale' d'après un américain." *Annales des sciences politiques* 16, 444-456.

_____. 1903. *L'Enseignement des sciences sociales: Etat-actuel de cet enseignement dans les divers pays du monde.* Paris: Lib. Marescq Ainé.

_____. 1905. *L'Impérialisme américain.* Paris: Pages Libres.

Hayek, Frederick A. von. 1941. "The Counter-Revolution of Science." *Economica,* n.s., 8 (February): 9-36.

_____. 1952. *The Counter-Revolution of Science: Studies on the Abuse of Reason.* Glencoe, IL: Free Press.

Hazelkorn, Ellen. 1980. "Capital and the Irish Question." *Science and Society* 44, no. 3 (Fall): 326-356.

Heilbron, Johan. 1985. "Les Métamorphoses du durkheimisme, 1920-1940." *Revue française de sociologie* 26, no. 2 (March-April): 203-237.

Heinen, Jacqueline. 1978. "De la Ière à la IIIe Internationale, la question des femmes." *Critique communiste,* nos. 20/21, 109-179.

Heiniger, Ernstpeter. 1980. *Ideologie des Rassismus: Problemsicht und ethische Verurteilung in der kirchlichen Sozialverkündigung.* Immensee, Switzerland: Neue Zeitschrift für Missionswissenschaft.

Henderson, W. O. 1934. *The Lancashire Cotton Famine, 1861-1865.* Manchester, UK: Manchester Univ. Press.

_____. 1950. "Prince Smith and Free Trade in Germany." *Economic History Review,* n.s., 2, no. 3, 295-302.

_____. 1954. *Britain and Industrial Europe, 1750-1870.* Liverpool: At the University Press.

_____. 1976. *Studies in German Colonial History.* London: Frank Cass.

Hendricks, Margo, and Patricia Parker. 1994. Introduction to *Women, "Race," and Writing in the Early Modern Period*, ed. M. Hendricks and P. Parker, 1-14. London: Routledge.

Henriques, Ursula. 1968. "How Cruel Was the Victorian Poor Law?" *Historical Journal* 11, no. 2, 365-371.

Hentschel, Volker. 1978. *Wirtschaft und Wirtschaftspolitik im Wilhelminischen Deutschland: Organisierter Kapitalismus und Intervertionsstaat?* Stuttgart: Klein-Cotta.

_____. 1981. "Produktion, Wachstum und Produktivität in England, Frankreich und Deutschland von der Mitte des 19. Jahrhunderts bis zum Ersten Weltkrieg: Statitische Grenzen und Nöte beim Internationaler wirtschaftshistorischen Vergleich." *Vierteljahrschrift für Sozial- und Wirtschaftsgeschichte* 68, no. 4, 457-510.

Herbst, Juergen. 1965. *The German Historical School in American Scholarship*. Ithaca, NY: Cornell Univ. Press.

Hericourt, Jenny P. d'. 1860. *La Femme affranchie: Réponse à MM. Michelet, Proudhon, E. de Giradin, A. Comte et aux autres novateurs modernes*. 2 vols. Brussels: A. LaCroix, van Meenen.

Hersh, Blanche Glassman. 1978. *The Slavery of Sex: Feminist-Abolitionists in America*. Urbana: Univ. of Illinois Press.

Hertneck, Friedrich. 1927. *Die Deutschen Sozialdemokratie und die orientalische Frage in Zeitalter Bismarcks*. Berlin: Deutsche Verlaggeselltschaft für Politik und Geschichte.

Hertz, Deborah. 1988. *Jewish High Society in Old Regime Berlin*. New Haven, CT: Yale Univ. Press.

Hervé, Florence. 1983. " 'Dem Reich der Freiheit werb'ich Bürgerinnen': Die Entwicklung der deutschen Frauenbewegung, von den Anfängen bis 1889." In *Geschichte der deutschen Frauenbewegung*, ed. F. Hervé, 12-40. Cologne: Pahl-Rugenstein.

Hexter, J. H. 1936. "The Protestant Revival and the Catholic Question in England, 1778-1829." *Journal of Modern History* 8, no. 3 (September): 297-318.

Heywood, Colin. 1988. *Childhood in Nineteenth-Century France: Work, Health and Education among the "Classes Populaires."* Cambridge: Cambridge Univ. Press.

Heywood, Paul. 1990. *Marxism and the Failure of Organised Socialism in Spain, 1879-1936*. Cambridge: Cambridge Univ. Press.

Higham, John. 1979. "The Matrix of Specialization." In *The Organization of Knowledge in Modern America, 1860-1920*, ed. A. Oleson and J. Voss, 3-18. Baltimore: Johns Hopkins Univ. Press.

Higonnet, Patrick L. R., and Trevor B. Higonnet. 1967. "Class, Corruption, and Politics in the French Chamber of Deputies, 1846-1848." *French Historical Studies* 5, no. 2 (Autumn): 204-224.

Hill, Christopher. 1958. "The Norman Yoke." In *Puritanism and Revolution: Studies in Interpretation of the English Revolution of the Seventeenth Century*, 50-122. London: Secker & Warburg.

Hill, R. L. 1929. *Toryism and the People, 1832-1846*. London: Constable.

Hilton, Boyd. 1977. *Corn, Cash, Commerce: The Economic Policies of the Tory Governments, 1815-1830*. Oxford: Oxford Univ. Press.

Hilts, Victor L. 1973. "Statistics and Social Science." In *Foundations of Scientific Method: The Nineteenth Century*, ed. R. N. Giere and R. S. Westfall, 206-233. Bloomington: Indiana Univ. Press.

Himmelfarb, Gertrude. 1966. "The Politics of Democracy: The English Reform Act of 1867." *Journal of British Studies* 6, no. 1 (November): 97-138.

Hinsley, Curtis M., Jr. 1981. *Savages and Scientists: The Smithsonian Institution and the Development of American Anthropology, 1846-1910*. Washington, DC: Smithsonian Institution Press.

Hinton, James. 1983. *Labour and Socialism: A History of the British Labour Movement, 1867-1974*. Brighton, UK: Wheatsheaf Books.

Hoagland, Henry E. 1918. "Humanitarianism (1840-1860)." In *History of Labour in the United States*, by J. R. Commons et al., 1:485-623. New York: Macmillan.

Hoagwood, Terence Allen. 1996. *Politics, Philosophy and the Production of Romantic Texts*. De Kalb: Northern Illinois Univ. Press.

Hobhouse, L. T. 1911. *Liberalism*. London: Oxford Univ. Press.

Hobsbawm, Eric J. 1949. "General Labour Unions in Britain, 1889-1914." *Economic History Review*, n.s., 1, nos. 2/3, 123-142.

_____. 1952. "Economic Fluctuations and Some Social Movements since 1800." *Economic History Review*, n.s., 5, no. 1, 1-25.

_____. 1957. "The British Standard of Living, 1790-1850." *Economic History Review*, n.s., 10, no. 1 (August): 46-68.

_____. 1962. *The Age of Revolution, 1789-1848*. London: Abacus.

_____. 1963. "The Standard of Living during the Industrial Revolution: A Discussion." *Economic History Review*, n.s., 16, no. 1 (August): 119-134.

_____. 1964. *Labouring Men: Studies in the History of Labour*. London: Weidenfeld & Nicolson.

_____. 1974. "La Diffusione del Marxismo (1890-1905)." *Studi storici* 15, no. 2 (April-June): 241-269.

_____. 1975. *The Age of Capital, 1848-1875*. London: Weidenfeld & Nicolson.

_____. 1978. "Sexe, symboles, vêtements et socialisme." *Actes de la recherche en sciences sociales*, no. 23 (September): 2-18.

_____. 1979. "Soziale Ungleichheit und Klassenstrukturen in England: Die Arbeiterklasse." In *Klassen in der europäischen Sozialgeschichte*, ed. Hans-Ulrich Wehler, 53-65. Göttingen: Vandenhoek & Ruprecht.

_____. 1983. "Mass Producing Traditions: Europe, 1870-1914." In *The Invention of Tradition*, ed. E. J. Hobsbawm and T. Ranger, 263-307. Cambridge: Cambridge Univ. Press.

_____. 1984a. "The Making of the Working Class 1870-1914." In *Worlds of Labour: Further Studies in the History of Labour*, 194-213. London: Weidenfeld & Nicolson.

_____. 1984b. "The 'New Unionism' in Perspective." In *Worlds of Labour: Further Studies in the History of Labour*, 152-175. London: Weidenfeld & Nicolson.

_____. 1984c. "Men and Women: Images on the Left." In *Worlds of Labour: Further Studies in the History of Labour*, 83-102. London: Weidenfeld & Nicolson.

_____. 1984d. "Der *New Unionism*: Eine comparative Betrachtung." In *Auf dem Wege zur Massengewerkschaft*, ed. Wolfgang J. Mommsen and Hans-Gerhard Husung, 19-45. Stuttgart: Ernst Klett.

_____. 1987. *The Age of Empire, 1875-1914*. New York: Pantheon.

_____. 1988. "Working-Class Internationalism." In *Internationalism in the Labour Movement, 1830-1940*, ed. F. van Holthoon and M. van den Linden, 1:3-16. Leiden: E. J. Brill.

_____. 1990. *Nations and Nationalism since 1780: Programme, Myth, Reality*. Cambridge: Cambridge Univ. Press.

Hobsbawm, Eric J., and Terence Ranger, eds. 1992. *The Invention of Tradition*. New York: Cambridge Univ. Press.

Hodgson, Geoffrey M. 2005. "Alfred Marshall versus the Historical School?" *Journal of Eonomic Studies* 32, no. 4, 331-348.

Hoffman, Ross J. S. 1933. *Great Britain and the German Trade Rivalry, 1875-1914*. Philadelphia: Univ. of Pennsylvania Press.

Hoffmann, Walther. 1949. "The Growth of Industrial Production in Great Britain: A Quantitative Study." *Economic History Review*, n.s., 2, no. 2, 162-180.

446

Hofstadter, Richard. 1992. *Social Darwinism in American Thought*. Boston: Beacon Press.

Hohenberg, Paul. 1972. "Change in Rural France in the Period of Industrialization, 1830-1914." *Journal of Economic History* 32, no. 1 (March): 219-240.

Holland, Bernard. 1913. *Fall of Protection, 1840-1850*. London: Edward Arnold.

Hollinger, David A. 1984. "Inquiry and Uplift: Late Nineteenth Century American Academics and the Moral Efficacy of Scientific Practice." In *The Authority of Experts: Studies in History and Theory*, ed. T. L. Haskell, 142-156. Bloomington: Indiana Univ. Press.

Hollis, Patricia. 1980. "Anti-Slavery and British Working-Class Radicalism in the Years of Reform." In *Anti-Slavery, Religion and Reform: Essays in Memory of Roger Anstey*, ed. C. Bolt and S. Drescher, 294-315. Folkestone, UK: Dawson; Hamden, CT: Archon.

Holmes, Stephen. 1984. *Benjamin Constant and the Making of Modern Liberation*. New Haven, CT: Yale Univ. Press.

Hone, J. Ann. 1982. *For the Cause of Truth: Radicalism in London, 1796-1821*. Oxford: Clarendon Press.

Honeycutt, Karen. 1979. "Socialism and Feminism in Imperial Germany." *Signs* 5, no. 1 (Autumn): 30-41.

_____. 1981. "Clara Zetkin: A Socialist Approach to the Problem of Women's Oppression." In *European Women on the Left: Socialism, Feminism, and the Problems Faced by Political Women, 1880 to the Present*, ed. Jane Slaughter and Robert Kern, 29-49. Westport, CT: Greenwood Press.

hooks, bell. 1988. *Talking Back: Thinking Feminist, Thinking Black*. Toronto: Between the Lines.

Horn, Norbert, and Jürgen Kocka, eds. 1979. *Recht und Entwicklung der Grossunternehmen im 19. und früher 20. Jahrhundert: Wirtschafts-, sozial- und rechtshistorische Untersuchungen zur Industrialisierung in Deutschland, Frankreich, England und den USA*. Göttingen: Vandenhoeck & Ruprecht.

Horsefield, J. K. 1949. "The Bankers and the Bullionists in 1819." *Journal of Political Economy* 57, no. 5 (October): 442-448.

Horvath-Peterson, Sandra. 1984. *Victor Duruy and French Education: Liberal Reform in the Second Empire*. Baton Rouge: Louisiana State Univ. Press.

Houssaye, Henri. 1901. "Allocution." In *Annales internationales d'histoire*, vol. 1, *Histoire générale et diplomatique*, 5-8. International Congress of Historical Sciences, Paris, 1900. Paris: Lib. Armand Colin.

Howkins, Alun. 1977. "Edwardian Liberalism and Industrial Unrest: A Class View of the Decline of Liberalism." *History Workshop Journal*, no. 4 (Autumn): 143-161.

Hoxie, R. Gordon. 1955. *A History of the Faculty of Political Science, Columbia University*. New York: Columbia Univ. Press.

Hroch, Miroslav. 1968. *Die Vorkämpfer der nationalen Bewegung bei den kleinen Völkern Europas*. Prague: Univ. Karlova.

Hufton, Olwen. 1971. "Women in Revolution, 1789-1796." *Past and Present*, no. 53 (November): 90-108.

Hughes, H. Stuart. 1958. *Consciousness and Society: The Reorientation of European Social Thought, 1890-1930*. New York: Knopf.

Humphreys, R. A. 1965. "British Merchants and South American Independence." *Proceedings of the British Academy* 51:151-174.

Humphries, Jane. 1977. "Class Struggle and the Persistence of the Working-Class Family." *Cambridge Journal of Economics* 1, no. 3 (September): 241-258.

Huskisson, William. 1825. "Substance of Two Speeches Delivered in the House of Commons on the 21st and 25th March, 1825 . . . ." *Edinburgh Review* 42, no. 84 (August): 271-303.

Hyman, Richard. 1984. "Massenorganisation und Basismilitanz in Großbritanien 1888-1914." In *Auf dem Wege zur Massengewerkschaft*, ed. Wolfgang J. Mommsen and Hans-Gerhard Husung, 311-331. Stuttgart:

Ernst Klett.

Iggers, Georg G. 1958a. *The Cult of Authority, The Political Philosophy of the Saint-Simonians. A Chapter in the Intellectual History of Totalitarianism.* The Hague: Martinus Nijhoff.

_____. 1958b. *The Doctrine of Saint-Simon, An Exposition, First Year, 1828-1829.* Trans. with notes and introduction by Georg G. Iggers. Boston: Beacon Press.

_____. 1962. "The Image of Ranke in American and German Historical Thought." *History and Theory* 2, no. 1, 17-40.

_____. 1970. "Le Saint-Simonisme et la pensée autoritaire." *Économies et sociétés,* 4, no. 4 (April): 673-691.

_____. 1983. *The German Conception of History: The National Tradition of Historical Thought from Herder to the Present.* Rev. ed. Middleton, CT: Wesleyan Univ. Press.

Ignatiev, Noel. 1995. *How the Irish Became White.* New York: Routledge.

Iliasu, A. A. 1971. "The Cobden -Chevalier Commercial Treaty of 1860." *Historical Journal* 14, no. 1 (March): 67-98.

Imlah, Albert H. 1948. "Real Values in British Foreign Trade, 1798-1853." *Journal of Economic History* 8, no. 2 (November): 132-152.

_____. 1949. "The Fall of Protection in Britain." In *Essays in History and International Relations in Honor of George Hubbard Blakeslee,* ed. Dwight Erwin Lee, 306-320. Worcester, MA: Clark Univ. Publications.

_____. 1950. "The Terms of Trade of the United Kingdom, 1798-1913." *Journal of Economic History* 10, no. 2 (November): 170-194.

_____. 1952. "British Balance of Payments and Export of Capital, 1816-1913." *Economic History Review,* n.s., 5, no. 2, 208-239.

_____. 1958. *Economic Elements in the Pax Britannica: Studies in British Foreign Trade in the Nineteenth Century.* Cambridge, MA: Harvard Univ. Press.

Ivray, Jehan d'. 1928. *L'Aventure saint-simonienne et les femmes.* Paris: Félix Alcan.

Jacobitti, Edmund K. E. 1981. *Revolutionary Humanism and Historicism in Modern Italy.* New Haven, CT: Yale Univ. Press.

Jacquemyns, Guillaume. 1934. "Les Réactions contre l'individualisme de 1789 à 1848." *Revue de l'Université de Bruxelles* 39, no. 4 (May-July): 421-437.

Jacquey, Marie-Clotilde. 1988. *Images de Noir dans la littérature occidentale.* Vol. 1, *Du Moyen-Age à la conquête colonial.* Cultures Sud/Notre Librairie. Paris: La Documentation Française.

Janes, R. M. 1978. "On the Reception of Mary Wollstonecraft's *A Vindication of the Rights of Woman.*" *Journal of the History of Ideas* 39, no. 2 (April-June): 293-302.

Janowitz, Morris. 1972. "The Professionalization of Sociology." In *Varieties of Political Expression in Sociology,* ed. R. K. Merton, 105-135. Chicago: Univ. of Chicago Press.

Jardin, André, and André-Jean Tudesq. 1973. *Le France des notables.* 2 vols. Nouvelle histoire de la France contemporaine 6 and 7. Paris: Éd. du Seuil.

Jaurès, Jean. 1903. "La Doctrine saint-simonienne et le socialisme." *Revue socialiste* 38 (July-December): 129-149.

_____. 1968. *Histoire socialiste de la Révolution française.* Paris: Éd. Sociales.

Jayawardena, Kumari. 1986. *Feminism and Nationalism in the Third World.* Rev. ed. New Delhi: Kali for Women; London: Zed.

Jelarich, Barbara. 1976. "The Balkan Nations and the Greek War of Independence." In *Hellenism and the First Continuity and Change,* ed. N. P. Diamandouros, 157-169. Thessalonica: Institute for Balkan Studies.

Jenks, Leland H. 1927. *The Migration of British Capital to 1875*. New York: Knopf.

Jennings, Louis J., ed. 1884. *The Correspondence and Diaries of the Late Right Honorable John Wilson Croker, LL.D., F.R.S.* 3 vols. London: John Murray.

Jeremy, David J. 1977. "Damming the Flood: British Government Efforts to Check Outflow of Technicians and Machinery, 1780-1843." *Business History Review* 51, no. 1 (Spring): 1-34.

Jervis, Robert. 1992. "A Political Science Perspective on the Balance of Power and the Concert." *American Historical Review* 97, no. 3 (June): 716-724.

Johnson, Christopher H. 1966. "Etienne Cabet and the Problem of Class Antagonism." *International Review of Social History* 11, no. 3, 403-443.

_____. 1971. "Communism and the Working Class before Marx: The Icarian Experience." *American Historical Review* 76, no. 3 (June): 642-689.

_____. 1974. *Utopian Communism in France: Cabet and the Icarians, 1839-1851*. Ithaca, NY: Cornell Univ. Press.

_____. 1975. "The Revolution of 1830 in French Economic History." In *1830 in France*, ed. J. M. Merriman, 139-189. New York: Franklin Watts.

_____. 1983. "Response to J. Rancière, 'Le Mythe de l'Artisan.'" *International Labor and Working Class History*, no. 24 (Fall): 21-25.

Johnson, Richard. 1970. "Educational Policy and Social Control in Early Victorian England." *Past and Present*, no. 49 (November): 96-119.

Johnston, Hugh J. M. 1972. *British Emigration Policy, 1815-30: "Shovelling Out Paupers."* Oxford: Clarendon Press.

Joll, James, ed. 1950. *Britain and Europe: Pitt to Churchill, 1793-1940*. London: Nicholas Kaye.

Jones, Charles. 1980. " 'Business Imperialism' and Argentina, 1875-1900: A Theoretical Note." *Journal of Latin American Studies* 12, no. 2 (November): 437-444.

Jones, D. Caradog. 1941. "Evolution of the Social Survey in England since Booth." *American Journal of Sociology* 46, no. 6 (May): 818-825.

Jones, Gareth Stedman. 1971. *Outcast London: A Study in the Relationship between Classes in Victorian Society*. Oxford: Clarendon Press.

_____. 1977. "Society and Politics at the Beginning of the World Economy." *Cambridge Journal of Economics* 1, no. 1 (March): 77-92.

_____. 1983. *Languages of Class: Studies in English Working Class History, 1832-1982*. Cambridge: Cambridge Univ. Press.

_____. 1984. "Some Notes on Karl Marx and the English Labour Movement." *History Workshop Journal*, no. 18 (Autumn): 124-137.

Jones, Kathleen, and Françoise Vergès. 1991. "Women of the Paris Commune." *Women's Studies International Forum* 14, no. 5, 491-503.

Jones, Robert Alan, and Robert M. Anservitz. 1975. "Saint-Simon and Saint-Simonism: A Weberian View." *American Journal of Sociology* 80, no. 5 (March): 1095-1123.

Jordan, Constance. 1990. *Renaissance Feminism: Literary Texts and Political Models*. Ithaca, NY: Cornell Univ. Press.

Jordan, Winthrop D. 1968. *White over Black: American Attitudes toward the Negro, 1550-1812*. Chapel Hill: Univ. of North Carolina Press.

Jore, Léonce. 1959. *L'Océan pacifique au temps de la Restauration et de la Monarchie de Juillet, 1815-1848*. 2 vols. Paris: Éd. Besson & Chantemerle.

Jorland, Gérard. 2000. "L'Orient et le mythe du peuple primitif." In *Sciences, mythes et religions en Europe, Royaumont, 14-15 octobre 1997,* ed. D. Lecourt, 67-90. Luxembourg: European Communities.

Judt, Tony. 1986. *Marxism and the French Left: Studies in Labour and Politics in France, 1830-1981.* Oxford: Clarendon Press.

Juglar, Clément. 1862. *Des Crises commerciales et de leur retour périodique en France, en Angleterre et aux Etats-Unis.* Paris: Guillaumin.

Julien, Charles-André. 1981. Preface to *Toussaint Louverture: La Révolution française et le problème colonial,* by Aimé Césaire, 7-19. Paris: Présence Africaine.

Kadish, Alon. 1982. *The Oxford Economists in the Late Nineteenth Century.* Oxford: Clarendon Press.

Kalaora, Bernard, and Antoine Savoye. 1989. *Les Inventeurs oubliés.* Seyssel, France: Champ Vallon.

Kaplan, Marion A. 1979. *The Jewish Feminist Movement in Germany: The Campaigns of the Jüdischer Frauenbund, 1904-1938.* Westport, CT : Greenwood Press.

Kaplan, Steven L. 1979. "Réflexions sur la police du monde du travail, 1700-1818." *Revue historique,* 103e année, CCLXI, 1, no. 529 (January-March) : 17-77.

_____. 1993. *Adieu 89.* Paris: Fayard.

Karady, Victor. 1976. "Durkheim, les sciences sociales et l'Université, bilan d'un demiéchec." *Revue française de sociologie* 17, no. 2 (April-June): 267-312.

Karlsson, Gunnar. 1980. "Icelandic Nationalism and the Inspiration of History." In *The Roots of Nationalism: Studies in Northern Europe,* ed. R. Mitchison, 77-89. Edinburgh: John Donald.

Kasler, Dirk. 1984. *Die Frühe deutsche Sociologie 1909 bis 1934, und ihre Entstehungs-Milieux.* Opladen, Germany: Westdeutscher Verlag.

Katznelson, Ira. 1985. "Working-Class Formation and the State: Nineteenth-Century England in American Perspective." In *Bringing the State Back In,* ed. P. B. Evans et al., 257-284. Cambridge: Cambridge Univ. Press.

Kealey, Gregory S. 1980. *Toronto Workers Respond to Industrial Capitalism, 1867-1892.* Toronto: Univ. of Toronto Press.

Kedourie, Elie. 1985. *Nationalism.* 3rd ed. London: Hutchison.

Kehr, Eckart. 1965. "Englandhass und Weltpolitik." In *Der Primat der Innenpolitik: Gesammelte Aufsätze zur preussisch-deutschen Sozialgeschichte im 19. und 20. Jahrhunderts,* 149-175. Berlin: Walter de Gruyter.

Kelly, Gary. 1993. *Women, Writing, and Revolution, 1790-1827.* Oxford: Clarendon Press.

Kelly, Joan. 1982. "Early Feminist Theory and the *Querelle des Femmes,* 1400-1789." *Signs* 8, no. 1 (Autumn): 4-28.

_____. 1984. "Did Women Have a Renaissance?." In *Women, History and Theory: The Essays of Joan Kelly,* 19-50. Chicago: Univ. of Chicago Press.

Kemp, Betty. 1962. "Reflections on the Repeal of the Corn Laws." *Victorian Studies* 5, no. 3 (March): 189-204.

Kemp, Tom. 1971. *Economic Forces in French History.* London: Dennis Dobson.

Kennedy, Marie, and Chris Tilly. 1985. "At Arm's Length: Feminism and Socialism in Europe, 1890-1920." *Radical America* 19, no. 4, 35-51.

_____. 1987. "Socialism, Feminism and the Stillbirth of Socialist Feminism in Europe, 1890-1920." *Science and Society* 51, no. 1, 6-42.

Kennedy, Paul. 1987. *The Rise and Fall of the Great Powers: Economic Change and Military Conflict from 1500 to 2000.* New York: Random House.

Keylor, William R. 1975. *Academy and Community: The Foundation of the French Historical Profession*. Cambridge, MA: Harvard Univ. Press.

Keynes, John Maynard. 1926. *The End of Laissez-Faire*. London: Hogarth Press.

Kiernan, Victor. 1967. "Marx and India." In *The Socialist Register 1967*, 159-189. London: Merlin Press.

Kilmuir, Lord. 1960. "The Shaftesbury Tradition in Conservative Politics." *Journal of Law and Economics* 3 (October): 70-74.

Kindleberger, Charles P. 1951. "Group Behavior and International Trade." *Journal of Political Economy* 59, no. 1 (February): 30-46.

_____. 1961a. *Economic Growth in France and Britain, 1851-1950*. Cambridge, MA: Harvard Univ. Press.

_____. 1961b. "Foreign Trade and Economic Growth: Lessons from Britain and France, 1850 to 1913." *Economic History Review*, n.s., 14, no. 2 (December): 289-305.

_____. 1975. "The Rise of Free Trade in Western Europe, 1820-1875." *Journal of Economic History* 35, no. 1 (March): 20-55.

_____. 1984. "Financial Institutions and Economic Development: A Comparison of Great Britain and France in the Eighteenth and Nineteenth Centuries." *Explorations in Economic History* 21, no. 2 (April): 103-124.

Kintzler, Catherine. 1987. *Condorcet: L'Instruction publique et la naissance du citoyen*. Paris: Gallimard.

Kissinger, Henry A. 1973. *A World Restored*. Gloucester, MA: Peter Smith.

Kitson Clark, G. 1951a. "The Electorate and the Repeal of the Corn Laws." *Transactions of the Royal Historical Society*, 5th ser., 1:109-126.

_____. 1951b. "The Repeal of the Corn Laws and the Politics of the Forties." *Economic History Review*, n.s., 4, no. 1, 1-13.

_____. 1962. *The Making of Victorian England*. London: Macmillan.

_____. 1967. *An Expanding Society: Britain, 1830-1900*. Cambridge: At the University Press.

Klein, Ira. 1971. "English Free Traders and Indian Tariffs, 1874-1896." *Modern Asian Studies* 5, no. 3 (July): 251-271.

_____. 1980. "Prospero's Magic: Imperialism and Nationalism in Iran, 1909-1911." *Journal of Asian History* 14, no. 1, 47-71.

Kleinau, Elke. 1987. *Die Freie Frau: Soziale Utopien des frühen 19. Jahrhunderts*. Düsseldorf: Schwan.

Klejman, Laurence, and Florence Rochefort. 1989. *Légalité en marche: Le Féminisme sous la Troisième République*. Paris: Presses de la Fondation Nationale des Sciences Politiques.

Klima, Arnost. 1948. "La Révolution de 1848 en Bohème." In *Le Printemps des peuples: 1848 dans le monde*, ed. F. Fejtö, 2 :205-237. Paris: Éd. du Minuit.

Klinge, Matti. 1980. " 'Let Us Be Finns': The Birth of Finland's National Culture." In *The Roots of Nationalism: Studies in Northern Europe*, ed. R. Mitchison, 67-75. Edinburgh: John Donald.

Knibiehler, Yvonne. 1976. "Les médecins et la 'nature féminine' au temps du Code Civil." *Annales E.S.C.* 31, no. 4 (July-August): 824-845.

Knibiehler, Yvonne, and Catherine Fouquet. 1983. *La femme et les médicins*. Paris: Hachette.

Knight, David. 1984. *The Age of Science: The Scientific World-View of the Nineteenth Century*. Oxford: Basil Blackwell.

_____. 1990. "Romanticism and the Sciences." In *Romanticism and the Sciences*, ed. A. Cunningham and N. Jardine, 13-24. Cambridge: Cambridge Univ. Press.

Kocka, Jürgen. 1980. "The Study of Social Mobility and the Formation of the Working-Class in the Nineteenth Century." *Le mouvement social*, no. 111 (April-June): 97-117.

_____. 1984. "Craft Traditions and the Labour Movement in Nineteenth-Century Germany." In *The Power of the Past: Essays for Eric Hobsbawm*, ed. Pat Thane et al., 95-117. Cambridge: Cambridge Univ. Press.

_____. 1986. "Problems of Working-Class Formation in Germany: The Early Years, 1800-1875." In *Working-Class Formation: Nineteenth-Century Patterns in Western Europe and the United States*, ed. I. Katznelson and A. R. Zolberg, 279-351. Princeton, NJ: Princeton Univ. Press.

_____. 1988. "German History before Hitler: The Debate about the German *Sonderweg*." *Journal of Contemporary History* 23, no. 1 (January): 3-16.

_____. 1995. "The Middle Classes in Europe." *Journal of Modern History* 67 (December): 783-806.

Kocka, Jürgen, and Heinz-Gerhard Haupt. 1996. "Vecchie e nuove classi nell'Europa del XIX secolo." In *L'Età contemporanea, Secoli XIX-XX*, ed. P. Bairoch and E. J. Hobsbawm, 675-751. Vol. 5 of *Storia d'Europa*. Turin: Einaudi.

Koerner, Konrad. 1982. "Observations on the Sources: Transmission and Meaning of 'Indo-European' and Related Terms in the Development of Linguistics." In *Papers from the 3rd International Conference on Historical Linguistics*, ed. J. P. Maher et al., 153-180. Amsterdam: John Benjamins.

Kohlstedt, Sally Gregory. 1976. *The Formation of the American Scientific Community: The American Association for the Advancement of Science, 1848-1860*. Urbana: Univ. of Illinois Press.

Kohlstedt, Sally Gregory, Michael M. Sokal, and Bruce V. Lewenstein. 1999. *The Establishment of Science in America: 150 Years of the American Association for the Advancement of Science*. New Brunswick, NJ: Rutgers Univ. Press.

Kohn, Hans. 1946. *The Idea of Nationalism*. 3d printing, with additions. New York: Macmillan.

_____. 1956. *The Idea of Nationalism: A Study in Its Origins and Background*. New York: Macmillan.

_____. 1965. "Nationalism and Internationalism in the Nineteenth and Twentieth Centuries." In *Grands Thèmes. Comité International des Sciences Historiques. XIIe Congrès International des Sciences Historiques, Rapports*, 1:191-240. Horn/Vienna: F. Berger & Söhne.

Kolakowski, Leszek. 1978. *Main Currents of Marxism: Its Rise, Growth, and Dissolution*. 3 vols. Oxford: Clarendon Press.

Kollontai, Alexandra. 1971. "The Social Basis of the Woman Question." In *Selected Writings of Alexandra Kollontai*, 58-73. Translated [from the Russian] with an introduction and commentaries by Alix Holt. London: Allison & Busby.

Koonz, Claudia. 1987. *Mothers in the Fatherland: Women, the Family, and Nazi Politics*. New York: St. Martin's Press.

Koyré, Alexandre. 1946. "Louis de Bonald." *Journal of the History of Ideas* 7, no. 1 (January): 56-73.

Kraditor, Aileen S. 1965. *The Ideas of the Woman Suffrage Movement, 1890-1920*. New York: Columbia Univ. Press.

_____, ed. 1968. *Up from the Pedestal: Selected Writings in the History of American Feminism*. New York: Quadrangle Books.

Kraehe, Enno E. 1992. "A Bipolar Balance of Power." *American Historical Review* 97, no. 3 (June): 707-715.

Kriegel, Annie. 1979. "L' Association Internationale des Travailleurs (1864-1876)." In *Des Origines à 1875*, ed. J. Droz, 603-634. Vol. 1 of *Histoire générale du socialisme*. Paris: Univ. de France.

Kriegel, Annie, and Jean-Jacques Becker. 1964. *1914: La guerre et le mouvement ouvrier français*. Paris: Lib. Armand Colin.

Krug, Charles. 1899. *Le Féminisme et le droit civil français*. Nancy: Imp. Nancéienne.

Krüger, Dieter. 1987. "Max Weber and the 'Younger' Generation in the Verein für Sozialpolitik." In *Max Weber and His Contemporaries*, ed. W. J. Mommsen and J. Oberhammel, 71-87. London: Unwin Hyman.

Kuczynski, Jürgen. 1975. *Studien zu einer Geschichte der Gesellschaftswissenschaften.* Berlin: Akademie-Verlag.

Kuhn, Thomas. 1976. "Mathematical vs. Experimental Traditions in the Development of Physical Science." *Journal of Interdisciplinary History* 7, no. 1 (Summer): 1-31.

Kukiel, Marian. 1953. "La Révolution de 1830 et la Pologne." *Revue internationale d'histoire politique et constitutionnelle,* n.s., 3, no. 11 (July-September): 235-248.

Kulstein, David I. 1962. "The Attitude of French Workers towards the Second Empire." *French Historical Studies* 2, no. 3 (Spring): 356-375.

_____. 1964. "Bonapartist Workers during the Second Empire." *International Review of Social History* 9:226-234.

_____. 1969. *Napoleon III and the Working Class: A Study of Government Propaganda under the Second Empire.* N.p.: A Publication of the California State Colleges.

Kumar, Krishan. 1983. "Class and Political Action in Nineteenth-Century England: Theoretical and Comparative Perspectives." *Archives européennes de sociologie* 24, no. 1, 3-43.

Labrousse, Ernest. 1948. "Les Deux révolutions de 1848." *Revue socialiste,* n.s., nos. 17-18 (January-February): 1-6.

_____. 1949a. "1848-1830-1789: Comment naissent les revolutions." In *Actes du Congrès historique du Centenaire de la Révolution de 1848,* 1-20. Paris: Presses Univ. de France.

_____. 1949b. *Le mouvement ouvrier et les idées sociales en France le 1815 à la fin du XIXe siècle.* Les Cours de la Sorbonne. Paris: Centre de Documentation Universitaire.

_____. 1952. *Le Mouvement ouvrier et les théories sociales en France au XIXe siècle.* Les Cours de la Sorbonne. Paris: Centre de Documentation Universitaire.

_____. 1954. *Aspects de l'évolution économique et sociale de la France et du Royaume-Uni de 1815 à 1880.* 3 vols. Paris: Centre de Documentation Universitaire.

_____, ed. 1956a. *Aspects de la crise et de la dépression de l'économie française au milieu du XIX siècle, 1846-1851.* Bibliothèque de la Révolution de 1848, 19. La Roche-sur-Yon: Impr. Centrale de l'Ouest.

_____. 1956b. "Panoramas de la crise." In *Aspects de la crise et de la dépression de l'économie française au milieu du XIXe siècle, 1846-1851,* ed. E. Labrousse, iii-xxiv. Bibliothèque de la Révolution de 1848, vol. 19. La Roche-sur-Yon: Impr. Centrale de l'Ouest.

_____. 1976. "A Livre ouvert sur les élans et les vicissitudes des croissances." In *Histoire économique et sociale de la France, Tome 3, L'Avènement de l'ère industrielle (1789-années 1880),* 2:859-1024. Paris: Presses Univ. de France.

Lacour, Leopold. 1900. *Les Origines du féminisme contemporaine. Trois femmes et la Révolution: Olympe de Gouges, Théoigne de Mericourt, Rose Lacombe.* Paris: Plon-Nourrit.

Lacroix, Bernard. 1981. *Durkheim et la politique.* Paris: Presses de la Fondation Nationale des Sciences Politiques.

Laidler, David. 1987. "Bullionist Controversy." In *The New Palgrave: A Dictionary of Economics,* ed. J. Eatwell et al. London: Macmillan.

Lambi, Ivo Nikolai. 1963. *Free Trade and Protection in Germany, 1868-1879.* Vierteljahrschrift für Sozial-und Wirtschaftsgeschichte, Beihefte no. 44. Weisbaden: Franz Steiner Verlag.

Landauer, Carl. 1961. "The Guesdists and the Small Farmer: Early Erosion of French Marxism." *International Review of Social History* 6, pt. 2, 212-225.

Landes, David S. 1949. "French Entrepreneurship and Industrial Growth in the Nineteenth Century." *Journal of Economic History* 9, no. 1 (May): 45-61.

_____. 1956. "Vieille banque et banque nouvelle: La révolution financière du dix-neuvième siècle." *Revue d'histoire moderne et contemporaine* 3:204-222.

Landes, Joan B. 1981. "Feminism and the Internationals." *Telos*, no. 49 (Fall): 117-126.

_____. 1988. *Women and the Public Sphere in the Age of the French Revolution*. Ithaca, NY: Cornell Univ. Press.

Lange, David. 1977. "London in the Year of Revolutions, 1848." In *London in the Age of Reform*, ed. J. Stevenson, 177-211. Oxford: Basil Blackwell.

Langewiesche, Dieter. 1987. "The Impact of the German Labor Movement on Workers' Culture." *Journal of Modern History* 59, no. 3 (September): 506-523.

_____. 1993. "Liberalism and the Middle Classes in Europe." In *Bourgeois Society in Nineteenth-Century Europe*, ed. J. Kocka and A. Mitchell, 40-69. Oxford: Berg.

Lasch, Christopher. 1958. "The Anti-Imperialists, the Philippines, and the Inequality of Man." *Journal of Southern History* 24, no. 3 (August): 319-331.

Laslett, John H. M. 1964. "Reflections on the Failure of Socialism in the American Federation of Labor." *Mississippi Valley Historical Review* 50, no. 4 (March): 634-651.

_____. 1974. "Comment [on Daniel Bell]." In *Failure of a Dream? Essays in the History of American Socialism*, ed. J. H. M. Laslett and S. M. Lipset, 112-123. Garden City, NY: Anchor/Doubleday.

Lasserre, Adrien. 1906. *La Participation collective des femmes à la Révolution: Les antécédents du féminisme*. Paris: Félix Alcan.

Lazarsfeld, Paul F. 1961. "Notes on the History of Quantification in Sociology: Trends, Sources, and Problems." *ISIS* 52, pt. 2, no. 168 (June): 277-331.

Le Bon, Gustave. 1978 [1894]. *Les Lois psychologiques de l'évolution des peuples*. Paris: Les Amis de Gustave Le Bon.

Lebrun, Pierre. 1948. *L'industrie de la laine à Verviers pendant le XVIIIe et le début du XIXe siècles: Contribution à l'étude des origines de la révolution industrielle*. Faculté de Philosophie et Lettres, fasc. 114. Liège.

_____. 1961. "La rivoluzione industriale in Belgio: Strutturazione e destrutturazione delle economie regionali." *Studi storici* 2, nos. 3/4: 548-658.

Leclercq, Yves. 1991. "Les Débats d'orientation économique de la France (1815-1850)." *Cahiers de l'I.S.E.A.*, Series AF: Historie quantitative de l'économie française, no. 4 (July): 91-119.

Le Cour Grandmaison, Olivier. 1987. "La Citoyenneté à l'époque de la Constituante." *Annales historiques de la Révolution française*, nos. 269-270 (July-December): 248-265.

Lecuyer, Bernard-Pierre. 1983. "Les Statistiques démographiques et sociales et les statisticiens durant la Restauration." In *Sciences, médecines et technologies sous la Restauration*. Paris: Maison des Sciences de l'Homme.

_____. 1988. Preface to *Législation primitive considérée par la raison*, by L. de Bonald, i-vi. Paris: Jean-Michel Place.

Ledru-Rollin, A.-A. 1850. *De la décadence de l'Angleterre*. 2 vols. Paris: Escudier Frères.

Lee, Dwight E., and Robert N. Beck. 1954. "The Meaning of Historicism." *American Historical Review* 59, no. 3 (April): 568-577.

Lee, Richard E., and Immanuel Wallerstein, coord. 2004. *Overcoming the Two Cultures: Science versus the Humanities in the Modern World-System*. Boulder, CO: Paradigm.

Lee, W. R., and Eve Rosenhaft, eds. 1997. *State, Social Policy and Social Change in Germany, 1880-1994*. Updated and rev. 2nd ed. Oxford: Berg.

Lefkowitz, Mary R. 1996. "Ancient History, Modern Myths." In *Black Athena Revisited*, ed. M. R. Lefkowitz and G. M. Rogers, 5–23. Chapel Hill: Univ. of North Carolina Press.

_____. 1997. *Not Out of Africa: How Afrocentrism Became an Excuse to Teach Myth as History*. Rev. ed. New York: Basic Books.

Lefranc, Georges. 1930. "The French Railroads, 1823–1842." *Journal of Economic and Business History* 2, no. 2 (February): 299–331.

Lehning, Arthur. 1938. *The International Association, 1855–1859: A Contribution to the Preliminary History of the First International*. Leiden: E. J. Brill.

_____. 1970. *From Buonarroti to Bakunin: Studies in International Socialism*. Leiden: E. J. Brill.

Lemoine, Robert J. 1932. "Les Étrangers et la formation du capitalisme en Belgique." *Revue d'histoire économique et sociale* 20, no. 3, 252–336.

Lentini, Orlando, ed. 1981. *La Sociologia italiana nell'età del positivismo*. Bologna: Il Mulino.

Léon, Pierre. 1960. "L'industrialisation en France en tant que facteur de croissance économique, du début du XXVIIIe siècle à nos jours." In *Première conférence internationale d'histoire économique*, 165–204. Paris and The Hague: Mouton.

Léon, Pierre, François Crouzet, and Richard Gascon, eds. 1972. *L'Industrialisation en Europe au XIXe siècle, Cartographie et typologie. Colloque International du C.N.R.S., Lyon, 7–10 Octobre, 1970*. Paris: Éd. du C.N.R.S.

Leopold, Joan. 1970. "The Aryan Theory of Race in India, 1870–1920: Nationalist and Internationalist Visions." *Indian Economic and Social History Review* 7, no. 2 (June): 271–297.

_____. 1974. "British Applications of the Aryan Theory of Race to India, 1850–1870." *English Historical Review* 89, no. 352, 578–603.

Lepenies, Wolf. 1989. *Between Literature and Science: The Rise of Sociology*. Cambridge: Cambridge Univ. Press. [Originally published as *Die Drei Kulturen*.]

Lerner, Gerda. 1993. *The Creation of Feminist Consciousness: From the Middle Ages to Eighteen-seventy*. New York: Oxford Univ. Press.

Leslie, R. F. 1952. "Polish Political Divisions and the Struggle for Power at the Beginning of the Insurrection of November 1830." *Slavonic Review* 31, no. 76 (December): 113–132.

_____. 1956. *Polish Politics and the Revolution of November 1830*. London: Athlone Press.

Leuilliot, Paul. 1953. "Notes et remarques sur l'histoire économique et social de la France, sous la Restauration." *Revue de synthèse*, n.s., 33 (74, sér. gén.) (July–December): 149–172.

Le Van-Mesle, Lucette. 1980. "La Promotion de l'économie politique en France au XIXe siècle, jusqu'à son introduction dans les facultés (1815–1881)." *Revue d'histoire moderne et contemporaine* 27 (April–June): 270–294.

Levasseur, Emile. 1903–1904. *Histoire des classes ouvrières et de l'industrie en France de 1789 à 1870*. 2nd ed. entièrement refondue. 3 vols. Paris: A. Rousseau.

Levy, Darline Gay, et al., eds. 1979. *Women in Revolutionary Paris, 1789–1795: Selected Documents*. Urbana: Univ. of Illinois Press.

Lévy-Leboyer, Maurice. 1964. *Les Banques européennes et l'industrialisation internationale dans la première moitié du XIXe siècle*. Paris: Presses Univ. de France.

_____. 1968a. "La Croissance économique en France au XIXe siècle: Résultats préliminaires." *Annales E.S.C.* 23, no. 4 (July–August): 788–807.

_____. 1968b. "Le Processus d'industrialisation: Le Cas de l'Angleterre et la France." *Revue historique*, 92e année, CCXXXIX (April–June): 281–298.

_____. 1970. "L'Héritage de Simiand: Prix, profit et termes d'échange au XIXe siècle." *Revue historique*, 94e année, no. 243 (January–March): 77–120.

_____. 1971. "La Décélération de l'économie française dans la seconde moitié du XIXe siècle." *Revue d'histoire économique et sociale* 49, no. 4, 485–507.

Lévy-Leboyer, Maurice, and François Bourguignon. 1985. *L'Économie française au XIXe siècle: Analyse macro-économique*. Paris: Economica.

Lewis, Gordon K. 1978. *Slavery, Imperialism, and Freedom: Studies in English Radical Thought*. New York: Monthly Review Press.

_____. 1983. *Main Currents in Caribbean Thoughts: The Historical Evolution of Caribbean Society in Its Ideological Aspects, 1492–1900*. Baltimore: Johns Hopkins Univ. Press.

Lewis, Jane. 1984. *Women in England 1870–1950: Sexual Divisions and Social Change*. Brighton, UK: Wheatsheaf Books.

_____, ed. 1987. *Before the Vote Was Won: Arguments for and against Women's Suffrage*. London: Routledge & Kegan Paul.

Lewis, W. A. 1957. "International Competition in Manufacturers." *American Economic Review* 47, no. 2, 578–587.

Lhomme, Jean. 1960. *La Grande bourgeoisie au pouvoir (1830–1880)*. Paris: Presses Univ. de France.

Lichtheim, George. 1969. *The Origins of Socialism*. London: Weidenfeld & Nicolson.

Liddington, Jill, and Jill Norris. 1984. *One Hand Tied Behind Us: The Rise of the Women's Suffrage Movement*. Reprinted and corrected ed. London: Virago.

Lidtke, Vernon. 1980. "The Formation of the Working Class in Germany." *Central European History* 13, no. 4 (December): 393–400.

Lincoln, Andrew. 1980. "Through the Undergrowth: Capitalist Development and Social Formation in 19th Century France." In *People's History and Socialist Theory*, ed. R. Samuel, 255–267. London: Routledge & Kegan Paul.

Lindenlaub, Dieter. 1967. *Richtungskämpfe im Verein für Sozialpolitik: Vierteljahresschaft für Sozial- und Wirtschartsgeschichte*. Beiheft no. 53. Wiesbaden: Franz Steiner Verlag.

Lindholm, Marika. 1991. "Swedish Feminism, 1835–1945: A Conservative Revolution." *Journal of Historical Sociology* 4, no. 2 (June): 121–142.

Linebaugh, Peter, and Marcus Rediker. 1990. "The Many Headed Hydra: Sailors, Slaves and the Atlantic Working Class in the Eighteenth Century." *Journal of Historical Sociology* 3, no. 3 (September): 225–522.

Lipset, S. M. 1983. "Radicalism or Reformism: The Sources of Working-Class Politics." *American Political Science Review* 77, no. 1 (March): 1–18.

Lis, Catharine, and Hugo Soly. 1977. "Food Consumption in Antwerp between 1807 and 1859: A Contribution to the Standard of Living Debate." *Economic History Review*, 2nd. ser., vol. 30, no. 3: 460–486.

Lisanti, Nicola. 1979. "La Nascità del movimento operaio, 1815–1860." In *Dall'Età preindustriale alla fine dell'Ottocento*, ed. A. Agosti and G. M. Bravo, 219–267. Vol. 1 of *Storia del movimento operaio, del socialismo e delle lotte sociale in Piemonte*. Bari: De Donato.

Lissagaray, Prosper-Olivier. 1976. *Histoire de la Commune de 1871*. Paris: La Découverte.

Lladonosa, Manuel, and Joaquím Ferrer. 1977. "Nacionalisme català i reformisme social en els treballadors mercantila a Barcelona entre 1903 i 1939. El C.A.D.C.I." In *Teoría y práctica del movimiento obrero en España, 1900–1936*, ed. A. Balcells, 281–329. Valencia: Fernando Torres, Ed.

Locke, John. 1965 [1689]. *Two Treatises of Government*. New York: New American Library/Mentor.

Logue, William. 1979. "Sociologie et politique: Le Libéralisme de Célestin Bouglé." *Revue française de sociologie* 20, no. 1 (January–March): 141–161.

_____. 1983. *From Philosophy to Sociology: The Evolution of French Liberalism, 1870–1914*. De Kalb: Northern Illinois Univ. Press.

Longuet, Jean. 1913. *Le Mouvement socialiste international*. Paris: A. Quillet.

Lora, Guillermo. 1990. *A History of the Bolivian Labour Movement, 1848–1971*. Cambridge: Cambridge Univ. Press.

Lorimer, Douglas A. 1978. *Colour, Class, and the Victorians: English Attitudes to the Negro in the Mid-Nineteenth Century*. Leicester, UK: Leicester Univ. Press.

_____. 1990. "Nature, Racism, and Late Victorian Science." *Canadian Journal of History* 25, no. 3 (December): 369–385.

Lorwin, Val. 1958. "Working-Class Politics and Economic Development in Western Europe." *American Historical Review* 63, no. 2 (January): 338–351.

Louis, Paul. 1905. *Le Colonialisme*. Bibliothèque Socialiste, no. 36. Paris: Société Nouvelle de Librairie et d'Edition.

Lovett, Clara M. 1982. *The Democratic Movement in Italy, 1830–1876*. Cambridge, MA: Harvard Univ. Press.

Lowi, Theodore J. 1985. Foreword to *Disenchanted Realists, Political Science and the American Crisis, 1884–1984*, by R. Seidelman, vii–xvii. Albany: State Univ. of New York Press.

Löwy, Michael. 1974. "Le Problème de l'histoire (remarques de théorie et de méthode)." In *Les Marxistes et la question nationale, 1848–1914*, by G. Haupt et al., 370–391. Paris: Maspéro.

Lukes, Steven. 1973. *Individualism*. Oxford: Basil Blackwell.

Lutfalla, Michel. 1972. "Aux Origines du libéralisme économique en France, Le 'Journal des Economistes.' Analyse du contenu de la première série, 1841–1853." *Revue d'histoire économique et social* 50, no. 4, 494–517.

Luzzatto, Gino. 1948. "Aspects sociaux de la Révolution de 1848 en Italie." *Revue socialiste*, n.s., nos. 17–18 (January–February): 80–86.

Lyon, Peyton V. 1961. "Saint-Simon and the Origins of Scientism and Historicism." *Canadian Journal of Economics and Political Science* 27, no. 1 (February): 55–63.

Lytle, Scott H. 1955. "The Second Sex (September, 1793)." *Journal of Modern History* 27, no. 1 (March): 14–26.

Lyttleton, Adrian. 1993. "The National Question in Italy." In *The National Question in Europe in Historical Context*, ed. M. Teich and R. Porter, 63–105. Cambridge: Cambridge Univ. Press.

MacCoby, S., ed. 1952. *The English Radical Tradition, 1763–1914*. London: Nicholas Kaye.

MacDonagh, Oliver. 1958. "The Nineteenth Century Revolution in Government: A Reappraisal." *Historical Journal* 1, no. 1, 52–67.

_____. 1962. "The Anti-Imperialism of Free Trade." *Economic History Review*, n.s., 14, no. 3 (April): 489–501.

_____. 1981. "Ambiguity in Nationalism: The Case of Ireland." *Historical Studies* 19, no. 76 (April): 337–352.

Macpherson, C. B. 1962. *The Political Theory of Possessive Individualism: Hobbes to Locke*. Oxford: Clarendon Press.

Maehl, William. 1952. "The Triumph of Nationalism in the German Socialist Party on the Eve of the First World War." *Journal of Modern History* 24, no. 1 (March): 15–41.

Magraw, Roger. 1985. *France, 1815–1914: The Bourgeois Century*. Fontana History of Modern France.

London: Fontana Press/Collins.

Maier, Charles S. 1992. "Democracy since the French Revolution." In *Democracy, the Unfinished Journey: 500 b.c. to a.d. 1993*, ed. John Dunn, 125-153. Oxford: Oxford Univ. Press.

Malefakis, Edward. 1977. "Un Análisis comparativo del movimiento obrero en España e Italia." In *Teoría y práctica del movimiento obrero en España, 1900-1936*, ed. A. Balcells, 95-111. Valencia: Fernando Torres, Éd.

Maloney, John. 1985. *Marshall, Orthodoxy and the Professionalisation of Economics*. Cambridge: Cambridge Univ. Press.

Manacorda, Gaston. 1981. Remarks in *Jaurès et la classe ouvrière*, 184-186. Collection mouvement social. Paris: Ed. Ouvrières.

Mann, Michael. 1970. "The Social Cohesion of Liberal Democracy." *American Sociological Review* 35, no. 3 (June): 423-431.

Manning, D. J. 1976. *Liberalism*. London: J. M. Dent & Sons.

Manuel, Frank E. 1956. *The New World of Henri Saint-Simon*. Cambridge, MA: Harvard Univ. Press.

Marcuse, Herbert. 1974. "Marxism and Feminism." *Women's Studies* 2, no. 3, 279-288.

Marczewski, Jean. 1961. "Y a-t-il eu un 'take off' en France?" *Cahiers de l'I.S.E.A.*, Series AD: Évolution des techniques et progrès de l'économie, no. 1 (February): 69-94.

_____. 1963. "The Take-Off Hypothesis and French Experience." In *The Economics of Take-Off into Sustained Growth*, ed. W. W. Rostow, 119-138. London: Macmillan.

_____. 1965. "Le Produit physique de l'économie française de 1789 à 1913 (comparison avec la Grande-Bretagne)." *Cahiers de l'I.S.E.A.*, Series AF: Historie quantitative de l'économie française, no. 4 (July): vii-cliv.

_____. 1987. "Préface" to "Le Produit intérieur brut de la France de 1789 à 1982," by Jean-Claude Toutain. *Cahiers de l'I.S.M.E.A.*, Series AF: Historie quantitative de l'économie française, no. 15 (May): 3-48.

Marichal, Juan. 1955. "España y las raíces semánticas del liberalismo." *Cuadernos*, no. 11 (March-April): 53-60.

_____. 1956. "The French Revolution Background in the Spanish Semantic Change of 'Liberal.'" In *American Philosophical Society Yearbook 1955*, 291-293. Philadelphia: American Philosophical Society.

Markovitch, Timohir J. 1965. "La crise de 1847-1848 dans les industries parisiennes." *Revue d'histoire économique et social* 43, no. 2, 256-260.

_____.1966. "L'Industrie française de 1789 à 1964: Conclusions générales." *Cahiers de l'I.S.E.A*, Series AF: Histoire quantitative de l'économie française, no. 7 (November).

_____. 1967. "Le revenu industriel et artisanal sous la Monarchie de juillet et le Second Empire." *Cahiers de l'I.S.E.A*, Series AF: Histoire quantitative de l'économie française, no. 8 (April).

Marks, Harry J. 1939. "The Sources of Reformism in the Social Democratic Party of Germany, 1890-1914." *Journal of Modern History* 11, no. 3 (September): 334-356.

Marriott, Sir J. A. R. 1918. *The Eastern Question: An Historical Study in European Diplomacy*. 2nd ed. Oxford: Clarendon Press.

Marrus, Michael R. 1972. "French Jews, the Dreyfus Affair, and the Crisis of French Society." In *Modern European Social History*, ed. R. J. Bezucha, 335-353. Lexington, MA: D. C. Heath.

Marshall, Alfred. 1892. "Reply" [to "The Perversion of Economic History"], *Economic Journal* 2, no. 3 (September): 507-519.

_____. 1921. *Industry and Trade*. London: Macmillan.

Marshall, Susan E. 1986. "In Defense of Separate Spheres: Class and Status Politics in the Antisuffrage

Movement." *Social Forces* 65, no. 2 (December): 327-351.

Martin, Gaston. 1948. *L'Abolition de l'esclavage (27 avril 1848)*, Collection du Centenaire de la Révolution De 1848. Paris: Presses Univ. de France.

Martin, Kingsley. 1963. *The Triumph of Lord Palmerston*. Rev. ed. London: Hutchison.

Martin, Wendy. 1972. *The American Sisterhood: Writings of the Feminist Movement from Colonial Times to the Present*. New York: Harper & Row.

Marx, Karl, and Frederick Engels. 1976. "Manifesto of the Communist Party." In *Collected Works*, vol. 6, *Marx and Engels, 1845-1848*, 477-519. New York: International Publishers.

Mason, E. S. 1931. "Saint-Simonism and the Rationalisation of Industry." *Quarterly Journal of Economics* 45 (August): 640-683.

Mastellone, Salvo. 1957. *La Politica estera del Guizot (1840-1847)*. Florence: La Nuova Italia.

Masure, Auguste. 1892-1893. "La Reconnaissance de la monarchie de juillet." 2 pts. *Annales de l'École Libre de Sciences Politiques* 7 (October 1892): 696-721; 8 (January 1893): 72-117.

Mathias, Eric. 1971. "The Social Democratic Working-Class Movement and the German National State Up to the End of World War I." In *Mouvements nationaux d'indépendance et classes populaires aux XIXe et XXe siècles en Occident et en Orient*, 1:175-183. Paris: Lib. Armand Colin.

Matoré, Georges. 1967. *Le Vocabulaire et la société sous Louis-Philippe*. 2nd ed. Geneva: Slatkine Reprints.

Matthew, H. C. G. 1973. *The Liberal Imperialists: The Ideas and Politics of a Post-Gladstonian Elite*. London: Oxford Univ. Press.

———. 1979. "Disraeli, Gladstone, and the Policy of Mid-Victorian Budgets." *Historical Journal* 22, no. 3 (September): 615-643.

Mawet, Francine. 2000. "Inde, réponses ou questions?" In *Modèles linguistiques et idéologies, 'Indo-Européen,'* ed. S. Vanséveren, 61-84. Brussels: Éd. Ousia.

May, Arthur J. 1948. "L'Amérique et les révolutions du milieu du siècle dernier." In *Le Printemps des peuples: 1848 dans le monde*, ed. F. Fejtö, 2:395-434. Paris: Éd. du Minuit.

May, Martha. 1982. "The Historical Problem of the Family Wage: The Ford Motor Company and the Five Dollar Day." *Feminist Studies* 8, no. 2 (Summer): 399-424.

Mayer, Arno J. 1969. "Internal Courses and Purposes of War, 1870-1956: A Research Assignment." *Journal of Modern History* 41, no. 3 (September): 291-303.

———. 1981. *The Persistence of the Old Regime: Europe to the Great War*. New York: Pantheon.

McBride, Theresa M. 1976. *The Domestic Revolution: The Modernization of Household Science in England and France, 1820-1920*. London: Croom Helm.

McCalman, Iain. 1986. "Anti-slavery and Ultra Radicalism in Early Nineteenth-Century England: The Case of Robert Wedderburn." *Slavery and Abolition* 7, no. 2 (September): 99-117.

McClelland, Charles E. 1980. *State, Society, and University in Germany, 1700-1914*. Cambridge: Cambridge Univ. Press.

McCloskey, Donald N. 1971. "International Differences in Productivity? Coal and Steel in America and Britain before World War I." In *Essays on a Mature Economy: Britain after 1840*, ed. D. N. McCloskey, 285-304. London: Methuen.

———. 1980. "Magnanimous Albion: Free Trade and British National Income, 1841-1881." *Explorations in Economic History* 17, no. 3 (July): 303-320.

McCloskey, Donald N., and Kars G. Sandberg. 1971. "From Damnation Entrepreneur." *Explorations in Entrepreneurial History* 9, no. 1 (Fall): 89-108.

McCloskey, Donald N., and J. Richard Zesher. 1976. "How the Gold Standard Worked, 1880-1913." In

The Monetary Approach to the Balance of Payments, ed. J. A. Frenkel and H. G. Johnson, 357-385. London: George Allen & Unwin.

McCord, Norman. 1958. *The Anti-Corn Law League, 1838-1846*. London: George Allen & Unwin.

McCormmach, Russell. 1974. "On Academic Scientists in Wilhelmian Germany." *Daedalus* 103, no. 3, 157-171.

McDougall, Mary Lynn. 1978. "Consciousness and Community: The Workers of Lyon, 1830-1850." *Journal of Social History* 14, no. 1 (Fall): 129-145.

McGregor, O. R. 1957. "Social Research and Social Policy in the Nineteenth Century." *British Journal of Sociology* 8, no. 2 (June): 146-157.

McGrew, William W. 1976. "The Land Issue in the Greek War of Independence." In *Hellenism and the First Greek War of Liberation (1821-1830): Continuity and Change*, ed. N. P. Diamandouros, 111-129. Thessaloniki: Institute for Balkan Studies.

McKenzie, Robert, and Allan Silver. 1968. *Angels in Marble: Working Class Conservatives in Urban England*. London: Heinemann.

McLaren, Angus. 1978a. "Abortion in France: Women and the Regulation of Family Size, 1800-1914." *French Historical Studies* 10, no. 3 (Spring): 461-485.

_____. 1978b. *Birth Control in Nineteenth-Century England*. London: Croom Helm.

McMillan, James F. 1981a. "Clericals, Anticlericals and the Women's Movement in France under the Third Republic." *Historical Journal* 24, no. 2, 361-376.

_____. 1981b. *Housewife or Harlot: The Place of Women in French Society, 1870-1940*. Brighton, Sussex, UK: Harvester Press.

Meek, Ronald L. 1967. "The Scottish Contribution to Marxist Sociology." *In Economics and Ideology and Other Essays*, 34-50. London: Chapman & Hall.

_____. 1976. *Social Science and the Ignoble Savage*. Cambridge: Cambridge Univ. Press.

Melder, Keith. 1977. *The Beginnings of Sisterhood: The American Woman's Rights Movement, 1800-1850*. New York: Schocken Books.

Mellon, Stanley. 1958. *The Political Uses of History: A Study of Historians in the French Restoration*. Stanford, CA: Stanford Univ. Press.

Mellor, G. R. 1951. *British Imperial Trusteeship, 1783-1850*. London: Faber & Faber.

Menager, Bernard. 1981. "Forces et limites du bonapartisme populaire en milieu ouvrier sous le Second Empire." *Revue historique*, 105e année, CCLXV, 2, no. 538 (April-June): 371-388.

Merle, Marcel, ed. 1969. *L'Anticolonialisme européen de Las Casas à Marx*. Textes choisis et présentés. Collection U. Paris: Lib. Armand Colin.

Merrill, Lynn L. 1989. *The Romance of Victorian Natural History*. New York: Oxford Univ. Press.

Merriman, John M. 1975. "Radicalism and Repression: A Study of the Demobilisation of the 'Democ-Socs' during the Second French Republic." In *Revolution and Reaction: 1848 and the Second French Republic*, ed. R. Price, 210-235. London: Croom Helm.

_____. 1978. *Agony of the Republic: The Depression of the Left in Revolutionary France, 1848-1851*. New Haven, CT: Yale Univ. Press.

Meyssonier, Simone. 1989. *La Balance et l'horloge: La Genèse de la pensée libérale en France au XVIIIe siècle*. Montreuil: Éd. de la Passion.

Michaud, Stéphane, ed. 1984. *Un Fabuleux destin, Flora Tristan. Actes Du Premier Colloque International Flora Tristan, Dijon, 3 et 4 mai 1984*. Dijon: Éd. Univ. de Dijon.

Michelet, Jules. 1860. *La Femme*. 3rd ed. Paris: Hachette.

Michels, Roberto. 1908. *Il Proletariato e la borghesia nel movimento socialista italiana*. Turin: Fratelli Bocca, Ed.

Michie, Ranald. 1993. "The City of London and International Trade, 1850–1914." In *Decline and Recovery in Britain's Overseas Trade, 1873–1914*, ed. D. C. M. Platt et al., 21–63. London: Macmillan.

Middleton, Lucy, ed. 1977. *Women in the Labour Movement: The British Experience*. London: Croom Helm.

Mill, John Stuart. 1849. "The French Revolution of 1848, and Its Assailants." *Westminster Review* LI, April–July, 1–47. [Published anonymously.]

———. 1970. "The Subjection of Women." In *Essays on Sex Equality by John Stuart Mill and Harriet Taylor Mill*, ed. A. Rossi, 123–242. Chicago: Univ. of Chicago Press.

Miller, Sally M., ed. 1981. *Flawed Liberation: Socialism and Feminism*. Westport, CT: Greenwood Press.

Milward, Alan S., and S. B. Saul. 1973. *The Development of the Economics of Continental Europe, 1850–1914*. London: George Allen & Unwin.

Mink, Gwendolyn. 1986. *Old Labor and New Immigrants in American Political Development: Union, Party, and State, 1875–1920*. Ithaca, NY: Cornell Univ. Press.

———. 1990. "The Lady and the Tramp: Gender, Race, and the Origins of the American Welfare State." In *Women, the State and Welfare*, ed. L. Gordon, 92–122. Madison: Univ. of Wisconsin Press.

Minogue, K. R. 1963. *The Liberal Mind*. London: Methuen.

Mitchison, Rosalind. 1980. "Nineteenth Century Scottish Nationalism: The Cultural Background." In *The Roots of Nationalism: Studies in Northern Europe*, ed. R. Mitchison, 131–142. Edinburgh: John Donald.

Mock, Wolfgang. 1981. "The Function of 'Race' in Imperialist Ideologies: The Example of Joseph Chamberlain." In *Nationalist and Racialist Movements in Britain and Germany before 1914*, ed. P. Kennedy and A. Nicholls, 190–203. Basingstoke, UK: Macmillan.

Mokyr, Joel. 1974. "The Industrial Revolution in the Low Countries in the First Half of the Nineteenth Century." *Journal of Economic History* 34, no. 2: 365–391.

Mokyr, Joel, and John V. C. Nye. 1990. "La Grande quantification" [review of *L'Économie française au XIXe siècle*, by M. Lévy-Leboyer and F. Bourgnigon], *Journal of Economic History* 50, no. 1 (March): 172–176.

Molnár, Miklós. 1971. "Mouvements d'indépendance en Europe: Rôle de la question agraire et du niveau de culture." In *Mouvements nationaux d'indépendance et classes populaires aux XIXe et XXE siècles en Occident et en Orient*, ed. E. Labrousse, 217–227. Comité International des Sciences Historiques, Commission Internationale d'Histoire des Mouvement Sociaux et des Structures Sociales. Paris: Lib. Armand Colin.

———. 1975. *Marx, Engels et la politique internationale*. Paris: Gallimard.

Mommsen, Hans. 1979. *Arbiterbewegung und nationale Frage; ausgew. Aufsätze*. Göttingen: Vandenhoek & Ruprecht.

Mommsen, Wolfgang J., and Jürgen Osterhammel, eds. 1985. *Imperialism and After: Continuities and Discontinuities*. London: George Allen & Unwin.

Montgomery, David. 1980. "Strikes in Nineteenth-Century America." *Social Science History* 4, no. 1 (Winter): 81–104.

Mooers, Colin. 1991. *The Making of Bourgeois Europe: Absolutism, Revolution, and the Rise of Capitalism in England, France and Germany*. London: Verso.

Moore, David Chioni, ed. 2001. *Black Athena Writes Back: Martin Bernal Responds to His Critics*. Durham, NC: Duke Univ. Press.

Moore, David Cresap. 1961. "The Other Face of Reform." *Victorian Studies* 5, no. 1 (September): 7–34.

____. 1965. "The Corn Laws and High Farming." *Economic History Review*, n.s., 18, no. 3 (December): 544-561.

____. 1967. "Social Structure, Political Structure, and Public Opinion in Mid-Victorian England." In *Ideas and Institutions of Victorian Britain*, ed. Robert Robson, 20-57. London: G. Bell & Sons.

Moore, R. J. 1964. "Imperialism and 'Free Trade' Policy in India, 1853-54." *Economic History Review*, n.s., 17, no. 1 (August): 135-145.

Moorhouse, H. F. 1973. "The Political Incorporation of the British Working Class: An Interpretation." *Sociology* 7, no. 3 (September): 341-359.

____. 1975. "On the Political Incorporation of the Working Class: Reply to Gray." *Sociology* 9, no. 1 (January): 105-110.

____. 1978. "The Marxist Theory of the Labour Aristocracy." *Social History* 3, no. 1 (January): 61-82.

Moravio, Sergio. 1980. "The Enlightenment and the Sciences of Man." *History of Science* 18, pt. 4, no. 142 (December): 247-268.

Morazé, Charles. 1957. *Les Bourgeois conquérants, XIX siècle*. Paris: A. Colin.

Morgan, David. 1975. *Suffragists and Liberals: The Politics of Women Suffrage in England*. Oxford: Blackwell.

Morgan, E. Victor. 1965. *The Theory and Practice of Central Banking, 1797-1913*. London: Frank Cass.

Morley, Charles. 1952. "The European Significance of the November Uprising." *Journal of Central European Affairs* 11, no. 4 (January): 407-416.

Morrell, Jack, and Arnold Thackray. 1981. *Gentlemen of Science: Early Years of the British Association for the Advancement of Science*. Camden Fourth Series 30. Oxford: Clarendon Press.

Moses, Claire Goldberg. 1982. "Saint-Simonian Men/Saint-Simonian Women: The Transformation of Feminist Thought in 1830s' France." *Journal of Modern History* 54, no. 2 (June): 240-267.

____. 1984. *French Feminism in the Nineteenth Century*. Albany: State Univ. of New York Press.

____. 1992. "Debating the Present, Writing the Past: 'Feminism' in French History and Historiography." *Radical History Review*, no. 52 (Winter): 79-84.

Moses, John A. 1990. *Trade Union Theory from Marx to Walesa*. New York: Berg.

Moses, Wilson J. 1978. *The Golden Age of Black Nationalism, 1850-1925*. Hamden, CT: Archon.

Moss, Bernard H. 1975a. "Parisian Workers and the Origins of Republican Socialism, 1830-1833." In *1830 in France*, ed. J. M. Merriman, 203-221. New York: Franklin Watts.

____. 1975b. "Parisian Producers' Associations (1830-51): The Socialism of Skilled Workers." In *Revolution and Reaction: 1848 and the Second French Republic*, ed. R. Price, 73-86. London: Croom Helm.

____. 1976. *The Origins of the French Labor Movement, 1830-1914: The Socialism of Skilled Workers*. Berkeley: Univ. of California Press.

Mosse, George L. 1947. "The Anti-League, 1844-1846." *Economic History Review* 17, no. 2, 134-142.

____. 1985. *Nationalism and Sexuality: Respectability and Abnormal Sexuality in Modern Europe*. New York: Howard Fertig.

Mouralis, Bernard. 1987. "Le Concept du primitif: L'Europe, productrice d'une science des autres." *Notre Librairie*, no. 90 (October-December): 86-91.

Muret, Maurice. 1925. *La Crépuscule des nations blanches*. Paris: Payot.

Murphy, Marjorie. 1986. "The Aristocracy of Women's Labor in Autumn." *History Workshop Journal*, no. 22 (Autumn): 56-69.

Musson, A. E. 1959. "The Great Depression in Britain, 1873-1896: A Reappraisal." *Journal of Economic History* 19, no. 2 (June): 199-228.

____. 1963. "British Growth during the Great Depression (1873-96): Some Comments." *Economic History Review*, n.s., 15, no. 3, 529-533.

____. 1964. "British Industrial Growth, 1873-96: A Balanced View." *Economic History Review*, n.s., 17, no. 2 (December): 397-403.

____. 1972a. *British Trade Unions, 1800-1875*. London: Macmillan.

____. 1972b. "The 'Manchester School' and Exportation of Machinery." *Business History* 14, no. 1 (January): 17-50.

____. 1976. "Class Struggle and the Labour Aristocracy, 1830-60." *Social History* 1, no. 3 (October): 335-356.

Myers, John Lynton. 1916. "The Influence of Anthropology on the Course of Political Science." *University of California Publications in History* 4, no. 1 (February 29): 1-81.

Neale, R. S. 1972. *Class and Ideology in the Nineteenth Century*. London: Routledge & Kegan Paul.

Neff, Emery. 1926. *Carlyle and Mill: Mystic and Utilitarian*. New York: Columbia Univ. Press.

Neuman, R. P. 1974. "The Sexual Question and Social Democracy in Imperial Germany." *Journal of Social History*, no. 7 (Spring): 271-286.

Newbold, J. T. Walton. 1932. "The Beginnings of the World Crisis, 1873-96." *Economic Journal (Economic History)* 2, no. 7 (January): 425-441.

Newell, William H. 1973. "The Agricultural Revolution in Nineteenth Century France." *Journal of Economic History* 33, no. 4 (December): 697-731.

Newman, Edgar Leon. 1974. "The Blouse and the Frock Coat: The Alliance of the Common People of Paris with the Liberal Leadership in the Middle Class during the Last Years of the Bourbon Restoration." *Journal of Modern History* 46, no. 1 (March): 26-59.

____. 1975. "What the Crowd Wanted in the French Revolution of 1830." In *1830 in France*, ed. J. M. Merriman, 17-41. New York: Franklin Watts.

Newman, Gerald. 1987. *The Rise of English Nationalism: A Cultural History, 1740-1830*. New York: St. Martin's.

Newsinger, John. 1979. "Revolution and Catholicism in Ireland, 1848-1923." *European Studies Review* 9, no. 4 (October): 457-480.

Neyer, Joseph. 1960. "Individualism and Socialism in Durkheim." In *Emile Durkheim, 1858-1917*, ed. K. H. Wolff, 32-76. Columbus: Ohio State Univ. Press.

Nicolson, Harold. 1946. *The Congress of Vienna: A Study in Allied Unity, 1812-1822*. London: Constable and Co.

Nipperdey, Thomas. 1988. "Zum Problem der Objektivität bei Ranke." In *Leopold von Ranke und die moderne Geschichtswissenschaft*, ed. W. J. Mommsen, 215-222. Stuttgart: Klein-Cotta.

Nisbet, Robert A. 1944. "De Bonald and the Concept of the Social Group." *Journal of the History of Ideas* 5, no. 3 (June): 315-331.

____. 1952. "Conservatism and Sociology." *American Journal of Sociology* 58, no. 2 (September): 167-175.

____. 1966. *The Sociological Tradition*. New York: Basic Books.

Nolan, Mary. 1986. "Economic Crisis, State Policy, and Working-Class Formation in Germany, 1870-1900." In *Working-Class Formation: Nineteenth-Century Patterns in Western Europe and the United States*, ed. I. Katznelson and A. R. Zolberg, 352-393. Princeton, NJ: Princeton Univ. Press.

Nora, Pierre. 1988. "Nation." In *Dictionnaire critique de la Révolution française*, ed. F. Furet et al., 801-812. Paris: Flammarion.

Norrell, Robert J. 1990. "After Thirty Years of 'New' Labour History, There Is Still No Socialism in Reagan

Country." *Historical Journal* 33, no. 1, 227-238.

Norton, Philip, and Arthur Aughay. 1981. *Conservatives and Conservatism*. London: Temple Smith.

Novick, Peter. 1988. *That Noble Dream: The "Objectivity" Question and the American Historical Profession*. Cambridge: Cambridge Univ. Press.

Noyes, P. H. 1966. *Organization and Revolution: German Worker Associations and the Revolutions of 1848 and 1849*. Princeton, NJ: Princeton Univ. Press.

Nye, John Vincent. 1987. "Firm Size and Economic Backwardness: A New Look at the French Industrialization Debate." *Journal of Economic History* 47, no. 3 (September): 649-669.

_____. 1991. "The Myth of Free-Trade Britain and Fortress France: Tariffs and Trade in the Nineteenth Century." *Journal of Economic History* 51, no. 1 (March): 23-46.

Nye, Robert A. 1975. *The Origins of Crowd Psychology: Gustave Le Bon and the Crisis of Mass Democracy in the Third Republic*. London: Sage.

_____. 1981. "Degeneration, Hygiene, and Sports in Fin-de-Siècle France." In *Proceedings of the Eighth Annual Meeting of the Western Society for French History*, ed. E. L. Newman, 404-412. Las Cruces: New Mexico State Univ. Press.

_____. 1984. *Crime, Madness, and Politics in Modern France: The Medical Concept of National Decline*. Princeton, NJ: Princeton Univ. Press.

_____. 1993. *Masculinity and Male Codes of Honor in Modern France*. New York: Oxford Univ. Press.

Obermann, Karl. 1965. "Der Wiener Kongress, 1814/1815." *Zeitschrift für Geschichtswissenschaft* 13, no. 3, 474-492.

Oberschall, Anthony. 1965. *Empirical Social Research in Germany, 1848-1914*. Paris and The Hague: Mouton.

_____. 1972. "The Institutionalization of American Sociology." In *The Establishment of Empirical Sociology: Continuities, Discontinuities, and Institutionalization*, ed. A. Oberschall, 187-251. New York: Harper & Row.

O'Boyle, Lenore. 1966. "The Middle Class in Western Europe, 1815-1848." *American Historical Review* 71, no. 3 (April): 826-845.

_____. 1967. "The 'Middle Class' Reconsidered: A Reply to Professor Cobban." *French Historical Studies* 5, no. 1 (Spring): 53-56.

_____. 1979. "The Classless Society: Comment on Stearns." *Comparative Studies in Society and History* 21, no. 3 (July): 397-413.

O'Brien, Patrick. 1986. "Do We Have a Typology for the Study of European Industrialization in the XIXth Century?" *Journal of European Economic History* 15, no. 2 (Fall): 291-333.

O'Brien, Patrick, and Çağlar Keyder. 1978. *Economic Growth in Britain and France, 1780-1914: Two Paths to the Twentieth Century*. London: George Allen & Unwin.

O'Brien, Patrick, and Geoffrey Allen Pigman. 1992. "Free Trade, British Hegemony and the International Economic Order in the Nineteenth Century." *Review of International Studies* 18:89-113.

Offen, Karen. 1983. "The Second Sex and the Baccalauréat in Republican France, 1880-1924." *French Historical Studies* 13, no. 2 (Fall): 252-286.

_____. 1984. "Depopulation, Nationalism, and Feminism in Fin-de-Siècle France." *American Historical Review* 89, no. 3 (June): 648-676.

_____. 1986. "Ernest Legouve and the Doctrine of 'Equality in Difference' for Women: A Case Study of Male Feminism in Nineteenth-Century French Thought." *Journal of Modern History* 58, no. 2, 452-484.

_____. 1987a. "Feminism, Antifeminism, and National Family Politics in Early Third Republic France." In

Connecting Spheres: Women in the Western World, 1500 to the Present, ed. M. J. Boxer and J. H. Quataert, 177-186. New York: Oxford Univ. Press.

_____. 1987b. "Sur l'origine des mots 'féminisme' et 'féministe.' " *Revue d'histoire moderne et contemporaine*, 34 (July-September): 492-446.

_____. 1988. "Defining Feminism: A Comparative Historical Approach." *Signs* 14, no. 1 (Autumn): 119-157.

O'Gorman, F. 1967. *The Whig Party and the French Revolution*. London: Macmillan.

Olcott, Teresa. 1976. "Dead Centre: The Women's Trade Union Movement in London: 1874-1914." *London Journal* 2, no. 1 (May): 33-50.

O'Neill, William L. 1969. *The Woman Movement: Feminism in the United States and England*. London: George Allen & Unwin.

_____. 1971. *Everyone Was Brave: A History of Feminism in America*. With a new Afterword by the author. New York: Quadrangle.

Ortega López, Margarita. 1988. " 'La Defensa de las mujeres' en la sociedad del Antiguo Régimen: Las Aportaciones del pensamiento ilustrado." In *El Feminismo en España: Dos siglos de historia*, ed. P. Folguer, 3-28. Madrid: Ed. de la Fundación Pablo Iglesias.

Ortner, Sherry B. 1974. "Is Female to Male as Nature Is to Culture?." In *Woman, Culture, and Society*, ed. M. Z. Rosaldo and L. Lamphere, 67-87. Stanford, CA: Stanford Univ. Press.

Ottaviano, Chiara. 1982. "Antonio Labriola e il problema dell'espansione coloniale." *Annali della Fondazione Luigi Einaudi* 16:305-328.

Paish, George. 1909. "Great Britain's Capital Investment in Other Lands." *Journal of the Royal Statistical Society* 72, no. 3 (September 30): 465-480 (with discussion, 481-495).

_____. 1911. "Great Britain's Capital Investment in Individual Colonial and Foreign Countries, Pt. 2." *Journal of the Royal Statistical Society* 74 (January): 167-187 (with discussion, 187-200).

Palencia-Roth, Michael. 2008. "The Presidential Addresses of Sir William Jones: The Asiatic Society of Bengal and the ISCSC." *Diogenes* 55, no. 2, 103-115.

Palmade, Guy P. 1961. *Capitalisme et capitalistes français au XIXe siècle*. Paris: Lib. A. Colin.

Pancaldi, Giuliano. 1994. "The Technology of Nature: Marx's Thoughts on Darwin." In *The Natural Sciences and the Social Sciences: Some Critical and Historical Perspectives*, ed. I. B. Cohen, 257-274. Boston Studies in the Philosophy of Science 150. Dordrecht, Netherlands: Kluwer Academic Publishers.

Pankhurst, Richard K. P. 1957. *The Saint-Simonians: Mill and Carlyle*. London: Lalibela Books, Sidgwick & Jackson.

Pannekoek, A. 1912. "Révolution mondiale." *Le Socialisme*, no. 214, 6e année, no. 21 (January): 4.

Paquot, Thierry. 1980. *Les faiseurs des nuages: Essai sur la genèse des marxismes français, 1880-1914*. Paris: Le Sycomore.

Parker, C. J. W. 1981. "The Failure of Liberal Racialism: The Racial Ideas of C. A. Freeman." *Historical Journal* 24, no. 4 (December): 825-846.

Parris, Henry. 1960. "The Nineteenth-Century Revolution in Government: A Reappraisal Reappraised." *Historical Journal* 3, no. 1, 17-37.

Paxton, Nancy L. 1991. *George Eliot and Herbert Spencer: Feminism, Evolutionism and the Reconstruction of Gender*. Princeton, NJ: Princeton Univ. Press.

Payne, Howard C. 1956. "Preparation of a Coup d'Etat: Administrative Centralization and Police Powers in France, 1849-1851." In *Studies in Modern European History in Honor of Franklin Charles Palm*, ed. F. J. Cox et al., 175-202. New York: Bookman Associates.

Payne, Peter L. 1967. "The Emergence of the Large-Scale Company in Great Britain, 1870-1914." *Economic*

History Review, n.s., 20, no. 3 (December): 519-542.

_____. 1968. "Iron and Steel Manufactures." In *The Development of British Industry and Foreign Competition, 1875-1914*, ed. D. H. Aldcroft, 71-99. London: George Allen & Unwin.

Pelling, Henry, ed. 1954. *The Challenge of Socialism*. London: Adam & Charles Black.

_____. 1968. "The Working Class and the Origins of the Welfare State." In *Popular Politics and Society in Late Victorian Britain*, 1-18. London: St. Martin's Press.

_____. 1976. *A History of British Trade Unionism*. London: Macmillan.

Perkin, Harold. 1969. *The Origins of Modern English Society, 1780-1880*. London: Routledge & Kegan Paul.

_____. 1977. "Individualism versus Collectivism in Nineteenth Century Britain: A False Antithesis." *Journal of British Studies* 17, no. 1 (Fall): 105-118.

Perkins, Dexter. 1927. *The Monroe Doctrine, 1823-1826*. Cambridge, MA: Harvard Univ. Press.

Perlman, Selig. 1918. "Upheaval and Reorganization (since 1876)." In *History of Labor in the United States*, by J. R. Commons, et al., 193-537. New York: Macmillan.

_____. 1922. *A History of Trade Unionism in the United States*. New York: Macmillan.

Perlman, Selig, and Philip Taft. 1935. *Labor Movements*. Vol. 4 of *History of Labor in the United States, 1896-1932*. New York: Macmillan.

Perrot, Jean-Claude, and Stuart J. Woolf. 1984. *State and Social Statistics in France*. Chur, Switzerland: Harwood Academic Publishers.

Perrot, Michelle. 1967. "Les Guesdistes: Controverses sur l'introduction du marxisme en France." *Annales E.S.C.* 22, no. 3 (May-June): 701-710.

_____. 1974. *Les ouvriers en grève: France, 1871-1890*. 2 vols. Paris: Mouton.

_____. 1976. "L'Éloge de la ménagère dans le discours des ouvriers français au XIXe siècle." *Romantisme*, nos. 13-14, 105-121.

_____. 1986. "On the Formation of the French Working-Class." In *Working-Class Formation: Nineteenth-Century Patterns in Western Europe and the United States*, ed. I. Katznelson and A. R. Zolberg, 71-110. Princeton, NJ: Princeton Univ. Press.

_____. 1988. "Naissance du féminisme." In *Le Féminisme et ses enjeux: Vingt-sept femmes parlent*, 29-60. Paris: FEN-Edilig.

Phillips, G. A. 1971. "The Triple Industrial Alliance in 1914." *Economic History Review*, 2nd ser., 24, no. 1 (February): 55-67.

Picavet, François. 1891. *Les idéologues*. Paris: Félix Alcan.

Pieroni Bortolotti, Franca. 1963. *Alle origini del movimento femminile in Italia, 1848-1892*. Rome: Einaudi.

_____. 1974. *Socialismo e questione femminile in Italia, 1892-1922*. Milan: G. Mazzotta.

Pierrard, Pierre. 1984. *L'Église et les ouvriers en France, (1890-1940)*. Paris: Hachette.

Pinchbeck, Ivy. 1930. *Women Workers and the Industrial Revolution, 1750-1850*. London: George Routledge & Sons.

Pinkney, David H. 1958. *Napoleon III and the Rebuilding of Paris*. Princeton, NJ: Princeton Univ. Press.

_____. 1963. "Laissez-Faire or Intervention? Labor Policy of the First Months of the July Monarchy." *French Historical Studies* 3, no. 1 (Spring): 123-128.

_____. 1964a. "The Crowd in the French Revolution of 1830." *American Historical Review* 70, no. 1 (October): 1-17.

_____. 1964b. "The Myth of the French Revolution of 1830." In *A Festschrift for Frederick B. Artz*, ed. D. H. Pinkney and T. Rapp, 52-71. Durham, NC: Duke Univ. Press.

_____. 1972. *The French Revolution of 1830*. Princeton, NJ: Princeton Univ. Press.

Plamenatz, John. 1952. *The Revolutionary Movement in France, 1815-1870*. London: Longman, Green.

Platt, D. C. M. 1968a. "The Imperialism of Free Trade: Some Reservations." *Economic History Review*, 2nd ser., 21 (August): 296-306.

_____. 1968b. *Finance, Trade, and Politics: British Foreign Policy, 1815-1914*. Oxford: Clarendon Press.

_____. 1973. "Further Objections to an 'Imperialism of Free Trade,' 1830-1860." *Economic History Review*, 2nd ser., 26, no. 1 (February): 77-91.

_____. 1993a. "Introduction: Britain's Decline." In *Decline and Recovery in Britain's Overseas Trade, 1873-1914*, ed. D. C. M. Platt et al., 1-12. London: Macmillan.

_____. 1993b. "Particular Points of Strength in Britain's Overseas Trade." In *Decline and Recovery in Britain's Overseas Trade, 1873-1914*, ed. D. C. M. Platt et al., 65-76. London: Macmillan.

_____. 1993c. "Trade Competition in the Regions of Recent Settlement." In *Decline and Recovery in Britain's Overseas Trade, 1873-1914*, ed. D. C. M. Platt et al., 91-138. London: Macmillan.

Plechanow, Georg. 1902-1903. "Über die Anfänge der Lehre vom Klassenkampf." *Die Neue Zeit* 21, no. 1: 275-286, 292-305.

Pleck, Elizabeth. 1983. "Feminist Responses to 'Crimes against Women,' 1868-1896." *Signs* 8, no. 3 (Spring): 451-470.

Plessen, Marie-Louise. 1975. *Die Wirksamkeit des Vereins für Sozialpolitik von 1872-1890: Studien zum Katheder- und Staatssozialismus*. Berlin: Duncker & Humboldt.

Plessis, Alain. 1973. *De la Fête impériale au mur des fédérés, 1852-1871*. Paris: Éd. du Seuil.

_____. 1987. "Le 'Retard français,' la faute de la banque? Banques locales, succursales de la Banque de France et financement de l'économie sous le second Empire." In *Le capitalisme français, 19e-20e siècle: Blocages et dynamismes d'une croissance*, ed. P. Fridenson and A. Straus, 199-210. Paris: Fayard.

Poggi, Stefano, and Maurizio Bossi, eds. 1994. *Romanticism in Science: Science in Europe, 1790-1840*. Boston Studies in the Philosophy of Science 152. Dordrecht, Netherlands: Kluwer Academic Publ.

Pohl, Hans. 1989. *Aufbruch der Weltwirtschaft: Geschichte der Weltwirtschaft von der Mitte des 19. Jahrhunderts bis zum Ersten Weltkrieg*. Stuttgart: Franz Steiner Verlag.

Polanyi, Karl. 1957. *The Great Transformation: The Political and Economic Origins of Our Time*. Boston: Beacon Press.

Poliakov, Léon. 1974. *The Aryan Myth: A History of Racist and Nationalist Ideas in Europe*. London: Sussex Univ. Press.

_____. 1982. "Racism from the Enlightenment to the Age of Imperialism." In *Racism and Colonialism: Essays on Ideology and Social Structure*, ed. Robert Ross, 55-64. The Hague: Martinus Nijhoff.

Poliakov, Léon, Christian Delacampagne, and Patrick Girard. 1976. *Le racisme: Collection Point de Départ*. Paris: Éd. Seghers.

Pollard, Sidney. 1963. "Factory Discipline in the Industrial Revolution." *Economic History Review*, 2nd ser., 16, no. 2 (December): 254-271.

_____. 1964. "The Factory Village in the Industrial Revolution." *English Historical Review* 79, no. 312 (July): 513-531.

_____. 1973. "Industrialization and the European Economy." *Economic History Review*, n.s. 26, no. 4: 636-648.

_____. 1977. "Merchandise Trade and Exploitation." *Journal of European Economic History* 6, no. 3 (Winter): 745-749.

_____. 1983. "England, Der unrevolutionäre Pionier." In *Europäische Arbeiterbewegungen im 19. Jahrhurderts, Deutschland, Österreich, England und Frankreich im Vergleich*, ed. J. Kocka, 21-38.

Göttingen: Vandenhoeck & Ruprecht.

_____. 1984. "Wirschaftliche Hintergründe des *New Unionism*." In *Auf dem Wege zur Massengewerkschaft*, ed. Wolfgang J. Mommsen and Hans-Gerhard Husung, 46–75. Stuttgart: Ernst Klett.

Ponteil, Félix. 1968. *L'Éveil des nationalités et le mouvement libéral (1815–1848)*. Nouv. éd. mise à jour. Peuples et Civilisations 15. Paris: Presses Univ. de France.

Poovey, Mary. 1988. *Uneven Developments: The Ideological Work of Gender in Mid-Victorian England*. Chicago: Univ. of Chicago Press.

Poper, Barbara Corrado. 1987. "The Influence of Rousseau's Ideology of Domesticity." In *Connecting Spheres: Women in the Western World, 1500 to the Present*, ed. M. J. Boxer and J. H. Quataert, 136–145. New York: Oxford Univ. Press.

Portal, Magda. 1983. *Flora Tristán, precursora*. Lima: La Equidad.

Postel-Vinay, Gilles, and Jean-Marc Robin. 1992. "Eating, Working, and Saving in an Unstable World: Consumers in Nineteenth-Century France." *Economic History Review*, n.s. 45, no. 3 (August): 494–513.

Postgate, Raymond. 1974. "The Principles of 1848." In *A Hundred Years of Revolution, 1848 and After*, ed. G. Woodcock, 93–119. New York: Haskell House.

Potter, J. 1955. "The British Timber Duties, 1815–60." *Economica*, n.s., 22 (May): 122–136.

Potts, David B. 1965. "Social Ethics at Harvard, 1881–1931: A Study in Academic Activism." In *Social Sciences at Harvard, 1860–1920: From Inculcation to the Open Mind*, ed. Paul Buck, 91–128. Cambridge, MA: Harvard Univ. Press.

Pouthas, Charles H. 1962. "La réorganisation du Ministère de l'Intérieur et la reconstitution de l'administration préfectorale par Guizot en 1830." *Revue d'histoire moderne et contemporaine* 9 (October–December): 241–263.

Pouthas, Charles H., et al. 1983. *Démocratie, réaction, capitalisme, 1848–1860*. Peuples et Civilisations 16. Paris: Presses Univ. de France.

Prewitt, Kenneth. 2004. "Political Science and Its Audiences." *Political Science and Politics* 37, no. 4 (October): 781–784.

Preyer, Robert O. 1985. "The Romantic Tide Reaches Trinity." In *Victorian Science and Victorian Values: Literary Perspectives*, ed. J. Paradis and T. Postlewait, 39–68. New Brunswick, NJ: Rutgers Univ. Press.

Price, Richard. 1990. "Britain." In *The Formation of Labour Movements, 1870–1914: An International Perspective*, ed. M. van der Linden and J. Rojahn, 3–24. Leiden: E. J. Brill.

Price, Roger. 1972. *The French Second Republic: A Social History*. London: B. T. Batsford.

_____. 1975a. *The Economic Modernization of France*. London: Croom Helm.

_____. 1975b. Introduction to *Revolution and Reaction: 1848 and the Second French Republic*, ed. R. Price, 1–72. London: Croom Helm.

Prinz, Michael. 1989. "Wandel durch Beharrung: Sozialdemokratie und 'Neue Mittelschichten' in historischer Perspektive." *Archiv für Sozialgeschichte* 24:35–73.

Procacci, Giuliano. 1972. *La lotta di classe in Italia agli inizii del secolo XX*. Rome: Ed. Riuniti.

Proctor, Robert N. 1991. *Value-Free Science? Purity and Power in Modern Knowledge*. Cambridge, MA: Harvard Univ. Press.

Prothero, I. J. 1969. "Chartism in London." *Past and Present*, no. 44 (August): 76–105.

_____. 1971. "London Chartism and the Trades." *Economic History Review*, 2nd ser., 24, no. 2 (May): 202–219.

_____. 1979. *Artisans and Politics in Early Nineteenth-Century London: John Gast and His Times*. Folkestone, Kent, UK: William Dawson & Son.

468

Proudhon, Pierre-Joseph. 1912. *Les Femmelins: Les grandes figures romantiques*. Paris: Nouvelle Librairie Nationale.

Przeworski, Adam. 1980. "Social Democracy as a Historical Phenomenon." *New Left Review*, no. 122 (July–August): 27–58.

Przeworski, Adam, and Michael Wallerstein. 1982. "The Structure of Class Conflict in Democratic Capitalist Societies." *American Political Science Review* 76, no. 2 (June): 215–238.

Puccini, Sandra. 1976. "Condizione della donne e questione femminile (1892–1922)." *Problemi del Socialismo* 17, no. 4 (October–December): 9–23.

Puech, Jules-L. 1925. *La Vie et l'oeuvre de Flora Tristan*. Paris: Marcel Rivière.

Pugh, Evelyn L. 1982. "Florence Nightingale and J. S. Mill Debate Women's Rights." *Journal of British Studies* 21, no. 2 (Spring): 118–138.

Puryear, Vernon John. 1931. *England, Russia, and the Straits Question, 1844–1856*. Berkeley: Univ. of California Press.

Quataert, Jean H. 1979. *Reluctant Feminists in German Social Democracy, 1885–1917*. Princeton, NJ: Princeton Univ. Press.

Quero Molares, J. 1948. "L'Espagne en 1848." In *Le Printemps des peuples: 1848 dans le monde*, ed. F. Fejtö, 1:319–354. Paris: Éd. du Minuit.

Rabaut, Jean. 1983. "1900, tournant du feminisme français." *Bulletin de la société d'histoire modern*, 82e année, sér. 14, no. 17, 5–16. [Supplement to *Revue d'histoire moderne et contemporaine*, no. 1, 1983.]

Racz, Elizabeth. 1952. "The Women's Rights Movement in the French Revolution." *Science and Society* 16, no. 2 (Spring): 151–174.

Ragionieri, Ernesto. 1961. *Socialdemocrazia tedesca e socialisti italiani, 1875–1895*. Milan: Feltrinelli.

Rainger, Ronald. 1978. "Race, Politics and Science: The Anthropological Society of London in the 1860's." *Victorian Studies* 22, no. 1 (Autumn): 51–70.

Ralle, M. 1973. "La notion de 'bourgeoisie' dans l'idéologie de la Première Internationale en Espagne." *La Question de la 'bourgeoisie' dans le monde hispanique au XIXe siècle*, 119–131. Bibliothèque de l'Ecole des Hautes Etudes Hispaniques 45. Bordeaux: Éd. Bière. [Discussion, 131–135.]

Rancière, Jacques. 1981. *La nuit des prolétaires: Archives du rêve ouvrier*. Paris: Fayard.

_____. 1983. "The Myth of the Artisan: Critical Reflections on a Category of Social History." *International Labor and Working Class History*, no. 24 (Fall): 1–16.

_____. 1984. "A Reply." *International Labor and Working Class History*, no. 25 (Spring): 42–46.

Ravera, Camilla. 1978. *Breve storia del movimento femminile in Italia*. Rome: Ed. Riuniti.

Read, Donald. 1958. *Peterloo: The "Massacre" and Its Background*. Manchester, UK: Manchester University Press.

Reardon, Bernard. 1976. *Liberalism and Tradition: Aspects of Catholic Thought in Nineteenth-Century France*. Cambridge: Cambridge Univ. Press.

Rebérioux, Madeleine. 1978a. Preface to *Les femmes et le socialisme*, by C. Sowerwine, xi–xxiii. Paris: Presses de la FNSP.

_____. 1978b. "La questione femminile nei dibatti della II Internazionale." In *Anna Kuliscioff e l'età del riformismo: Atti del Convegno di Milano, dicembre 1974*, 140–154. Rome: Mondo Operaio—Ed. Avanti!

_____. 1989. Preface to *1789: Cahiers de doléances des femmes et autres textes*, ed. Paule Duhet, i–xii. Nouv. éd. augm. Paris: Des Femmes.

Rebérioux, Madeleine, Christiane Dufrancantel, and Béatrice Slema. 1976. "Hubertine Auclert et la question des femmes à 'l'immortel congrès'(1879)." *Romantisme*, nos. 13–14, 123–152.

Rebérioux, Madeline, and Georges Haupt. 1963. "L'attitude de l'Internationale." *Le Mouvement social*, no. 45 (October-December): 7-37.

Reddy, William M. 1979. "Skeins, Scales, Discounts, Steam, and Other Objects of Crowd Justice in Early French Textile Mills." *Comparative Studies in Society and History* 21, no. 2 (April): 204-213.

____. 1984. *The Rise of Market Culture: The Textile Trade and French Society, 1750-1900*. Cambridge: Cambridge Univ. Press.

Redford, Arthur. 1956. *Manchester Merchants and Foreign Trade, Vol.2, 1850-1939*. Manchester, UK: Manchester Univ. Press.

____. 1968. *Labour Migration in England, 1800-50*. 2nd ed., rev. W. H. Chaloner. New York: A. M. Kelley.

Reichand, Richard W. 1953. "The German Working Class and the Russian Revolution of 1905." *Journal of Central European Affairs* 13, no. 2 (July): 136-153.

Reid, Alastair. 1978. "Politics and Economics in the Formation of the British Working Class: A Response to H. F. Moorhouse." *Social History* 3, no. 3 (October): 347-361.

____. 1983. "Intelligent Artisans and Aristocrats of Labour: The Essays of Thomas Wright." In *The Working Class in Modern British History: Essays in Honor of Henry Pilling*, ed. J. M. Winter, 171-186. London: Cambridge Univ. Press.

____. 1991. "Old Unionism Reconsidered: The Radicalism of Robert Knight, 1870-1900." In *Currents of Radicalism: Popular Radicalism, Organised Labour and Party Politics in Britain, 1850-1914*, ed. E. F. Biagini and A. J. Reid, 214-243. Cambridge: Cambridge Univ. Press.

Rémond, René. 1982. *Les Droites en France*. Paris: Aubier Montaigne.

Rendall, Jane. 1985. *The Origins of Modern Feminism: Women in Britain, France and the United States, 1780-1860*. London: Macmillan.

Renouvier, Charles. 1868. "De la philosophie du XIXe siècle en France." *L'Année philosophique—Première Année (1867)*. Paris: Lib. Geemer Baillière.

Renouvin, Pierre. 1949. "L'idée d'Etats-Unis d'Europe pendant la crise de 1848." In *Actes du Congrès historique du Centenaire de la Révolution de 1848*, 31-45. Paris: Presses Univ. de France.

____. 1954. *Le XIXe siècle*. Vol. 1, *De 1815 à 1871: L'Europe des nationalités et l'éveil de nouveaux mondes*. Histoire des Relations Internationales 5. Paris: Lib. Hachette.

Rerup, Lorenz. 1980. "The Development of Nationalism in Denmark." In *The Roots of Nationalism: Studies in Northern Europe*, ed. R. Mitchison, 47-59. Edinburgh: John Donald.

Reynolds, James A. 1954. *The Catholic Emancipation Crisis in Ireland, 1823-1829*. New Haven, CT: Yale Univ. Press.

Rhys Davies, T. W. 1903-1904. "Oriental Studies in England and Abroad." *Proceedings of the British Academy, 1903-1904*, 183-197.

Richard, Gaston. 1914. *La Question sociale et le mouvement philosophique au XIXe siècle*. Paris: Lib. Armand Colin.

Richter, Melvin. 1960. "Durkheim's Politics and Poitical Theory." In *Emile Durkheim, 1858-1917*, ed. K. H. Wolff, 170-210. Columbus: Ohio State Univ. Press.

____. 1964. *The Politics of Conscience: T. H. Green and His Age*. Cambridge, MA: Harvard Univ. Press.

Ringer, Fritz. K. 1969. *The Decline of the German Mandarins: The German Academic Community, 1890-1933*. Cambridge, MA: Harvard Univ. Press.

____. 1979. *Education and Society in Modern Europe*. Bloomington: Indiana Univ. Press.

____. 1992. *Fields of Knowledge: French Academic Culture in Comparative Perspective, 1890-1920*.

Cambridge: Cambridge Univ. Press.

Rist, Charles. 1897. "La Durée du travail dans l'industrie française de 1820 à 1870." *Revue d'économie politique* 11, no. 4 (May): 371–393.

Rist, Marcel. 1956. "Une Expérience française de libération des échanges au dix-neuvième siècle, le traité de 1860." *Revue d'économie politique*, 66e année (November–December): 908–961.

Roberts, David. 1958. "Tory Paternalism and Social Reform in Early Victorian England." *American Historical Review* 63, no. 2 (January): 323–337.

_____. 1959. "Jeremy Bentham and the Victorian Administrative State." *Victorian Studies* 2, no. 3 (March): 193–210.

_____. 1963. "How Cruel Was the Victorian Poor Law?" *Historical Journal* 6, no. 1, 97–107.

Roberts, J. M. 1978. *The French Revolution*. Oxford: Oxford Univ. Press.

Robertson, William Spence. 1939. *France and Latin American Independence*. Baltimore: Johns Hopkins Univ. Press.

Robinson, Ronald E. 1991. "Introduction: Railway Imperialism." In *Railway Imperialism*, ed. C. B. Davis Jr. and K. E. Wilburn, 1–6. New York: Greenwood.

Rodgers, Brian. 1952. "The Social Science Association, 1857–1886." *Manchester School of Economic and Social Studies* 20, no. 3 (September): 283–310.

Roehl, Richard. 1976. "French Industrialization: A Reconsideration." *Explorations in Economic History* 13, no. 3 (July): 233–281.

Rogers, J. D. 1963. "Laissez-faire in England." *Palgrave's Dictionary of Political Economy*, 2:535–537. Reprint of rev. ed., New York: Augustus M. Kelley.

Roller, Michel. 1948. "Les Roumaines en 1848." In *Le printemps des peuples: 1848 dans le monde*, ed. F. Fejtö, 2:239–266. Paris: Éd. du Minuit.

Romalis, Coleman, and Shelly Romalis. 1983. "Sexism, Racism and Technological Change: Two Cases of Minority Protest." *International Journal of Women's Studies* 6, no. 3 (May/June): 270–287.

Rosanvallon, Pierre. 1985. *Le moment Guizot*. Paris: Gallimard.

Rosdolsky, Roman. 1964. "Engels und das Problem der 'geschichtlosen' Völker (Die Nationalitätenfrage in der Revolution 1848–1849 im Lichte der 'Neuen Rheinischen Zeitung')." *Archiv für Sozialgeschichte* 4:87–282.

Rose, Ernst. 1951. "China as a Symbol of Reaction in Germany, 1830–1880." *Comparative Literature* 2, no. 1 (Winter): 57–76.

Rose, Michael E. 1974. *The Relief of Poverty, 1834–1914*. London: Macmillan.

Rose, R. B. 1984. "The 'Red Scare' of the 1790's: The French Revolution and the 'Agrarian Law,' " *Past and Present*, no. 103 (May): 113–130.

Rose, Sonia O. 1986. "Gender and Work: Sex, Class, and Industrial Capitalism." *History Workshop Journal*, no. 21 (Spring): 113–131.

Rosen, Andrew. 1974. *Rise Up Women! The Militant Campaign of the Women's Social and Political Union, 1903–1914*. London: Routledge & Kegan Paul.

Rosenberg, Charles E. 1976. *No Other Gods: On Science and American Social Thought*. Baltimore: Johns Hopkins Univ. Press.

Rosenberg, Hans. 1943. "Political and Social Consequences of the Great Depression of 1873–1896 in Central Europe." *Economic History Review* 13, nos. 1 and 2, 58–73.

Ross, Dorothy. 1979. "The Development of the Social Sciences." In *The Organization of Knowledge in Modern America, 1860–1940*, ed. A. Olesen and J. Voss, 107–138. Baltimore: Johns Hopkins Univ. Press.

_____. 1984. "American Social Science and the Idea of Progress." In *The Authority of Experts, Studies in History and Theory*, ed. T. L. Haskell, 157-175. Bloomington: Indiana Univ. Press.

_____. 1991. *The Origins of American Social Science*. Cambridge: Cambridge Univ. Press.

Ross, Sydney. 1962. "Scientist: The Story of a Word." *Annals of Science* 18, no. 2 (June): 65-85.

Rosselli, John. 1980. "The Self-Image of Effeteness: Physical Education and Nationalism in Nineteenth-Century Bengal." *Past and Present*, no. 86 (February): 121-148.

Rossi, Alice S., ed. 1970. *Essays on Sex Equality [by] John Stuart Mill and Harriet Taylor Mill*. Chicago: Univ. of Chicago Press.

_____. 1973. *The Feminist Papers, from Adams to de Beauvoir*. New York: Columbia Univ. Press.

Rostow, W. W. 1938. "Investment and the Great Depression." *Economic History Review* 8, no. 2 (May): 136-158.

_____. 1939. "Investment and Real Wages, 1877-86." *Economic History Review* 9, no. 1 (November): 144-159.

_____. 1942. "Adjustments and Maladjustments after the Napoleonic Wars." *American Economic Review* 32, no. , part 2, suppl., *Papers and Proceedings of the Fifty-fourth Annual Meeting of the American Economic Association* (March): 13-23.

_____. 1948. *British Economy of the Nineteenth Century*. New York: Oxford Univ. Press, 1948.

_____. 1971. *The Stages of Economic Growth*. 2nd ed. Cambridge: At the University Press.

Roth, Guenther. 1963. *The Social Democrats in Imperial Germany: A Study in Working-Class Isolation and National Integration*. Totowa, NJ: Bedminster Press.

Rothermund, Dietmar. 1986. *The German Intellectual Quest for India*. New Delhi: Manohar.

Rougerie, Jacques. 1964. *Procès des Communards, présenté par Jacques Rougerie. Collection 'Archives.'* Paris: Juilliard.

_____. 1965. "Sur l'histoire de la Première Internationale." *Le Mouvement social*, no. 51 (April-June): 23-45.

_____. 1968. "Remarques sur l'histoire des salaires à Paris au XIXe siècle." *Le Mouvement social*, no. 63 (April-June): 71-108.

_____. 1972. "1871, jalons sur une histoire de la Commune de Paris: Livraison spéciale préparée sous la direction de Jacques Rougerie avec la collaboration de Tristan Haan, Georges Haupt et Miklós Molnár." *International Review of Social History* 17, pts. 1 and 2, i-ix, 1-624.

Rousseaux, Paul. 1938. *Les Mouvements de force de l'économie anglaise, 1800-1913*. Brussels: L'Edition Universelle; Paris: De Brouwer & Cie.

Rover, Constance. 1967. *Women's Suffrage and Party Politics in Britain, 1866-1914*. London: Routledge & Kegan Paul.

Rowbotham, Sheila. 1974. *Women, Resistance and Revolution: A History of Women and Revolution in the Modern World*. New York: Pantheon.

_____. 1977. *Hidden from History: 300 Years of Women's Oppression and the Fight Against It*. 3rd ed. London: Pluto Press.

Rowe, D. J. 1967. "The London Working Men's Association and 'The Peoples' Charter.' " *Past and Present*, no. 36 (April): 73-86.

Royle, Edward. 1986. *Chartism*. 2d ed. London: Longman.

Rubel, Maximilien. 1960. *Karl Marx devant le bonapartisme*. Paris and The Hague: Mouton.

Rubin, Gayle. 1975. "The Traffic in Women." In *Toward an Anthropology of Women*, ed. R. R. Reiter, 157-210. New York: Monthly Review Press.

Rudé, Fernand. 1940. "La première expédition de Savoie (février 1831)." *Revue historique*, CLXXXVIII-

CLXXXIX, 65e année (July–December): 413–443.

_____. 1969. *L'Insurrection lyonnaise de novembre 1831: Le mouvement ouvrier à Lyon de 1827–1832*. 2nd ed. Paris: Éd. Anthropos.

Rudé, George. 1967. "English Rural and Urban Disturbances on the Eve of the First Reform Bill, 1830–1831." *Past and Present*, no. 37 (July): 87–102.

_____. 1969. "Why Was There No Revolution in England in 1830 or 1848?" In *Studien über die Revolution*, ed. M. Kossok, 231–244. Berlin: Akademie-Verlag.

Rueschmayer, Dietrich, and Roman Van Rossen. 1996. "The Verein für Sozialpolitik and the Fabian Society: A Study in the Sociology of Policy-Relevant Knowledge." In *States, Social Knowledge, and the Origins of Modern Social Policies*, ed. D. Rueschmayer and T. Skocpol, 117–162. Princeton, NJ: Princeton Univ. Press.

Ruggiero, Guido de. 1959. *The History of European Liberalism*. Boston: Beacon Press.

Rule, John. 1988. "The Formative Years of British Trade-Unionism: An Overview." In *British Trade-Unionism, 1750–1850*, ed. John Rule, 1–28. London: Longman.

Ruwet, Joseph. 1967. *Avant les révolutions: Le XVIIIe siècle*. Brussels: Fondation Charles Plisnier.

Ryan, Barbara. 1992. *Feminism and the Women's Movement: Dynamics of Change in Social Movement, Ideology and Activism*. New York: Routledge.

Sagnac, Philippe. 1901–1902. "Les Juifs et Napoléon (1806–1808)." *Revue d'histoire moderne et contemporaine* 2:595–604.

Said, Edward W. 1978. *Orientalism*. New York: Pantheon Books.

_____. 1985. "Orientalism Reconsidered." *Race and Class* 27, no. 2 (Autumn): 1–15.

Sakellariou, Michel. 1948. "L'Hellénisme et 1848." In *Le printemps des peuples: 1848 dans le monde*, ed. F. Fejtö, 2:319–354. Paris: Éd. du Minuit.

Salvadori, Massimo. 1977. *The Liberal Heresy: Origins and Historical Development*. London: Macmillan.

Samuel, Raphael. 1977. "Workshop of the World: Steam Power and Hand Technology in Mid-Victorian Britain." *History Workshop*, no. 3 (Spring): 6–72.

Santarelli, Enzo. 1964. *La Revisione del marxismo in Italia*. Milan: Feltrinelli.

Sartorius von Waltershausen, A. 1931. *Die Enstehung der Weltwirtschaft: Geschichte des zwischenstaatlichen Wirtschaftslebens von letzten Viertel des achtzehnten Jahrhundests bis 1914*. Jena: Gustav Fischer.

Saul, S. B. 1960. "The American Impact on British Industry, 1895–1914." *Business History* 3, no. 1 (December): 19–38.

_____. 1971. "Some Thoughts on the Papers and Discussion on the Performance of the Late Victorian Economy." In *Essays on a Mature Economy, Britain after 1840*, ed. D. N. McCloskey, 393–397. London: Methuen.

Saville, John. 1990. *1848: The British State and the Chartist Movement*. Cambridge: Cambridge Univ. Press.

Sayers, R. S. 1932. "The Question of the Standard in the Eighteenth-Fifties." *Economic History* 2, no. 7 (January): 575–601.

Schapiro, J. Salwyn. 1934. *Condorcet and the Rise of Liberalism*. New York: Harcourt, Brace & Co.

_____. 1939. "Utilitarianism and the Foundations of English Liberalism." *Journal of Social Philosophy* 4, no. 2 (January): 121–137.

_____. 1949. *Liberalism and the Challenge of Fascism: Social Forces in England and France (1815–1870)*. New York: McGraw-Hill.

Schefer, Christian. 1907. *Les Traditions et les idées nouvelles, la réorganisation administrative, la reprise de l'expansion (1815–1830)*. Vol. 1 of *La France moderne et le problème colonial*. Paris: Félix Alcan.

_____. 1928. *L'Algérie et l'évolution de la colonisation française*. Paris: Lib. Anc. Honoré Champion.

_____. 1939. *Les Origines de l'expédition du Mexique (1858-1862): La Grande Pensée de Napoléon III*. Paris: Marcel Rivière .

Schenk, H. G. 1947. *The Aftermath of the Napoleonic Wars: The Concert of Europe—An Experiment*. New York: Oxford Univ. Press.

Schlesinger, Arthur M., Jr. 1962. *The Vital Center: The Politics of Freedom*. Boston: Houghton Mifflin.

Schlote, Werner. 1952. *British Overseas Trade from 1700 to the 1930s*. Oxford: Basil Blackwell.

Schmoller, Gustav von. 1920. "Zur 25jährigen Feier des Vereins für Sozialpolitik." In *Zwanzig Jahre Deutscher Politik (1897-1917), Aufsätze und Vortrage*, 23-34. Munich: Duncker & Humblot.

Schnerb, Robert. 1936. "Napoleon III and the Second French Empire." *Journal of Modern History* 8, no. 3 (September): 338-355.

_____. 1963. *Libre échange et protectionnisme*. Que sais-je?, no. 1032. Paris: Presses Univ. de France.

_____. 1968. *Le XIXe siècle: L'Apogée de l'expansion européenne*. Histoire Générale des Civilisations. Paris: Presses Univ. de France.

Schnetzler, Barbara V. 1971. *Die frühe amerikanische Frauenbewegung und ihre Kontakte mit Europa (1836-1869)*. Bern: Peter Lang.

Schoelcher, Victor. 1948. *Esclavage et colonisation*. Paris: Presses Univ. de France.

Schorske, Carl E. 1955. *German Social Democracy, 1905-1917: The Development of the Great Schism*. Cambridge, MA: Harvard Univ. Press.

Schöttler, Peter. 1985. *Naissance des Bourses de travail, un appareil idéologique d'état à la fin du XIXe siècle*. Paris: Presses Univ. de France.

Schroeder, Paul W. 1989. "The Nineteenth Century System: Balance of Power or Political Equilibrium?" *Review of International Studies* 15:135-153.

_____. 1992a. "Did the Vienna Settlement Rest on a Balance of Power?" *American Historical Review* 97, no. 2 (April): 683-706.

_____. 1992b. "A Mild Rejoinder." *American Historical Review* 97, no. 3 (June): 733-735.

Schuman, Frederick L. 1958. *International Politics: The Western State System and the World Community*. 6th ed. New York: McGraw-Hill.

Schumpeter, Joseph. 1964. *Business Cycles*. 1st abr. ed. Philadelphia: McGraw-Hill.

Schuyler, Robert L. 1921. "The Climax of Anti-Imperialism in England." *Political Science Quarterly* 36, no. 4 (December): 537-560.

_____. 1922. "The Rise of Anti-Imperialism in England." *Political Science Quarterly* 37, no. 3 (September): 440-471.

_____. 1945. *The Fall of the Old Colonial System: A Study in British Free Trade, 1770-1870*. London: Oxford Univ. Press.

Schwab, Raymond. 1950. *La Renaissance orientale*. Paris: Payot.

Schwartz, Anna Jacobson. 1987. *Money in Historical Perspective*. Chicago: Univ. of Chicago Press.

Schweber, S. S. 1985. "Scientists as Intellectuals: The Early Victorians." In *Victorian Science and Victorian Values: Literary Perspectives*, ed. J. Paradis and T. Postlewait, 1-37. New Brunswick, NJ: Rutgers Univ. Press.

Schwendinger, Herman, and Julia R. Schwendinger. 1974. *Sociologists of the Chair: A Radical Analysis of the Formative Years of North American Sociology (1883-1922)*. New York: Basic Books.

Scott, James C. 1998. *Seeing Like a State: How Certain Schemes to Improve the Human Condition Have Failed*. New Haven, CT: Yale Univ. Press.

Scott, Joan Wallach. 1974. *The Glassworkers of Carmaux: French Craftsmen and Political Action in a Nineteenth-Century City*. Cambridge, MA: Harvard Univ. Press.

_____. 1981. "French Feminists and the Rights of 'Man': Olympe de Gouge's Declarations." *History Workshop Journal*, no. 28 (Autumn): 1-21.

_____. 1988. "A Statistical Representation of Work: Le Statistique de l'Industrie à Paris, 1847-1848." In *Gender and the Politics of History*, 113-138. New York: Columbia Univ. Press.

Sée, Henri. 1921. *Esquisse d'une histoire du régime agraire en Europe aux XVIIIe et XIXe siècles*. Paris: M. Giard.

_____. 1923. "Esquisse de l'évolution industrielle de la France de 1815 à 1848: Les progrès du machinisme et de la concentration." *Revue d'histoire économique et social* 11, no. 4, 473-497.

_____. 1924. "Quelques aperçus sur la condition de la classe ouvrière et sur le mouvement ouvrier en France de 1815 à 1848." *Revue d'histoire économique et social* 12, no. 4, 493-521.

_____. 1927. *La vie économique de la France sous la monarchie censitaire (1815-1848)*. Paris: F. Alcan.

_____. 1951. *Histoire économique de la France*. 2nd ed. 2 vols. Paris: A. Colin.

Seecombe, Wally. 1986. "Patriarchy Stabilized: The Construction of the Male Breadwinner Wage Norm in Nineteenth-Century Britain." *Social History* 11, no. 1 (January): 53-76.

Semidei, Manuela. 1966. "De l'Empire à la décolonisation à travers les manuels salaires français." *Revue française de science politique* 16, no. 1 (February): 56-86.

Semmel, Bernard. 1970. *The Rise of Free Trade Imperialism*. Cambridge: At the University Press.

Sergent, Bernard. 1982. "Penser—et mal penser—les Indo-Européens (Note critique)." *Annales E.S.C.* 27, no. 4 (July-August): 669-681.

Seton-Watson, Hugh. 1977. *Nations and States: An Enquiry into the Origins of Nations and the Politics of Nationalism*. London: Methuen.

Seton-Watson, R. W. 1937. *Britain in Europe, 1789 to 1914*. Cambridge: At the University Press.

Sewell, William H., Jr. 1974. "Social Change and the Rise of Working Class Politics in Nineteenth-Century Marseille." *Past and Present*, no. 65, 75-109.

_____. 1979. "Property, Labor, and the Emergence of Socialism in France, 1789-1848." In *Consciousness and Class Experience in Nineteenth-Century Europe*, ed. J. Merriman, 45-63. New York: Holmes & Meier.

_____. 1983. "Response to J. Rancière, 'The Myth of the Artisan,'" *International Labor and Working-Class History*, no. 24 (Fall): 17-20.

_____. 1985. "Ideologies and Social Revolutions: Reflections on the French Case." *Journal of Modern History* 57, no. 1 (March): 57-85.

_____. 1986. "Artisans, Factory Workers, and the Formation of the French Working Class, 1789-1848." In *Working-Class Formation: Nineteenth Century Patterns in Western Europe and the United States*, ed. I. Katznelson and A. R. Zolberg, 45-70. Princeton, NJ: Princeton Univ. Press.

_____. 1988. "Le citoyen/la citoyenne: Activity, Passivity, and the Revolutionary Concept of Citizenship." In *The Political Culture of the French Revolution: The French Revolution and the Creation of Modern Political Culture*, ed. C. Lucas, 2:105-123. Oxford: Pergamon Press.

_____. 1990. "Collective Violence and Collective Loyalties in France: Why the French Revolution Made a Difference." *Politics and Society*, 68, no. 4 (December): 527-552.

Shapiro, Fred R. 1981. "On the Origin of the Term 'Indo-Germanic,'" *Historiographia Linguistica* 8, no. 1, 165-170.

Shefter, Martin. 1986. "Trade Unions and Political Machines: The Organization and Disorganization of the

참고 문헌 475

American Working Class in the Late Nineteenth Century." In *Working Class Formation: Nineteenth-Century Patterns in Western Europe and North America*, ed. I. Katznelson and A. R. Zolberg, 197-278. Princeton, NJ: Princeton Univ. Press.

Sherman, Dennis. 1974. "The Meaning of Economic Liberalism in Mid-Nineteenth-Century France." *History of Political Economy* 6, no. 2 (Summer): 171-199.

Shine, Hill. 1941. *Carlyle and the Saint-Simonians: The Concept of Historical Periodicity*. Baltimore: Johns Hopkins Univ. Press.

Sievers, Sharon. 1983. *Flowers in Salt: The Beginnings of Feminist Consciousness in Modern Japan*. Stanford, CA: Stanford Univ. Press.

Siéyès, Emmanuel-Joseph. 1789. "Préliminaire de la Constitution, lu les 20 et 21 juillet 1789, au Comité de Constitution." In *Recueil des pièces authentiques approuvés par l'Assemblée Nationale de France*, 178-200. Geneva: 1e éd.

_____. 1985. *Ecrits politiques*. Paris: Éd. des Archives contemporaines.

Silbering, Norman J. 1923. "Financial and Monetary Policy of Britain during the Napoleonic Wars." *Quarterly Journal of Economics* 38 (November): 214-233.

Silva, Pietro. 1917. *La Monarchia di luglio e l'Italia*. Turin: Fratelli Bocca Ed.

Silver, Allan. 1967. "The Demand for Order in Civil Society: A Review of Some Theories in the History of Urban Crime, Police and Riots." In *The Police*, ed. D. J. Bordua, 1-24. New York: Wiley.

Simon, André. 1946. "Les Origines religieuses de l'indépendance belge." *Chantiers* 11, no 2 (15 November): 1-28.

_____. 1949. *L'Eglise catholique et les débuts de la Belgique indépendante*. Wetteren, Belgium: Éd. Scaldis.

_____. 1959. "Lamennais en Belgique." *Revue belge de philologie et d'histoire* 37:408-417.

_____. 1991. "Théoriciens français du racisme au 19e siècle." *Gavroche*, no. 55 (January-February): 21-25.

Simon, Walter M. 1956. "History for Utopia: Saint-Simon and the Idea of Progress." *Journal of the History of Ideas* 17, no. 3 (June): 311-331.

Simoni, Pierre. 1980. "Science anthropologique et racisme à l'époque de l'expansion coloniale: Le cas du Grand Dictionnaire Universel du XIXe siècle de Pierre Labrousse." *Historical Papers (Ottawa)* 15, no. 1, 167-184.

Singelmann, Joachim, and Peter Singelmann. 1986. "Lorenz von Stein and the Paradigmatic Function of Social Theory in the Nineteenth Century." *British Journal of Sociology* 37, no. 3 (September): 431-452.

Sked, Alan, ed. 1979. *Europe's Balance of Power, 1815-1848*. London: Macmillan.

Skinner, Andrew S. 1965. "Economics and History: The Scottish Enlightenment." *Scottish Journal of Political Economy* 12 (February): 1-22.

Skocpol, Theda. 1985. "Cultural Idioms and Political Ideologies in the Revolutionary Reconstruction of State Power: A Rejoinder to Sewell." *Journal of Modern History* 57, no. 1 (March): 86-96.

Slaughter, Jane, and Robert Kern. 1981. *European Women on the Left: Socialism, Feminism, and the Problems Faced by Political Women, 1880 to the Present*. Westport, CT: Greenwood Press.

Slicher van Bath, B. H. 1963. *The Agrarian History of Western Europe, a.d. 500-1850*. New York: St. Martin's.

Smelser, Neil J. 1991. *Social Paralysis and Social Change*. Berkeley: Univ. of California Press.

Smith, Carol H. 1995. "Race-Class-Gender Ideology in Guatemala: Modern and Anti-Modern Forms." *Comparative Studies in Society and History* 37, no. 4 (October): 723-749.

Smith, Paul. 1967. *Disraelian Conservatism and Social Reform*. London: Routledge & Kegan Paul.

_____. 1989. "Liberation as Authority and Discipline." *Historical Journal* 32, no. 2 (September): 723-737.

Snyder, Carl. 1934. "Measures of the Growth of British Industry." *Economica*, n.s., 1 (November): 421-435.

Soboul, Albert. 1948. "La Question paysanne en 1848." 3 pts. *La Pensée*, no. 18, 55-66; no. 19, 25-37; no. 20, 48-56.

_____. 1962. "A propos des réflexions de Georges Rudé sur la sans-culotterie." *Crítica storica* 1, no. 4 (July 31): 391-398.

Soffer, Benson. 1960. "A Theory of Trade Union Development: The Role of the 'Autonomous' Workman." *Labor History* 1, no. 2 (Spring): 141-163.

Soffer, Reba N. 1982. "Why Do Disciplines Fail? The Strange Case of British Sociology." *English Historical Review* 97, no. 385 (October): 767-802.

Solle, Zdenek. 1969. "Die tschechische Sozialdemokratie zwischen Nationalismus und Internationalismus." *Archiv für Sozialgeschichte* 9:181-266.

Soloway, Richard A. 1990. *Demography and Degeneration: Eugenics and the Declining Birthrate in Twentieth-Century Britain*. Chapel Hill: Univ. of North Carolina Press.

Somit, Albert, and Joseph Tanenhaus. 1982. *The Development of American Political Science: From Burgess to Behavioralism*. New York: Irvington Publ.

Sonenscher, Michael. 1989. "Editorial, 1789-1989." *History Workshop Journal*, no. 28 (Autumn): v-vi.

Soreau, Edmond. 1931. "Le loi Le Chapelier." *Annales historiques de la Révolution française*, 8e année, no. 46 (July-August): 287-314.

Sorenson, Lloyd R. 1952. "Some Classical Economists, Laissez Faire, and the Factory Acts." *Journal of Economic History* 12, no. 3 (Summer): 247-262.

Southgate, Donald G. 1965. *The Passing of the Whigs, 1832-1886*. London: Macmillan.

_____. 1977. "From Disraeli to Law." In *The Conservatives*, ed. Lord Butler, 109-270. London: George Allen & Unwin.

Sowerwine, Charles. 1976. "The Organisation of French Socialist Women, 1880-1914: A European Perspective for Women's Movements." *Historical Reflections* 3, no. 2 (Winter): 3-24.

_____. 1978. *Les Femmes et le socialisme: Un siècle d'histoire*. Paris: Presses de la Fondation Nationale des Sciences Politiques.

_____. 1982. *Sisters or Citizens? Women and Socialism in France since 1876*. Cambridge: Cambridge Univ. Press.

_____. 1983. "Workers and Women in France before 1914: The Debate over the Courian Affair." *Journal of Modern History* 55, no. 3 (September): 411-441.

Spain, Jonathon. 1991. "Trade Unionists, Gladstonianian Liberals and the Labour Law Reforms of 1875." In *Currents of Radicalism: Popular Radicalism, Organised Labour and Party Politics in Britain, 1850-1914*, ed. E. F. Biagini and A. J. Reid, 109-133. Cambridge: Cambridge Univ. Press.

Spengler, Oswald. 1926. *The Decline of the West: Form and Actuality*. New York: A. A. Knopf.

Spitzer, Alan B. 1962. "The Good Napoleon III." *French Historical Studies* 2, no. 3 (Spring): 308-329.

Stanton, Elizabeth Cady, Susan B. Anthony, and Matilda Joslyn Gage, eds. 1881. *History of Woman Suffrage*. 6 vols. Rochester, NY: Charles Mann.

Stark, W. 1943. "Saint-Simon as a Realist." *Journal of Economic History* 3, no. 1 (May): 42-55.

_____. 1945. "The Realism of Saint-Simon's Spiritual Program." *Journal of Economic History* 5, no. 1 (May): 24-42.

Starzinger, Vincent. 1965. *Middlingness: "Juste Milieu" Political Theory in France and England, 1815-48*. Charlottesville: Univ. Press of Virginia.

Stearns, Peter N. 1965. "Patterns of Industrial Strike Activity during the July Monarchy." *American Historical*

Review 70, no. 2 (January): 371-394.

_____. 1974. *1848: The Revolutionary Tide in Europe*. New York: W. W. Norton.

_____. 1979a. "The Middle Class: Toward a Precise Definition." *Comparative Studies in Society and History* 29, no. 3 (July): 377-396.

_____. 1979b. "Reply." *Comparative Studies in Society and History* 29, no. 3 (July): 414-415.

Stengers, Jean. 1950-1951. "Sentiment national, sentiment orangiste et sentiment français à l'aube de notre indépendance." 2 pts. *Revue belge de philologie et d'histoire* 28:993-1029 (pt. 1); 29:61-92 (pt. 2).

Stepan, Nancy. 1982. *The Idea of Race in Science: Great Britain, 1800-1960*. Hamden, CT: Archon Books.

Stern, Fritz. 1971. *The Failure of Illiberalism: Essays on the Political Culture of Modern Germany*. New York: Knopf.

Stern, Leo, and Rudolf Sauerzapf. 1954. Introduction to *Die Auswirkungen der ersten russischen Revolution von 1905-1907 auf Deutschland*, ed. L. Stern, xi-lxxvi. Berlin: Rütten & Loening.

Stevenson, John. 1977. "The Queen Caroline Affair." In *London in the Age of Reform*, ed. J. Stevenson, 117-148. Oxford: Basil Blackwell.

_____. 1979. *Popular Disturbances in England, 1700-1870*. London: Longman.

Stewart, Robert. 1971. *The Politics of Protection: Lord Derby and the Protectionist Party, 1841-1852*. Cambridge: At the University Press.

Stieg, Margaret F. 1986. *The Origin and Development of Scholarly Historical Periodicals*. Tuscaloosa: Univ. of Alabama Press.

Stigler, George J. 1965. "The Politics of Political Economists." In *Essays in the History of Economics*, 51-65. Chicago: Univ. of Chicago Press.

Stites, Richard. 1957. "The Russian Revolution and Women." In *Connecting Spheres: Women in the Western World, 1500 to the Present*, ed. M. Boxer and J. Quataert, 246-255. New York: Oxford Univ. Press.

_____. 1978. *The Women's Liberation Movement in Russia: Feminism, Nihilism, and Bolshevism, 1860-1930*. Princeton, NJ: Princeton Univ. Press.

Stocking, George W., Jr. 1971. "What's in a Name? The Origins of the Royal Anthropological Institute." *Man*, n.s., 6, no. 3 (September): 369-390.

Stoddard, Lothrop. 1920. *The Rising Tide of Color against White World-Supremacy*. New York: Charles Scribner's Sons.

Stokes, Eric. 1959. *The English Utilitarians and India*. Oxford: Clarendon Press.

_____. 1980. "Bureaucracy and Ideology: Britain and India in the Nineteenth Century." *Transactions of the Royal Historical Society*, 5th ser., 30:131-156.

Stolcke, Verena. 1981. "Women's Labours: The Naturalisation of Social Inequality and Women's Subordination." In *Of Marriage and the Market: Women's Subordination Internationally and Its Lessons*, ed. K. Young et al., 159-177. London: CSE Books.

Storr, Marthe Severn. 1932. *Mary Wollstonecraft et le mouvement féministe dans la littérature anglaise*. Paris: Presses Univ. de France.

Strandmann, Hartmut Pogge von. 1969. "Domestic Origins of Germany's Colonial Expansion under Bismarck." *Past and Present*, no. 42 (February): 140-159.

Strumingher, Laura S. 1984. "The Legacy of Flora Tristan." *International Journal of Women's Studies* 7, no. 2 (May/June): 232-247.

Stuart, Robert. 1992. *Marxism at Work: Ideology, Class and French Socialism during the Third Republic*. Cambridge: Cambridge Univ. Press.

Stürmer, Michael. 1977. "Krise, Konflikt, Entscheidung, die Sache nach dem neuen Cäser als europäische

Verfassungsproblem." In *Le Bonapartisme, phénomène historique et mythe politique*, ed. K. Hammer and P.C. Hartmann, 102-118. Munich: Artemis Verlag.

Suel, Marc. 1953. "L'Adresse et sa discussion de 1814 à 1830." *Revue internationale d'histoire politique et constitutionnelle*, n.s., 3, no. 11 (July-September): 176-188.

Sugihara, Kaoru. 1986. "Patterns of Asia's Integration into the World Economy, 1880-1913." In *The Emergence of a World Economy, 1500-1914: Papers of the IX. International Congress of Economic History*, by W. Fischer et al., 2:709-746. Wiesbaden: Franz Steiner.

Super, R. H. 1977. "The Humanist at Bay: The Arnold-Huxley Debate." In *Nature and the Victorian Imagination*, ed. U. C. Knoepflmacher and G. B. Tennyson, 231-245. Berkeley: Univ. of California Press.

Swingewood, Alan. 1970. "Origins of Sociology: The Case of the Scottish Enlightenment." *British Journal of Sociology* 21, no. 2 (June): 164-180.

Sydie, Rosalind A. 1991. "From Liberal to Radical: The Work and Life of Mary Wollstonecraft." *Atlantis* 17, no. 1 (Fall-Winter): 36-51.

Sykes, Robert. 1988. "Trade Unionism and Class Consciousness: The 'Revolutionary' Period of General Unionism, 1829-1834." In *British Trade-Unionism, 1750-1850*, ed. J. Rule, 178-199. London: Longmans.

Sztejnberg, Maxime. 1963. "La Fondation du Parti Ouvrier Belge et le ralliement de la classe ouvrière à l'action politique." *International Review of Social History* 8, pt. 2, 198-215.

Talmon, J. H. 1952. *The Origins of Totalitarian Democracy*. London: Secker & Warburg.

Taricone, Fiorenza. 1992. "Cronologia per una storia sociale femminile, dall'Unità al fascismo." *Il Politico*, no. 162 (April-June): 341-364.

Tarlé, Eugène. 1929. "L'insurrection ouvrière de Lyon." 3 pts. *Revue marxiste*, no. 2 (March): 132-153; no. 3 (April): 265-294; no. 4 (May): 412-428.

Taylor, Arthur J. 1960. "Progress and Poverty in Britain, 1780-1850: A Reappraisal." *History* 45, no. 153 (February): 16-31.

_____. 1972. *Laissez-Faire and State Intervention in Nineteenth-Century Britain*. London: Macmillan.

Taylor, Barbara. 1983. *Eve and the New Jerusalem: Socialism and Feminism in the Nineteenth Century*. New York: Pantheon.

_____. 1992. "Mary Wollstonecraft and the Wild Wish of Early Feminism." *History Workshop Journal*, no. 33 (Spring): 197-219.

Taylor, Edward B. 1920. *Primitive Culture*. New York: J. P. Putnam.

Taylor, Keith. 1982. *The Political Ideas of the Utopian Socialists*. London: Frank Cass.

Temperley, Harold. 1925a. *The Foreign Policy of Canning, 1822-1827*. London: G. Bell & Sons.

_____. 1925b. "French Designs on Spanish America in 1820-5." *English Historical Review* 40, no. 158 (January): 34-53.

Terlinden, Charles. 1922. "La Politique économique de Guillaume 1er, roi des Pays-Bas en Belgique (1814-1830)." *Revue historique*, 47e année, CXXXIX (January-April): 1-40.

Therbom, Göran. 1974. *Science, Class, and Society: On the Formation of Sociology and Historical Materialism*. Göteborg: Tryck Revo Press.

Théret, Bruno. 1989. "Régimes économiques de l'ordre politique." Doctorat d'Etat en Science Economique, Université Paris-I Panthéon-Sorbonne. 2 vols.

_____. 1991. "Le Système fiscal français libéral du XIXe siècle, bureaucratie ou capitalisme?" *Etudes et documents* 3:137-224.

Theriot, Nancy M. 1993. "Women's Voices in Nineteenth-Century Medical Discourse: A Step toward

Deconstructing Science." *Signs* 19, no. 1 (Autumn): 1-31.

Thibert, Marguerite. 1926. *Le Féminisme dans le socialisme français de 1830 à 1850*. Paris: Marcel Giard.

Tholfsen, Trygve R. 1961. "The Transition to Democracy in Victorian England." *International Review of Social History* 6, pt. 2, 226-248.

_____. 1976. *Working Class Radicalism in Mid-Victorian England*. London: Croom Helm.

Thomas, Edith. 1948. *Les Femmes en 1848: Collection du Centenaire de la Révolution de 1848*. Paris: Presses Univ. de France.

Thomis, Malcolm I. 1970. *The Luddites: Machine-Breaking in Regency England*. Newton Abbot, Devon, UK: David & Charles.

Thomis, Malcolm I., and Peter Holt. 1977. *Threats of Revolution in Britain, 1789-1848*. London: Macmillan.

Thompson, Dorothy. 1976. "Women and Nineteenth-Century Radical Politics." In *The Rights and Wrongs of Women*, ed. J. Mitchell and A. Oakley, 112-138. Baltimore: Penguin.

_____. 1984. *The Chartists: Popular Politics in the Industrial Revolution*. London: Temple Smith.

Thompson, E. P. 1997. *The Romantics: England in a Revolutionary Age*. New York: New Press.

Thompson, F. M. L. 1963. *English Landed Society in the Nineteenth Century*. London: Routledge & Kegan Paul.

Thompson, Victoria. 1996. "Creating Boundaries: Homosexuality and the Changing Social Order in France, 1830-1870." In *Feminism and History*, ed. Joan Wallach Scott, 398-428. Oxford: Oxford Univ. Press.

Thompson, William. 1983. *Appeal of One Half of the Human Race, Women, against the Pretensions of the Other Half, Men, to Retain them in Political, and Hence in Civil and Domestic Slavery*. London: Virago.

Thönnessen, Werner. 1973. *The Emancipation of Women: The Rise and Decline of the Women's Movement in German Social Democracy, 1863-1933*. London: Pluto Press.

Thysser, A. Pontoppidon. 1980. "The Rise of Nationalism in the Danish Monarchy 1800-1864, with Special Reference to Its Socio-Economic and Cultural Aspects." In *The Roots of Nationalism: Studies in Northern Europe*, ed. R. Mitchison, 31-45. Edinburgh: John Donald.

Tickner, Lisa. 1987. *The Spectacle of Women: Imagery of the Suffrage Campaign, 1907-1914*. London: Chatto & Windus.

Tilly, Charles. 1964. "Reflections on the Revolutions of Paris: An Essay on Recent Historical Writing." *Social Problems* 12, no. 1 (Summer): 99-121.

_____. 1972. "How Protest Modernized in France, 1845-1855." In *The Dimensions of Quantitative Research in History*, ed. W. O. Aydelotte et al., 192-255. Princeton, NJ: Princeton Univ. Press.

_____. 1986. *The Contentious French: Four Centuries of Popular Struggle*. Cambridge, MA: Belknap Press of Harvard Univ. Press.

Tilly, Charles, Louise Tilly, and Richard Tilly. 1975. *The Rebellious Century, 1830-1930*. Cambridge, MA: Harvard Univ. Press.

Tilly, Charles, and Lynn Lees. 1974. "Le Peuple de juin 1848." *Annales, E.S.C.* 29, no. 5 (September-October): 1061-1091.

Tilly, Richard H. 1990. *Vom Zollverein zum Industriestaat: Die wirtschaftlichsoziale Entwicklung Deutschlands, 1834 bis 1914*. Munich: Deutscher Taschenbuch Verlag.

Tissot, Louis. 1948. "Les Événements de 1848 dans les pays du Nord." In *Le Printemps des peuples: 1848 dans le monde*, ed. F. Fejtö, 1:373-400. Paris: Éd. du Minuit.

Tixerant, Jules. 1908. *Le Féminisme à l'époque de 1848, dans l'ordre politique et dans l'ordre économique*. Paris: V. Giard & E. Brière.

Todorov, Tzvetan. 1989. *The Deflection of the Enlightenment*. Stanford, CA: Stanford Humanities Center.

Tomaszewski, Jerzy. 1993. "The National Question in Poland in the Twentieth Century." In *The National Question in Europe in Historical Context*, ed. M. Teich and R. Porter, 293-316. Cambridge: Cambridge Univ. Press.

Tønnesson, Kåre D. 1978. *La Défaite des sans-culottes: Mouvement populaire et réaction bourgeoise en l'an III*. Oslo: Presses Univ. d'Oslo.

Torstendahl, Rolf. 1993. "The Transformation of Professional Education in the Nineteenth Century." In *The European and American University since 1800: Historical and Sociological Essays*, ed. S. Rothblatt and B. Wittrock, 109-141. Cambridge: Cambridge Univ. Press.

Toutain, Jean-Claude. 1987. "Le Produit intérieur brut de la France de 1789 à 1982." *Économies et sociétés. Cahiers de l'I.S.M.E.A.*, ser. AF 15, 21, no. 5 (May).

Treble, J. H. 1973. "O'Connor, O'Connell and the Attitudes of Irish Immigrants towards Chartism in the North of England, 1838-48." In *The Victorians and Social Protest: A Symposium*, ed. J. Butt and I. F. Clarke, 33-70. Newton Abbot, Devon, UK: David & Charles; Hamden, CT: Archon Books.

Tribe, Keith. 1988. *Governing Economy: The Reformation of German Economic Discourse, 1750-1840*. Cambridge: Cambridge Univ. Press.

_____. 2005. "Political Economy and the Science of Economics in Victorian Britain." In *Organization of Knowledge in Victorian Britain*, ed. M. Daunton, 115-137. Oxford: Oxford Univ. Press.

Tristan, Flora. 1846. *L'Émancipation de la femme ou le testament de la paria*. Ouvrage posthume, complété d'après ses notes et publié par A. Constant Éd. Paris.

_____. 1983. *The Workers' Union*. Urbana: Univ. of Illinois Press.

Trouillot, Michel-Rolph. 1991. "Anthropology and the Savage Slot: The Poetics and Politics of Otherness." In *Recapturing Anthropology: Working in the Present*, ed. T. G. Fox, 17-44. Santa Fe, NM: School of American Research Press.

_____. 1995. *Silencing the Past: Power and the Production of History*. Boston: Beacon Press.

Tudesq, André-Jean. 1964. *Les Grands notables en France (1840-1849): Etude historique d'une psychologie sociale*. 2 vols. Paris: Presses Univ. de France.

Tuñon de Lara, Manuel. 1972. *El Movimento obrero en la historia de España*. Madrid : Taurus.

Turin, Yvonne. 1989. *Femmes et religieuses au XIXe siècle: Le Féminisme "en religion."* Paris: Éd. Nouvelle Cité.

Turner, R. Steven. 1974. "University Reformers and Professional Scholarship in Germany, 1760-1806." In *The University in Society*, ed. L. Stone, 2:495-531. Princeton, NJ: Princeton Univ. Press.

_____. 1980. "The Prussian Universities and the Concept of Research." *Internationales Archiv für Sozialgeschichte der deutschen Literatur* 5:68-93.

Twellmann, Margrit. 1972. *Die deutsche Frauenbewegung: Ihre Anfänge und erste Entwicklung*. Vol. 2, *Quellen 1843-1889*. Marburger Abhandlungen zur Politischen Wissenschaft, vol. 17, no. 1-2. Meisenheim-am-Glan, Germany: Verlag Anton Hain.

Valensi, Lucette. 1977. "Nègre/Negro : Recherches dans les dictionnaires français et anglais du XVIIIème au XIXème siècles." In *L'Idée de race dans la pensée politique française contemporaine*, ed. P. Guiral and E. Temine, 157-170. Paris: Éd. du CNRS.

_____. 1993. *The Birth of the Despot: Venice and Sublime Porte*. Ithaca, NY: Cornell Univ. Press.

van der Linden, Marcel. 1988. "The Rise and Fall of the First International: An Interpretation." In *Internationalism in the Labour Movement, 1830-1940*, ed. F. Holthoon and M. van der Linden, 323-335. Leiden: E. J. Brill.

_____. 1989. "Pourquoi le déclin de la Première Internationale était-il inéluctable?" *Cahiers d'histoire de*

L'I.R.M., no. 37, 125-131.

van Kalken, Frans. 1930. "La révolution de 1830, fut-elle prolétarienne?." *Le Flambeau* 13, nos. 1-2 (January): 45-54.

Veblen, Thorstein. 1964a [1918]. *The Higher Learning in America*. New York: Augustus Kelley.

_____. 1964b [1915]. *Imperial Germany and the Industrial Revolution*. New York: Augustus Kelley.

Vellacott, Jo. 1987. "Feminist Consciousness and the First World War." *History Workshop Journal*, no. 23 (Spring): 81-101.

_____. 1987. "Lecteurs forts et secteurs faibles dans l'économie française des années 1860: Une simulation économétrique." In *Le capitalisme français, 19e-20e siècle: Blocages et dynamismes d'une croissance*, ed. P. Fridenson and A. Straus, 151-173. Paris: Fayard.

Verley, Patrick. 1989. *L'Industrialisation, 1830-1914: Nouvelle histoire économique de la France contemporaine*. Vol. 2. Paris: La Découverte.

Vermeil, Edmond. 1948a. "Pourquoi la tentative de 1848 a-t-elle échoué en Allemagne?" *Revue socialiste*, n.s., nos. 17-18 (January-February): 99-106.

_____. 1948b. "Un Paradoxe historique: La Révolution de 1848 en Allemagne." In *Le Printemps des peuples: 1848 dans le monde*, ed. F. Fejtö, 2:9-63. Paris: Éd. du Minuit.

Veysey, Lawrence R. 1965. *The Emergence of the American University*. Chicago: Univ. of Chicago Press.

_____. 1979. "The Plural Organized World of the Humanities." In *The Organization of Knowledge in Modern America, 1860-1920*, ed. A. Oleson and J. Voss, 51-106. Baltimore: Johns Hopkins Univ. Press.

Vidal, César. 1931. *Louis-Philippe, Metternich et la crise italienne de 1831-1832*. Paris: E. de Boccard.

Vigier, Philippe. 1977. "Le Bonapartisme et le monde rural." In *Le Bonapartisme, phénomène historique et mythe politique*, ed. K. Hammer and P. C. Hartmann, 11-21. Munich: Artemis Verlag.

Villieurs, Marc de Baron. 1910. *Histoire des clubs de femmes et des Régions d'Auragones, 1793-1848-1871*. Paris: Plon.

Vincent, Gérard. 1987. *Sciences Po: Histoire d'une réussite*. Paris: Éd. Olivier Orban.

Vincent, J. R. 1981. "The Parliamentary Dimension of the Crimean War." *Transactions of the Royal Historical Society*, 5th ser., 31:37-49.

Viner, Jacob. 1927. "Adam Smith and Laissez Faire." *Journal of Political Economy* 35, no. 2 (April): 198-232.

_____. 1949. "Bentham and J. S. Mill: The Utilitarian Background." *American Economic Review* 39, no. 2 (March): 360-382.

_____. 1960. "The Intellectual History of Laissez Faire." *Journal of Law and Economics* 3 (October): 45-69.

Vogel, Lise. 1983. *Marxism and the Oppression of Women: Toward a Unitary Theory*. New Brunswick, NJ: Rutgers Univ. Press.

von Laue, Theodore H. 1953. "The High Cost and the Gamble of the Witte System: A Chapter in the Industrialization of Russia." *Journal of Economic History* 13, no. 4 (Fall): 425-448.

_____. 1961. "Russian Peasants in the Factory, 1892-1904." *Journal of Economic History* 21, no. 1 (March): 61-80.

_____. 1964. "Russian Labor between Field and Factory, 1892-1903." *California Slavic Studies* 3:33-65.

Vovelle, Michel. 1993. *La Découverte de la politique: Géopolitique de la Révolution française*. Paris: La Découverte.

Waelti-Walters, Jennifer. 1990. *Feminist Novelists of the Belle Epoque: Love as a Lifestyle*. Bloomington: Indiana Univ. Press.

Wagner, Donald O. 1931-1932. "British Economists and the Empire." 2 pts. *Political Science Quarterly* 46, no. 2 (June 1931): 248–276; 47, no. 1 (March 1932): 57–74.

Walker, Kenneth O. 1941. "The Classical Economists and the Factory Act." *Journal of Economic History* 1, no. 2 (November): 168–177.

Walker-Smith, Derek. 1933. *The Protectionist Case, 1840–1846.* Oxford: Basil Blackwell.

Walkowitz, Judith R. 1982. "Male Vice and Feminist Virtue: Feminism and the Politics of Prostitution in Nineteenth Century Britain." *History Workshop Journal*, no. 13 (Spring): 79–90.

Wallerstein, Immanuel. 1989. *The Modern World-System.* Vol. 3, *The Second Era of Great Expansion of the Capitalist World-Economy, 1730–1840s.* San Diego: Academic Press.

_____. 1995. "Three Ideologies or One? The Pseudo-Battle of Modernity." In *After Liberalism*, 72–92. New York: New Press.

Wallerstein, Immanuel, et al. 1996. *Open the Social Sciences: Report of the Gulbenkian Commission on the Restructuring of the Social Sciences.* Stanford, CA: Stanford Univ. Press.

Walmsley, Robert. 1969. *Peterloo: The Case Reopened.* Manchester, UK: Manchester Univ. Press.

Ward, J. T. 1962. *The Factory Movement, 1830–1855.* London: Macmillan.

_____. 1973. *Chartism.* London: B. T. Batsford.

Ward-Perkins, C. N. 1950. "The Commercial Crisis of 1847." *Oxford Economic Papers*, n.s., 2, no. 1 (January): 75–94.

Ware, Vron. 1992. *Beyond the Pale: White Women, Racism, and History.* London: Verso.

Washington, Joseph R., Jr., ed. 1984. *Jews in Black Perspectives: A Dialogue.* Rutherford, NJ: Fairleigh Dickinson Univ. Press.

Watson, George. 1973. *The English Ideology: Studies in the Language of Victorian Politics.* London: Allan Lane.

Webster, C. K. 1925. *The Foreign Policy of Castlereagh, 1815–1822: Britain and the European Alliance.* London: G. Bell & Sons.

_____. 1931. *The Foreign Policy of Castlereagh, 1812–1815: Britain and the Reconstruction of Europe.* London: G. Bell & Sons.

Wehler, Hans-Ulrich. 1970. "Bismarck's Imperialism, 1862–1890." *Past and Present*, no. 48 (August): 119–155.

_____. 1971. *Sozialdemokratie und Nationalstaat: Nationalitätenfrage in Deutschland, 1840–1914.* 2nd ed., rev. Göttingen: Vandenhoeck & Ruprecht.

_____. 1985. *The German Empire, 1871–1918.* Leamington Spa, UK: Berg.

Weigall, David. 1987. *Britain and the World, 1815–1986.* New York: Oxford Univ. Press.

Weil, Cdt. Maurice-Henri. 1919. *Metternich et l'Entente Cordiale, une dépêche inédite, les manoeuvres et les inquiétudes du Chancelier.* Paris: Auguste Picard.

_____. 1921. *Guizot et l'Entente Cordiale.* Paris: Félix Alcan.

Weill, Georges. 1913. "Les Saint-Simoniens sous Napoléon III." *Revue des études napoléoniennes*, 2e année, III (May): 391–406.

_____. 1924. *Histoire du mouvement social en France (1852–1924).* 3rd ed, rev. Paris: F. Alcan.

_____. 1930. *L'Eveil des nationalités et le mouvement libéral (1815–1848).* Paris: Lib. Felix Alcan.

Weindling, Paul. 1989. "The 'Sonderweg' of German Eugenics: Nationalism and Scientific Internationalism." *British Journal for the History of Science* 22, pt. 3, no. 74 (September): 321–333.

Weingart, Pater. 1989. "German Eugenics between Science and Politics." In *Science in Germany, The Intersection of Institutional Intellectual Issues*, ed. K. M. Olesko, 260–282. *Osiris*, 2nd ser., 6.

Weisz, George. 1979. "L'Idéologie républicaine et les sciences sociales: Les durkheimiens et la chaire d'historie d'économie sociale à la Sorbonne." *Revue française de sociologie* 20, no. 1 (January–March):

83-112.

Wengenroth, Ulrich. 1994. *Enterprise and Technology: The German and British Steel Industries, 1865-1895.* Cambridge: Cambridge Univ. Press.

Werner, Karl Ferdinand. 1977. Preface to *Le Bonapartisme, phénomène historique et mythe politique,* ed. K. Hammer and P. C. Hartmann, ix-xii. Munich: Artemis Verlag.

White, R. J. 1950. Introduction to *The Conservative Tradition,* ed. R. J. White, 1-24. London: Nicholas Kaye.

_____. 1973 [1957]. *Waterloo to Peterloo.* New York: Russell & Russell.

Willard, Claude. 1965. *Le Mouvement socialiste en France (1893-1905): Les Guesdistes.* Paris: Éd. Sociales.

_____. 1971. *Le Socialisme de la Renaissance à nos jours.* Paris: Presses Univ. de France.

_____. 1978. *Socialisme et communisme français.* Rev. ed. Paris: Lib. Armand Colin.

Williams, Glarmor. 1980. "Wales: The Cultural Bases of Nineteenth and Twentieth Century Nationalism." In *The Roots of Nationalism: Studies in Northern Europe,* ed. R. Mitchison, 119-129. Edinburgh: John Donald.

Williams, Gwyn A. 1982. "Druids and Democrats: Organic Intellectuals and the First Welsh Radicalism." In *Culture, Ideology, and Politics: Essays for Eric Hobsbawm,* ed. R. Samuel and G. S. Jones, 246-276. London: Routledge & Kegan Paul.

Williams, Judith Blow. 1972. *British Commercial Policy and Trade Expansion, 1750-1850.* Oxford: Clarendon Press.

Williams, Raymond. 1983. *Culture and Society, 1780-1950.* With new preface. New York: Columbia Univ. Press.

Williamson, Jeffrey G. 1962. "The Long Swing: Comparisons and Interactions between British and American Balance of Payments, 1820-1913." *Journal of Economic History* 22, no. 1 (March): 21-46.

Willson, A. Leslie. 1964. *A Mythical Image: The Ideal of India in German Romanticism.* Durham, NC: Duke Univ. Press.

Wilson, Charles. 1965. "Economy and Society in Late Victorian Britain." *Economic History Review,* n.s., 18, no. 1 (August): 183-198.

Winterarl, Barry D., and Stanley N. Katz. 1987. "Foundations and Ruling Class Elites." *Daedalus,* no. 1 (Winter): 1-39.

Winch, Donald. 1963. "Classical Economics and the Case for Colonization." *Economica,* n.s., 43rd year, vol. 30, no. 120 (November): 387-399.

_____. 1965. *Classical Political Economy and Colonies.* London: G. Bell & Sons.

_____. 1990. "Economic Knowledge and Government in Britain: Some Historical and Comparative Reflections." In *State and Economic Knowledge: The American and British Experience,* ed. M. O. Furner and B. Supple, 40-47. Washington, DC: Woodrow Wilson International Center for Scholars; Cambridge: Cambridge Univ. Press.

Wittrock, Björn. 1993. "The Modern University: The Three Transformations." In *The European and American University since 1800: Historical and Sociological Essays,* ed. S. Rothblatt and B. Wittrock, 303-362. Cambridge: Cambridge Univ. Press.

Wolff, Richard J. 1986. "Christian Democracy and Christian Unionism in Italy, 1890-1926." *Italian Quarterly* 27, no. 103 (Winter): 49-57.

Wood, George H. 1909. "Real Wages and the Standard of Comfort Since 1850." *Journal of the Royal Statistical Society* 72, pt. 1 (March 31): 91-103.

Woolf, Stuart. 1989. "French Civilization and Ethnicity in the Napoleonic Empire." *Past and Present,* no.

124 (August): 96-120.

_____. 1991. *Napoleon's Integration of Europe*. London: Routledge, Chapman & Hill.

_____. 1992. "The Construction of a European World-View in the Revolutionary-Napoleonic Years." *Past and Present*, no. 137 (November): 72-101.

Wright, Gordon. 1938. "The Origins of Napoleon III's Free Trade." *Economic History Review* 9, no. 1 (November): 64-67.

Wright, H. R. C. 1955. *Free Trade and Protection in the Netherlands, 1816-30*. Cambridge: At the University Press.

Wright, Vincent. 1975. "The Coup d'Etat of December 1851: Repression and the Limits to Repression." In *Revolution and Reaction: 1848 and the Second French Republic*, ed. R. Price, 303-333. London: Croom Helm.

Wurms, Renabe. 1983. "Kein einig Volk von Schwestern: Frauenbewegung 1890-1914." In *Geschichte der deutschen Frauenbewegung*, ed. F. Hervé, 41-83. Cologne: Pahl-Rugenstein.

Yaari, Aryeh. 1978. *Le Défi national*. Vol. 1, *Les Théories marxistes sur la question nationale à l'épreuve de l'histoire*. Paris: Éd. Anthropos.

_____. 1979. *Le Défi national*. Vol. 2, *Les Révolutions éclatées*. Paris: Éd. Anthropos.

Yeo, Eileen. 1981. "Christianity in Chartist Struggle, 1838-1842." *Past and Present*, no. 91 (May): 109-139.

_____. 1982. "Some Practices and Problems of Chartist Democracy." In *The Chartist Experience: Studies in Working-Class Radicalism and Culture, 1830-1860*, ed. J. Epstein and D. Thompson, 345-380. London: Macmillan.

Yeo, Richard R. 1993. *Defining Science: William Whewell, Natural Knowledge and Public Debate in Early Victorian Britain*. Cambridge: Cambridge Univ. Press.

Yeo, Stephen. 1977. "A New Life: The Religion of Socialism in Britain, 1883-1896." *History Workshop*, no. 4 (Autumn): 5-56.

Zagatti, Paola. 1988. "Colonialismo e razzismo: Immagini dell'Africa nella pubblicistica postunitaria." *Italia contemporanea*, no. 170 (March): 21-37.

Zak, L. A. 1971. "Die Grossmächte und die deutschen Staaten am Ende der napoleonischen Kriege." *Zeitschrift für Geschichtswissenschaft* 19, no. 11, 1536-1547.

Zeldin, Theodore. 1958. *The Political System of Napoleon III*. London: Macmillan.

_____. 1959. "English Ideals in French Politics during the Nineteenth Century." *Historical Journal* 2, no. 1, 40-58.

_____. 1967. "Higher Education in France, 1848-1940." *Journal of Contemporary History* 2, no. 3 (July): 53-80.

_____. 1979. *France, 1848-1945*. Vol. 1, *Politics and Anger*. Oxford: Clarendon Press.

Zévaès, Alexandre. 1953. "La Fermentation sociale sous la Restauration et sous la Monarchie de Juillet." *Revue internationale d'histoire politique et constitutionnelle*, n.s., 3, no. 11 (July-September): 206-234.

Ziolkoski, Theodore. 1990. *German Romanticism and Its Institutions*. Princeton, NJ: Princeton Univ. Press.

Zolberg, Aristide R. 1972. "Moments of Madness." *Politics and Society* 2, no. 2 (Winter): 183-207.

_____. 1999. "The Great Wall against China: Responses to the First Immigration Crisis, 1885-1925." In *Migration, Migration History, History: Old Paradigms and New Perspectives*, ed. J. L. Lucassen, 291-315. Bern: Peter Lang.

Zubrzycki, J. 1953. "Emigration from Poland in the Nineteenth and Twentieth Centuries." *Population Studies* 6, no. 3 (March): 248-272.

Zylberberg-Hocquard, Marie-Hélène. 1978. *Féminisme et syndicalisme en France*. Paris: Anthropos.

역자 후기

이 책은 2011년에 미국 캘리포니아 주립대학교 출판부가 발간한 이매뉴얼 월러스틴(Immanuel Wallerstein)의 *The Modern World-System IV: Centrist Liberalism Triumphant, 1789-1914*를 옮긴 것이다. 월러스틴은 「근대세계체제」 제IV권에서 프랑스 혁명 이래 유럽과 미국의 역사에서 가장 두드러진 이념으로 부상한 자유주의에 초점을 맞춘다. 특히 그는 장기의 19세기(1789-1914)에 자유주의가 개인적 자유 향유의 결과를 부정적으로 바라본 보수주의와 사회경제적 평등을 지향한 사회주의 사이에서 중도적 이데올로기로 자리매김하는 과정을 추적한다. 월러스틴은 자유주의가 차츰 급진적 색채를 벗고 민주주의와 구별되는 변형을 겪으면서도 신성동맹에 포섭되거나 밀려나지 않고 어떻게 근대세계체제의 핵심부인 영국과 프랑스에서 현상 유지와 연계된 온건하고 중도적인 신조가 되었으며, 오히려 다른 두 이념을 변모시키고 길들이는 데 성공했는지에 주목하면서 이 점을 19세기의 주된 특징으로 부각시킨다. 장기의 19세기를 중도적 자유주의의 승리로 요약하는 월러스틴의 「근대세계체제」 제IV권은 같은 시기를 다룬 에릭 존 홉스봄의 3부작 「혁명의 시대」, 「자본의 시대」, 「제국의 시대」에 여러모로 비견될 만하다.

월러스틴이 제IV권 서문에서 밝히듯이, 중도적 자유주의의 승리는 그가 원래 제IV권에서 다루려고 계획한 세 가지 이야깃거리들을 제V권으로 미루면서 새롭게 집중하기로 선택한 주제이다. 그는 모든 지역에서 산고(産苦)를 치른 자유주의가 특히 러시아와 동유럽 지역에서 폭력적인 운명에 처했다는 점 등을 언급하지만, 제III권의 내용이나 출판을 장담할 수 없는 제V권의 구상에 비해서 제IV권은 확실히 근대세계체제의 핵심부에서 벌어진 변화에 초점을 맞추고 있다. 다음 권으로 밀린 세 가지 화제들은 "아프리카 쟁탈전과 민족해방운동의 부상, 영국에 뒤이어 헤게모니 국가로 부상하려는 미국과 독일의 경제적, 정치적 경쟁관계와 미국의 최종 승리, 동아시아의 편입과 주변부화, 그리고 20세기 말 동아시아의 부활" 등 근대세계체제의 세 번째이자 마지막 팽창에 관한 것이다. 만약 고령의 월러스틴이 제V권을 출판할 수 있다면, 오랜만에 독립 전후 시기의 아프리카 정치 연구자라는 자신의 첫 이력을 소환하게 될 것이다.

월러스틴은 장기의 19세기에 중도적 자유주의가 지배적인 신조나 생활의 전형적인 방식으로 뿌리 내린 세 가지 중요한 영역을 거론한다. 첫 번째 영역은 1830년대 초 근대세계체제의 중심부 영국과 프랑스에 수립된 자유주의 국가이다. 이 시기에 시작된 선거개혁이 한 세기 내에 보통선거권의 승인으로 절정에 도달할 때까지 시민권의 확대를 동반하는 자유주의 국가는 새로운 표준이 될 터였다. 두 번째 영역은 여성, 노동계급, 그리고 인종적 소수집단 등 역사적으로 대표자가 불충분했던 집단들의 경험에서 잘 드러나듯이 포함에서 배제로 바뀌는 시민권의 원칙이다. 20세기 초에 아프리카계 미국인의 역사에서 유례없는 반문명적 범죄의 역사를 읽어내면서 "계급투쟁에는 색깔이 없다"고 외친 유진 V. 데브스는 매우 드문 사례일 뿐이었다. 세 번째 영역은 자유주의 이념을 반영하면서 지배층이 피지배층을 통제할 수 있도록 뒷받침한 사회과학 분야이다. 장기의 19세기에 사회과학의 전문화와 자유주의의 증진, 확산은 밀접하게 연동될 것이었다.

1830년대 초 권력을 잡고 권좌에 머무르는 것에만 관심을 쏟은 정당 지도자들이 의혹의 대상이었던 반면에 스스로 조직해야 한다는 각성이 위대한 자유주의 운동을 등장하게 만든 원동력이었다는 월러스틴의 지적은 우리에게 자유주의의 득세와 변화뿐 아니라 민주주의의 증진과 심화, 제도와 운동의 변증법 등의 주제들을 숙고하도록 요청한다. 또한 전문가들이 관리하는 정부가 중도적 자유주의의 핵심 요소였다는 점, 예컨대 미국에서 자유주의는 좌파와 우파 모두를 거부하면서 행동 규범이나 자본주의의 도덕성에 대한 판단을 회피했다는 월러스틴의 언급은 시사하는 바가 크다. 고대 아테나이의 민주주의가 전문가들에게 공공업무를 맡겨야 한다는 생각을 거부하거나 전문가의 독점적 판단에 대해서 불신한 반면에 다수결과 추첨을 통해서 안전과 상식을 추구했다는 사실을 떠올린다면, 21세기 초 세계 여러 곳에서 감지되는 민주주의의 위기와 후퇴 현상이 민주주의 본연의 모습으로부터 멀어지고 전문성을 표방하면서 사실상 주권자인 국민의 참여를 제한하는 세련된 형태의 과두정치로 변질된 현실과 밀접하게 관련되어 있지 않은지 되돌아보아야 할 것이다. 요컨대 좀더 근본적인 차원에서 민주주의의 회복과 심화를 위한 물음을 제기해야 할 필요가 있다. 그뿐만 아니라 중도를 지향한 자유주의의 이념적 관점과 내용이 20세기에 접어들어서 더욱 협소해지고 우경화했다는 점, 그리하여 적지 않은 국가들에서 '자유'를 아로새긴 단체와 정당을 포함해서 사실상 그 단어 자체가 보수세력을 넘어 극우파의 독점물인 양 방치되는 상황에 이르렀다는 점 등을 비판적으로 상기해야 할 것이다.

월러스틴은 제IV권 마지막 장에서 주요 논점을 재정리하면서 「근대세계체제」 IV권의 핵심 주장을 친절하게 요약한다. 역작의 마무리에 아쉬움을 느끼는 독자들을 달래주는 최선의 서비스인 셈일까. 월러스틴은 건강하게 더 오래 살 수 있다면 1873년부터 1968년/1989년까지 포괄하는 제V권, 1945년/1968년부터 21세기 중엽, 아마 2050년 즈음까지 자본주의 세계경제의 구조적 위기를 검토하는 제VI권이 나와야 할 것이라고 밝힌다. 여전히 미래를 그려보는 80대 노학자의 웅장한 기획과 삶의 여정이 부럽다.

앞서 「근대세계체제」 제I-III권에서 월러스틴이 보여준 지적 활동의 방대한 규모와 범위, 어마어마한 독서량은 독자들에게 깊고 강력한 인상을 주었을 것이다. 주장의 근거를 밝히며 자신의 견해를 녹여낸 길고 긴 분량의 각주들은 상세한 정보와 함께 경이로운 느낌마저 선사했을 법하다. 하지만 장기의 19세기의 역사를 재구성하면서 월러스틴이 인용하는 수많은 1, 2차 문헌 속에 담긴 여러 저자들의 다양하고 까다로운 표현방식에 적응하지 못한 채 시간을 흘려보내기 일쑤였던 번역자에게는 깊은 절망감을 안겨주었음을 밝혀야겠다. 다양한 저서들의 여러 부분들을 직접 인용하곤 하는 월러스틴의 선택을 마주하고 더욱이 본문보다 더 수월찮은 각주라는 높고 깊은 산과 골짜기를 오르내리다가 길을 잃은 적도 적지 않았다. 게다가 동료 연구자가 사정상 빠지게 되면서 19세기나 유럽사 전공이 아닌 터에 단독 번역의 부담까지 짊어지고 말았다.

수년 전 소설가 김영하가 「위대한 개츠비」를 번역할 때 그 작업을 지뢰 제거반의 임무에 견준 탁월한 비유에 전적으로 동감할 수밖에 없다. 천천히 신중하게 혹시라도 있을지 모를 지뢰를 제거하는 심정으로, 사전을 뒤지고 미심쩍은 문장들을 다시 검토하고 고쳤지만 여전히 오역이라는 지뢰가 남아 있지 않을는지. 지뢰 탐지와 제거 사이에 형편없이 시간이 많이 걸린 것은 기술을 제대로 갖추지 못한 옮긴이의 역량 부족 탓이었다. 그동안 인명과 지명의 오기 등 몇 가지 원문의 오류를 찾아낼 수 있었지만, 미미한 성과는 월러스틴이 서문에서 언급한 현실이 나노 초 단위로 변하는 세상과 도무지 어울리지 않아 보인다.

번역의 공백기와 더딘 작업을 몇 해 동안 참고 기다려준 출판사, 특히 인내의 덕을 무수히 마음에 새기는 동안 자비 그 자체가 되었을 편집부의 권은희 팀장, 그리고 프랑스어를 비롯한 외국어 발음 표기와 사회과학 분야의 연구자, 연구서 명칭 표기에 대해서 전문적인 조언을 베풀어준 아주대학교의 동료 교수들께 심심한 사의를 표한다. 지지부진한 작업 속에서도 초고의 일부를 읽어주고 소소한 즐거움을 찾아나서는 관심이 중요하다는 점을 주기적으로 일깨워주는 아내 이경아에게 감사와 애정을 전하고 싶다. 아울러 아들의 미숙한 결정까지도 조용히 지지하고 늘 기도해주시는 부모님께 감사의 인사를 올리며 여생을 흐뭇하고 마음 편하게 보내시기를 간절히 기원한다.

2017년 가을의 한복판에

박구병

인명 색인